普通高等教育中医药类规划教材

中医内科学

(供中医类专业用)

主　编　　王永炎
副主编　　李明富　戴锡孟
编　委　　范国梁　洪广祥
　　　　　涂晋文　栗德林
　　　　　韩明向　蔡　淦
协　编　　田金洲
主　审　　张绚邦

上海科学技术出版社

图书在版编目(CIP)数据

中医内科学/王永炎主编.—上海：上海科学技术出版社,1997.6(2024.7重印)
普通高等教育中医药类规划教材.供中医类专业用
ISBN 978-7-5323-4105-4

Ⅰ.中... Ⅱ.王... Ⅲ.中医内科学－中医学院－教材 Ⅳ.R25

中国版本图书馆CIP数据核字(2007)第127235号

中医内科学
主　编　王永炎

上海世纪出版(集团)有限公司 出版、发行
上 海 科 学 技 术 出 版 社
(上海市闵行区号景路159弄A座9F-10F)
邮政编码 201101　www.sstp.cn
常熟市华顺印刷有限公司印刷
开本 787×1092　1/16　印张：25
字数：593 000
1997年6月第1版　2024年7月第29次印刷
ISBN 978-7-5323-4105-4/R·1084
定价：38.00元

———————————————————————
本书如有缺页、错装或坏损等严重质量问题，
请向工厂联系调换

普通高等教育中医药类规划教材

顾问委员会名单
(按姓氏笔画排列)

王玉川　王绵之　邓铁涛　刘志明　刘弼臣　刘渡舟
江育仁　杨甲三　邱茂良　罗元恺　尚天裕　赵绍琴
施奠邦　祝谌予　顾伯康　董建华　程莘农　裘沛然
路志正

编审委员会名单

主任委员：张文康
副主任委员：于生龙　李振吉　陆莲舫
委　　员：(按姓氏笔画排列)

于生龙　于永杰　万德光　马宝璋　马　骥
王永炎　王世成　王和鸣　王洪图　王萍芬
王新华　王韵珊　王耀庭　韦贵康　邓福树
龙致贤　叶传惠　叶定江　石学敏　丘和明
丘德文　皮持衡　朱文锋　任继学　刘柏龄
刘振民　孙国杰　孙　校　杜　健　杨兆民
杨春澍　李任先　李安邦　李明富　李振吉
李家实　李　鼎　严世芸　严振国　吴敦序
何　琳　肖崇厚　沈映君　陈　奇　陈大舜
陈子德　陆莲舫　陆德铭　张文康　张六通
张安桢　张志刚　张绚邦　张殿璞　范碧亭
罗永芬　周梦圣　郑守曾　尚炽昌　宗全和
孟　如　项　平　柯雪帆　钟　淼　段逸山
段富津　施　杞　施顺清　施雪筠　袁　浩
钱　英　徐生旺　高尔鑫　郭诚杰　梁颂名
葛琳仪　彭胜权　傅世垣　曾诚厚　雷载权
黎伟台　戴锡孟　魏　民　魏　稼　魏璐雪

前　言

根据国家教委《全国普通高等教育"八五"期间教材建设规划纲要》要集中力量抓好本科主要专业主干课程教材建设的精神,国家中医药管理局统一组织编审出版了普通高等教育中医药类规划教材。本套教材包括中医学、中药学专业的主要课程和针灸、中医骨伤科学专业主要专业课程教材,计有《医古文》、《中医基础理论》、《中医诊断学》、《中药学》、《方剂学》、《中医内科学》、《中医外科学》、《中医妇科学》、《中医儿科学》、《中医急诊学》、《内经选读》、《伤寒论选读》、《金匮要略选读》、《温病学》、《正常人体解剖学》、《生理学》、《病理学》、《生物化学》、《诊断学基础》、《内科学》、《针灸学》、《经络学》、《腧穴学》、《刺法灸法学》、《针灸治疗学》、《中医骨伤科学基础》、《中医骨伤学》、《中医骨病学》、《中医筋伤学》、《中医学基础》、《药用植物学》、《中药化学》、《中药药理学》、《中药鉴定学》、《中药炮制学》、《中药药剂学》、《中药制剂分析》、《中药制药工程原理与设备》等38门课程教材及其相关实践教学环节教材。

为了提高教材质量、深化教学领域改革,国家中医药管理局于1992年4月在杭州召开了全国中医药本科教材建设工作会议,研究部署了本套教材的建设工作,会后下发了《普通高等教育中医药类规划教材编写基本原则》、《普通高等教育中医药类规划教材组织管理办法》、《普通高等教育中医药类规划教材主编单位招标办法》等文件。通过招标,确定并聘任了各门教材主编。1992年11月在北京召开的普通高等教育中医药类规划教材建设工作会议上,成立了普通高等教育中医药类规划教材编审委员会,讨论研究了本套教材的改革思路,并组成了各门教材编写委员会,确定了审定人。

为了保证教材的编写质量,先后召开了几次工作会议和教材审定会议,对各门课程教学大纲、教材编写提纲及教材内容进行了认真审定。最后,还征求了本套规划教材顾问委员会各位名老中医药专家的意见。通过多次会议以及全体编委审定人的共同努力,在名老中医药专家的指导下,使本套教材在前五版统编教材的基础上,在符合本科专业培养目标的实际需要方面,在理论联系实际、保持中医理论的系统性和完整性,反映中医药学术发展的成熟内容和教育改革新成果方面,在明确各门教材的教学目的、确定教材内容的深广度、促进教材体系整体优化等方面有了较大的提高,使本套规划教材内容能具体体现专业业务培养的基本要求和教学质量测试的基本标准。对少数教材根据课程设置的需要,进行了较大幅度的改革,使之更符合教学的需要。根据国家教委有关文件精神,各高等中医药院校、高等医药院校中医药类专业应优先选用这套由国家中医药管理局统一规划组织编审的规划教材。

随着中医药高等教育工作的不断改革与深化,本套教材不可避免地还存在一些不足之处,殷切希望各地中医药教学人员和广大读者在使用过程中,提出宝贵意见,以促使本套教材更臻完善和更符合现代中医药教学的需要。

普通高等教育中医药类规划教材编审委员会
1994年12月

编 写 说 明

本书是由国家中医药管理局普通高等教育中医药类规划教材编审委员会组织编写和审定的,供全国高等医药院校中医类专业使用。

中医内科学是一门临床专业课,是临床学科的主干课程,是临床诸学科的基础。中医内科学的水平在很大程度上反映了中医临床医学的发展水平。本书为了体现这一点,编写上注重实用性、先进性和继承性,突出中医临床思维方法和实践技能,贯彻"少而精"原则,注意处理与相关课程的衔接及重复内容。

本书主要介绍中医内科学的专业基础理论、各脏腑系统主要病证的基本知识及辨证论治规律。全书分总论和各论两部分。总论概要介绍中医内科学的定义、性质及范围,内科疾病的分类及症状学、发病学和治疗学要点,中医内科学的研究现状与发展趋势。各论主要按脏腑系统分为八章,分别介绍各章所属病证共同的主要证候及特征、病机述要、治疗要点,以及55个病证的证候特征、病因病机、诊断、鉴别诊断、辨证论治、其他疗法、转归预后、预防与调摄、文献摘要、研究进展。书末附有方剂索引,以备查阅。

总论内容注重理论联系实际,强调基础理论对临床实践的指导作用。其中症状学、发病学、治疗学要点既体现了理论与临床互相印证,还为临床辨证论治开拓了思路。各论中每一疾病的证候特征是从主症的观察描述入手,概括中心证候的特点和基本病机,使学生对本病证有一个总体的纲领性的认识。诊断主要是指诊断要点,凡中华人民共和国中医药行业标准《中医病证诊断疗效标准》中已收载的中医内科病证,本教材均作为参考编入相应病证诊断项目中,以使教学与医疗相一致。研究进展收载了近数十年临床、理论与实验研究方面的新成就、新成果,此内容对医疗、教学和科研均有较大的参考价值。本书所沿用的传统方药如犀角、虎骨等,根据国家有关政策法令均改用相应的代用品,但其处方名称未作改动。中医历来对脑病有丰富的治疗经验,还对脑的功能作用有着独到的认识,心与脑关系密切,故本教材将心脑病证合为一章编写。

本书的总论及中风、痴呆由北京中医药大学王永炎编写,外感病证及厥证由湖北中医学院涂晋文编写,肺病证由江西中医学院洪广祥编写,心脑病证及肥胖由安徽中医学院韩明向编写,脾胃肠病证由黑龙江中医药大学栗德林编写,肝胆病证由天津中医学院戴锡孟编写,肾膀胱病证由上海中医药大学蔡淦编写,气血津液病证及疟疾由成都中医药大学李明富编写,经络肢体病证及癫病、狂病、痫病由长春中医学院范国梁编写。本书由北京中医药大学田金洲协编,全书最后由王永炎修改统稿定稿,新疆中医学院张绚邦审定。

在编写过程中,北京中医药大学刘金民、尹颖辉、靳琦、李岩,天津中医学院张洪义,黑龙江中医药大学孙建实,成都中医药大学李胜涛等老师,曾应邀参加统稿工作,谨在此表示感谢。

编写国家规划教材尚属首次,由于我们水平有限,时间紧迫,书中缺点和错误在所难免,希望各院校在使用过程中,不断总结经验,收集反映,提出宝贵意见,以便进一步修订提高。

中医内科学编委会

目 录

总 论

一、中医内科学的定义、性质及范围 ··· (1)
二、中医内科学发展简史 ··· (1)
 (一) 中医内科学的萌芽阶段(殷商时期) ······································ (1)
 (二) 中医内科学的奠基阶段(春秋战国至秦汉时期) ····················· (1)
 (三) 中医内科学的充实阶段(魏晋至金元时期) ··························· (2)
 (四) 中医内科学的成形阶段(明清时期) ···································· (2)
三、中医内科疾病的分类及其依据 ·· (3)
四、中医内科疾病发病学要点 ·· (4)
 (一) 体质因素 ·· (5)
 (二) 病邪因素 ·· (5)
 (三) 情志因素 ·· (6)
 (四) 行为因素 ·· (6)
 (五) 时间因素 ·· (6)
 (六) 地域因素 ·· (6)
五、中医内科疾病症状学要点 ·· (7)
 (一) 发热 ·· (7)
 (二) 咳嗽 ·· (7)
 (三) 气喘 ·· (7)
 (四) 口渴 ·· (8)
 (五) 腹痛 ·· (8)
 (六) 胸痛 ·· (8)
 (七) 饮食异常 ··· (9)
 (八) 汗出异常 ··· (9)
 (九) 头晕 ··· (10)
 (十) 乏力 ··· (10)
 (十一) 呕吐 ·· (10)
 (十二) 大便异常 ··· (10)
 (十三) 小便异常 ··· (11)
 (十四) 水肿 ·· (11)
 (十五) 神昏 ·· (11)
 (十六) 抽搐 ·· (12)
 (十七) 出血 ·· (12)
六、中医内科疾病治疗学要点 ·· (12)
 (一) 治疗原则 ·· (13)

（二）常用治法 ……………………………………………………………（15）
　七、中医内科学的研究现状与发展趋势 ………………………………………（19）
　　（一）对病因和发病机理的研究 …………………………………………（19）
　　（二）中医诊断和辨证的发展概况 ………………………………………（20）
　　（三）对预防和治疗方面的探讨 …………………………………………（21）
　八、中医内科学的学习要求与方法 ……………………………………………（22）

各　论

第一章　外感病证 …………………………………………………………（24）
　第一节　感冒 ……………………………………………………………（24）
　第二节　外感发热 ………………………………………………………（31）
　第三节　湿阻 ……………………………………………………………（37）
　第四节　痢疾 ……………………………………………………………（41）
　第五节　疟疾 ……………………………………………………………（48）

第二章　肺病证 ……………………………………………………………（54）
　第一节　咳嗽 ……………………………………………………………（56）
　第二节　哮病 ……………………………………………………………（62）
　第三节　喘证 ……………………………………………………………（68）
　第四节　肺胀 ……………………………………………………………（75）
　第五节　肺痈 ……………………………………………………………（80）
　第六节　肺痨 ……………………………………………………………（85）
　第七节　肺癌 ……………………………………………………………（91）

第三章　心脑病证 …………………………………………………………（98）
　第一节　心悸 ……………………………………………………………（100）
　第二节　胸痹心痛 ………………………………………………………（108）
　第三节　眩晕 ……………………………………………………………（117）
　第四节　中风病 …………………………………………………………（124）
　第五节　失眠 ……………………………………………………………（132）
　　　　【附】健忘 …………………………………………………………（136）
　第六节　痴呆 ……………………………………………………………（138）
　第七节　痫病 ……………………………………………………………（144）
　第八节　癫病 ……………………………………………………………（149）
　第九节　狂病 ……………………………………………………………（153）

第四章　脾胃肠病证 ………………………………………………………（158）
　第一节　胃痛 ……………………………………………………………（160）
　第二节　痞满 ……………………………………………………………（167）
　第三节　腹痛 ……………………………………………………………（172）
　第四节　呕吐 ……………………………………………………………（178）
　　　　【附】吐酸 …………………………………………………………（182）
　　　　【附】嘈杂 …………………………………………………………（183）
　第五节　呃逆 ……………………………………………………………（184）
　第六节　噎膈 ……………………………………………………………（189）

【附】反胃 …………………………………………………………………（193）
　　第七节　泄泻 ………………………………………………………………（194）
　　第八节　便秘 ………………………………………………………………（200）
第五章　肝胆病证 …………………………………………………………………（207）
　　第一节　黄疸 ………………………………………………………………（209）
　　第二节　胁痛 ………………………………………………………………（215）
　　第三节　胆胀 ………………………………………………………………（221）
　　第四节　鼓胀 ………………………………………………………………（225）
　　第五节　肝癌 ………………………………………………………………（233）
第六章　肾膀胱病证 ………………………………………………………………（238）
　　第一节　水肿 ………………………………………………………………（240）
　　第二节　淋证 ………………………………………………………………（246）
　　　【附】尿浊 …………………………………………………………………（251）
　　第三节　癃闭 ………………………………………………………………（253）
　　第四节　关格 ………………………………………………………………（258）
　　第五节　遗精 ………………………………………………………………（262）
　　　【附】早泄 …………………………………………………………………（266）
　　第六节　阳痿 ………………………………………………………………（267）
第七章　气血津液病证 ……………………………………………………………（272）
　　第一节　郁病 ………………………………………………………………（274）
　　第二节　血证 ………………………………………………………………（280）
　　第三节　汗证 ………………………………………………………………（296）
　　第四节　消渴 ………………………………………………………………（301）
　　第五节　内伤发热 …………………………………………………………（307）
　　第六节　虚劳 ………………………………………………………………（313）
　　第七节　积聚 ………………………………………………………………（323）
　　第八节　厥证 ………………………………………………………………（329）
　　第九节　肥胖 ………………………………………………………………（337）
第八章　经络肢体病证 ……………………………………………………………（343）
　　第一节　头痛 ………………………………………………………………（344）
　　第二节　痹病 ………………………………………………………………（351）
　　第三节　痉病 ………………………………………………………………（358）
　　第四节　痿病 ………………………………………………………………（363）
　　第五节　颤震 ………………………………………………………………（369）
　　第六节　腰痛 ………………………………………………………………（373）
方剂索引 ……………………………………………………………………………（379）

总 论

一、中医内科学的定义、性质及范围

中医内科学是运用中医学理论和中医临床思维方法研究并阐明内科疾病的病因、病机、证候、诊断、辨证论治规律和转归预后以及预防、康复、调摄等问题的一门临床学科。中医内科学包含了古代所称的"大方脉"、"杂医"等内容,它继承了历代医家的学术思想和医疗经验,同时又汲取了现代中医内科在理论和实践方面的新成就、新技术、新进展,在中医学尤其临床学科体系中,占有重要的地位。

中医内科学是一门临床专业课,是中医学学科的主干课程,是临床诸学科的基础。中医内科学的水平在很大程度上反映了中医临床医学的发展水平。

内科疾病的范围很广,可分为外感病和内伤病两大类。一般说来,外感病主要指《伤寒论》及《温病学》所说的伤寒、温病等热性病,它们主要按六经、卫气营血和三焦的生理、病理指导辨证论治。内伤病包括《金匮要略》与后世内科专著记述的脏腑经络病和气血津液疾病等,它们主要是以脏腑、经络、气血津液的生理、病理指导辨证论治。外感病与内伤病,两者既有区别又有联系,内伤病容易感受外邪,而外感病由邪气稽留或余邪未尽,迁延日久则可进一步造成内伤。随着学科专业的形成和发展,原来属于中医内科学范畴的外感病如伤寒、温病等热性病已成为独立的学科。内科的部分急症则编入《中医急诊学》。随着学科的分化与发展,中医内科学已分为热病、脑病、肺病、心病、脾胃病、肝胆病、肾病、老年病、肿瘤等学科。

本版《中医内科学》教材所讨论的内容以内伤病为主,涉及少数外感病。全书分为外感病证、肺病证、心脑病证、脾胃肠病证、肝胆病证、肾膀胱病证、气血津液病证、经络肢体病证八大类。近年来逐渐形成的中医老年病学、中医肿瘤学,其与中医内科学有关的内容,目前仍分散于脏腑系统病证中论述。每一系统或每一类疾病的各章名以下均提纲挈领地简述该类疾病共同的主要证候及特征、病因病机、治疗要点。每一病证的编写内容大体包括概述、证候特征、病因病机、诊断、鉴别诊断、辨证论治、文献摘要、研究进展等,以便达到学习掌握较为全面和系统的中医内科学基本理论、基本知识和基本技能的目的。

二、中医内科学发展简史

中医内科学的形成和发展,经历了漫长的历史过程,从殷商到清末3000多年中,在不断总结疾病治疗方法、治疗效果和探讨发病机理的长期实践过程中,积累了丰富的经验和理论,为人类的保健事业作出了很大的贡献。截止于1911年,中医内科学的发展大致经历了如下几个阶段。

(一) 中医内科学的萌芽阶段(殷商时期)

早在殷代甲骨文中,已有心病、头痛、肠胃病、蛊病等内科疾病的记载。殷商时代已发明汤液药酒治疗疾病。周朝将医学进行分科,有了疾医、疡医、食医、兽医分工不同的医师,其中的疾医可谓最早的内科医师。

(二) 中医内科学的奠基阶段(春秋战国至秦汉时期)

春秋战国时期,出现了《脉法》、《五十二病方》、《治百病方》、《足臂十一脉灸经》、《阴阳十一脉灸经》等医学著作,医学体系逐步形成。始于战国而成书于西汉的《黄帝内经》是一部古典医学巨著,在内科方面已有比较明确的记载,如病因病机、病症、诊断和治疗原则等,对后世医学的发展产生了深远的影响。汉代张仲景总结前人的经验,并结合自己的临床体会,著成《伤寒杂病论》,一部分以六经分证概括,认识外感热病,为热病的专著;另一部分则以脏腑病机来分类概括,认识内伤杂病,创造性地建立了包括理、法、方、药在内的六经辨证论治理论体系和脏腑辨证论治理论体系,为中医内科学的形成奠定了基础。

(三) 中医内科学的充实阶段(魏晋至金元时期)

1. 病因学、症状学、治疗学的充实和发展　在病因学方面,隋代巢元方《诸病源候论》是一部世人公认的最早的中医病因病理学著作,对某些疾病的观察与认识比较深入,如明确提出"寸白虫候(绦虫病)"的感染途径是饮食不当,食生猪牛肉片;瘿病(甲状腺肿大)的发生与水土和情志有关。葛洪著《肘后备急方》对尸注(结核病)、癞(麻风病)、沙虱(恙虫病)等传染病的发病也有较深刻的认识。南宋陈无择的《三因极一病证方论》在病因上首分内因、外因、不内外因三类。

在症状学方面,《诸病源候论》叙述病候784条,如对胸痹病的发作及疼痛性质、部位、预后等的描述,非常详细、准确。唐代孙思邈的《千金要方》对消渴病易发疮痈有所认识。王焘的《外台秘要》还认识到消渴"每发即小便至甜"的证候特征。这一时期,对伤寒、温病、疟疾、肺痨等传染病都在症状学上有详细的论述,对各种风证、各种心痛、虚劳、脚气、水肿等内科疾病辨证水平均有较大的提高。

在治疗学方面,有些病证的治疗在当时已很先进,如《肘后备急方》用青蒿治疗疟疾,用海藻、昆布治疗瘿病。《千金要方》和《外台秘要》两本书中,内科的治疗方法更加丰富多彩。《千金要方》肯定了《神农本草经》用常山、蜀漆治疗疟疾,继《金匮要略》之后提出用白头翁、苦参治疗痢疾,以及用槟榔治疗寸白虫病,用谷皮煎汤煮粥治疗脚气病等,一直为后世所沿用。北宋有《太平圣惠方》、《圣济总录》收载了大量的内科方药,反映了当时的研究水平和成就。

2. 学术理论的创新　金元时期,在内科学术方面有很多独到之处,如被后世称为"金元四大家"的刘完素倡火热学说,而主寒凉法;张从正倡攻邪学说,而善用汗吐下三法;李东垣重脾胃内伤学说,而多用补脾升阳法;朱丹溪创"阳常有余,阴常不足"之说,而主张滋阴降火为常。他们在各个不同方面都有所创新,为中医内科学提供了丰富的理论和实践经验。

(四) 中医内科学的成形阶段(明清时期)

明代,薛己的《内科摘要》是首先用"内科"命名的著作,王纶在《明医杂著》中指出:外感法仲景,内伤法东垣,热病用完素,杂病用丹溪,这是对当时内科学术思想的一个很好的概括。王肯堂的《证治准绳》、张介宾的《景岳全书》、秦景明的《症因脉治》、李中梓的《医宗必读》等著作,对内科许多疾病都有深刻的认识,譬如《景岳全书》的阴阳互补学说和《医宗必读》的治泻九法等,对内科的辨证论治直至今日仍具有重要的指导意义。

清代,以内科为主体的著述有《古今图书集成医部全录》、《医宗金鉴》、《张氏医通》、《辨证录》、《临证指南医案》、《杂病源流犀烛》等。此外,简短实用的还有《证治汇补》、《医学心悟》、《医林改错》、《血证论》等,对中医内科学的发展,均起到了很大的促进作用。尤其温病学家的成就,如叶天士的《外感温热篇》首创卫气营血辨证,成为后世诊治温病的准绳;薛生白的《湿热病篇》对湿热病证治的发挥,充实了温病学说的内容;吴鞠通著《温病条辨》,提出三焦辨证,完善了内科热病学术体系,丰富了辨证论治的内涵,为中医内科学术体系形成与发展作出了很大贡献。

在中医内科学成形阶段,理论上已不限于一家之言,而是博采历代众家之长,结合自己的经验加以发挥,创造性地建立并完善了热病和杂病的证治体系,使中医内科学术理论更臻成熟与完备。同时,由《伤寒杂病论》开创的辨证论治原则,自宋代至明清,由于内科学术理论的不断发展,也由于中药方剂理论的相应发展,并与临床实际紧密结合而纳入共同的理论体系,使各种内科疾病都可按辨证论治的原则进行治疗,从而在内科疾病中确立了辨证论治这一根本诊治原则。

综上所述,中医内科学是随着历史的进程和医学实践的发展而逐步形成和完善的,它也必将在新的历史时期得到更大的发展。

三、中医内科疾病的分类及其依据

科学的疾病分类,有助于归纳总结疾病病因病机、诊断、治疗及转归预后。内科疾病的病种多、范围广,历代医家从不同的角度,用不同的方法对内科疾病的分类作了尝试。例如《内经》首先按病因、病机、主症、病位进行分类,其中"病机十九条"就是典型的按病机、病位分类。《伤寒杂病论》按病因病机把疾病分为两类,一类是外感热病,统称伤寒;另一类是非外感热病,即所谓内伤杂病。在此基础上,又按太阳、阳明、少阳、太阴、少阴、厥阴六经把伤寒病分为六大类;按脏腑病机将杂病进一步分类,如"胸痹心痛短气病"是病机结合病位分类,"惊悸吐衄下血胸满瘀血病"所列举几种病的发病机理都与心和血脉有关,又因血为心所主、肝所藏、脾所统,若三脏功能失常,就能引起上述病证,故合在一篇论述,反映了该书分类的学术思想。其后《千金要方》按病机将全身性疾病分为风病、伤寒、脚气、消渴、水肿等,除此之外的其他疾病都分别归入互为表里的五脏六腑十一门类中。张从正《三法六门》也按病因病机把疾病分为风、寒、暑、湿、燥、火六类。明代楼英《医学纲目》对疾病分类,以脏腑为纲,另立伤寒一门,将伤寒以外的各种疾病均按脏腑生理学说分为五部分,分别归入相应的脏腑。这些分类方法,综合起来有病因病机分类、病位分类、脏腑分类,一方面反映了不同医家的学术思想,同时也反映了他们对内科疾病本质的认识,为内科疾病分类奠定了基础。

近年来,疾病分类日益受到重视,并加强了研究,已研制出包括内科疾病在内的中华人民共和国国家标准《中医病证分类与代码》,必将对包括内科在内的临床医学的发展起到促进作用。从指导临床应用出发,常用的内科疾病分类法主要有病因分类、病机分类、脏腑分类等。

以病因作为分类的依据,可以将内科疾病分为外感疾病和内伤疾病两大类。所谓病因,不仅是指直接致病的因素,而且包括气血津液运行敷布失常及病理过程中形成的非生理性产物。据此,外感疾病是由外感风寒暑湿燥火六淫和疫疠之气所致;内伤疾病是由于七情、饮食劳倦、气血津液敷布失常及病理代谢产物所致。

以病机作为分类依据,可把内科疾病分为热病和杂病两大类。杂病又包括两类:一类是内伤所致,另一类是外感所致。外感病起病较急,变化较快,多有明显的传染性、流行性和季节性,如感冒、痢疾、霍乱、疟疾等;也有起病缓慢,隐匿而不自觉,病情发展慢者,如痨瘵、虫证等;有的主要临床表现与某些内伤病证相似,如外邪引起的咳嗽、泄泻、淋证等。关于后两种情况,由于中医学的特点和历史条件的原因,兼之这些病证都有相应的主要病损脏腑,习惯上都将它们归入相应的内伤病类研究,而不列入外感疾病。

病因分类突出了病因的重要性,便于临床辨证求因,审因论治。病机分类则反映了各类疾病病理变化的一般特点,有助于掌握疾病的证候特征。病机分类法是在病因分类的基础上进行的,是对病因分类法的补充。这两种分类方法皆是以疾病的某种本质属性为依据,都能在一定程度上反映疾病的某些共同规律。因此,临床上常把这两种方法结合起来使用,如外感热病、内伤杂病即是,但这样分类仍显得比较笼统。

以脏腑作为分类的依据,可将内科疾病按脏腑病位进行系统分类。这种分类是在病机分类基础上进行的,其理论依据是脏腑学说。脏腑学说是研究人体生理功能、病理变化及其相互关联的独特理论。它认为人体是一个以脏腑为核心的有机整体,不仅脏与脏、腑与腑、脏与腑在生理病理上有着密切联系,而且脏腑与四肢百骸、五官九窍等各个组织器官也有着不可分割的关系。气血津液虽是构成人体的基本物质,而它们的生成、运行与输布,无不需要通过有关脏腑的功能活动才能完成;各脏腑的功能活动,又都以气血津液作为物质基础。经络是脏腑之间、脏腑与体表的联系通路,也是气血津液的运行渠道,更是疾病反应的载体。内科疾病病种虽多,病理变化亦复杂多样,但其病理机制必然与脏腑功能的失调、经络通路的障碍,以及气血津液的生成、运行、输布的失常密切相关,故内科疾病,主要是根据脏腑、经络、气血津液的生理功能和病理变化来进行归类的。例如肺主气,司呼吸,故凡肺失宣肃,呼吸功能异常的疾病,如咳嗽、喘证、哮病等归类于肺病证。如痹病,系经络受邪,病在肢节,故归属于经络肢体病证类。又如虚劳,乃因气血津液阴阳虚少所致,涉及脏腑较多,难以某脏腑归类者,则归入气血津液病证类。这样,以五脏为主,以脏统腑,辅以经络、气血津液,就可将除外感热病以外大部分内伤杂病分为七大类,即肺病证、心脑病证、脾胃肠病证、肝胆病证、肾膀胱病证和气血津液病证、经络肢体病证。

本版《中医内科学》教材是在病因病机分类基础上,按脏腑分类法,将外感病证以外的内伤杂病分为七大类。如按病因病机分内科疾病为外感热病和内伤杂病视作第一级分类,那么按脏腑学说分内伤杂病为七大类则可视为内科疾病的第二级分类。应说明的是,既往中医内科著作及教材中无脑病类,而将脑病内容多归属于心和肝,本版教材据脏腑学说心主神志,脑为元神之府,故将心脑病证合为一章讨论,以示心脑病证神志病变之共性。黄疸病主病位在肝胆,故归属肝胆病证类。可见,脏腑分类,较病因病机分类,更能具体地指导疾病的诊断、辨证、治疗。当然,无论是病因分类、病机分类,还是脏腑分类,都是对疾病某种本质属性的一般分类,对于某一种疾病来说,其归类也不是一成不变的。如以病变过程中病机变化为依据,同一种疾病的不同病理阶段,可以归属于不同类疾病中。痹病有五体痹、五脏痹、风寒湿痹与热痹,在《内经》有专论,应为一类疾病。因五体痹、五脏痹都以风寒湿热痹阻经络为基础,故归入经络病证。若经络痹阻进一步发展,邪入五脏,舍于心,出现胸闷、心痛、心悸等症,则为心痹,一般不再属于经络病证,而应归类于脏腑病证了。若以发病时的病势浅深轻重为依据,同一种疾病的不同病变部位,又可以归属于不同病类。如中风病有神志异常者,病类为中脏腑,病位深;无神志异常者,病类为中经络,病位浅。这对于指导治疗,判断预后具有重要意义。

四、中医内科疾病发病学要点

发病学是研究疾病发生的原因、条件及其发病规律的一门学科。

本教材主要以中医内科疾病在发病过程中邪正双方以及二者关系对疾病发生发展的影

响和作用为重点内容进行讨论。内科疾病的发生是六淫之邪、疫疠之气、饮食失调、情志所伤等致病因素作用于人体,导致人体脏腑、阴阳、气血、津液的功能失调。也就是说,内科疾病的发生必须具备两个条件,即外部条件和内部条件。中医学将一切对机体有损害作用的外部致病因素概称为"邪气",而把机体内部的抗病机能,包括对病邪的抵御、对损害的修复、对阴阳的调节等,概称为"正气"。疾病的发生与否以及发生的形式等,取决于正气与邪气的盛衰以及邪正相互作用的结果,即正能胜邪,病邪难以侵入,机体的阴阳平衡得以保持,则不发病,若病一般也很轻浅,易于康复,此即《素问遗篇·刺法论》所谓"正气存内,邪不可干";正不胜邪,病邪乘虚而入,机体的阴阳平衡遭到破坏,疾病由此而生,此即《素问·评热病论》所说"邪之所凑,其气必虚"。

除此之外,内科疾病的发病往往也受到下列因素的影响或制约。

(一) 体质因素

1. **体质特殊性**　个体体质的特殊性,往往导致对某种致病因素或疾病的易感性。《灵枢·五变》说:"肉不坚,腠理疏,则善病风。……五脏皆柔弱者,善病消瘅";"小骨弱肉者,善病寒热"。这里所说的脏腑组织的坚脆刚柔,即指个体体质对疾病的易感性。由于脏腑组织有"坚脆刚柔"的不同,构成了个体体质的特殊性,导致发病情况就有差别。在临床上常可见肥人多痰湿,善病胸痹、中风;瘦人多火热,易患痨嗽、便秘;年迈肾衰之人,易患腰痛、耳鸣、咳喘等,这些都是体质的特殊性导致对某种致病因素或疾病的易感性。

2. **体质差异性**　个体体质的差异性,往往导致对某种疾病发展变化的多变性,从而影响疾病发展变化的趋势。清代医家章虚谷指出:"病之阴阳,因人而变";"邪气因人而化"。揭示了疾病发展变化的差异与个体体质的关系。临床常见同一种致病因素作用于不同的体质,其发病有所不同。如正气较强之人感受寒邪,可出现发热、头痛、恶寒等御邪于肌表的太阳证;而阳气素虚之人感受寒邪,则出现不发热但恶寒、四肢逆冷、下利清谷的邪陷三阴证。同样,感受同一种温邪之后,若其人阳热素盛,邪热极易化燥伤阴,内传营血,很快出现高热、神昏、抽搐、发斑、舌绛等证候;反之,若平素阳热不旺,其病变过程就会迥然不同。

(二) 病邪因素

1. **影响病证属性**　除少数由于先天因素和因虚致病者外,感受外邪是绝大多数内科疾病发病的重要条件,在某些情况下,邪气还是发病的决定性因素,且病证的属性与所感受的邪气的性质密切相关。一般来说,阳邪易致实热证,阴邪易致虚寒证。邪气影响病证的属性具有一般性的原则,例如湿热致病,常以阳热证为多,寒证较少;寒邪致病常以寒证为多,至于化热则大多数需要经历一定的过程。

2. **影响发病形式**　一般来说,感受风燥暑热、疫疠之邪,或食物中毒,或强烈的精神情志刺激,往往可使气血顿生逆乱,故发病较急;而饮食失调、情志抑郁、失精失血等,大多是逐渐引起脏腑气血失和,所以发病一般较缓慢;外感寒湿之邪,因其性质属阴而沉滞,故发病也多缓慢。可见病邪对于发病的形式有重要影响。

3. **影响发病部位**　六淫之邪致病,多从皮毛而入,其发病多在肌表;情志致病、饮食所伤,发病多从气血和脏腑开始。宿疾留邪之处,则常为新感病邪的传入之所。宿疾又称痼疾,即基础疾病;留邪,即潜在致病因素如伏痰、留饮、死血等。若有宿疾留邪,则常易继发其他疾病。《灵枢·百病始生》云:"清湿袭虚,则病起于下;风雨袭虚,则病起于上";"忧思伤心,重寒伤肺,忿怒伤肝,醉以入房,汗出当风,伤脾;用力过度,若入房汗出浴,则伤肾"。说明邪气对于发病的部位有重要影响,即不同的病邪致病,其首发病位各不相同。

(三) 情志因素

1. 突发情志失调　暴发性情志变化可使气血及脏腑功能暴乱而发病。人的七情是机体对外界刺激的客观反应,与脏腑功能密切相关。在正常情况下并不致病,但异常的情志变化,暴发性情志障碍如大怒、暴怒、大喜、暴喜,常可引起眩晕、心痛、中风、癫狂等疾病发生。

2. 长期情志失调　持续性情志失调可引起气血失和、脏腑功能紊乱而发病。如忧思不解常致气结不行、脾气不运、胃气不降,而出现噎膈、呕吐、郁病、胆胀等病证。

(四) 行为因素

既往人们对不良的行为即不良的生活方式对内科疾病发病的影响不甚重视,近几年来,随着胸痹心痛、中风等心脑疾病和肿瘤、消渴、非感染性疾病的增加,人们越来越清楚地认识到不良的生活方式与这些疾病发病之间的密切联系。例如过食肥甘厚味,加上少动贪逸,就容易患胸痹心痛;不吃早餐,或长时间紧张工作,就容易患胆胀、胃脘痛;性生活不节或不洁,可导致阳痿、早泄;长期过量吸烟与肺癌发病有关,等等。因此,目前国际上将中老年人多发的与不良生活方式有关的内科疾病,归属于不良生活方式影响的疾病,以提示人们重视不良生活方式与疾病的关系。

(五) 时间因素

内科疾病的发病及其演变,与年、季、月、日、时的阴阳盛衰消长变化和五行生克规律有着一定的内在联系。如春季多风、气温转暖,多发风病、热病;夏季炎热多雨,多病湿热、泻痢;秋季多燥、气温转凉,多发燥病、咳喘;冬季寒冷,多病肾虚、痹病。随着时迁,月始生则人之血气始精,卫气始行;月廓满,则血气实,肌肉坚,一般人不易得病。月廓空,则肌肉减,经络虚,卫气去,形独居,则邪气较易侵害机体致病。这说明疾病发生与月象有关。近年来,随着中医时间医学研究的深入,发现许多内科病的发病、转归、病死的时间分布有着明显的规律性。如肺病发病或病情变化的高峰时间在冬季1月份,此时可能是肺系正虚邪盛的主要时间。就一日而言,大多疾病一般有旦慧、昼安、夕加、夜甚的变化规律。有些疾病则有特殊的变化规律,如哮喘发作的时间多在寅时。寅为肺经主时,此时足厥阴之气交于手太阴肺经,又为少阴肾经对应时。肺肾气虚,阳不能制阴,故哮喘患者多在寅时发作或病情加重。

(六) 地域因素

内科疾病的发病与地域有密切的关系,不同地域的自然环境可使某些疾病的发病率不同。如通过全国临床流行病学调查,中风病发病率从南向北与从东向西呈逐渐增高的趋势。再如,我国北方高寒地区,气候寒冷,多病痹痛、哮喘等病;南方湖泊地区,气候炎热多雨,多病湿热、温病。久居潮湿,易患风湿、湿阻等病证。《诸病源候论·瘿候》说:"诸山水黑土中,出泉流者,不可久居,常食令人作瘿病",指出瘿病的发生与水土有关。

疾病发生之后,各种病证的传变,通常有其固有的规律。除伤寒按六经,温病按卫气营血或三焦,内伤杂病按脏腑病机规律传变外,还存在"久病入络"、"久病入血"、"久病及肾"等的传变规律。就疾病转归而言,大体上内科病证由表入里,由阳转阴,由实变虚,此时邪盛正衰,病情加重;病由里出表,由阴转阳,由虚变实,是邪退正盛,病情好转。由此可见,决定病证传变和转归的因素有邪与正两方面,而其中起决定作用的因素是正气的盛衰。近年有学者对疾病发生时证候出现的概率,证候随疾病分期传变转化的观察与描述,以及对自愈、向愈、变证、坏病、死亡等预后的分析均做了有益的探索。还有人提出探讨发病学规律必须重视证候与病期、横向与纵向的结合，借鉴临床流行病学的方法，从一个病到一组病深化转归预后的研究，不断充实中医内科发病学的内容。

五、中医内科疾病症状学要点

症状学是描述疾病的症状、体征、舌象、脉象，研究症状组合、鉴别及演变规律，为确定证候、分析病机提供依据的一门学科。

内科疾病的诊断和辨证皆从分析症状入手，其主症与具有特征的兼症常常是重要的诊断线索。内科疾病常见的症状很多，现将其主要的、病证共有的部分症状简述如下，以起到举一反三的作用。

（一）发热

发热是内科疾病中常见症状之一，是机体对病邪的一种全身性反应，是机体正气与病邪相争，阴阳失调的必然现象。发热又能消耗气津，损害机体，甚至造成不良后果。

发热可分为急性发热和长期发热，前者多为外感病邪所致，后者常由内伤而阴阳失调所致。就发热程度言，有微热、低热、高热、灼热。发热的主要类型有如下几种：

发热恶寒：发热与恶寒同时存在，为外感表证的表现。

寒热往来：恶寒与发热交替出现，为邪在少阳，枢机不利的表现。

身热夜甚：发热以夜间为甚，一般无汗，舌红绛，为邪热传营，劫烁营阴的表现。

长期低热：指发热2周以上的状态，一般体温在37.2℃～38℃之间。多为气血阴亏，脏腑功能失调所致的内伤发热，起病较缓，病程较长，多伴五心烦热、舌红少津。

（二）咳嗽

咳嗽是肺病最主要的症状，由肺气不清，失于宣肃所致。其他脏腑功能失调导致肺气上逆也可出现咳嗽。咳嗽日久，也能耗损气津，损害机体，剧咳还会造成不良后果。

临证时应了解咳嗽的时间、节律、性质、声音、伴随症状以及加重的有关因素。咳嗽时作，白天多于夜间，咳而急剧、声重，或咽痒则咳，多为外感风寒或风热引起；若咳声嘶哑，病势急而病程短者，为外寒内热即寒包火；病势缓而病程长者为阴虚或气虚；咳声粗浊多为风热或痰热伤津；早晨咳嗽阵发加剧，咳嗽连声重浊，痰出咳减者，多为痰湿或痰热咳嗽；午后、黄昏咳嗽加重，或夜间时有单声咳嗽，咳声轻微短促者，多属肺燥阴虚；夜卧咳嗽加剧，持续不已，少气或伴气喘者，为久咳致喘的虚寒证。咳而声低气怯者属虚，洪亮有力者属实。咳嗽气急而喘，伴胸闷气促，动则尤甚，或阵发性夜间咳喘，端坐呼吸，甚或咯吐粉红色泡沫痰，则为心肺同病，痰瘀内阻，血随气逆，虚实并见之候。

同时，还需注意痰的有无、痰量多少和痰的色、质、味。咳而少痰或无痰者多属燥热、阴虚；痰多者常属痰湿、虚寒；痰白而稀薄者属风、属寒；痰黄而稠者属热；痰白而粘者属阴虚、属燥；痰白清稀透明呈泡沫样者属气虚、属寒；痰粉红呈泡沫样者属阳虚血瘀络伤；咯吐铁锈色痰或痰中带血或血痰，多为肺热或阴虚络伤；咯吐脓血腥臭痰，则为热壅血瘀之肺痈。

（三）气喘

气喘又称喘促，为许多急、慢性内科疾病过程中的一个症状，主要与肺气上逆、肾气失纳有关，病变涉及肺、肾和心、肝等脏腑，辨证有虚、实、寒、热等不同。

在病史方面，青壮年气喘大多为实证，中老年气喘多为虚证；既往健康者多属实，既往常有气喘发作,遇劳遇寒即发,多属于虚。重病大病之后,或产后失血,突然出现的气喘,多属虚证,甚至是元气败绝的危候。

在临床症状与体征方面,喘而呼吸深长,面赤身热,舌红苔厚腻或黄燥,脉浮大滑数者为实证;呼吸微弱浅表,呼多吸少,慌张气怯,面色苍白或青灰,额有冷汗,舌质淡,舌上无苔或苔白滑或黑润,全身明显消瘦或浮肿,脉微弱或浮大中空者为虚证。如气喘痰鸣,气不接续,张口抬肩,不得卧,四肢厥冷,面色苍白,汗出如珠如油,六脉似有似无,即为元气欲脱之危候。若气息喘促,张口抬肩,唇面青紫,神昏厥逆,痰壅咳逆,则是肺失治节,心血运行失常,百脉瘀阻的重症。

气喘之寒热,当审其痰之色质。其痰清稀如水或痰白有泡沫者属寒;痰色黄、稠粘或虽白而粘,咯吐不利者属热。

(四) 口渴

口渴是热病和消渴病的主要见症,是内科疾病常见的症状之一。口渴为津伤之象,津伤越甚则口渴越重。同时也有湿饮内阻,气不化津之口渴。口渴的程度有口干、微渴、大渴引饮和数饮而不解渴,其性质应结合口味之苦、淡、甜、粘、咸及喜热、喜凉等进行辨别。

口干或微渴,为津伤不甚;口渴多饮为津伤较甚。渴喜凉饮,多为热盛伤津;渴喜热饮或渴不喜饮,多为阳不化津或湿郁不化;自觉口干而不甚渴饮,为邪热入营,营阴被灼之象;大渴引饮,多为阳明热盛津伤;数饮而不解渴,小便不利,为饮停阻津,气化不利。口苦而渴者,多为胆火内炽;口酸而渴者,多为肝火伤津;夜间口渴,多为阴津不足;口干,但欲漱水而不欲咽,兼见舌质隐青或有青紫色瘀斑,为瘀血内阻,津不化气。

(五) 腹痛

腹痛与气机失调、湿阻、积滞、血瘀等因素有关。不同部位的腹痛提示病变部位也不同,临床必须作出鉴别。

脘腹痞满不舒,甚或胀满而痛,为胃气壅滞之象,伴有呕恶,苔厚腻者为湿阻;若兼嗳腐吞酸,恶闻食气,则多为食滞之象。

脘胀连胁或痛,为肝气犯胃,气失疏泄,多伴呃逆、矢气频多等症。

腹胀或胀痛拒按,伴大便不通,为肠有宿食燥屎,腑气不通。腹胀夜甚,大便稀溏,常为肝郁血瘀,脾虚不运。腹痛阵作,便溏不爽,苔黄腻,多为湿热挟滞,阻于肠道。

少腹硬满急痛,伴见神昏谵语,甚或发狂,大便色黑,舌质紫绛者,多为下焦蓄血或妇人热入血室之证。

(六) 胸痛

胸痛憋闷为心肺病和肝经病变的共有症状,一般来讲,憋闷属气滞,疼痛属血瘀,气滞血瘀故闷痛。临床上憋闷和疼痛既可单独出现,也可同时并见。

胸部疼痛,伴有咳嗽或咯痰,咳则胸痛更甚,发热者,为肺热伤络,肺气不利的肺热病。若胸闷隐痛,咳嗽无力,则多为肺气虚弱,余邪未净的肺热病后期表现,也可见于肺痨。

胸闷憋气,当胸而痛,或心前区疼痛,甚则胸痛彻背,气短喘息,不得安卧,为心脉瘀阻所致的胸痹心痛。心胸闷痛不定时而发,且多因劳累引发者,病情较轻;心胸闷痛定时而发或静中发病者,病情较重。心胸闷痛,痛沿手少阴心经循行方向向肩胛、上臂放射者,为顺经传,病情较轻浅;若痛发于心胸之外而移至于心者,为逆经传,病情较深重。若心胸卒然大痛,甚则持续不解,伴有汗出、肢冷、面白、唇紫、手足青至节、脉微细或结代等危重症候,为胸痹心痛进一步发展,瘀血闭阻心脉之真心痛。

(七) 饮食异常

多种内科疾病都可出现饮食异常,其中尤以脾胃疾病更为常见。通过了解饮食情况,可以测知脾胃功能的强弱,判断疾病的轻重及预后。饮食异常主要反映在食欲和食量的变化上,具体如下:

食少纳呆,兼见腹胀便溏,消瘦乏力,舌淡者,为脾胃气虚,可见于久病和素体气虚之人;纳呆脘闷,兼见头身困重,便溏苔腻者,属湿邪困脾,长夏感受暑湿之邪多见此症;纳少厌油腻食物,兼见黄疸或胁胀胁痛,身热不扬者,属肝胆湿热;纳呆厌食,兼见嗳气酸腐,脘腹胀痛,苔厚腐浊者,为宿食停滞。

多食易饥,身体反见消瘦,兼见口渴心烦,舌红苔黄,口臭便秘者,为胃火亢盛;若兼大便溏泻者,则为胃强脾弱。

饥不欲食或食少,兼胃中嘈杂、灼热,舌红少苔脉细者,为胃阴不足,虚火内扰;若兼胸胁苦满或腹满,心烦喜呕,情绪沮丧,脉弦者,为肝气郁结,肝胃不和。

病重期间,见食欲和食量逐渐增加,病情也随之减轻,是胃气渐复,病情好转的佳兆;若见食欲陡增或食后发热,病情反见恶化,名为除中,是胃气衰败的表现,预后不良。

(八) 汗出异常

内科疾病无论外感内伤,皆可出现汗出异常。汗出异常主要与津液生成、输布失常有关,如热蒸津出或气不固津则有汗;热盛伤津,化源不足,或经络闭阻,津气不行,则无汗或半侧身体无汗。因此,问病人出汗的异常,可以鉴别疾病的表里寒热虚实。辨汗时,要着重了解病人有汗无汗,出汗的时间、多少、部位以及主要兼症等情况。

无汗,在内科疾病常见两种情况,兼见恶寒重,发热轻,头项强痛,脉浮紧者,是外感寒邪,玄府闭塞所致;若兼见灼热或午后手足心热甚于手足背,皮肤干皱或痒,舌红绛少津,脉细数者,是热伤营阴,化源不足所致。

有汗,兼见发热恶风,脉浮缓者,为外感风邪,玄府疏松所致,属表证汗出。里证汗出则有两类情况,一类为全身汗出,另一类是局部汗出。

1. 全身汗出异常　全身汗出异常表现:①自汗,即病人日间汗出,活动后尤甚,一般兼见畏寒、神疲、乏力等症,属气虚、阳虚。②盗汗,是病人睡时汗出,醒则汗止,兼见潮热、颧红等症,属阴虚内热。③战汗,即病人先恶寒战栗,表情痛苦,几经挣扎,而后汗出者,常见于正邪剧争之时,为疾病的转折点。如汗出后热退脉缓,是邪去正安,疾病好转的表现;如汗出后仍身发高热,脉来急疾,则是邪盛正衰,疾病恶化的表现。④大汗不已,蒸蒸发热,兼见面赤、口渴饮冷、脉洪大者,属实热证,由里热亢盛,蒸津外泄所致。⑤若冷汗淋漓,兼见面色苍白、四肢厥冷、脉微欲绝者,属亡阳证,乃阳气暴脱,津随阳泄之危候。

2. 局部汗出异常　局部汗出异常:①头汗,即病人仅头部或头颈部出汗较多,余处无汗,又称为"但头汗出"。若头面多汗,兼见面赤、心烦、口渴、舌尖红、苔薄黄者,是上焦邪热循经上蒸所致;若头面多汗,兼见头身困重、身热不扬、脘闷、苔黄腻者,是中焦湿热循经上蒸所致;若重危病人而见额部汗出如油,兼见四肢厥冷、气喘、脉微者,为虚阳上越,津随阳泄的危象。②半身汗,是指病人仅半侧身体有汗,或为左侧或为右侧或为下半身,而另一侧则经常无汗,无汗侧为患侧,多由经络阻闭,气血运行不周所致,可见于中风、痿病及截瘫等病人。③手足心汗,即病人手足心出汗较多,其原因多系脾胃有病,运化失常,津液旁达四肢,故手足心汗出。

（九）头晕

头晕即病人自感头部晕旋，轻者闭目自止，重者视物旋转，不能站立，若兼目眩者称为眩晕，常伴有恶心呕吐，汗出耳鸣。头晕病位在脑，但病机主要涉及肝肾，与风、痰、瘀、虚有关。根据头晕的不同情况，可以鉴别疾病的不同性质。

头晕胀痛，兼见面赤耳鸣，口苦咽干者，为肝阳上亢所致；头晕昏沉，兼见胸闷呕恶痰多，属痰浊中阻所致；头晕眼花，过劳或突然起立则甚，兼见面白舌淡，心悸失眠者，为气血不足所致；头晕耳鸣，遗精健忘，腰膝酸软者，为肾精亏虚所致。头晕目眩，多在头项运动时发作，颈僵肩沉，甚则活动转侧受限，为三阳脉阻之项痹。

（十）乏力

乏力又称为疲乏无力，是多种内科疾病的常见症状。一般认为乏力主要由气虚或湿困所致，与肝脾关系最为密切。肝为"罢极之本"，脾主四肢肌肉，脾气虚、肝血虚或湿困脾胃，则易见乏力。

乏力伴汗出，气短，舌淡脉弱者，为气虚；乏力身重头重，纳呆脘痞，苔腻，脉濡者，为湿困；乏力，劳则加重，身重体倦，面色萎黄，便溏或稀，食少腹胀者，为脾虚夹湿；乏力，劳则加重，腰酸腿软，腹胀不舒，头晕目眩者，为肝肾亏虚；乏力而身目皆黄，纳呆呕恶，腹胀或胁痛，苔黄腻者，为肝胆湿热。

（十一）呕吐

呕吐是一个症状，主要由胃失和降，气逆于上所致。肝、胆、肺、肾病变有损于胃，皆可发生呕吐。呕吐也是机体对胃内异物的一种反射性动作，可帮助机体排除有害物。但剧烈或长期呕吐，必会影响水谷精微的吸收，导致营养不足，加重病情。临证时辨别呕吐的病程及呕吐物十分重要。

一般暴病呕吐多属实证，如外邪犯胃，必兼表证；饮食停滞，则呕吐脘胀厌食，嗳腐吞酸；痰饮内阻，则呕吐清水痰涎；肝气犯胃，胃失和降则呕吐脘胀连胁。久病呕吐多属正虚，如脾胃阳虚则呕吐清水或未消化食物；肺气上逆，影响胃气和降，则呕吐，咳嗽气逆，劳倦乏力，肢冷便溏；胃阴不足，则多干呕，口燥咽干。呕吐不止，形体消瘦，舌光红少苔或花剥苔，为胃阴大伤，胃虚气逆之候。此外还有脑病引起的呕吐，多呈喷射状。若神昏而呕吐咖啡样物者，或伴柏油样黑便者，多为热灼胃络出血，常见于中风神昏或肺胀神昏等病程中。呕吐频作而伴高热，项强，头痛剧烈，时有惊搐者，为热毒燔炽，冲逆阳明，引动肝风之候。

（十二）大便异常

大便异常是多种疾病的共有症状，主要与小肠的泌别、大肠的传导及胃气的顺降失常有关。大便异常主要反映在便次、性状及颜色等方面。

大便秘结为腑气不通的主要表现，如果大便不通伴腹满拒按疼痛，苔黄厚干燥，为热结腑实之证；若大便干燥难以排出，数日一行，伴见口干舌红少津者，为阴虚肠燥之证；大便不通或排出不爽，但大便并不干燥，苔厚腻，常为气虚或阳虚通降无力而挟湿热之象。

大便次数增加，一日数次，便稀如水，为湿盛或脾虚所致之泄泻；若大便次数增多，便粘不爽，里急后重，为湿热壅滞所致之痢疾。大便色黑光亮如柏油样，为远血，多见于胃肠络伤的病变；若大便鲜血，则为近血，多见于热伤肠络或瘀血、瘀热阻肠之痔疮，或脓血便夹杂混下之肠澼。一般大便次数逐渐由多减少,由稀转软,由黑转黄,为病顺;反之,则为逆;若病重期间,大便突然失禁,排便次数陡增,或深夜、黎明腹泻,常为病情危急的征兆,是阳气下陷的表现,当特别注意。

(十三) 小便异常

小便异常反映出肾与膀胱气化失常和津液代谢失常的病变。因此,小便变化不仅是肾与膀胱病变的主要症状,也是观察体内津液盈亏及病情顺逆的指征。小便异常主要反映在小便次数、量、颜色及小便时的感觉等方面。一般小便色黄短少,主热;小便清长者,主寒。尿频、尿急、尿痛者,为膀胱湿热之淋证;尿频急痛,尿出砂石者为石淋;伴尿出如膏脂者为膏淋。小便涩少,甚则少尿、无尿,为津液枯涸,化源告竭之象,属大虚之候;若尿少而小腹充盈,则为膀胱气化不利或尿道阻塞,尿液内蓄之象,多属实。尿少甚或尿闭,伴浮肿、呕恶,常由肾衰水毒内蓄,胃气不和所致。夜尿频多,或排尿不畅,余尿不净,为肾虚,气化无力;尿频而量少,尿有臊臭气味者,则为下焦湿热瘀阻,气化不利所致。若血尿色鲜不痛多为肿瘤;血尿涩滞而痛有脓液随出者为淋病。

(十四) 水肿

水肿是因肺脾肾三脏对水液代谢失调,致体内水湿滞留,泛溢肌肤,引起头面、四肢、腹部,甚至全身浮肿的病证,严重者还可伴胸水、腹水。水肿轻者,见面目虚浮,手足发胀,但压无凹陷,称为潜在性水肿;若仅踝肿,按之凹陷易复,为Ⅰ度浮肿;较重者浮肿过膝,按之凹陷没指,不易随复,为Ⅱ度浮肿;更重者全身浮肿,腹大胸满,卧则喘促,为Ⅲ度浮肿。

水肿多与小便不利同时存在。其发生与多个脏腑有关,病因也是多方面的。病由感受外邪而来,一般眼睑颜面先肿,继则四肢全身,多为风水相搏,其病在肺。水肿以腰以下为甚,反复消长,劳后或午后加重,甚则全身浮肿,则为脾肾阳虚或心肾气虚、阳虚,水湿内停。水肿若伴心悸、唇紫、脉虚数或结或代,乃水邪凌心,瘀血内阻;若伴喘促、汗出、痰多呈泡沫样、脉虚浮而数,是水邪凌肺,肾不纳气;若伴呕吐不食、脘腹胀满,是水邪干胃,脾气不运;若伴身颤动、神昏,是水湿之邪内盛,暗耗肝阴,虚风内动;若伴脘腹胀满、畏寒神倦、肢冷面白,是脾肾阳虚,水寒内盛。

(十五) 神昏

神昏即神志昏迷,不省人事,是内科危重病的临床表现。在外感高热、中风、厥脱、水肿、消渴、肺胀等疾病发展到严重阶段时都可出现,是疾病危重的重要指征。外感时疫,热毒内攻;内伤疾病,阴阳气血逆乱,浊邪上扰心脑,导致清窍闭塞,神明失守,即发为神昏。既往神昏多归属于心病,本教材归属心脑病证,乃因脑为元神之府,为了便于理解,故心脑并称。

神昏,临床上有轻重之别。一般分为神识恍惚、神志迷蒙、昏迷、昏愦由轻至重的四个层次。神识恍惚可先见情感淡漠或情绪烦躁,而后辨知事物不清,恍恍惚惚,但强呼其可应,回答问题已不够准确。神志迷蒙为嗜睡朦胧状态,强呼可醒,旋即昏昏入睡。昏迷为呼之不应,不省人事,二便不能自制。昏愦即昏迷之甚,呼之不应,刺之不明,目正睛圆,或口张目合,呼出之气臊臭难闻,在昏迷的基础上可见脏腑功能衰竭的表现,如舌卷囊缩,汗出肢冷,手撒遗溺,鼻鼾喘促等绝症。

神昏常伴有高热,谵语,烦躁,抽搐,或斑疹衄血,舌红绛而脉细数,病在心、脑,为热陷心营所致。

神昏而呈似清非清,时清时昏的状态,咳逆喘促,痰涎壅盛,身热而多不高,苔腻垢浊,脉濡数,为痰蒙清窍所致,病在心、肺。

神昏以谵语烦躁为主,伴日晡潮热,腹满而痛,舌黄而燥,脉沉实,为阳明腑实,邪热扰神所致,病在心、胃、大肠。

神昏以谵昏如狂为特点,伴少腹满硬急痛,唇爪青紫,舌绛,脉沉而涩,为瘀热交阻,脑窍闭塞所致,病在心、脑。

神昏以昏迷不醒,或昏而时醒为特点,伴黄疸日深,斑疹衄血,或腹胀如鼓,舌绛苔腻,脉弦,为湿热上蒸,热毒内陷肝胆所致,病在心、肝、胆。

神昏以突然昏倒,不省人事,伴肢体偏瘫,鼾声痰鸣为特征,为肝阳暴张,引动肝风,脑脉瘀阻,清窍被蒙所致,病在肝、心。

(十六) 抽搐

抽搐多由热极生风,阳亢化风,或虚风内动,或风毒内袭经脉所致,以四肢不自主的抽动,甚则颈项强直,角弓反张为特征。内科疾病急症之抽搐,多由风、火、痰引起,病位多与心、肝、肾有关,而以肝为主。

抽搐一症,有外感内伤之分,虚实之异,病因不同,其临床证候亦有差别。一般四肢阵阵抽搐,或持续之抽搐,常伴壮热谵语神昏,甚至角弓反张者,属实;抽搐呈手足蠕动,热势不甚,神怠或迷蒙者,属虚。

若见于急性热病中期,四肢抽搐,伴有壮热,汗大出,渴欲冷饮,神昏,为邪热内盛,热极引动肝风所致;若见于各种急性热病后期,手足蠕动,偶有抽搐,并伴有低热,心烦不宁,口干舌燥,精神疲乏,为邪热久稽,气阴亏耗,虚风内动所致;若疫毒入脑或外伤感受风毒,侵袭肝之经脉而抽搐,则多现阵发性四肢抽搐,颈项强直,甚至角弓反张,伴神昏喘促头痛等症;若肝阳上亢,肝风内动之抽搐,则常并见剧烈头痛呕吐、神昏、偏瘫、面红气粗等症。

(十七) 出血

出血为内科急症,凡血液不循常道,上溢于口鼻诸窍之鼻衄、齿衄、呕血、咯血,下出于二阴之便血、尿血,以及溢于肌肤之间的肌衄(又称发斑),均属出血范畴。出血原因甚多,其病机属实者多由于火热伤络,属虚者多由于气不摄血。

出血有衄血(包括鼻、齿、耳、目出血)、咯血、呕血、便血、尿血和发斑之分。就出血部位而言,衄血包括鼻衄、齿衄、耳衄、目衄等,为鼻、齿、耳、目等器官出血;咯血指肺系出血;呕血多属胃出血;便血乃胃肠出血;发斑则包括紫癜及其他类型的肌肤出血。咯血多有咳嗽、咯痰;呕血多夹有胃内容物;便血色黑者为远端出血,如胃出血;便下鲜血或先便后血,为近端出血或痔疮出血。

临床上除首先辨别上述各种出血外,还须辨别各种出血的虚实性质。一般呕血、衄血,出血量较多,血色鲜红,面赤口渴者,多为胃火上冲。咯血、衄血、便血、发斑及血溢于内等,多系血热所致,其出血量可多可少,血色鲜红,常发生于热病过程中。若咯血、衄血及尿血的出血量不多,但反复难愈,色鲜红,常伴目眩耳鸣,手足心热,口干心烦,多为阴虚火动。衄血、呕血、便血及紫癜出血,延久缠绵,反复不愈,血色暗红或淡红,面色苍白,体倦乏力,常由气不摄血所致。

六、中医内科疾病治疗学要点

治疗学是研究疾病的治疗原则、治疗方法和手段的一门实用学科。治疗原则是在辨证论治精神指导下制定的,对疾病治疗的立法、处方、用药等具有指导意义。治疗方法则从属于治疗原则,包括在治疗原则指导下制定的对某一疾病的治疗大法和对某一证候的具体治法。前者如汗、吐、下、和、温、清、补、消等法,后者如清热化湿、理气止痛、辛凉解表、益气活血等法。治疗手段则指与治疗有关的药物、给药途径及其治疗器具等。

(一) 治疗原则

· **治病宜早**

治病宜早有两层意思:一是早期治疗,轻病防重,即在疾病早期及时予以治疗,防止病情发展。一般情况下,疾病的发展总是由轻到重,由比较单纯到错综复杂。疾病的早期,病情尚轻,正气比较盛,治疗矛盾少,及时地给予治疗,容易收到较好的疗效,能尽快地解除病人的疾苦。否则,随着疾病的发展,病情复杂多变,虚实互见,寒热错杂,给治疗带来许多困难,甚至产生严重的后果。正如《素问·阴阳应象大论》所说:"邪风之至,疾如风雨,故善治者治皮毛,其次治肌肤,其次治筋脉,其次治六腑,其次治五脏。治五脏者,半死半生也。"《素问·八正神明论》又说:"上工救其萌芽,……下工救其已成,救其已败",即不仅把早期治疗视作应该遵循的基本原则,也把它作为衡量医生服务态度和医疗水平的一个标准。

二是先证而治,既病防变,即在疾病传变过程中趁证候尚未显露或微露端倪之时给予预防性治疗,防止并病或变证的发生。如《温热经纬·外感温热篇》所称"先安未受邪之地"是治病宜早的另一层涵意,即"治未病"的精神。疾病是不断变化的,机体某一部位发生病变,必然要向相邻的部位或有关脏器发生传变。这种传变一般是有规律的,如《素问·玉机真藏论》指出:"五脏受气于其所生,传之于其所胜,气舍于其所生,死于其所不胜。"先证而治,就是要求医生根据这些规律,把握疾病传变的机制,从全局的观点、动态的观点,采取预防性的治疗措施,阻断和防止病变的转移、扩大和传变,把病变尽可能控制在较小的范围内,以利于病变的最终治愈。如《金匮要略》"见肝之病,知肝传脾,当先实脾"的治法,即体现了这一治疗思想。

· **标本缓急**

标本,是指疾病的主次本末和病情轻重缓急的情况。一般认为,标是疾病表现于临床的现象和所出现的证候;本是疾病发生的机理,即疾病的本质,或者相对地指先病的脏腑及其病理表现。

在病情变化过程中,一般是按照"急则治其标,缓则治其本"和"间者并行,甚者独行"的原则进行治疗。

1. **急则治其标** 是指在疾病的发展过程中,如果出现了紧急危重的证候,影响到病人的安危时,就必须先行解决危重证候,而后再治疗其本的原则。如脾虚所致的鼓胀,则脾虚为本,气胀为标,但当鼓胀加重,腹大如釜,二便不利,呼吸困难时,就应攻水利尿,俟水去病缓,然后再健脾固本。

2. **缓则治其本** 是一般病情变化比较平稳,或慢性疾病的治疗原则。如阴虚燥咳,则燥咳为标,阴虚为本,在热势不甚,无咯血等危急症状时,当滋阴润燥以止咳,阴虚之本得治,则燥咳之标自除。

3. **标本兼治** 是指标本俱急的情况下,必须标本同治,以及标急则治标、本急则治本的原则。如见咳喘、胸满、腰痛、小便不利、一身尽肿等症,其病本为肾虚水泛,病标为风寒束肺,乃标本均急之候,所以就必须用发汗、利小便的治法,表里双解。如标证较急,见恶寒、咳喘、胸满,而二便通利,则应先宣肺散寒以治其标;如只见水肿腰痛、二便不利,无风寒外束而咳嗽轻微,则当以补肾通利水道为主,治其本之急。

·扶正祛邪

扶正即是补法,用于虚证;祛邪即是泻法,用于实证。疾病的过程,在某种意义上可以说成是正气与邪气相争的过程,邪胜于正则病进,正胜于邪则病退。因此扶正祛邪就是改变邪正双方力量的对比,使之有利于疾病向痊愈转化。

用于扶正的补法有益气、养血、滋阴、助阳等,用于祛邪的泻法有发表、攻下、渗湿、利水、消导、化瘀等。扶正与祛邪,两者又是相辅相成的,扶正有助于抗御病邪,而祛邪则有利于保存正气和正气的恢复。

在一般情况下,扶正适用于正虚邪不盛的病证,而祛邪适用于邪实而正虚不显的病证。扶正祛邪同时并举,适用于正虚邪实的病证,但具体应用时,也应分清以正虚为主,还是以邪实为主。以正虚较急重者,应以扶正为主,兼顾祛邪;以邪实较急重者,则以祛邪为主,兼顾扶正。若正虚邪实以正虚为主,正气过于虚弱不耐攻伐,倘兼以祛邪反而更伤其正,则应先扶正后祛邪;若邪实而正不甚虚,或虽邪实正虚,倘兼以扶正反会助邪,则应先祛邪后扶正。总之,应以扶正不留邪,祛邪不伤正为原则。

·脏腑补泻

由于人体是有机的整体,脏腑之间在生理上相互联系,在病理上相互影响,一脏有病往往影响到它脏,而它脏的情况有了改变,也会反过来影响原发病的脏腑。临床上就应用脏腑之间的生克表里关系,作为补泻治法的原则。这些原则可概括为虚则补其母,实则泻其子;壮水制阳,益火消阴;泻表安里,开里通表,清里润表三个方面。

1. **虚则补其母,实则泻其子** 这是将脏腑生克关系运用于临床的治疗原则。所谓虚则补其母,就是当某脏虚弱时,除了直接对该脏进行补法治疗外,也可间接补益它的母脏。如脾与肺是母子相生的关系,脾为肺之母,肺为脾之子。若肺气不足,就可影响其母脏。如病人久咳肺虚,会出现脾胃不振,见食少便溏等症,此时就可按照虚则补其母的方法进行治疗,俟脾胃健全,食欲增进,便溏自止,而且因肺得谷气之滋养,久咳等症状也能减轻或痊愈。这就是常用的"培土生金"法。

实则泻其子,就是某脏之病由于子实而引起时,可泻子之实以治母病,如肝火偏盛,影响肾的封藏功能,而致遗精梦泄,在治疗上就应清泄肝火之实,使肝火得平,则肾的封藏功能也就恢复,遗精梦泄可随之而愈。

2. **壮水制阳和益火消阴** 这是从脏腑病机上着手的一种重要治法。壮水制阳,适用于肾之真阴不足的证候,以峻补肾之真阴来消除因肾阴不足不能制阳所引起的一系列阳亢之症。如头晕目眩,舌燥喉痛,虚火牙痛等症,可用六味地黄丸滋肾水以制虚阳。滋水涵木以抑肝阳上亢的治法,也是由此而推行的。

益火消阴,适用于肾之真阳不足的证候,以峻补肾之真阳来消除因肾阳不足、无力温化所引起的一系列阴凝之症。如腰痛腿软,腰以下不温,少腹拘急,小便频多,或小便不利,水肿等,可用金匮肾气丸益肾中之阳以消阴翳。

3. **泻表安里、开里通表和清里润表** 这是将脏腑的表里关系运用于治疗上的方法。适用于脏与腑之间表里俱病的情况。如肺与大肠互为表里,当阳明实热,大便燥结而致肺气壅阻时,只从肺治很难见效,就可采用凉膈散泻表(大肠)而安里(肺)。又如因肺气壅阻不宣,致大便燥结者,只从大肠施治,亦难见效,在治疗上就可采用栝蒌桂枝汤加减以开里(肺)通表

（大肠）。再如肺阴虚而生燥，津液被耗所致大便秘结，在治疗上就可采用二冬汤加减以清里（肺）润表（大肠）。

- **异法方宜**

异法方宜治则，指治疗疾病不能固守一法，对不同的个体、时间、地域等情况应采取不同的治疗方法，方为适宜。这种因人、因时、因地制宜的治疗原则，是具体问题具体分析，是治病的原则性与灵活性相结合。

1. 因人制宜　根据病人的性别、年龄、体质等不同特点，来考虑治疗用药的原则，称"因人制宜"。如不同性别，妇女患者有月经、怀孕、产后等生理特点，治疗用药必须加以考虑。年龄不同，生理机能及病变特点亦不同，老年人气血衰少，机能减退，患病多虚证或正虚邪实，虚证宜补，而邪实须攻者亦应慎重，以免损伤正气。个体素质有强弱、偏寒偏热之分，以及素有宿疾的不同，所以虽患同一疾病，治疗用药亦应有所区别，阳热之体慎用温补，阴寒之体慎用寒凉等。

2. 因时制宜　四时气候的变化，对人体的生理功能、病理变化均产生一定的影响，根据不同季节的时令特点，以考虑用药的原则，称"因时制宜"。如春夏季节，阳气升发，人体腠理疏松发散，应避免开泄太过，耗伤气阴；而秋冬季节，阴盛阳衰，人体腠理致密，阳气敛藏于内，此时若病非大热，应慎用寒凉之品，以防苦寒伤阳。

3. 因地制宜　根据不同地区的地理环境特点，来考虑治疗用药的原则，称"因地制宜"。如我国西北地区，地势高而寒冷少雨，故其病多燥寒，治宜辛润；东南地区，地势低而温热多雨，其病多湿热，治宜清化。说明地区不同，患病亦异，治法应当有别，即使患有相同病证，治疗用药，亦应考虑不同地区的特点。如辛温发表药治外感风寒证，在西北严寒地区，药量可以稍重，而东南温热地区，药量就应稍轻。

（二）常用治法

- **解表法**

解表法是通过发汗，开泄腠理，逐邪外出的一种治法，又称汗法。

1. 适用范围　（1）解表　通过开泄腠理，可以祛除表邪，解除表证。因表证有表寒、表热之分，所以汗法又有辛温、辛凉之别。

（2）透疹　通过发散，可以透发疹毒，故麻疹初期，疹未透发或透发不畅，均可用汗法，使疹毒随汗出而透发于外。透疹之汗法，宜辛凉，忌辛温。

（3）祛湿　通过发汗，可祛风除湿，故外感风寒而兼有湿邪者，以及风湿痹证，均可酌用汗法。

（4）消肿　通过宣发散邪，可驱水外出而消肿，此即宣肺利水以退肿，故汗法可以用于水肿实证而兼有表证者。

2. 注意事项　（1）凡剧烈吐下之后，以及淋家、疮家、亡血家等，原则上都在禁汗之列。

（2）发汗应以汗出邪去为度，不宜过量，以防汗出过多，伤阴耗阳。

（3）发汗应因时因地因人制宜。暑天炎热，汗之宜轻，冬令寒冷，汗之宜重；西北严寒地区，用量可以稍重，东南温热地区，药量就应稍轻；体虚者，汗之宜缓，体实者，汗之可峻。

（4）表证兼有其他病证，汗法又当配用其他治法。兼气滞者，当理气解表；兼痰饮者，当化饮解表；兼气虚者，当益气解表；兼阳虚者，当助阳解表；兼血虚者，当养血解表；兼阴虚者，当滋阴解表。

·清热法

清热法是通过寒凉泄热的药物和措施,以消除热证的一种治法,又称清法。

1. 适用范围 （1）清气分热 适用于邪入气分,里热渐盛,出现发热,不恶寒而恶热,汗出,口渴,烦躁,苔黄,脉洪大或数。

（2）清营凉血 适用于邪热入于营分,神昏谵语,或热入血分,见舌红绛,脉数,及吐血、衄血、发斑等症。

（3）清热解毒 适用于热毒诸证,如温疫、温毒及火毒内痈等。

（4）清脏腑热 适用于邪热偏盛于某一脏腑,或某一脏腑的功能偏亢而发生各种不同的脏腑里热证候。

2. 注意事项 （1）注意寒热真假。阴盛格阳的真寒假热证,命门火衰的虚阳上越证,均不可用清热法。

（2）表邪未解,阳气被郁而发热者禁用;体质素虚,脏腑本寒者禁用;因气虚而引起虚热者慎用。

（3）由于热必伤阴,进而耗气,因此尚须注意清法与滋阴、益气等法配合应用。一般苦寒清热药多性燥,易伤阴液,不宜久用。

（4）如热邪炽盛,服清热药,入口即吐者,可于清热剂中少佐辛温之姜汁,或凉药热服,是反佐之法。

·攻下法

攻下法是通过通便、下积、泻实、逐水,以消除燥屎、积滞、实热及水饮等证的治法,又称下法。

1. 适用范围 下法主要用于里实证。因证候不同,可分为寒下、温下、润下及逐水等法。

（1）寒下 适用于里热积滞实证,有下燥屎、泻实热的作用。

（2）温下 适用于脏腑间寒冷积滞的里寒实证,有温里逐寒泻实的作用。

（3）润下 适用于热盛伤津,或病后津亏,或年老津涸,或产后血虚的便秘等。

（4）逐水 适用于水饮停蓄胸胁,以及水肿、鼓胀等病证。

2. 注意事项 （1）凡邪在表或邪在半表半里一般不可下;阳明病腑未实者不可下;高年津枯便秘,或素体虚弱,阳气衰弱而大便艰难者,不宜用峻下法;妇女妊娠或行经期间,皆应慎用下法。

（2）下法以邪去为度,不宜过量,以防正气受伤。如大便已通,或痰、瘀、水挟邪已去,则停服下剂。故《素问·六元正纪大论》有"大积大聚,其可犯也,衰其大半而止"之训。

·和解法

和解法是和解少阳、扶正达邪、协调内脏功能的一种治法,又称和法。

1. 适用范围 （1）和解少阳 适用于邪在半表半里的少阳证。症见寒热往来,胸胁苦满,心烦喜呕,口苦咽干,苔薄,脉弦等。

（2）调和肝脾 适用于肝脾失调,情志抑郁,胸闷不舒,胁痛,腹痛,腹泻等病证。

（3）调理胃肠 适用于胃肠功能失调,寒热夹杂,升降失司而出现的脘腹胀满,恶心呕吐,腹痛或肠鸣泄泻等证。

2. 注意事项 （1）凡病邪在表未入少阳、邪已入里之实证以及虚寒证,原则上均不宜用和法。

(2) 邪入少阳，病在半表半里，但有偏表与偏里、偏寒和偏热之不同，临证宜适当增损，权变用之。

·温里法

温里法是祛除寒邪和补益阳气的一种治法，其主要作用在于回阳救逆、温中散寒，从而达到补益阳气而祛邪治病的目的。

1. 适用范围 （1）温中祛寒 适用于寒邪直中脏腑，或阳虚内寒而出现身寒肢凉，脘腹冷痛，呕吐泄泻，舌淡苔白，脉沉迟等。

（2）温经散寒 适用于寒邪凝滞经络，血行不畅而见四肢冷痛，肤色紫暗，面青，舌有瘀斑，脉细涩等。

（3）回阳救逆 适用于疾病发展到阳气衰微，阴寒内盛而见四肢逆冷，恶寒蜷卧，下利清谷，冷汗淋漓，脉微欲绝等。

2. 注意事项 （1）凡热伏于里，热深厥深，形成真热假寒者；内热火炽而见吐血、尿血、便血者；素体阴虚，舌质红，咽喉干燥者；挟热下利，神昏气衰，形瘦面黑，状如槁木，阴液虚脱者，原则上均不可用温法。

（2）寒证较重，温之应峻，寒证较轻，温之宜缓，由于温热药性皆燥烈，若温之太过，寒证虽解，但因耗血伤津，反致燥热，故非急救回阳，宜少用峻剂重剂。

（3）寒而不虚，当专用温剂；若寒而虚，则宜甘温。

·补益法

补益法是补益人体阴阳气血之不足，或补益某一脏之虚损的治法，又称补法。

1. 适用范围 （1）补气 适用于气虚的病证，如倦怠乏力，呼吸短促，动则气喘，面色㿠白，食欲不振，便溏，脉弱或虚大等。

（2）补血 适用于血虚的病证，如头晕眼花，耳鸣耳聋，心悸失眠，面色无华，脉细数或细涩等。

（3）补阴 适用于阴虚的病证，如口干，咽燥，虚烦不眠，便秘，甚则骨蒸潮热，盗汗，舌红少苔，脉细数等。

（4）补阳 适用于阳虚的病证，如畏寒肢冷，冷汗虚喘，腰膝酸软，泄泻水肿，舌胖而淡，脉沉而迟等。

2. 注意事项 （1）凡实证而表现虚证假象者禁补。

（2）补气与补血，虽各有重点，但亦不能截然划分，因气为血帅，补血可佐以补气。如因大出血而致血虚者，更须补气以固脱。

（3）补阴与补阳，两者亦不可截然分开，当宗张景岳"善补阳者，必于阴中求阳；善补阴者，必于阳中求阴"之旨。

（4）根据五脏的亏损不同，应分别确定治疗原则，而五脏之中，重点在于脾、肾两脏。

（5）阳虚多寒者，补以甘温，而清润之品非其所宜；阴虚多热者，补以甘凉，而辛燥之类不可妄用。

·消导（消散）法

即通过消导和散结，使积聚之实邪渐消缓散的一种治法，又称消法。

1. 适用范围 （1）消食导滞 适用于伤食积滞而见胸脘痞闷，嗳腐吞酸，腹胀或泄泻等病证。

(2) 消石散结　适用于胆结石及泌尿系统结石的一类病证。
(3) 消瘤软坚　用化痰软坚的方药治疗瘿瘤肿块等病证。
(4) 利水消肿　用利小便的方法消散水肿一类的病证。

2. **注意事项**　(1) 消法虽不及下法之猛烈，但亦属攻邪之法，故须分清虚实，以免误治。

(2) 脾虚积滞者，应健脾与消食并用。
(3) 脾虚之水肿，乃土衰不能制水而起，非补土难以利水。
(4) 肾虚之水肿，乃真阳大亏所致，非温补肾阳，无法消肿。

• 理气法

理气法是调理气机的一种治法。适用于气机失调的病证。

1. **适用范围**　(1) 行气解郁法　主要适用于肝气郁结引起的气滞病证。
(2) 降气平逆法　主要适用于肺胃失降引起的气逆病证。
(3) 益气升阳法　主要适用于脾气不升引起的气陷病证，常与补气健脾法合用。

2. **注意事项**　(1) 使用理气法应辨清虚实，如应补气而误用行气，则其气更虚；当行气而误用补气，则其滞愈增。
(2) 理气药物，多为香燥苦温之品，如遇气郁而兼阴液亏损者，应当慎用。

• 理血法

通过调理血分治疗瘀血内阻和各种出血的一种治法。

1. **适用范围**　(1) 活血(祛瘀)法　适用于血行不畅或瘀血内阻所致的一类病证。
(2) 止血法　适用于各种出血病证，如咯血、衄血、吐血、便血、尿血等。

2. **注意事项**　(1) 气滞则血瘀，气行则血行，活血祛瘀法可配伍理气法同用，以加强活血祛瘀的作用。
(2) 血得温则行，遇寒则凝，活血化瘀法还可配伍温经散寒法同用，以加强其温散行血的力量。
(3) 活血化瘀法，对孕妇不宜应用。
(4) 出血的病证，有血热妄行和气不摄血之分，前者宜凉血止血，后者宜益气摄血。
(5) 止血时，尚须防止瘀血留阻，除突然大量出血速止血为当务之急外，一般在运用止血法的同时，可适当配伍一些活血化瘀的药物同用，使血止而不留瘀。

• 固涩法

固涩法是通过收敛固涩，以消除滑脱之病证的一种治法，又称涩法。

1. **适用范围**　(1) 固表敛汗法　适用于表虚不固的多汗证，无论自汗、盗汗，皆可固表敛汗。
(2) 涩肠止泻法　适用于脾阳虚弱或脾肾阳衰，以致久泻(或久痢)不止、大便滑脱不禁的病证。
(3) 涩精止遗法　适用于肾气虚弱、精关不固的遗精、滑精和肾气虚弱、膀胱失约的尿频、遗尿等病证。

2. **注意事项**　(1) 本法为正气内虚，滑泄不禁的病证而设，凡热病汗出，痢疾初起，伤食泄泻，火动遗精等，均不宜应用。
(2) 本法非治本之法，故应审证求因，治病之本，如阳虚自汗，应收敛与补气并用；阴虚盗汗,应收敛与滋阴同施。

· **开窍法**

开窍法是开闭通窍以苏醒神志为主的一种治法。

1. 适用范围 （1）凉开法 通治热闭诸证,热闭多指热入心包而言,其临床表现除神昏之外,同时伴有身热、面赤、烦躁、口干、舌红、脉数等。

（2）温开法 是温通气机,开窍、辟秽、化痰的一种治法,主要适用于中风阴闭、痰厥、气厥等所致的突然昏倒,牙关紧闭,神昏,苔白,脉迟等。

2. 注意事项 （1）开窍法多适用于邪实神昏的闭证,但临证还应结合病情,适当选用清热、通便、凉肝、熄风、化痰、辟秽等法。

（2）开窍剂的剂型大多是丸、散等成药,以便急救时立即应用,亦有已制成注射液者,发挥作用更快。开窍剂都含有芳香挥发药物,应吞服、鼻饲或注射,不宜加热煎服。

· **镇痉法**

镇痉法是通过平肝熄风、祛风通络以解除四肢抽搐、眩晕、震颤、口眼歪斜等病证的一种治法,又称熄风法。

1. 适用范围 （1）清热熄风 主要适用于热盛动风而见高热神昏、四肢抽搐等病症。

（2）镇肝熄风 主要适用于肝阳上亢,肝风内动而见头晕目眩,甚则卒然昏倒,口眼歪斜,半身不遂等病症。

（3）养血熄风 主要适用于邪热伤阴,血虚不能濡养筋脉,虚阳不能潜藏,而见手指蠕动、筋脉拘挛等病症。

（4）活血熄风 主要适用于瘀血阻络,筋脉失养而肢体拘挛或弛缓、半身不遂或口眼歪斜等病症。

（5）祛风解痉 主要适用于风痰阻络,筋脉痉挛而见抽搐、口眼歪斜等病症。

2. 注意事项 （1）风有内外之分,外风宜散,祛风解痉属治外风之法；内风宜熄,清热熄风、镇肝熄风、养血熄风均属治内风之法。但外风可以引动内风,内风又可兼挟外风,临证时又当兼顾治疗。

（2）祛风药性多温燥,对津液不足、阴虚或阳亢有热者慎用。

上述12种常用治法,在临床上有单独运用的,也有随病情的变化而互相配合使用的。因为单纯用某一治法,多是对病情发展的某一阶段,或针对其某些突出证候所采取的措施,往往很难适应病情的千变万化,所以通常是数法配合使用,如汗下并用、温清并用、攻补并用、消补并用、清热开窍并用、开窍镇痉并用、温里固涩并用等。

七、中医内科学的研究现状与发展趋势

近40多年来,中医内科学的进展较快,大量的临床研究、实验研究、古医籍整理以及中医内科学教材建设和临床专著的编写,使中医内科学术达到了新的水平。目前对许多疾病的病因病机的认识已日益明确和深化,在诊断、辨证规范和防治方法研究上也有较大的更新和发展。

（一）对病因和发病机理的研究

近年来,由于中医内科古代文献整理研究和对疾病病因病机探讨的不断深入,使不少疾病的病因病机得到进一步的阐明,并提出了一些新的见解。如虽然很早以前已认识到中风病

的病因是内风而非外风，但只有运用现代临床流行病学方法和实验医学手段，才能进一步深入地认识到中风病与风、火、痰、瘀、虚等致病因素有关，脑脉痹阻或血溢脑脉之外是中风病的主要病变，气血逆乱、脑髓神机受损为中风病的基本病机，以此理论指导临床治疗，提高了防治水平。早在60年代曾将温病病因归纳为温热病毒与湿热病毒，80年代以来又在"热极生毒"的传统观点上，提出"毒随邪来，热由毒生"的邪、毒、热互为相关的论点，表明邪是毒的依存条件，毒才是致病之因，发热是毒致病之果。由此进一步获得了温病发展演变过程——卫气营血全过程中都有"毒"存在的结论，并得到大量临床和实验研究资料的证实。全国性的痹病协作攻关，不仅出现了"尫痹"这一新的疾病概念，而且也认识到痹病的病因病机除外因，还与脏腑气血及体质有关，并提供许多科学依据。对胸痹心痛的大量临床研究，加深了对其基本病机——气虚血瘀本质的认识，从而在"阳微阴弦"等传统观念的基础上进一步丰富病机学说，指导临床，提高了胸痹心痛的防治水平。

病因和发病机理研究的深入，促进了中医内科证候学的发展。近年来，不断发现和论证了一些疾病新的证候类型，如中风病急性期的痰热腑实证，痴呆病的痰浊蒙窍证，肺胀病的痰瘀阻肺证，心悸（病态窦房结综合征）的心肾阳虚证等。由于运用了医学计量学及应用数学等方法，使这些证候类型具有客观、半定量等特点，反过来又促进了疾病发病机理研究的不断深入。

（二）中医诊断和辨证的发展概况

近些年来，由于中医病证诊断规范化研究的深入，以急症为先导的中医内科病证诊断与疗效评定标准相继制定，并在临床实践中不断修订完善，推动了中医内科病证诊断和辨证研究的发展。1988年，国家卫生行政部门颁布了首批中医急症诊疗常规，包括中风、高热、胃脘痛、胸痹心痛、血证、厥脱。与此同时，中国中医药学会内科学会相继成立了10余个专业委员会，由此制定了与各委员会有关的病证诊断、证类诊断及疗效评定标准，使中医内科病证的诊断和辨证首次向着科学化、规范化的要求迈进了一步。如中医脑病专业委员会和全国脑病急症协作组成立后，率先于1983年即着手组织全国有关专家制定《中风病诊断与疗效评定标准》，经覆盖面10多个省市万余病例的验证，至1986年由中华全国中医学会（现中国中医药学会）内科学会通过了这一《标准》。此《标准》提出了病类与证类诊断方案，将中风病按有无神识昏蒙分为中经络与中脏腑两大类。中经络者分为肝阳暴亢，风火上扰；风痰瘀血，痹阻脉络；痰热腑实，风痰上扰；气虚血瘀和阴虚风动五证。中脏腑者分为风火上扰清窍；痰湿蒙塞心神；痰热内闭心窍；元气败脱，心神散乱四证。该《标准》的制定，不仅丰富了中风病辨证内容，而且为中风病的规范化研究和开展大宗病例的临床科研观察创造了条件。随着医学计量学的引入，近年又出现了中风病辨证量表，进行评分积分，从而使中风病的诊断和辨证方法向着客观化、定量化方面迈进了一步。

老年痴呆是近几年被逐渐重视的一种老年性常见疾病，许多国家统计资料列为老年三病之首。既往中医研究较少，前五版《中医内科学》教材均未收载。1988年8月第一个中医《老年呆病诊断、辨证分型及疗效评定标准》由中国中医药学会老年医学会提出，尔后1990年5月经中医内科学会脑病专业委员会讨论修订。该《标准》认为诊断本病主要从记忆力、判定力、计算力、辨识能力及语言、个性、思维、人格改变和年龄在60岁以上或在50～59岁之间、起病缓慢、病程长等10个方面进行判断，指出前8项中有记忆、判定、计算和另5项中的1项，在6个月内有明显减退或缺损，再参考年龄、病程即可诊断为老年痴呆。对本病的辨证分为虚实两类,虚证可分髓海不足、肝肾亏虚、脾肾两虚;实证分为心肝火盛、痰浊阻窍、气滞血瘀。另外头风、癫痫、风温肺热、多脏衰竭等中医诊疗规范也已被卫生行政部门印发的《中医急症诊疗规范》一书收载,在全国推广试行。上述诊断标准的制订,无疑促进了疾病研究工作的深入,使中医内科病证的临床诊疗、科研及教学工作出现了前所未有的新局面。

随着中医内科病证诊断和辨证规范化研究的深入,国家中医药行政部门在原《中医病历书写格式与要求(试行)》基础上,组织全国中医内科学会有关专家,重新制定了《中医病案书写规范》,使中医病证尤其内科病证诊断和辨证的准确性得以不断提高。加之近10年来全国开展的关于"证"本质研究的深入,赋予了中医"证"新的内涵。

(三) 对预防和治疗方面的探讨

进入80年代后,随着疾病谱的变化,中医药工作者对临床流行四病即高血压、冠心病、中风病与肿瘤的防治,加强了研究工作,并取得了一定进展。

对中风病的预防,中医药工作者提出了二级预防措施即中风先兆的防治。中风先兆的诊断标准为:①年龄在50岁以上或既往有肝阳眩晕或虚损病史;②近期内反复发生突发性、一过性、可逆性眩晕、黑蒙、偏瘫、失语等症;③脉弦硬而长;④血液流变学指标异常。根据这一标准诊断的中风先兆病人,采取辨证论治中药汤剂治疗,取得了较显著的疗效,在预防"卒中"方面显示了一定的优势。

中医药防治老年性慢性支气管炎也取得了显著成效:如根据"冬病夏治"、"春夏养阳"的理论,于7~8月给服健脾补肾药丸(生地、熟地、山药、山萸肉、巴戟天、仙灵脾、白术、党参、灵芝),3个月后,可改善体质,减少复发或不发。用固本止咳片(黄芪、黄精、陈皮、沙棘、补骨脂、百部、赤芍)治疗慢性支气管炎、肺气肿及部分肺心病,使病情缓解,夏季处暑后连服40~60天,经1018例观察,显效率40.7%,总有效率82.9%,经2~5年观察155例咳、喘、痰的疗效,总有效率为90.32%。

中医内科疾病的治疗效果近年来也有显著提高,尤其进入80年代后,随着中药剂型改进的深入,出现了中药单味和复方制剂以及某些内科疾病的系列方药应用于内科临床。许多中药新剂型如针剂、粉针剂、片剂、气雾剂、冲剂、口服液等,尤其是肌内与静脉为给药途径的注射剂在内科急重症的应用,显著提高了内科疾病的中医治疗水平,降低了病死率和病残率,给中医内科临床带来新的活力。如清开灵注射液治疗中风病急性期痰热证;脉络宁、丹参注射液治疗胸痹心痛、心悸、中风;参麦注射液治疗心衰、心动悸、真心痛;参附青注射液抢救厥脱;穿琥宁注射液治疗外感发热等等。中药新剂型的开发提高了中医疗效水平和学术水平。

中医辨证论治水平的提高和治疗思路的更新,也是内科疾病治疗效果不断提高的关键。如在传统清营汤中加重解毒化瘀之品,使急性热病营分证的治疗有效率得到了进一步的提高,在退热、消炎、解毒和降低血液粘度及缩短疗程等方面均有一定的优势。对慢性肾衰尿毒症期用清热解毒降浊中药汤剂灌肠,可使本来预后很差的慢性肾衰病人的寿命明显延长。用益气活血中药治疗胸痹心痛,对症状及心电图的改善均有显著的疗效,且其对防治因冠状动脉再灌注导致的心肌损伤的药效业已为科学研究所证实。病态窦房结综合征属中医心悸范畴,是当今世界难治病之一,中医益气温阳疗法具有一定的优势,有报道以附子为主药制成注射液静脉滴注可提高心率。肺胀神昏即西医所谓肺性脑病,根据中医痰蒙心窍理论,用菖蒲注射液静脉滴注治疗279例,近期显效128例,好转81例,总有效率74.99%。全国中风急症协作组自1983年7月至1986年12月,采用清热化痰、活络开窍法之清开灵注射液治疗中风急症134例,总有效率为81.1%。其证效关系研究表明,此药适用于中风病痰热证,体现了中医重视辨证论治的临床效果。再如用丹参注射液、川芎嗪注射液治疗缺血性中风,也有显著的疗效,由此表明活血化瘀是缺血性中风的基本治法之一。近几年来,在抢救中、重型厥证与脱证方面,普遍采用了多法联用的方法,突破了一法单用或一方一针单用的治疗局限,如益气敛阴与回阳救逆法联用抢救心原性休克,清热解毒与活血化瘀法联用抢救中毒性休克等,都取得了成功。近年来对胃痞(慢性萎缩性胃炎)的治疗进行了广泛探讨,有人以"虚痞"立论而运用通降养胃并举的治法,取得显著疗效。

近年来,我国中医内科学领域的成就不断涌现。随着现代科学的不断发展和对中医内科理论的继承整理和提高,中医临床医学包括内科学必将出现深刻的变化,中医诊断和辨证规范化、客观化研究的深入以及现代诊断技术和手段的引入如CT、MRI等,延长望诊,进而探讨疾病的病理实质,必将为中医诊断和辨证准确性提高作出新贡献;辨证论治和治法的研究以及中药制剂的开发应用,必将对中医内科理论如肾虚、脾虚、血瘀、痰热、腑实等的研究深入和对中医防治内科慢性病、难治病及老年病产生深远的影响。

随着21世纪生命科学的兴起,在世界科学技术飞速发展的今天,我们首先要保持中医自身特点和优势,完善中医内科理论和疾病的科学规范,使疾病研究与国际接轨;正确处理继承与发扬的关系;在机遇与挑战面前,注重挑战。在学术内涵建设与对外交流上,以内涵建设为主,一方面要以继承中医学的精粹为基础,加强危重症和现代难治病的研究,提高临床疗效,发挥学术优势;另一方面,从中医学本身的学术特点出发,运用现代科学技术手段,重视与相关学科的交叉渗透,积极开展研究工作,促进中医学自身的发展,揭示其本质,探索其规律,拓宽学科领域,培植学科新生长点,使中医学术经过严密的科学论证,成为更加先进的科学体系。因此,我们必须努力学习,勇于钻研和创新,为加速发展我国中医学,赶超世界医学的先进水平而奋斗。

八、中医内科学的学习要求与方法

按高等医学院校中医专业培养目标的要求,遵循"早临床,多临床"原则进行中医内科学的学习,熟悉掌握本门学科的基本理论、基本知识和基本技能,毕业时能独立处理内科常见病、多发病,熟悉危急重症和疑难病证的一般处理原则和抢救原则,了解重点病证的研究现状。毕业后通过临床实践,进行自学和开展科学研究等活动,继续提高中医内科的理论知识和防治疾病的能力。这是学习中医内科学的基本要求。

中医内科学课程分为系统理论学习和毕业临床实习两个阶段。系统理论学习包括教学大纲所规定的课堂理论学习、示范教学和临床实习,毕业临床实习是在上级医师指导下的诊疗实践,必须直接为病人服务,通过实践提高防治疾病能力,巩固已学的理论知识。

在理论学习阶段,要求经常复习和密切联系中医内科学的前期课程。这些课程有中医基础理论、中医诊断学、中药学、方剂学等,它们是中医内科学的基础。在学习过程中,要求重点掌握各个内科疾病的证候特征、诊断依据和辨证论治,同时深入探讨其病因、发病机理等,这样才能更好地掌握内科学临床知识,并运用于医疗实践。此外,应注意充分利用系统理论学习阶段的临床重点病例示教和临床见习的机会,增加感性认识,了解中医内科疾病诊治的过程和方法,理论知识与临床实践相结合,为毕业实习阶段的学习打下良好的基础。

毕业实习,是中医内科学的重要学习阶段。此阶段学习要求主要有两点,一是通过临床实习,巩固和加深理解已学到的理论知识;二是通过临床实习,奠定良好的中医内科临床基本功。所谓中医内科临床基本功包括四项内容,即四诊运用、辨证分析、立法处方、病案书写,这是培养中医临床思维方法的重要环节。临床思维方法主要指临床诊断思维,就是以中医基本理论为指导,运用望、问、闻、切四诊收集临床资料并加以处理。对于这些资料的处理,既要遵照逻辑思维的规则进行分析、综合、判断、推理,又要遵循理、法、方、药完整统一的原则,得出中医的临床诊断,并据证立法,依法组方,设计出合理的治疗方案。欲提高临床思维能力,必须掌握各种实习方法,明确其意义,循序渐进。

　　中医内科的实习方法一般有四种,也可看作是实习的四个阶段,即见诊、侍诊、助诊、试诊。见诊,是观看老师接诊病人,了解诊治疾病的过程与方法;侍诊是在老师接诊过程中,由老师口述,记录病案及处方等;助诊又称襄诊,是协助老师接诊病人及书写病案等;试诊,是在老师指导下独立接诊病人及书写病案。在实习中,逐步掌握中医临床基本功,培养正确的临床思维方法,增强处理内科常见病、多发病的能力。

　　在整个学习过程中,必须坚决贯彻国家的卫生工作方针政策,培养自己良好的医德医风,在医疗实践中学习本领。必须明确整体观念和辨证论治是中医的优势,它对中医学术的发展有着重要意义。必须理论联系实际,一方面要运用基础学科与中医内科学的知识来理解、分析和解决防治上的实际问题;另一方面要以临床实践来检验认识的正确性,经过实践、认识、再实践、再认识的过程,不断总结经验教训,从而充实和提高理论知识以及发现问题、分析问题和解决问题的能力。

各 论

第一章 外感病证

外感病证是指感受外邪,正邪相争,导致脏腑功能失常所出现的一类病证,在内科疾病中占有重要的地位。由于外感病证的致病因素、侵犯途径、证候特征、传变特点、发病季节等方面都有其特殊性,故列专章论述。本章讨论的外感病证主要指在原有内科疾病基础上复感外邪所致的外感发热,以及伤寒、温病以外的常见外感病证,如感冒、湿阻、痢疾、疟疾等。

【主要证候及特征】

外感病证的主要证候有外邪袭表、外邪入里和外邪留恋所致相应脏腑功能失常的证候,如邪在肺卫和湿邪困脾、肠道湿热,邪在少阳以及肺热证、胆热证、胃热证、腑实证、膀胱热证等。因其病邪性质不同、脏腑受损有异,故不同外感病证的证候特征也各有区别。

【病机述要】

广义而论,外感病证发病广泛,男女老幼均可罹患,可发生在人体卫表、经络、脏腑各个部位、各个系统,故其临床表现繁复多样。然病因多为六淫、疫毒致病。从其发病来看,中医则强调正气存内,邪不可干,感邪发病与否取决于机体正气与病邪抗争的结局,邪胜则发病。一般外感病邪侵入,大多由表及里,有相应的转化或传变过程,但也有旋即转成里证者,因此应重视邪正交争及其消长的病机演变规律。

外感病证的基本病机为外邪侵袭,正邪相争,脏腑功能失常。如外邪袭表则肺卫不和而病感冒,湿困中焦则脾胃不和而病湿阻,湿热滞肠则腑气不和而病痢疾,邪犯少阳则枢机不利而病疟疾,正邪相争则常有寒热表现。

【治疗要点】

外感病证的治疗要点,首先是及时有效地祛除外邪。祛邪之法如解表、清热、利湿、通腑、截疟等,因外邪性质和证候特征不同而采用不同治法,且祛邪务净,此所谓"治外感如将"之意。其次要调理失常的脏腑功能。一般邪去则脏腑自复,但也有难以自复者,则须通过药物进行调理,使其恢复,而调理之法当顺脏腑阴阳升降之性。如热伤津当养之,湿伤脾气当益之,肠燥津伤当润之等,此所谓"治脏腑如相"之意。综观外感病证的治疗,中医更重视人体正气的盛衰,未病先防、既病防变均应维护正气,同时还具有异病同治、同病异治以及整体论治的特色。

第一节 感 冒

感冒,俗称伤风,是感触风邪或时行病毒,引起肺卫功能失调,出现鼻塞,流涕,喷嚏,头痛,恶寒,发热,全身不适等主要临床表现的一种外感病。

感冒的发病在外感病中占首位,是最常见的一种。一年四季均可发病,以冬、春季节为多。本病不仅与咳嗽的发生、发展及慢性咳喘的急性发作关系密切,而且与心悸、胸痹心痛、水肿、痹病等多种疾病的病情发展与恶化有关。对小儿、老年体弱者威胁最大。尤其是时行感冒,常暴发流行,迅速传染,急骤起病,症状严重,甚至导致死亡,须积极防治。中医药对普通感冒和时行感冒均有良好疗效,对已有流行趋势或有流行可能的地区、单位,选用相应中药进行预防和治疗,可以收到显著的效果。

早在《内经》已认识到感冒主要是外感风邪所致。《素问·骨空论》说:"风者百病之始也,……风从外入,令人振寒,汗出,头痛,身重,恶寒。"《伤寒论·太阳病》所论中风、伤寒之桂枝、麻黄两个汤证,实质包括感冒风寒的轻重两类证候。若从具有较强传染性的时行感冒而言,则又当隶属于《诸病源候论》所指的"时气病"之类,"夫时气病者,……多相染易,故预服药及为方法以防之。"至于感冒之名,则首见于北宋《仁斋直指方·诸风》篇,兹后历代医家沿用此名,并将感冒与伤风互称。元《丹溪心法·伤风》明确指出病位属肺,根据辨证常规,分列辛温、辛凉两大治法。《类证治裁·伤风》、《证治汇补·伤风》等对虚人感冒有了进一步认识,提出扶正达邪的治疗原则。

本节讨论范围,包括普通感冒(伤风)及时行感冒,而以普通感冒的防治为主,西医学中的感冒、流行性感冒、急性上呼吸道感染可参照本节辨证论治。

【证候特征】

感冒为外感病证,起病较急,临床以鼻塞、流涕、喷嚏、头痛、咳嗽、恶寒、发热、全身不适为主要证候,其病以卫表的症状最为突出。症状表现常呈多样化,以鼻、咽部痒、干燥、不适为早期症状,继而喷嚏、鼻塞、流涕等,轻则上犯肺窍,症状不重,易于痊愈;重则高热、咳嗽、胸痛,呈现肺卫证候。

时行感冒起病急,全身症状较重,高热,体温可达 39℃～40℃,全身酸痛,待热退之后,鼻塞流涕、咽痛、干咳等肺系症状始为明显。重者高热持续不退,喘促气急,唇甲青紫,甚则咯血,部分患者出现神昏谵妄,小儿可发生惊厥,出现传变。

【病因病机】

1. 风邪 感冒的主要病因是风邪。"风为百病之长","风者百病之始也",风为六气之首,流动于四时之中,因而外感之病以风为先导。风邪引起感冒的发病特点,与气候骤变、淋雨受凉、出汗后伤风等有密切关系。气候突变、冷热失常、温差增大等,皆可使本病的发病率增加。风邪侵袭人体,往往非单独伤人,而在不同的季节,常兼挟其他当令之时气,相合致病。如冬季挟寒、春季挟热、夏季挟暑湿、秋季挟燥、梅雨季节挟湿邪等。由于临床上以冬、春两季发病率较高,故而以挟寒、挟热为多见而成风寒、风热之证。此外还有非时之邪伤人。非时之邪,指非其时而有其气之气候反常而言,由于四时六气反常,太过或不及而伤人致病。

2. 时行病毒 主要是指具有传染性的时行疫邪病毒侵袭人体而致病,多由四时不正之气,天时疫疠之气流行而造成。《诸病源候论·时气病诸候》:"因岁时不和,温凉失节,人感乖戾之气而生病者,多相染易",即指此而言。

风邪或时行病毒,侵袭人体发病,其途径或从口鼻而入,或从皮毛而入。口鼻乃邪气入肺系之途径,邪从口鼻而入,则出现一系列鼻道和肺系的症状。皮毛是人体抵御外邪的屏障,皮毛得卫气和津液的温养和滋润,从而发挥抵抗外邪的卫表作用。若外邪入侵,皮毛防御功能减弱,则由皮毛而犯肺卫,在临床上就产生一系列肺卫症状。

感冒的病变部位主要在肺卫。肺主皮毛,由于肺的宣发功能而使皮毛得到温润,若皮毛受病,则肺卫功能失调;肺开窍于鼻,肺气不利,宣发不行,发为感冒。

感冒之疾,四季可患,但外邪入侵,发病与否,个体差异很大。有人常年不患感冒,有人一年多次感冒,这与人体正气的强弱以及卫气的调节功能失常与否有着密切关系。在起居失常、寒暖不均、疲乏劳累的状态下,尤其是体质虚弱之人,腠理疏懈,卫气不固,卒感风邪或时行病毒,由口鼻、皮毛而入,则肺卫首当其冲,感邪之后,卫表不和则恶寒、发热、头痛、身痛;肺失宣肃则鼻塞、流涕、咳嗽、咽痛,因此迅速出现卫表及上焦肺系症状。由于病邪自上而入,内舍于肺,故尤以卫表不和为其主要方面。

由于四时六气之不同,人体素质之差异,在临床上有风寒、风热和暑湿等的不同证候,在病程中还可见寒与热的转化或错杂。感受时行病毒者,病邪从表入里,传变迅速,病情急且重。"邪之所凑,其气必虚",提示正气不足或卫气功能暂时低下,决定了人体的发病。另一方面,感冒毕竟是外感新病,以外邪为先导,感邪之轻重与发病有着一定的关系,因此应该明确"邪"在本病发病中的地位。

【诊　断】

1. 临床表现　初起多见鼻道和卫表症状。鼻、咽部痒而不适,鼻塞,流涕,喷嚏,声重而嘶,头痛,恶风,恶寒等。鼻涕开始为清水样,2~3日后鼻涕变稠,继而发热、咳嗽、咽痛、肢节酸重不适等。部分患者病及脾胃,而表现胸闷、恶心、呕吐、食欲减退、大便稀溏等症。

时行感冒,多呈流行性,多人同时突然发病,迅速蔓延,首发症状常见恶寒、发热,体温在39℃~40℃,周身酸痛,疲乏无力。初起,全身症状重而肺系症候并不突出,1~3日后出现明显的鼻塞、流涕、喷嚏、咳嗽、咽痛等,病情较一般感冒为重,体力恢复较慢。若为散在性,因与诸多温病早期症状相类似,不易确诊,但及时掌握疫情,对诊断有帮助。

2. 病程　邪由口鼻或皮毛而入,病程较短,3~7日,普通感冒一般不传变。

3. 发病季节　四时皆有,以冬、春季为多见。

【鉴别诊断】

主要与温病,尤其是与风温早期鉴别。温病每多有类似感冒的症状,风温初起,更与风热感冒相似,因此,在各种温热病的流行季节,应该特别警惕,严密观察病情变化,注意鉴别。一般说来,感冒发热多不高,或不发热,以解表宣肺之药即可汗出热退身凉,多不传变;而温病则高热、壮热,多有传变,由卫而气,入营入血,甚者神昏、谵妄、惊厥等。各种温病均有明显的季节性,而感冒则四时可发。

【辨证论治】

辨证要点

1. 分清表寒、表热　感冒常以风邪兼挟寒、热而发病,因此临床上应首先分清风寒、风热两证。二者均有恶寒、发热、鼻塞、流涕、头身疼痛等症,其不同之处:风寒者,恶寒重,发热轻,无汗,鼻流清涕,口不渴,舌苔薄白,脉浮或浮紧;风热者,发热重,恶寒轻,有汗,鼻流浊涕,口渴,舌苔薄黄,脉浮数。

2. **辨别普通、时行** 由于感邪的不同,临床上又有普通感冒与时行感冒之分。普通感冒以风邪为主因,冬、春季节气候多变时发病率升高,常呈散发性,病情较浅,症状不重,多无传变;时行感冒以时行病毒为主因,发病不限季节,有广泛的传染流行疫情,起病急骤,病情较重,全身症状显著,且可以发生传变,入里化热,合并它病。

3. **区分体虚感冒的气虚、阴虚** 体虚感冒指平素虚弱之人,加之外邪侵袭而患感冒者,此类患者往往感冒之后,缠绵不已,经久不愈或反复感冒,在临床上应该区分气虚、阴虚的不同。气虚感冒者,在感冒诸症的基础上兼有恶寒甚,倦怠无力,气短懒言,身痛无汗,咳痰无力,脉浮气虚症;阴虚者兼见身微热,手足发热,心烦口干,少汗,干咳少痰,舌红,脉细数。

治疗原则

感冒病变有肺、卫之分,着眼于卫表和肺系,是本病治疗的关键。遵循《素问·阴阳应象大论》"其在皮者,汗而发之"之意,应用解除表证,祛除表邪,宣通肺气,照顾兼症,乃是本病的基本治疗原则。

解表,亦称疏表。感冒由外邪引起,邪束于表,因此,必须解表,由于外邪是以风邪为主,故而应该疏风解表。表证采用解表和营卫之法,邪从汗解,发汗祛邪,振奋卫阳,调和营卫。由于感邪的轻重程度不同,性质有寒热暑湿的差异,故而在上述疏表微汗的基础上,根据病情选用辛温、辛凉、清暑解表法。

宣肺,即宣通肺气。外邪侵犯皮毛,肺气失于宣肃,肺主卫气的防御功能失常,因此产生卫表及上焦肺系症状。使用宣通肺气之药物,使肺的宣肃功能恢复正常,相对又能协助解表。两者相互联系,相互协同。

对于挟暑、挟湿之感冒,中医药治疗颇具特色。在疏散解表之中,应注意湿邪中阻、胃肠气滞或暑湿伤表,气机不展的病机所在,而加用化湿、和胃、清暑、理气之法。对于时行感冒,因其常易化热,发生传变,因此清热解毒法是重要而常用的治疗法则。

对体虚感冒,因气血虚弱,卫外不固,在治疗上不可专事疏解,发汗之时需注重固表实里,补益气血,正如《伤寒论翼》说:"治伤风不知固表托里之法,偏试风药发驱动之,去者自去,来者自来,邪气留连,终无愈期",这对体虚感冒的治疗提出了指导原则。

分证论治

- **风寒证**

症状:鼻塞声重,喷嚏,流清涕,恶寒,不发热或发热不甚,无汗,周身酸痛,咳嗽痰白质稀,舌苔薄白,脉浮紧。

治法:辛温解表,宣肺散寒。

方药:荆防败毒散。

本方以荆芥、防风、羌活解表散寒,柴胡、薄荷解表疏风,枳壳、前胡、桔梗宣肺利气,独活、川芎止头身痛,茯苓、甘草化痰和中。风寒重,恶寒甚者,加麻黄、桂枝;风寒挟湿,身热不扬,身重苔腻,脉濡者,用羌活胜湿汤加减;风寒兼气滞,胸闷呕恶者,用香苏散;风寒兼咳嗽者,用杏苏散。

- **风热证**

症状:鼻塞喷嚏,流稠涕,发热或高热,微恶风,汗出口干,咽痛,咳嗽痰稠,舌苔薄黄,脉浮数。

治法：辛凉解表，宣肺清热。

方药：银翘散。

本方为辛凉平剂，以金银花、连翘、荆芥、薄荷、豆豉辛凉解表，兼以清热解毒；芦根、牛蒡子、生甘草清宣肺气，利咽化痰。发热甚者，加黄芩、石膏、大青叶清热；头痛重者，加蔓荆子、菊花清利头目；咽喉肿痛者，加板蓝根、马勃、玄参利咽解毒；咳嗽痰黄者，加知母、黄芩、柴胡、浙贝母、杏仁清肺化痰；口渴重者，重用鲜芦根，加花粉清热生津；挟有湿热，胸闷呕恶者，加藿香、佩兰芳香化湿。

• **暑湿证**

症状：发热，汗出热不解，鼻塞流浊涕，头昏重胀痛，身重倦怠，心烦口渴，胸闷欲呕，尿短赤，舌苔黄腻，脉濡数。

治法：清暑祛湿解表。

方药：新加香薷饮。

方为夏日盛暑感冒常用方。以香薷祛暑发汗解表，金银花、连翘辛凉解表，厚朴、扁豆和中化湿。暑热偏盛，加黄连、黄芩、青蒿清暑泄热，并配合鲜荷叶、鲜芦根清暑化湿；湿困卫表，身重少汗恶风，加清豆卷、藿香、佩兰芳香化湿宣表；小便短赤，加六一散、赤茯苓清热利湿。

• **表寒里热证**

症状：此证又名"寒包火"。因风寒外束，表寒未解，入里化热。发热，恶寒，无汗口渴，鼻塞声重，咽痛，咳嗽气急，痰黄粘稠，尿赤便秘，舌苔黄白相兼，脉浮数。

治法：解表清里，宣肺疏风。

方药：双解汤。

本方取自《医方集解》，以麻黄、防风、荆芥、薄荷解表疏风，黄芩、栀子、连翘、生石膏清里除热，桔梗宣肺开提。若咳喘重者，加杏仁、桑白皮、枇杷叶止咳平喘；大便秘结不通者，加大黄、芒硝通腑泻热。

对于时行病毒而致时行感冒，若表现以高热为主，且全身症状较重，或有化热传变之势，需重用清热解毒法，药物如金银花、连翘、板蓝根、黄芩、柴胡、生石膏、知母、贯众等。详细辨证可参见本章第二节外感发热证，亦可参考《温病学》、《中医急诊学》有关章节。

体虚感冒之证，因素体虚弱，或病后、产后体弱，气虚阴亏，卫外不固，以致反复感邪或感冒后缠绵不愈，此乃一般感冒之外的变证。

气虚感冒，素体气虚，复感外邪，邪不易解，恶寒较重，或发热，热势不高，鼻塞流涕，头痛无汗，肢体倦怠乏力，咳嗽咯痰无力，舌质淡苔薄白，脉浮。治法为益气解表，方用参苏饮加减。药物以人参、甘草、茯苓益气以祛邪；苏叶、葛根疏风解表；半夏、陈皮、前胡、桔梗宣肺理气，化痰止咳；木香、枳壳理气调中；姜、枣调和营卫。表虚自汗者，加黄芪、白术、防风益气固表。凡气虚而易于感冒者，可常服玉屏风散，增强固表卫外功能，以防感冒。

阴虚感冒，阴虚津亏，感受外邪，津液不能作汗达邪，身热，手足心热，微恶风寒，少汗，头昏心烦，口干，干咳少痰，鼻塞流涕，舌红少苔，脉细数。治法为滋阴解表，方用加减葳蕤汤。药取白薇清热和阴，玉竹滋阴助汗，葱白、薄荷、桔梗、豆豉疏表散风，甘草、大枣甘润和中。阴伤明显，口渴心烦者，加沙参、麦冬、黄连、天花粉清润生津除烦。

【其他疗法】

治疗感冒的成药较多,如风寒证用午时茶、通宣理肺丸,风热证用银翘解毒片(丸)、羚翘解毒片、桑菊感冒冲剂等,暑湿证或感冒而兼见中焦诸症者用藿香正气丸(片、水、软胶囊等),时行感冒用板蓝根冲剂等。另外,还可以采用针灸疗法。

【转归预后】

风寒感冒,寒热不退,邪气可化热而见口干欲饮、痰转黄稠、咽痛等症状。反复感冒,引起正气耗散,可由实转虚;或在素体亏虚的基础上反复感邪,以致正气愈亏,而成本虚标实之证。

一般而言,感冒本属轻浅之疾,只要能及时而恰当地处理,即可较快痊愈,但对老年、婴幼、体弱患者及时行感冒之重症,必须加以重视,注意有无特殊症情,防止发生传变。

【预防与调摄】

感冒的药物预防措施很重要,尤其是时行感冒的流行季节,更应先预防服药,据研究,服用预防药物后一般可使感冒的发病率降低50%左右。主要药物有贯众、大青叶、板蓝根、鸭跖草、藿香、佩兰、薄荷、荆芥等。不过随着季节的变化,预防感冒的药物亦有所区别。如冬春季用贯众、紫苏、荆芥;夏季用藿香、佩兰、薄荷;时邪毒盛,流行广泛用板蓝根、大青叶、菊花、金银花等。常用食品如葱、大蒜、姜、食醋亦有预防作用。

【结　语】

感冒乃临床上常见的外感新病,四季皆有,人人可患。虽然本病为轻浅之疾,但多可影响到其他疾病的发展和变化。感冒的主要病因为风邪和时行病毒,随季节不同,常兼挟风寒、风热而致病,病位在肺卫,病机为邪从皮毛、口鼻而入,犯及肺卫,卫表不和,肺失宣肃,属表实之证。临床表现常呈多样化,主症以鼻塞、流涕、喷嚏、头痛、恶寒、发热、全身不适为特征。在辨证时,有风寒、风热、暑湿之区别;有普通感冒、时行感冒之不同。治疗原则是解表发汗,疏风宣肺,时行感冒则多偏重于清热解毒。至于体虚感冒,应在疏散达邪的基础上,注意扶正。一般来说,感冒的预后良好,病程短,不传变。时行感冒,流行快,症状重,尤其对于有传变者,应提高警惕,密切观察。感冒的预防也很重要,凡具有感冒之前驱症状者,愈早治疗,愈易奏效;对有时行感冒流行趋势之地区、单位,应尽早采取措施,早报告,早隔离,早诊断,早治疗,这对于感冒的防治有重要的意义。

【文献摘要】

《素问·玉机真藏论》:"是故风者百病之长也,今风寒客于人,使人毫毛毕直,皮肤闭而为热,当是之时,可汗而发也。"

《诸病源候论·时气令不相染易候》:"夫时气病者,此皆因岁时不和,温凉失节,人感乖戾之气而生,病者多相染易,故预服药及为方法以防之。"

《症因脉治·伤寒总论》:"外感风寒,从毛窍而入,必从毛窍而出,故伤寒发热症,首重发表解肌。"

《时病论·春伤于风大意》:"风为六气之领袖,能统诸气,如当春尚有余寒,则风中遂夹寒气,有感之者是为风寒;其或天气暴热,则风中遂夹热气,有感之者是为风热。"

《类证治裁·伤风》:"其症恶风有汗,脉浮,头痛,鼻塞声重,咳嗽痰多,或憎寒发热,惟其人卫气有疏密,感冒有浅深,故见证有轻重。……凡体实者,春夏治以辛凉,秋冬治以辛温,解其肌表,风从汗散;体虚者,固其卫气,兼解风邪,恐专行发散,汗多亡阳也。如初起风兼寒,宜辛温发表,郁久成热,又宜辛凉疏解,忌初用寒凉,致邪不得疏散,郁热不得发越,重伤肺气也。"

《证治汇补·伤风》:"如虚人伤风,屡感屡发,形气病气俱虚者,又当补中,而佐以和解,倘专泥发散,恐脾气益虚,腠理益疏,邪乘虚入,病反增剧也。"

【研究进展】

· 临床研究

1. 风寒感冒　正柴胡饮临床协作组在治疗普通感冒的临床观察中,按《景岳全书》的正柴胡饮剂量比例,将柴胡、陈皮、防风、芍药、甘草、生姜等制成冲剂,每日3次,每次12g。正柴胡饮组666例,结果服药48小时内主要症状消失或好转90%以上者共526例(79%),而板蓝根组238例中仅130例(54.6%),正柴胡饮组疗效明显优于板蓝根冲剂组〔中医杂志1985;26(12):13〕。杜氏以荆防针治疗风寒表证发热患者60例,体温≥38℃,病程在3天以内,随机分为2组,治疗组肌注荆防针(含荆芥、防风、羌活、独活)4ml,对照组肌注安痛定2ml,均为每6~8小时1次,同时服乳酶生1粒作安慰剂,共3次,记录用药后30、60、90、120分钟及24小时的体温。结果两组显效者分别为22例和17例,有效者5例和9例,无效者各3例,两组疗效无明显差异,但治疗组症状改善优于对照组〔中医杂志1985;26(10):30〕。

2. 风热感冒　唐氏自拟解毒合剂治疗风热感冒100例,获得较好疗效,药用紫苏、荆芥各1500g,大青叶、鸭跖草、四季青各3000g,加水2500ml,浓煎成每ml内含生药4g的合剂,50ml/日,分3~4次口服,病重热甚者每3~4小时服1次。结果显效48例,有效44例,无效8例〔广西中医药1987;10(1):5〕。刘氏运用香石清解袋泡剂治疗病毒性上感高热239例,药物组成是香薷、金银花、连翘、薄荷、荆芥、生石膏、知母、射干、板蓝根、藿香、滑石、熟大黄、甘草。10岁以下者1袋/次,10~15岁者2袋/次,15岁以上者2~3袋/次,均为2小时1次,开水浸泡15~20分钟后服。热退后再服1日,量减半,日3次。对照组以青霉素、感冒清热冲剂或板蓝根冲剂为治疗药物。结果两组分别显效179例、0例,有效60例、6例,无效0例、74例,有效率100%、75%,平均退热时间18.68±9.64小时、83.10±19.07小时,症状消失时间24.00±10.70小时、81.23±19.68小时。治疗组疗效明显优于对照组($P<0.001$)〔中医杂志1992;33(8):29〕。

3. 暑湿感冒　蒋氏等以清暑解热法治疗病毒性感冒(属暑温者)450例,发热均在38℃以上,结果12小时获愈者137例(14.1%),24小时获愈者430例(95.6%)。90%以上的患者服1~2剂即愈,疗效明显优于西药($P<0.001$)。药物组成为石膏、知母、金银花、黄芩、葛根、豆卷、香薷、桑叶、六一散等。采用清暑解热法,可获得好的效果。方中以石膏为主药,剂量加大,效果更好。豆卷、香薷为解表发汗的主药,出汗多少,退热快慢,与此药有关。临床实践证明此方完全适用于绝大多数的暑湿患者〔上海中医药杂志1986;(8):5〕。有人用甘露消毒丹治疗夏季流感218例。药用豆蔻、藿香、石菖蒲、黄芩、射干、连翘各10g,茵陈、滑石各20g,木通、薄荷、川贝母各6g,每日1剂,经3~6日治疗后,痊愈189例,好转28例,无效1例,有效率99.5%。对照组80例,药用速效感冒丸,治疗3~6日后,痊愈18例,好转47例,无效15例,有效率81.2%,治疗组疗效显著优于对照组($P<0.01$)〔浙江中医杂志1991;26(7):296〕。

4. 时行感冒　朱氏以螃蜞菊制剂治疗流行性感冒172例,每人每日用量相当于全草50g,按制药方法不同,分别制成Ⅰ号和Ⅱ号感冒片;对照组用吗啉胍600mg/日,称为Ⅲ号感冒片。3组分别治疗105例、67例、36例,其治愈率分别为86.6%(91/105)、73.1%(49/67)和27.7%(10/36)。Ⅰ号感冒片效果较Ⅱ号感冒片好($P<0.001$)〔中西医结合杂志1986;6(1):29〕。姚氏用白虎汤加减治疗流行性感冒高热者50例,药用石膏、板蓝根、知母、羌活、甘草等,结果均在2日内退热〔江苏中医1986;(1):9〕。

5. 体虚感冒　何氏用泽泻汤加味防治体虚反复感冒者85例,药物有泽泻20g,焦白术15g,牛膝10g,卫分症状明显者加生姜3片,冰糖15g,每日1剂,将药物置于保温瓶中,用开水1500ml冲泡后,频频服尽,10日为1疗程,连服1~2疗程。结果痊愈80例,无效5例,治愈率为94.1%;随访3年感冒者21例,2年未感冒者28例,0.5~1年未感冒者31例〔国医论坛1992;7(4):14〕。

· 预防研究

1. 中国医学科学院病毒研究所对 540 名易感冒者进行防治对比试验表明，单服黄芪确有减少感冒发病和缩短病程作用。1281 人的对比试验表明，黄芪加干扰素预防感冒优于单独使用低浓度干扰素。在 150 人中进行的预防流感的病毒试验，也证明二者合用有一定的预防作用〔中医杂志 1980；20(1)：71〕。

2. 张氏采用补脾法防治易感冒成人 81 例，经防治前后的自身对照证明，健脾益气药的疗效与机体免疫增高的程度相平行〔辽宁中医杂志 1983；(1)：23〕。

3. 朱氏以健康人群 4431 人口服螳螂菊制剂预防流感，对照组 4527 人不服任何药物。预防组和对照组发病率分别为 3.9%和 9.1%，两组比较有显著差异($P<0.001$)〔中西医结合杂志 1986；6(1)：29〕。

· **实验研究**

龚氏对湖北中医学院附属医院中医急症研究所研制的退热 1 号口服液（又名热必宁颗粒剂）进行抗病毒实验，证明该药液在鸡胚和细胞培养上，对流感病毒、呼吸道合胞病毒和巨细胞病毒有明显的抑制作用，尤其对巨细胞病毒的抑制效果更为突出，这或许可为巨细胞病毒感染，特别是婴儿巨细胞病毒感染提供一种安全有效的治疗药物〔中国病毒学 1992；7(1)：32〕。

第二节　外感发热

外感发热，是指已患有某种或多种内科疾病，又感受六淫之邪或温热疫毒之气，导致体温升高，并持续不降，伴有恶寒、面赤、烦渴、脉数等为主要临床表现的一种并发的病证。

外感发热，古代常名之为"发热"、"寒热"、"壮热"等。人体体温相对恒定，不因外界温度的差异而有所改变，保持在 37℃左右。由于饮食、运动、环境、情绪和性别的关系，体温可能有暂时性轻微的波动，但此无临床意义。发热是一种病理性的体温升高，一般说来，口腔温度在 37.3℃以上，或直肠内温度在 37.6℃以上，或一昼夜间波动在 1℃以上，即可认为发热。外感发热指在原有某种或多种疾病如消渴、中风、虚劳等基础上复感外邪而出现的发热。其热势高低不一，严重者，体温持续升高，壮热稽留不退，继而出现神昏谵语、抽搐惊厥等危重症候，在临床上应采取综合措施，积极救治。中医药治疗各类发热，尤其是外感发热，积累了丰富的经验，尤其明清以来，温病学说的发展成就，对外感发热的治疗具有重要的指导意义。

《素问·阴阳应象大论》、《素问·热论》、《素问·至真要大论》等篇中，对外感发热的病因病机和治疗法则，都作了扼要的论述，为热病的理论奠定了基础。《伤寒论》首先总结和提出了由外邪引起的、以发热为主要临床表现的一类疾病的辨证论治规律，即运用六经辨证来概括外感热病发展过程中的六个阶段的变化，从而成为外感热病辨证论治的纲领。金代刘完素主火热论，着眼于外来的火热邪气，首先从临床治疗角度提出了"热病只能作热治，不能从寒医"的著名论点，认识到热病性属"热"，治疗"宜凉不宜温"，这与在他以前从寒邪立论，多用辛温治法相比，应该说是一大进步。清代中叶温病学说的形成，使外感热病理论臻于完善。温病学派创卫气营血辨证和三焦辨证两大辨证纲领，叶天士倡卫气营血之说，对温热病的感邪、发病、传变、治疗，均作了原则性的阐述，对温热病的辨证和治疗，指出了明确的方向和具体的法则，成为后世诊治温热病的准绳。吴鞠通提出了三焦辨证之说，对于确定脏腑病位，反映温热病的发展趋势，了解各种温病的病变特点，以及决定治法方药，判断预后等，皆具有重要的指导意义。

外感发热范围广泛，内科杂病、伤寒三阳病证、温病卫气营血各阶段，均有此证，本节讨论以罹患杂病复感外邪所致的发热为主，其他方面的发热请参照《伤寒论》、《温病学》教材有关内容。西医学中心脑血管病、糖尿病、血液病、肿瘤等合并多种急性感染性疾病而有发热者,可参照本节辨证论治。

【证候特征】

外感发热的证候特征是以发热为主,由于各脏腑感邪性质和病情轻重程度、病位以及传变不同,其发热特点也不同。临床表现多种多样,如发热恶寒、但发热不恶寒、寒热往来、潮热等。轻者热势不高,时间短暂,汗出而解;重者壮热持续不退,甚则神昏谵语,或抽搐惊厥,后果严重。由于邪热疫毒较快由表入里,故临床上卫表证候出现时间短暂。再者热邪损伤津液,在发热同时表现口干烦渴等症。

本证起病急骤,多有2周左右的中度发热和高热,伴有与原发病相关病证,或心悸胸闷头昏,或咳喘胸痛痰多,或泄泻呕恶腹痛,或口渴尿多易饥乏力,或小便淋沥急痛,或斑疹黄疸,或痰核瘰疬,或积聚出血,或项强神昏半身不遂等。

【病因病机】

1. **外感六淫** 风、寒、暑、湿、燥、火,异常的六气,在外感发热中均可致病,但尤以火热、外湿、暑邪为主要病邪,又风、寒、燥入里皆可化火。六淫所致的多种外感热病,又与气候、季节、时令密切相关,因此常呈明显的季节性与区域性。另外六淫可单独致病,也可以两种以上的邪气兼夹致病,如风寒、风热、湿热、风湿热等。

2. **感受疫毒** 疫毒亦是外来的致病因素之一,属于一种传染性较强的致病邪气。疫的特点具有一定的季节性和传染性,疫疠之毒,其性猛烈,一旦感受疫毒,则起病急骤,传变迅速,卫表症状短暂,较快出现高热。

外感导致发热,其入侵人体的途径,多由皮毛或口鼻而入。一般来说,六淫之邪,由皮毛肌腠而入,先滞络脉,由表而里,传至脏腑,发为热病。疫毒之邪,多由口鼻而入,充斥于人体,循卫气营血而分属于上、中、下三焦之脏腑。

外感发热的病机是外邪入侵,人体正气与之相搏,正邪交争于体内,或热、毒充斥于人体而发热,即所谓"阳胜则热"。发生阳气偏盛的热性病变而表现发热为主,伴有恶寒、口干等。邪热疫毒其性猛烈,起病急,传变快,故出现热势高等实热之证。发热病变,以阳胜为主,其病机变化最易化火。火热充斥体内,进而伤津耗液,故在整个热病中,都以温热伤津、阴液耗损为特点,常常产生一系列的火炽伤阴之病理反应。再者热毒之邪过盛,邪毒内传,营血耗伤,因而临床上易于发生神昏、出血的变证,即所谓逆传,来势凶险,预后较差。

【诊 断】

本证以发热为主,详细询问病史及伴随症状,对外感发热的诊断,有很大的帮助。因季节、气候、地区、环境的不同,而感邪发病。起病急,一般在3日之内。病程较短,约2周左右,传变迅速,若为时行感冒患者,则有明确的疫情接触史。

1. 体温在37.3℃以上,可高达39.5℃~40℃,并持续数小时以上不退者,或体温下降后,又逐渐升高,或伴有恶寒、寒战,口渴喜饮,舌红苔黄,脉数等症。

2. 原发疾病与伴随症状。掌握原发疾病的病史,明确外感发热常伴有的其他症状,分析两者之间的联系,有利于疾病的诊断。

3. 具有不洁饮食史、输血传染史、职业病史等,均可引起一些外感发热病,注意询问,全面诊查,有利于及时确立诊断。

4. 结合病史及临床表现,进行必要的实验室检查,如血、尿、大便常规,血沉,血、尿和骨髓培养,X线检查以及其他针对病因的特殊检查。

【鉴别诊断】

1. **内伤发热** 外感发热与内伤发热,两者在临床上均以发热为主症,外感发热,由感受外邪而发,体温较高,多为中度发热或高热,发病急,病程短,热势重,常见其他外感热病之兼症,如恶寒、口渴、面赤、舌红苔黄、脉数,多为实热证。内伤发热者,由脏腑之阴阳气血失调,郁而化热,热势高低不一,常呈低热而见间歇,其发病缓,病程长,数周、数月以至数年,多伴有内伤久病虚性证候,如形体消瘦,面色少华,短气乏力,倦怠纳差,舌质淡,脉数无力,多为虚证或虚实夹杂之证。

2. **寒热真假** 在发热之中,寒热真假的出现,是当热极或寒极之际,可出现与其本病之寒热不符合的假象,即真热假寒和真寒假热之象。临证时必须详细询问病情,参合脉证加以鉴别。真寒假热之鉴别要点为:身虽热,而反欲得衣被;口虽渴,但喜热饮;脉虽数,而不鼓指,按之乏力,或微细欲绝;苔虽黑,而润滑。真热假寒的鉴别要点为:身虽大寒,而反不欲近衣;口渴而喜冷饮;胸腹灼热,按之烙手;脉滑数,按之鼓指;苔黄燥起刺,或黑而干燥。

【辨证论治】

辨证要点

诊察热型,对外感发热的辨证,有重要的意义。外感发热,常见下列热型,如恶寒发热、壮热、往来寒热、潮热与不规则热等,临床需注意观察。

1. **恶寒发热** 指恶寒与发热同时存在,体温多在39℃以下,如热病早期,卫表诸证,均常见此热型。

2. **壮热** 指热势持续,高热不解,不恶寒,体温在39℃～40℃之间,甚至更高,达数天至2周之久。一日之内,波动甚小,如气分高热、肺系邪热、热盛之暑热、湿热等。

3. **寒热往来** 指恶寒与发热交替出现,寒时不热,或热时不寒,一日数次发作,如少阳病、疟疾等。

4. **潮热** 指热势盛衰起伏有时,犹如潮汛一般。外感之潮热,多属实证,热势较高,热退不净,定时又复升高,多见于阳明腑实证、湿温证以及热入营血证等。

5. **不规则热** 指发热持续时间不定,热势变动并无规律,如时行感冒、外感咳喘、风湿热等。

治疗原则

外感发热,由六淫及疫毒所致,入里化热;或温热之邪,由表及里,或有脏腑功能失调,郁热化火,病机虽有不同,但发热为其共性,因此,必须采用清热解毒、泻火凉血、清泻脏腑、滋阴退热之法,清除邪热,调和脏腑。

1. **清热解毒** 此法为治疗外感发热之主法,贯穿于本病的各个阶段,是顿挫热毒,防止传变的关键,也是保存阴津的重要措施。运用此法还应按病证性质和其他治法相结合,清热法中有清热宣透、清热除湿、清热通淋、清热利胆、清热凉血活血、清热开窍等。

2. **通腑泻下** 适用于热病腑实之证。常以泻下与清热相结合,为外感发热的常用治法。

通过泻下可以去积、存阴、利气,从而达到"泻热"的目的。下法之意,重在祛邪,总以及时对症为要,只要表解里实,选用承气诸剂,釜底抽薪,顿挫热势,常获良效。

3. 养阴益气　本法是与清热解毒、通腑泻下相对立的另一治疗大法。一般而言,本法对外感发热并无直接的解热作用,但热毒之邪,必伤阴液,又易耗气,至于原有宿疾或老年体虚患者,因其邪盛正虚,气阴损伤,极易发生逆变,因此,养阴或益气是外感发热证中扶正法的主要内容。

此外,近年来,还将活血凉血化瘀法作为治疗发热的重要治法。在清热解毒的基础上,适时配合此法,是提高临床疗效的重要一环。凡在外感发热之中,出现胸、胁、脘腹、腰等部位疼痛,加入活血化瘀之品,具有一定的治疗作用。

分证论治

·卫表证

症状:发热恶寒,鼻塞流涕,头身疼痛,咳嗽,或恶寒甚而无汗,或口干咽痛,或身重脘闷,舌苔薄白或薄黄,脉浮。

治法:解表退热。

方药:荆防败毒散、银翘散。

外感发热初起,病邪尚未入里化热,或疫毒热邪暂居卫表,所表现的症状,与感冒之疾,颇为相似,此时的治疗可按感冒的各种治法进行辨证论治。风寒证选荆防败毒散为主方,风热证则选银翘散为主方。

·肺热证

症状:壮热,咳嗽或喘促,痰黄稠或痰中带血,胸痛,口渴,舌红苔黄,脉滑数。

治法:清热解毒,宣肺化痰。

方药:麻杏石甘汤。

本方重用辛寒之生石膏,合麻黄共奏清里达表、宣肺平喘之效;杏仁、甘草化痰利气。加黄芩、鱼腥草、金银花、连翘、蒲公英等清热解毒;金荞麦、葶苈子泻肺涤痰。若痰涌便秘者加大黄、芒硝。

·胃热证

症状:壮热,口渴引饮,面赤心烦,口苦口臭,舌红苔黄,脉洪大有力。

治法:清胃解热。

方药:白虎汤。

本方以生石膏配知母,清胃泻火;粳米、甘草和胃生津。可加金银花、连翘、黄连、芦根清热解毒。若大便秘结者,加大黄、芒硝通腑泻热;若发斑隐隐者加犀角、玄参清热凉血。

·腑实证

症状:壮热,日晡热甚,腹胀满,大便秘结或热结旁流,烦躁谵语,舌苔焦燥有芒刺,脉沉实有力。

治法:通腑泻热。

方药:大承气汤。

本方用大黄苦寒泄热,通腑泻下;芒硝咸寒润燥,软坚破结;佐以厚朴、枳实破气导滞。可加黄芩、山栀清泻实热。腑实不坚者可去芒硝;胸膈烦热,口舌生疮者加连翘、薄荷、竹叶。

·胆热证

症状：寒热往来，胸胁苦满，口苦咽干，或恶心呕吐，或目身发黄，舌红苔黄腻，脉弦数。
治法：清热利胆。
方药：大柴胡汤。

本方用柴胡、黄芩疏肝利胆清热，枳实、大黄泄热通便，半夏、生姜和胃止呕。可加板蓝根、连翘、败酱草清解热毒，加茵陈清热利湿。若胁肋疼痛者加延胡索、川楝子理气止痛，发黄加金钱草、栀子、青蒿利胆退黄。

· **脾胃湿热证**

症状：身热不扬，汗出热不解，胸腹胀满，纳呆呕恶，或目身发黄，舌苔黄而厚腻，脉滑数。
治法：清热利湿，健脾和胃。
方药：王氏连朴饮。

本方以黄连、山栀苦寒清化湿热，半夏、厚朴化湿除满，石菖蒲、芦根和中清热。可加滑石、鲜荷叶清利渗湿。若热甚者加黄柏、黄芩，湿重者加藿香、佩兰，黄疸者加茵陈。另外，还可口服甘露消毒丹，以清利湿热，芳香化浊。

· **大肠湿热证**

症状：发热，腹痛，泄泻或痢下赤白脓血，里急后重，肛门灼热，口干口苦，小便短赤，舌红苔黄腻，脉滑数。
治法：清利湿热。
方药：葛根芩连汤。

本方以黄芩、黄连苦寒清热燥湿；葛根解肌清热，升清止痛。可加金银花、贯众清热解毒，加木通、车前子增强利湿之效。若热甚者加栀子、黄柏助其清热之力；若气滞腹痛者，加木香、槟榔以理气化滞。

· **膀胱湿热证**

症状：寒热起伏，午后热甚，尿频尿急尿痛，小便灼热黄赤，腰部或少腹疼痛，舌红苔黄腻，脉滑数。
治法：清利膀胱湿热。
方药：八正散合小柴胡汤。

本证取八正散中之大黄、栀子清热泻火，萹蓄、瞿麦、木通、车前子、滑石通淋利湿，用柴胡、黄芩和解退热，半夏、甘草和中止呕。还可加蒲公英、白花蛇舌草清热解毒利湿，乌药、枳壳理气止痛。

外感发热，若热毒内甚，正气受损，病情危重而进一步传变出现气营两燔、气血两燔、热灼营阴、热入心包，以致热盛动血、血热动风等证，其辨证治疗可详见《温病学》有关章节。

【其他疗法】

1. 口服补液和静脉输液　外感发热，尤其是高热患者，最易伤津耗液，因此养阴补液为救治高热的重要措施。口服可饮用适量的糖盐水、果汁、西瓜汁、番茄汁及凉开水等。亦可用5%或10%葡萄糖液、葡萄糖盐水、林格氏液1000~2000ml，静脉滴注，每日1次。

2. 肌内和静脉注射清热解毒、和解退热的药物　柴胡注射液，每次2~4ml，肌内注射，每日1~2次。双黄连粉针剂，每次3g，溶入10%葡萄糖液或葡萄糖盐水500ml中，静脉滴注，每日1次。清开灵注射液，每次40~60ml，加入10%葡萄糖液500ml中，静脉滴注。穿琥宁注射液,每次 400mg,加入 5% 或 10% 葡萄糖液 500ml 中,静脉滴注,每日 1 次。

3. **滴鼻退热** 对于热势较高的患者,可采取滴鼻退热的措施,临时降温。复方退热滴鼻液,由金银花、连翘、柴胡、青蒿等组成,制成蒸馏液滴鼻,每次每侧鼻腔 3~4 滴,每 30~60 分钟 1 次。复方柴胡滴鼻液,由柴胡、薄荷等组成,制成蒸馏液滴鼻,用法同上。

4. **灌肠退热** 由清热解毒或通腑泻热的药物,制成灌肠液,经直肠灌注而产生退热的效果。清热灌肠汤,由生石膏、连翘、荆芥、薄荷、芦根、赤芍等组成,水煎取汁 200ml,高位直肠灌注或保留灌肠 30 分钟,每 2~4 小时 1 次。体温下降后,应视病情减少灌肠次数。大黄枳实汤,由生大黄、枳实、甘草、山药、寒水石组成,水煎取汁 200ml,用法同上。

此外,对于高热患者,还可使用物理降温的方法,常用者为冷敷,以冰袋或冷水袋或冷水面巾置于前额、腋窝或鼠蹊部。酒精或盐水擦浴也有较好效果。

【转归预后】

外感发热范围广泛,病情有轻重缓急的不同,病程有长短的区别,临床上转归预后亦有差别。一般说来,大部分外感发热者,由于正气未衰,邪正相搏,正气可以抗衡邪气,经过正确的治疗,均可及时痊愈。部分患者感热毒之邪太盛,邪毒内陷,或脏腑原有宿疾,正气损伤已久,加之又感邪毒,因此易产生惊厥闭脱之变证,病情凶险,预后多有不良。

【预防与调摄】

及时有效地退热,控制体温即可防止变证与坏病的发生。在调摄护理方面,主要观察体温的变化,每 2~4 小时测体温 1 次,应特别注意热型和寒热规律以及发热持续时间等。另外对患者的神、色、肌肤、汗液、气息、脉象的变化和舌象的变化亦应注意观察。饮食上宜食用清淡流质或半流质。汤药宜微温服,服药后酌加衣被,或进食少许热稀粥,以培汗源,助邪外达。

【结　语】

外感发热为内科常见病证,因感受六淫、疫毒之邪,经皮毛或口鼻而入发病。正邪相争,阳胜则热是本病之病机。临床以实热证为多见,主症是发热,伴有恶寒、面赤、烦渴、脉数等,其热型的表现有恶寒发热、壮热、寒热往来、潮热及不规则热等,由于外邪入里化热较速,因此卫表症状短暂,很快出现各脏腑"热象"症状。

鉴于原有脏腑宿疾,而又继感外邪,因此临床上表现复杂繁纷,或为肺、胃热盛,或为肝、胆湿热,或为肾、膀胱湿热,辨证之时,还应分辨原有疾病与继感发热的轻重程度和标本先后而酌情用药。治疗上以清热解毒、泻火凉血、清泻脏腑为主要治法,鉴于热病最易化火、伤津耗液,临证常见惊厥闭脱的变证出现,呈逆传之势,因此在顿挫热势的同时,还应及早顾护津液,养阴益气,避免阴津的耗损,以防传变。

【文献摘要】

《素问·热论》:"人之伤于寒也,则为病热,热虽甚不死。"

《素问·评热病论》:"有病温者,汗出则复热,而脉躁疾,不为汗衰,狂言不能食。"

《中藏经·死脉》:"温病发热甚,脉反小者死。"

《外感温热篇》:"温邪上受,首先犯肺,逆传心包。……大凡看法,卫之后方言气,营之后方言血,在卫汗之可也,到气才可清气,入营犹可透热转气,入血就恐耗血动血,直须凉血散血。"

【研究进展】

外感发热指在原内科疾病基础上复感外邪而引起的发热病证,因其基础疾病或原发病不同而有中风发热、消渴发热、肺胀发热等不同的称谓,但统属内科外感发热。治疗以祛邪为主,兼顾原发病是其特点。

80年代以前,外感发热以辨证论治为主,之后则以辨证规范化研究为主,并在此基础上探索相应的有效疗法和方药。如王氏等关于外感热病辨证论治规律的研究,将外感热病分为5期33证,这5期是病邪初入期、邪盛表里期、邪盛里实期、邪盛正衰期、邪退正虚期。按期辨证,因证立法处方。临床验证504例热病,中药治疗474例。据对呼吸道感染100例分析,病邪初入期者全治愈;邪盛表里期者治愈率为96.1%;邪盛里实期在气分者治愈率为54.6%,邪进入营血者较难控制〔中医急症通讯1987;(7):11〕。全国南北方热病协作组共同制定的《中医高热症诊断疗效判定标准》已由国家中医药管理局医政司批转全国执行,应用于各种内科病发热症的诊治取得一定成绩。董氏等完成的风温肺热病辨治方案及证候疗效评分法研究课题,应用系列辨证方药治疗335例风温肺热病,有效率为89.6%,疗效与抗生素对照组相当而无毒副作用;并创制了证候疗效评分法,为急性肺热病临床疗效评定提供了科学依据〔中医急症研究1989;96〕。田氏等完成的凉营透热法治疗温病营分证的临床及实验研究课题,首次从临床资料论证了急性热病营分证的辨证要点:身热夜甚、心烦不寐、舌红绛。并首次提出热邪入营与年老、阴虚体质、宿疾和毒盛有关,急性热病营分证实质与血液粘度增高、内毒素血症及免疫功能失调有关。凉营透热法多途径给药治疗急性热病营分证有效率96.15%,治愈率69.23%,平均疗程19.9±9.98日。在改善症状、缩短疗程及退热、消炎、清除内毒素和降低血液粘度等实验方面皆显著优于西药对照组〔中国医药学报1989;(5):7〕。

以提高临床疗效为目的的新制剂的研究与开发,是内科热病临床研究的又一特点。如富氏等发掘张景岳古方正柴胡饮,制成正柴胡饮冲剂,用于内科热病初期风寒表证发热,疗效显著〔中医急症研究1989;96〕。昆明医学院附属第一、二医院进行的青蒿素治疗疟疾的临床研究,南通市中医院、中国医学科学院药物研究所等单位对金荞麦治疗肺脓疡的临床应用研究,皆取得了非常满意的疗效。南京中医学院等单位应用清热解毒4号(金银花、大青叶、草河车、半枝莲、龙胆草制成静脉滴注剂)静滴治疗流行性出血热,结果证明该药可阻止DIC形成,增强细胞免疫功能,无毒副作用。范氏等应用自制清热解毒Ⅰ号(银花、连翘、大青叶、紫草、甘草)、Ⅱ号(生石膏、知母、大黄、丹皮)辨证治疗内科急性高热112例,治愈90例,好转13例,无效9例,平均5.1小时退热,38.8小时体温完全恢复正常;患者体温逐渐下降并少量汗出,自觉症状随之减轻,无反跳现象〔中医急症通讯1988;(5):5〕。沈氏等以汤药和针剂并用,治疗急性高热110例,其降温起效时间、症状消失率、体温恢复正常时间等,与西药对照组比较,疗效显著差异〔江西中医药1985;(增刊号)〕。

内科热病单病种研究,促进了热病研究深入。王氏等分析80例成人肺炎后指出,中医药对急性肺炎的治疗作用,不在于直接杀灭细菌,主要是提高机体防御功能,这与抗生素的治疗机理是有区别的〔中医杂志1980;(4):34〕。王氏等用中药抗炎Ⅱ号针(蒲公英10g/10ml,白花蛇舌草10g/10ml)或复方银翘针(金银花、连翘各5g/10ml,大青叶、鱼腥草、蒲公英各10g/10ml)另加鹿蹄草针(每ml含鹿蹄草素"甲基氢醌"20mg)作基础用药,再加上辨证用药治疗老年肺炎,总有效率73.3%。黄氏等报道用大蒜素治疗肺部霉菌感染有效,方法是静滴0.15%大蒜素溶液60~100ml/日,疗程一般不应短于2个月,即使霉菌培养阴转,仍需继续治疗1个月以巩固疗效〔老年医学在中国1991;206〕。

从上可知,外感发热的辨证规范化研究,为治疗提供了科学依据;中医药辨证论治内科热病仍然具有明显的优势,而改变中药剂型、多途径给药,促进了中医治疗效果的提高;中药汤剂与针剂结合,为内科热病的标本同治即外感发热与原发病同治提供了有效保证。

第三节 湿 阻

湿阻是指湿邪阻滞中焦,运化功能减弱,以脘腹闷满,肢体困重,纳食呆滞等为主要症状的外感疾病。

湿阻发病,每于夏令梅雨季节,尤其是江南、沿海一带。患者常以肢体困重,脘腹闷满,纳食呆滞,口淡乏味,舌苔粘腻等症而来求诊,治用芳香化湿、燥湿健脾等药,往往可获明显效果。此病,在明、清两代温病学著述中,始有大量记载。由于本病的病因病机有其特殊性,故以病机命名,称为湿阻。

《素问·六元正纪大论》、《素问·阴阳应象大论》中,已明确指出湿邪为病,与自然环境气候有着重要的关系。而湿邪犯人,其途径可从体表肌肤而入,以人体下部先受之。《金匮要略》有"痉湿暍病脉证并治"专篇,主要讨论内、外湿邪,尤其是外湿致病的种种表现以及治疗大法,并提出了治湿的三项禁忌。历代医家对湿病多有发挥,尤其以清代温病学派,对湿邪致病的病因、病理、治法、方药都有较大的发展和补充。如《临证指南医案·湿》中,从外湿、内湿两方面阐述湿邪致病的机理,以及由于感邪和体质不同,其病理属性的转归亦有区别。又如《温病条辨·中焦》重点叙述湿邪与中焦脾胃的发病关系及湿病的病理转化。

湿阻为病,可见之于许多疾病的病理过程之中,由于湿邪阻滞的部位不同,临床的病理反应亦不一致,如有湿阻经络、湿阻三焦、湿阻募原、湿阻气分、湿阻脾胃等,本节湿阻所论仅涉及湿阻中焦脾胃,其他各种病证,均不属本节的讨论范围。西医学中的胃肠道功能紊乱等,可参照本节辨证论治。

【证候特征】

湿阻之病,主要是由于外感水湿重浊之邪,内困脾胃导致升降失常、运化不健,故临床表现以湿滞重浊之象为主要特征。突出表现是重、闷、呆、腻、濡。重为肢体困重,闷为脘腹痞闷,呆指纳食乏味呆滞,腻系舌苔厚腻,濡为脉濡。再者本病起病一般比较缓慢,有时可迁延较长时间,因为湿性粘腻,故而不易速去。一般常在入夏发病,至秋渐缓。

【病因病机】

1. 湿阻的病因是湿邪伤人致病　湿邪为重浊粘腻之邪,性属阴,其致病特点有三:①来去徐缓,病势缠绵,病程较长,病位固定不移,而且常呈隐袭起病。②湿为阴邪,易伤阳气,阻遏气机。而脾为阴土,脾气为湿邪所困,升降受阻,运化不健,则水湿内停。③湿性粘腻重浊,重即沉重、重着,浊即秽浊,临床症状上反映为头部、肢体沉重,大便粘滞不爽,小便混浊,舌苔垢腻等。

2. 湿邪伤人,与气候季节、地理环境有密切的关系　湿为自然界的潮湿之气,长期阴雨,空气湿度增加,或久居卑湿之地,或涉水作业,人们就可能罹患湿病。我国长江流域、沿海一带,每到夏令梅雨季节,雨量集中而且较大,持续时间亦长,这段时期,稍有不慎,即可感湿而病。

3. 湿邪致病,有内、外之分　外湿为六淫之一,指雨露雾湿、气候潮湿等。内湿既是病理产物,又是致病因素,其形成多因饮食不节,如恣食生冷酒醴肥甘,或饥饱失常,损伤脾胃,运化失职,津液不得运化转输,停聚而生。内湿与外湿在发病过程中又常相互影响。外湿发病,多犯脾胃,致脾失健运,湿从内生,而脾失健运,又容易招致外湿的侵袭。

湿阻的病机主要在于湿邪阻滞中焦,升降失常。湿邪侵入人体的途径,就外感而言,是从体表、肌肤而入。"其伤人也,或从上,或从下,或遍体皆受,此论外感之湿邪,著于肌躯者也"。

至于内生湿邪,是因脾胃功能失职,运化失常而生。湿阻的病变部位以中焦脾胃居多。

不论外湿、内湿致病,均与脾胃的功能密切相关,然而其中的病理转归、发展趋势又有所不同。在脾胃功能受损之时,有湿邪从寒而化,亦有从热而化的不同病理变化趋向。形成湿邪寒化和热化的不同病理变化的主要条件:①与人体的体质、阴阳偏盛差异有关。凡面白阳虚之人,其体丰腴,本多痰湿,一旦感受湿邪,易于寒化,成为寒湿之证;相反,面赤阴虚之人,其形瘦而内火易动,感受湿邪,易从热化,成为湿热之证。②与脏腑的功能状态、治疗失当有关。素体脾胃虚弱者,感湿易于从寒而化;平素胃中积热火盛者,感受湿邪易从热化。过用寒凉之品,易于寒化;妄加温燥者,易于热化。

湿从寒化,多易损伤脾阳;湿从热化,多易损伤胃阴,这又是湿邪寒化或热化后的发展趋势。但湿为阴邪,性粘滞重浊,湿胜则阳微,湿从寒化,乃是湿邪致病的主要发展趋势,故湿阻病在临床表现上,寒化者多于热化。

【诊　断】

1. 湿阻病势缠绵,病程较长,病位固定不移。其发病多与夏令梅雨季节,及地域潮湿有关。
2. 临床表现以全身乏力,四肢困重,胸闷脘痞,饮食无味,舌苔腻,脉濡等为主症。
3. 实验室理化检查,多无器质性改变,各项指标数据大致可在正常范围内。

【鉴别诊断】

湿阻主要应与湿温病相鉴别。这两者是不同类型的疾病,其病因虽然都与湿邪有关,病位主要在脾胃,但各有不同。湿温病属温病范畴,外感热病之一,多发于长夏暑季,感受暑温、湿热之邪,邪留恋于气分,进而传变营血,病势缠绵而病程长,变证较多而病情较重,主要症状为发热稽留不退,身重而痛,胸脘痞闷等。湿阻病因以湿邪为主,湿阻中焦,一般传变很少,变证不多,病情较轻,症状以脾胃功能障碍为主,表现为脘腹痞满,食少纳呆,头身重,不发热,舌苔腻,脉濡等。然而湿温病与湿阻之热化者其证候相似,其鉴别有一定的难度。

【辨证论治】

辨证要点

湿阻的辨证要点在于分清寒热,即寒湿证与湿热证,两者的共同表现有脘闷,身重,纳呆,苔腻,脉濡等,不同的是寒湿证身重而恶寒,脘腹痞闷,喜揉按,口中淡而无味,或有甜味,便溏,舌苔白腻,脉濡缓;湿热证身重而有热,脘痞似痛,不喜揉按,口中苦而粘腻,尿赤,舌苔黄腻,脉濡数。

治疗原则

治疗本病,一是祛湿,再则运脾,此为两个主要环节。而具体立法处方,应根据湿邪困阻与脾虚不健的主次,寒化与热化的偏胜,权衡轻重,灵活掌握。化湿、燥湿、利湿,是本病的重要治法。《证治汇补》记有:"治湿不宜热,不宜寒,风胜湿、燥胜湿、淡渗湿,三者尽之。"可见风药、燥药、利湿药最常用。不过由于湿从寒化和热化的不同,在临证时应加区别。寒湿伤及脾阳,以苦辛温药,温助脾阳;湿热伤阴,以苦辛寒药,清化湿热而不伤阴。同时不论是寒证,还是热证,均酌加淡渗利湿之品为佐药。治疗湿阻,用药以轻疏灵动为贵,一则可使湿邪得以透达,再则可使脾运得以健旺。至于运脾、健脾、醒脾皆是治疗湿阻的常法,不过应该注意分清矛盾的主次,以脾虚生湿为主者,治当健脾,佐以化湿;以湿阻为重者,治当祛湿,兼以运脾。

分证论治

- **湿困脾胃**

症状:肢体困倦而重,或头重如裹,胸闷腹胀,纳食不香,口中粘淡无味,便溏,或有形寒,舌苔白腻,脉濡滑。

治法:芳香化湿。

方药:藿香正气散。

本方为治疗湿阻之常用方剂,有较好的化湿功效,适宜于湿从寒化之证。方中以藿香、紫苏、陈皮、白芷芳香化湿,厚朴、法夏、白术苦温燥湿,大腹皮、茯苓淡渗利湿,集芳香、苦温、淡渗于一方,并配合桔梗宣通肺气,甘草甘缓和中,共奏温化寒湿之效。若口有甜味者加佩兰加强芳香化浊之力;若兼见食滞嗳腐吞酸者,加用山楂、神曲、鸡内金消食化滞;若腹胀便溏者,可在此方基础上,合用平胃散,增强健脾燥湿的作用;若兼有表证寒热者加荆芥、防风辛散表邪。

- **湿热中阻**

症状:四肢困重,脘痞闷似痛,口中苦而粘腻,渴不欲饮,纳呆,尿黄短,大便不爽,或有发热,汗出而热不退,舌苔黄腻,脉濡数。

治法:清热化湿。

方药:王氏连朴饮。

本方以黄连、山栀苦寒清热化湿,法夏、厚朴化湿除满,石菖蒲、芦根和中清热。亦可加滑石、鲜荷叶、薏苡仁清利渗湿;又可吞服甘露消毒丹,每服5～10g,日服2次,以清热利湿,芳香化浊。

- **脾虚湿滞**

症状:四肢困乏,脘腹痞闷,喜揉按,大便溏薄,神疲乏力,厌食油腻,舌苔薄腻或舌质淡胖,脉濡缓。

治法:健脾化湿。

方药:香砂六君子汤。

本方用党参、白术、茯苓、甘草以健脾益气,法半夏、陈皮以理气化湿,木香、砂仁和胃醒脾。可加葛根、藿香升清化湿。如面浮肢肿者,加黄芪、扁豆、苡仁益气利湿消肿。

此外,尚有部分患者,在盛夏季节,出现口渴多饮,尿频而长,无汗或出汗较少,发热不退,胸闷,纳呆,神疲乏力,舌苔腻,脉数,此乃暑湿外袭所致,可用鲜藿香、鲜荷叶、羌活、薄荷、板蓝根、六一散等清化暑湿,每能获效。

【转归预后】

湿阻一般预后良好。初起湿困脾胃,正气未伤,治疗及时,湿邪易去,脾胃功能易于恢复。若湿邪化热,湿热交阻,多难以速效,须守方调治,以求痊愈;若迁延失治,脾气虚弱,湿邪留恋,易致病势缠绵,稍感外湿或饮食不当,又可发作或加重。

【预防与调摄】

为预防湿阻病的发生，可在夏令梅雨之时，取鲜藿香、鲜佩兰及焦麦芽之类，水煎代茶饮用，以芳香化湿，醒脾和中，并注意保暖，不要淋雨受潮。

【结　语】

湿阻为常见的外感病证，多发于夏令梅雨季节，在我国东南沿海及长江流域和气候潮湿的地区尤为多见。本病湿邪为患，病位于脾胃，病机是湿邪阻滞中焦，升降受阻，运化不利。外湿从体表肌肤而入，内湿为饮食生冷所伤，脾失健运，湿从内生。湿邪阻滞于脾胃之后，临床以寒化者为多见。湿阻的治疗原则是祛湿健脾。湿阻之初，湿困中焦，脾虚不是主要矛盾，应以祛湿为主，可选用芳香化湿、苦寒燥湿、淡渗利湿之品，使邪外出；在病情发展出现脾虚之象时，则当以健脾与化湿之剂配合使用。湿阻病情不重，传变少，变证少，预后良好，不过有人可反复罹患此病。

【文献摘要】

《景岳全书·传忠录》："湿证之辨，当辨表里。经曰：因于湿，首如裹。又曰：伤于湿者，下先受之。若道路冲风冒雨，或动作辛苦之人，汗湿粘衣，此皆湿从外入者也。如嗜好酒浆生冷，以致泄泻、黄疸、肿胀之类，此湿从内出者也。在上在外者宜微从汗解，在下在里者宜分利之。湿热者宜清宜利，寒湿者宜补脾益肾。"

《临证指南医案·湿》："湿为重浊有质之邪，若邪从外而受者，皆由地中之气升腾，从内而生者，皆由脾阳之不运。虽云雾露雨湿，上先受之，地中潮湿，下先受之。……其伤人也，或从上，或从下，或遍体皆受。此论外感之湿邪，著于肌躯者也。此虽未必即入于脏腑，治法原宜于表散，但不可大汗耳。"

《温病条辨·中焦》："湿之入中焦，有寒湿，有热湿，有自表传来，有水谷内蕴，有内外相合，其中伤也，有伤脾阳，有伤脾阴，有伤胃阳，有伤胃阴，有两伤脾胃。伤脾胃之阳者，十常八九，伤脾胃之阴者，十居一二。彼此混淆，治不中窍，遗患无穷，临证细推，不可泛论。"

【研究进展】

有关湿阻的专门研究尚少，但对于其辨证及治疗的体会，时有报道。王氏对湿热中阻证的临床辨证论治体会是：湿重于热者，重点在脾，热重于湿者，重点在胃。提出基本方是由青蒿或茵陈、黄芩、白薇、草豆蔻、白蔻仁或砂仁、佛手或香橼、甘松或延胡索、苍术或藿香、薏苡仁或佩兰、厚朴或苏梗、陈皮等组成〔陕西中医 1985；6(3)：106〕。

曹氏在探讨清代名医高上池论湿的过程中，认为高氏论湿之体质有现实指导价值，湿之体质与内外合邪，为解释湿邪的易感性及发病类型的特点提供了依据。在治疗上提出湿从水治、水湿同属的思想是仲景"治湿不利小便，非其治也"学术思想的体现。治湿常用之法有温阳法、开肺气法、运脾阳法等，而苦温香燥之品的使用，当适可而止〔中医药研究 1986；(1)：28〕。王氏在阐述了临床治疗湿病的验案体会后，提出湿病缠绵，难以速愈的基础是"湿瘀相关"，因此治疗湿病，配合适当的化瘀药，往往可以使疗效倍增〔中国医药学报 1989；(5)：44〕。

第四节　痢　疾

痢疾是因外感时邪疫毒，内伤饮食而致邪蕴肠腑，气血壅滞，传导失司，以腹痛腹泻，里急后重，排赤白脓血便为主要临床表现的具有传染性的外感疾病。

痢疾，古代有称之为"肠澼"、"滞下"等，含有肠腑"闭滞不利"的意思。本病为最常见的肠道传染病之一，一年四季均可发病，但以夏秋季节为最多，无论男女老幼，对本病"多相染易",在儿童和老年患者中,常因急骤发病,高热惊厥,厥脱昏迷而导致死亡,故而必须采取有效措施,积极防治。有地区观察到痢疾的流行与苍蝇消长期相一致,因此灭蝇对控制本病的传播有积极的意义。中医药对各类型痢疾有良好的疗效,尤其是久痢,在辨证的基础上,采用内服中药或灌肠疗法,更能收到显著的效果。

《内经》称本病为"肠澼",对其病因、症状、预后等方面有原则性的论述,指出感受外邪和饮食不节两个致病的重要环节,并从症状、脉象表现判断痢疾的预后。如《素问·太阴阳明论》说:"食饮不节,起居不时者,阴受之,……阴受之则入五脏,……入五脏则䐜满闭塞,下为飧泄,久为肠澼。"《伤寒论》、《金匮要略》书中,对痢疾进行了初步的分类,如赤白痢、赤痢、血痢、脓血痢、冷痢、热痢、休息痢等。《备急千金要方》称本病为"滞下",宋代《严氏济生方》正式启用"痢疾"之病名:"今之所谓痢疾者,古所谓滞下是也",一直沿用至今。《丹溪心法》进一步阐明痢疾的流行性、传染性,"时疫作痢,一方一家,上下相染相似",并论述痢疾的病因以"湿热为本",提出通因通用的治痢原则。

本节讨论的内容以临床常见的痢疾各证候为主,西医学中细菌性痢疾、阿米巴痢疾以及溃疡性结肠炎等出现类似本节所述痢疾的症状者,均可参照本节辨证处理。

【证候特征】

痢疾为外感传染疾病,临床上以腹痛腹泻、里急后重、排赤白脓血便等为主要证候。一般起病较急,以发热伴有呕吐而开始,继而腹痛,呈阵发性,腹泻大便次数每日约10～20次,粪便性状呈赤白粘冻样、脓血状,里急后重感显著。常为同一地区多人发病,也有呈散在发病者。其特征以湿热疫毒壅滞肠腑症状最为突出。由于人体正气强弱不一,故临床症状表现多种多样,急慢轻重差异亦较大。轻者不发热,腹痛不著,里急后重不明显,大便次数每日在10次以下,或被误诊为泄泻;重者常在泻痢未出现之前,即有高热、神疲、面青、肢冷以致昏迷惊厥,因此必须引起高度的重视。还有的呈慢性迁延状态,病程在2月以上,或至数年,反复不愈。

【病因病机】

1. **外感时邪疫毒** 这是痢疾的主要病因之一,又可分为两个方面。其一是感受湿热之邪,痢疾多发于夏秋之交,气候正值热郁湿蒸之际,湿热之邪内侵人体,蕴于肠腑,乃是本病发生的重要因素。其二是感受疫毒之邪。疫毒者,指具有强烈传染性的致病邪气,这种邪气之产生及其致病流行,往往与反常气候有关。所谓"疫气乃异气也,不在六气正化之中";"疫痢之一方独感者,疫气独盛于一身也"。疫毒邪气,混杂伤人,相互传染,造成痢疾流行。

2. **饮食不节** 亦有两个方面的含义,一是指平素饮食过于肥甘厚味或夏月恣食生冷瓜果,损伤肠胃;二是因食用不清洁的食物,疫邪病毒从口而入,积滞腐败于肠间,发为痢疾。

痢疾为病,发于夏秋之交,这个季节暑、湿、热三气交蒸,互结而侵袭人体,加之饮食不节与饮食不洁,邪从口入,滞于脾胃,积于肠腑。饮食、湿热积滞其中,与气血胶结,传导失常,脂络受伤,遂成痢疾。痢疾病位在肠腑,肠司传导之职,传送糟粕,又主津液的进一步吸收。邪客大肠,传导功能失司,通降不利,气血凝滞腐败,因而痢下赤白脓血。脾胃主受纳、运化之职,升清降浊。饮食不节,脾胃受损,运化失职,饮食积滞阻之于肠腑。《医碥·痢》说:"不论何脏腑之湿热,皆得入肠胃,以胃为中土,主容受而传之肠也。"由此可知,脾胃损伤,可直接影响于肠,所以痢疾病变与脾胃有密切的关系。

痢疾的病机主要是邪滞于肠,气血壅滞,肠道传化失司,脂膜血络受伤,腐败化为脓血而成痢。由于时邪疫毒或饮食不节而积滞于大肠,以致气血壅滞,与病邪相搏结,肠腑气机阻滞,通降不利,因而产生腹痛、大便失常之症。热郁湿蒸,气血凝滞,腐败肠间,以致肠腑脂膜血络受损,化为赤白脓血下痢,所谓"盖伤其脏腑之脂膏,动其肠胃之脉络,故或寒或热,皆有脓血"。肠腑传导失司,由于气机阻滞而不利、肠中有滞而不通,不通则痛,腹痛而欲大便则里急,大便次数增加,便又不爽则后重,这些都是由于通降不利、大肠传导功能失调之故。

由于人体的体质有阴阳盛衰的不同,痢疾病机的转化又有不同。素体阳虚者,湿从寒化,寒湿内蕴,再加之饮食不洁,邪气食积于肠中,遂为寒湿之痢。素体阳盛者,湿热内蕴,食用不洁之物,从热而化,乃成湿热之痢。不过,"痢因暑热者多,寒者少";"种种痢疾,总由湿热入胃(肠),此一句便可悟病形矣",所以临床上以湿热痢为多见,实证为主。

再者痢疾因治疗不及时,或素体中焦虚弱,正虚邪恋,或治疗不当,苦寒太过,收涩过早,或患者兼其他病如胃痛、胁痛等,以致迁延日久不愈,或时愈时发,反复不休,转为慢性;或正虚邪留,虚实并见,寒热错杂;或正气疲惫,由脾及肾,使病情复杂而缠绵。

【诊　断】

1. 发病前有不洁饮食史,或疫痢患者接触史。流行季节在夏秋之交,具有传染性,疫毒从口而入。

2. 临床表现起病急骤,畏寒发热,初期有食欲减退、恶心呕吐之表现,继而腹部阵痛,痛而欲便,便而不爽。腹泻开始有稀溏粪便,而后即见排出物呈白色胶冻状如鱼脑,或沾有"赤膜薄血",随后为赤红色胶冻样物,每日大便次数10～20次不等,甚则数十次,里急后重感显著,病程一般在2周左右。

疫毒痢病情严重而病势凶险,以儿童为多见。急骤起病,在腹痛、腹泻尚未出现之时,即有高热神疲,四肢厥冷,面色青灰,呼吸浅表,神昏惊厥,而痢下、呕吐并不一定严重。

3. 实验室粪便检查对本病诊断确立,很有帮助。主要是大便涂片镜检和细菌培养等项目。必要时作X线钡剂造影及直肠、结肠镜检查,有助于鉴别诊断。

【鉴别诊断】

本病应与泄泻鉴别。两者多发于夏秋季节,病位在胃肠,皆由外感时邪、内伤饮食而发病,症状都有大便次数增多,然而具体在临床症状和病机方面,实有不同之处。痢疾大便次数虽多而量少,排出赤白脓血便,里急后重感明显,便而不爽,甚则滞涩难下。而泄泻大便溏薄,粪便清稀,或如水,或完谷不化,泻而不爽,甚则滑脱不禁,而无赤白脓血便,亦无里急后重感。痢疾为湿热、疫毒、饮食壅滞于肠中,与气血相搏结,病位在肠。泄泻为湿邪内停,脾虚湿盛,运化失职,湿浊内生,混杂合污而下,病机关键在于脾胃功能障碍,病位在脾胃。当然,泻、痢两病在一定条件下,又可以相互转化,或先泻后痢,或先痢而后转泻。一般认为先泻后痢病情加重,病机由浅入深;先痢后泻为病情减轻,病机由深出浅,所谓"先滞后利者易治,先利后滞者难治"。

【辨证论治】

辨证要点

1. **辨实痢、虚痢** 痢疾者,最当察虚实,辨寒热。一般来说,初痢及年轻体壮患痢者多实;久痢及年高体弱患痢者多虚。腹痛胀满,痛而拒按,痛时窘迫欲便,便后里急后重暂时减轻者为实;腹痛绵绵,痛而喜按,便后里急后重不减,坠胀甚者为虚。

2. **识寒痢、热痢** 大便排出脓血,色鲜红,赤白甚于紫黑,浓厚粘稠腥臭,腹痛,里急后重感明显,口渴喜冷饮,或口臭小便黄或短赤,舌红苔黄腻,脉滑数者属热;大便排出赤白,色晦暗,清淡无臭,腹痛喜按,里急后重不明显,面白肢冷形寒,舌淡苔白,脉沉细者属寒。

治疗原则

痢疾的治疗,应根据其病证的寒热虚实,而确定治疗原则。总的来说,热痢清之,寒痢温之,初痢实则通之,久痢虚则补之,寒热交错者清温并用,虚实夹杂者通涩兼施。痢疾初起之时,以实证、湿热证较为多见,肠中有邪,与气血相搏结,而产生脓血便,因此,清除肠中之湿热疫毒、饮食积滞,颇为重要,清肠、清热、解毒、化湿、燥湿就成为实证初痢的常用之法。即使是久痢,若见虚实夹杂、寒热并见者,亦需要兼以清化。其次是调气和血。痢疾者,气血凝滞于肠间,脂膜血络损伤,大肠通降不利,气机阻滞,出现里急后重、痢下赤白脓血。刘河间指出:"调气则后重自除,行血则便脓自愈",这已成为治疗痢疾的常用法则之一。调气,是调理大肠之气滞,鼓舞脾胃之气机;和血,是行血和血凉血,以消血液之凝滞,修复血络之损伤。再者是温中理脾。

虚证久痢,中焦气虚,脾胃亏损,阳气不振,滑脱不禁,故而应用温养之法,兼以收涩固摄,温补中焦,健运脾胃,固摄肠腑。"人以胃气为本,而治痢尤要",说明顾护胃气,应贯穿于治痢过程之始终。由于治疗实证初痢、湿热痢、疫毒痢的方药之中,苦寒之品较多,长时间大剂量使用,有损伤胃气之弊,因此,应该注意药物的调配。

此外,古今学者提出有关治疗痢疾之禁忌,如忌过早补涩,忌峻下攻伐,忌分利小便等,均可供临床用药之时,结合具体病情,参考借鉴。对迁延不愈之久痢,因病情复杂,正气已虚,而余邪积滞又未尽,若单纯温补,则滞积不去,贸然予以通导,又恐伤正气,此时治宜兼顾两全,于温补之中,佐以清肠导下祛积,扶正驱邪,权衡运用。

分证论治

·湿热痢

症状:腹痛阵阵,痛而拒按,便后腹痛暂缓,痢下赤白脓血,粘稠如胶冻,腥臭,肛门灼热,小便短赤,舌苔黄腻,脉滑数。

治法:清肠化湿,解毒,调气行血。

方药:芍药汤。

本方以黄连、黄芩、大黄清热化湿解毒,兼以推荡积滞;当归、芍药、甘草行血和营,缓急止痛;木香、槟榔理气导滞;少佐肉桂,辛能散结,热可防以上各药苦寒太过。另外,可加金银花、穿心莲加强清热解毒之效。若兼饮食积滞,嗳腐吞酸,腹部胀满者,加莱菔子、神曲、山楂等消食化滞。证属湿重于热者,痢下白多赤少,舌苔白腻,可去当归、黄芩,加茯苓、苍术、厚朴、陈皮等健脾燥湿。证属热重于湿者,痢下赤多白少,口渴喜冷饮,加白头翁、黄柏、秦皮等直清里热。痢下鲜红者,加地榆、苦参、丹皮、侧柏叶等凉血止痢。

痢疾初起,兼见表证恶寒发热、头痛身重者,可用解表法,用荆防败毒散,解表举陷,逆流挽舟。

• 疫毒痢

症状:起病急骤,高热,呕吐,继而大便频频,以致失禁,痢下鲜紫脓血,腹痛剧烈,里急后重感显著,更甚者津液耗伤,四肢厥冷,神志昏蒙,或神昏不清,呕吐频繁,惊厥频频,瞳仁大小不等,舌质红绛,舌苔黄燥,脉滑数或微细欲绝。

治法:清热,解毒,凉血。

方药:白头翁汤合芍药汤。

本方以白头翁清热解毒凉血,配黄连、黄芩、黄柏、秦皮清热解毒化湿,用当归、芍药活血,木香、槟榔行气。加金银花、丹皮、地榆、穿心莲,加强解毒的功效。若发生厥脱,症见面色苍白,四肢厥逆而冷汗出,唇指紫暗,尿少,脉微细欲绝,加用生脉(参麦)注射液、参附青注射液静脉推注或滴注,以益气固脱。若发生神昏烦躁,惊厥,面色灰白,瞳仁大小不等,呼吸不均者,加清开灵注射液等静脉滴注,并加神犀丹、紫雪丹灌服。若厥脱、神昏、惊厥同时出现者,则最为险候,必须采用综合性抢救措施,中西医结合治疗,以挽其危。

• 寒湿痢

症状:腹痛拘急,痢下赤白粘冻,白多赤少,或纯为白冻,里急后重,脘胀腹满,头身困重,舌苔白腻,脉濡缓。

治法:温中燥湿,调气和血。

方药:不换金正气散。

本方藿香芳香化湿,苍术、厚朴、法半夏运脾燥湿,陈皮、木香、枳实行气导滞,桂枝、炮姜温中散寒,芍药、当归和血。若湿邪偏重,白痢如胶冻、如鼻涕,腹胀满,里急后重甚者,改用胃苓汤加减,以温中化湿健脾。

• 虚寒痢

症状:腹部隐痛,缠绵不已,喜按喜温,痢下赤白清稀,无腥臭,或为白冻,甚则滑脱不禁,肛门坠胀,便后更甚,形寒畏冷,四肢不温,食少神疲,腰膝酸软,舌淡苔薄白,脉沉细而弱。

治法:温补脾胃,收涩固脱。

方药:附子理中汤或桃花汤合真人养脏汤。

附子理中汤,用附子、干姜温补脾胃之阳,人参或党参、白术、甘草益气健脾。重者用桃花汤合真人养脏汤,以干姜、肉桂温补脾胃阳气,赤石脂、诃子、罂粟壳、肉豆蔻收涩固脱,人参或党参、白术益气健脾,归、芍调血,木香行气,两方合用,温补、收涩、固脱力强,颇合病情。

• 休息痢

症状:初痢、暴痢之后,长期迁延不愈,时发时止,腹胀食少,倦怠怯冷,常遇饮食不当、受凉、劳累而发,发时大便次数增多,大便经常或间有赤白粘冻,舌质淡苔腻,脉濡软或虚数。

治法:温中清肠,佐以调气化滞。

方药:连理汤。

本方用人参、白术、干姜、甘草温中健脾,黄连清除肠中余邪,加木香、槟榔、枳实调气行滞,加当归和血。另外,还可用鸦胆子仁治疗,成人每服15粒,每日3次,胶囊分装或用龙眼肉包裹,饭后服用,连服7~10日,可单独服用或配合上述方药使用。

休息痢中,若脾胃阳气不足,积滞未尽,遇寒即发,症见下痢白冻,倦怠少食,舌淡苔白,脉沉者,治宜温中导下,用温脾汤加减。若久痢伤阴,或素体阴虚者,阴液亏虚,余邪未净,阴虚作痢,痢下赤白,或下鲜血粘稠,虚坐努责,量少难出,午后低热,口干心烦,舌红绛或光红,治宜养阴清肠,用驻车丸加减。

临床上,还可见噤口痢,即下痢而不能进食,或下痢呕恶不能食者,主要是胃失和降,气机升降失常。属于实证者,多由湿热、疫毒蕴结而成,症见下痢,胸闷,呕恶不食,口气秽臭,舌苔黄腻,脉滑数,治宜泄热和胃,苦辛通降,方用开噤散加减。药取黄连、石菖蒲、茯苓、冬瓜仁苦辛通降,泄热化湿,陈皮、陈仓米、石莲子、荷叶蒂健脾养胃,开噤升清。或加玉枢丹,少量冲服,或用姜汁炒黄连同煎,频频呷服,反复使用,以开噤为度。虚者以脾胃素虚或久痢胃虚气逆而致,症见下痢频频,呕恶不食,或食入即吐,舌淡,脉弱,治宜健脾和胃,方用六君子汤加石菖蒲、姜汁,以醒脾开胃。若下痢无度,饮食不进,肢冷脉微,当急用独参汤或参附汤等以益气固阳。

【其他疗法】

治疗痢疾可用成药,如热痢者用香连丸、穿心莲片;寒痢者用藿香正气丸;虚证久痢者可用理中丸、归脾丸等。另外,外治法,尤其是灌肠疗法,亦常用于痢疾的治疗。可用苦参、马齿苋以1:2之比例,水煎成150ml保留灌肠,用于大便次数多,下痢赤白脓血者;或用蒲公英、败酱草、红藤、穿心莲等份,黄柏适量,水煎成150ml,温度在30℃~40℃时作保留灌肠,能保留8小时以上者效佳。

【转归预后】

痢疾的转归与预后取决于患者体质、正气的强弱与感邪的轻重。体质强,正气尚足者一般预后良好。经过正确、及时治疗,一般在两周左右痊愈;发热、腹痛、里急后重、便脓血等症状一般在3~7天消失。感受疫疠毒邪盛者可出现热入心营、热动肝风或内闭外脱的危证,须积极抢救。体质较差,正气不足,或素体脾胃虚弱者,可迁延日久,转为慢性痢疾。

【预防与调摄】

痢疾是一种急性传染病,在夏秋季节采取积极有效的预防措施,对于控制痢疾的传播和流行,是十分重要的,如搞好水、粪的管理,饮食管理,消灭苍蝇等。另外,药物预防也很有必要。在流行季节,可适当食用生蒜瓣,每次1~3瓣,每日2~3次,或将大蒜瓣放入菜食之中食用。亦可用马齿苋、绿豆适量,煎汤饮用,或马齿苋、陈茶叶共研细末,大蒜瓣捣泥拌和,入糊为丸,如龙眼大小,每次1丸,每日2次,连服1周。

【结　语】

痢疾是临床上常见多发的外感传染病,以夏秋为主要发病季节。主要病因是外感时邪疫毒,内伤饮食不洁;病位在肠,与脾胃有密切关系;病机为邪从口入,湿热疫毒蕴结于肠腑,气血壅滞,脂膜血络受损,化为脓血,大肠传导失司,发为痢疾。初起多为实证、湿热证,日久不愈转为虚寒证、虚实夹杂之证。临床常以腹痛腹泻、排赤白脓血便、里急后重为主要表现。至于疫毒痢,因病势凶险,应积极救治;对于日久迁延不愈的各类慢性痢疾,因病情缠绵,往往形成虚实夹杂之势,宜采取综合措施,内外同治。痢疾的治疗,以初痢宜通,久痢宜涩,热痢宜清,寒痢宜温,寒热虚实夹杂者宜通涩兼施、温清并用,同时可配合外治灌肠之法,提高疗效。痢疾为外感病证,一般预后良好,因其具传染性,故重在预防,控制传播。

【文献摘要】

《景岳全书·痢疾》:"凡五色之辨,如下痢脓垢之属,无非血气所化。"

《类经·肠澼》:"以治法言之,则当必求其所感之邪,所受之脏,以明致病之本。其他所变,皆为标也。如因于湿热者,去其湿热则愈;因于积滞者,去其积滞则愈;因于气者,调其气;因于血者,和其血;新感而实者,可以通因通用;久病而虚者,当以塞因塞用。"

《医学心悟·痢疾》:"古人治痢,多用坠下之品,如槟榔、枳实、厚朴、大黄之属,所谓通因通用,法非不善矣,然而效者半,不效者半,其不效者,每至缠绵难愈。……予因制治痢散,以治痢症初起之时。方用葛根为君,鼓舞胃气上行也;陈皮、苦参为臣,清湿热也;麦芽、山楂为佐,消宿食也;赤芍药、广陈皮为使,所谓'行血则便脓自愈,调气则后重自除'也。制药普送,效者极多。"

《类证治裁·痢疾》:"痢多发于秋,即《内经》之肠澼也,症由胃腑湿蒸热壅,致气血凝结,挟糟粕积滞,进入大小肠,倾刮脂液,化脓血下注,或痢白、痢红、痢瘀紫、痢五色,腹痛呕吐,口干,溺涩,里急后重,气陷肛坠,因其闭滞不利,故亦名滞下也。"

【研究进展】

• 细菌性痢疾的临床研究

据有关资料分析,急性菌痢的辨证分型以湿热型居多,临床治疗应根据偏湿或偏热的不同而予以辨证用药。谌氏选用菌痢方(白头翁、葛根、槟榔、秦皮、黄柏、黄芩、白芍、黄连、木香、甘草)为主加减,治疗急性菌痢 250 例,结果临床治愈 245 例,有效 4 例,无效 1 例。平均住院时间 5.9 天〔湖南中医杂志 1986;(6):15〕。常氏用黄白片(黄芩、黄柏、白头翁、神曲按 2:2:5:1 之比例配药,加适量赋形剂制成糖衣片剂,每片含纯药 0.25g)治疗细菌性痢疾 126 例,急性者 8~10 片/日,慢性者 6~8 片/日,小儿酌减,7 日为 1 疗程。对照组 123 例用氯霉素片剂,按常规用量。结果:两组分别治愈 96 例、79 例,好转 23 例、28 例,无效 7 例、16 例,总有效率为 94.4%和 86.9%,两组疗效比较有显著性差异($P<0.05$)〔中级医刊 1991;25(9):54〕。刘氏以特效痢疾肠炎胶囊治疗 963 例痢疾、肠炎,本胶囊含白头翁、白芍、乌药等,每粒 3g,均以 6 粒/日,4 次口服。急性患者 6 日为 1 疗程,慢性患者 14 日为 1 疗程,忌辛辣生冷油腻之品,结果总有效率为 95%,其中急性痢疾有效率为 96.4%,慢性痢疾为 89.3%〔中医药学报 1991;(3):25〕。

采用验方、单方治疗急性菌痢,具有针对性强、疗效好的特点。赵氏用单味草药叶下红治疗各型菌痢 909 例,治愈率为 93.2%,与痢特灵加 TMP 等对照组比较,治愈率和肠镜检查结果无显著差异($P>0.05$)〔中西医结合杂志 1985;5(9):530〕。吴氏用翻白草治疗 350 例急性菌痢,获得较好疗效。翻白草为蔷薇科季陵菜属的植物,全草入药。本组用鲜翻白草 60g 或干品 30g(小儿酌减),加水 500ml,煎至 200ml 药液,早晚分服;重症或中毒性痢疾每日 2 剂,分 4 次服用,并辅以西药对症处理及支持治疗,昏迷者鼻饲给药,必要时用煎剂保留灌肠。结果经 1~7 日治疗,痊愈者 315 例,好转 28 例,无效 7 例,治愈率为 90%。本品对寒湿型痢疾效果欠佳〔浙江中医学院学报 1989;13(1):21〕。吴氏采用大蒜溶液保留灌肠,每日 2~3 次,每次 10~15ml,治疗顽固性菌痢 14 例,获得显著疗效〔中国农村医学 1985;(4):12〕。据报道应用单味中草药杨树花、苦瓠药、诃子、贯筋草、苍耳草、萹蓄等,治疗急性菌痢的疗效也较满意。大量实验资料证明,以上各种中草药对痢疾杆菌有明显的抑制或灭菌作用。

• 阿米巴肠病的临床研究

欧氏应用中西医结合治疗阿米巴肠病 100 例,用白头翁、地榆、秦皮各 3g,金银花、黄柏各 10g,苦参 20g,每日 1 剂,水煎服,儿童药量酌减。同时服灭滴灵 0.4g/日。急性患者症状消失后继续服药 4~8 日,慢性者症状控制后再巩固治疗 10~15 日。结果:治愈 98 例,症状消失时间,急性 3~6 日,慢性 7~10 日,自动放弃治疗和无效者各 1 例。半年后随访 70 例,症状均未复发,大便复查 2 次阴性〔中级医刊 1988;(10):58〕。

第五节 疟 疾

疟疾为感受疟邪，邪正交争所致，是以寒战壮热，头痛，汗出，休作有时为特征的传染性疾病，多发于夏秋季。

疟疾是一种严重危害人民健康的传染病，我国大部分地区均有流行，以南方各省发病较多。中医药对疟疾的治疗积累了丰富的经验，具有良好的疗效，尤其是现代研制成功的青蒿素，对疟疾更具卓效，受到世界的重视。

我国人民对疟疾的认识甚早，远在殷虚甲骨文中已有"疟"字的记载。传染病在古代医籍中记载最详者首推疟疾。早在《素问》，就有《疟论》、《刺疟》等专篇，对疟疾的病因、病机、症状、针灸治法等作了系统而详细的讨论。《神农本草经》明确记载常山有治疟的功效。《金匮要略·疟病脉证并治》篇以蜀漆治疟，并在《内经》的基础上补充了疟母这一病类。其治温疟的白虎加桂枝汤和治疟母的鳖甲煎丸，沿用至今。《肘后备急方·治寒热诸疟方》首先提出了瘴疟的名称，并最先采用青蒿治疟。《诸病源候论·间日疟候》明确提出间日疟的病证名称，在《劳疟候》里补充了劳疟这一证候。《千金要方》除制订以常山、蜀漆为主药的截疟诸方外，还用马鞭草治疟。《三因极一病证方论·疟病不内外因证治》指明了疫疟的特点："一岁之间，长幼相若，或染时行，变成寒热，名曰疫疟"。《脉因症治·疟》提出了传染的概念。《证治要诀》将疟疾与其他表现往来寒热的疾病作了鉴别。《证治准绳·疟》对疟疾的易感性、免疫力及南北地域的差异，有所记载。《景岳全书·疟疾》进一步肯定疟疾因感受疟邪所致，并非痰、食引起。《症因脉治·疟疾总论》对瘴疟的症状及病机作了较全面论述。并将间二日而发之疟称为三日疟。《疟疾论》将三日疟称为三阴疟，指出其特点是患病时间较长，病情相对较轻，"无骤死之理"。

疟疾的概念自《内经》即很明确，即疟疾是指由感受疟邪引起的，以恶寒壮热，发作定时，多发于夏秋季为特征的一种传染性疾病。

中西医学对疟疾的认识基本相同，即西医学的疟疾属于本病范畴。

【证候特征】

疟疾以寒战壮热，头痛，汗出，休作有时，且多发于夏秋季为其临床特征。典型的发作过程是：发病急骤，首先表现恶寒战栗，面色苍白，肢体厥冷，虽盖厚被而不觉温；继则壮热，面色潮红，头痛，口渴，虽近冰水而不凉；最后，全身大汗，体温骤然降至正常，顿感轻松舒适，常安然入睡。整个过程通常持续5～8小时左右。多数疟疾患者，间歇一日之后，又有类似症状的发作。所以周期性及间歇性是本病临床表现的重要特点。

在上述典型发作的基础上，由于寒热的偏盛、感邪的轻重、正气的盛衰、及病程的久暂等不同，而有正疟、温疟、寒疟、瘴疟、劳疟等不同病类的区别。

【病因病机】

引起疟疾的病因是感受疟邪，在《内经》亦称为疟气。疟邪具有的特点是：①舍于营气，伏藏于半表半里。如《素问·疟论》说，疟气"藏于皮肤之内，肠胃之外，此荣气之所舍也"。《医门法律·疟证论》说："外邪得以入而疟之，每伏藏于半表半里，入而与阴争则寒，出而与阳争则热。"②随经络而内搏五脏,横连募原。③盛虚更替。④与卫气相集则引起发病,与卫气相离则病休。

其中引起瘴疟的疟邪亦称为瘴毒或瘴气,在我国主要存在于南方,所致疾病较重,易于内犯心神及使人体阴阳极度偏盛。

感受疟邪之后,疟邪与卫气相集,邪正相争,阴阳相移,而引起疟疾症状的发作。疟邪与卫气相集,入与阴争,阴实阳虚,以致恶寒战栗;出与阳争,阳盛阴虚,内外皆热,以致壮热,头痛,口渴。疟邪与卫气相离,则遍身汗出,热退身凉,发作停止。当疟邪再次与卫气相集而邪正交争时,则再一次引起疟疾发作。

因疟邪具有盛虚更替的特性,疟气之浅深,其行之迟速,决定着与卫气相集的周期,从而表现病以时作的特点。疟疾以间日一作者最为多见,正如《素问·疟论》说:"其间日发者,由邪气内薄于五藏,横连募原也。其道远,其气深,其行迟,不能与卫气俱行,不得皆出,故间日乃作也。"疟气深而行更迟者,则间二日而发,形成三阴疟,或称三日疟。

根据疟疾阴阳偏盛、寒热多少的不同,把通常情况下所形成的疟疾称为正疟;素体阳盛及疟邪引起的病理变化以阳热偏盛为主,临床表现寒少热多者,则形成温疟;素体阳虚及疟邪引起的病理变化以阳虚寒盛为主,临床表现寒多热少者,则形成寒疟。在南方地区,由瘴毒疟邪引起,以致阴阳极度偏盛,寒热偏颇,心神蒙蔽,神昏谵语者,则形成瘴疟。若因疟邪传染流行,病及一方,同期内发病甚多者,则形成疫疟。疟病日久,疟邪久留,使人体气血耗伤,正气不足,每遇劳累,疟邪复与卫气相集而引起发病者,则形成劳疟。疟病日久,气机郁滞,血脉瘀滞,津凝成痰,气滞血瘀痰凝,结于胁下,则形成疟母。

【诊　断】

1. 寒战、发热、出汗周期性发作,间歇期症状消失,形同常人,为诊断的重要依据。
2. 居住或近期到过疟疾流行地区,在夏秋季节发病,可作为参考。
3. 实验室检查,必要时进行血涂片检查疟原虫,若查到疟原虫则为诊断疟疾的确切依据。

【鉴别诊断】

疟疾需与其他有寒热往来表现的疾病相鉴别。感冒、伤寒、下焦湿热、肝胆湿热、痨瘵、外科疮毒等病证,均可出现寒热往来,但发作的时间规律、兼见症状、未发时的表现等均有不同,可供鉴别。与疟疾不同的是:其他病证的寒热往来一般发作无定时;即使在寒热不甚之时亦必有其各病证的症状存在;发病一般无季节性、地区性特点。

【辨证论治】

辨证要点

1. **辨瘴疟与一般疟疾的不同**　一般的疟疾发作症状比较典型,休止之时,可如常人;定时而作,周期明显;神识清楚;发病虽以南方多见,但全国各地均有。而瘴疟则症状多样,病情严重,未发之时也有症状存在;周期不如一般疟疾明显;多有神昏谵语;主要在南方地区发病。

2. **辨寒热之偏盛**　《景岳全书·疟疾》说:"治疟当辨寒热,寒胜者即为阴证,热胜者即为阳证。"对于一般疟疾,典型发作者属于正疟;和正疟相比较,阳热偏盛,寒少热多者,则为温疟;阳虚寒盛,寒多热少者,则为寒疟。在瘴疟之中,热甚寒微,甚至壮热不寒者,则为热瘴;寒甚热微,甚至但寒不热者,则为冷瘴。

3. 辨正气之盛衰　疟疾每发,必伤耗人体气血,病程愈久,则气血伤耗日甚。正气亏虚,易于形成劳疟而反复发作。

治疗原则

祛邪截疟是治疗疟疾的基本原则。在诊断为疟疾后,即可截疟。在此基础上,根据疟疾证候的不同,分别结合和解表里、清热保津、温阳达邪、清心开窍、化浊开窍、补益气血等治法进行治疗。

对于疟疾的治疗,古代医家积累了许多宝贵经验,值得重视。如《明医杂著·疟病证治》说:"邪疟及新发者,可散可截;虚疟及久者,宜补气血。"《万病回春·疟病》说:"人壮盛者,宜单截也";"人虚者,截补兼用也";"疟久不愈者,先截而后补也";"疟已后者,须调养气血也"。

分证论治

· 正疟

症状:先有呵欠乏力,继则寒栗鼓颔,寒罢则内外皆热,头痛面赤,口渴引饮,终则遍身汗出,热退身凉,舌红,苔薄白或黄腻,脉弦。间隔一日,又有相同的症状发作。故其症状特点为:寒战壮热,休作有时。

治法:祛邪截疟,和解表里。

方药:柴胡截疟饮。

方中以小柴胡汤和解表里,导邪外出;常山、槟榔祛邪截疟;配合乌梅生津和胃,以减轻常山致吐的副作用。

口渴甚者,可加葛根、石斛生津止渴。胸脘痞闷、苔腻者,去滞气碍湿之参枣,加苍术、厚朴、青皮理气化湿。烦渴、苔黄、脉弦数,为热盛于里,去辛温补中之参、姜、枣,加石膏、花粉清热生津。

· 温疟

症状:寒少热多,汗出不畅,头痛,骨节酸疼,口渴引饮,尿赤便秘,舌红,苔黄,脉弦数。

治法:清热解表,和解祛邪。

方药:白虎加桂枝汤。

方中以白虎汤清热生津,桂枝疏风散寒。可加青蒿、柴胡以和解祛邪。津伤较甚,口渴引饮者,酌加生地、麦冬、石斛养阴生津。

· 寒疟

症状:寒多热少,口不渴,胸脘痞闷,神疲体倦,舌苔白腻,脉弦。

治法:和解表里,温阳达邪。

方药:柴胡桂枝干姜汤。

方中以柴胡、黄芩和解表里,桂枝、干姜、甘草温阳达邪,天花粉、牡蛎散结软坚。可加蜀漆或常山祛邪截疟。脘腹痞闷,舌苔白腻者,为寒湿内盛,加草果、厚朴、陈皮理气化湿,温运脾胃。

· 热瘴

症状:寒微热甚,或壮热不寒,头痛,肢体烦疼,面红目赤,胸闷呕吐,烦渴饮冷,大便秘结,小便热赤,甚至神昏谵语。舌质红绛,苔黄腻或垢黑,脉洪数或弦数。

治法:解毒除瘴,清热保津。

方药:青蒿素合清瘴汤。

青蒿自晋代即被用于治疟,经现代临床及实验研究证实,青蒿素对间日疟、恶性疟均有良好疗效,具有速效、低毒的优点,特别是在救治西医所称的脑型疟及抗氯喹的恶性疟方面,达到国际先进水平。青蒿素为从青蒿中提取的有效成分,对瘴疟(恶性疟)的疗效优于青蒿原生药。青蒿素浸膏片 0.1g/片,0.2g/次,每日 2 次,连服 4 日。青蒿素油注射液 0.1g/2ml/支,首次用量 0.2g 肌注,分别在 6 小时、24 小时及 48 小时再各注射 0.2g,共 4 次。

清瘴汤为近代用于瘴疟的验方,具有祛邪除瘴、清热解毒、清胆和胃的作用。方中以青蒿、常山解毒除瘴;黄连、黄芩、知母、柴胡清热解毒;半夏、茯苓、陈皮、竹茹、枳实清胆和胃;滑石、甘草、辰砂清热利水除烦。

若壮热不寒,加生石膏清热泻火。口渴心烦,舌红少津为热甚津伤,加生地、玄参、石斛、玉竹清热养阴生津。神昏谵语,为热毒蒙蔽心神,急加安宫牛黄丸或紫雪丹清心开窍。

• 冷瘴

症状:寒甚热微,或但寒不热,或呕吐腹泻,甚则神昏不语,苔白厚腻,脉弦。

治法:解毒除瘴,芳化湿浊。

方药:青蒿素合不换金正气散。

青蒿素的作用已如上述。加味不换金正气散有芳化湿浊,健脾理气之效。方中以苍术、厚朴、陈皮、甘草燥湿运脾;藿香、半夏、佩兰、荷叶芳香化浊,降逆止呕;槟榔、草果理气温脾除湿;菖蒲豁痰宣窍。神昏谵语,合用苏合香丸芳香开窍。但寒不热,四肢厥冷,脉弱无力,为阳虚气脱,加人参、附子、干姜益气温阳固脱。

• 劳疟

症状:倦怠乏力,短气懒言,食少,面色萎黄,形体消瘦,遇劳则复发疟疾,寒热时作,舌质淡,脉细无力。

治法:益气养血,扶正祛邪。

方药:何人饮。

方中以人参益气扶正,制何首乌、当归补益精血,陈皮、生姜理气和中。

在疟发之时,寒热时作者,应加青蒿或常山祛邪截疟。食少面黄,消瘦乏力者,可加黄芪、白术、枸杞增强益气健脾养血之功。

• 疟母

症状:久疟不愈,胁下结块,触之有形,按之压痛,或胁肋胀痛,舌质紫黯,有瘀斑,脉细涩。

治法:软坚散结,祛瘀化痰。

方药:鳖甲煎丸。

本方由 23 种药物组成,攻补兼施,寒热并用,具有活血化瘀、软坚消痞的作用,自《金匮要略》即已作治疟母的主方。有气血亏虚的证候者,应配合八珍汤或十全大补丸等补益气血,以虚实兼顾,扶正祛邪。

【转归预后】

除瘴疟外,疟疾的预后一般良好,经过及时治疗,大多较快地痊愈。但疟病日久,正虚邪恋,形成劳疟者,则易反复发作,使病情缠绵。胁下结块,形成疟母者,则需要一定的治疗时间,以期消退。瘴疟则预后较差,因阴阳极度偏盛,心神蒙蔽,易导致死亡,需及时进行急救治疗。

【预防与调摄】

防止感受疟邪,是预防疟疾的根本措施。尤其是在夏秋季,更应注意预防。正如《景岳全书·疟疾》说:"但使内知调摄而外不受邪,则虽居瘴地,何病之有。"消灭蚊虫是防疟综合措施中的主要环节。避免蚊虫叮咬,采取预防用药等,都是控制疟疾的重要技术措施。

疟疾发作之后,遍身汗出,倦怠思睡,应注意拭干汗液,及时更换内衣,并让患者安然入睡。未发作之日,可在户外活动,但应避免过劳。饮食应爽口而富于营养,以增强患者的抗病能力。对瘴疟则应周密观察,精心护理,及时发现病情变化,并采取相应的医疗急救措施。

【结 语】

疟疾以寒战壮热,休作有时为其临床特征,多发于夏秋季。感受疟邪是致病之因。疟邪舍于营气,内搏五脏,横连募原,与卫气相集则病作,邪正交争,阴阳相移,阴盛阳虚则恶寒战栗,阳盛阴虚则壮热口渴。疟邪与卫气相离,汗出身凉,疟病暂休。复集则病复作。根据证候之轻重,寒热之偏盛,正气之盛衰,疟疾分为正疟、温疟、寒疟、瘴疟(含热瘴、冷瘴)、劳疟、疟母等证型。治疗以祛邪截疟为基本原则,热偏甚者结合清热保津,寒偏盛者结合辛温芳化;热瘴尚应清心开窍,冷瘴芳香开窍;劳疟结合补益气血。疟母治应软坚散结,祛瘀化痰,除兼有疟疾发作的患者外,对疟母的治疗毋需使用截疟药。

【文献摘要】

《灵枢·岁露论》:"夫风之与疟也,相与同类,……风气留其处,疟气随经络沉以内搏,故卫气应乃作也。"

《素问·疟论》:"此皆得之夏伤于暑,热气盛。藏于皮肤之内,肠胃之外,此荣气之所舍也";"疟气者,必更盛更虚,当气之所在也,病在阳,则热而脉躁;在阴,则寒而脉静;极则阴阳俱衰,卫气相离,故病得休;卫气集,则复病也";"夫疟者之寒,汤火不能温也,及其热,冰水不能寒也。"

《金匮要略·疟病脉证并治》:"结为癥瘕,名曰疟母,急治之,宜鳖甲煎丸。"

《肘后备急方·治寒热诸疟方》:"青蒿一握,以水二升渍,绞取汁,尽服之。"

《景岳全书·疟疾》:"凡往来岭南之人及宦而至者,无不病瘴而至危殆者也。土人生长其间,与水土之气相习,外人入南必一病,但有轻重之异耳。若久而与之俱化,则免矣。"

《医彻·疟疾》:"疟之为言虐也,有如凌虐者然,故云虐也。当其寒,则战栗鼓颔,汤火不能温;及其热,则烦躁少气,冰水不能寒。此无他,阴阳相并,邪正交争也,并之于阴则寒,并之于阳则热。"

《疟疾论·疫》:"凡沿门阖境,长幼之疟相似者,皆名疫疟。"

【研究进展】

50年代以来,全国应用中医中药防治疟疾,取得了丰硕的成果。尤其是应用青蒿素治疗恶性疟疾获得优良疗效的重大研究成果,更是令世界瞩目。

·对青蒿抗疟的研究

早在晋代《肘后方》即采用青蒿治疗疟疾。近20多年来，对青蒿抗疟的研究颇有成果，从临床观察、剂型改革及药理作用等方面，都有大量报道。

如成都中医学院用青蒿醇浸膏片(含浸膏3～3.6g)治疗间日疟54例，全部治愈。平均28小时疟原虫转阴，平均退热时间为30小时。但有13%的病例1个月内复发〔成都中医学院学报1978;(7):27〕。另有用青蒿叶首剂100g，以后每次65g，做成煎剂(煮沸3分钟即可)，1日3次，连服3日，治疗疟疾患者58例，有效率87.9%。平均退热时间为15.6小时，平均疟原虫转阴时间为54.35小时。少数病例有复燃现象，再用青蒿煎剂，仍然有效〔中草药通讯1975;(5):43〕。

在1972至1979的7年间，全国有10个省、市、自治区用青蒿制剂和青蒿素制剂在恶性疟、间日疟流行地区进行了6000余例的临床验证，结果表明其在速效、低毒方面优于氯喹和现有其他抗疟药物，特别是在救治脑型疟和抗氯喹的恶性疟方面，达到了国际先进水平。例如，广州中医学院用青蒿素治疗凶险型恶性疟48例，其中脑型疟40例(除3例仅表现为不同程度的意识障碍外，其余37例昏迷)，除4例脑型疟极重型死亡外，44例均治愈，治愈率为91.7%，死亡率为8.3%。青蒿素对凶险型恶性疟疗效迅速，且未见到副作用〔新医药学杂志1979;(1):10〕。昆明医学院在云南省某高疟地区用青蒿素治疗疟疾病人207例，并在当地同时用氯喹治疗80例以作对照。治疗结果，青蒿素各剂型治疗207例(恶性疟60例、间日疟147例)，全部治愈，治愈率为100%；而氯喹组治疗恶性疟80例，治愈76例，治愈率为95%。青蒿素片剂、油剂、油混悬剂对恶性疟原虫的阴转时间平均分别为37小时、31.1小时、29.7小时，而氯喹为65.7小时。青蒿素抗疟具有高效、速效的优点，其不足之处是复燃率较高〔新医药学杂志1979;(2):49〕。符氏等用青蒿素治疗17例妊娠16～38周的疟疾病人，全部治愈，平均退热时间为25.7±22.9小时，平均疟原虫阴转时间为46.2±16.1小时，其中4例脑型疟的平均清醒时间为37.3±15.9小时。未发现早产、难产和死胎。并对出生的儿童进行了3个月至10年不等追访，生长、智力均正常，未发现先天畸形或其他先天性疾患〔中医杂志1988;(7):512〕。

中医研究院中药研究所通过药理研究证实，青蒿素主要作用于疟原虫红内期，而对疟原虫红前期及组织期均无效。青蒿素在体内吸收快，分布广，排泄快。青蒿素作用于疟原虫滋养体的膜系结构，干扰表膜—线粒体功能，从而起到杀灭疟原虫的作用〔新医药学杂志1979;(1):23〕。

·对常山抗疟的研究

常山根水浸膏对疟疾有显著疗效，常山叶(蜀漆)抗疟效价为根的5倍，但不能防止复发。常山全碱的抗疟效价约为奎宁的26倍〔中药大辞典1977:2101〕。据重庆市第一中医院临床观察，常山与等量的半夏配伍，可减轻常山致吐的副作用〔中医杂志1956;(9):466〕。

第二章 肺病证

肺病证是指在外感或内伤等因素影响下,造成肺脏功能失调和病理变化的一类病证。肺病证,临床常见有咳嗽、哮病、喘证、肺胀、肺痈、肺痨、肺癌等证。

【主要证候及特征】

肺主气,司呼吸,开窍于鼻,外合皮毛,肺为娇脏,不耐寒热,故感受外邪,首先犯肺。所以肺病多以气机升降失常的证候为主,其常见的证候有肺气亏虚,阴津亏耗,寒邪犯肺,邪热乘肺,痰浊阻肺等。兹将肺病证的基本证候分述如下:

- **肺气亏虚**

1. 主要脉症　咳而短气,声音低怯,倦怠懒言,面色少华,恶风形寒,或有自汗,极易感冒,舌淡苔薄白,脉虚弱。

2. 证候特征　本证以肺气不足和卫气不固的见症为主,此外,尚有一般的气虚见症。

本证与阴津亏耗证的鉴别是:此为肺气不足与卫外功能减退而表现为短气、自汗、恶风、易感冒等症;彼乃肺阴不足,虚热灼津而表现为干咳少痰、潮热盗汗之症。

- **阴津亏耗**

1. 主要脉症　干咳少痰,或痰中夹血,声音嘶哑,午后颧红,潮热盗汗,形体消瘦,舌质红,苔少,脉细数。

2. 证候特征　本证以阴虚内热,耗灼肺津的见症为主,此外,尚有一般阴虚的见症。

本证与燥邪犯肺证的鉴别是:此为肺阴不足,而表现为干咳少痰、潮热盗汗等症;彼乃燥邪犯肺,肺失清润而表现为呛咳气逆、唇鼻咽喉干燥,伴有外感表证。

- **寒邪犯肺**

1. 主要脉症　咳嗽痰稀薄,鼻塞流清涕,恶寒发热,头身痛楚,无汗,苔薄白,脉浮紧。

2. 证候特征　本证除有寒邪束肺,肺气失宣的证候外,尚有恶寒发热等风寒表症。

本证与寒饮内阻证的鉴别是:此为外感寒邪,肺气失宣,故表现为咳嗽痰稀薄、恶寒发热等症;而寒饮内阻证则以咳嗽气急、痰白如沫如涎量多等为主要表现。

- **邪热乘肺**

1. 主要脉症　咳嗽,痰黄或黄白相兼,质不甚粘稠,痰量一般不多,或有鼻塞流黄涕,或恶风身热、咽喉疼痛,苔薄黄,脉浮数。

2. 证候特征　本证除有邪热犯肺,肺失清肃的证候外,尚有恶风身热、咽喉疼痛等风热表证。

本证与痰热蕴肺证的鉴别是:此为风热表证明显;而痰热蕴肺证则以咯痰黄稠量多,或有腥臭味,或带脓血,或见喘逆痰鸣等见症为主。

- **痰浊阻肺**

1. 主要脉症　咳嗽痰多粘稠,色白或灰白,胸满憋闷,气息急促,喉中痰鸣有声,甚至倚息不能平卧,苔白厚腻,脉弦滑或濡滑。

2. 证候特征　本证兼有痰湿和饮邪伏肺之见症。

与痰瘀阻肺证的鉴别:本证为痰浊壅肺的见症;彼则除痰浊见症外,尚有心悸、唇甲青紫等血瘀表现。

【病机述要】

肺主气,肺气宜宣宜降,若肺气为邪气壅闭,宣降不利,常表现为咳嗽,甚则喘息。肺朝百脉,助心主治节,若肺气失调,可引起心血的运行不利,而发为心悸、胸闷、唇甲青紫。肺有通调水道,下输膀胱的功能,若肺气不降,通调失职,可导致水液潴留,而发为水肿或小便不利。肺与大肠相表里,大肠腑气不通,亦能影响肺之肃降。兹将肺病证的基本病机阐述如下:

1. 肺气亏虚　劳伤过度,病后元气未复,或久咳久喘耗伤肺气,或因气之生化不足,以致肺主气的功能减弱。症见咳而短气,声音低怯,恶风自汗。

2. 阴津亏耗　痨虫袭肺,久咳久喘,气血亏损,以致肺阴不足,虚热内生,耗灼肺津。症见干咳少痰,或痰中夹血,潮热盗汗。亦可因外感燥邪,耗伤肺津,或由风温诸邪伤津化燥,而致阴虚肺燥。症见咳呛气逆,痰少而粘,口鼻干燥。

3. 寒邪犯肺　外感寒邪,肺气不宣;或寒饮内阻,肺失清肃。风寒束肺者,症见恶寒发热,鼻塞流清涕,咳嗽痰稀薄;寒饮内阻者,症见咳嗽气急,痰多色白如沫。

4. 邪热乘肺　可因风热上受,或寒郁化热,邪热蕴肺,痰热内积,肺失清肃。症见咳嗽,痰黄或黄白相兼,或有腥臭味,或喘逆痰鸣。

5. 痰浊阻肺　常因感受外邪,或喘咳日久,以致肺不布津,聚为痰湿,或脾气素虚,聚湿成痰,上渍于肺。症见咳嗽痰多粘稠,气息急促,甚至倚息不得卧。

【治疗要点】

1. 肺主气,实证宜辛苦,虚证宜酸收　《素问·藏气法时论》记有"肺苦气上逆,急食苦以泄之";"肺欲收,急食酸以收之,用酸补之,辛泻之"。"辛泻之"指辛味入肺发散,有助于肺气的宣发,可驱散表邪。肺气上逆,宜用苦泄之品,肃肺降气,可平咳喘。"肺欲收","用酸补之",针对咳喘气逆,呼吸频数,久则耗散肺气,损及肺体,故酸补其肺体,收其耗散之气。

2. 肺为娇脏,清虚而处高位,选方多宜轻清　宣肺法的用药多属轻清之品,以达到疏解、宣畅之功,所以又称轻宣肺气法。这就是吴鞠通所谓"治上焦如羽,非轻不举"的道理。肺为娇脏,不耐寒热,且肺恶燥,燥则肺气上逆而咳喘,甘润可使肺气自降,清肃之令得行,所以治肺之法,又宜辛平甘润。

3. 直接治肺法　此是肺病证通治法。是根据肺的生理病理特点和肺的证候表现,常用的有宣肺、肃肺、清肺、泻肺、温肺、润肺、补肺、敛肺八法。八法中的宣、肃、清、泻属于祛邪;温、润既有其祛邪的一面,又有其扶正的一面;补、敛均属扶正。临证时,可按病情斟酌应用。

4. 间接治肺法　此是通过五脏生克关系进行治疗。虚证用补脾(补母)、滋肾(补子)的治法,如肺脾气虚者,用培土生金法;肺肾阴虚者,用金水相生法。实证可用泻肝的治法,如肝火犯肺,用清泻肝火之法。也有通过脏腑的表里关系进行治疗者,如肺之实证、热证可泻大肠,使肺热或痰浊从大肠下泄以降肺气。

【调摄护理】

肺病证患者首应注意气候变化,做好防寒保暖,避免受凉感冒。饮食忌肥腻、生冷、辛辣及过咸,戒烟酒。哮病患者应避免接触刺激性气体、灰尘、花粉;忌食海膻发物等;防止过度疲劳和情志刺激。对咯血量多者,应立即卧床休息,给予精神安慰,消除紧张情绪,并且密切观察病情,警惕气随血脱危象的发生。

肺病证患者应适当加强体疗、气功锻炼,以增强体质,提高抗病能力。缓解期应坚守"未发时扶正"和"缓则治其本"的原则,补虚固本以图根治。

第一节 咳 嗽

咳嗽是由六淫外邪侵袭肺系,或脏腑功能失调,内伤及肺,肺气不清,失于宣肃所成,临床以咳嗽、咯痰为主要表现。若咳与嗽分别言之,则有声无痰为咳,有痰无声为嗽。一般痰声多并见,难以截然分开,故以咳嗽并称。

咳嗽是内科病证中最为常见的,发病率高,以慢性支气管炎为例,患病率为3%～5%,50岁以上患病率可急剧上升至10%～15%,尤以寒冷地区发病率更高。中医中药治疗咳嗽有较大优势,积累了丰富的治疗经验。

《内经》对咳嗽的成因、症状及证候分类、病理转归及治疗等问题作了较系统的论述,如《素问·宣明五气》说:"五气所病……肺为咳。"《素问·咳论》认为咳嗽系由"皮毛先受邪气,邪气以从其合也"。又说:"五脏六腑皆令人咳,非独肺也。"强调了肺脏受邪以及脏腑功能失调均能导致咳嗽的发生。对咳嗽的分类,以脏腑命名,分为肺咳、心咳等五脏咳,以及胃咳、胆咳等六腑咳。并描述了各种咳嗽的证候特征。隋代《诸病源候论·咳嗽候》有十咳之称,除五脏咳外,尚有风咳、寒咳、支咳、胆咳、厥阴咳等。明代张景岳将咳嗽分为外感、内伤两类。至此,咳嗽的辨证分类渐趋完善,切合临床实用。

咳嗽既是独立性的证候,又是肺系多种疾病的一个症状。本篇是论述以咳嗽为主要表现的一类疾病。若上呼吸道感染、支气管炎、支气管扩张、肺炎等以咳嗽为主症者,可参考本节内容辨证论治。其他疾病兼见咳嗽的,可与本篇联系互参。

【证候特征】

肺气不清,失于宣肃,上逆作声而引起咳嗽为其证候特征。

咳嗽、咯痰是本证的主要症状。由于病因和机体反应性的不同,则出现相应的症状和特征。风寒犯肺,早期咽痒作咳而咳嗽声重,气急,咯痰清稀呈泡沫状,或鼻塞流清涕,苔薄白,脉浮;若从热化,则痰和鼻涕由白转黄;风热犯肺,常见咳嗽痰黄而稠,气粗,或咽痛,口渴,或流黄涕,苔薄黄,脉浮数;燥邪伤肺,则干咳无痰或少痰,鼻咽干燥,舌红干少津,脉数;痰湿蕴肺,则咳声重浊,胸闷气憋,痰多色白粘稠,舌苔白腻,脉濡滑;痰热郁肺,则咯痰黄稠,胸闷气促,舌苔黄腻,脉滑数;肝火犯肺,则气逆咳嗽,咳引胁痛,苔黄少津,脉弦数;肺阴亏耗,则干咳无痰,或见咯血,舌红少苔,脉细数。外感引起的咳嗽、咯痰大多伴有发热、头痛、恶寒等,起病较急,病程较短;内伤所致咳嗽,一般无外感症状,起病慢,病程长,常伴有脏腑功能失调的证候。

气喘为咳嗽证的兼症,不是必具症状。外感咳嗽,多因风寒或风热之邪,使肺气不清,肃降失常而致喘,临床多表现为气促、气急。内伤咳嗽,多因久咳伤肺,肺气不足,或痰壅气道,肺失肃降而致喘,临床多表现为气短,或喘憋。

【病因病机】

咳嗽与外邪的侵袭及脏腑功能失调有关。正如《医学三字经》所说:"肺为脏腑之华盖,呼之则虚,吸之则满,只受得本脏之正气,受不得外来之客气,客气干之则呛而咳矣;亦只受得脏腑之清气,受不得脏腑之病气,病气干之,亦呛而咳矣。"咳嗽的病因,一是外感六淫之邪;二是脏腑之病气,均可引起肺气不清失于宣肃,迫气上逆而作咳。

1. 外邪袭肺 外感六淫,从口鼻或皮毛而入,使肺气被束,肺失肃降,《河间六书·咳嗽论》谓:"寒、暑、燥、湿、风、火六气,皆令人咳嗽"即是此意。由于四时主气不同,因而人体所感受的致病外邪亦有区别。风为六淫之首,其他外邪多随风邪侵袭人体,所以外感咳嗽常以风为先导,或挟寒,或挟热,或挟燥,其中尤以风邪挟寒者居多。张景岳说:"六气皆令人咳,风寒为主。"

2. 内邪干肺 脏腑功能失于调节,影响及肺。可分其他脏腑病变涉及于肺和肺脏自病两端。它脏及肺的咳嗽,可因情志刺激,肝失条达,气郁化火,气火循经上逆犯肺;或由饮食不当,嗜食烟酒、辛辣助火之品,熏灼肺胃,灼津生痰;过食肥甘厚味,致使脾失健运,痰浊内生,上干于肺,阻塞气道,均可使肺气上逆而作咳。因肺脏自病者,常由肺系多种疾病迁延不愈,肺脏虚弱,阴伤气耗,肺主气的功能失常,以致肃降无权,而上逆作咳。

由此可知,无论外感或内伤所致的咳嗽,均累及肺脏受病,由肺气不清失于宣肃所致,故《景岳全书·咳嗽》说:"咳证虽多,无非肺病。"《医学心悟》指出:"肺体属金,譬若钟然,钟非叩不鸣,风寒暑湿燥火六淫之邪,自外击之则鸣,劳欲情志,饮食炙煿之火自内攻之则亦鸣。"提示咳嗽是内、外病邪犯肺,肺脏为了祛邪外达所产生的一种病理反应。

外感咳嗽属于邪实,为外邪犯肺,肺气壅遏不畅所致,若不能及时使邪外达,可进一步发生演变转化,表现风寒化热、风热化燥,或肺热蒸液成痰等情况。

内伤咳嗽多属邪实与正虚并见。病理因素主要为"痰"与"火"。但痰有寒热之别,火有虚实之分;痰可郁而化火,火能炼液灼津为痰。他脏及肺者,多因邪实导致正虚,如肝火犯肺每见气火耗伤肺津,炼液为痰。痰湿犯肺者,多因脾失健运,水谷不能化为精微上输以养肺,反而聚为痰浊,上贮于肺,肺气壅塞,上逆为咳。若病久,肺脾两虚,气不化津,则痰浊更易滋生,此即"脾为生痰之源,肺为贮痰之器"的道理。甚者病延及肾,由咳至喘。如痰湿蕴肺,遇外感引触,转从热化,则可表现为痰热咳嗽;若转从寒化,则可表现为寒痰咳嗽。至于肺脏自病的咳嗽则多因虚致实。如肺阴不足每致阴虚火旺,灼津为痰,肺失濡润,气逆作咳,或肺气亏虚,肃降无权,气不化津,津聚成痰,气逆于上,引起咳嗽。

外感咳嗽与内伤咳嗽还可相互影响为病,病久则邪实转为正虚。外感咳嗽如迁延失治,邪伤肺气,更易反复感邪,而致咳嗽屡作,转为内伤咳嗽;肺脏有病,卫外不固,易受外邪引发或加重,特别在气候变化时尤为明显。久则从实转虚,肺脏虚弱,阴伤气耗。由此可知,咳嗽虽有外感、内伤之分,但有时两者又可互为因果。

【诊　断】

1. 咳逆有声，或伴咽痒咯痰。
2. 外感咳嗽，起病急，可伴有寒热等表证；内伤咳嗽，每因外感反复发作，病程较长，咳而伴喘。
3. 急性期，周围血白细胞总数和中性粒细胞增高。
4. 听诊可闻及两肺野呼吸音增粗，或伴散在干湿性啰音。
5. 肺部 X 线摄片检查正常或肺纹理增粗。

【鉴别诊断】

1. **哮病、喘证**　哮病和喘证虽然也会兼见咳嗽，但各以哮、喘为其主要临床表现。哮病主要表现为喉中哮鸣有声，呼吸气促困难，甚则喘息不能平卧，发作与缓解均迅速。喘证主要表现为呼吸困难，甚至张口抬肩，鼻翼煽动，不能平卧，是多种急、慢性疾病的一个症状。
2. **肺胀**　有久患咳、喘、哮等病证不愈的病史。在咳嗽的同时，并有胸部膨满，喘咳上气，烦躁心慌，甚至面目紫暗，肢体浮肿等症，病情缠绵，经久难愈。
3. **肺痨**　咳嗽是肺痨的主要症状之一，其特点为干咳，或痰中带血，或咯血痰，常伴有低热、盗汗、消瘦等症。X 线胸部检查常能确定病灶所在。
4. **肺癌**　常以咳嗽或咯血为主要症状，多发于 40 岁以上吸烟男性，咳嗽多为刺激性呛咳，病情发展迅速，呈恶液质，肺部 X 线检查及痰细胞学检查有助于确诊。

【辨证论治】

辨证要点

1. **辨外感内伤**　外感咳嗽，多为新病，起病急，病程短，常伴肺卫表证。内伤咳嗽，多为久病，常反复发作，病程长，可伴见它脏见证。
2. **辨证候虚实**　外感咳嗽以风寒、风热、风燥为主均属实，而内伤咳嗽中的痰湿、痰热、肝火多为邪实正虚。阴津亏耗咳嗽则属虚，或虚中夹实。

治疗原则

咳嗽的治疗应分清邪正虚实。外感咳嗽，多为实证，应祛邪利肺，按病邪性质分风寒、风热、风燥论治。内伤咳嗽，多属邪实正虚，治以祛邪止咳，扶正补虚，标本兼顾，分清虚实主次处理。

咳嗽的治疗，除直接治肺外，还应从整体出发注意治脾、治肝、治肾等。外感咳嗽一般均忌敛涩留邪，当因势利导，俟肺气宣畅则咳嗽自止；内伤咳嗽应防宣散伤正，从调护正气着眼。咳嗽是人体祛邪外达的一种病理表现，治疗决不能单纯见咳止咳，必须按照不同的病因分别处理。

分证论治

外感咳嗽

・**风寒袭肺**

症状：咽痒咳嗽声重，气急，咯痰稀薄色白，常伴鼻塞，流清涕，头痛，肢体酸楚，恶寒发热,无汗等表证,舌苔薄白,脉浮或浮紧。

治法:疏风散寒,宣肺止咳。

方药:三拗汤合止嗽散。

方中用麻黄、荆芥疏风散寒,合杏仁宣肺降气;紫菀、白前、百部、陈皮理肺祛痰;桔梗、甘草利咽止咳。

咳嗽较甚者加矮地茶、金沸草祛痰止咳;咽痒甚者,加牛蒡子、蝉退祛风止痒;鼻塞声重加辛夷花、苍耳子宣通鼻窍;若挟痰湿,咳而痰粘,胸闷,苔腻者,加半夏、厚朴、茯苓燥湿化痰;表寒未解,里有郁热,热为寒遏,咳嗽音嘎,气急似喘,痰粘稠,口渴心烦,或有身热者加生石膏、桑白皮、黄芩解表清里。

· **风热犯肺**

症状:咳嗽频剧,气粗或咳声嘎哑,喉燥咽痛,咯痰不爽,痰粘稠或稠黄,咳时汗出,常伴鼻流黄涕,口渴,头痛,肢楚,恶风,身热等表证,舌苔薄黄,脉浮数或浮滑。

治法:疏风清热,宣肺止咳。

方药:桑菊饮。

本方用桑叶、菊花、薄荷疏风散邪,宣透风热;杏仁、桔梗、甘草轻宣肺气,祛痰止咳;连翘、芦根清热生津。咳嗽甚者加前胡、枇杷叶、浙贝母清宣肺气,化痰止咳;肺热内盛加黄芩、知母清肺泄热;咽痛、声嘎,加射干、山豆根清热利咽;若风热伤络,见鼻衄或痰中带血丝者,加白茅根、生地凉血止血;夏令挟暑加六一散、鲜荷叶清解暑热。

· **风燥伤肺**

症状:喉痒干咳,连声作呛,咽喉干痛,唇鼻干燥,无痰或痰少而粘连成丝,不易咯出,或痰中带有血丝,口干,初起或伴鼻塞、头痛、微寒、身热等表证,舌质红干而少津,苔薄白或薄黄,脉浮数或小数。

治法:疏风清肺,润燥止咳。

方药:桑杏汤。

方中桑叶、豆豉疏风解表,清宣燥热;杏仁、象贝母肃肺止咳;南沙参、梨皮、山栀清热润燥生津。

若津伤较甚者加麦冬、玉竹滋养肺阴;热重者酌加生石膏、知母清肺泄热;痰中夹血加生地、白茅根清热凉血止血。

另有凉燥伤肺证,乃燥证与风寒并见,表现干咳少痰或无痰,咽干鼻燥,兼有恶寒发热,头痛无汗,舌苔薄白而干等症。用药当以温而不燥,润而不凉为原则,方取杏苏散加减。药用苏叶、杏仁、前胡辛以宣散;紫菀、款冬花、百部、甘草温润止咳。若恶寒甚、无汗,可配荆芥、防风以解表发汗。

内伤咳嗽

· **痰湿蕴肺**

症状:咳嗽反复发作,咳声重浊,胸闷气憋,尤以晨起咳甚,痰多,痰粘腻或稠厚成块,色白或带灰色,痰出则憋减咳缓。常伴体倦,脘痞,食少,腹胀,大便时溏,舌苔白腻,脉濡滑。

治法:燥湿化痰,理气止咳。

方药:二陈汤合三子养亲汤。

方用二陈汤燥湿化痰,理气和中,以三子养亲汤降气化痰以止咳。方中以白芥子温肺利气,快膈消痰;苏子降气行痰,使气降则痰不逆;莱菔子消食导滞,使气行则痰行;三者合用,痰化、食消、气顺。苏子长于降气,气逆不降者以此为主;白芥子长于畅膈,胁痛痰多者以此为主;莱菔子长于消食导滞,食少脘痞者以此为主。三者皆行气祛痰之药,又能在治痰中各展其长。

若寒痰较重,痰粘白如泡沫,怯寒背冷,加干姜、细辛以温肺化痰;脾虚证候明显者加党参、白术以健脾益气。症情平稳后可服六君子汤加减以资调理。

• 痰热郁肺

症状:咳嗽气息粗促,或喉中有痰声,痰多质粘厚或稠黄,咯吐不爽,或有热腥味,或吐血痰,胸胁胀满,咳时引痛,面赤,或有身热,口干而粘,欲饮水,舌质红,舌苔薄黄腻,脉滑数。

治法:清热肃肺,豁痰止咳。

方药:清金化痰汤。

方中用黄芩、山栀、知母、桑白皮清泄肺热;茯苓、贝母、栝蒌、桔梗、陈皮、甘草化痰止咳;麦冬养阴润肺以宁咳。若痰热郁蒸,痰黄如脓或有热腥味,加鱼腥草、金荞麦根、象贝母、冬瓜仁等清化痰热;胸满咳逆,痰涌,便秘配葶苈子、大黄泻肺通腑以逐痰;痰热伤津,口干,舌红少津配北沙参、天冬、花粉养阴生津。

• 肝火犯肺

症状:上气咳逆阵作,咳时面赤,咽干口苦,常感痰滞咽喉而咯之难出,量少质粘,或如絮条,胸胁胀痛,咳时引痛。症状可随情绪波动而增减。舌红或舌边红,舌苔薄黄少津,脉弦数。

治法:清肝泻肺,化痰止咳。

方药:黛蛤散合黄芩泻白散。

方中用青黛、海蛤壳清肝化痰;黄芩、桑白皮、地骨皮清泻肺热;粳米、甘草和中养胃,使泻肺而不伤脾胃。二方相合,使气火下降,肺气得以清肃,咳逆自平。火旺者加山栀、丹皮清肝泻火;胸闷气逆,加葶苈子、栝蒌利气降逆;胸痛配郁金、丝瓜络理气和络;痰粘难咯加海浮石、贝母、冬瓜仁清热豁痰;火郁伤津,咽燥口干,咳嗽日久不减,酌加北沙参、百合、麦冬、诃子养阴生津敛肺。

• 肺阴亏耗

症状:干咳,咳声短促,或痰中带血丝,低热,午后颧红,盗汗,口干,舌质红,少苔,脉细数。

治法:滋阴润肺,化痰止咳。

方药:沙参麦冬汤。

方中重用北沙参、麦冬甘寒生津,清养肺胃为主药;玉竹助主药甘寒生津,养阴润燥以为辅;天花粉清肺润燥,养胃生津;生扁豆甘平和中,培土生金;冬桑叶轻清宣透,以散燥热;甘草泻火和中,调和诸药共为佐使,诸药配伍,共奏清养肺胃,生津润燥之功,乃甘寒之法。

若久热久咳,是肺中燥热较甚,又当加地骨皮以泻肺清热。咳剧加川贝母、甜杏仁、百部润肺止咳;若肺气不敛,咳而气促,加五味子、诃子以敛肺气;低热,酌加功劳叶、银柴胡、青蒿、地骨皮以清虚热;盗汗,加糯稻根须、浮小麦以敛汗;咯吐黄痰,加海蛤粉、知母、黄芩清热化痰;痰中带血,加丹皮、山栀、藕节清热凉血止血。

【转归预后】

本病转归与身体素质、正气强弱、病位深浅、病情轻重、诊治是否得当有关。外感咳嗽多属暴病,病位较浅,病情较轻,及时诊治,容易治愈。若迁延失治、误治,反复发作,损耗正气,则可转为内伤咳嗽。久咳必伤脾及肾,所谓肺不伤不咳,脾不伤不久咳,肾不伤不喘,病久则咳喘并作。部分患者病情逐渐加重,甚至累及于心,最终导致肺、心、脾、肾诸脏皆虚,痰浊、水饮、气滞、瘀血互结而演变成为肺胀。

【预防与调摄】

预防的重点在于提高机体卫外功能,增强皮毛腠理御寒抗病能力,遇有感冒及时诊治。若常自汗出者,必要时可予玉屏风散服用。

【结　语】

咳嗽是肺脏疾病的主要病证,有外感、内伤两类。外感为六淫犯肺,内伤为脏腑功能失调。其共同病理基础均为肺气不清,失于宣肃,发为咳嗽。外感咳嗽,多属邪实,当以祛邪宣肺为主,肺气宣通,其咳自止。临床若忽视祛邪宣肺,因势利导,消除致咳因素,徒用止咳敛涩之剂,则不仅收效不大,甚则留邪碍肺,延长病程,最终由外感咳嗽而转为内伤慢性咳嗽。内伤咳嗽,当辨其虚实标本,注意治虚勿忘实,祛邪当顾虚。内伤咳嗽每易感受外邪使发作加重,治疗应权衡标本的主次缓急,或先后分治,或标本兼顾。内伤咳嗽在缓解期间,应恪守"缓则治其本"的原则,拟补虚固本法以图根治。

【文献摘要】

《活法机要》:"咳谓无痰而有声,肺气伤而不清也。嗽谓无声而有痰,脾湿动而为痰也。咳嗽是有痰而有声,盖因伤于肺气而咳,动于脾湿因咳而为嗽也。"

《医学三字经·咳嗽》:"《内经》云:'五脏六腑皆令人咳,非独肺也。'然肺为气之主,诸气上逆于肺则呛而咳,是咳嗽不止于肺,而亦不离乎肺也。"

《医学入门·咳嗽》:"新咳有痰者外感,随时解散;无痰者便是火热,只宜清之。久咳有痰者燥脾化痰,无痰者清金降火。盖外感久则郁热,内伤久则火炎,俱宜开郁润燥……苟不治本而浪用兜铃、粟壳涩剂,反致缠绵。"

《景岳全书·咳嗽》:"外感之邪多有余,若实中有虚,则宜兼补以散之。内伤之病多不足,若虚中挟实,亦当兼清以润之。"

《医门法律·咳嗽门》:"凡邪盛咳频,断不可用劫涩药。咳久势衰,其势不锐,方可涩之。"

《医约·咳嗽》:"咳嗽毋论内外寒热,凡形气病气俱实者,宜散宜清,宜降痰,宜顺气。若形气病气俱虚者,宜补宜调,或补中稍佐发散清火。"

【研究进展】

· 外感咳嗽的临床研究

外感咳嗽以急性上呼吸道感染、急性支气管炎和支气管肺炎为多见。多数作者认为,治疗外感咳嗽,除注意辨别风寒、风热、风燥外,还应注意兼夹症的辨证论治。在治法上,提出应掌握宣、清、润三个环节:咳嗽初期,咳而不爽,胸闷,鼻窍不利者,均宜侧重于宣;外邪入里化热,出现痰热郁肺者,应着重于清;邪去大半而咳嗽不止,或体虚久咳者宜润。在选方用药上,不少作者认为,风寒咳嗽,麻黄有专长,《医学心悟》的止嗽散,仍不失为治疗外感咳嗽的有效方。张氏应用该方为基本方,随症加减,治疗外感咳嗽130例全部有效〔中医年鉴1985:189〕。肖氏治咳依时令而用药:春令咳嗽,常选用前胡、桔梗、杏仁、苏梗。兼风热者以桑叶代苏梗,加用荆芥、豆豉、连翘、牛蒡子、象贝、芦根;若平素阳虚湿胜,表闭不宣者,加麻黄、桂枝、干姜、五味子。夏令咳嗽,以新加香薷饮合前胡、桔梗、杏仁、桑叶。秋令咳嗽,常选用苓桂术甘汤合干姜、细辛、五味子、杏仁等。若有寒包火症者,轻者以三拗汤合前胡、杏仁、桔梗、桑叶;甚者以麻杏石甘汤为主〔上海中医药杂志1984;(11);7〕。叶氏观察痰热咳嗽52例,用清金宁嗽汤(黄芩、栝蒌皮、海蛤粉、连翘、鱼腥草、杏仁、陈皮、法夏、桔梗、甘草),并随症进行加减。结果:总有效率92%〔北京中医1993;(3);30〕。刘氏对324例表现为以夜咳为主症的病例进行分析,多数为感冒后和急性支气管炎咳嗽,少数为慢性支气管炎和肺炎后期咳嗽。经用当归二陈汤(当归、陈皮、法夏、茯苓、甘草、紫菀、百部)随症加减,服药3天,总有效率为94.4%〔四川中医1993;(5);35〕。汪氏提出郁火咳嗽的治疗见解。认为郁火咳嗽属外感咳嗽之一,其临床特点是以夜咳为甚,咯吐清稀泡沫痰,苔薄白,脉弦,或发热,或寒热往来,或胸胁胀闷等。其病机为邪郁少阳,气机不畅,进而化火伤肺,肺气失宣;治宜宣畅气机,解郁散火。方以小柴胡汤加减(柴胡、黄芩、半夏、五味子、生姜或干姜、杏仁、枳壳、细辛、甘草),共治郁火咳嗽50例,全部有效〔中医杂志1986;(4);43〕。

- **内伤咳嗽的临床及实验研究**

内伤咳嗽属"积年久咳",以慢性支气管炎及某些慢性肺部疾患所致的咳嗽为多见。

颜氏集温、散、逐、泻四法辨证制方,适用于本病之寒性者。其中温以桂、附为君,散取麻黄、细辛,逐痰每加生半夏,泻肺每加葶苈子〔中医年鉴1986:150〕。邵氏临床取温、清、润、燥等法分治。并仿"病痰饮者,当以温药和之"之意,制成"温阳化饮糖浆"(附子、姜竹茹、葶苈子、细辛、五加皮、茯苓、陈葫芦、白术、黄荆子),有效率为70%~80%,且对痰液SIgA亦有调整作用〔中医年鉴1988:98〕。肝火犯肺在临床上常见于多种慢性呼吸道疾病。杜氏以《通俗伤寒论》桑丹泻白散加减治疗肝火犯肺证30例,基本方为桑叶、丹皮、知母、枇杷叶、桑白皮、黛蛤散、钩藤、地骨皮、黄芩、当归、蝉蜕、生甘草等。5天为1疗程,结果显效28例〔中医年鉴1988:99〕。胡氏分析了肝肺相互关系,概括了肝咳病理机制,提出肝咳治法:疏肝理肺法,适用于木叩金鸣之咳,用柴胡疏肝散合二陈汤化裁。清肝泻肺法,适用于木火刑金之咳,药用桔梗、青黛、海蛤壳、黄芩、桑白皮、地骨皮、焦山栀、丹皮、白前、葶苈子;若伴咳血,用柴胡梅连饮。养肝保肺法,适用于肝阴不足,阳火侮金之咳,用一贯煎或滋水清肝饮加减〔四川中医1992;(7);7〕。贾氏对老年人咳则遗尿为特征的膀胱咳,用玉屏风散合巩堤丸(《景岳全书》)加减:黄芪、白术、益智仁、熟地、菟丝子、补骨脂、甘草、韭菜子、五味子、附片、茯苓、防风。共治24例,服药1~2个月后,临床治愈14例,好转6例,无效4例〔浙江中医杂志1993;(8);368〕。姜氏对迁延不愈的久咳,经常规治法不效者,可用截咳方:百部、天浆壳、南天竹子、马勃、诃子,水煎服。认为此方治久咳、剧咳颇有效验〔中医年鉴1986;150〕。苏氏对慢性咳喘病中医辨证与肺功能关系进行观察研究。研究结果提示:慢性咳喘中医辨证属于肺气未虚时,肺功能测定表现为50%和25%肺活量最大呼气流速、最大呼气中段流速值降低;肺气已虚时,其肺功能障碍已由早期局限于小气道波及到大中气道,除上述3项值下降外,补呼气量、最大呼气1秒量、最大呼气流速值也显著下降;肺脾两虚时,肺弹性明显减退,气道阻力明显增加,出现残气量、残气量/肺总量值增高,时间肺活量、肺活量、深吸气量明显下降;肺脾肾俱虚时,肺的弹性回缩力进一步下降,其肺功能测定值除上述异常改变外,尚有功能残气量增高。认为以上检测指标的异常改变可作为中医临床辨证的一项客观指标〔中医杂志1990;(3);46〕。

第二节 哮 病

哮病是由于宿痰伏肺,遇诱因或感邪引触,以致痰阻气道,肺失肃降,气道挛急所致发作性的痰鸣气喘疾患。发作时喉中哮鸣有声,呼吸气促困难,甚则喘息不能平卧为主要表现。

哮病是内科常见病证之一,在我国北方更为多见。一般认为本病发病率约占人口的2%。中医药对本病积累了丰富的治疗经验,方法多样,疗效显著,它不仅可以缓解发作时的症状,而且通过"扶正",达到祛除夙根,控制复发的目的。

《内经》中虽无哮病,但有"喘鸣"、"鼽齆"之类的记载,与本病的发作特点相似。《金匮要略》则称为"上气",不仅具体描述了本病发作时的典型症状、提出了治疗方药,而且从病理上将其归属于痰饮病中的"伏饮",堪称后世顽痰伏肺为哮病夙根的渊薮。《诸病源候论》除沿用《金匮要略》上气病名外,又称作"呷嗽"。直至元代朱丹溪才首创"哮喘"病名,阐明病机专主于痰,提出"未发以扶正气为主,既发以攻邪气为急"的治疗原则,不仅把本病从笼统的"喘鸣"、"上气"中分离出来,成为一个独立的病名,而且确定了本病的施治要领。明代虞搏进一步对哮与喘作了明确的区别。后世医家鉴于哮必兼喘,故一般通称"哮喘",为与喘证区分故定名为"哮病"。

本篇所论哮病,是指发作性的痰鸣、气喘疾病,至于因肺系或其他疾病所引起的气喘症状,则当另属喘证、肺胀等病证范畴。根据哮病的临床表现及其发病特点,西医学的支气管哮喘、喘息性支气管炎、或其他急性肺部过敏性疾患所致的哮喘均可参考本节辨证论治。

【证候特征】

痰阻气道,肺失肃降,气道挛急引起的喉中哮鸣有声,呼吸气促困难,甚则喘息不能平卧等,为哮病的各种证候所共有,是哮病的证候特征。本病呈发作性,一般以傍晚、夜间或清晨为最常见。发作前常有鼻痒、咽痒、喷嚏、流涕、咳嗽、胸闷等先兆症状。发作时病人突感胸闷窒息,咳嗽,迅即呼吸气促困难,呼气延长,伴有哮鸣,为减轻气喘,病人被迫坐位,双手前撑,张口抬肩,烦躁汗出,甚则面青肢冷。发作可持续数分钟、几小时,或更长。由于感受病邪的不同,发作时病人除具上述证候特征外,还可呈现或寒或热的证候。

哮病反复发作,正气必虚,故哮病缓解期,多表现为肺、脾、肾虚的症状。

【病因病机】

哮病的发生,为宿痰内伏于肺,每因外感、饮食、情志、劳倦等诱因而引触,以致痰阻气道,肺失肃降,气道挛急。

1. **外邪侵袭** 外感风寒或风热之邪,失于表散,邪蕴于肺,壅阻肺气,气不布津,聚液生痰。或吸入风媒花粉、烟尘、异味气体等,影响肺气的宣发,以致津液凝聚,痰浊内蕴。

2. **饮食不当** 贪食生冷,寒饮内停,或嗜食酸咸甘肥,积痰蒸热,或因进食海膻鱼蟹虾等发物,而致脾失健运,饮食不归正化,痰浊内生,上干于肺。由于个体素质的差异,对不同食物致病的敏感性亦有区别,古有"食哮"、"鱼腥哮"、"卤哮"、"糖哮"、"醋哮"等名。

3. **体虚病后** 体质不强,或病后体弱,如幼年患麻疹、顿咳,或反复感冒、咳嗽日久等,以致肺气亏虚,阳虚阴盛,气不化津,痰饮内生;或阴虚火盛,热蒸液聚,痰热胶固。体质不强多以肾虚为主,而病后所致者多以肺脾虚为主。

上述各种病因,既是引起本病的重要原因,亦为每次发病的诱因,如气候突变、饮食不当、情志失调、劳累过度等俱可诱发,其中尤以气候因素为主。本病多在气候变化,由热转寒,及深秋、冬春寒冷季节,发病率增高,诚如《症因脉治·哮病》所说:"哮病之因,痰饮留伏,结成巢臼,潜伏于内,偶有七情之犯,饮食之伤,或外有时令之风寒束其肌表,则哮喘之症作矣。"哮病的病理因素以痰为主,丹溪云:"哮喘专主于痰。"痰的产生,主要由于肺不能布散津液,脾不能运化精微,肾不能蒸化水液,以致津液凝聚成痰,伏藏于肺,成为发病的潜在"夙根",因各种诱因而引发。

哮病发作的基本病理变化为"伏痰"遇感引触,痰随气升,气因痰阻,相互搏结,壅塞气道,肺管挛急狭窄,通畅不利,肺气宣降失常,引动停积之痰,而致痰鸣如吼,气息喘促。《证治汇补》说:"因内有壅塞之气,外有非时之感,膈有胶固之痰,三者相合,闭拒气道,搏击有声,发为哮病。"由此可知,哮病发作时的病理环节为痰阻气闭,以邪实为主。由于病因不同,体质差异,又有寒哮、热哮之分。哮因寒诱发,素体阳虚,痰从寒化,属寒痰为患则发为冷哮;若因热邪诱发,素体阳盛,痰从热化,属痰热为患,则表现为热哮。或由痰热内郁,风寒外束,则为寒包火证。寒痰内郁化热,亦可由寒哮转化为热哮。

若哮病反复发作,寒痰伤及脾肾之阳,痰热耗灼肺肾之阴,则可从实转虚,在平时表现肺、脾、肾等脏器虚弱之候。肺虚不能主气,气不化津,则痰浊内蕴,肃降无权,并因卫外不固,而更易受外邪的侵袭诱发;脾虚不能化水谷为精微,上输养肺,反而积湿生痰,上贮于肺,影响肺气的升降;肾虚精气亏乏,摄纳失常,则阳虚水泛为痰,或阴虚虚火灼津生痰,上干于肺,而致肺气出纳失司。由于三脏之间的交互影响,可合而同病,表现肺、脾、肾气虚及阳虚,或肺肾阴虚。在间歇期感觉短气、疲乏,常有轻度哮症,难以全部消失。一旦大发作时,每易持续不解,邪实与正虚错综并见,肺肾两虚而痰浊又复壅盛,严重者因肺不能治理调节心血的运行,命门之火不能上济于心,则心阳亦同时受累,甚至发生"喘脱"危候。

【诊　断】

1. 发作时喉中哮鸣有声,呼吸困难,甚则张口抬肩,不能平卧,或口唇指甲紫绀。
2. 呈反复发作性。常因气候突变、饮食不当、情志失调、劳累等因素诱发。发作前多有鼻痒、喷嚏、咳嗽、胸闷等先兆。
3. 有过敏史或家族史。
4. 两肺可闻及哮鸣音,或伴有湿啰音。
5. 血嗜酸性粒细胞可增高,痰液涂片可见嗜酸细胞。
6. 胸部 X 线检查一般无特殊改变,久病可见肺气肿体征。

【鉴别诊断】

1. **喘证**　哮病与喘证都有呼吸急促的表现,但哮必兼喘,而喘未必兼哮。哮指声响言,喉中有哮鸣声,是一种反复发作的独立性疾病;喘指气息言,为呼吸气促困难,是多种急慢性疾病的一个症状。

2. **支饮**　支饮虽然也有痰鸣气喘的症状,但多系部分慢性咳嗽经久不愈,逐渐加重而成,病势时轻时重,发作与间歇界限不清,咳和喘重于哮鸣,与哮病之间歇发作,突然发病,迅速缓解,哮吼声重而咳轻,或不咳,两者有显著的不同。

【辨证论治】

辨证要点

1. **辨虚实**　本病属邪实正虚,发作时以邪实为主,未发时以正虚为主,但久病正虚者,发时每多虚实错杂,故又当按病程新久及全身症状以辨别其主次。虚证应审其阴阳之偏虚,区别脏腑之所属。

2. **分寒热**　在分清虚实的基础上,实证需分寒痰、热痰以及是否兼有表证的不同。

治疗原则

发作时治标,平时治本是本病治疗的首要原则。发作时攻邪,治标需分寒热,寒痰宜温化宣肺,热痰当清化肃肺,表证明显者兼以解表;平时治本当分阴阳,阳气虚者应予温补,阴虚者则予滋养,分别采用补肺、健脾、益肾等法,以冀减轻、减少或控制其发作。至于病深日久,发时正虚邪实者,又当兼顾,不可单纯拘泥于攻邪;寒热虚实错杂者,当兼以治之。《景岳全书·喘促》说:"扶正气者,须辨阴阳,阴虚者补其阴,阳虚者补其阳。攻邪气者,须分微甚,或散其风,或温其寒,或清其痰火。然发久者,气无不虚……若攻之太过,未有不致日甚而危者",堪为哮病辨治的要领,临证应用的准则。

分证论治

发作期

·寒哮

症状:呼吸急促,喉中哮鸣有声,胸膈满闷如塞,咳不甚,痰少咯吐不爽,面色晦暗带青,口不渴,或渴喜热饮,天冷或受寒易发,形寒怕冷,舌苔白滑,脉弦紧或浮紧。

治法:温肺散寒,化痰平喘。

方药:射干麻黄汤。

本方用射干、麻黄宣肺平喘,豁痰利咽;细辛、半夏、生姜温肺蠲饮降逆;紫菀、款冬花、甘草化痰止咳;五味子收敛肺气;大枣和中。痰涌喘逆不得卧者,加葶苈子泻肺涤痰;若表寒里饮,寒象较甚者,可用小青龙汤,并可酌配杏仁、苏子、青皮、橘皮等利气化痰;若痰稠胶固难出,哮喘持续难平者加猪牙皂、白芥子豁痰利窍以平喘。

若喘哮甚剧,恶寒背冷,痰白呈小泡沫,舌苔白而水滑,脉弦缓有力,体无虚象,属典型寒实证者,可服紫金丹。本方由主药砒石配豆豉而成,有劫痰定喘之功,对部分患者奏效较快,每服米粒大 5~10 粒(<150mg),临睡前冷茶送下,连服 5~7 日;有效需续服者,停药数日后再服。由于砒石大热大毒,热哮、有肝肾疾病、出血、孕妇忌用;服药期间忌酒,并须严密观察毒性反应,如见呕吐、腹泻、眩晕等症立即停药;再者本药不可久用,且以寒冬季节使用为宜。

病久阳虚,发作频繁,发时喉中痰鸣如鼾,声低,气短不足以息,咯痰清稀,面色苍白,汗出肢冷,舌淡苔白,脉沉细者,当标本同治,温阳补虚,降气化痰,用苏子降气汤,酌配黄芪、山萸肉、紫石英、沉香、诃子之类;阳虚甚者,伍以附子、补骨脂、钟乳石等温补肾阳。

·热哮

症状:气粗息涌,喉中哮鸣,胸高胁胀,咳呛阵作,咯痰色黄或白,粘浊稠厚,排吐不利,烦闷不安,汗出,面赤,口苦,口渴喜饮,舌质红,苔黄腻,脉弦滑或滑数。

治法:清热宣肺,化痰定喘。

方药:定喘汤。

方中麻黄宣降肺气,既能定喘,又能解表,杏仁降逆平喘,两药相伍,宣肺化痰定喘之功更强;桑白皮、黄芩清肺热而止咳平喘,二药相配,一味宣肺降逆,一味清化热痰,使表证得解,痰热得清,以消除致病之因;苏子、半夏、款冬花降气平喘,止咳化痰,与麻黄、杏仁配伍,一宣一降,以加强宣肺化痰平喘之功;白果味甘性涩,既能化痰祛浊,又可敛肺平喘,并可防麻黄过于耗散之弊;甘草调和诸药。总之,本方为宣、清、降三法共用,共奏宣降肺气,化痰平喘,清热解表之功,使风寒外解,肺气宣畅,痰热内除,则喘咳自平。

若哮久热伤肺阴,且痰热不净,虚中夹实,发时喘急气促,或喘哮持续,咳呛,痰少质粘,口燥咽干,烦热颧红,舌红少苔,脉细数者,又当养阴清热,敛肺化痰,可用麦门冬汤。偏于肺阴不足者,酌加北沙参、冬虫夏草、五味子、川贝母;肾虚气逆,酌配地黄、山萸肉、胡桃肉、紫石英、诃子等补肾纳气平喘。

若哮病发作时以痰气壅实为主,寒与热俱不显著,喘咳胸满,但坐不得卧,痰涎壅盛,喉如曳锯,咯痰粘腻难出,舌苔厚浊,脉滑实者,可称为痰哮,为痰阻气壅之证。治当涤痰除壅,利气平喘,用三子养亲汤加葶苈子、青皮、厚朴利气涤痰。必要时可加大黄、芒硝以泻壅实。

若久病正虚,发作时邪少虚多,肺肾两亏,痰浊壅盛,甚至出现张口抬肩,鼻煽气促,面青,汗出,肢冷,脉浮大无根等喘脱危候者,当参照喘证辨治。发作期治疗当体现"急"字为先。

缓解期
· 肺虚
症状:气短声低,咯痰清稀色白,面色㿠白,平素自汗,怕风,常易感冒,每因气候变化而诱发,发前喷嚏频作,鼻塞流清涕,舌淡苔白,脉细弱或虚大。
治法:补肺固卫。
方药:玉屏风散。

方中黄芪益气固表,白术健脾补肺,佐防风实表固卫散邪。怕冷畏风明显,加桂枝、白芍、姜枣等调和营卫;阳虚甚者,加附子助黄芪以温阳益气;若气阴两虚,咳呛,痰少质粘,口咽干,舌质红者,可用生脉散加北沙参、玉竹、黄芪等益气养阴。

· 脾虚
症状:平素痰多,倦怠无力,食少便溏,或食油腻易腹泻,每因饮食不当而引发,面色萎黄不华,舌质淡,苔薄腻或白滑,脉象细软。
治法:健脾化痰。
方药:六君子汤。

本方用党参、白术、茯苓、甘草补气健脾,陈皮、半夏理气化痰。若脾阳不振,形寒肢冷便溏加附子、干姜以振奋脾阳。

· 肾虚
症状:平素短气息促,动则为甚,吸气不利,腰酸腿软,脑转耳鸣,劳累后喘哮易发,或畏寒肢冷,面色苍白,舌淡苔白,质胖嫩,脉象沉细。或颧红,烦热,汗出粘手,舌红苔少,脉细数。
治法:补肾摄纳。
方药:金匮肾气丸或七味都气丸。

前方偏于温肾助阳,后方偏于益肾纳气。阳虚明显者,肾气丸加补骨脂、仙灵脾、鹿角片;阴虚明显者,七味都气丸加麦冬、当归、龟胶。肾虚不能纳气者,加胡桃肉、五味子、冬虫夏草、紫石英,或予参蛤散,方用人参大补元气,蛤蚧尾补肾填精。另可常服紫河车粉,以补肾元,养精血。

【其他疗法】

敷贴法对减少和控制哮病发作也有一定疗效,兹简介如下:
白芥子涂法:白芥子、延胡索各20g,甘遂、细辛各10g,共为末,加麝香0.6g,和匀,在夏季三伏中,分3次用姜汁调敷肺俞、膏肓、百劳等穴,约1~2小时去之,每10日敷1次。

【转归预后】

本病易于反复发作,迁延难愈。部分儿童、青少年至成年时,肾气日盛,正气渐充,辅以药物治疗,可以中止发作;中老年、体弱病久,肾气渐衰,发作频繁者则不易根除。临床要遵循"未发时扶正为主"、"已发时攻邪为主"的原则,努力探索新治法,当哮喘出现持续状态或大发作时,要谨防喘脱和内闭外脱,应及时抢救治疗。

祛除宿疾伏痰,当为预防哮病发作之首务。在生活调摄上嘱其保持良好的情绪,避免接触刺激性气体及易导致过敏的灰尘、花粉、食物、药物和其他可疑异物。平时饮食宜清淡而富有营养,忌生冷、肥甘、厚味、辛辣、海膻发物等。宜戒除烟酒。鼓励患者根据个人身体状况,选择太极拳、内养功、八段锦、散步或慢跑、呼吸体操等方法长期锻炼,增强体质,预防感冒。

【结　语】

哮病是一种发作性的痰鸣气喘疾患,病理因素以痰为主,痰伏于肺,遇感引发,发作时以邪实为主,如反复发作,肺脾肾渐虚,则在平时表现正虚的证候;当大发作时,可见正虚邪实的错杂现象。根据已发未发,分虚实施治,已发以邪实为主,应攻邪治标,未发以正虚为主,应扶正固本。

临证时要注意寒热的相兼、转化,寒包火证,寒痰化热,热证转从寒化等情况。久病多邪实正虚错杂。一般病史不长者,发作时以邪实为主,病久以正虚为主。治当根据病的新久,发作与否,区别邪正缓急、虚实主次,加以处理。重视平时治本的措施,区别肺、脾、肾的主次,在抓住重点的基础上,适当兼顾。其中尤以补肾最为重要,因肾为先天之本,五脏之根,精气充足则根本得固。补肺可加强卫外功能,防止外邪入侵。补脾可杜绝生痰之源。因此治本可以减轻、减少或控制哮病发作。

【文献摘要】

《医宗必读·喘》:"喘者,促促气急,喝喝痰声,张口抬肩,摇身撷肚。短气者,呼吸虽急,而不能接续,似喘而无痰声,亦不抬肩,但肺壅而不能下。哮者与喘相类,但不似喘开口出气之多,而有呀呷之音……三证极当详辨。"

《景岳全书·喘促》:"喘有夙根,遇寒即发,或遇劳即发者,亦名哮喘。未发时以扶正气为主,既发时以攻邪气为主,扶正气须辨阴阳,阴虚者补其阴,阳虚者补其阳。攻邪气者,或于温补中宜量加消散。此等证候,当眷眷以元气为念,必使元气渐充,庶可望其渐愈,若攻之太过,未有不致日甚而危者。"

《症因脉治·哮病》:"哮病之症,短息倚肩,不能仰卧,伛偻伏坐,每发六七日,轻则三四日,或一月,或半月,起居失慎则旧病复发,此哮病之症也。"

《医学统旨》:"大抵哮喘,未发以扶正为主,已发以攻邪气为主。亦有痰气壅盛壮实者,可用吐法。大便秘结,服定喘药不效,而用利导之药而安者。必须使薄滋味,不可纯用凉药,亦不可多服砒毒劫药,倘若受伤,追悔何及。"

《张氏医通·哮》:"凡哮证见胸凸背驼者,此肺络散,为痼疾,不治。"

【研究进展】

历代医家强调哮病的病理因素以痰为主,痰伏于肺,成为发病的"夙根"。洪氏认为,宿痰伏肺并不是孤立存在的,因为痰阻于肺,气机郁滞,血行不利,而致瘀血内停,痰夹瘀血,结成窠臼,潜伏于肺,遂成哮病的宿根。当出现气候突变、饮食不当等诱因,均可导致肺气宣降失常,而引起哮病发作。发作期以肺实为主要矛盾,痰瘀气壅是其主要病机。在治疗上遵循"气顺痰自消"、"气行血亦活"的理论,确立疏畅气机的基本治法,创制"蠲哮汤"(葶苈子、青皮、陈皮、槟榔、牡荆子、鬼箭羽、大黄、生姜)用于临床,疗效显著[中医杂志

1988;(3):7〕。晁氏针对哮病发展迅速,时发时止,反复发作,发时痰鸣气喘的特征,认为此与风邪善行数变的性质相符,提出"风盛痰阻,气道挛急"是本病急性发作的主要病机,祛风解痉为发作期的基本治法。自拟"祛风解痉平喘汤"(炙麻黄、菖蒲、蝉蜕、白果、五味子、苏子、地龙、苏叶、白芍)临床观察32例,总有效率90.62%〔北京中医药大学学报1995;18(4):27〕。邵氏从瘀论治,用川芎平喘合剂(川芎、赤白芍、当归、黄荆子、胡颓叶、细辛、辛夷花、甘草)治疗23例哮喘发作期患者,总有效率为95.6%〔上海中医药杂志1990;(8):18〕。

哮喘缓解期的治疗,多主张从肺、脾、肾虚进行分证论治,扶正固本。洪氏认为,缓解期多为虚中有实,既有正气虚弱的一面,又有痰瘀伏肺的一面,主张"补虚不忘实,扶正不碍邪,力求补而不壅,滋而不腻,寒温适当,食疗与药疗并重"的固本原则〔中医杂志1988;(3):7〕。许氏主张"发时治肺,平时治肾",对缓解期患者每年从7月底至10月底服用温阳片(附子、生地、熟地、仙灵脾、补骨脂、菟丝子等),连续治疗5~6年,进行远期疗效观察。142例患者总有效率93.7%,治疗时间越长,疗效越显著。表明温补肾阳药有较明显的预防哮喘复发的作用。实验结果表明,哮喘患者血清IgE和尘螨特异性IgE的季节性升高受到明显抑制,组织胺释放明显下降;尘螨皮肤挑刺试验也呈好转趋势,表明温阳片可能通过抑制总IgE、特异性IgE的季节性升高,从而减少组织胺等过敏介质的释放,以至减轻或中止哮喘的季节性发作〔上海中医药杂志1988;(11):14〕。邵氏对25例支气管哮喘患者缓解期补肾后气道反应性测验。药用补肾方:补骨脂、杜仲、桑寄生、款冬花、枸杞、藿香。咳嗽痰多加江剪刀草、七叶一枝花;气急加射干、胡颓叶;喉痒加辛夷、苍耳子;胸闷加全栝蒌、苏梗。经治1.5月后,气急、痰多、胸闷均有不同程度改善。气道反应性测验1秒钟用力呼气容积(FEV_1)下降至20%,PCO_2值与治前比较均有显著性差异($P<0.001$,$P<0.01$)。表明补肾法对根治本病有良好作用〔上海中医药杂志1988;(10):21〕。

王氏应用内外并治法治疗哮喘260例。方法:取白芥子、细辛、甘遂各1320g,延胡索2300g,共为细末备用。治疗时取药适量用鲜姜汁调成膏状,制成两分硬币大的药饼6个,分贴于双侧肺、心、膈俞,然后用胶布固定。贴药时间不受季节、发作期或缓解期限制,但以夏季三伏天贴用较好。10日贴1次,每次贴4~8小时,同时服止嗽定喘丸(自拟方)1丸/次,2~3次/日。本组患者贴药6次后,痊愈58例,显效88例,好转102例,无效12例,总有效率95.4%〔辽宁中医杂志1990;(5):25〕。

第三节 喘 证

喘证是指由于感受外邪,痰浊内蕴,情志失调而致肺气上逆,失于宣降,或久病气虚,肾失摄纳,以呼吸困难,甚则张口抬肩,鼻翼煽动,不能平卧等为主要临床表现的一种常见病证。严重者可致喘脱。

中医药治疗喘证积累了丰富的经验,特别是在整体观念指导下,结合其他脏腑进行辨证论治,效果更为显著。

《内经》对喘证有较多论述。如《灵枢·五阅五使》说:"故肺病者,喘息鼻张。"《灵枢·本脏》曰:"肺高则上气肩息咳。"提示喘证以肺为主病之脏,并以呼吸急促、鼻煽、抬肩为特征。《灵枢·五邪》指出:"邪在肺,则病皮肤痛,寒热,上气喘,汗出,喘动肩背。"《素问·举痛论》又说:"劳则喘息汗出。"指出喘证病因既有外感,也有内伤,病机亦有虚实之别。此外,《素问·痹论》云:"心痹者,脉不通,烦则心下鼓,暴上气而喘。"《素问·经脉别论》云:"有所坠恐,喘出于肝。"提示喘虽以肺为主,亦涉及它脏。《金匮要略·肺痿肺痈咳嗽上气病脉证治》中,"上气"即指喘息不能平卧的症候,其中包括"喉中作水鸡声"的哮病和"咳而上气"的肺胀等病,并列方治疗。金元以后,诸多医家充实了内伤诸因致喘的证治。如《丹溪心法·喘》说:"六淫七情之所感伤,饱食动作,脏气不和,呼吸之息,不得宣畅而为喘急。亦有脾肾俱虚体弱之人,皆能发喘。"认识到六淫、七情、饮食所伤、体质虚弱皆为喘证的病因。明代张景岳把喘证归纳成虚实两证。《景岳全书·喘促》说:"实喘者有邪,邪气实也;虚喘者无邪,元气虚也。"指出了喘证的辨证纲领。清《临证指南医案·喘》说:"在肺为实,在肾为虚。"《类证治裁·喘症》则明确指出"喘由外感者治肺,由内伤者治肾"的治疗原则。这些观点对指导临床实践具有重要意义。

喘证的原因不一,涉及多种急慢性疾病,不但是肺系疾病的主要证候之一,且可因其他脏腑病变影响于肺所致。为此,在辨证时,应结合辨病,以便全面分析疾病的特点,并掌握其不同的预后转归。

喘证主要见于西医的喘息型支气管炎、肺部感染、肺炎、肺气肿、心原性哮喘、肺结核、矽肺以及瘿病等疾病中,当这些疾病出现喘证的临床表现时,可参考本节进行辨证论治。

【证候特征】

肺气上逆失于宣降,或肾失摄纳所引起的喘证的症状,如呼吸困难,甚至张口抬肩,鼻翼煽动,不能平卧等,为喘证的各种证候所共有,是喘证的证候特征。

呼吸困难为喘证的特征性证候,临床表现轻重不一。轻者仅见呼吸迫促,呼气吸气深长,一般尚能平卧。重者可见鼻翼煽动,张口抬肩,摇身撷肚,端坐呼吸,面唇发绀。急发者多表现呼吸深长费力,以呼出为快,胸满闷塞,甚则胸盈仰息,声高痰涌,气喘与劳动及体位无关。缓发者多表现呼吸微弱而浅表乏力,以深吸为快,声低息短,动则加重,气喘与劳动及体位明显相关。若病情危笃,喘促持续不已,可见肢冷汗出、体温、血压骤降、心悸心慌,面青唇紫等喘脱危象。

【病因病机】

喘证常由多种疾患引起,病因很复杂,常见的病因有外邪犯肺、痰浊内蕴、情志失调、久病劳欲等,致使肺气上逆,宣降失职,或气无所主,肾失摄纳而成。

1. 外邪犯肺　外感风寒或风热之邪,未能及时表散,邪蕴于肺,壅阻肺气,肺气不得宣降,因而上逆作喘。

2. 痰浊内蕴　凡急慢性疾患影响于肺,致肺气受阻,气津失布,津凝痰生;或脾失健运,痰浊内生,上干于肺,阻遏气道,气机不利,肃降失常,常为喘促发生的重要内因。

3. 情志失调　情怀不遂,忧思气结,肝失调达,气失疏泄,肺气闭阻,或郁怒伤肝,肝气横逆乘于肺脏,肺气不得肃降,升多降少,气逆而喘。

4. 久病劳欲　久病肺弱,咳伤肺气,肺气虚衰,气失所主,而发生喘促。肺气不足,血行不畅,又可致气虚血瘀,致使喘促加重。若久病迁延不愈,由肺及肾,或劳欲伤肾,精气内夺,肺之气阴亏耗,不能下荫于肾,肾之真元伤损,根本不固,不能助肺纳气,气失摄纳,上出于肺,出多入少,逆气上奔为喘。若肾阳衰弱,肾不主水,水邪泛溢,干肺凌心,肺气上逆,心阳不振,亦可致喘,表现虚中夹实之候。

喘证的发病主要在肺和肾,因肺为气之主,司呼吸,外合皮毛,内为五脏华盖,若外邪侵袭,或它脏病气上犯,皆可使肺失宣降,肺气胀满,呼吸不利而致喘促,如肺虚气失所主,亦可因肺气亏耗不足以息而为喘。肾为气之根,与肺同司气体之出纳,故肾元不固,摄纳失常则气不归元,阴阳不相接续,亦可气逆于肺而为喘。若脾虚痰浊饮邪上扰,或肝气逆乘亦无不与肺有关。

喘证的病理性质有虚实两类。实喘在肺，为外邪、痰浊、肝郁气逆，邪壅肺气而宣降不利；虚喘当责之肺、肾两脏，因精气不足，气阴亏耗而致肺肾出纳失常，尤以气虚为主。病情错杂者，每可下虚上实并见，或正虚邪实，虚实夹杂。但在病情发展的不同阶段，虚实之间有所侧重，或互相转化。如肺虚不能主气，出现气短难续。若肺病及脾，子盗母气，则脾气亦虚，脾虚失运，聚湿生痰，上渍于肺，肺气壅塞，气津失布，血行不利，可形成痰浊血瘀，此时病机以邪实为主，或邪实正虚互见。若迁延不愈，累及于肾，其病机则呈现肾失摄纳，痰瘀伏肺之肾虚肺实之候。若阳气虚衰，水无所主，水邪泛滥，又可上凌心肺。故叶天士有"在肺为实，在肾为虚"之说，扼要说明肺肾两脏病机的重点。概言之，皆为气机升降出纳失其常态所致。

本证的严重阶段，不但肺肾俱虚，在孤阳欲脱之时，病可及于心。因心脉上通于肺，肺气治理调节心血的运行，宗气贯心肺，肾脉上络于心，心肾相互既济，又心阳根于命门之火，心脏阳气的盛衰，与先天肾气及后天呼吸之气皆有密切关系。故肺肾俱虚，亦可导致心气、心阳衰惫，鼓动血脉无力，血行瘀滞，面色、唇舌、指甲青紫，甚则出现喘汗致脱，亡阳、亡阴，则病情危笃。

【诊　断】

1. 以喘促气短，呼吸困难，甚至张口抬肩，鼻翼煽动，不能平卧，口唇发绀为特征。
2. 多有慢性咳嗽、哮病、肺痨、心悸等疾病史，每遇外感及劳累而诱发。
3. 两肺可闻及干、湿性啰音或哮鸣音。
4. 查血白细胞总数及中性粒细胞，或X线胸片、心电图有助诊断。

【鉴别诊断】

喘证主要与气短、哮病相鉴别。

1. **气短**　喘证与气短同为呼吸异常，但喘证是以呼吸困难，张口抬肩，甚至不能平卧为特征；气短亦即少气，呼吸微弱而喘促，或短气不足以息，似喘而无声，尚可平卧。如《证治汇补·喘病》说："若夫少气不足以息，呼吸不相接续，出多入少，名曰气短，气短者，气微力弱，非若喘症之气粗奔迫也。"

2. **哮病**　哮指声响言，为喉中有哮鸣音，是一种反复发作的疾病；喘指气息言，为呼吸气促困难，是多种急慢性疾病的一个症状。一般来说，哮必兼喘，喘未必兼哮。

【辨证论治】

辨证要点

1. **辨病位**　凡因外邪、痰浊、肝郁气逆等致邪壅肺气，宣降不利而喘者均属实，病位在肺；而久病劳欲，肺肾出纳失常而致喘者多属虚，或虚实夹杂，病在肺、肾两脏。
2. **辨虚实**　呼吸深长有余，呼出为快，气粗声高，伴有痰鸣咳嗽，脉象有力为实喘；呼吸短促难续，深吸为快，气怯声低，少有痰鸣咳嗽，脉象微弱者为虚喘。

治疗原则

实喘治肺，治以祛邪利气。应区别寒、热、痰、气的不同，分别采用温宣、清肃、祛痰、降气等法。虚喘治在肺肾，以肾为主，治以培补摄纳。针对脏腑病机，采用补肺、纳肾、温阳、益气、养阴、固脱等法。虚实夹杂,下虚上实者,当分清主次,权衡标本,适当处理。

喘证多由其他疾病发展而来,积极治疗原发病,是阻断病势发展,提高临床疗效的关键。

分证论治

实喘

• **风寒闭肺**

症状:喘息,呼吸气促,胸部胀闷,咳嗽,痰多稀薄色白,兼有头痛,鼻塞,无汗,恶寒,或伴发热,口不渴,舌苔薄白而滑,脉浮紧。

治法:散寒宣肺。

方药:麻黄汤。

方中用麻黄、桂枝宣肺散寒解表,杏仁、甘草利气化痰。喘重者还可加半夏、牡荆子、苏子、橘皮等化痰利气平喘。若寒痰阻肺,见痰白清稀量多泡沫,加细辛、生姜温肺化痰;若得汗而喘不平,可用桂枝加厚朴杏仁汤和营卫,利肺气。若素有寒饮内伏,复感客寒而引发者,可用小青龙汤发表温里。

若寒邪束表,肺有郁热,或表寒未解,内已化热,热郁于肺,而见喘逆上气,息粗鼻煽,咯痰粘稠,伴形寒身热,烦闷口渴,有汗或无汗,舌质红,苔薄白或黄,脉浮数或滑者,用麻杏石甘汤宣肺泄热,还可加黄芩、桑白皮、栝蒌、葶苈子、射干等以助其清热化痰平喘之功。

• **痰热遏肺**

症状:喘咳气涌,胸部胀痛,痰多粘稠色黄,或夹血色,伴胸中烦热,身热,有汗,渴喜冷饮,面红,咽干,尿赤,大便或秘,苔黄或腻,脉滑数。

治法:清泄痰热。

方药:桑白皮汤。

方中用桑白皮、黄芩、黄连、栀子清泻肺热,杏仁、贝母、半夏、苏子降气化痰。

若痰多粘稠,加栝蒌、海蛤粉清化痰热;痰涌便秘,喘不能卧,酌加葶苈子、大黄涤痰通腑;痰有腥臭味,配鱼腥草、金荞麦根、蒲公英、冬瓜子等清热解毒化痰泄浊;身热甚者,加生石膏、知母。

• **痰浊阻肺**

症状:喘而胸满闷窒,甚则胸盈仰息,咳嗽痰多粘腻色白,咯吐不利,兼有呕恶纳呆,口粘不渴,苔厚腻色白,脉滑。

治法:化痰降逆。

方药:二陈汤合三子养亲汤。

方中用半夏、茯苓、陈皮、甘草化痰,苏子、白芥子、莱菔子化痰下气平喘。可加苍术、厚朴等燥湿理脾行气,以助化痰降逆。痰浊壅盛,气喘难平者,加皂荚、葶苈子涤痰除壅以平喘。

若痰浊挟瘀,见喘促气逆,喉间痰鸣,面唇黯紫,舌质紫暗,苔浊腻者,可用涤痰汤,加桃仁、红花、赤芍、水蛭等涤痰祛瘀。

• **水凌心肺**

症状:喘咳气逆,倚息难以平卧,咯痰稀白,心悸,面目肢体浮肿,小便量少,怯寒肢冷,面唇青紫,舌胖黯,苔白滑,脉沉细。

治法:温阳利水,泻壅平喘。

方药:真武汤合葶苈大枣泻肺汤。

方中用真武汤温阳利水,葶苈大枣泻肺汤泻肺除壅。还可加泽兰、益母草、桂枝活血行水。

- 肝气乘肺

症状:每遇情志刺激而诱发,发时突然呼吸短促,息粗气憋,胸闷胸痛,咽中如窒,或失眠、心悸,平素常多忧思抑郁,苔薄,脉弦。

治法:开郁降气。

方药:五磨饮子。

本方出自《医便》,由四磨饮子去人参,加木香、枳实而成。方中以沉香为主药,温而不燥,行而不泄,既可降逆气,又可纳肾气,使气不复上逆;槟榔破气降逆,乌药理气顺降,共助沉香以降逆平喘;木香、枳实疏肝理气,加强开郁之力。本证在于七情伤肝,肝气横逆上犯肺脏,而上气喘息,发病之标在肺与脾胃,发病之本则在肝,属气郁实证。因而应用本方时,还可在原方基础上加柴胡、郁金、青皮等疏理肝气之品以增强解郁之力。若气滞腹胀,大便秘者又可加用大黄以降气通腑,即六磨汤之意。伴有心悸、失眠者加百合、酸枣仁、合欢花等宁心安神。并宜劝慰病人心情开朗,配合治疗。

虚喘

- 肺气虚

症状:喘促短气,气怯声低,喉有鼾声,咳声低弱,痰吐稀薄,自汗畏风,极易感冒,舌质淡红,脉软弱。

治法:补肺益气。

方药:补肺汤合玉屏风散。

方中用黄芪补益肺气,白术、茯苓、甘草健脾补中助肺,防风助黄芪益气护卫,五味子敛肺平喘,干姜、半夏温肺化痰,厚朴、陈皮行气消痰,降逆平喘。

若伴咳呛痰少质粘,烦热口干,面色潮红,舌红苔剥,脉细数,为气阴两虚,可用生脉饮加沙参、玉竹、百合等益气养阴。痰粘难出,加贝母、栝蒌润肺化痰。

- 肾气虚

症状:喘促日久,气息短促,呼多吸少,动则喘甚,气不得续,小便常因咳甚而失禁,或尿后余沥,面青肢冷,舌淡苔薄,脉微细或沉弱。

治法:补肾纳气。

方药:金匮肾气丸合参蛤散。

前方温补肾阳,后方纳气归肾。还可酌加仙茅、仙灵脾、紫石英、沉香等温肾纳气平喘。

若见喘咳,口咽干燥,颧红唇赤,舌红少苔,脉细或细数为肾阴虚,可用七味都气丸合生脉散以滋阴纳气。

如兼标实,痰浊壅肺,喘咳痰多,气急胸闷,苔腻,此为"上实下虚"之候,治宜化痰降逆,温肾纳气,用苏子降气汤。

肾虚喘促,多兼血瘀,如见面、唇、爪甲、舌质黯,舌下青筋显露等,可酌加桃仁、红花、川芎活血化瘀。

- 喘脱

症状:喘逆剧甚,张口抬肩,鼻翼煽动,端坐不能平卧,稍动则喘剧欲绝,心慌动悸,烦躁不安,面青唇紫,汗出如珠,脉浮大无根,或见歇止,或模糊不清。

治法：扶阳固脱，镇摄肾气。
方药：参附汤合黑锡丹。

方中用人参15～30g、附子15g，急煎频服，并送服黑锡丹3～4.5g。同时还可加服蛤蚧粉2～3g，以温肾阳，散阴寒，降逆气，定虚喘。

若呼吸微弱，间断难续，或叹气样呼吸，汗出如洗，烦躁内热，口干颧红，舌红无苔，或光绛而紫赤，脉细微而数，或散或芤，为气阴两竭之危证，治应益气救阴防脱，可用生脉散加生地、山萸肉，共奏补气益阴防脱之功。若汗多不敛者，加龙骨、牡蛎以敛汗固脱。若出现阴竭阳脱者，加附子、肉桂急救回阳。

【转归预后】

喘证的证候之间，存在着一定的联系。临床辨证除分清实喘、虚喘之外，还应注意寒热转化，虚实错杂。如实喘中的风寒闭肺证，若风寒失于表散，入里化热，可出现表寒里热证；痰浊阻肺证，若痰郁化热，或痰阻气壅，血行瘀滞，又可呈现痰热郁肺，或痰瘀阻肺证。虚喘中的肾阳虚衰，水气不化，既可上凌心肺，又可损及心阳，引起心肾阳衰，肺气欲绝的喘脱证。另一方面，虚实错杂在喘证中也极为常见，如喘证在反复发作过程中，每见邪气尚实而正气已虚，表现肺实肾虚亦即"上实下虚"证。

【预防与调摄】

平素宜调畅情志，多食清淡食物，忌辛辣刺激及甜粘肥腻之品。有烟酒嗜好者，应尽量劝其戒除。加强体育锻炼，提高机体的抗病能力，并要十分重视感冒的预防。

【结　语】

喘证是内科的难治病证之一。其主在肺肾，实喘在肺，多为邪气壅肺，气失宣降，治疗重在祛邪利肺；虚喘当责之肺、肾两脏，多为精气不足，肺肾出气纳气失常，治疗当培补摄纳。若为虚实互见者，则当虚实兼顾。而喘脱属危急重症，急当扶正固脱，镇摄潜纳，及时救治。

一般来说，实喘由于邪气壅阻，治以祛邪利气，疗效较佳；虚喘为气失摄纳，根本不固，补之未必即效，且易感邪而致反复发作，致使病情迁延难愈。正如《医宗必读·喘》所说："治实者攻之即效，无所难也。治虚者补之未必即效，须悠久成功，其间转折进退，良非易也。"因此对待虚喘应持之以恒地调治。

【文献摘要】

《素问·至真要大论》："诸气膹郁，皆属于肺。"

《素问·玉机真藏论》："秋脉……不及则令人喘，呼吸少气而咳。"

《灵枢·经脉》："肾足少阴之脉，是动病……喝喝而喘。"

《素问·逆调论》："不得卧卧则喘者，是水气之客也。"

《济生方·喘》："将理失宜，六淫所伤，七情所感，或因坠堕惊恐，度水跌仆，饱食过伤，动作用力，遂使脏气不和，荣卫失其常度，不能随阴阳出入以成息，促迫于肺，不得宣通而为喘也。"

《丹溪心法·喘》："肺以清阳上升之气，居五脏之上，通荣卫，合阴阳，升降往来，无过不及，六淫七情之所感伤，饱食动作，脏气不和，呼吸之息，不得宣畅而为喘急。亦有脾肾俱虚，体弱之人，皆能发喘。又或调摄失宜，为风寒暑湿邪气相干，则肺气胀满，发而为喘。又因痰气皆能令人发喘。治疗之法，当究其源。如感邪气，则驱散之，气郁即调顺之，脾肾虚者温理之，又当于各类而求之。"

《景岳全书·喘促》:"实喘者,气长而有余;虚喘者,气短而不续。实喘者胸胀气粗,声高息涌,膨膨然若不能容,惟呼出为快也;虚喘者,慌张气怯,声低息短,惶惶然若气欲断,提之若不能升,吞之若不相及,劳动则甚,而惟急促似喘,但得引长一息为快也。"

《仁斋直指附遗方论·喘嗽》:"有肺虚夹寒而喘者;有肺实夹热而喘者;有水气乘肺而喘者;……如是等类,皆当审证而主治之。"

《医宗必读·喘》:"治实者攻之即效,无所难也。治虚者补之未必即效,须悠久成功,其间转折进退,良非易也,故辨证不可不急,而辨喘证为尤急也。"

《诸证提纲·喘证》:"凡喘至于汗出如油,则为肺喘,而汗出发润,则为肺绝,……气壅上逆而喘,兼之直视谵语,脉促或伏,手足厥逆乃阴阳相背,为死证。"

【研究进展】

· 喘证辨证论治研究

任氏自制实喘灵、虚喘灵,治疗虚、实喘证各50例,并设氨茶碱组作对照。结果实喘灵疗效明显优于对照组,虚喘灵与对照组差异不明显。实喘灵由麻黄、杏仁、银花、地龙等组成;虚喘灵由蛤蚧、麻黄、北五加皮等组成。均制成浓缩液,每次20ml,每日2次,超声雾化吸入,每次30分钟,10日为1疗程〔河北中医1993;(3);6〕。

董氏认为喘证久发所成的宿喘证,治疗应以益肾填精,纳气归元为主。自拟方:生地、熟地、山萸肉、冬虫夏草、紫石英、沉香粉(冲服)、川芎、全蝎、五味子、杏仁、砂仁。新加外感、痰多者,加桑白皮、苏子、海浮石等;畏寒肢冷明显者,加肉桂、制附片;倦怠乏力,动则汗出,加黄芪、牡蛎;喘憋气急,加地龙、生蛤壳;大便数日一行,偏结者,加酒川军、全栝蒌。以此方治疗宿喘可取得较好疗效〔中医杂志1990;(6);18〕。

有些医家认为,虚喘亦可用麻黄。如洪氏认为,虚喘中亦多见虚中夹实,尤其慢性阻塞性肺部疾患所致的喘证,不仅有肺肾两虚,摄纳失常的虚喘本证,同时还可见痰瘀阻肺,肺失肃降,气道壅塞的实证。这就是虚喘亦可用麻黄的理论和临床依据。当然,在组方时必须在辨证论治的前提下,进行合理配伍。虚喘用麻黄,一般宜炙用,这不仅可以缓和麻黄辛散之性,同时还有补益作用〔中医杂志1992;(4);4〕。黄氏以麻黄配杏仁、葶苈子、党参、黄芪、熟地、五味子等用于虚喘患者。并认为传统所指虚喘忌用麻黄,是仅指单味药而言,复方配伍不应受此限制〔中医杂志1990;(12);12〕。

· 喘证辨病论治研究

奚氏从胸痹论治慢性阻塞性肺病,治疗组40例,以栝蒌薤白半夏汤为基本方,热重加连翘、黄芩、竹沥、苇茎汤;寒重加苓桂术甘汤、葶苈子;夹瘀加桃仁、丹参。对照组30例,以麻杏甘石汤为基本方,热重加黄芩、鱼腥草、一支黄花;寒重合小青龙汤出入。3周为1疗程。结果:治疗组有效率87.5%,对照组有效率63.3%。平喘作用,治疗组显效率65.7%,对照组39.3%,肺通气功能的改善,治疗组亦优于对照组($P<0.05$)。说明通阳散结,行气祛痰法,对痰浊阻肺,肺失肃降的实喘证也是适用的,体现了中医"异病同治"理论的优越性〔中医杂志1990;(6);35〕。王氏应用益气活血法,以黄芪参脉饮加复方丹参片治疗慢性阻塞性肺病57例,与温阳益肾法,以金匮肾气丸治疗29例作对照,结果发现益气活血组的疗效明显高于温阳益肾组($P<0.01$)。并分别观察了两组治疗前后肺功能及动脉血气的变化,结果治疗组较对照组不仅能显著地改善肺通气功能($P<0.01$),而且能显著地改善肺换气功能($P<0.01$)。说明气虚血瘀是慢阻肺的重要病理基础〔中医杂志1992;(9);24〕。

喘息型支气管炎急性发作,多见痰热郁肺的证候表现。沈氏自拟三黄平喘汤(一支黄花、制大黄、炙麻黄、生甘草、生石膏、鸭跖草、枳实、制胆星、生赭石等)并随症加减,治疗喘支急性发作期35例,总有效率94%〔中医杂志1991;(11);7〕。程氏以蚤休、黄芩、全栝蒌、马兜铃、石韦、地龙、穿山龙、百部、青黛、海蛤粉、半夏、橘红、麻黄为基本方,并与清金化痰汤(《统旨方》)作对照,两组各观察31例。结果:治疗组总有效率93.55%,对照组总有效率74.19%。平喘效果:治疗组有效率95%,对照组68.75%。两者差异显著($P<0.05$)。在动物平喘试验中,首先采用离体气管毛细管法,发现治疗组豚鼠气管舒张幅度明显大于对照组($P<0.01$)。其次采用整体动物引喘法,结果治疗组豚鼠引喘期明显延长($P<0.01$)〔中西医结合杂志

1991;(4):203〕。

喘证缓解期,补益肺肾为重要固本治法。王氏应用蛤蚧2对(去头足),冬虫夏草、川贝母各60g,海螵蛸80g,冰糖80~120g。喘重加白果仁60g;顽痰粘稠不易咯出,加葶苈子30g;形寒肢冷,吐白色泡沫痰,加白芥子适量。共为细末,为1疗程量,8g/次,每日2次口服。每年2个疗程,治疗128例,显效51例占39.8%,好转59例占46.1%,无效18例占14.1%,总有效率85.9%〔中医药研究1990;(2):36〕。

第四节 肺 胀

肺胀是指多种慢性肺系疾患反复发作,迁延不愈,肺脾肾三脏虚损,从而导致肺管不利,肺气壅滞,气道不畅,胸膺胀满不能敛降。临床表现见喘息气促,咳嗽,咯痰,胸部膨满,憋闷如塞,或唇甲紫绀,心悸浮肿等症。重者可出现昏迷、喘脱等危重证候。

肺胀相当于西医学中的慢性阻塞性肺部疾患,是内科常见病、多发病,寻求防治本病的有效方法是目前国内外医学界急待解决的课题。中医药治疗本病有着广阔的前景,并积累了较为丰富的经验,有待进一步发掘和提高。

肺胀源于《内经》,发挥于汉代张仲景,成熟于后世历代医家。《灵枢·胀论》说:"肺胀者,虚满而喘咳。"《灵枢·经脉》又说:"肺手太阴之脉,……是动则病肺胀满膨膨而喘咳。"《金匮要略·肺痿肺痈咳嗽上气病脉证治》指出本病的主症为:"咳而上气,此为肺胀,其人喘,目如脱状。"此外在《金匮要略·痰饮咳嗽病脉证并治》中对支饮"咳逆倚息,气短不得卧,其形如肿"的描述亦与肺胀相类似。《诸病源候论·咳逆短气候》记载肺胀的发病机理是由于"肺虚为微寒所伤则咳嗽,嗽则气还于肺间则肺胀,肺胀则气逆,而肺本虚,气为不足,复为邪所乘,壅否不能宣畅,故咳逆短乏气也"。可见肺胀的主要病因是久病肺虚。后世医家对本病的认识不断有所充实和发展。如《丹溪心法·咳嗽》说:"肺胀而嗽,或左或右不得眠,此痰挟瘀血碍气而病。"提示病理因素主要是痰瘀阻碍肺气所致。《张氏医通·肺痿》说:"盖肺胀实证居多。"《证治汇补·咳嗽》认为肺胀:"又有气散而胀者,宜补肺,气逆而胀者,宜降气,当参虚实而施治。"说明对肺胀的辨证论治当分虚实两端。

根据肺胀的临床表现,主要见于西医学中慢性支气管炎、支气管哮喘、支气管扩张、矽肺、重度陈旧性肺结核等合并肺气肿,慢性肺原性心脏病等。当这些疾病出现肺胀的临床表现时,可参考本节进行辨证论治。

【证候特征】

肺胀是多种慢性肺系疾病后期转归而成,喘息气促,咳嗽,咯痰,胸部膨满,憋闷如塞等,是肺胀的证候特征。病久可见唇甲紫绀,心悸浮肿等症。兼感外邪或调治不当,其变证坏病可见昏迷、抽搐以至喘脱等。

肺胀患者有长期的咳嗽、咯痰、气喘等症状和肺气肿体征。由肺及心的过程是逐渐形成的。早期仅为疲劳或活动后有心悸气短,随着病程的进展,逐渐出现胸部攻撑膨满,憋闷如塞,心悸气急加重或有紫绀;进一步发展可出现颈脉动甚,右胁下癥积,下肢浮肿和腹水。病变后期,喘咳上气进一步加重,倚息不能平卧,白粘痰增多或咯黄绿色脓痰,紫绀明显,头痛,有时烦躁不安,有时神志模糊,或嗜睡或谵语,肉瞤,震颤,抽搐,甚或出现咯血、吐血、便血等。舌质多为暗紫、紫绛,舌下脉络瘀暗增粗。

【病因病机】

本病的发生多因久病肺虚，痰瘀潴留，每因复感外邪诱使病情发作或加剧。

1. 久病肺虚　若内伤久咳、久喘、久哮、肺痨等肺系慢性疾患，迁延失治，痰浊潴留，伏着于肺，肺气壅滞不畅，久则气还肺间，肺气胀满不能敛降，而成肺胀。

2. 感受外邪　肺虚卫外不固，六淫之邪每易反复乘袭，诱使本病发作，病情日益加重。

3. 痰挟血瘀　病久肺气肺体损伤，内有郁结之痰，复感外邪，肺气郁闭，血行无力，积而为瘀，致使痰瘀相结于肺，滞留于心，而成肺胀。

由此可见，久咳、久喘、久哮、复感外邪，肺之体用俱损，呼吸机能错乱，气壅于胸，滞留于肺，痰瘀阻结肺管气道，导致肺体胀满，张缩无力，不能敛降而成肺胀。

病变首先在肺，继则影响脾、肾，后期病及于心。因肺主气，开窍于鼻，外合皮毛，主表，卫外，故外邪从口鼻、皮毛入侵，每多首先犯肺，导致肺气宣降不利，上逆而为咳，升降失常则为喘，久则肺虚，主气功能失常。若病及脾，子耗母气，脾失健运，则可导致肺脾两虚。肺为气之主，肾为气之根，肺伤及肾，肾气衰惫，摄纳无权，则气短不续，动则益甚。且肾主水，肾阳衰微，则气不化水，水邪泛溢则肿，上凌心肺则喘咳心悸。肺与心脉相通，肺气辅佐心脏运行血脉，肺虚治节失职，则血行涩滞，循环不利，血瘀肺脉，肺气更加壅塞，造成气虚血滞，血滞气郁，由肺及心的恶性后果，临床可见心悸、紫绀、水肿、舌质暗紫等症。心阳根于命门真火，肾阳不振，进一步导致心肾阳衰，可呈现喘脱危候。

肺胀的病理因素主要为痰浊水饮与血瘀互为影响，兼见同病。痰的产生，病初由肺气郁滞，脾失健运，津液不归正化而成；渐因肺虚不能化津，脾虚不能转输，肾虚不能蒸化，痰浊潴留益甚，喘咳持续难已。由于脏腑功能失调，机体的防御机能处于低下状态，故最易复感外邪，诱使病情发作和加剧。如内有停饮，又复感风寒，则可成为外寒内饮证。感受风热或痰郁化热，可表现为痰热证。痰浊壅盛，或痰热内扰，蒙蔽心窍，心神失主，则意识朦胧、嗜睡甚至昏迷；痰热内闭，热邪耗灼营阴，肝肾失养，阴虚火旺，肝火挟痰上扰，气逆痰升，肝风内动则发生肢颤，抽搐；迫血妄行，则动血而致出血。病情进一步发展可阴损及阳，出现肢冷、汗出、脉微弱等元阳欲脱现象。

【诊断】

1. 典型的临床表现为胸部膨满，胀闷如塞，喘咳上气，痰多及烦躁、心悸等，以喘、咳、痰、胀为特征。

2. 病程缠绵，时轻时重，日久可见面色晦暗，唇甲紫绀，脘腹胀满，肢体浮肿，甚或喘脱等危重证候。病重可并发神昏、动风或出血等症。

3. 有长期慢性咳喘病史，及反复发作史，一般约经10～20年形成；发病年龄多为老年，中青年少见。

4. 常因外感而诱发，其中以寒邪为主，其次过劳、暴怒、炎热也可诱发本病。

5. 体检可见桶状胸，闻及肺部哮鸣音或痰鸣音及湿性啰音，且心音遥远，胸部叩诊为过清音。

6. X线检查、心电图及血气分析有助于本病诊断。

【鉴别诊断】

肺胀与哮病、喘证的临床表现，有其类似之处，其区别如下：

1. 哮病　是一种发作性的痰鸣气喘疾患，常突然发病，迅速缓解，且以夜间发作多见，其证候特点与肺胀的喘咳上气有显著的不同。

2. 喘证　以呼吸困难为主要表现，可见于多种急慢性疾病的过程中，常为某些疾病的重要主症和治疗的重点。而肺胀是由多种慢性肺系疾病迁延不愈发展而来，喘咳上气，仅是肺胀的一个症状。

【辨证论治】

辨证要点

1. 辨标本虚实　肺胀总属标实本虚，但有偏实偏虚的不同。一般感邪发作时偏于标实，平时偏于本虚。标实为痰浊、瘀血，早期痰浊为主，渐而痰瘀并重，并可兼见气滞、水饮错杂为患。后期痰瘀壅盛，正气虚衰，本虚与标实并重。

2. 辨脏腑阴阳　肺胀的早期以气虚或气阴两虚为主，病位在肺脾肾，后期气虚及阳，以肺、肾、心为主，或阴阳两虚。

治疗原则

治疗当根据感邪时偏于邪实，平时偏于正虚的不同，有侧重地分别选用扶正与祛邪的不同治则。标实者，根据病邪的性质，分别采取祛邪宣肺（辛温、辛凉），降气化痰（温化、清化），温阳利水（通阳、淡渗），活血祛瘀，甚或开窍、熄风、止血等法。本虚者，当以补养心肺，益肾健脾为主，或气阴兼调，或阴阳兼顾。正气欲脱时则应扶正固脱，救阴回阳。

分证论治

·外寒内饮

症状：咳逆喘满不得卧，气短气急，咯痰白稀，呈泡沫状，胸部膨满，口干不欲饮，周身酸楚，恶寒，面色青黯，舌体胖大，舌质暗淡，舌苔白滑，脉浮紧。

治法：温肺散寒，降逆涤痰。

方药：小青龙汤。

方中麻黄、桂枝、干姜、细辛温肺散寒化饮；半夏、甘草祛痰降逆；佐五味子、白芍，使散中有收。若咳而上气，喉中如水鸡声，表寒不著者，可用射干麻黄汤。饮郁化热，烦躁而喘，脉浮，用小青龙加石膏汤兼清郁热。

·痰热郁肺

症状：咳逆喘息气粗，胸满烦躁，目睛胀突，痰黄或白，粘稠难咯，或发热微恶寒，溲黄便干，口渴欲饮，舌质暗红，苔黄或黄腻，脉滑数。

治法：宣肺泄热，降逆平喘。

方药：越婢加半夏汤。

本方用麻黄、石膏，辛凉配伍，辛能宣肺散邪，凉能清泄内热；生姜、半夏散饮化痰以降逆；甘草、大枣安内攘外，以扶正祛邪。

若痰热内盛，痰胶粘不易咯出者，加鱼腥草、黄芩、栝蒌皮、贝母、桑白皮等以清热化痰利肺。痰鸣喘息，不得平卧者，加射干、葶苈子泻肺平喘。痰热壅结，便秘腹满者，加大黄通腑泄热以降肺气。痰热伤津,口舌干燥,加花粉、知母、麦门冬以生津润燥。

• **痰瘀阻肺**

症状:咳嗽痰多,色白或呈泡沫,喉间痰鸣,喘息不能平卧,胸部膨满,憋闷如塞,面色灰白而暗,唇甲紫绀,舌质暗,或暗紫,舌下瘀筋增粗,苔腻或浊腻,脉弦滑。

治法:涤痰祛瘀,泻肺平喘。

方药:葶苈大枣泻肺汤合桂枝茯苓丸。

方中用葶苈子涤痰除壅,以开泄肺气;佐大枣甘温安中,而缓药性,使泻不伤正;桂枝通阳化气,茯苓除湿化痰,丹皮、桃仁、赤芍助桂枝通血脉,化瘀滞。还可加三子养亲汤化痰下气平喘。若腑气不利,大便不畅者,加大黄、厚朴以通腑除壅。

• **痰蒙神窍**

症状:意识朦胧,谵妄,烦躁不安,撮空理线,表情淡漠,嗜睡,昏迷,或肢体瞤动,抽搐,咳逆喘促,或伴痰鸣,舌质暗红或淡紫,或紫绛,苔白腻或淡黄腻,脉细滑数。

治法:涤痰,开窍,熄风。

方药:涤痰汤、安宫牛黄丸、至宝丹。

方中用半夏、茯苓、橘红、胆南星涤痰熄风;竹茹、枳实、甘草清热化痰;菖蒲开窍化痰;人参扶正防脱。至宝丹或安宫牛黄丸以清心开窍。若痰热内盛,身热,烦躁,谵语,神昏,舌红苔黄者,加黄芩、桑白皮、葶苈子、天竺黄、竹沥以清热化痰;热结大肠,腑气不通者,用凉膈散或增液承气汤;肝风内动,抽搐加钩藤、全蝎、羚羊角粉凉肝熄风;瘀血明显,唇甲紫绀加红花、桃仁、水蛭活血通脉;如热伤血络,见皮肤粘膜出血、咯血、便血色鲜者,配清热凉血止血药,如水牛角、生地、丹皮、紫珠草、生大黄等。

• **肺肾气虚**

症状:呼吸浅短难续,咳声低怯,胸满短气,甚则张口抬肩,倚息不能平卧,咳嗽,痰白如沫,咯吐不利,心慌,形寒汗出,面色晦暗,舌淡或黯紫,苔白润,脉沉细无力,或有结代。

治法:补肺纳肾,降气平喘。

方药:补虚汤合参蛤散。

方中用人参、黄芪、茯苓、甘草补益肺脾之气;蛤蚧、五味子补肺纳肾;干姜、半夏温肺化饮;厚朴、陈皮行气消痰,降逆平喘。还可加桃仁、川芎、水蛭活血化瘀。若肺虚有寒,怕冷,舌质淡,加桂枝、细辛温阳散寒;兼阴伤,低热,舌红苔少,加麦冬、玉竹、知母养阴清热。如见面色苍白,冷汗淋漓,四肢厥冷,血压下降,脉微欲绝等喘脱危象者,急加参附汤,送服蛤蚧粉或黑锡丹补气纳肾,回阳固脱。另参附、生脉、参麦、参附青注射液也可酌情选用。

• **阳虚水泛**

症状:面浮,下肢肿,甚则一身悉肿,腹部胀满有水,尿少,心悸,喘咳不能平卧,咯痰清稀,怕冷,面唇青紫,舌胖质黯,苔白滑,脉沉虚数或结代。

治法:温阳化饮利水。

方药:真武汤合五苓散。

方中用附子、桂枝温肾通阳,茯苓、白术、猪苓、泽泻、生姜健脾利水,白芍敛阴和阳。还可加红花、赤芍、泽兰、益母草、北五加皮行瘀利水。水肿势剧,上渍心肺,见心悸喘满,倚息不得卧者,加沉香、黑白丑、椒目、葶苈子行气逐水。

【转归预后】

肺胀的多种证候之间,存在着一定的联系,各证常可互相兼夹转化。其预后受患者的体质、病情、环境等影响。凡体质强,病情轻,环境较好,加之医疗措施得当,摄生有方,重视康复者,可使病情基本稳定,带病延年,反之则迁延恶化。若出现阳虚水泛,肺肾气虚欲脱或痰蒙心神,病转危重,如不及时救治则预后不良。

【预防与调摄】

肺胀由多种慢性肺脏疾病的后期转归而成。因此在预防方面应重视原发病的治疗。还要防止感冒,尤其对老年、久病体虚的患者,凡近期内咳喘突然加剧,痰色变黄,舌质变红,虽无发热恶寒表证,亦要考虑复感外邪病情加重的可能,应及时诊治,阻断病势的发展。要预防内伤咳嗽迁延不愈,发展成为本病。平素宜适寒温,节饮食,调情志,戒烟酒,远房事,加强体育锻炼。

【结　语】

肺胀病因以久病肺虚为主,由于反复感邪,而使病情进行性加重。病位在肺,继则影响脾肾,后期及心。病理性质多为气虚、气阴两虚,发展为阳虚。在病程中可形成痰、饮、瘀等病理产物。标本虚实,常相兼夹,或互为影响。在本虚的基础上,痰浊与瘀血交阻,是其主要的病机特点。气虚血瘀痰阻则贯穿于肺胀之始终。治疗当根据感邪时则偏于邪实,平时偏于正虚的不同,有侧重地分别选用扶正与祛邪的不同治法。但急则治标,缓则治本则应贯穿于本病治疗的全过程。

【文献摘要】

《素问·大奇论》:"肺之雍,喘而两胠满。"

《金匮要略·肺痿肺痈咳嗽上气病脉证治》:"上气喘而躁者,属肺胀。"

《诸病源候论·上气鸣息候》:"肺主于气,邪乘于肺则肺胀,胀则肺管不利,不利则气道涩,故上气喘逆鸣息不通。"

《寿世保元·痰喘》:"肺胀喘满,膈高气急,两胁煽动,陷下作坑,两鼻窍张,闷乱嗽渴,声嗄不鸣,痰涎壅塞。"

《圣济总录·肺胀》:"其证气胀满,膨膨而咳喘。"

《证治汇补·咳嗽》:"肺胀者,动则喘满,气急息重,或左或右,不得眠者是也。如痰挟瘀血碍气,宜养血以流动乎气,降火以清利其痰,用四物汤加桃仁、枳壳、陈皮、栝蒌、竹沥。又风寒郁于肺中,不得发越,喘嗽胀闷者,宜发汗以祛邪,利肺以顺气,用麻黄越婢加半夏汤。有停水不化,肺气不得下降者,其症水入即吐,宜四苓散加葶苈、桔梗、桑皮、石膏。有肾虚水枯,肺金不敢下降而胀者,其症干咳烦冤,宜六味丸加麦冬、五味。"

【研究进展】

肺胀主要包括西医学的慢性阻塞性肺疾患及其严重并发症,如肺心病、肺性脑病、呼吸衰竭等。近年来,随着中医和中西医结合研究本病的不断深入,无论在临床研究,还是在基础研究方面,均取得了可喜成绩。

· 辨证论治研究

朱氏治疗本病101例,其中肺热痰瘀型53例,用清热利肺化痰逐瘀汤(鱼腥草、黄芩、银花、连翘、天竺黄、地骨皮、全栝蒌、丹参、竹沥、桃仁、冬瓜仁、地龙);肺热痰瘀合心脾肾虚型22例,采用阴阳盛衰服药法,即上午阳盛服阴药,用清热利肺化痰逐瘀汤,下午阴盛服阳药,用益气温阳利水汤(制附子、桂枝、北五加皮、破故纸、红参、茯苓、泽泻、车前子、龙骨、牡蛎);肺热痰瘀合痰迷心窍型(肺性脑病)15例,方用清热利肺化痰逐瘀汤加石菖蒲、郁金、远志、安宫牛黄丸;元阳欲绝型11例,方用保元参附龙牡汤(制附子、黄芪、红参、龙骨、牡蛎、炙甘草),待四肢转温、汗出止,保元参附龙牡汤和清热利肺化痰逐瘀汤交替使用。病情较重者配合西药对症处理。结果,显效69例,好转37例,无效及死亡各9例,总有效率为85.4%〔浙江中医杂志1992;(4):19〕。晁氏将本病分为肺肾气虚外感型,偏寒者,选用小青龙汤加味;偏热者,用麻杏石甘汤合苇茎汤。心脾肾阳虚水泛型,用真武汤合苓桂术甘汤加味。痰浊蒙窍型,用涤痰汤加减。元阳欲绝型,用参附汤、四逆汤合生脉注射液。热瘀伤络型,用生脉饮加生地、大黄炭、大蓟、小蓟、三七、赤芍等。共治疗本病286例,总有效率为90%〔天津中医1985;(1):1〕。倪氏认为肺性脑病多为本虚标实,虚为气阴欲脱,实为痰热恋肺,邪热蒙闭心窍。方用皮尾参、沙参、麦冬、胆南星、石菖蒲、鹿衔草、蒲公英、安宫牛黄丸。共治12例,仅死亡1例〔上海中医药杂志1991;(7):8〕。

- **治法研究**

大多以热、痰、瘀、虚为肺胀治法的立论依据,其中又以"血瘀"为立法的基础。应用较多的治法有:清热化瘀、通下化瘀、涤痰化瘀、温阳化瘀、益气化瘀、滋阴化瘀等法。

周氏用通活汤(鱼腥草、当归、赤芍、川芎、丹皮、桃仁、杏仁、桔梗、鸡血藤、丹参)治疗肺心病呼吸衰竭,总有效率为84.37%,明显优于西药对照组〔辽宁中医杂志1992;(10):19〕。

肺与大肠相表里,腑气通肺气自降。周氏对15例辨证为肺脾肾气虚和气阴两虚,而又有腹胀、便秘的患者,用大黄、厚朴、枳实、地鳖虫、莪术、浙贝等,服药后便通胀减,相应膈运动幅度增大,肺泡通气量和高碳酸血症及低氧血症获得一定改善,炎症明显吸收〔福建中医药1981;(3):19〕。孙氏认为泻可去闭,自拟葶黄汤(葶苈子、大黄等)治疗肺心病心衰35例,收到满意疗效。结果证明其有强心减率、增加心输出量、降低静脉压的作用〔山西中医1987;(2):21〕。

肺心病心衰,与阳气虚衰及血脉瘀阻有关。曹氏应用活血化瘀,温阳利水方药(鸡血藤、郁金、红花、丹参、附子、肉桂、干姜、泽泻、白术)治疗30例,同西药强心利尿作对照观察,在改善心、肺、肾功能方面,效果优于后者,且无副作用〔中西医结合杂志1984;(10):589〕。马氏用温阳化瘀法(附子、人参、桃仁、红花、泽兰等)治疗肺心病继发红细胞增多症属阳虚血瘀者,全部病例神志转清,血红蛋白、红细胞恢复正常〔辽宁中医杂志1986;(11):29〕。瞿氏提出,温阳化瘀方药(真武汤加肉桂、桂枝、红花、桃仁、丹参、地龙等)对肺心病继发感染者,有较好的抗感染效果〔内蒙古中医药1984;(3):21〕。

屠氏应用调气活血方(黄芪、葶苈子、苏子、桔梗、杏仁、桃仁、赤芍、三七)治疗20例肺心病高粘度综合征,总有效率为70%〔江苏中医1985;(6):21〕。汪氏用益气强心汤(黄芪、党参、肉桂、红花、丹参、益母草、泽兰、泽泻、葶苈子等)治疗肺心病心衰,总有效率为78%〔江苏中医1989;(12):5〕。北京中医学院东直门医院应用益气活血化痰方药(黄芪、黄精、当归、地龙、水蛭粉、皂角、菖蒲、陈皮、苏子、苏梗、海蛤壳)共治疗肺胀病70例,显效率为54.29%,有效率为87.1%;对照组(宣肺化痰法)显效率为36.67%,有效率为80%,两组疗效有显著差异($P<0.05$)。实验结果提示,该方药能降低血小板及血红蛋白,降低血小板粘附、聚集,从而改善肺微循环状态及通气/血流比值,增强心搏出量及肺、心、肾血流量;有调节或增强机体免疫功能;有抗炎、调节前列腺素的合成及释放,以及保护肺组织细胞的作用〔全国中医肺系病第五次学术会议资料1992;12〕。

第五节 肺 痈

肺痈是指由于热毒瘀结于肺,以致肺叶生疮,血败肉腐,形成脓疡的一种病证,属于内痈之一。临床以发热,咳嗽,胸痛,咯吐腥臭浊痰,甚则脓血相兼为主要表现。

肺痈是内科较为常见的疾病。中医药治疗本病有着丰富的经验,历代医家创立了许多有效方剂,其中不少方药长期为临床所选用,如桔梗汤、千金苇茎汤等。

《金匮要略》首次提出肺痈病名,并列专篇进行论述,《金匮要略·肺痿肺痈咳嗽上气病脉证治》曰:"咳而胸满振寒,脉数,咽干不渴,时出浊唾腥臭,久久吐脓如米粥者,为肺痈。"指出成脓者治以排脓,未成脓者治以泻肺,分别制订了相应的方药,还强调早期治疗的重要性。

汉以后,对肺痈的认识有所发展。隋《诸病源候论·肺痈候》说:"肺痈者……寒乘虚伤肺,塞搏于血,蕴结成痈,热又加之,积热不散,血败为脓。"认为风寒化热亦可为痈,并强调正虚是发病的重要内因。唐《备急千金要方》创用苇茎汤以清肺排脓,活血消痈,此为后世治疗本病的要方。迄至明清,对本病的认识更趋深入、全面。明《医学纲目·卷十九》有"肺痈者,由食咳辛热炙煿,或酣饮热酒,燥热伤肺"的记载,认为饮食不节为本病的病因之一。李梴《医学入门·卷六》有验痰之法,如"咳唾脓血腥臭,置之水中则沉"为肺痈,对本病诊断颇有帮助。清代医家,亦多有阐发。《医门法律·肺痿肺痈门》认为病由"五脏蕴崇之火,与胃中停蓄之热,上乘于肺",认识到他脏及肺的发病机理。治疗上主张以"清肺热,救肺气"为要着。《外科正宗·肺痈论》根据病机演变及证候表现,提出初起在表者宜散风清肺,已有里热者宜降火抑阴,成脓者宜平肺排脓,脓溃正虚者宜补肺健脾等治疗原则。

肺痈主要见于西医学的肺脓肿。其他如化脓性肺炎、肺坏疽以及支气管扩张、肺结核空洞等伴化脓性感染者出现肺痈的临床表现时,可参考本节辨证论治。

【证候特征】

热毒瘀结,血败肉腐成痈所引起的肺痈症状,如发热,咳嗽,胸痛,咯吐腥臭浊痰,甚至脓血相兼等,是肺痈的证候特征。本病发病多急,常突然出现恶寒或寒战,高热,午后热甚,咳嗽胸痛,咯吐粘浊痰,经过旬日左右,痰量增多,咯痰如脓,有腥臭味,或脓血相兼,甚则咯血量多,随着脓血的大量排出,身热下降,症状减轻,病情有所好转,经数周逐渐恢复。如脓毒不净,持续咳嗽,咯吐脓血臭痰,低烧,出汗,形体消瘦者,则可转入慢性。舌红,苔黄或黄腻;脉滑数,或数实。恢复阶段,多见气阴两虚,故舌质红或淡红,脉细或细数无力为多见。

【病因病机】

本病由感受外邪,内犯于肺,或痰热素盛,蒸灼肺脏,以致热壅血瘀,蕴酿成痈,血败肉腐化脓。

1. *感受外邪* 多为风热外邪自口鼻或皮毛侵犯于肺,或因风寒袭肺,未得及时表散,内蕴不解,郁而化热,肺受邪热熏灼而成。

2. *痰热素盛* 平素嗜酒太过或嗜食辛辣炙煿厚味,酿湿蒸痰化热,熏灼于肺;或肺脏宿有痰热,或他脏痰浊瘀结日久,上干于肺,形成肺痈。若宿有痰热蕴肺,复加外感风热,内外合邪,则更易引发本病。《医宗金鉴·外科心法要诀·肺痈》曾指出"此症系肺脏蓄热,复伤风邪,郁久成痈"。

劳累过度,正气虚弱,则卫外不固,外邪易乘虚侵袭,是致病的重要内因。

本病病位在肺,病理性质属实、属热。因邪热郁肺,蒸液成痰,邪阻肺络,血滞为瘀,而致痰热与瘀血互结,蕴酿成痈,血败肉腐化脓,肺损络伤,脓疡溃破外泄,其成痈化脓的病理基础,主要在于热壅血瘀。

本病的病理演变过程,可以随着病情的发展,邪正的消长,表现为初期、成痈期、溃脓期、恢复期等不同阶段。

初期，因风热(寒)之邪侵犯卫表，内郁于肺，或内外合邪，肺卫同病，蓄热内蒸，热伤肺气，肺失清肃，出现恶寒、发热、咳嗽等肺卫表证。

成痈期，为邪热壅肺，蒸液成痰，气分热毒浸淫及血，热伤血脉，血为之凝滞，热壅血瘀，蕴酿成痈，表现高热、振寒、咳嗽、气急、胸痛等痰瘀热毒蕴肺的证候。

溃脓期，为痰热与瘀血壅阻肺络，肉腐血败化脓，肺损络伤，脓疡溃破，排出大量腥臭脓痰或脓血痰。

恢复期，为脓疡内溃外泄之后，邪毒渐尽，病情趋向好转，但因肺体损伤，故可见邪去正虚，阴伤气耗的病理过程，继则正气逐渐恢复，痈疡渐告愈合。若溃后脓毒不尽，邪恋正虚，每致迁延反复，日久不愈，病势时轻时重，而转为慢性。

【诊　断】

1. 发病多急，常突然寒战高热，咳嗽胸痛，咯吐大量腥臭浊痰，甚则脓血相兼。
2. 脓血浊痰吐入水中，沉者是痈脓，浮者是痰；口咬生黄豆或生豆汁不觉有腥味者，便为肺痈。此外，慢性病变还可见"爪甲紫而带弯"，指端呈鼓槌样。
3. 胸部X线摄片，肺部可见大片浓密炎症阴影或透亮区及液平面。
4. 支气管碘油造影、纤维支气管镜检查等，有助于肺痈的诊断。

【鉴别诊断】

肺痈须着重与下列病证鉴别：

1. **风温**　风温初起以发热、咳嗽、烦渴或伴气急胸痛为特征，与肺痈初期颇难鉴别。但风温经正确及时治疗，一般邪在气分即解，多在1周内身热下降，病情向愈。如病经1周，身热不退或更盛，或退而复升，咯吐浊痰，喉中腥味明显，应考虑有肺痈的可能。

2. **肺脏其他疾患表现之痰热蕴肺证**　亦可见发热、咳嗽、胸痛、咯痰带血等症状。但其多为气分邪热伤及血络，病情较轻，属痰热蕴肺证，常咯吐黄稠浓痰，痰量多，夹有血丝或咯鲜血；肺痈则为瘀热蕴结成痈酿脓溃破，病情较重，可见咯吐大量腥臭脓血浊痰。

【辨证论治】

辨证要点

1. **掌握病性**　本病为热毒瘀结于肺，成痈酿脓，故发病急，病程短，属于邪盛证实。临床以实热证候为主要表现。

2. **辨别病期**　根据病程的先后不同阶段和临床表现，辨证可分为初期、成痈期、溃脓期、恢复期以作为分证的依据。

治疗原则

清热散结，解毒排脓以祛邪，是治疗肺痈的基本原则。针对不同病期，分别采取相应治法。如初期以清肺散邪；成痈期，清热解毒，化瘀消痈；溃脓期，应排脓解毒；恢复期，阴伤气耗者养阴益气，若久病邪恋正虚者，当扶正祛邪。在肺痈治疗的过程中，要坚持在未成脓前应予大剂清肺消痈之品以力求消散；已成脓者当解毒排脓，按照"有脓必排"的原则，尤以排脓为首要措施；脓毒清除后，再予补虚养肺。

肺痈发病较急,邪盛证实表现突出,因此,用药切忌温热辛散,以防邪热鸱张。同时,亦不宜早投补敛之剂,以免助邪资寇,延长病程,即使见有虚象,亦当分清主次,酌情兼顾。

分证论治

· 初期

症状:发热微恶寒,咳嗽,咯粘液痰或粘液脓性痰,痰量由少渐多,胸痛,咳时尤甚,呼吸不利,口干鼻燥,舌苔薄黄或薄白,脉浮数而滑。

治法:清肺散邪。

方药:银翘散。

方中用银花、连翘、芦根、竹叶辛凉宣泄,清热解毒;配荆芥、薄荷、豆豉助银花、连翘以辛散表邪,透热外出;桔梗、甘草、牛蒡子轻宣肺气。

若内热转甚,身热,恶寒不显,咯痰黄稠,口渴者,酌加石膏、黄芩、鱼腥草以清肺泄热;痰热蕴肺咳甚痰多,配杏仁、浙贝母、桑白皮、冬瓜仁、枇杷叶肃肺化痰;肺气不利,胸痛,呼吸不畅者,配栝蒌皮、郁金宽胸理气。

· 成痈期

症状:身热转甚,时时振寒,继则壮热不寒,汗出烦躁,咳嗽气急,胸满作痛,转侧不利,咳吐浊痰,呈黄绿色,自觉喉间有腥味,口干咽燥,舌苔黄腻,脉滑数。

治法:清肺化瘀消痈。

方药:千金苇茎汤合如金解毒散。

千金苇茎汤以苇茎为主药,苇茎即芦根,甘寒轻浮,善清肺热,为肺痈必用之品;辅以冬瓜仁清热化痰,利湿排脓,能清上澈下,肃肺气,与主药配合则清肺宣壅,涤痰排脓;桃仁活血化瘀,使瘀消痈散。肺与大肠相表里,大肠通畅则肺得肃降,桃仁润肺滑肠,与冬瓜仁配合可泻湿热从大便而解,薏苡仁甘淡微寒,上清肺热而排脓,下利肠胃而渗湿,使湿热之邪从小便而解。本方清热之力嫌弱,配用如金解毒散,以黄芩、黄连、黄柏、山栀清火泻热。另可酌加蒲公英、紫花地丁、败酱草、银花、鱼腥草等以加强清热解毒消痈之力。咯痰黄稠,酌配桑白皮、栝蒌、射干、海蛤壳以清化痰热;痰浊阻肺,咳而喘满,咯痰浓浊量多,不得平卧者,配葶苈子、大黄以泻肺通腑泄浊;热毒瘀结,咯脓浊痰,腥臭味甚者,可合犀黄丸以解毒化瘀。

· 溃脓期

症状:咯吐大量脓血痰,或如米粥,腥臭异常,有时咯血,胸中烦满而痛,甚则气喘不能卧,身热,面赤,烦渴喜饮,舌质红,苔黄腻,脉滑数或数实。

治法:排脓解毒。

方药:加味桔梗汤。

方中用桔梗宣肺祛痰,排脓散结,用量宜大,若药后略有恶心亦无妨,反可助脓痰排出;薏苡仁、贝母、橘红化痰散结排脓;银花、甘草清热解毒;葶苈子泻肺除壅;白及去腐逐瘀,消痈止血。另可加黄芩、鱼腥草、野荞麦根、败酱草、蒲公英等清肺解毒排脓。

咯血酌配丹皮、山栀、蒲黄、藕节、三七等凉血化瘀止血。津伤明显,口干舌燥,可加玄参、麦冬、花粉以养阴生津。如气虚不能托脓,加生黄芪托里透脓。痈脓溃泄不畅,脓液量少难出,配山甲片、皂角刺以溃痈排脓,但咯血者禁用。

· 恢复期

症状:身热渐退,咳嗽减轻,咯吐脓血渐少,臭味亦减,痰液转为清稀,精神渐振,食欲改善,或见胸胁隐痛,难以久卧,气短乏力,自汗,盗汗,低热,午后潮热,心烦,口干咽燥,面色不华,形瘦神疲,舌质红或淡红,苔薄,脉细或细数无力。

治法:益气养阴清热。

方药:沙参清肺汤合竹叶石膏汤。

方中用黄芪、太子参、粳米、北沙参、麦冬等益气养阴;石膏清肺泄热;桔梗、薏苡仁、冬瓜仁、半夏等排脓祛痰消痈;白及、合欢皮祛腐消痈止血。低热可酌配功劳叶、地骨皮、白薇以清虚热。若脾虚食少便溏者,配白术、茯苓、山药补益脾气,培土生金。

若邪恋正虚,咯腥臭痰脓浊,反复迁延日久不净,当扶正祛邪,治以益气养阴,排脓解毒,酌加鱼腥草、败酱草、野荞麦根等清热解毒消痈。

【转归预后】

本病预后与热毒的轻重、体质的强弱、诊治是否及时、得当等因素有关。凡能早期确诊,及时治疗,在初期即可截断病势的发展不致成痈;若在成痈期得到部分消散,则病情较轻,疗程较短。老人、儿童、体弱和饮酒成癖者患之,因正气虚弱或肺有郁热,须防其病情迁延不愈或发生变证。多数患者经初期、成痈期而进入溃脓期,此期为病情顺逆的转折点,其关键在于脓液能否通畅排出。凡脓得畅泄,症状轻者为顺;脓臭异常,经久不净,症状加重者为逆。溃脓阶段若发生大量咯血,应警惕血块阻塞气道,或气随血脱的危象,当按照"血证"治疗,采取相应的急救措施。如脓溃后流入胸腔,是为严重的恶候。此外如迁延转为慢性,有手术指征者,可请外科处理。

【预防与调摄】

本病初期,一旦确诊,应及早治疗,以截断疾病发展,多能痊愈而无后遗症状。患者宜食用具有润肺生津化痰作用的水果和蔬菜,如橘子、生梨、枇杷、萝卜等。忌油腻厚味及一切辛辣刺激海腥之物,如辣椒、韭菜、海虾等。严禁烟酒。

【结　语】

肺痈尽早诊治,多能痊愈。因此肺痈的治疗宜早不宜迟。应审病程,分阶段施治:初期,风热侵犯肺卫,宜清肺散邪;成痈期,热壅血瘀,宜清热解毒,化瘀消痈;溃脓期,血败肉腐,宜排脓解毒;恢复期,阴伤气耗,宜益气养阴;若邪恋正虚,则应扶正祛邪。而清热法要贯穿治疗的全过程,务求邪去正复为要。部分年老体衰或失治误治,病情迁延者,多正虚邪实,症状复杂,则应分别调治。

【文献摘要】

《金匮要略·肺痿肺痈咳嗽上气病脉证治》:"风伤皮毛,热伤血脉;风舍于肺,其人则咳,口干喘满,咽燥不渴,多唾浊沫,时时振寒。热之所过,血为之凝滞,蓄结痈脓,吐如米粥,始萌可救。"

《医门法律·肺痿肺痈门》:"凡治肺痈病,以清肺热,救肺气,俾其肺叶不致焦腐,其生乃全。故清一分肺热,即存一分肺气,而清热必须涤其壅塞,分杀其势于大肠,令秽浊脓血日渐下移为妙。"

《类证治裁·肺痈》:"肺痈毒结有形之血,血结者排其毒";"肺痈由热蒸肺窍,致咳吐臭痰,胸胁刺痛,呼吸不利,治在利气疏痰,降火排脓"。

《柳选四家医案·环溪草堂医案·咳喘门》:"肺痈之病,皆因邪瘀阻于肺络,久蕴生热,蒸化成脓。……初用疏瘀散邪泻热,可冀其不成脓也,继用通络托脓,是不得散而托之,使速溃也,再用排脓泄热解毒,是既溃而用清泄,使毒热速化而外出也,终用清养补肺,是清化余热,而使其生肌收口也。"

【研究进展】

近年来,中医对本病的临床研究较多,且疗效都较满意,提示中医药治疗肺痈有较大优势。

· 肺痈治法的研究

朱氏认为治肺脓疡,必须侧重清热解毒,化瘀排脓〔当代名医证治汇粹1990;48〕。洪氏提出肺痈的治疗,要突出清热、排脓、化瘀、扶正的治法,其中清热法要贯穿治疗的全过程。认为清热是治肺痈的基本治法,可分为清宣和清泻。清宣,即清热宣肺,主要用于肺痈初期,相当于化脓性肺炎阶段。此时用药不宜过于寒凉,以防肺气郁遏,邪热伏闭,迁延不解。清泻,即清泻肺热,主要用于成脓期及溃脓期的热毒壅盛阶段。在用药上要选效大力专泻热消痈之品,以利于炎症控制和痈脓的消散。并从治疗失败的病例分析,认为主要原因之一,是清热不得法、不彻底,以致失去控制病势发展的主动权〔中医杂志1987;(7):15〕。陶氏指出肺脓疡是大热大毒之证,不能套用一般清热解毒的常法处理,必须趁正气未衰之机,速战速决,用势专力猛之药,攻下泻热,俾邪有出路,使病可速愈。作者还认为,瘀热郁结血脉,是本病病机的一个重要环节,因此加用祛瘀散结之品,可有助于恢复〔当代名医证治汇粹1990;53〕。贝氏强调本病不宜补之过早,必须在热退、咳减、痰少的情况下,且有虚象时,才可用补,以防余热留连、延长病期〔中医杂志1987;(7):13〕。

· 肺痈治疗方药的研究

刘氏对肺脓肿急性期,用金银花、蒲公英、鱼腥草、花粉、桔梗、浙贝母、赤芍、归尾、乳香、没药、炮山甲、皂刺、防风、白芷,同时加用抗生素。后期热毒症状已消除,用生黄芪、薏苡仁、太子参、花粉、金银花、茯苓、桔梗、栝蒌仁、川贝母、当归、生甘草;停用抗生素或改为间断使用抗生素。结果:20例中临床治愈19例,退热时间平均5.8天,疼痛消失时间平均4.2天,X线检查透光区或液平面消失时间平均16天〔广西中医药1990;(2):10〕。陈氏用自拟"消痈汤"(鱼腥草、桔梗、浙贝母、杏仁、黄芩、甘草)为基础,并随症加减,治疗84例,总有效率94%〔福建中医药1987;(5):23〕。李氏对本病的急性期选苇茎汤合黄连解毒汤加减:芦根、桃仁、冬瓜仁、苡仁、黄连、黄芩、栀子、大黄、栝蒌、桔梗、连翘;恢复期选沙参麦冬汤加味:沙参、麦冬、扁豆、玉竹、天花粉、百合、黄精、蒲公英、川贝、甘草。共治26例,其中痊愈24例,显效1例,无效1例〔实用中西医结合杂志1992;(2):83〕。魏氏根据"有脓必排"的原则,应用加味桔梗苇茎汤,该方由桔梗汤、千金苇茎汤加紫菀、白前而成。认为如灵活化裁,可适用于肺痈各期〔中医杂志1987;(7):11〕。

活血化瘀法与清热解毒法的有机结合,对提高本病的疗效很有裨益。如杨氏用当归、赤芍、川芎、桃仁、红花、桔梗、冬瓜仁、车前子、半枝莲、黄芩、黄连、蒲公英、紫花地丁为基本方,共治11例,结果治愈10例〔实用中西医结合杂志1992;(7):439〕。石氏用三仁化瘀汤(桃仁、金银花、连翘、杏仁、黄芩、川贝、甘草、薏苡仁、鱼腥草、白茅根、桔梗、丹皮)随症加减,治疗经用抗生素无效的8例慢性肺脓肿,服药14~42剂,全部获愈〔山东中医杂志1993;(4):27〕。

南通市中医院采用龙氏家传治肺痈之金荞麦,经临床验证达千余例,疗效满意。金荞麦即蓼科植物之野荞麦。传统制服法是:金荞麦250g,用瓦罐密封,隔水蒸煮为棕色液体约1000ml,每服40ml,每日3次。剧者加黄酒一半,与水共煎煮,可增药效。后由中国医科院药物研究所提取其主要成分——黄烷醇,制成片剂,每服5片,每日3次;同时还制成全成分的浸膏片,每片含生药1.5g,每服5片,每日3次,两者效果大致相同。患者在服药后每见咯痰增多,由于脓痰大量排出,热挫纳增,空洞也随之缩小,液平消失,病灶逐步吸收而痊愈〔中医杂志1987;(7):11〕。

中国医科院药研所等单位对金荞麦根的分析研究表明,本品系一种抗感染药,有抗炎、解热、抑制血小板聚集和增强巨噬细胞吞噬功能等作用。它虽然不直接杀菌,但可通过调节机体功能,提高免疫力,降低毛细血管通透性,减少炎性分泌,改善局部血液循环,加速组织再生和修复过程,从而达到治疗目的。

第六节 肺 痨

肺痨是指由于正气虚弱,感染痨虫,侵蚀肺脏所致的,以咳嗽、咯血、潮热、盗汗及身体逐渐消瘦等症为主要临床表现,具有传染性的慢性消耗性疾病。

肺痨相当于西医学中的肺结核,是肺病证中的常见病,据1985年全国性结核病流行病学抽样调查,本病患病率为550/10万,平均死亡率在30/10万左右。中医治疗肺痨着眼于从整体上辨证论治,针对患者不同体质和疾病的不同阶段,采取与之相应的治疗方法,目前临床多结合抗痨西药治疗,可以收到标本兼顾,恢复健康的效果。

中医学对肺痨的认识历史悠久,且逐渐深化。《内经》、《难经》、《金匮要略》等医籍无肺痨病名,大多归于"虚损"、"虚劳"一类病证之中。晋代《肘后备急方》进一步认识到本病具有传染性,指出"死后复传之旁人,乃至灭门",并创立"尸注"、"鬼注"之名。唐代《备急千金要方》明确了肺痨病因、病位的认识,提出"劳热生虫在肺",并把"尸疰"列入肺脏病篇,确认病位在肺。《外台秘要》则对本病的症状表现作了较为详细的叙述。由于本病发热如从骨髓蒸发而出,宋以前诸医书称本病为"骨蒸",又由于本病为痨虫伏藏于内脏,接连染易,故复称之为"伏连"。此外,尚有"急劳"、"殗殜"等多种名目。直至宋代《三因极一病证方论》始以"痨瘵"定名,《济生方》亦用"痨瘵"之名以统诸称,并列"痨瘵"专篇,认识到本病具有"传变不一,积年染疰,甚至灭门"的特殊性,并指出"五劳六极,非骨蒸、传尸之比,多由不能卫生,始于过用"所致,从发病学上把痨瘵与一般的虚劳病证划分了界限。元代葛可久《十药神书》收载十方,为我国现存的第一部治疗肺痨的专著。《丹溪心法·痨瘵》倡"痨瘵主乎阴虚"之说,突出病理重点,确立了滋阴降火的治疗大法。《医学入门·痨瘵》指出:"潮、汗、咳嗽、见血、或遗精、便浊、或泄泻,轻者六症间作,重者六症兼作",概要地提示了本病的6个主症。《医学正传·劳极》确立了杀虫与补虚的两大治疗原则,迄今仍然对肺痨病治疗具有重要的指导意义。

本篇所论述的肺痨,与西医学中的肺结核病相类同。若以广义的痨瘵而言,还包括某些肺外结核在内。当这些疾病出现肺痨的临床表现时,可参考本节进行辨证论治。

【证候特征】

痨虫侵蚀肺脏所引起的肺痨症状,如咳嗽、咯血、潮热、盗汗等,为肺痨的各种证候所共有,是肺痨的证候特征。病情轻者,诸症间作,重者相继发生,或兼见并存。

肺痨咳嗽由肺阴不足所致,因此常表现为干咳,少痰,伴咽燥口干,颧红,唇赤,舌红少津,脉细数;但也有因脾虚生痰,痰湿阻肺所致,故也可出现咳嗽痰多,痰呈泡沫状,伴身重疲乏,胃纳不振,舌苔白腻等症;更有少数表现为痰热咳嗽,症见痰黄且稠,或痰中带血。咯血多由于热伤肺络,症见血色鲜红,咯血量多;也可挟有瘀血,症见小量咯血,时发时止,血色暗或带紫色血块。潮热盗汗,多数是由于阴虚内热所致,症见颧红唇赤,咽干,舌红少津;也有表现为气阴两虚者,兼见形寒乏力,易汗肢冷等症。本病初起,其病变主要在肺,但在病变逐步发展的过程中,可累及脾肾,甚则传变五脏,从而兼见五脏形证,其中尤以脾肾两脏见证最为突出。

【病因病机】

肺痨的致病因素,主要有两个方面。一为感染痨虫,一为正气虚弱。痨虫和正气虚弱两种病因,可以相互为因。痨虫传染是发病不可缺少的外因,正虚是发病的基础,是痨虫入侵和引起发病的主要内因。

1. **感染痨虫** 早在晋代,葛洪在《肘后备急方》中已认识到本病属于慢性传染性消耗性疾病,提到此病"积年累月,渐就顿滞,乃致于死",而且其传染力很强,甚至"可以灭门"。古人所称的痨虫即今日所见的结核杆菌。痨虫传染是形成本病的唯一因素,因直接接触本病患者,痨虫侵入人体而发病。如问病吊丧,看护病人,骨肉亲属与患者朝夕相处,都是导致感染的条件。这种感性认识,已为近百年来的发现所证实。

2. 正气虚弱

(1) 禀赋不足:先天素质不强,小儿发育不良,"痨虫"乘虚入侵致病。

(2) 后天失调:如酒色过度,耗伤精血;或情志不遂,忧思过度;或劳倦伤脾,而导致正气虚弱,痨虫入侵而发病。

(3) 病后失养:如麻疹、哮喘等病后或外感咳嗽延久不愈,以及产后失于调养等,皆易致痨虫入侵。

(4) 营养不良:由于生活贫困,饮食营养不足,终致体虚而感痨虫。

上述原因,均可导致气血不足,正气虚弱,成为痨虫入侵引起发病的主要内因。痨虫感染和正气虚弱两种病因,可以互为因果。痨虫是发病的原因,正虚是发病的基础,正气旺盛,感染后不一定发病,正气不足,则感染后易于致病。同时,病情的轻重与内在正气的强弱也有重要关系。另一方面,外因感染既是耗伤人体气血的直接原因,同时又是反映病变发生发展规律,区别于它病的特殊因素。

本病的发病部位,主要在肺。由于痨虫从口鼻吸入,直接侵蚀肺脏,可出现干咳、咯血等肺系症状。由于脏腑之间关系密切,肺病日久可以进一步影响到其他脏器,故有"其邪展转,乘于五脏"之说。其中与脾肾两脏的关系最为密切。

脾为肺之母,肺痨日久,子盗母气,则脾气亦虚,可伴见疲乏、食少、便溏等症,其甚者可致肺、脾、肾三脏同病。

肾为肺之子,肺虚肾失滋生之源,或肾虚相火灼金,上耗母气,则可见肺肾两虚,伴见骨蒸、潮热、男子失精、女子月经不调等肾虚症状;若肺虚不能制肝,肾虚不能养肝,肝火偏旺,则见性情急躁,善怒,胁痛;肺肾阴虚,心火上炎还可伴有虚烦不寐,盗汗等症;如肺虚治节失司,血脉运行不畅,病及于心,可见喘、悸、肿、紫绀等症。

本病病理性质的重点,以阴虚火旺为主,并可导致气阴两虚,甚则阴损及阳。肺喜润恶燥,痨虫蚀肺,肺体受损,首耗肺阴,而见阴虚肺燥之候。故朱丹溪概括痨瘵的病理为"主乎阴虚"。由于病情有轻重,病变发展阶段有不同,故病理转化演变不一。一般来说,初起病变在肺,肺体受损,肺阴亏耗,肺失滋润,故见肺阴亏损之候,继可导致阴虚火旺,如阴伤及气,甚则阴损及阳,则见气阴两虚,或阴阳两虚之候。

【诊 断】

1. 初期仅感疲劳乏力,干咳,食欲不振,形体逐渐消瘦。病重者可出现咯血,潮热,颧红,盗汗,形体明显消瘦等症。

2. 有与肺痨患者密切接触史。

3. 病灶部位呼吸音减弱或闻及支气管呼吸音及湿啰音。

4. 痰涂片或培养结核菌多呈阳性。

5. X线摄片可见肺部结核病灶。

6. 血沉增快、结核菌素皮试呈强阳性有助于诊断。

【鉴别诊断】

1. 虚劳　肺痨与虚劳的主要区别在于肺痨为痨虫侵袭所致,主要病变在肺,具有传染性,以阴虚火旺为其病理特点,以咳嗽、咯血、潮热、盗汗、消瘦为主要临床症状;而虚劳则由多种原因所导致,病程较长,病势缠绵,一般不传染,分别出现五脏气、血、阴、阳亏虚的虚损症状,主病在脾肾,是多种慢性虚损证候的总称。

2. 肺痿　肺痨与肺痿两者病位均在肺,但肺痿是多种肺部慢性疾患后期的转归,如肺痈、肺痨、咳嗽日久等,若导致肺叶痿弱不用,俱可成痿。故肺痨晚期,如出现干咳、咯吐涎沫等症者,即已转属肺痿。

【辨证论治】

辨证要点

1. 辨病理属性　区别阴虚、阴虚火旺、气虚的不同,掌握肺与脾、肾的关系。临床总以肺阴亏损为多见,如进一步演变发展,则表现为阴虚火旺,或气阴耗伤,甚至阴阳两虚。

2. 辨主症　临床应根据咳嗽、咯血、潮热、盗汗四大主症的主次轻重及其病理特点,结合其他兼症,辨其证候所属。

治疗原则

补虚培元、抗痨杀虫为治疗肺痨的基本原则,根据体质强弱分别主次,但尤需重视补虚培元,增强正气,以提高抗病能力。调补脏器重点在肺,并应注意脏腑整体关系,同时补益脾肾。治疗大法应根据"主乎阴虚"的病理特点,以滋阴为主,火旺者兼以降火,若合并气虚、阳虚见症者,则当同时兼顾。杀虫主要是针对病因治疗。正如《医学正传·劳极》所说:"治之之法,一则杀其虫,以绝其根本,一则补虚,以复其真元。"

在药物治疗的同时,肺痨患者还应注意饮食、摄生等综合治疗,这对于病情缓解和康复都具有重要作用。故《明医杂著·痨瘵》提出:"然必须病人爱命,坚心定志,绝房室,息妄想,戒恼怒,节饮食,以自培其根。否则虽服良药,亦无用也。"

分证论治

· 肺阴亏虚

症状:干咳,咳声短促,或咯少量粘痰,或痰中带血丝或血点,色鲜红,胸部隐隐闷痛,午后手足心热,皮肤干灼,口干咽燥,或有轻微盗汗,舌边尖红苔薄,脉细或兼数。

治法:滋阴润肺。

方药:月华丸。

本方是治疗肺痨的基本方,具有补虚抗痨滋阴镇咳、化痰止血之功。药用北沙参、麦冬、天冬、生地、熟地滋阴润肺;百部、獭肝、川贝润肺止嗽,兼能杀虫;桑叶、白菊花清肺止咳;阿胶、三七止血和营;茯苓、山药健脾补气,以资生化之源。

若咳频而痰少质粘者,可合川贝母、甜杏仁以润肺化痰止咳;痰中带血丝较多者,加白及、仙鹤草等和络止血;若低热不退者可酌配银柴胡、地骨皮、功劳叶、青蒿、胡黄连等以清热除蒸。

· 阴虚火旺

症状:呛咳气急,痰少质粘,或吐稠黄痰,量多,时时咯血,血色鲜红,午后潮热,骨蒸,五心烦热,颧红,盗汗量多,口渴,心烦,失眠,性情急躁易怒,或胸胁掣痛,男子可见遗精,女子月经不调,形体日渐消瘦,舌红而干,苔薄黄或剥,脉细数。

治法:滋阴降火。

方药:百合固金汤。

本方用百合、麦冬、玄参、生地、熟地滋阴润肺生津,当归、芍药柔润养血,桔梗、贝母、甘草清热止咳。另可加鳖甲、知母滋阴清热;百部、白及补肺止血,抗痨杀虫;龟版、阿胶、五味子、冬虫夏草滋养肺肾之阴,培其本元。骨蒸劳热日久不退,可选用清骨散或秦艽鳖甲散。

若火旺较甚,热势明显升高,酌加胡黄连、黄芩、黄柏等苦寒泻火坚阴。痰热蕴肺,咳嗽痰黄稠浊,酌加桑白皮、知母、金荞麦根、鱼腥草等清化痰热。咯血较著者加黑山栀、紫珠草、大黄炭、地榆炭等凉血止血;血出紫黯成块,伴胸胁掣痛者,可酌加三七、茜草炭、花蕊石、蒲黄、郁金等化瘀和络止血。盗汗甚者可选乌梅、煅牡蛎、麻黄根、浮小麦等敛营止汗。声音嘶哑或失音可加诃子、木蝴蝶、凤凰衣、胡桃肉等以润肺肾而通声音。

- **气阴耗伤**

症状:咳嗽无力,气短声低,咯痰清稀色白,偶或夹血,或咯血,血色淡红,午后潮热,伴有畏风、怕冷,自汗与盗汗并见,纳少神疲,便溏,面色㿠白,颧红,舌质光淡、边有齿印,苔薄,脉细弱而数。

治法:益气养阴。

方药:保真汤。

本方用党参、黄芪、白术、茯苓、甘草补肺益脾,培土生金;天冬、麦冬、生地、熟地、当归、白芍以育阴养荣,填补精血;地骨皮、黄柏、知母、柴胡、莲心以滋阴清热;厚朴、陈皮以理气运脾。并可加白及、百部以补肺杀虫。咳嗽痰稀,可加紫菀、款冬花、苏子温润止嗽。夹有湿痰症状者,可加半夏、陈皮以燥湿化痰。咯血量多者可酌加花蕊石、蒲黄、仙鹤草、三七配合补气药以止血摄血。如纳少腹胀、大便溏薄等脾虚症状明显者,应酌加扁豆、薏苡仁、莲子肉、山药等甘淡健脾。忌用地黄、阿胶、麦冬等滋腻碍脾之品。

- **阴阳两虚**

症状:咳逆喘息少气,咯痰色白,或夹血丝,血色暗淡,潮热,自汗,盗汗,声嘶或失音,面浮肢肿,心慌,唇紫,肢冷,形寒,或见五更泄泻,口舌生糜,大肉尽脱,男子滑精、阳痿,女子经少、经闭,舌质光淡隐紫,少津,脉微细而数,或虚大无力。

治法:滋阴补阳。

方药:补天大造丸。

本方用党参、黄芪、白术、山药、茯苓以补肺脾之气;白芍、地黄、当归、枸杞、龟版培补阴精,以滋养阴血;鹿角胶、紫河车助真阳而填精髓;枣仁、远志敛阴止汗,宁心止悸。

若肾虚气逆喘息者,配胡桃仁、冬虫夏草、蛤蚧、五味子等摄纳肾气以定喘;阳虚血瘀水停者,可用真武汤合五苓散加泽兰、红花、北五加皮温阳化瘀行水;五更泄泻者配用煨肉豆蔻、补骨脂以补火暖土,忌投地黄、阿胶、当归等滋腻润肠之品。

【转归预后】

若正气比较旺盛,或得以及时正确的治疗,本病可逐渐康复。若邪盛正虚,病情可进行性加重,趋向恶化,由肺虚渐损脾肾心肝,由阴及气及阳,形成五脏亏损,则预后不良。若正气较虚,正邪相持,病势起伏,病情慢性迁延,亦属难治。肺痨预后好坏与体质强弱,病情轻重,治疗迟早有很大关系,如《肘后备急方·治尸注鬼注方》说:"觉知此候者,便宜急治之。"《明医杂著·劳瘵》说:"此病治之于早则易,若到肌肉消铄,沉困着床,脉沉伏细数,则难治矣。"提出早期治疗的重要性。

【预防与调摄】

在预防及护理方面,历代医家一贯强调对本病应注意防重于治,如元代上清紫庭追痨仙方,就主张病者死后将尸体火化,防其传染旁人,以至灭门。《古今医统》指出,气虚饥饿忌接近患者,以免在吊丧问疾时乘虚染触。并对家属、医生提出保健预防措施和药物消毒方法,要求在接触患者时,须要饮食适宜,不可饥饿,体若虚时,可服补药,身佩安息香,或用雄黄擦鼻。平素保养元气,爱惜精血,增强正气是防止传染的重要措施。

【结　语】

肺痨是具有传染性的慢性虚损疾患。其病因为感染痨虫,但发病与否与正气强弱有很大关系。病位主要在肺。病理特点主在阴虚,进而阴虚火旺,或气阴两虚,病久阴伤及阳,可见阴阳两虚。其治疗原则为补虚培元和抗痨杀虫。大法以滋阴为主,火旺者兼以清火,气虚者伍以补气。若阴阳两虚者,则当滋阴补阳。

本病虽属慢性虚损性疾病,以虚为多,但往往可见虚中夹实的表现。如阴虚常夹痰热,肺脾气虚常夹痰浊,咯血者常夹血瘀。故在补虚的同时,要结合运用清化痰热,或宣化痰浊,及化瘀止血等法。补虚尤须重视补脾,因脾为肺之母,补脾可畅气血生化之源而养肺金。但应注意补脾不宜壅滞,不宜辛燥,以免壅滞气机,伤阴动血。一般以甘淡补脾法为宜。本病火旺源于阴虚,故用药当以甘寒养阴为主,酌配苦寒降火之品,谨防苦寒太过,注意中病即止,以免伤脾败胃。抗痨杀虫,是肺痨病的重要治法,在辨证论治的基础上应十分重视抗痨杀虫药物的使用。根据临床验证和药理实验研究,很多中药有不同程度的抗痨杀菌作用,如白及、百部、黄连、黄芩、大蒜、冬虫夏草、功劳叶、葎草等,均可在辨证的基础上结合辨病,适当选用。

【文献摘要】

《外台秘要·传尸方》:"大都此病相克而生,先内传毒气,周遍五脏,渐就羸瘦,以至于死,死讫复易家亲一人,故曰转尸,亦名转注。以其初得,半卧半起,号曰殗殜,气急咳者,名曰肺痿,骨髓中热,称为骨蒸,内传五脏,名之伏连,不解疗者,乃至灭门。"

《严氏济生方·痨瘵论治》:"夫痨瘵一证,为人之大患,凡受此病者,传变不一,积年疰易,甚至灭门,可胜叹哉!大抵合而言之,曰传尸,别而言之,曰骨蒸、殗殜、复连、尸疰、劳疰、蛊疰、毒疰、热疰、冷疰、食疰、鬼疰是也。"

《医学入门·痨瘵》:"潮、汗、咳嗽、见血,或遗精、便浊,或泄泻,轻者六症间作,重者六症兼作。"

《明医杂著·痨瘵》:"色欲过度,损伤精血,必生阴虚火动之病,睡中盗汗,午后发热,哈哈咳嗽,倦怠无力,饮食少进,甚则痰涎带血,咯吐出血,或咳血、吐血、衄血,身热脉沉数,肌肉消瘦,此名痨瘵。最重难治,轻者必用药数十服,重者期以岁年,然必须病人爱命,坚心定志,绝房室,息妄想,戒恼怒,节饮食,以自培其根,否则虽服良药,亦无用也,此病治之于早则易,若到肌肉消铄,沉困着床,脉沉伏细数,则难为矣。"

【研究进展】

肺痨与西医学中的肺结核病相类同。近年来,国内应用中医药治疗肺结核病的报道日渐增多,在治法、方药,以及与抗痨西药结合和实验研究方面,都有不少新进展。

研究表明,肺结核气虚患者细胞免疫功能明显低于正常人。郑氏用黄芪治疗活动性肺结核继发免疫功能损害的患者95例,左旋咪唑组110例,对照组100例。黄芪组治疗后的细胞免疫功能比治疗前显著提高,而且显著高于其他两组〔中西医结合杂志1988;(7)〕。李氏用扶正固本丸(黄芪、党参、白术、黄精、制首乌、桑寄生、甘草等)治疗14例,与对照组11例均予短程化疗方案,抗结核治疗。结果观察组各项免疫指标恢复明显优于对照组〔中西医结合杂志1989;(11)〕。陶氏用黄芪、党参、太子参、当归、赤芍、丹参、生地、木香、猫眼草、炙百部为基本方治疗本病,结果说明以益气扶正为主的方药可显著提高或调整免疫功能,而达到"补虚杀虫"的目的〔山东中医杂志1990;(6):20〕。

养阴为肺痨的重要治法之一。冯氏对肺结核气阴两虚证以补肺抗痨丸(百合、冬虫夏草、炙百部、杏仁、蜈蚣、桃仁、红花)每次1丸,每日3次,用黄芪、沙参、麦冬、生地、川贝母水煎送服;对阴虚火旺证用鳖甲、知母、秦艽、黄芪、地骨皮、五味子水煎送服抗痨丸。治疗30例,结果治愈23例,好转1例〔中医函授通讯1991;(1):44〕。邵氏对肺结核阴虚证36例患者细胞介导细胞毒性(CMC)试验,以分析其治疗前后的动态变化。治疗前患者的CMC对结核菌的平均杀伤率明显低于正常组,服玄参、沙参、麦冬、百合、黄精、鹿含草等养阴药后,临床症状明显改善,CMC明显提高,提示以养阴扶正为主的方药能提高机体的免疫功能,和对结核菌的杀伤力。临床经验提示,对顽固性、重症肺结核用此法配合抗痨西药,可减少其毒副作用,缩短疗程,提高疗效〔辽宁中医杂志1986;(1):43〕。

活血祛瘀法在肺结核病治疗中,用之得当常可收到较好效果。如杨氏用活血软坚散结法配以标准化疗治疗结核球病44例,经3~6个月治疗,X线复查有效率67.2%,提示化疗和活血化瘀中药结合,有良好的协同作用〔实用中医杂志1988;(1)〕。夏氏用血府逐瘀汤加减治疗渗出性胸膜炎52例,经X线胸片复查全部治愈,且无任何后遗症。此外,活血祛瘀药也常用于对抗痨药产生耐药性的患者〔湖南中医杂志1991;(1)〕。洪氏认为,这部分病例的特点是病程长,病灶多呈纤维收缩,干酪坏死,周围淋巴管瘀塞不畅,因而结核难以修复。而活血化瘀药,可改善血脉运行,促使结核硬结钙化或空洞闭合〔当代名医证治汇粹1990;70〕。

实验提示,不少具有清热解毒作用的中药,如黄连、黄芩、银花、连翘、夏枯草、猫爪草、葎草、苦参等,均有不同程度的对结核杆菌的抑制、杀灭作用。邵氏用"芩部丹"(黄芩、百部、丹参)治疗曾连续抗痨1年以上,病灶呈纤维空洞,痰菌反复阳性者110例,服"芩部丹"片后,症状普遍好转,胸片报告吸收30例,痰菌阴转率34.5%,其中1/3的长期病休者恢复了工作。说明中医药的抗痨作用值得进一步重视〔现代中医内科学1991;55〕。

第七节 肺 癌

肺癌或称支气管肺癌,是由于正气内虚,邪毒外侵,痰浊内聚,气滞血瘀,阻结于肺,肺失肃降所致,以咳嗽、咯血、胸痛、发热、气急为主要临床表现的恶性疾病。

肺癌是常见的恶性肿瘤之一,发病率居全部肿瘤的第1或第2位,且有逐年增高的趋势,发病年龄多在40岁以上,男女之比约为5:1。

早期肺癌采用手术治疗是获得治愈和远期疗效的可靠手段,但能够根治者不足1/3,故总体疗效有限。放疗和化疗对部分患者近期有效,但毒副反应大,复发转移率高,多数仅有姑息效果。肺癌的总体疗效较差,约80%以上1年内死亡,5年生存率不足10%。中医和中西医结合治疗肺癌有一定优势,可以显著提高疗效。目前中医治疗主要用于以下几个方面:①对于分化较好的非小细胞肺癌不能手术或术后、放疗后复发者,单用中医药治疗可获比放、化疗较好的效果;②配合手术、放化疗,起到减毒增效作用,即减少毒副反应,提高疗效;③晚期肺癌西医无特殊治疗者,应用中医药可改善症状,提高生存质量,延长生存期。

本病多属于中医学的"肺积"、"痞癖"、"咳嗽"、"咯血"、"胸痛"等范畴。如《素问·奇病论》说："病胁下满气上逆，……病名曰息积，此不妨于食。"《灵枢·邪气脏腑病形》说："肺脉……微急为肺寒热，怠惰，咳唾血，引腰背胸。"《素问·玉机真藏论》说："大骨枯槁，大肉陷下，胸中气满，喘息不便，内痛引肩项，身热脱肉破䐃。"《难经·论五脏积病》说："肺之积名曰息贲。……久不已，令人洒淅寒热，喘咳，发肺壅。"以上这些描述与肺癌的主要临床表现有类似之处。宋代一些方书载有治疗咳嗽见血，胸闷胸痛，面黄体瘦等肺癌常见症候的方药。金元·李东垣治疗肺积的息贲丸，所治之证颇似肺癌症状。明·张景岳说："劳嗽，声哑，声不能出或喘息气促者，此肺脏败也，必死。"这同晚期肺癌的临床表现相同，并明确指出预后不良。《杂病源流犀烛·积聚癥瘕痃癖痞源流》所提到的"邪积胸中，阻塞气道，气不宣通，为痰，为食，为血，皆得与正相搏，邪既胜，正不得而制之，遂结成形而有块"，则说明了肺中积块的产生与正虚邪侵，气机不通，痰血搏结有关，对于后世研究肺癌的发病和治疗，均具有重要的启迪意义。

肺癌是中西医学共同的疾病名称，西医学对肺癌按组织学分类，分为鳞状细胞癌、腺癌、小细胞未分化癌等。由于肿瘤部位的不同，临床常分为中心型肺癌和周围型肺癌。

【证候特征】

肺癌的证候复杂，常因癌肿发生的部位、大小、种类、发展阶段及有无转移或并发症而有所不同。早期可无症状，或症状轻微。中心型肺癌出现症状较早，周围型肺癌较晚。通常认为，咳嗽、咯血、胸痛、发热、气急等，多见于肺癌的各种证候。其证候特征分述如下：

1. 咳嗽　是最为常见的早期症状，患者常是阵发性呛咳，或呈高音调的阻塞性咳嗽，无痰或仅有少量白色粘液痰。如咯痰不利，或痰郁化热时，则咳嗽增剧，且见痰黄稠而粘，舌红苔黄脉数，久则肺阴与肺气俱伤。肺阴伤则可见干咳、咯血、低热、盗汗、舌质红等症；肺气伤则可见咳声低弱、短气、自汗、乏力、舌淡红等症。病至晚期则见咳声低怯、端坐喘息、声音嘶哑、唇绀、面浮肢肿等气血阴阳俱衰的见证。

2. 咯血　早期近气道者可首先咯血，时作时止，量可多可少，色或鲜红，或深暗多兼泡沫，或痰中带血互不相混，伴腐肉而出；大络破损或癌巢破溃空洞形成可致出血不止，或阻塞气道窒息，或气随血脱均可卒死。虚证咯血，多不能自止，痰血相混，久而不止。但多为先实而后虚，虚实夹杂。

3. 胸痛　患者多有程度不同的胸痛。肺癌早期胸痛不著，胸闷满胀，疼痛而不固定，多以气滞为主；晚期邪毒浸渍，瘀血不行则疼痛夜甚，固定不移如锥如刺，甚至终日不休，痛不可耐，甚则破骨坏肉，痛不可按，不得转侧。

4. 气急　初期正气未大衰，息高声粗，胸憋气急，多见实证。晚期邪毒盘踞日甚，肺之气阴俱损，则气短喘息而声息低怯，胸闷而不甚急，因少气不足以息故动则尤甚，静而喜卧不耐劳作，气息低微，此为邪实而正虚。

5. 发热　为肺癌常见之证，一般多属阴虚内热，故见午后或夜间发热，或手足心热，伴有心烦、盗汗、口干、咽燥等症，发热亦可由痰瘀内阻、毒热内蕴引起，热势壮盛，久稽不退。

肺癌晚期，癌肿邪毒可导致消瘦和虚损证候。不同部位的远处转移常可引起相应症状的发生。

【病因病机】

迄今为止,肺癌的病因尚未完全明了。但根据患者的起病经过及临床表现,可知本病的发生与正气虚损和邪毒入侵有比较密切的关系。

1. 正气内虚 "正气存内,邪不可干","邪之所凑,其气必虚"。正气内虚,脏腑阴阳失调,是罹患肺癌的主要基础,此所谓"积之成者,正气不足,而后邪气踞之"。年老体衰,慢性肺部疾患,肺气耗损而不足;或七情所伤,气逆气滞,升降失调;或劳累过度,肺气、肺阴亏损,外邪乘虚而入,客邪留滞不去,气机不畅,终致肺部血行瘀滞,结而成块。

2. 烟毒内蕴 清代顾松园认为:"烟为辛热之魁。"长期吸烟,热灼津液,阴液内耗,致肺阴不足,气随阴亏,加之烟毒之气内蕴,羁留肺窍,阻塞气道,而致痰湿瘀血凝结,形成瘤块。

3. 邪毒侵肺 肺为娇脏,易受邪毒侵袭,如工业废气、石棉、矿石粉尘、煤焦烟炱和放射性物质等,致使肺气肃降失司,肺气郁滞不宣,进而血瘀不行,毒瘀互结,久而形成肿块。

4. 痰湿聚肺 脾为生痰之源,肺为贮痰之器。脾主运化,脾虚运化失调,水谷精微不能生化输布,致湿聚生痰,留于肺脏;或饮食不节,水湿痰浊内聚,痰贮肺络,肺气宣降失常,痰凝气滞,进而导致气血瘀阻,毒聚邪留,郁结胸中,肿块逐渐形成。

总之,肺癌是由于正气虚损,阴阳失调,邪毒乘虚入肺,邪滞于肺,导致肺脏功能失调,肺气膹郁,宣降失司,气机不利,血行受阻,津液失于输布,津聚为痰,痰凝气滞,瘀阻络脉,于是瘀毒胶结,日久形成肺部积块。因此,肺癌是因虚而得病,因虚而致实,是一种全身属虚,局部属实的疾病。肺癌的虚以阴虚、气阴两虚为多见,实则不外乎气滞、血瘀、痰凝、毒聚之病理变化。

【诊 断】

1. 近期发生的呛咳、顽固性干咳持续数周不愈,或反复咯血痰,或不明原因的顽固性胸痛、气急、发热,或伴消瘦、疲乏等。
2. 年龄在 40 岁以上,有长期吸烟史的男性。
3. 痰细胞学检查是肺癌客观诊断的重要方法之一,阳性率在 80% 左右,多次检查阳性率可提高。
4. 胸部 X 线摄片、CT 摄影、支气管碘油造影,有助于肺癌的早期诊断。
5. 纤维支气管镜检查,确定病变性质,也是发现中心型早期肺癌的重要方法。

此外,对临床上高度怀疑为肺癌的病例,经上述检查未能确诊,可作肺穿刺活检,或及时剖胸探查。

【鉴别诊断】

1. 肺痨 肺痨与肺癌均有咳嗽、咯血、胸痛、发热、消瘦等症状,两者很容易混淆。但是,一般在 40 岁以下者,患肺痨的机会较多,若发生在 40 岁以上者,往往在青少年时期有肺痨史;而肺癌则好发于 40 岁以上的中老年男性。肺痨经抗痨治疗有效,肺癌经抗痨治疗则病情继续恶化。此外,借助现代诊断方法,有助于两者的鉴别。

2. 肺痈 典型的肺痈,是急性发病,高热,突发性痰多而臭;肺癌发病较缓,热势不高,咯痰不臭或痰中带血。两者凭此不难鉴别。

3. 肺胀　肺胀主要是咳、喘、痰、肿四项主症同时并见；肺癌气喘肿胀之症虽然可见，但不是必具之症。

【辨证论治】

辨证要点

1. **辨证候虚实**　肺癌的发生多与肺气不足，痰湿瘀血交阻有关。肺癌早期，多见气滞血瘀，痰湿毒蕴之证，以邪实为主；肺癌晚期，多见阴虚毒热，气阴两虚之证，以正虚为主。临床上，多病情复杂，虚实互见。

2. **辨邪正盛衰**　肺癌是高度恶性的肿瘤，发展快，变化速。辨明邪正盛衰，是把握扶正祛邪治则，和合理遣方用药的关键。一般说来，肺部癌瘤及症状明显，但患者形体尚丰，生活、体力、活动、饮食等尚未受阻，此时多为邪气盛而正气尚充，正邪交争之时；如肺部广泛侵犯或多处转移，全身情况较差，消瘦、疲乏、衰弱、食少，生活行动困难，症状复杂多变，多为邪毒内盛而正气明显不支的正虚邪实者。

治疗原则

扶正祛邪，标本兼治是治疗肺癌的基本原则。本病整体属虚，局部属实，正虚为本，邪实为标。肺癌早期，以邪实为主，治当行气活血、化瘀软坚和清热化痰、利湿解毒；肺癌晚期，以正虚为主，治宜扶正祛邪，分别采用养阴清热、解毒散结及益气养阴、清化痰热等法。临床还应根据虚实互见，和每个病人的具体情况，按标本缓急恰当处理。由于肺癌患者正气内虚，抗癌能力低下，虚损情况突出，因此，在治疗中要始终维护正气，保护胃气，把扶正抗癌的原则，贯穿肺癌治疗的全过程。

分证论治

·气血瘀滞

症状：咳嗽不畅，胸闷气憋，胸痛有定处，如锥如刺，或痰血暗红，口唇紫暗，舌质暗或有瘀斑，苔薄，脉细弦或细涩。

治法：活血散瘀，行气化滞。

方药：桃红四物汤加味。

本方用四物汤调血行瘀，合桃仁、红花、丹皮、香附、延胡索等通络活血，行气止痛。

若反复咯血，血色暗红者加蒲黄、藕节、仙鹤草、三七、茜草根祛瘀止血；瘀滞化热，暗伤气津见口干、舌燥者加沙参、天花粉、生地、玄参、知母等清热养阴生津；食少、乏力、气短者加黄芪、党参、白术益气健脾。

·痰湿蕴肺

症状：咳嗽，咯痰，气憋，痰质稠粘，痰白或黄白相兼，胸闷胸痛，纳呆便溏，神疲乏力，舌质暗，苔白黄腻或黄厚腻，脉弦滑。

治法：行气祛痰，健脾燥湿。

方药：二陈汤合栝蒌薤白半夏汤。

二陈汤理气燥湿化痰，合栝蒌薤白半夏汤以助行气祛痰，宽胸散结之功。若见胸脘胀闷、喘咳较甚者，可加用葶苈大枣泻肺汤以泻肺行水；痰郁化热，痰黄稠粘难出者，加海蛤壳、鱼腥草、金荞麦根、黄芩清化痰热；胸痛甚，且瘀象明显者，加郁金、川芎、延胡索行瘀止痛；神疲纳呆者，加西党参、白术、鸡内金健脾助运。

- **阴虚毒热**

症状：咳嗽无痰或少痰，或痰中带血，甚则咯血不止，胸痛，心烦寐差，低热盗汗，或热势壮盛，久稽不退，口渴，大便干结，舌质红，舌苔薄黄，脉细数或数大。

治法：养阴清热，解毒散结。

方药：沙参麦冬汤合五味消毒饮。

方中用沙参、玉竹、麦冬、甘草、桑叶、天花粉、生扁豆养阴清热；金银花、野菊花、蒲公英、紫花地丁、紫背天葵清热解毒散结。

若见咯血不止，可选加生地、茅根、仙鹤草、茜根、参三七凉血止血；大便干结加栝蒌、桃仁润燥通便；低热盗汗加地骨皮、白薇、五味子育阴清热敛汗。

- **气阴两虚**

症状：咳嗽痰少，或痰稀而粘，咳声低弱，气短喘促，神疲乏力，面色白，形瘦恶风，自汗或盗汗，口干少饮，舌质红或淡，脉细弱。

治法：益气养阴。

方药：生脉饮。

本方用党参补肺气，麦冬养阴生津，五味子敛补肺津，三药合用，奏益气养阴生津之功。

气虚症象明显者加生黄芪、太子参、白术等益气补肺健脾；偏于阴虚者加北沙参、天冬、玄参、百合等养阴增液；咯痰不利，痰少而粘者加贝母、栝蒌、杏仁等利肺化痰。

若肺肾同病，由阴损阳，出现阳气偏虚者，可加仙茅、仙灵脾、巴戟天、肉苁蓉、补骨脂等温补肾阳。

上述证候中，如合并有上腔静脉压迫综合征，出现颜面、胸上部青紫水肿，声音嘶哑，头痛晕眩，呼吸困难，甚至昏迷的严重症状，严重者可在短期内死亡。中医治疗从瘀血、水肿论治，活血化瘀，利水消肿可使部分病人缓解。常用方剂如通窍活血汤、五苓散、五皮饮、真武汤等。压迫症状较轻者，可在辨证施治方药中，酌加葶苈子、猪苓、生麻黄、益母草等泻肺除壅，活血利水。

在肺癌的长期临床研究过程中，已筛选出一些较常用的抗癌中药，如清热解毒类药：鱼腥草、龙葵、白英、白花蛇舌草、大青叶、蚤休、山豆根、蒲公英、农吉利、石上柏、野菊花、金荞麦、石见穿等；化痰散结类药：夏枯草、山慈菇、土贝母、土茯苓、黄药子、栝蒌、贝母、南星、半夏、杏仁、百部、马兜铃、山海螺、菝葜、守宫、干蟾皮等；活血止血类药：乳香、没药、桃仁、地榆、大黄、穿山甲、三棱、莪术、泽兰、水红花子、威灵仙、紫草、延胡索、郁金、苏木、白屈菜、徐长卿、露蜂房、三七等；攻逐水饮类药：葶苈子、大戟、芫花、商陆、车前子、猪苓、泽泻等。上述这些具有抗癌作用的药物，可在辨证论治的基础上，结合肺癌的具体情况，酌情选用。

【转归预后】

一般初起多为毒痰瘀滞于肺，侧重实证，虚损不重，机体正气尚强，通过调治，病情可好转。若未控制，邪毒伤正，肺脾气虚，遏邪乏权，邪毒可进一步向肺外传变，或流窜于皮下肌肤，或流注于脏腑筋膜，或着于肢节骨骼，淫髓蚀骨，或邪毒上扰清窍，甚至蒙蔽清窍。虚损加重，耗气伤血，伤阴损阳，若见面削形瘦，"大肉尽脱"等虚损衰竭之症，常预示着患者已进入了生命垂危阶段。至于部分术后复发的肺癌患者，可出现由气虚进而阳虚，又渐变为精血亏虚，临床可以呈现肺脾肾三脏之气阴两伤的见证，多预示病势极其严重，治疗效果极差。

此外,"痰热"常为肺癌病理演变的一个侧面,其机理是多因痰瘀化热所致。痰瘀化热的直接原因,是由于癌块阻塞支气管,致使痰液引流不畅,出现继发感染的缘故。一旦出现这种转化,临床治疗时,必须采取截断方法,以求得热象迅速控制,以阻断病情的急剧恶化。

【预防与调摄】

本病虽然尚无确切的方法可以预防,然加强锻炼,增强机体抗病能力,避免致癌因素的长期刺激,是可以降低发病率的,目前已公认吸烟是引起肺癌的一个比较重要的因素,所以应积极宣传吸烟的害处,提倡戒烟。焦油、煤焦、铬等有致肺癌作用,亦应避免或减少接触。电离辐射也是一种致肺癌的因素,故应采取一定防护措施。平素宜让患者尽量心情开朗,起居有时,保持室内空气新鲜,注意防寒保暖,防止外邪袭肺造成肺部继发感染。饮食宜少吃粘腻、辛辣刺激之物,多吃香菇、薏苡仁、海带等食物。

【结　语】

肺癌是恶性肿瘤,目前总的治愈率很低。手术、放化疗结合中医药治疗可提高治愈率、好转率。中医治疗要根据病机特点,病情的复杂性,分清主次进行辨证论治。晚期肺癌,不仅癌肿增大病情日趋严重,而且正气大伤,直接威胁患者的生命,因此"扶正培本"就成为治疗关键。通过合理的"补益",使机体状态得到改善,不仅有助于提高抗癌能力,延缓病情的急剧恶化,同时还能提高机体对抗癌药物的耐受力和敏感性,为抗癌药物的使用创造较为良好的条件。在应用补益扶正药物时,要掌握补而不滞、温而不燥、通补结合的原则,并注意醒脾、健胃药的使用。临证时要根据病人的具体病情,适当采用中西药治疗,如用中药、针灸、气功等方法,还可参考现代药理研究,配合使用具有抗癌作用的中药,祛邪扶正,既要治肺,又要注意调理相关脏腑功能,力求提高防治水平。

【文献摘要】

《素问·玉机真藏论》:"大骨枯槁,大肉陷下,胸中气满,喘息不便,内痛引肩项,身热脱形破䐃。"

《重订严氏济生方·癥瘕积聚门》:"息贲之状,在右胁下,大如覆杯,喘息奔溢,是为肺积。诊其脉浮而毛,其色白,其病气逆背痛,少气喜忘,目瞑肤寒,皮中时痛,或如虱缘,或如针刺。"

《景岳全书·虚损》:"劳嗽,声哑,声不能出或喘息气促者,此肺脏败也,必死。"

《医彻·杂症》:"若久嗽不已,则脏腑精华,肌肉血脉,俱为耗引,消竭于痰,此之脱气、脱血,何多逊矣,独不观久嗽者,始而色瘁,继而肉消,继而骨痿,皆津液不能敷布乃至此,夫岂容渺视哉!"

《医学入门·积聚门》:"气不能作块成聚,块乃痰与食积、死血,有形之物,而成积聚癥瘕一也。"

《杂病源流犀烛·积聚癥瘕痃癖痞源流》:"邪积胸中,阻塞气道,气不得通,为痰,为食,为血,皆得与正相搏,邪既胜,正不得制之,遂结成形而有块。"

【研究进展】

近年来,中医对肺癌的临床及实验研究水平有了明显提高,各地专家积累了不少宝贵经验,这对进一步深入研究肺癌的辨证论治,奠定了重要的科研基础。

·病机研究

雷氏认为肺癌的形成,主要为气、血、痰交阻,结而成癥,日久郁而化热,热毒炽盛,病久耗气伤阴〔当代名医证治汇粹 1990;73〕。洪氏认为肺癌除属于"肺积"证范围外,还与"咳嗽"、"喘证"、"胸痛"、"肺痈"、"咯血"、"痨瘵"等病证密切相关。肺癌的病位在肺,中医认为,肺为娇脏,易受外邪,肺气不足,则邪气乘虚而入。邪留于肺,肺气壅滞,气滞日久必致血瘀,瘀积日久则成块(癌块),故有"血瘀而成癥"的理论〔中国医药学报 1989;(6):42〕。

第二章 肺 病 证

• **临床研究**

刘氏将本病分为阴虚内热、气阴两虚、脾虚痰湿、阴阳两虚等进行辨证用药,并根据肿瘤由痰气瘀毒互结的病理变化,酌情选用化痰软坚的夏枯草、海藻、昆布、栝蒌皮、生南星、泽泻、生牡蛎;理气化瘀常用八月札、莪术、王不留行、丹参、干蟾皮等;清热解毒常选用石上柏、白花蛇舌草、山豆根、石见穿、苦参、蜀羊泉、七叶一支花、银花、石打穿、芙蓉叶等。作者认为,肺癌患者的临床表现复杂,在择药时要尽可能既考虑中药功用,又能结合药理研究具有抗癌活性药物,争取做到一药多用。作者共治60例,并设化疗对照组,结果中药组疗效显著优于化疗组($P<0.05$),治疗组1年、2年生存率及中位生存期分别为66.7%、13.3%及465天,显著优于化疗组〔中国医药学报1987;(1):11〕。陈氏用鱼腥草、仙鹤草、猫爪草、天门冬、葶苈子、生半夏、蚤休、浙贝、山海螺等组成基础方,辨证加减治疗肺癌,肺郁痰结者合异功散加减;肺虚痰热者合百合固金汤或泻白散加减;痰毒瘀滞者合千金苇茎汤或血府逐瘀汤加减;气阴两虚者合生脉散加减。共治58例肺癌,总有效率61.1%,病灶缩小6例,稳定3~5个月者32例,稳定6个月以上者15例,1年以上生存率为45.3%〔北京中医1987;(1):18〕。

扶正抗癌,已成为中医药治疗肺癌的一大优势,如程氏以中药"肺瘤平"(黄芪、党参、北沙参、白花蛇舌草、杏仁、草河车、鱼腥草、败酱草等)与化疗对照,治疗晚期原发性支气管肺癌,结果表明"肺瘤平"可以改善生存质量、延长生存期,同时治疗组在细胞免疫、白细胞毒性以及病灶稳定率、胃肠毒副反应等方面均优于化疗组〔江西中医药1991;(6):24〕。王氏用扶正养阴汤(黄芪、党参、麦冬、生地、熟地、元参、漏芦、土茯苓、鱼腥草、升麻等)并随症加减,治疗有正气虚弱、肺阴亏损、邪热内蕴的支气管肺癌50例,结果总有效率为74%。经治疗后淋巴细胞转化率、E玫瑰花结形成率等免疫指标,均较治疗前有非常显著的提高,在一定程度上改善了生存质量,延长了生存期〔实用中西医结合杂志1992;(2):87〕。许氏用扶肺煎(生晒参、黄芪、南北沙参、参三七、枸骨叶、楮实子、元参、百合、麦冬、芦根、莪术、蜈蚣、桔梗、陈皮等)连服60~320日,每日1剂水煎服,不用化疗及其他西药。治疗中、晚期肺癌63例,通过5年的追踪观察,发现扶肺煎除了明显改善免疫功能外,同时还改善了临床症状。其第1年生存率虽低于化疗对照组(不用扶正中药),但对比无明显差异($P>0.05$);第2年至第5年间,生存率明显高于化疗组,并有显著差异($P<0.01$)〔中国医药学报1990;(2):37〕。潘氏用肺复方(百合、熟地、生地、元参、当归、麦冬、白芍、南北沙参、桑白皮、黄芩、臭牡丹、蚤休、白花蛇舌草)并随症加减,治疗中晚期原发性支气管肺鳞癌40例,并与化疗组(40例)作对照。结果:中药组和化疗组治疗1年生存期分别为23、11例($P<0.05$)〔中国医药学报1990;(3):19〕。

• **实验研究**

扶正中药在抗癌的实验研究中,也呈现良好的抗癌势头。凌氏用黄芪、白术、山药等益气药,及北沙参、天冬、女贞子、枸杞子等养阴药进行动物实验,观察其对抗氨基甲酸乙酯诱发肺腺癌的抑制作用。结果发现治疗组小鼠肺腺癌诱发率明显低于实验对照组。提示长期服用扶正类中药能部分地抑制氨基甲酸乙酯的致癌作用。治疗组小鼠的巨噬细胞吞噬率和淋巴细胞转化率均明显高于实验对照组,提示扶正类中药对氨基甲酸乙酯诱癌作用的抑制,可能与提高机体的免疫功能有关〔中国中西医结合杂志1992;(3):169〕。夏氏通过扶正疗法对肺癌患者自然杀伤细胞活性影响的研究后发现:扶正中药能提高NK细胞的活性,并测得肺癌病人外周血淋巴细胞中的NK细胞成分,在服药6周后对癌细胞株(D_6)的攻击能力,平均提高14.61%。并认为,免疫状态低下的病人,扶正中药一般都能提高其免疫力,甚至个别病人已获得肿块缩小或消失的意外疗效〔肿瘤1986;(2):81〕。

第三章 心脑病证

心脑病证是指由于情志所伤,禀赋不足,年老体虚,久病失养等,引起心脑功能失常和病理变化的一类病证。本章讨论的心脑病证有心悸、胸痹心痛、眩晕、中风、失眠、痴呆、痫病、癫病及狂病。

【主要证候及特征】

心主血脉,主神明,心病的证候特征主要表现为血脉运行障碍和神志精神活动异常。脑为精明之府,又称元神之府,脑病的证候特征亦表现为神志精神活动障碍。临床常见的心脑病证其实证有痰火扰心,饮遏心阳,心血瘀阻及脑脉受损;其虚证有心脑气血、阴阳不足及脑髓空虚等。兹将心脑病证的基本证候分述如下:

· **痰火扰心**

1. 主要脉症 心悸,或癫或狂,失眠,舌红或干裂,苔黄,脉滑数。
2. 证候特征 本证表现以心神不安为特征,或胸中躁动烦热,时发动悸;或急躁怒骂,毁物伤人;或心烦多梦,躁扰难寝。

· **饮遏心阳**

1. 主要脉症 心悸,眩晕,尿少浮肿,脘痞泛呕,舌淡苔白腻,脉弦滑或沉紧。
2. 证候特征 本证为水饮内停,积于胸中,阻遏心阳的见症为特征,此外,常兼见脾肾阳虚的见症。

· **心血瘀阻**

1. 主要脉症 心悸胸闷,心痛时作,痛有定处,如刺如绞,口唇青紫,舌暗红或见瘀点瘀斑,脉细涩或结代。
2. 证候特征 本证以心脉血瘀而引起心痛为主要表现,可兼见舌脉的血瘀征象,或伴有气滞、寒凝、气虚表现。

· **脑脉受损**

1. 主要脉症 突发性神志障碍,或伴有昏仆,偏瘫,抽搐,常见舌红苔黄腻,脉弦滑,或脉涩、结代。
2. 证候特征 本证为痰浊、瘀血损伤脑脉,以突发性神志障碍为主要见症。

· **心阳(气)虚**

1. 主要脉症 心悸不安,心胸隐痛,胸闷气短,动则益甚,伴有面色苍白,自汗肢冷,舌淡苔薄,脉虚无力或结代。
2. 证候特征 本证以心悸,胸痛兼见气虚、阳虚症状为特征。

· **心阴(血)虚**

1. 主要脉症 心悸而烦,失眠多梦,健忘,眩晕,口干津少,面色无华,舌红或舌尖干红,苔少,脉细而数。

2. 证候特征　本证以心神失养引起心悸、失眠为主要见症,伴有阴血亏虚表现。
- 脑髓空虚

1. 主要脉症　眩晕不止,健忘耳鸣,腰膝酸软,懒惰思卧,步行艰难,齿枯发焦,舌瘦苔薄,脉沉细弱。

2. 证候特征　本证以气血、肝肾亏虚,脑髓元神失养而引起眩晕、痴呆、健忘为主要见症。

【病机述要】

1. 痰火扰心　情志所伤,五志过极化火,灼津为痰,或过食肥甘辛辣,痰热内蕴,引起痰火扰心或蒙蔽清窍,导致心悸、失眠、癫狂等。

2. 饮遏心阳　久病脾肾阳虚,津液输布失常,停痰伏饮积于胸中,阻遏心阳,引起心悸,眩晕,脘痞,浮肿尿少等。

3. 心血瘀阻　或由情志不遂,气滞血瘀;或因感受寒邪,寒凝血瘀;或为久病阳气亏虚,血运无力,而致瘀滞,引起心悸,胸痹心痛。

4. 脑脉受损　由于年老体虚,情志、饮食、劳倦所伤,引起气血逆乱,脑脉痹阻或血溢脑脉,或痰气损伤脑神,导致突发性神志障碍,或昏仆、偏瘫、抽搐等。

5. 心阳(气)虚　多由禀赋薄弱,年老脏器虚衰,或久病体虚,暴病伤阳耗气,导致心失温养,引起心悸,胸痹心痛,气短畏寒等。

6. 心阴(血)虚　或由失血之后,热病伤阴;或思虑过度,阴血暗耗;或禀赋不足,房劳过度;或阴血生化不足,引起心失滋养,表现心悸,失眠,健忘等。

7. 脑髓空虚　或由禀赋不足,年老体虚;或因久病气血亏虚,肝肾不足,脑髓失养,渐致脑髓空虚,眩晕,耳鸣耳聋,健忘,痴呆等。

【治疗要点】

1. 心脑病实证治疗,宜祛邪以损其有余,兼用重镇安神。痰火扰心者,宜清心豁痰泻火;饮遏心阳,宜温阳化饮;心血瘀阻,宜活血化瘀通络;脑脉受损,宜活血化瘀,化痰开窍;心神不安,宜重镇安神。痰火扰心者多兼心肝肾阴虚,阴虚火旺,治当兼顾阴津亏耗;饮遏心阳多兼见心脾肾阳虚,按照"病痰饮者,当以温药和之"为治;心血瘀阻,脑脉受损者,因其气虚、气滞、痰浊、肝火等之不同,当分别参以益气、理气、化痰、清肝之剂等。

2. 心脑病证虚证,当补其不足,兼以养心安神。心阳(气)虚者,宜温心阳,益心气;心阴(血)虚,宜滋心阴,养心血;脑髓空虚,宜补肾填髓。由于气属阳,血属阴,故心阳虚必兼心气虚,心阴虚亦兼心血虚,所以治疗心阳虚必加用补心气药,治心阴虚亦加用养心血药。而治疗心气虚可酌加少许温心阳药,取少火生气之意;养心血时可加补气之药,益气以生血。若心脑气血双亏,阴阳俱虚,应两者兼治。

3. 心主血,脾统血,思虑过度伤及心脾,或脾虚气血生化乏源,统摄无权,引起心血亏耗,表现心脾两虚,治当补益心脾。正常人心肾相交,若肾阴不足,心火独亢,或心火上亢,不能交下,表现为心肾不交证,治宜滋阴降火,交通心肾。心主血,肺主气,气以帅血,若心气不足,血行不畅,致使肺气宣降输布失常;肺气虚弱,宗气不足,血运无力,临床表现为心肺两虚,治宜补益心肺。

4. 心脑病证，在急性发作期，应强化病情监护，注意神志、舌苔、脉象、呼吸、血压等变化，加强夜间巡视，做好各种急救措施准备，必要时予以吸氧、心电监护及保持静脉通道。缓解期应使患者保持心情舒畅，精神愉快，避免情志过极及不良刺激因素；不宜过食肥甘，不宜饮食过饱，应予易消化吸收、营养结构合理、少刺激性的饮食，保持大便通畅；劳逸适度，保证充分休息及充足的睡眠，可根据病情从事适当的活动，以力所能及、不加重病情为度。

第一节　心　悸

心悸是指气血阴阳亏虚，或痰饮瘀血阻滞，心失所养，心脉不畅，引起心中急剧跳动，惊慌不安，不能自主为主要表现的一种病证。心悸发作时常伴有气短、胸闷，甚至眩晕、喘促、晕厥；脉象或数，或迟，或节律不齐。心悸因惊恐、劳累而发，时作时止，不发时如常人，病情较轻者为惊悸；若终日悸动，稍劳尤甚，全身情况差，病情较重者为怔忡。惊悸日久不愈者亦可转为怔忡。

心悸是心脏常见病证，为临床多见，既可为仅发于心的病变，也可以是由它脏病变波及于心的多脏腑病变。本病以虚证居多，亦由虚致实，虚实夹杂。

《内经》虽无心悸或惊悸、怔忡之病名，但已认识到心悸的病因有宗气外泄，心脉不通，突受惊恐，复感外邪等。并对心悸脉象的变化有深刻认识。《素问·三部九候论》说："参伍不调者病。"最早记载脉律不齐是疾病的表现。《素问·平人气象论》说："脉绝不至曰死，乍疏乍数曰死。"最早认识到心悸时严重脉律失常与疾病预后的关系。汉代张仲景在《伤寒论》及《金匮要略》中以惊悸、心动悸、心下悸为病证名，认为其主要病因有惊扰、水饮、虚损及汗后受邪等，记载了心悸时表现的结、代、促脉及其区别，提出了基本治则及炙甘草汤等治疗心悸的常用方剂。宋代《济生方·惊悸怔忡健忘门》率先提出怔忡病名，对惊悸、怔忡的病因病机、变证、治法作了较为详细的记述。《丹溪心法·惊悸怔忡》中提出心悸当"责之虚与痰"的理论。明代《医学正传·惊悸怔忡健忘证》对惊悸、怔忡的区别与联系有详尽的描述；《景岳全书·怔忡惊恐》认为怔忡由阴虚劳损所致，且"虚微动亦微，虚甚动亦甚"。在治疗与护理上主张"速宜节欲节劳，切戒酒色"；"速宜养气养精，滋培根本"。清代《医林改错》重视瘀血内阻导致心悸怔忡，记载了用血府逐瘀汤治疗心悸每多获效。

心悸是临床常见病证之一，也可作为临床多种病证的症状表现之一，如胸痹、失眠、健忘、眩晕、水肿、喘证等出现心悸时，应主要参照原发病进行辨证治疗。

根据本病的临床表现，各种原因引起的心律失常，如心动过速、心动过缓、过早搏动、心房颤动或扑动、房室传导阻滞、病态窦房结综合征、预激综合征及心功能不全、神经官能症等，凡具有心悸临床表现的，均可参考本节辨证论治。

【证候特征】

心悸的基本证候特点是自觉发作性心慌不安，心跳剧烈，不能自主，或一过性、阵发性，或持续时间较长，或一日数次发作，或数日一次发作。常兼见胸闷气短，神疲乏力，头晕喘促，甚至不能平卧，以至出现晕厥。其脉象表现或数或迟，或乍疏乍数，并以结脉、代脉、促脉、涩脉尤为常见。

心悸证兼见气血阴阳之亏虚，或心肺、心脾、心肾之不足，或有肝气郁滞、水饮凌心、心脉瘀阻、痰浊内停，临床上表现为心悸的各种证候类型的特点，且各种证候类型间可以相互演变转化。心悸失治、误治，可以出现变证，其先兆特点为心悸伴有心痛胸闷，气短，眩晕欲吐，脉象或迟或数，或乍疏乍数。若心悸兼见浮肿尿少，形寒肢冷，坐卧不安，动则气喘，脉疾数微，此为心悸重症心肾阳虚、水饮凌心的特点。若心悸突发，喘促，不得卧，咯吐泡沫痰，或为粉红色痰涎，或夜间阵发咳嗽，尿少肢肿，脉数细微，此为心悸危症水饮凌心射肺之特点。若心悸突见面色苍白，大汗淋漓，四肢厥冷，喘促欲脱，神志淡漠，此为心阳欲脱之特点。若心悸脉象散乱，极疾或极迟，面色苍白，口唇紫绀，突发意识丧失，肢体抽搐，短暂即恢复正常而无后遗症，或一厥不醒，为心悸危症晕厥之特点。

【病因病机】

1. 体质虚弱　禀赋不足，素体虚弱，或久病失养，劳欲过度，气血阴阳亏虚，以致心失所养，发为心悸。

2. 饮食劳倦　嗜食膏粱厚味，煎炸炙煿，蕴热化火生痰，或伤脾滋生痰浊，痰火扰心而致心悸。

3. 七情所伤　平素心虚胆怯，突遇惊恐，忤犯心神，心神动摇，不能自主而心悸。如《素问·举痛论》所说："惊则心无所倚，神无所归，虑无所定，故气乱矣。"长期忧思不解，心气郁结，化火生痰，痰火扰心，心神不宁而心悸，或气阴暗耗，心神失养而心悸。此外如大怒伤肝、大恐伤肾，怒则气逆，恐则精却，阴虚于下，火逆于上，动撼心神而发惊悸。

4. 感受外邪　风寒湿三气杂至，合而为痹，痹证日久，复感外邪，内舍于心，痹阻心脉，心血运行受阻，发为心悸；或风寒湿热之邪，由血脉内侵于心，耗伤心气心阴，亦可引起心悸。温病、疫毒均可灼伤营阴，心失所养，或邪毒内扰心神，如春温、风温、暑湿、白喉、梅毒等病，往往伴见心悸。

5. 药物中毒　药物过量或毒性较剧，损及于心，引起心悸，如附子、乌头，或西药锑剂、洋地黄、奎尼丁、肾上腺素、阿托品等，当用药过量或不当时，均能引发心动悸、脉结代一类证候。

心悸的发病，或由惊恐恼怒，动摇心神，致心神不宁而为惊悸；或因久病体虚，劳累过度，耗伤气血，心神失养，若虚极邪盛，无惊自悸，悸动不已，则谓之怔忡。

心悸的病位主要在心，由于心神失养或不宁，引起心神动摇，悸动不安。但其发病与脾、肾、肺、肝四脏功能失调相关。如脾不生血，心血不足，心神失养则动悸。脾失健运，痰湿内生，扰动心神，或肾阴不足，不能上制心火，肾阳亏虚，心阳失于温煦，均可发为心悸。肺气亏虚，不能助心以治节，心脉运行不畅则心悸不安。肝气郁滞，气滞血瘀，或气郁化火，致使心脉不畅，心神受扰，亦可进而引发心悸。

心悸的病性主要有虚实两方面。虚者为气血阴阳亏损，心神失养而致。实者多由痰火扰心，水饮凌心及瘀血阻脉，气血运行不畅而引起。虚实之间可以相互夹杂或转化。如实证日久，正气亏耗，可分别兼见气、血、阴、阳之亏损，而虚证也可因虚致实，往往兼见实证表现。临床上阴虚者常兼火亢或夹痰热，阳虚易夹水饮、痰湿，气血不足者，易见气血瘀滞，瘀血可兼见痰浊。总之，本病为本虚标实证，其本为气血不足，阴阳亏损，其标是气滞、血瘀、痰浊、水饮，临床表现多为虚实夹杂。

【诊　断】

1. 自觉心慌不安，心跳剧烈，神情紧张，不能自主，心搏或快速，或缓慢，或心跳过重，或忽跳忽止，呈阵发性或持续不止。
2. 伴有胸闷不适，易激动，心烦，少寐多汗，颤抖，乏力，头晕等。中老年发作频繁者，可伴有心胸疼痛，甚至喘促，肢冷汗出，或见晕厥。
3. 发作常由情志刺激、惊恐、紧张、劳倦过度、饮酒饱食等因素而诱发。
4. 可见有脉象数、疾、促、结、代、沉、迟等变化。
5. 测血压、X线胸部摄片及心电图等检查有助于明确诊断。

【鉴别诊断】

1. **真心痛**　除见心慌不安，脉结或代外，必以心痛为主症，多呈心前区或胸骨后刺痛，牵及肩胛两背，常因劳累、感寒、饱餐或情绪波动而诱发，多呈短暂发作，但甚者心痛剧烈不止，唇甲紫绀或手足青冷至节，呼吸急促，大汗淋漓直至晕厥，病情危笃。真心痛常可与心悸合并出现。
2. **奔豚**　奔豚发作之时，亦觉心胸躁动不安，《难经·五十六难》："发于小腹，上至心下，若豚状，或上或下无时"称之为肾积。《金匮要略·奔豚气病脉证治》："奔豚病从少腹起，上冲咽喉，发作欲死，复还止，皆从惊恐得之。"故本病与心悸的鉴别要点为：心悸为心中剧烈跳动，发自于心；奔豚乃上下冲逆，发自少腹。
3. **卑喋**　《证治要诀·怔忡》描述卑喋症状为"痞塞不欲食，心中常有所歉，爱处暗室，或倚门后，见人则惊避，似失志状"。卑喋虽有心慌，其病因为"心血不足"，一般无促、结、代、疾、迟等脉象出现，是以神志异常为主的疾病，与心悸不难鉴别。

【辨证论治】

辨证要点

1. **分清虚实**　心悸证候特点多为虚实相兼，虚者系指脏腑气血阴阳亏虚，实者多指痰饮、瘀血、火邪之类。痰饮、瘀血等虽为病理产物或病理现象，但在一定情况下，可形成心悸的直接病因，如水停心下、痰火扰心、瘀阻心脉等。因此辨证时，不仅要注意正虚一面，亦应重视邪实一面，并分清虚实之程度。正虚程度与脏腑虚损情况有关，即一脏虚损者轻，多脏虚损者重。在邪实方面，一般来说，单见一种夹杂者轻，多种合并夹杂者重。
2. **辨明惊悸怔忡**　大凡惊悸发病，多与情绪因素有关，可由骤遇惊恐，忧思恼怒，悲哀过极或过度紧张而诱发，多为阵发性，病来虽速，病情较轻，实证居多，但也存在内虚因素。病势轻浅，可自行缓解，不发时如常人。怔忡多由久病体虚、心脏受损所致，无精神因素亦可发生，常持续心悸，心中惕惕，不能自控，活动后加重，病情较重，每属实证，或虚中夹实。病来虽渐，不发时亦可见脏腑虚损症状。惊悸日久不愈，亦可形成怔忡。
3. **详辨脉象变化**　观察脉象变化是心悸辨证中重要的客观内容，如脉率快速型心悸，可有一息六至之数脉，一息七至之疾脉，一息八至之极脉，一息九至之脱脉，一息十至以上之浮合脉。脉率过缓型心悸，可见一息四至之缓脉，一息三至之迟脉，一息二至之损脉，一息一至之败脉，两息一至之夺精脉。脉律不整型心悸，脉象可见有数时一止，止无定数之促脉；缓时一止,止无定数之结脉;脉来更代,几至一止之代脉,或见脉象乍疏乍数,忽强忽弱。临床应结合病史、症状,推断脉症从舍。一般认为,阳盛则促,数为阳热,若脉虽数、促而沉细、微细,伴有面浮肢肿,动则气短,形寒肢冷,舌淡者,为虚寒之象。阴盛则结,迟而无力为虚寒,脉象迟、结、代者,一般多属虚寒,其中结脉表示气血凝滞,代脉常由元气虚衰、脏气衰微。凡久病体虚而脉象弦滑搏指者为逆,病情重笃而脉象散乱模糊者为病危之象。

4. 结合辨病辨证　对心悸的临床辨证应结合引起心悸原发疾病的诊断,以提高辨证准确性,如功能性心律失常所引起的心悸,常表现为心率快速型心悸,多属心虚胆怯,心神动摇;冠心病心悸,多为气虚血瘀,或由痰瘀交阻而致;风心病引起的心悸,以心脉痹阻为主;病毒性心肌炎引起的心悸,多由邪毒外侵,内舍于心,常呈气阴两虚,瘀阻络脉证。

治疗原则

心悸由脏腑气血阴阳亏虚、心神失养所致者,治当补益气血,调理阴阳,以求气血调畅,阴平阳秘,配合应用养心安神之品,促进脏腑功能的恢复。心悸因于痰饮、瘀血等邪实所致者,治当化痰、涤饮、活血化瘀,配合应用重镇安神之品,以求邪去正安,心神得宁。临床上心悸表现为虚实夹杂时,当根据虚实轻重之多少,灵活应用益气养血,滋阴温阳,化痰涤饮,行气化瘀,养心安神,重镇安神之法。

分证论治

· 心虚胆怯

症状:心悸不宁,善惊易恐,坐卧不安,少寐多梦而易惊醒,食少纳呆,恶闻声响,苔薄白,脉细略数或细弦。

治法:镇惊定志,养心安神。

方药:安神定志丸。

方中龙齿、琥珀、磁石镇惊宁神,朱砂、茯神、菖蒲、远志安神定志,人参益气养心。

心悸气短,烦扰即发,动则为甚,静则悸缓,伴有神疲乏力,自汗懒言,面色无华,头晕目眩,舌淡苔薄,脉细弱或沉细而数,或脉迟缓者,为心气不足,治以养心益气、安神定志,用四君子汤加味,本方主要功用为甘温益气、健脾扶中。方用人参益气,茯苓、白术健脾益气以化湿,甘草甘温益气,补中和胃。一般重用党参,加黄芪以加强益气之功,气虚明显时,还可加人参煎服;兼见心阳不振,加附子、桂枝;自汗加麻黄根、浮小麦、山萸肉、乌梅;气虚挟湿,加泽泻,重用白术、茯苓;气虚挟瘀,加丹参、桃仁、红花;兼心血不足,加熟地、阿胶;若心气郁结,心悸烦闷,精神抑郁,胸胁时痛,加柴胡、郁金、合欢皮、绿萼梅。

· 心脾两虚

症状:心悸气短,头晕目眩,面色无华,神疲乏力,纳呆食少,腹胀便溏,少寐多梦,健忘,舌淡红,脉细弱。

治法:补血养心,益气安神。

方药:归脾汤。

方中当归、龙眼肉补养心血;黄芪、人参、白术、炙甘草益气以生血;茯神、远志、酸枣仁宁心安神;木香行气,使补而不滞。若心悸气短,神疲乏力,心烦失眠,五心烦热,自汗盗汗,胸闷,面色无华,舌淡红少津,苔少或无,脉细数,为气阴两虚,治以益气养阴,养心安神,用炙甘草汤加减。本方益气滋阴,补血复脉。方中炙甘草甘温益气,为治心动悸、脉结代之君药;人参、大枣补气益胃,以资脉之本源;桂枝、生姜行阳气,调营卫;地黄、阿胶、麦冬、麻仁滋阴补血,以养心阴;清酒辛热通脉,以行药势。气虚甚者加黄芪;血虚甚者加当归、熟地;阳虚甚而汗出肢冷,脉结或代者,加附片、黄芪、煅龙骨、煅牡蛎;阴虚甚者,重用麦冬、地黄、阿胶,加沙参、玉竹、石斛;自汗、盗汗者,加麻黄根、山萸肉、煅龙骨、煅牡蛎、糯稻根。纳呆腹胀,加陈皮、谷芽、麦芽、神曲、山楂、鸡内金、枳壳;神疲乏力,气短,重用人参、黄芪、白术、炙甘草,少佐肉桂,取少火生气之意;失眠多梦,加合欢皮、夜交藤、五味子、柏子仁、莲子心等;心烦、口干、舌红、心阴不足者加麦冬、玉竹、北沙参、五味子;热病后期,心阴受灼而心悸者,仿生脉散意。本病多由思虑劳倦过度,脾虚气血生化乏源及心血暗耗,心神失养所致,故治疗时应注意起居有节,劳逸适度,避免不良刺激。

- 阴虚火旺

症状:心悸易惊,心烦失眠,五心烦热,口干,盗汗,思虑劳心则症状加重,伴有耳鸣,腰酸,头晕目眩,舌红少津,苔少或无,脉象细数。

治法:滋阴清火,养心安神。

方药:黄连阿胶汤。

本方滋阴降火,交通心肾,清心定悸。方中黄连、黄芩清心火,阿胶、芍药、鸡子黄滋阴养血。临证时一般加炒枣仁、珍珠母、生牡蛎等品以加强安神定悸之功。肾阴亏虚、虚火妄动、遗精腰酸者,加龟版、熟地、知母、黄柏,或加服知柏地黄丸。阴虚而火热不明显者,可改用天王补心丹。若虚烦不寐,口苦咽燥,心神不安为心阴亏虚、心火偏旺。热象较著,可改服朱砂安神丸,或加黄连、山栀、淡竹叶等以清心火,宁心神;若阴虚夹有瘀热者,可加丹参、赤芍、丹皮、生地、知母等,清热凉血,活血化瘀。夹有痰热者,加用黄连温胆汤。

- 心阳不振

症状:心悸不安,胸闷气短,动则尤甚,面色苍白,形寒肢冷,舌淡苔白,脉虚弱,或沉细无力。

治法:温补心阳,安神定悸。

方药:桂枝甘草龙骨牡蛎汤。

本方温补心阳,镇心安神。方中桂枝、炙甘草温补心阳,生龙齿、生牡蛎安神定悸。心阳不足,形寒肢冷者,加黄芪、人参、附子;大汗出者,重用人参、黄芪,加煅龙骨、煅牡蛎或加山萸肉,或用独参汤煎服;兼见水饮内停者,加葶苈子、五加皮、车前子、泽泻;夹有瘀血者,加丹参、赤芍、桃仁、红花等;兼见阴伤者,加麦冬、玉竹、五味子;若心阳不振,以心动过缓为著者酌加炙麻黄、补骨脂、附子,重用桂枝。

- 水饮凌心

症状:心悸,胸闷痞满,渴不欲饮,小便短少,下肢浮肿,形寒肢冷,伴有眩晕,恶心呕吐,流涎,舌淡苔滑,脉弦滑或沉细而滑。

治法:振奋心阳,化气利水。

方药:苓桂术甘汤。

本方通阳利水,是为"病痰饮者,当以温药和之"的代表方剂。方中茯苓淡渗利水,桂枝、炙甘草通阳化气;白术健脾祛湿。兼见恶心呕吐,加半夏、陈皮、生姜皮;尿少肢肿,加泽泻、猪苓、茯苓、防己、葶苈子、大腹皮、车前子;兼见肺气不宣,肺有水湿者,表现咳喘,加杏仁、前胡、桔梗以宣肺,葶苈子、五加皮、防己以泻肺利水;兼见瘀血者,加当归、川芎、刘寄奴、泽兰叶、益母草;若浮肿尿少,阵发性夜间咳嗽或端坐呼吸,当重用温阳利水之品;若肾阳虚衰,不能制水,水气凌心,症见心悸,咳喘,不能平卧,尿少浮肿,可用真武汤。

· 心血瘀阻

症状:心悸,胸闷不适,心痛时作,痛如针刺,唇甲青紫,舌质紫暗或有瘀斑,脉涩或结或代。

治法:活血化瘀,理气通络。

方药:桃仁红花煎。

本方活血化瘀,理气通络。方中桃仁、红花、丹参、赤芍、川芎活血化瘀;延胡索、香附、青皮理气通脉;生地、当归养血和血。气滞血瘀者,加柴胡、枳壳;因虚致瘀者,去理气之品,气虚加黄芪、党参、黄精,血虚加何首乌、枸杞子、熟地,阴虚加麦冬、玉竹、女贞子,阳虚加附子、肉桂、淫羊藿;络脉痹阻,胸部窒闷,去生地,加沉香、檀香、降香;夹有痰浊,胸满闷痛,苔浊腻,加栝蒌、薤白、半夏;胸痛甚,加乳香、没药、五灵脂、蒲黄、三七粉等。

心悸由瘀血所致,也可选用丹参饮或血府逐瘀汤。

· 痰火扰心

症状:心悸时发时止,受惊易作,胸闷烦躁,失眠多梦,口干苦,大便秘结,小便短赤,舌红苔黄腻,脉弦滑。

治法:清热化痰,宁心安神。

方药:黄连温胆汤。

本方清心降火,化痰安中,为温胆汤加黄连而成。方中黄连苦寒泻火,清心除烦;半夏辛温,和胃降逆,燥湿化痰;橘皮理气和胃,化湿祛痰;生姜祛痰和胃;竹茹甘寒,涤痰开郁,清热化痰;枳实下气行痰;甘草以和中。全方使痰去热净,心宁神安。

临证应用时一般加山栀、黄芩、陈胆星、贝母、全栝蒌,以加强清火化痰之功;痰火互结,大便秘结者,加生大黄;痰浊化热,加茵陈、苦参,重用黄连、竹茹;心悸重症,加远志、菖蒲、酸枣仁、生龙骨、生牡蛎、珍珠母、石决明;火郁伤阴,加沙参、麦冬、玉竹、天冬、生地;兼见脾虚者,加党参、白术、谷麦芽。

【其他疗法】

1. 苦参煎剂:苦参、益母草各20g,炙甘草15g,水煎服。适用于心悸而脉数或促者。
2. 珍合灵:每片含珍珠粉0.1g,灵芝0.3g,每次服2~4片,每日3次。
3. 重症心悸时应予心电监护,中西药物综合抢救治疗,常用中药抢救措施有:①脉率快速型心悸可选用生脉注射液静脉缓慢注射,或静脉滴注,也可用强心灵、福寿草总甙、万年青甙,缓慢静注。②脉率缓慢型心悸可选用参附注射液或人参注射液缓慢静注或静脉滴注。

【转归预后】

心悸仅为偶发、短暂、阵发者,一般易治,或不药而解;反复发作或长时间持续发作者,较为难治,但其预后转归主要取决于本虚标实的程度,邪实轻重,脏损多少,治疗当否及脉象变化等情况。如患者气血阴阳虚损程度较轻,未见瘀血、痰饮之标证,病损脏腑单一,治疗及时得当,脉象变化不显著者,病证多能痊愈。反之,脉象过数、过迟、频繁结代或乍疏乍数者,治疗颇为棘手,兼因失治、误治,预后较差,甚至出现喘促、水肿、胸痹心痛、厥证、脱证等变证、坏病,若不及时抢救治疗,预后极差,甚至卒死。

【预防与调摄】

心悸患者应保持精神乐观,情绪稳定,坚持治疗,坚定信心。对心虚胆怯及痰火扰心、阴虚火旺等引起的心悸,应避免惊恐刺激及忧思恼怒等。轻证可从事适当体力活动,以不觉劳累、不加重症状为度,避免剧烈活动。对水饮凌心、心血瘀阻等重症心悸,应嘱其卧床休息,保持一定生活节律。患者应饮食有节,进食营养丰富而易消化吸收的食物,忌过饥、过饱、烟酒、浓茶,宜低脂、低盐饮食,心气阳虚者忌过食生冷,心气阴虚者忌辛辣炙煿,痰浊、瘀血者忌过食肥甘,水饮凌心者宜少食盐。

心悸病势缠绵,应坚持长期治疗,获效后亦应注意巩固疗效,可服人参等补气药,改善心气虚症状,增强抗病能力。积极治疗胸痹心痛、痰饮、肺胀、喘证及痹病等,对预防心悸发作具有重要意义。还应及早发现变证、坏病先兆症状,做好急救准备。

【结　语】

心悸由禀赋不足,劳伤过度,久病失养,情志所伤,导致心、脾、肺、肾气血阴阳不足,心神失养,或气郁、痰浊、血瘀、水饮扰动心神而发病。病位在心,根据病证的临床表现,应分辨病变有无涉及脾、肾、肝、肺,是病及一脏抑或病及多脏;还要根据病史及病证的演变过程,判断是心病累及他脏,或为他脏病变影响及心。心悸有属气、血、阴、阳亏损,心神失养之虚证者;有属气滞、血瘀、痰浊、水饮扰动心神之实证者。其虚者,或补气血之不足,或调阴阳之盛衰,以求气血调和,阴平阳秘,心神得养;其实者,或行气祛瘀,或化痰逐饮,使邪去正安,心神得宁。心悸因虚者,常配以养心安神之品;因实者,多配用重镇安神药物,故益气养血、滋阴温阳、化痰逐饮、行气化痰与养心安神、重镇安神为心悸的主要治法。心悸的证候在一定的阶段表现为具有相对稳定性的特定的证候类型,但在疾病的发展演变过程中则病位、病性变化复杂,而形成证候的交叉或转化。因此,临床上必须因人、因时、因证而异,采用不同的治疗方法。

【文献摘要】

《素问·平人气象论》:"……出于左乳下……乳之下,其动应衣,宗气泄也";"脉绝不至曰死,乍疏乍数曰死"。

《素问·三部九候论》:"参伍不调者病。"

《伤寒论》:"伤寒脉结代,心动悸,炙甘草汤主之。"

《金匮要略·惊悸吐衄下血胸满瘀血病脉证治》:"寸口脉动而弱,动则为惊,弱则为悸。"

《丹溪心法·惊悸怔忡》:"惊悸者血虚,……怔忡无时,血少者多;有思虑便动属虚;时作时止者,痰因火动。"

《证治准绳·惊悸恐》:"人之所主者心,心之所养者血,心血一虚,神气失守,失守则舍空,舍空而痰客之,此惊悸之所由发也";"心悸之由,不越二种,一者虚也,二者饮也,气虚者由阳气内虚,心下空虚,火气内动而为悸也,血虚者亦然。其停饮者,由水停心下,心为火而恶水,水既内停,心不自安,故为悸也"。

《景岳全书·怔忡惊恐》:"怔忡之病,心胸筑筑振动,惶惶惕惕,无时得宁者是也。……此证惟阴虚劳损之人乃有之,盖阴虚于下,则宗气无根,而气不归源,所以在上则浮撼于胸臆,在下则振动于脐旁,虚微者动亦微,虚甚者动亦甚。凡患此者,速宜节欲、节劳,切忌酒色。"

《医林改错·血府逐瘀汤所治之症目》:"心跳心慌,用归脾安神等方不效,用此方百发百中。"

《医学衷中参西录·论心病治法》:"有其惊悸恒发于夜间,每当交睫甫睡之时,其心中即惊悸而醒,此多因心下停有痰饮,心脏属火,痰饮属水,火畏水迫,故作惊悸也,宜清痰之药与养心之药并用。方用二陈汤加当归、菖蒲、远志煎汤送服朱砂细末三分,有热者加玄参数钱,自能安枕稳睡而无惊悸矣。"

【研究进展】
• 临床研究

1. 辨证论治　宋氏认为心律失常的病机多为本虚标实。本虚的治疗,阴虚用六味地黄丸、生脉散、补心汤;阳虚用人参真武汤、附子理中汤、桂附八味丸、附子注射液;气虚用养心汤;气阴两虚用炙甘草汤、归脾汤、生脉注射液;阴阳两虚用金匮肾气丸或参附汤加味。标实的治疗,痰浊用加味温胆汤、栝蒌薤白半夏汤;血瘀用血府逐瘀汤、丹参饮加味、桃红四物汤、丹参注射液;气滞用四逆散加味;寒凝用麻黄附子细辛汤加味或栝蒌薤白桂枝汤;火邪用清心汤〔河南中医 1989;(5):49〕。

魏氏将心律失常按心率快慢分为快速型和慢速型。前者多按气血不足,血脉瘀阻,瘀久化热论治;后者则遵心脾气虚,湿阻心脉用药〔天津中医 1989;(1):16〕。

宋氏根据脉象变化将心律失常分为快速型心悸(如呈现数脉、疾脉、极脉、脱脉、浮合脉等)、缓慢型心悸(如呈现缓脉、迟脉、损脉、败脉、夺精脉等)、节律不整型心悸(如见涩脉、促脉、代脉、结脉,或脉象乍疏乍数、忽强忽弱等)。对心律失常的治疗,虚证以补虚为主,补益气血,或调理阴阳,以求气血通畅,阴平阳秘,常配养心安神;实证当以祛邪为主,常用化痰涤饮、活血化瘀等治法,配合用重镇安神〔中医内科急症证治 1985:446〕。

2. 辨病治疗　朱氏主张在辨证的基础上进行辨病治疗,对植物神经功能失调引起的心律失常,用生脉散合甘麦大枣汤,加百合、丹参、生龙牡、磁石为基础方;冠心病心律失常,以七分益气、三分活血,用党参、黄芪、丹参、益母草、麦冬为主;风心病心律失常,以通为主,常用桂枝、赤芍、桃仁、川芎、益母草、丹参、红花、黄芪;治疗病毒性心肌炎的心律失常,其基本方为生地、桂枝、麦冬、甘草、丹参、黄芪、大青叶、苦参、茶树根,急性发作期去桂枝、黄芪,加蒲公英、地丁草等〔中医杂志 1985;(7):9〕。

王氏以黄连生脉饮为基础方治疗早搏,早搏频发加苦参〔中医杂志 1988;(12):37〕。治疗本病还有抗早搏汤(常山、姜半夏、苦参、炙草)、整律合剂(党参、丹参、苦参、柏子仁、常山、炙甘草)、整律汤(丹参、阿胶、栝蒌、桂枝、枣仁、茯苓、煅龙牡、炙黄芪、蛤蟆干、薤白、炙甘草)、脂泻通(补骨脂、泽泻、木通)等〔中西医结合杂志 1991;(7):445〕。

房颤的治疗,王氏用除颤汤(丹参、苦参、五味子、柏子仁、三七、川芎)等治疗。崔氏用转律汤(红参、丹参、苦参、酸枣仁、琥珀、车前子)合并小剂量奎尼丁治疗,转律成功率高且可减免奎尼丁的毒副作用〔广西中医药 1990;(5):43〕。

针对病态窦房结综合征的主要病机为阳虚,尤以心肾阳虚突出,临床采用附子Ⅰ号注射液、麻黄附子细辛汤等温补方法进行治疗,针对其基本病机为阳虚兼气虚、阴虚、血瘀、痰浊等,采用温阳益气活血法或温阳益气养阴活血法等综合治疗措施。另外,临床上还采用护心丹、心宝、山莨菪碱、活心丹等辨病治疗,均取得较好疗效。现代研究认为:党参、桂枝、附片、炙甘草、麦冬、丹参、麻黄、五味子、当归、黄芪、细辛、川芎、仙灵脾、干姜等药为治疗病态窦房结综合征的常用药,其中尤以人参增率作用最为显著〔中西医结合杂志 1986;(6):376〕。

• 实验研究

为了提高中药抗心律失常的疗效,探讨其作用机理及途径,近年来国内对抗心律失常中药药理进行了较为深入的研究。根据药理作用,抗心律失常中药大致可分为以下几种类型:

1. 阻滞心肌细胞膜钠通道类　苦参、缬草、当归、白菖蒲、山豆根、甘松、田七、延胡索、地龙、卫茅等,能对抗乌头碱引起的快速心律失常。

2. 兴奋β受体类　麻黄、附子、细辛、吴茱萸、蜀椒、丁香等,能对抗缓慢性心律失常。

3. 抑制 Na^+-K^+-ATP 酶类　福寿草、万年青、罗布麻、夹竹桃、铃兰、蟾酥等。大多具有洋地黄样作用,可对抗室上性心动过速及控制快速房颤心室率。

4. 阻滞β受体类　佛手甾醇甙、淫羊藿、葛根等,能治疗快速型心律失常及降血压、缓解心绞痛。

5. 主要阻滞钙通道类 粉防己碱、小檗胺等,可能有阻断组胺受体及扩张冠状动脉、拮抗喹巴因及氯化钙诱发的心律失常的作用。

6. 主要延长动作电位过程类 黄杨碱D、延胡索碱I、黄连素、木防己碱,通过延长动作电位过程,抑制异位节律点的自律性或消除折返而具抗心律失常作用。

总之,中医药治疗心律失常具有肯定的疗效,而且是从整体调控入手,通过多种作用途径,治疗心律失常及与其同时存在的心功能减退或心肌缺血等病理变化,具有对机体功能的双向调节作用。在未来研究中要继续发掘中医药抗心律失常的宝贵经验,充分发挥中医药抗心律失常时整体调治、双向调节的优势,进一步筛选针对性强、疗效高的抗心律失常的方药;还必须进一步严格临床科研设计,深入开展对抗心律失常中药心脏电生理学研究和临床药理学研究;在临床研究中采用动态心电图进行周密观察,对药物的有效成分进行提取改造,以增效、减毒;研制服用方便、作用快捷的新剂型,从而更好地适应临床需要〔广东医学 1985;(9):33〕。

第二节 胸痹心痛

胸痹心痛是由于正气亏虚,痰浊、瘀血、气滞、寒凝而引起心脉痹阻不畅,临床以膻中或左胸部发作性憋闷、疼痛为主要表现的一种病证。轻者偶发短暂轻微的胸部沉闷或隐痛,或为发作性膻中或左胸含糊不清的不适感;重者疼痛剧烈,或呈压榨样绞痛。常伴有心悸,气短,呼吸不畅,甚至喘促,惊恐不安,面色苍白,冷汗自出等。多由劳累、饱餐、寒冷及情绪激动而诱发,亦可无明显诱因或安静时发病。

胸痹心痛是威胁中老年人生命健康的重要心系病证之一,随着现代社会生活方式及饮食结构的改变,发病有逐渐增加的趋势,因而本病越来越引起人们的重视。由于本病表现为本虚标实,有着复杂的临床表现及病理变化,而中医药治疗从整体出发,具有综合作用的优势,因而受到广泛的关注。

"胸痹"病名最早见于《内经》,并将其分为心痹和肺痹两种,对本病的病因、一般症状及真心痛的表现均有记载。"心痛"病名最早见于马王堆古汉墓出土的《五十二病方》。《金匮要略》认为心痛是胸痹的表现,"胸痹缓急",即心痛时发时缓为其特点,其病机以阳微阴弦为主,亦有心气不足者,故设有栝蒌薤白半夏汤、栝蒌薤白白酒汤及人参汤治疗本病。后世医家丰富了本病的治法,如元代危亦林《世医得效方》用苏合香丸,明代王肯堂《证治准绳》用失笑散及大剂量红花、降香,清代王清任《医林改错》用血府逐瘀汤等,对本病均有较好疗效。

胸痹心痛病相当于西医的冠心病心绞痛。其他疾病表现为膻中及左胸部发作性憋闷疼痛为主症时也可参照本节辨证论治。胸痹重症属真心痛,涉及救治也包含在本节之内。

【证候特征】

本病多发于40岁以上的中老年人,表现为胸骨后或左胸发作性闷痛,不适,甚至剧痛向左肩背沿手少阴心经循行部位放射,持续时间短暂,常由情志刺激、饮食过饱、感受寒冷、劳倦过度而诱发,亦可在安静时或夜间无明显诱因而发病。多伴有气短乏力,自汗心悸,甚至喘促,脉结、代。多数患者休息或除去诱因后症状可以缓解。

胸痹心痛之疼痛以胸骨后或心前区发作性闷痛为主,亦可表现为灼痛、绞痛、刺痛或隐痛、含糊不清的不适感等,持续时间多为数秒钟至15分钟之内。若疼痛剧烈,持续时间长达30分钟以上,伴有面色苍白,汗出,肢冷,甚至旦发夕死,为真心痛的证候特征。本病舌象表现有舌淡红、淡胖、暗红,或舌有瘀点、瘀斑,舌下瘀筋,苔薄白或白腻、白滑、苔剥等;其脉象可呈现沉紧、沉细迟、细弦、弦涩、细缓、结、代、促、滑等。

【病因病机】

1. 年老体虚　本病多发于中老年人,年过半百,肾气渐衰。肾阳虚衰则不能鼓动五脏之阳,引起心气不足或心阳不振,血脉失于温煦,鼓动无力而痹阻不通;若肾阴亏虚,则不能滋养五脏之阴,可使心阴内耗,心阴亏虚,脉道失润;或心火偏旺,灼津成痰,痰浊痹阻心脉,发为胸痹心痛。

2. 饮食不当　恣食肥甘厚味,日久损伤脾胃,运化失司,聚湿成痰,上犯心胸清旷之区,清阳不展,气机不畅,心脉痹阻,遂成本病;或痰浊久留,痰瘀交阻,亦成本病;或饱餐伤气,推动无力,气血运行不畅而发本病。

3. 情志失调　忧思伤脾,脾虚气结,运化失司,津液不得输布,聚而为痰,痰瘀交阻,气血不畅,心脉痹阻,发为胸痹心痛。或郁怒伤肝,肝失疏泄,肝郁气滞,郁久化火,灼津成痰,气滞痰浊痹阻心脉,而成胸痹心痛。沈金鳌《杂病源流犀烛·心病源流》认为七情除"喜之气能散外,余皆足令心气郁结而为痛也"。由于肝气通于心气,肝气滞则心气乏,所以七情太过,是引发本病的常见原因。

4. 寒邪内侵　素体阳虚,胸阳不振,阴寒之邪乘虚而入,寒凝气滞,胸阳不展,血行不畅,而发本病。《医门法律·中寒门》云:"胸痹心痛,然总因阳虚,故阴得乘之。"《诸病源候论》曰:"寒气客于五脏六腑,因虚而发,上冲胸间,则胸痹。"阐述了本病由阳虚感寒而发作,故天气变化、骤遇寒凉而易卒发心痛。

胸痹心痛的主要病机为心脉痹阻,其病位以心为主,然其发病多与肝、脾、肾三脏功能失调有关,如肾虚、肝郁、脾失健运等。本病的病理变化主要表现为本虚标实,虚实夹杂。其本虚可有气虚、阳虚、阴虚、血虚,且又可阴损及阳,阳损及阴,而表现气阴两虚、气血双亏、阴阳两虚,甚至阳微阴竭、心阳外越;标实为气滞、寒凝、痰浊、血瘀,且又可相互为病,如气滞、血瘀、寒凝气滞、痰瘀交阻等。临床上常表现为虚实兼夹,如阴虚痰热互见,阳虚可兼痰饮等。发作期以标实表现为主,并以血瘀为突出,缓解期主要有心、脾、肾气血阴阳之亏虚,其中又以心气虚最为常见。

【诊　断】

1. 左侧胸膺或膻中处突发憋闷而痛,疼痛性质为隐痛、胀痛、刺痛、绞痛、灼痛。疼痛常可窜及肩背、前臂、咽喉、胃脘部等,甚者可沿手少阴、手厥阴经循行部位窜至中指或小指,并兼心悸。

2. 突然发病,时作时止,反复发作。持续时间短暂,一般几秒至数十分钟,经休息或服药后可迅速缓解。

3. 多见于中年以上,常因情志波动,气候变化,多饮暴食,劳累过度等而诱发。亦有无明显诱因或安静时发病者。

4. 心电图应列为必备的常规检查,必要时可作动态心电图、标测心电图和心功能测定、运动试验心电图。休息时心电图明显心肌缺血,心电图运动试验阳性,有助于诊断。

若疼痛剧烈,持续时间长,达30分钟以上,含硝酸甘油片后难以缓解,可见汗出肢冷,面色苍白,唇甲青紫,手足青冷至肘膝关节处,甚至夕发旦死、旦发夕死,相当于急性心肌梗死,常合并心律失常、心功能不全及休克,多为真心痛表现,应配合心电图动态观察及白细胞总数、血沉、血清酶学检查,以进一步明确诊断。

【鉴别诊断】

1. 胃痛　疼痛部位在上腹部,局部有压痛,以胀痛为主,持续时间较长。合并纳呆、恶心、呕吐等消化系统症状。配合B超、胃肠造影、胃镜、淀粉酶检查,可以鉴别。心肌梗死初期有时亦表现为胃痛,应予警惕。

2. 胸痛　疼痛在呼吸、运动、转侧时加剧,常合并咳嗽、喘息、喉鸣等呼吸系症状。胸部X线检查可助鉴别。

3. 胁痛　疼痛部位以右胁部为主,肋缘下有压痛点,可合并厌油、黄疸、发热等症。胃肠、胆囊造影、胃镜、肝功能、淀粉酶检查有助区分。

【辨证论治】

辨证要点

1. **辨疼痛发生部位**　局限于胸膺部位,多为气滞或血瘀;放射至肩背、咽喉、脘腹,甚至臂臑、手指者,为虚损已显,邪阻已著;胸痛彻背、背痛彻心者,多为寒凝心肺或阳气暴脱。

2. **辨疼痛性质**　闷痛是胸痹心痛的临床常见表现,闷重而痛轻,兼见胸胁胀满,善太息,憋气,苔薄白,脉弦者,多属气滞;天阴加重,多唾痰涎,苔腻,脉弦滑或弦数者,属痰浊为患;心胸隐痛而闷,因劳累而发,伴心慌气短乏力,舌淡胖嫩,边有齿痕,脉沉细或结代者,多属心气不足之症。灼痛为灼热疼痛,兼烦躁气粗,舌红苔黄,脉数有力者,为热邪犯心所致;若胸闷而灼痛阵发,痰稠,苔黄腻,脉弦数,为痰火所致;灼痛兼见心悸、眩晕、五心烦热、口干、盗汗、舌红少津、脉细而数者,属心阴不足,心火内炽,阴虚内热之证。绞痛是疼痛如绞,遇寒则发,或得冷加剧,伴有畏寒肢冷,舌淡苔白,脉细,为寒凝心脉所致;若绞痛兼见四肢厥冷,脉细欲绝,冷汗如油,则为阳虚暴脱危重之象。此外,剧烈绞痛,也可因劳累过度,七情喜怒,饮食饮酒等因素而诱发,不可皆以为寒邪或虚寒所引起。刺痛固定不移,痛有定处,夜间多发,舌紫暗或有瘀斑、瘀筋,脉涩或结代,由心脉瘀涩所致。隐痛时作时止,缠绵不休,动则多发,口干,舌淡红而少苔,脉沉细而数,常为气阴两虚表现。

3. **辨疼痛程度**　疼痛持续时间短暂,瞬息即逝者多轻,持续不止者多重,若持续数小时甚至数日不休者常为重症或危候。一般疼痛发作次数多少与病情轻重程度呈正比,即偶发者轻,频发者重。但亦有发作次数不多而病情较重的情况,必须结合临床表现,具体分析判断。若疼痛遇劳发作,休息或服药后能缓解者为顺证,若服药后难以缓解者常为危候。

治疗原则

针对本病病机表现为本虚标实,虚实夹杂,发作期以标实为主,缓解期以本虚为主的特点,其治则应补其不足,泻其有余。本虚宜补,权衡心脏气血阴阳之不足,有无兼见肝、脾、肾脏之亏虚,调阴阳补气血,调整脏腑之偏衰,尤应重视补益心气之不足;标实当泻,针对气滞、血瘀、寒凝、痰浊而理气、活血、温通、化痰,尤重活血通络治法。由于本病多为虚实夹杂,在发作期虽以标实为主,但常潜藏着本虚;在缓解期虽以本虚为主,但亦可兼见邪实,故治疗上当予补中寓通,通中寓补,通补兼施,不可浪补、猛攻,当以补正而不碍邪,祛邪而不伤正为原则,至于补泻之多少,当根据临床具体情况而定,诚如张璐《张氏医通·诸血门》中所云:"但证有虚中挟实,治有补中寓泻,从少从多之治法,贵于临床处裁。"同时,在胸痹心痛的治疗中,尤其在真心痛的治疗时,在发病的前三四天内,警惕并预防脱证的发生,对减少死亡率,提高治愈率更为重要。必须辨清证候之顺逆,一旦发现脱证之先兆,如疼痛剧烈,持续不解,四肢厥冷,自汗淋漓,神萎或烦躁,气短喘促,脉或速、或迟、或结、或代、或脉微欲绝等,必须尽早投用益气固脱之品。

分证论治

• 寒凝心脉

症状:卒然心痛如绞,形寒,甚则手足不温,冷汗自出,心悸气短,或心痛彻背,背痛彻心。多因气候骤冷或骤遇风寒而发病或加重症状,苔薄白,脉沉紧或促。

治法:祛寒活血,宣痹通阳。

方药:当归四逆汤。

方以桂枝、细辛温散寒邪,通阳止痛;当归、芍药养血活血,芍药与甘草相配,有缓急止痛之功,通草入经通脉;大枣养脾和营。全方共成祛寒活血、通阳止痛之效。

若胸痛剧烈,心痛彻背,背痛彻心,痛无休止,伴有身寒肢冷,气短喘息,脉沉紧或沉微者,为阴寒极盛,胸痹心痛重证,当用温通,予乌头赤石脂丸治疗。以乌头雄烈刚燥,散寒通络止痛;附子、干姜温阳逐寒;蜀椒温经下气而开其郁;恐方中药物过于辛散,配用赤石脂入心经而固摄收涩心之阳气。若痛剧而四肢不温,冷汗自出,即含化苏合香丸或冠心苏合香丸,芳香化浊,理气温通开窍,每获即速止痛功效。

由于寒邪容易侵袭阳虚之人,耗伤阳气,而阳虚又易感受外寒,产生阴寒之邪,故寒凝心脉时临床常伴阳虚之象,宜配合温补阳气之剂,以取温阳散寒之功,不可一味辛散寒邪,以免耗伤阳气之虞。

• 气滞心胸

症状:心胸满闷,隐痛阵发,痛无定处,时欲太息,遇情志不遂时容易诱发或加重,或兼有脘胀闷,得嗳气或矢气则舒,苔薄或薄腻,脉细弦。

治法:疏调气机,和血舒脉。

方药:柴胡疏肝散。

本方由四逆散(枳实改枳壳)加香附、川芎、陈皮组成,四逆散能疏肝理气,其中柴胡与枳壳相配可升降气机,白芍与甘草同用可缓急舒脉止痛,加香附、陈皮以增强理气解郁之功,川芎为血中气药,故可活血且能调畅气机。全方共奏疏调气机,和血舒脉功效。

若兼有脘胀、嗳气、纳少等脾胃气滞表现,可用逍遥散疏肝行气,理脾和血;苔腻者为气滞湿阻,合丹参饮,用丹参、檀香调气行瘀,砂仁化湿畅中。两方共奏疏调气机、理脾止痛之效。

若气郁日久化热,心烦易怒,口干,便秘,舌红苔黄,脉数者,用丹栀逍遥散疏肝清热,便秘严重者加当归芦荟丸以泻郁火。如胸闷心痛明显,为气滞血瘀之象,可合用失笑散,以增强活血行瘀、散结止痛之作用。

气滞心胸之胸痹心痛,可根据病情需要,选用木香、沉香、降香、檀香、延胡索、砂仁、厚朴、枳壳、枳实等芳香理气及破气之品,但只可暂用,不可久施,以免耗散正气。如气滞兼见阴虚者可选用佛手、香橼、金铃子等。

·痰浊闭阻

症状：胸闷重而心痛轻微，肥胖体沉，痰多气短，遇阴雨天而易发作或加重，伴有倦怠乏力，纳呆便溏，口粘，恶心，咯吐痰涎，苔白腻或白滑，脉滑。

治法：通阳泄浊，豁痰开结。

方药：栝蒌薤白半夏汤加味。

方以栝蒌、薤白化痰通阳，行气止痛；半夏加厚朴、枳实，辛苦温行气滞而破痰结；加桂枝温阳化气通脉，配茯苓、甘草健脾利水化饮；用干姜、细辛温阳化饮，散寒止痛。全方加味共奏通阳化饮，泄浊化痰，散结止痛功效。

若患者痰粘稠，色黄，大便干，苔黄腻，为痰浊郁而化热之象，用黄连温胆汤加郁金清化痰热而理气活血，方以二陈汤的半夏、茯苓、橘红、甘草化痰理气，黄连、竹茹、枳实清泄痰热，加郁金以增强理气活血之力。如痰热兼有郁火或阴虚火旺者，为痰火闭阻心脉，可见心胸灼痛，心烦，口干，大便干结，苔黄腻，脉滑数，可以黄连温胆汤加海浮石、海蛤壳化痰火之胶结，加生地、麦冬、沙参治痰火之伤津，大便干结加生大黄或礞石滚痰丸。若兼阳亢风动，风痰阻络，表现偏瘫、麻木、舌蹇、颤抖，当清热化痰熄风，用涤痰汤，方以温胆汤加胆星、菖蒲化痰熄风通窍，并酌选天竺黄、竹沥、生姜汁、僵蚕、地龙、天麻等清热化痰熄风之品。由于痰浊粘腻，阻于心胸，易于阻遏阳气，滞涩血运，形成痰瘀交阻，表现胸闷如窒，心胸隐痛或绞痛阵发，苔白腻，舌暗紫或有瘀斑，当通阳化痰散结，用桃红四物汤，以桃仁、红花活血化瘀，四物汤养血和血，以通络脉。若痰浊闭塞心脉，卒然剧痛，可用苏合香丸；因于痰热、痰火、风痰者用行军散，以取即刻启闭、化浊、止痛之效。

胸痹心痛、痰浊闭阻常可酌情选用天竺黄、天南星、半夏、栝蒌、竹茹、苍术、桔梗、莱菔子、浙贝母等化痰逐饮药物，但由于脾为生痰之源，临床应适时应用健脾化湿之品。

·瘀血痹阻

症状：心胸疼痛剧烈，如刺如绞，痛有定处，甚则心痛彻背，背痛彻心，或痛引肩背，伴有胸闷，日久不愈，可因暴怒而加重，舌质暗红，或紫暗，有瘀斑，舌下瘀筋，苔薄，脉弦涩或结、代、促。

治法：活血化瘀，通脉止痛。

方药：血府逐瘀汤。

本方基本上是由桃红四物汤合四逆散加牛膝、桔梗组成。以当归、川芎、桃仁、红花、赤芍活血祛瘀而通血脉；柴胡、桔梗与枳壳、牛膝配伍，一升一降，调畅气机，行气活血。生地一味，《神农本草经》谓其能"逐血痹"，《本草求真》认为有"凉血消瘀"之功，且又能养阴而润血燥，诸药共成祛瘀通脉，行气止痛之剂。

若瘀血痹阻重症，胸痛剧烈，可加乳香、没药、郁金、延胡索、降香、丹参等加强活血理气之功；若血瘀气滞并重，胸痛甚者，可加沉香、檀香、荜茇等辛香理气止痛药物，并吞服三七粉；若寒凝血瘀或阳虚血瘀者，伴畏寒肢冷，脉沉细或沉迟，可加细辛、桂枝或肉桂、高良姜等温通散寒之品，或人参、附子等温阳益气之品。若伴有气短乏力，自汗，脉细缓或结代，为气虚血瘀之象，当益气活血，用人参养营汤合桃红四物汤加减，重用人参、黄芪等益气祛瘀之品。

瘀血痹阻时临床上可选用三七、川芎、丹参、当归、红花、苏木、赤芍、泽兰、牛膝、桃仁、鸡血藤、益母草、水蛭、王不留行、丹皮、山楂等活血化瘀药物，但必须根据临床情况配伍益气、温阳、散寒、化痰、理气等药物，辨证用药，加强祛瘀疗效。另外，本病多本虚标实，病情缠绵，故破血之品应慎用,且不可久用、多用,以免耗伤正气。在应用活血、破血类药物时,必须注意有无出血倾向或征象,一旦发现,立即停用,并予相应处理。

· 心气不足

症状:心胸阵阵隐痛,胸闷气短,动则益甚,心中动悸,倦怠乏力,神疲懒言,面色㿠白或易出汗,舌质淡红,舌体胖且边有齿痕,苔薄白,脉虚细缓或结代。

治法:补养心气,鼓动心脉。

方药:保元汤合甘麦大枣汤。

方以人参、黄芪大补元气,扶助心气;甘草炙用,甘温益气,通经利脉,行血气而治心痛、心悸;肉桂辛热补阳,散寒气而疗心痛,又能纳气归肾,缓解气短、喘促之症;或以桂枝易肉桂,有通阳、行瘀之功,用以治疗心气不足,血滞心脉之症;去生姜,加丹参或当归,养血活血。甘麦大枣汤益心气,宁心神,甘润缓急。两方共奏补养心气,鼓动心脉之功效。

凡心气不足,兼有气滞、血瘀、痰浊者,补心气之药应选择平和轻补之品,观察服药后反应,酌情加重或减少补气药的用量,并配以理气、活血、化痰药物,但总应以不伤心气为度,破气、破血、祛痰之品应慎用或不用。若兼见神疲、乏力、纳呆、失眠、多梦等心脾两虚证者,可用养心汤,方以保元汤去生姜,补益心气,加茯苓、茯神、远志、半夏曲,健脾和胃,补心安神;柏子仁、酸枣仁、五味子,收敛心气,养心安神;当归、川芎,行气活血,全方有补益心脾,益气生血,养心安神之功效。若兼见心悸气短,头昏乏力,胸闷隐痛,口干咽干,心烦失眠,舌红或有齿痕者,为气阴两虚,用生脉散合归脾汤加减。

补心气药常用人参、党参、黄芪、大枣、太子参等,如气虚显著可少佐肉桂,补少火而生气,亦可加用麦冬、玉竹、黄精等益气养阴之品。

· 心阴亏损

症状:心胸疼痛时作,或灼痛,或闷痛,心悸怔忡,五心烦热,口干盗汗,颜面潮热,舌红少津,苔薄或剥,脉细数或结代。

治法:滋阴清热,活血养心。

方药:天王补心丹。

本方以生地、玄参、天冬、麦冬滋水养阴而泻虚火;人参、炙甘草、茯苓益助心气,寓从阳引阴之意;柏子仁、酸枣仁、五味子、远志养心安神,化阴敛汗;丹参、当归身养心活血而通心脉;桔梗、辰砂为引使之品。本方能使心阴复,虚火平,血脉利,则心胸灼痛得解。

若阴不敛阳,虚火内扰心神,心烦不寐,舌尖红少津者,可用酸枣仁汤清热除烦安神;如不效者,再予黄连阿胶汤,滋阴清火,宁心安神。若阴虚导致阴阳气血失和,心悸怔忡症状明显,脉结代者,用炙甘草汤,方中重用生地,配以阿胶、麦冬、麻仁滋阴补血,以养心阴;人参、大枣补气益胃,资脉之本源;桂枝、生姜以行心阳。诸药同用,使阴血得充,阴阳调和,心脉通畅。

若心肾阴虚,兼见头晕,耳鸣,口干,烦热,心悸不宁,腰膝酸软,用左归饮补益肾阴,或河车大造丸滋肾养阴清热。若阴虚阳亢,风阳上扰,加珍珠母、灵磁石、石决明等重镇潜阳之品,或用羚羊钩藤汤加减。如心肾真阴欲竭,当用大剂西洋参、鲜生地、霍山石斛、麦冬、山萸肉等急救真阴,并佐用生牡蛎、乌梅肉、五味子、甘草等酸甘化阴且敛其阴。若阴虚兼有火热实邪、痰火、痰热者,应配合应用清热泻火、清热化痰及泻火逐痰等药。兼有气滞者,忌用温燥理气之品,可选用绿萼梅、玫瑰花、合欢花、金铃子、延胡索、栝蒌等。

• 心阳不振

症状：心悸而痛，胸闷气短，自汗，动则更甚，神倦怯寒，面色㿠白，四肢欠温或肿胀，舌质淡胖，苔白或腻，脉沉细迟。

治法：补益阳气，温振心阳。

方药：参附汤合桂枝甘草汤。

方中人参、附子大补元气，温补真阳；桂枝、甘草温阳化气，振奋心阳，两方共奏补益阳气，温振心阳之功。

若心肾阳虚，可合肾气丸治疗，方以附子、桂枝（或肉桂）补水中之火，用六味地黄丸壮水之主，从阴引阳，合为温补肾阳之剂，与上方合用温补心肾而消阴翳。心肾阳虚兼见水饮上凌心肺，水肿，喘促，心悸，用真武汤，以附子补肾阳而驱寒邪，与芍药合用，能入阴破结，敛阴和阳，茯苓、白术健脾利水，生姜温散水气，与上方合用温肾阳而化寒饮。若心肾阳虚，虚阳欲脱厥逆者，用四逆加人参汤，温阳益气，回阳救逆；若见大汗淋漓、脉微欲绝等亡阳证，应用参附龙牡汤，并加用大剂山萸肉，以温阳益气固脱。若阳虚寒凝心脉，心痛较剧者，可酌加鹿角片、川椒、吴茱萸、荜茇、良姜、细辛、川乌、赤石脂。若阳虚寒凝而兼气滞血瘀者，可选用薤白、沉香、降香、檀香、香附、鸡血藤、泽兰、川芎、桃仁、红花、延胡索、乳香、没药等偏于温性的理气活血药物。

【其他疗法】

1. 速效救心丸（川芎、冰片等）　每日3次，每次4~6粒含服，急性发作时每次10~15粒。功效活血理气，增加冠脉流量，缓解心绞痛，治疗冠心病胸闷憋气，心前区疼痛。

2. 苏合香丸（《太平惠民和剂局方》）　每服1~4丸，疼痛时用，功效芳香温通，理气止痛，治疗胸痹心痛，寒凝气滞证。

3. 苏冰滴丸（苏合香、冰片）　含服，每次2~4粒，每日3次。功效芳香开窍，理气止痛，治疗胸痹心痛，真心痛属寒凝气滞证。

4. 冠心苏合丸（苏合香、冰片、朱砂、木香、檀香）　每服1丸（3g）。功效芳香开窍，理气止痛，用于胸痹心痛气滞寒凝者，亦可用于真心痛。

5. 补心气口服液（黄芪、人参等）　每次10ml，每日2次。功效补气养心止痛，用于胸痹心痛气虚明显者。

6. 滋心阴口服液（麦冬、沙参等）　每次10ml，每日2次。功效养阴和血止痛，用于胸痹心痛阴虚明显者。

胸痹心痛属内科急症，其发病急、变化快，易恶化为真心痛，在急性发作期应以消除疼痛为首要任务，可选用或合并运用以下措施：

（1）寒证心痛气雾剂（肉桂、香附等）：温经散寒，理气止痛，用于心痛苔白者，每次舌下喷雾1~2次。

（2）热证心痛气雾剂（丹皮、川芎等）：凉血清热，活血止痛，用于心痛苔黄者，每次舌下喷雾1~2次。

（3）麝香保心丸（麝香、蟾酥、人参等）：芳香温通，益气强心，每次含服或吞服1~2粒。

（4）活心丸（人参、灵芝、麝香、熊胆等）：养心活血，每次含服或吞服1~2丸。

（5）心绞痛宁膏（丹参、红花等）：活血化瘀，芳香开窍。敷贴心前区。

（6）配合选用川芎嗪注射液，丹参注射液，生脉注射液静脉滴注。

【转归预后】

胸痹心痛虽属内科急症、重症，但只要及时诊断处理，辨证论治正确，患者又能很好配合，一般都能控制或缓解病情。若临床失治、误治，或患者不遵医嘱，失于调摄，则病情进一步发展，瘀血闭塞心脉，心胸卒然大痛，持续不解，伴有气短喘促，四肢不温或逆冷青紫等真心痛表现，预后显然不佳，甚至"旦发夕死，夕发旦死"，但若能及时、正确抢救，亦可转危为安。若心阳阻遏，心气不足，鼓动无力，可见心动悸、脉结代，尤其是真心痛伴脉结代，如不及时发现，正确处理，甚至可致晕厥或卒死，必须高度警惕。若心肾阳衰，饮邪内停，水饮凌心射肺，可见浮肿、尿少、心悸、喘促等症，为胸痹心痛的重症合并症，应充分发挥中医药治疗本病具有安全性及综合效应的优势，警惕发生卒死。

【预防与调摄】

情志异常可导致脏腑功能紊乱而发病，尤其与心病关系较为密切，《灵枢·口问》云："悲哀愁忧则心动"，后世进而认为"七情之由作心痛"，故防治本病必须高度重视精神调摄，避免过于激动或喜怒忧思无度，保持心情平静愉快。气候的寒暑晴雨变化对本病的发病亦有明显影响，《诸病源候论·心痛病诸候》记载："心痛者，风凉邪气乘于心也"，故本病不宜感受寒冷，居处除必须保持安静、通风，还要注意寒温适宜。饮食调摄方面，不宜过食肥甘，应戒烟，少饮酒，宜低盐饮食，多吃水果及富含纤维食物，保持大便通畅，饮食宜清淡，食勿过饱。发作期患者应立即卧床休息，缓解期要注意适当休息，坚持力所能及的活动，做到动中有静，保证充足的睡眠。发病时还应加强巡视，观察舌脉、体温、呼吸、血压及精神情志变化，做好各种抢救设备及药物准备，必要时给予吸氧、心电监护及保持静脉通道。

【结　语】

胸痹心痛的病位在心，病机表现为本虚标实。其急性发作期以标实表现为主，或寒凝心脉，治以祛寒活血，宣阳通痹，用当归四逆汤加减；或气滞心胸，治以疏调气机，和血舒脉，用柴胡疏肝散加减；或痰浊闭阻，治以通阳泄浊，豁痰开结，用栝蒌薤白半夏汤加味；或瘀血痹阻，治以活血化瘀，通脉止痛，用血府逐瘀汤加减。缓解期多表现为本虚，或心气不足，治以补养心气，鼓动心脉，用保元汤合甘麦大枣汤加减；或心阴亏损，治以滋阴清热，养心活血，用天王补心丹加减；或心阳不振，治以补益阳气，温振心阳，用参附汤合桂枝甘草汤。但胸痹心痛多表现为虚实夹杂，如寒凝心脉，既可表现为寒凝气滞血瘀，又可见阳虚感寒或寒伤阳气；气滞心胸可兼见气郁化火或脾胃气滞；痰浊闭阻，可见化热、化火、化风，又可痰瘀交阻；瘀血痹阻有由气虚、阳虚、阴虚所致，又有由气滞、寒凝、痰浊致瘀；心气不足可兼气滞、血瘀、痰浊，又有心脾两虚、气阴两虚之别；心阴亏损可兼阴虚火旺、阴阳两虚、心肾阴虚、阴虚阳亢，或兼痰火、气滞等；心阳不振可兼心肾阳虚、水饮内停上凌心肺、阳虚欲脱等。因此，临床治疗本病必须严密观察病情，灵活掌握，辨证论治，不可执一方绳治本病，也不可执一方绳治本病的某一证候。

【文献摘要】

《素问·藏气法时论》："心病者，胸中痛，胁支满，胁下痛，膺背肩甲间痛，两臂内痛。"

《素问·痹论》:"心痹者,脉不通,烦则心下鼓,暴上气而喘。"

《素问·调经论》:"寒气积于胸中而不泻,不泻则温气去,寒独留则血凝泣,凝则脉不通。"

《灵枢·厥病》:"真心痛,手足青至节,心痛甚,旦发夕死,夕发旦死。"

《难经·六十难》:"其五脏气相干,名厥心痛。……其痛甚,但在心,手足青者,即名真心痛。其真心痛者,旦发夕死,夕发旦死。"

《金匮要略·胸痹心痛短气病脉证治》:"胸痹,心中痞气。气结在胸,胸满,胁下逆抢心,枳实薤白桂枝汤主之。人参汤亦主之";"心痛彻背,背痛彻心,乌头赤石脂丸主之";"胸痹之病,喘息咳唾,胸背痛,短气,寸口脉沉而迟,关上紧数,栝蒌薤白白酒汤主之";"胸痹,不得卧,心痛彻背者,栝蒌薤白半夏汤主之"。

《诸病源候论·久心痛候》:"心为诸脏主,其正经不可伤,伤之而痛者,则朝发夕死,夕发朝死,不暇展治。其久心痛者,是心之支别络,为风邪冷热所乘痛也,故成疢,不死,发作有时,经久不瘥也。"

《太平圣惠方·治心痹诸方》:"夫思虑烦多则损心,心虚故邪乘之,邪积而不去,则时害饮食,心中愊愊如满,蕴蕴而痛是谓心痹。"

《玉机微义·心痛》:"然亦有病久气血虚损及素劳作羸弱之人患心痛者,皆虚痛也。"

《医门法律·中寒门》:"胸痹心痛,然总因阳虚,故阴得乘之。"

《类证治裁·胸痹》:"胸痹胸中阳微不运,久则阴乘阳位而为痹结也,其症胸满喘息,短气不利,痛引心背。由胸中阳气不舒,浊阴得以上逆。而阻其升降,甚则气结咳唾,胸痛彻背。夫诸阳受气于胸中,必胸次空旷,而后清气转运,布息展舒,胸痹之脉,阳微阴弦,阳微知在上焦,阴弦则为心痛。以金匮、千金均以通阳主治也。"

【研究进展】

·临床应用研究

1. 活血化瘀法 活血化瘀法是以活血行血、破瘀化瘀的中药组成的单方或复方,治疗以血瘀为主的胸痹心痛。上海市以丹参201注射液(丹参酮Ⅱ磺酸钠)治疗100例心绞痛,总有效率86%,心电图有效率54.7%。上海丹参舒心片协作组,治疗323例,心绞痛总有效率为80.9%,237例心电图有效率为57.3%。西苑医院用川芎嗪静滴治疗心绞痛30例,总有效率92.5%。复方丹参注射液由丹参和降香组成,上海协作组观察结果证实其对心绞痛疗效为82%~84%,对心电图疗效为48.6%~53.2%。北京地区用冠心Ⅱ号(川芎、丹参、红花、赤芍、降香)治疗100例心绞痛,有效80%,硝酸甘油停减率93%,心电图有效率45.5%。全国胸痹心痛协作组用热证心痛气雾剂(丹皮、川芎等)治疗485例心绞痛,3分钟止痛54.02%,3~5分钟止痛19.97%,心电图有效率36.5%,与美国硝酸甘油疗效相仿〔胸痹心痛证治与研究 1991:47〕。

2. 芳香温通法 本法是以芳香走窜、温经定痛药物组成的单方或复方,用于治疗寒凝心脉为主的胸痹心痛。在观察到苏合香丸对心绞痛有效的基础上,西苑医院将该方化裁研制成心痛丸、宽胸丸及气雾剂,前者5分钟缓解心绞痛59.7%,后者总有效50%~70%,气雾剂对心绞痛疗效与国产及美国产硝酸甘油无显著差别。上海化裁为冠心苏合丸,对心绞痛总有效率为95%;后又制成麝香保心丸,对209例心绞痛3日疗法总有效率75.6%,心电图有效率36.4%。全国胸痹心痛协作组用寒证心痛气雾剂治疗237例,3分钟内止痛50.55%,3~5分钟内止痛21.86%,心电图有效28.6%,与美国硝酸甘油相仿,其中以中、轻度疗效较好,重度较差,且对不稳定心绞痛及变异性心绞痛同样有效〔胸痹心痛证治与研究 1991:60〕。

3. 理气解郁法 本法是以疏肝理气、解郁止痛药物组成的单方或复方,治疗以气滞为主的胸痹心痛。长春中医学院用理气冠心片治疗本病60例,总有效率90%,心电图有效率41.9%。北京中医学院用柴胡疏肝散治疗35例,显效为68.57%〔胸痹心痛证治与研究 1991:65〕。

4. 益气养阴法 本法是以健脾益气、生血养阴药物组成单方或复方,用于治疗气阴两虚为主的胸痹心痛。上海中医研究所用生脉散治疗本病50例,有效率97.8%,心电图有效率60%。浙江中医学院用本方加黄芪治疗100例,有效率95%,心电图有效率39%。北京中医学院用气血注射液(人参、黄芪、当归)观察32例,总有效率90.63%。中国中医研究院用益气活血注射液Ⅰ号(丹参、赤芍、郁金)和Ⅱ号(党参、黄芪、黄精)观察34例,显效率70.6%,总有效率94.1%,心电图有效率28%。安徽中医学院用人参针治疗冠心病

57例,结果表明人参能显著改善冠心病心气虚证患者心绞痛、心电图异常,改善心气虚症状及血液流变性,而对冠心病心阴虚证患者疗效较差,甚至加重心阴虚症状,表明人参治疗冠心病亦需辨证〔安徽中医学院学报1993;(4):12〕。

5. 其他治法　有以祛痰开胸、健脾燥湿药物组成的化痰逐饮的单方或复方,如栝蒌注射液、栝蒌薤白半夏汤加味等,治疗以痰浊为主的胸痹心痛。亦有以温肾壮阳、滋肾补阴药物组成的补肾固本的单方或复方,如女贞注射液、桂附八味丸、右归丸、六味地黄丸、杞菊地黄丸以及各种补肾阳、滋肾阴复方,治疗以肾亏体虚为主的胸痹心痛,均可取得一定临床及心电图疗效〔胸痹心痛证治与研究1991:70〕。

· **方药实验研究**

1. 一般药理特点　近年来研究防治冠心病的方药达百余种,常用防治冠心病方药具有以下药理特点:

(1) 扩张冠状动脉,增加血流量及心肌营养血流量,对抗垂体后叶素诱发的心肌缺血。

(2) 降低心肌耗氧量,虽不能扩冠,但能减慢心率,如人参、党参及其他补肾养心药物具有这类作用。

(3) 既能增加冠脉血流量,又能降低心率,减少心肌耗氧量,如葛根、参三七、羊红膻、盐肤木、四季青等药具有这类作用。

(4) 改善血液流变性,具有抗血小板聚集及抗凝等作用,如川芎、赤芍、红花、丹参等活血化瘀类中草药。

治疗冠心病药物的主要有效成分有三类。一类为黄酮类化合物,如葛根、参三七、菊花、毛冬青、红花等,具有扩张冠状动脉,调节心血管活动的作用。一类为香豆精类化合物,如羊红膻、茵陈等,具有扩张冠状动脉、抗凝、镇静等作用。一类为挥发油成分,如麝香、细辛等,具有速效止痛、扩张冠状动脉等作用〔实用中医内科学1985:344〕。

2. 方药的实验研究　(1) 对心脏的直接作用:热证心痛气雾剂、丹参、复方丹参注射液、复方当归注射液、冠心Ⅱ号、川芎、赤芍、红花、当归、三七、山楂、桑寄生、淫羊藿、补骨脂、枳实、木香、栝蒌、菖蒲、茵陈、黄芪、黄精等能增加狗冠脉血流量,降低心肌耗氧量,并对垂体后叶素引起的急性心肌缺血缺氧有保护作用。冠心苏合丸、苏冰滴丸、宽胸气雾剂能解除冠脉痉挛,增加冠脉血流量,改善心肌缺血,减少心肌耗氧量,提高耐缺氧能力。安徽中医学院用人参针观察对缺血性心肌有保护作用,并能显著增加心肌组织的血流量〔中国中西医结合杂志1992;(7):427〕。

(2) 对心脏的间接保护作用:改善血小板功能:冠心Ⅱ号、毛冬青、红花、川芎、丹参、三棱、血竭、鸡血藤、三七、郁金、莪术、气血注射液、麝香、菖蒲、吴茱萸、肉桂等能抑制血小板聚集,其中冠心Ⅱ号、丹参、川芎、当归及毛冬青能抑制血小板释放反应,川芎嗪能抑制TXB_2的生成,赤芍、红花、毛冬青能对抗TXB_2的作用。改善血液流变性:冠心Ⅱ号、丹参、赤芍、川芎、红花、气血注射液、麝香能降低血液粘度,加速红细胞电泳,改善血液流动性而消除其瘀滞。溶解血栓作用:冠心Ⅱ号、川芎、益母草均能显著增加红血栓的溶解率,减弱白血栓的增长趋势,当归有抗体外血栓形成作用,麝香、牛黄有尿激酶样作用,蟾酥有抗凝血酶样作用,故可对抗血栓的形成〔胸痹心痛证治与研究1991:56〕。

(3) 对心脏的其他作用:川芎、赤芍、丹参、红花、生脉散、益气活血注射液、人参、麦冬等能增加心脏的耐缺氧能力。心宝、乌头、附子、蟾酥、人参、黄芪、生脉散、五味子、气血注射液等能增强心脏收缩功能,尤其能改善左心室的收缩功能,增加心排血量。此外,许多治疗冠心病的方药有一定纠正心律紊乱、改善微循环、降低或调整血压等多种作用〔胸痹心痛证治与研究1991:63〕。

第三节　眩　晕

由于风、火、痰、虚、瘀引起清窍失养,临床上以头晕、眼花为主症的一类病证称为眩晕。眩即眼花,晕是头晕,两者常同时并见,故统称为"眩晕"。其轻者闭目可止,重者如坐车船,旋转不定,不能站立,或伴有恶心、呕吐、汗出、面色苍白等症状。严重者可突然仆倒。

眩晕为临床常见病证，多见于中老年人，亦可发于青年人。本病可反复发作，妨碍正常工作及生活，严重者可发展为中风或厥证、脱证而危及生命。临床上用中医药防治眩晕，对控制眩晕的发生、发展具有较好疗效。

眩晕病证，历代医籍记载颇多。《内经》对其脏腑、病性归属方面均有记述，如《素问·至真要大论》认为："诸风掉眩，皆属于肝"，指出眩晕与肝脏关系密切。《灵枢·卫气》认为："上虚则眩"，《灵枢·口问》之"上气不足"，《灵枢·海论》之"髓海不足"，而引起眩晕者，均属因虚致眩。汉代张仲景认为痰饮是眩晕发病的原因之一，为后世"无痰不作眩"的论述提供了理论基础，并且用泽泻汤及小半夏加茯苓汤治疗痰饮眩晕。宋代以后，进一步丰富了对眩晕的认识。严用和于《重订严氏济生方·眩晕门》中指出："所谓眩晕者，眼花屋转，起则眩倒是也，由此观之，六淫外感，七情内伤，皆能导致"，第一次提出六淫、七情所伤致眩说，补前人之未备，但外感风、寒、暑、湿致眩晕，实为外感病的一症状表现，而非主要证候。元代朱丹溪倡导痰火致眩学说，提出"无痰不作眩"及"头眩，痰挟气虚并火，治痰为主，挟补气药及降火药"。明代张景岳在《内经》"上虚则眩"的理论基础上，对下虚致眩作了详尽论述，他在《景岳全书·眩晕》中说："头眩虽属上虚，然不能无涉于下。盖上虚者，阳中之阳虚也；下虚者，阴中之阳虚也。阳中之阳虚者，宜治其气，如四君子汤……归脾汤、补中益气汤……。阴中之阳虚者，宜补其精，如……左归饮、右归饮、四物汤之类是也。然伐下者必枯其上，滋苗者必灌其根。所以凡治上虚者，犹当以兼补气血为最，如大补元煎、十全大补汤诸补阴补阳等剂，俱当酌宜用之。"张氏从阴阳互相依存原理及人体是一有机整体的观点，认识与治疗眩晕，实是难能可贵，并认为眩晕的病因病机"虚者居其八九，而兼火兼痰者，不过十中一二耳"。详细论述了劳倦过度、饥饱失宜、呕吐伤上、泄泻伤下、大汗亡阳、眴目惊心、焦思不释、被殴被辱气夺等皆伤阳中之阳，吐血、衄血、便血、纵欲、崩淋等皆伤阴中之阳而致眩晕。秦景明在《症因脉治·眩晕总论》中认为阳气虚是本病发病的主要病理环节。徐春甫《古今医统·眩晕宜审三虚》认为："肥人眩运，气虚有痰；瘦人眩运，血虚有火；伤寒吐下后，必是阳虚。"龚廷贤《寿世保元》中记载眩晕有半夏白术汤证（痰涎致眩）、补中益气汤证（劳役致眩）、清离滋饮汤证（虚火致眩）、十全大补汤证（气血两虚致眩）等，至今仍值得临床借鉴。

临床上能够引起眩晕的病因很多，如《济生方》所云："六淫外感，七情内伤，皆能导致"。但本节讨论的仅是内伤引起的眩晕，主要以肝阳上亢、气血两虚、肾精不足、痰湿中阻及瘀阻窍络等为重点，外感眩晕不属本节讨论范围。西医学中的高血压、低血压、低血糖、贫血、美尼尔氏综合征、脑动脉硬化、椎—基底动脉供血不足、神经衰弱等病，临床表现以眩晕为主要症状者，可参照本节辨证论治。

【证候特征】

本病的证候特征是头晕目眩轻重不一，轻者仅眼花，头重脚轻，或摇晃浮沉感，闭目即止；重则如坐车船，视物旋转，甚则仆倒。或兼目涩耳鸣，少寐健忘，腰膝酸软；或兼恶心呕吐，面色苍白，汗出肢冷等。发作间歇期长短不一，多为数月或数年发作一次，亦有一月数次。可突然起病，也有逐渐加重者。本病发作期舌苔多为白腻或黄腻，缓解期苔薄白，舌质红或有瘀点、瘀斑。脉象多弦，表现为弦滑、弦细、弦涩或弦细数，亦有脉象细弱者。眩晕若兼头胀而痛，心烦易怒，肢麻震颤者，应警惕发生中风。

【病因病机】

1. 肝阳上亢　素体阳盛,肝阳上亢,发为眩晕;或因长期忧郁恼怒,气郁化火,使肝阴暗耗,风阳升动,上扰清空,发为眩晕;或肾阴素亏,肝失所养,以致肝阴不足,肝阳上亢,发为眩晕。

2. 气血亏虚　久病不愈,耗伤气血,或失血之后,虚而不复,或脾胃虚弱,不能健运水谷,生化气血,以致气血两虚,气虚则清阳不展,血虚则脑失所养,皆能发生眩晕。

3. 肾精不足　肾为先天之本,藏精生髓,若先天不足,肾阴不充,或老年肾亏,或久病伤肾,或房劳过度,导致肾精亏耗,不能生髓,而脑为髓之海,髓海不足,上下俱虚,发生眩晕。

4. 痰湿中阻　嗜酒肥甘,饥饱劳倦,伤于脾胃,健运失司,以致水谷不化精微,聚湿生痰,痰湿中阻,则清阳不升,浊阴不降,引起眩晕。

本病病位在清窍,由脑髓空虚,清窍失养,或痰火上逆,扰动清窍,与肝、脾、肾三脏关系密切。眩晕的病性以虚者居多,张景岳谓"虚者居其八九",如肝肾阴虚、肝风内动,气血亏虚、清窍失养,肾精亏虚、脑髓失充。眩晕实证多由痰浊阻遏,升降失常,或痰火气逆,上犯清窍。眩晕的发病过程中,各种病因病机,可以相互影响,相互转化,形成虚实夹杂;或阴损及阳,阴阳两虚;或肝风痰火上蒙清窍,阻滞经络,而形成中风;或突发气机逆乱,清窍暂闭或失养,而引起晕厥。

【诊　断】

1. 头晕目眩,视物旋转,轻者闭目即止,重者如坐车船,甚则仆倒。
2. 可伴有恶心呕吐,眼球震颤,耳鸣耳聋,汗出,面色苍白等。
3. 慢性起病,逐渐加重,或反复发作。
4. 查血红蛋白、红细胞计数、测血压、作心电图、电测听、脑干诱发电位、眼震电图、颈椎X线摄片、经颅多普勒等项检查,有助于明确诊断。有条件者可做CT、MRI检查。
5. 应注意排除颅内肿瘤、血液病等。

【鉴别诊断】

1. 中风　中风以卒然昏仆,不省人事,伴有口舌歪斜,半身不遂,失语;或不经昏仆,仅以㖞斜不遂为特征。中风昏仆与眩晕之仆倒相似,且眩晕多为中风先兆,但眩晕患者无半身不遂、昏仆不省人事、口舌歪斜及舌强语蹇等表现。

2. 厥证　厥证以突然昏仆,不省人事,或伴有四肢厥冷为特点,发作后一般在短时间内逐渐苏醒,醒后无偏瘫、失语、口舌㖞斜等后遗症。严重者也可一厥不复而死亡。眩晕发作严重者也有欲仆或晕旋仆倒表现,与厥证相似,但一般无昏迷不省人事的表现。

3. 痫病　痫病以突然仆倒,昏不知人,口吐涎沫,两目上视,四肢抽搐,或口中如作猪羊叫声,移时苏醒,醒后一如常人为特点。痫病昏仆与眩晕甚者之仆倒相似,且其发前多有眩晕、乏力、胸闷等先兆,发作日久常有神疲乏力,眩晕时作等症状表现,故应与眩晕鉴别,其鉴别要点为痫病昏仆必有昏迷不省人事,且伴口吐涎沫,两目上视,抽搐,猪羊叫声等症状。

【辨证论治】

辨证要点

1. **辨脏腑** 眩晕虽病在清窍,但与肝、脾、肾三脏功能失常关系密切。肝阴不足,肝郁化火,均可导致肝阳上亢,其眩晕兼见头胀痛,面潮红等症状。脾虚气血生化乏源,眩晕兼有纳呆、乏力、面色㿠白等;脾失健运,痰湿中阻,眩晕兼见纳呆,呕恶,头重,耳鸣等;肾精不足之眩晕,多兼腰酸腿软,耳鸣如蝉等。

2. **辨虚实** 眩晕以虚证居多,挟痰挟火亦兼有之;一般新病多实,久病多虚;体壮者多实,体弱者多虚;呕恶、面赤、头胀痛者多实,体倦乏力、耳鸣如蝉者多虚;发作期多实,缓解期多虚;面白而肥为气虚多痰,面黑而瘦为血虚有火。病久常虚中夹实,虚实夹杂。

3. **辨标本** 眩晕以肝肾阴虚、气血不足为本,风、火、痰、瘀为标。其中阴虚多见舌红少苔,脉弦细数;气血不足则见舌淡嫩,脉细弱。标实又有风性主动,火性上炎,痰性粘滞,瘀性留著之不同,临床需加辨识。

治疗原则

眩晕的治疗原则主要是虚补实泻,调整阴阳。虚者以精气虚居多,精虚者填精生髓,滋补肾阴;气血虚者宜益气养血,调补脾肾。实证以痰火为常见,痰湿中阻者,宜燥湿祛痰;肝火偏盛者,则当清肝泻火;肝阳上亢,化火生风者,则宜清镇潜降。本病发生多以阴虚阳亢者居多,治疗当以清火滋阴潜阳。

分证论治

·风阳上扰

症状:眩晕耳鸣,头痛且胀,遇劳、恼怒加重,肢麻震颤,失眠多梦,腰膝酸软,或颜面潮红,舌红苔黄,脉弦细数。

治法:平肝潜阳,滋养肝肾。

方药:天麻钩藤饮。

方中天麻祛风潜阳,止头痛、眩晕,钩藤清热熄风降火,两药并用平肝潜阳;石决明清肝镇肝潜阳;黄芩、栀子清肝泻火;牛膝、杜仲、桑寄生补益肝肾;茯神、夜交藤养血安神;益母草清热活血。全方共奏平肝潜阳,滋补肝肾之功。若见阴虚较甚,舌红少苔,脉弦细数较为明显者,可选加生地、麦冬、玄参、首乌、生白芍等滋补肝肾之阴。若肝火亢盛,眩晕、头痛较甚,耳鸣、耳聋暴作,目赤,口苦,舌红苔黄燥,脉弦数,可选用龙胆草、丹皮、菊花、夏枯草等清肝泻火。便秘者可选加大黄、芒硝或当归龙荟丸以通腑泄热。眩晕剧烈,呕恶,手足麻木或震颤者,有阳动化风之势,加珍珠母、生龙骨、生牡蛎、羚羊角等镇肝熄风。

·肝火上炎

症状:头晕且痛,目赤口苦,胸胁胀痛,烦躁易怒,寐少多梦,舌红苔黄腻,脉弦数。

治法:清肝泻火,清利湿热。

方药:龙胆泻肝汤。

方用龙胆草、栀子、黄芩清肝泻火,柴胡、甘草疏肝清热调中,木通、泽泻、车前子清利湿热,生地、当归滋阴养血。全方清肝泻火利湿,清中有养,泻中有补。若肝火扰动心神,失眠、烦躁者,加磁石、龙齿、珍珠母、琥珀,清肝热且安神。肝火化风,肝风内动,肢体麻木、颤震,欲发中风者,加全蝎、蜈蚣、地龙、僵蚕,平肝熄风,清热止痉。

• 痰浊上蒙

症状：头重如蒙，视物旋转，胸闷作恶，呕吐痰涎，苔白腻，脉弦滑。

治法：燥湿祛痰，健脾和胃。

方药：半夏白术天麻汤。

方中陈皮理气健脾，半夏降逆止呕，合用则燥湿化痰；茯苓利水渗湿，白术燥湿利水，共用以健脾利湿；天麻、蔓荆子熄风止眩；甘草、生姜、大枣健脾和胃，调和诸药。全方共用，可燥湿祛痰，健脾和胃。若呕吐频繁，加代赭石、竹茹和胃降逆止呕；脘闷、纳呆、腹胀者，加白蔻仁、砂仁等理气化湿健脾；肢体沉重，苔腻者，加藿香、佩兰、石菖蒲等醒脾化湿；耳鸣、重听者，加葱白、郁金、石菖蒲等通阳开窍。

痰浊郁而化热，痰火上犯清窍，眩晕，苔黄腻，脉弦滑，用黄连温胆汤清化痰热。若素体阳虚，痰从寒化，痰饮内停，上犯清窍者，用苓桂术甘汤合泽泻汤温化痰饮。

• 气血亏虚

症状：头晕目眩，动则加剧，遇劳则发，面色㿠白，神疲乏力，心悸少寐，舌淡苔薄白，脉细弱。

治法：补养气血，健运脾胃。

方药：归脾汤。

方中黄芪益气生血，当归补血活血，为当归补血汤，以补气生血；党参、白术、茯神健脾安神，脾健则气血生化有源；龙眼肉补血养心；枣仁、远志养血安神；木香调理气机，健运脾胃，甘草调和诸药。全方有补养气血，健运脾胃之功效。若气虚卫阳不固，自汗时出，重用黄芪，加防风、浮小麦益气固表敛汗；气虚湿盛，泄泻或便溏者，加薏苡仁、泽泻、炒扁豆，当归炒用；兼见畏寒肢冷，腹中隐痛等阳虚症状，加桂枝、干姜；心悸怔忡、不寐者，加柏子仁、朱砂等；血虚较甚，面色㿠白无华，加熟地、阿胶、紫河车粉(冲服)等。若中气不足，清阳不升，表现眩晕兼见气短乏力，纳差神疲，便溏下坠，脉象无力者，可用补中益气汤补中益气，升清降浊。

• 肝肾阴虚

症状：眩晕久发不已，视力减退，两目干涩，少寐健忘，心烦口干，耳鸣，神疲乏力，腰酸膝软，舌红苔薄，脉弦细。

治法：滋养肝肾，养阴填精。

方药：左归丸。

方中熟地、山萸肉、山药滋阴补肾，枸杞子、菟丝子补益肝肾，鹿角霜助肾气，三者生精补髓；牛膝强肾益精，引药入肾；龟版胶滋阴降火，补肾壮骨。全方共具滋补肝肾，养阴填精之功效。若阴虚生内热，表现五心烦热，舌红，脉弦细数者，可加炙鳖甲、知母、黄柏、丹皮等滋阴清热；心肾不交，失眠、多梦、健忘者，加阿胶、鸡子黄、酸枣仁、柏子仁等交通心肾，养心安神；若子盗母气，肺肾阴虚，加沙参、麦冬、玉竹等滋养肺肾；若水不涵木，肝阳上亢者，可加清肝、平肝、镇肝之品。

• 瘀血阻窍

症状：眩晕头痛，兼见健忘，失眠，心悸，精神不振，耳鸣耳聋，面唇紫暗，舌有瘀点或瘀斑，脉弦涩或细涩。

治法：祛瘀生新，通窍活络。

方药：通窍活血汤。

方中用赤芍、川芎、桃仁、红花活血化瘀,祛瘀通络;麝香开窍散结止痛,老葱散结通阳,二者共具开窍通阳之功;黄酒辛窜,以助血行;大枣甘温益气,缓和药性,配合活血化瘀,通阳散结开窍之品,以防耗伤气血。全方共具祛瘀生新,通窍活络之功。若见神疲乏力,少气自汗等气虚证者,加用黄芪,达30~60g,以补气固表,益气行血;若兼有畏寒肢冷,感寒加重者,加附子、桂枝温经活血;若天气变化加重,或当风而发,可重用川芎,加防风、白芷、荆芥穗、天麻等理气祛风之品。

【转归预后】

眩晕病情轻者,治疗护理得当,预后多属良好;病重经久不愈,发作频繁,持续时间较长,病情重笃,则难以获得根治,尤其是中年以上风阳上扰、肝火上炎眩晕者,不仅影响日常生活和工作,而且由于阴亏阳亢,阳化风动,血随气逆,夹痰夹火,上蒙清窍,横窜经络,可形成中风,轻则致残,重则致命。若眩晕属肝血、肾精耗竭,日久可致失明、耳聋重症。

【预防与调摄】

病室保持安静、舒适,避免噪声,室内光线以柔和为宜,不要太强。患者要保证充足的睡眠,注意劳逸结合。眩晕发作时应卧床休息,闭目养神,少作或不作旋转、弯腰等动作,以免诱发或加重病情。护理人员要加强责任心,对重症病人要密切注意血压、呼吸、神志、脉搏等情况,以便及时处理。患者要保持心情愉悦,增强战胜疾病的信心。饮食以清淡易消化为宜,多吃蔬菜、水果,忌烟酒、油腻、辛辣之品,少食海腥发物。虚证眩晕者应适当增加营养。

【结　语】

本病病因多由情志、饮食所伤,以及失血、外伤、劳倦过度所致。其病位在清窍,由脑髓空虚、失养及痰火上犯引起,与肝、脾、肾三脏功能失调有关,其发病以虚证居多。临床上凡眩晕伴耳鸣,头痛且胀,心烦易怒者为肝阳上亢,用天麻钩藤饮平肝潜阳,滋养肝肾;凡眩晕头重如蒙,胸闷呕恶,为痰浊上蒙,用半夏白术天麻汤燥湿祛痰,健脾和胃。以上二型为眩晕实证,多见于眩晕发作期。凡眩晕者动则加重,神疲乏力,心悸少寐,面色淡白,为气血亏虚,用归脾汤补养气血,健运脾胃;凡眩晕日久伴有两目干涩,视力减退,腰酸耳鸣,为肝肾阴虚,用左归丸滋养肝肾,养阴填精;凡眩晕头痛,耳鸣耳聋,面色紫暗,为瘀阻窍络,用通窍活血汤祛瘀生新,通窍活络。以上三型表现为虚证及血瘀证,多见于眩晕轻证或其发作的缓解期。由于眩晕证在病理表现为虚证与实证的相互转化,或表现为虚实夹杂,故一般急者多偏实,可选用熄风潜阳、清火化痰等法以治其标为主;缓者多偏虚,当用补养气血、益肾、养肝、健脾等法以治其本为主。

【文献摘要】

《灵枢·海论》:"脑为髓之海,其输上在于其盖,下在风府。……髓海有余,则轻劲多力,自过其度;髓海不足,则脑转耳鸣,胫痠眩冒,目无所见,懈怠安卧。"

《素问玄机原病式·诸风掉眩皆属肝木》:"风气甚而头目眩运者,由风木旺,必是金衰不能制木,而木复生火,风火皆属阳,多为兼化,阳主乎动,两动相搏,则为之旋转。"

《丹溪心法·头眩》:"头眩,痰挟气虚并火,治痰为主,挟补气药及降火药。无痰则不作眩,痰因火动。"

《景岳全书·眩运》:"丹溪则曰无痰不能作眩,当以治痰为主,而兼用它药。余则曰无虚不能作眩,当以治虚为主,而酌兼其标。孰是孰非,余不能必,姑引经义,以表其大意如此。"

《医学从众录·眩晕》:"盖风非外来之风,指厥阴风木而言,与少阳相火同居,厥阴气逆,则风生而火发,故河间以风火立论也。风生必挟木势而克土,土病则聚液而成痰,故仲景以痰饮立论,丹溪以痰火立论也。究之肾为肝母,肾主藏精,精虚则脑海空而头重,故《内经》以肾虚及髓海不足立论也。其言虚者,言其病退;其言实者,言其病象,理本一贯。"

《证治汇补·眩晕》:"以肝上连目系而应于风,故眩为肝风,然亦有因火、因痰、因虚、因暑、因湿者。"

《临证指南医案·眩晕》:"经云诸风掉眩,皆属于肝,头为六阳之首,耳目口鼻皆系清空之窍,所患眩晕者,非外来之邪,乃肝胆之风阳上冒耳,甚至有昏厥跌仆之虞。其症有夹痰、夹火、中虚、下虚、治胆、治胃、治肝之分。火盛者,先生用羚羊、山栀、连翘、花粉、玄参、鲜生地、丹皮、桑叶,以清泄上焦窍络之热,此先从胆治也。痰多者必理阳明,消痰如竹沥、姜汁、菖蒲、橘红、二陈汤之类。中虚则兼用人参,外台茯苓饮是也。下虚者,必从肝治,补肾滋肝,育阴潜阳,镇摄之治是也。至于天麻、钩藤、菊花之属,皆系熄风之品,可随症加入。此症之原,本之肝风,当与肝风、中风、头风门合而参之。"

【研究进展】

· 辨证治疗

1. 治痰 宋氏对痰浊眩晕治以健脾化痰为主,常用泽泻汤、半夏白术天麻汤、温胆汤等,药选泽泻、白术、茯苓、陈皮、半夏等,泽泻用量宜多,挟风、挟火随证加减〔陕西中医 1989;(1):184〕。张氏在综述治疗眩晕中指出,以健脾利湿、清上降浊治疗痰饮眩晕,用泽泻汤加味(白术、泽泻、半夏、菊花);痰浊挟风者用半夏白术天麻汤加味以健脾祛湿,化痰熄风。并据《医学从众录》云:"风生挟木势而克土,土病则聚液而成痰,故仲景以痰饮立论,丹溪以痰火立论也",即以温胆汤加减治疗眩晕,热甚加黄芩,伤阴加栀子、麦冬,热甚口渴加石膏、知母,肝气郁滞加柴胡、芍药、川芎。治疗阳虚生饮的美尼尔综合征,脾气虚用半夏白术天麻汤加味,肾阳虚以真武汤加味,痰浊中阻用小半夏加茯苓汤加味,水饮停聚用苓桂术甘汤加味。对痰湿内阻,感邪引发眩晕,用龚廷贤清晕化痰汤(茯苓、陈皮、白芷、防风、羌活、枳实、法夏、南星、川芎、细辛、酒芩、甘草)健脾化痰,升清降浊,熄风止晕,常收良效〔新医药学杂志 1978;(11):42〕。

2. 治血 张氏认为因血虚眩晕者十之八九,多选用旱莲草、女贞子、当归、麦冬等养阴补血,重用党参、黄芪益气生血,佐黑豆、黑芝麻养血祛风,砂仁调理胃气。用加味四物汤(当归、生地、川芎、黄芩、蔓荆子、菊花、炙甘草)合石决明、白蒺藜、白术、半夏、枸杞治疗耳原性眩晕,有养血滋阴,祛风定眩之功〔陕西中医 1989;(1):184〕。张氏用疏调血气法治疗眩晕瘀证,气虚血瘀者用补阳还五汤加葛根、丹参益气活血;气滞血瘀者用血府逐瘀汤加味疏肝理气化瘀;气逆血阻者用百合汤合桃红四物汤加丹参、茯神、远志、京菖蒲、龙齿、珍珠母、磁石等调气活血,镇心安神;外伤血瘀者用通窍活血汤合三七、丹参、水蛭等活血通络〔中医杂志 1992;(9):15〕。耿氏等在辨证论治的基础上加用独参汤及丹参注射液治疗 35 例眩晕,结果总有效率达 94.3%,明显优于单纯辨证论治的对照组($P<0.05$)〔安徽中医学院学报 1990;(3):27〕。

3. 治肝肾 张氏认为,眩晕阴虚液亏,风阳易升,其变动在肝,其根源在肾,以平肝治其标,滋肾柔肝治其本,用天麻钩藤饮配黑豆、黑芝麻。临床一俟肝阳平熄,常服六味地黄丸、杞菊地黄丸,均为治本之法。肾阳不足,无力化精,髓海空虚而致眩晕,治当温补肾阳,填精生髓,常用山药、熟地、枣皮、茯苓、枸杞、紫河车、鹿角胶、淫羊藿、附子〔陕西中医 1989;(4):184〕。

· 辨病治疗

1. 高血压病 陆氏取辨病与辨证相结合的方法治疗,如阳亢型用龙胆泻肝汤泄热平肝,阴虚阳亢型用镇肝熄风汤潜阳育阴,肝肾阴虚型用杞菊地黄汤滋养肝肾,阴阳两虚型用地黄饮子滋阴助阳,阳虚型用肾气丸温补肾阳,酌情加用潜降熄风、活血化瘀、豁痰利气之品。并可选用汉防己、臭梧桐、旱芹菜、野菊花、罗布麻、钩藤、青木香、地龙、丹皮、黄芩、天麻、葛根、莱菔子、杜仲等有不同程度降压作用的药物〔中医杂志 1980;(5):11〕。

2. 内耳眩晕病 鲍氏从痰挟肝气上逆立论,用旋覆代赭汤治疗本病以祛痰扶正,降逆平肝。泽泻汤及其各种加味是临床上治疗本病的常用方,方中重用泽泻 30~60g,一般 2~6 剂即可显著改善临床症状〔新医药学杂志 1979;(5):54〕。张氏主张本病急性发作期以熄风、化痰、泄火为先,用加味温胆汤(竹茹、半夏、陈皮、茯苓、甘草、枳实、葛根、丹参、钩藤、磁石），缓解期用参芪二陈汤巩固疗效〔安徽中医学院学报 1994;(1):21〕。

·其他

1. 倪氏等以晕复静（马钱子、珍珠母、白僵蚕、九里香等）治疗颈性及高血压型眩晕 95 例，总有效率达 91.6%。其中辨证为肝阳上亢及痰浊中阻型疗效分别为 94.4% 及 96%，气血不足型及肾虚型疗效分别为 80% 和 84.2%。眩晕消失天数为 8.1±2.87 天，眼震消失天数为 6.5±3.62 天〔安徽中医学院学报 1994;(1):21〕。

2. 陈氏等以御制平安丹（苍术、白蔻、陈皮、沉香等）治疗晕动病 221 例，临床痊愈 76 例，显效 102 例，总有效率 92.8%，优于人丹组及乘晕宁组，且无乘晕宁之疲乏、口干、嗜睡等副作用。实验研究表明，有调节前庭—植物神经功能的作用，能改善软脑膜循环，调整椎—基底动脉、前庭通路等区域微循环障碍〔中国中西医结合杂志 1992;(8):469〕。

第四节 中 风 病

中风病是由于气血逆乱，产生风、火、痰、瘀，导致脑脉痹阻或血溢脑脉之外。临床以突然昏仆、半身不遂、口舌歪斜、言语謇涩或不语、偏身麻木为主症。依据脑髓神机受损程度的不同，有中经络、中脏腑之分，临床表现为不同证候。本病多见于中老年人。四季皆可发病，但以冬春两季最为多见。

中风病严重危害着人类健康。根据流行病学资料，我国脑血管病的年发病率为 94.07/10 万，患病率冠诸病之首。在本病预防、治疗和康复方面，中医药具有较为显著的疗效和优势。

中风一病，导源于《内经》。其病名有大厥、薄厥、仆击、偏枯、痱风等。在病因方面，《内经》记载很多，如《灵枢·刺节真邪》云："虚邪偏客于身半，其入深，内居营卫，营卫稍衰，则真气去，邪气独留，发为偏枯。"此外，还认识到本病的发生与个人的体质、饮食、精神刺激等有关，如《素问·通评虚实论》明确指出："仆击、偏枯……肥贵人则膏粱之疾也。"至于中风的病变部位，根据《素问·调经论》气血并逆之说，结合《素问·玉机真脏论》："春脉如弦，……其气来实而强，此为太过，……太过则令人善忘，忽忽眩冒而巅疾"，可见中风病变的部位在头部。

对中风病的病因病机及其治法，历代医家论述颇多，从病因学的发展来看，大体分为两个阶段。唐宋以前多以"内虚邪中"立论。如《金匮要略》认为中风之病因为络脉空虚，风邪入中，其创立的分证方法对中风病的诊断、治疗、判断病情轻重和估计预后很有帮助，在治疗上多主张驱散风邪，补益正气。唐宋以后，特别是金元时代，许多医家以"内风"立论，可谓中风病因学说上的一大转折。其中刘河间力主"心火暴甚"；李东垣认为"正气自虚"；朱丹溪主张"湿痰生热"；王履从病因学角度将中风病分为"真中"、"类中"。明代医家张景岳倡导"非风"之说，提出"内伤积损"的论点；李中梓又将中风病明确分为闭、脱二证。清代医家叶天士、沈金鳌、尤在泾、王清任等丰富了中风病的治法和方药，形成了比较完整的中风病治疗法则。晚清及近代医家张伯龙、张山雷、张锡纯进一步认识到本病的发生主要是阴阳失调，气血逆乱，直冲犯脑。近年来对中风病的预防、诊断、治疗、康复、护理等方面逐步形成了较为统一的标准和规范，治疗方法多样化，疗效也有了较大提高。

中风病是一个独立的疾病，其临床表现与西医所称的脑血管病相似。脑血管病主要包括缺血性和出血性两大类型。不论是出血性还是缺血性脑血管病均可参考本节辨证论治。

【证候特征】

脑脉痹阻或血溢脑脉之外所引起的脑髓神机受损是中风病的证候特征。其主症为神昏、半身不遂、言语謇涩或不语、口舌歪斜、偏身麻木。次症见头痛、头晕、眩晕、呕吐、二便失禁或不通、烦躁、抽搐、痰多、呃逆。舌象有舌强、舌歪、舌卷,舌质暗红带紫,或红绛、舌有瘀斑;苔薄白、白腻、黄或黄腻;脉象多弦,或弦滑、弦细,或结或代等。

1. 神昏　初起即可见。轻者:神思恍惚,迷蒙,嗜睡,或昏睡。重者:昏迷或昏愦。有的病人起病时神清,数日后渐见神昏,多数神昏病人常伴有谵妄、躁扰不宁等症状。

2. 半身不遂　轻者仅见肢体力弱或活动不利,重者则完全瘫痪。有单个肢体力弱或瘫痪者,也有一侧肢体瘫痪不遂者;病人起病时即可完全瘫痪,也有起病时仅为力弱或不全瘫痪,而进展性加重,直至完全瘫痪不遂。急性期,病人半身不遂多见患肢松懈瘫软,少数为肢体强痉拘急。后遗症期,多遗有患肢强痉挛缩,尤以手指关节僵硬、屈伸不利最为严重。

3. 口舌歪斜　多与半身不遂共见,伸舌时多歪向瘫痪侧肢体,常伴流涎。

4. 言语謇涩或不语　轻者,仅见言语迟缓不利,吐字不清,患者自觉舌体发僵;重者,中风不语。部分患者在病发之前,常伴有一时性的言语不利,旋即恢复正常。

本病发病前常有先兆症状。如素有眩晕、头痛、耳鸣,突然出现一过性言语不利或肢体麻木,视物昏花,甚则晕厥,一日内发作数次,或几日内多次复发。若骤然内风旋动,痰火交炽发病者,于急性期可出现呕血、便血、壮热、喘促、顽固性呃逆,甚至厥而不复,瞳神或大或小,病情危笃,多难救治。

【病因病机】

1. 积损正衰　"年四十而阴气自半,起居衰矣"。年老体弱,或久病气血亏损,元气耗伤,脑脉失养。气虚则运血无力,血流不畅,而致脑脉瘀滞不通;阴血亏虚则阴不制阳,内风动越,携痰浊、瘀血上扰清窍,突发本病。正如《景岳全书·非风》说:"卒倒多由昏愦,本皆内伤积损颓败而然。"

2. 劳倦内伤　"阳气者,烦劳则张"。烦劳过度,易使阳气升张,引动风阳,内风旋动,则气火俱浮,或兼挟痰浊、瘀血上壅清窍脉络。因肝阳暴张,血气上涌骤然而中风者,病情多重。

3. 脾失健运,痰浊内生　过食肥甘醇酒,致使脾胃受伤,脾失运化,痰浊内生,郁久化热,痰热互结,壅滞经脉,上蒙清窍;或素体肝旺,气机郁结,克伐脾土,痰浊内生;或肝郁化火,烁津成痰,痰郁互结,携风阳之邪,窜扰经脉,发为本病。此即《丹溪心法·中风》所谓"湿土生痰,痰生热,热生风也"。

4. 五志所伤,情志过极　七情失调,肝失条达,气机郁滞,血行不畅,瘀结脑脉;暴怒伤肝,则肝阳暴张,或心火暴盛,风火相煽,血随气逆,上冲犯脑。凡此种种,均易引起气血逆乱,上扰脑窍而发为中风。尤以暴怒引发本病者最为多见。

另外,部分学者认为中风病有因外邪侵袭而引发者。如风邪乘虚入中经络,气血痹阻,肌肉筋脉失于濡养;或外因引动痰湿,痹阻经络,而致㖞僻不遂,此即古人所谓"真中"。

本病常见的诱因为:气候骤变,烦劳过度,情志相激,跌仆努力等。

综观本病,由于患者脏腑功能失调,或气血素虚,加之劳倦内伤、忧思恼怒、饮酒饱食、用力过度,而致瘀血阻滞、痰热内蕴,或阳化风动、血随气逆,导致脑脉痹阻或血溢脑脉之外,引起昏仆不遂,发为中风。其病位在脑,与心、肾、肝、脾密切相关。其病机概而论之有虚(阴虚、气虚)、火(肝火、心火)、风(肝风、外风)、痰(风痰、湿痰)、气(气逆)、血(血瘀)六端,此六端多在一定条件下相互影响,相互作用。病性多为本虚标实,上盛下虚。在本为肝肾阴虚,气血衰少,在标为风火相煽,痰湿壅盛,瘀血阻滞,气血逆乱。而其基本病机为气血逆乱,上犯于脑。

【诊 断】

1. 以神志恍惚、迷蒙,甚至昏迷或昏愦,半身不遂,口舌歪斜,舌强言謇或不语,偏身麻木为主症。
2. 多急性起病。
3. 病发多有诱因,病前常有头晕、头痛、肢体麻木、力弱等先兆症。
4. 好发年龄以 40 岁以上为多见。
5. 脑脊液检查、眼底检查、颅脑 CT、MRI 等检查,有助于诊断。

临床按脑髓神机受损的程度与有无神识昏蒙分为中经络与中脏腑两大类型。中络系偏身或一侧手足麻木,或兼有一侧肢体力弱,或兼有口舌歪斜者;中经则以半身不遂、口舌歪斜、舌强言謇或不语、偏身麻木为主症,中络、中经合称中经络是无神识昏蒙者。中腑是以半身不遂、口舌歪斜、舌强言謇或不语、偏身麻木、神识恍惚或迷蒙为主症者,中脏则必有神昏或昏愦,并见半身不遂、口舌歪斜、舌强言謇或不语等症,中腑、中脏合称中脏腑。在疾病的演变过程中,中经络和中脏腑是可以互相转化的。

中风病的急性期是指发病后两周以内,中脏腑类最长病期可至 1 个月;恢复期是发病两周或 1 个月至半年以内;后遗症期系发病半年以上者。

【鉴别诊断】

1. **口僻** 俗称吊线风,主要症状是口眼歪斜,多伴有耳后疼痛,因口眼歪斜有时伴流涎、言语不清。多由正气不足,风邪入中脉络,气血痹阻所致,不同年龄均可罹患。中风病口舌歪斜者多伴有肢体瘫痪或偏身麻木,病由气血逆乱,血随气逆,上扰脑窍而致脑髓神机受损,且以中老年人为多。
2. **痫病** 都有卒然昏仆的见症。而痫病为发作性疾病,昏迷时四肢抽搐,口吐涎沫,或作异常叫声,醒后一如常人,且肢体活动多正常,发病以青少年居多。
3. **厥病** 神昏常伴有四肢逆冷,一般移时苏醒,醒后无半身不遂、口舌歪斜、言语不利等症。
4. **痉病** 以四肢抽搐,项背强直,甚至角弓反张为主症。病发亦可伴神昏,但多出现在抽搐以后,无半身不遂、口舌歪斜等症状。
5. **痿病** 痿病有肢体瘫痪,活动无力,但多起病缓慢,起病时无神昏,以双下肢瘫或四肢瘫为多见,或见有患肢肌肉萎缩,或见筋惕肉瞤。中风病亦有见肢体肌肉萎缩者,多于后遗症期由废用所致。

【辨证论治】

辨证要点

1. **细访病史,多有朕兆** 中老年人,平素体质虚衰,而常表现有发作性眩晕、头痛,与一过性肢麻、口舌歪斜、言语蹇涩。若急性起病,以半身不遂、口舌歪斜、言语蹇涩为首发症状者一般诊断不难。但若起病即见神志障碍者,则需深入了解病史和体检。

2. 明辨病性与病情轻重 中风病性为本虚标实,急性期多以标实证候为主。若素有头痛、眩晕等症,突然出现半身不遂,甚或神昏、抽搐、肢体强痉拘急,属内风动越;若病后咯痰较多或神昏,喉中痰鸣,舌苔白腻,属痰浊壅盛为患;若面红目赤,口干口苦,甚或项背身热,躁扰不宁,大便秘结,小便黄赤,则以邪热为主;若肢体松懈瘫软而舌质紫暗,说明阳气不足,瘀血较甚。恢复期及后遗症期,多表现为气阴不足,阳气虚衰。如肢体瘫痪,手足肿胀,口角流涎,气短自汗,多属气虚;若兼有畏寒肢冷,为阳气虚衰的表现;若兼有心烦少寐,口干咽干,手足心热,舌红少苔,多属阴虚内热。

3. 辨病势顺逆 临床注意辨察病人之"神",尤其是神志和瞳神的变化。若起病即现昏愦无知,多为实邪闭窍,此为中脏,病位深,病情重。邪扰清窍或痰浊瘀血蒙塞清窍,神志时清时昧者,此为中腑,是正邪交争的表现。如病人渐至神昏,瞳神变化,甚至呕吐、头痛、项强者,说明正气渐衰,邪气日盛,病情加重。先中脏腑,如神志逐渐转清,半身不遂未再加重或有恢复者,病由中脏腑向中经络转化,病势为顺,预后多好。若目不能眴,或瞳神大小不等,或突见呃逆频频,或突然昏愦、四肢抽搐不已,或背腹骤然灼热而四肢发凉及至手足厥逆,或见戴阳及呕血症,均属病势逆转,难以挽救。

4. 辨闭证、脱证 如何防治清窍闭塞是中风病急性期治疗的关键,首先须区别闭证、脱证。闭者,邪气内闭清窍,症见神昏、牙关紧闭、口噤不开、肢体强痉,属实证,根据有无热象,又有阳闭、阴闭之分。阳闭为痰热闭郁清窍,症见面赤身热,气粗口臭,躁扰不宁,舌苔黄腻,脉象弦滑而数;阴闭为湿痰内闭清窍,症见面白唇暗,静卧不烦,四肢不温,痰涎壅盛,舌苔白腻,脉象沉滑或缓。阳闭和阴闭可相互转化,当依据舌象、脉象结合症状的变化来判断。脱证是五脏真阳散脱于外,症见昏愦无知,目合口开,四肢松懈瘫软,手撒肢冷汗多,二便自遗,鼻息低微,乃为中风危候。另外,临床上尚有内闭清窍未开而外脱虚象已露,即所谓"内闭外脱"者,此时往往是疾病安危演变的关键时机,应引起高度重视。

治疗原则

中风病急性期标实症状突出,急则治其标,治疗当以祛邪为主,常用平肝熄风、清化痰热、化痰通腑、活血通络、醒神开窍等治疗方法。闭、脱二证当分别治以祛邪开窍醒神和扶正固脱、救阴固阳。所谓"内闭外脱",醒神开窍与扶正固本可以兼用。在恢复期及后遗症期,多为虚实夹杂,邪实未清而正虚已现,治宜扶正祛邪,常用育阴熄风、益气活血等法。

分证论治

• 风痰瘀血,痹阻脉络

症状:半身不遂,口舌歪斜,舌强言蹇或不语,偏身麻木,头晕目眩。舌质暗淡,舌苔薄白或白腻,脉弦滑。

治法:活血化瘀,化痰通络。

方药:化痰通络汤。

方中半夏、茯苓、白术健脾化湿;胆南星、天竺黄清化痰热;天麻平肝熄风;香附疏肝理气,调畅气机,助脾运以化湿;又配以丹参活血化瘀;大黄通腑泻热凉血,以防腑实,此大黄用量宜轻,以涤除痰热积滞为度,不可过量。

临证时应参考症、舌、脉以分辨内风、痰浊、瘀血的轻重程度,而决定平肝熄风,化痰通络、活血化瘀等药物的使用。瘀血重，舌质紫暗或有瘀斑，加桃仁、红花、赤芍以活血化瘀；舌苔黄腻，烦躁不安等有热象者，加黄芩、山栀以清热泻火；头晕、头痛加菊花、夏枯草以平肝熄风。风痰互结，瘀血阻滞，日久易从阳化热，故临证用药不宜过于温燥，以免助热生火。

- **肝阳暴亢，风火上扰**

症状：半身不遂，偏身麻木，舌强言蹇或不语，或口舌歪斜，眩晕头痛，面红目赤，口苦咽干，心烦易怒，尿赤便干。舌质红或红绛，舌苔薄黄，脉弦有力。

治法：平肝泻火通络。

方药：天麻钩藤饮。

方中天麻、钩藤平肝熄风，生石决明镇肝潜阳，川牛膝引血下行，黄芩、山栀、夏枯草清肝泄火。

伴头晕头痛加菊花、桑叶；心烦易怒加丹皮、白芍；便干便秘加生大黄。若症见神识恍惚，迷蒙者，为风火上扰清窍，由中经络向中脏腑转化，可配合灌服牛黄清心丸或安宫牛黄丸以开窍醒神。若风火之邪挟血上逆，可加用凉血降逆之品以引血下行。

- **痰热腑实，风痰上扰**

症状：半身不遂，口舌歪斜，言语蹇涩或不语，偏身麻木，腹胀便干便秘，头晕目眩，咯痰或痰多，舌质暗红或暗淡，苔黄或黄腻，脉弦滑或偏瘫侧脉弦滑而大。

治法：化痰通腑。

方药：星蒌承气汤。

方中生大黄、芒硝荡涤肠胃，通腑泄热；栝蒌、胆南星清热化痰；可加丹参活血通络。

舌苔黄腻、脉弦滑、便秘是本证的三大特征。热象明显者，加山栀、黄芩；年老体弱津亏者，加生地、麦冬、玄参。若大便多日未解，痰热积滞较甚而出现躁扰不宁，时清时寐，谵妄者，此为浊气不降，携瘀血上逆，犯于脑窍而为中腑证。正确掌握和运用通下法是治疗本证的关键。针对本证腑气不通，而采用化痰通腑法，一可通畅腑气，祛瘀达络，敷布气血，使半身不遂等症进一步好转；二可清除阻滞于胃肠的痰热积滞，使浊邪不得上扰神明，气血逆乱得以纠正，达到防闭防脱之目的；三可急下存阴，以防阴劫于内，阳脱于外。

- **气虚血瘀**

症状：半身不遂，口舌歪斜，言语蹇涩或不语，偏身麻木，面色㿠白，气短乏力，口角流涎，自汗出，心悸便溏，手足肿胀，舌质暗淡，舌苔薄白或白腻，脉沉细、细缓或细弦。

治法：益气活血，扶正祛邪。

方药：补阳还五汤。

本方重用黄芪补气，配当归养血，合赤芍、川芎、桃仁、红花、地龙以活血化瘀通络。此方亦适用于中风病恢复期和后遗症期的治疗。气虚明显者，加党参、太子参以益气通络；言语不利，加远志、石菖蒲、郁金以祛痰利窍；心悸、喘息，加桂枝、炙甘草以温经通阳；肢体麻木加木瓜、伸筋草、防己以舒筋活络；上肢偏废者，加桂枝以通络；下肢瘫软无力者，加川断、桑寄生、杜仲、牛膝以强壮筋骨；小便失禁加桑螵蛸、益智仁以温肾固涩；血瘀重者，加莪术、水蛭、鬼箭羽、鸡血藤等破血通络之品。若急性期气虚伴血瘀，有主张不宜过早重用黄芪者，以免助热生火，加重病情。

- **阴虚风动**

症状：半身不遂，口舌歪斜，舌强言蹇或不语，偏身麻木，烦躁失眠，眩晕耳鸣，手足心热，舌质红绛或暗红,少苔或无苔,脉细弦或细弦数。

治法:滋养肝肾,潜阳熄风。

方药:镇肝熄风汤。

方中龙骨、牡蛎、代赭石镇肝潜阳;龟版、白芍、玄参、天冬滋养肝肾之阴,又重用牛膝辅以川楝子引气血下行,合茵陈、麦芽以清肝舒郁,并可配以钩藤、菊花熄风清热。挟有痰热者,加天竺黄、竹沥、川贝母以清化痰热;心烦失眠者,加黄芩、山栀以清心除烦,加夜交藤、珍珠母以镇心安神;头痛重者,加生石决明、夏枯草以清肝熄风。

- **痰热内闭清窍**

症状:起病骤急,神昏或昏愦,半身不遂,鼻鼾痰鸣,肢体强痉拘急,项背身热,躁扰不宁,甚则手足厥冷,频繁抽搐,偶见呕血,舌质红绛,舌苔黄腻或干腻,脉弦滑数。

治法:清热化痰,醒神开窍。

方药:羚羊角汤配合灌服或鼻饲安宫牛黄丸。

方中羚羊角、珍珠母、竹茹、天竺黄清化痰热;石菖蒲、远志化痰开窍;夏枯草、牡丹皮清肝凉血。

阳闭证可参考此证类治疗。痰多者,加竹沥、胆南星;热甚者,加黄芩、山栀;神昏重加郁金。

- **痰湿蒙塞心神**

症状:素体阳虚,湿痰内蕴。发病神昏,半身不遂,肢体松懈,瘫软不温,甚则四肢逆冷,面白唇暗,痰涎壅盛,舌质暗淡,舌苔白腻,脉沉滑或沉缓。

治法:温阳化痰,醒神开窍。

方药:涤痰汤配合灌服或鼻饲苏合香丸。

方中半夏、陈皮、茯苓健脾燥湿化痰;胆南星、竹茹清化痰热;石菖蒲化痰开窍。

阴闭证可参考此证治疗。寒象明显,加桂枝温阳化饮;兼有风象者,加天麻、钩藤平肝熄风。

- **元气败脱,神明散乱**

症状:突然神昏或昏愦,肢体瘫软,手撒肢冷汗多,重则周身湿冷,二便失禁,舌痿,舌质紫暗,苔白腻,脉沉缓、沉微。

治法:益气回阳固脱。

方药:参附汤。

此为脱证。方中人参大补元气,附子温肾壮阳,二药合用以奏益气回阳固脱之功。汗出不止加山萸肉、黄芪、龙骨、牡蛎以敛汗固脱;兼有瘀象者,加丹参。

【其他疗法】

1. 属痰热内闭者,无论中经络或中脏腑诸证,均可用清开灵注射液 40ml 加入 5% 葡萄糖注射液 250～500ml 静滴,每日 2 次。缺血性中风病可辨证选用脉络宁注射液治疗。

2. 风火、痰热证可配合灌服牛黄清心丸,每次 1～2 丸,每日 3～4 次。痰多化热者,可配合服用鲜竹沥,每次 10ml,每日 2～3 次,或用穿琥宁静滴治疗。

3. 治半身不遂外敷药方:穿山甲、大川乌头、红海蛤各 100g,捣为末,每用 15～20g,另将葱白捣汁和上药成饼,直径 5cm,外敷左、右脚心,再令其坐于密室,两脚置于热水盆中,使其出汗,见下肢发麻停用。每周2次。

4. 治手足挛缩外洗方:槐枝、柳枝、楮枝、茄枝、白艾各50g,煎水3桶,浸泡手足至腕踝以上,每次15~20分钟,每日1次。

【转归预后】

中风病患者的转归取决于其体质的强弱、正气的盛衰、病情的轻重及诊疗的正确及时与否、调养是否得当等。

中脏腑者,神志由昏迷逐渐转清,半身不遂趋于恢复,说明其向中经络转化,病势为顺,预后多好。若出现顽固性呃逆、呕血、厥脱者,此为中风变证,多致正气散脱。若邪盛正伤,虽经救治,终因正气已伤,致病程迁延成为中风病后遗症者,常见半身不遂、口舌歪斜、言语不利、痴呆等,要抓紧时机,积极治疗,同时配合外敷熏洗及针灸按摩,并适当锻炼,以提高疗效。中风病后遗症期,若偏瘫肢体由松懈瘫软变为拘挛发痉,伴躁扰不宁,此由正气虚乏,邪气日盛而致,说明病情较重。若头晕,偏身麻木,舌质暗红,脉细弦而数,多有复中危险,若复中病情重者,预后较差。

【预防与调摄】

重视先兆症的观察,并积极进行治疗是预防中风病发生的关键。加强护理是提高临床治愈率,减少合并症,降低死亡率和病残率的重要环节。在做好一般护理的基础上,要根据各证候的病机特点重视辨证施护。急性期病人宜卧床休息,同时密切观察病情,重点注意神志、瞳神、气息、脉象等情况,若体温超过39℃,可物理降温,并警惕抽搐、呃逆、呕血及虚脱等变证的发生。保持呼吸道通畅,防止肺部、口腔、皮肤、会阴等部位感染。待病人神志清醒后,言语蹇涩或不语者,即当进行语言训练,语言康复必须要有耐心,掌握循序渐进的原则。病情稳定后,可配合推拿及功能训练,并指导病人自我锻炼,促进患肢功能的恢复。

【结　语】

中风属危急重病,临床极为常见。其病因以积损正衰为主,病位在脑,常涉及心、肝、肾、脾,其病机多由气血逆乱,导致脑脉痹阻或血溢脑脉之外。临床按脑髓神机受损的程度与有无神识昏蒙分为中经络与中脏腑两大病类。论其病性,多为本虚标实,在本为肝肾阴虚,气血衰少;在标为风火相煽,痰湿壅盛,瘀血阻滞,气血逆乱。治疗方面,结合病类、病期及证候特点,而采用平肝熄风、清化痰热、化痰通腑、活血通络、醒神开窍、育阴熄风、益气活血等法。中风病的治疗,宜采用综合疗法,注意康复训练。本病在未发之前,如有中风先兆,必须积极防治。

【文献摘要】

《灵枢·刺节真邪》:"虚邪偏客于身半,其入深,内居营卫,营卫稍衰,则真气去,邪气独留,发为偏枯。"

《金匮要略·中风历节病脉证并治》:"邪在于络,肌肤不仁;邪在于经,即重不胜;邪入于腑,即不识人;邪入于脏,舌即难言,口吐涎。"

《医经溯洄集·中风辨》:"三子之论,河间主乎火,东垣主乎气,彦修主乎湿,……以予观之,昔人三子之论,皆不可偏废。但三子以相类中风之病,视为中风而立论,故使后人狐疑而不能决。殊不知因于风者,真中风也!因于火、因于气、因于湿者,类中风而非中风也!"

《景岳全书·非风》:"非风一证,即时人所谓中风证也。此证多见卒倒,卒倒多由昏愦,本皆内伤积损颓败而然,原非外感风寒所致。"

《证治汇补·中风》:"平人手指麻木,不时眩晕,乃中风先兆,须预防之,宜慎起居,节饮食,远房帏,调情志。"

《医学衷中参西录·治内外中风方》:"内中风之证,曾见于《内经》。而《内经》初不名为内中风,亦不名为脑充血,而实名之为煎厥、大厥、薄厥。……盖肝为将军之官,不治则易怒,因怒生热,煎耗肝血,遂致肝中所寄之相火,掀然暴发,挟气血而上冲脑部,以致昏厥。"

【研究进展】

· **病因病机的探讨**

关于中风病的病因病机,历代医家论述颇多,经历了从外因论到内因论的发展过程。近代学者多认为,中风病皆由内因所致,并在此基础上提出了自己的观点。任氏认为中风病是由于邪气上犯脑髓血脉,下侵脏腑经络,引起脑髓神机与脏腑经络功能失调,阴阳气血偏盛偏衰所致〔吉林中医药 1983;(4):12〕。王氏提出,"气血逆乱犯脑"是中风病的基本病机,"痰瘀互阻,气机出入升降失常"是中风病急症的主要发病机理,认为"风"指病势而言,说明起病急骤,而痰热瘀血为生风之源〔辽宁中医杂志 1984;(9):1〕。全国中风病科研协作组通过对大量临床资料的分析,认为中风病是在气血阴阳亏虚的基础上,风、火、痰、瘀等多种因素共同作用于人体,导致脏腑功能失调,气血逆乱于脑而产生的。

· **辨证论治的研究**

1. 辨证规范化、定量化研究　从近 10 年的文献资料看,国内学者多采用不同的分证方法进行辨证论治。这些方法虽各有所长,但不利于协作攻关进行大宗病例的前瞻性有对比的临床观察总结。为此,1986 年中国中医药学会内科学会制订了《中风病中医诊断、疗效评定标准》,提出了病名、病类及证类诊断标准,对中风病的规范化研究起到了推动作用,为科研观察病例创造了条件,也为临床治疗、疗效评定、科研及学术交流、中药新药开发、临床药理研究指导原则的制订等奠定了一定的基础,表明我国中风病中医诊断已达到新的水平。

近几年,有学者开始把计量学的内容渗透到中风病的量化诊断研究中,如王氏等引用国际量表学设计的原则,遵循中医学理论,并吸收了部分专家的经验,将中风病分为风证、火热证、痰湿证、血瘀证、气虚证及阴虚阳亢证六大证候,选择有特征性的症、舌、脉作为辨证项目,经过临床验证及统计学处理,制订了《中风病辨证诊断标准》,并于 1993 年在全国急症脑病协作组第二次会议上讨论通过,从而使中风病辨证诊断向客观化、定量化方向又迈进了一步〔北京中医药大学学报 1994;(3):64〕。

2. 通腑化痰法治疗中风病　王氏等运用化痰通腑饮(栝蒌、胆南星、大黄、芒硝)治疗缺血性中风病痰热腑实证 158 例,总有效率 85.4%。便干便秘、舌苔黄腻、脉弦滑为应用通腑法的三大指征,中风病急性期常由脏腑功能失调,中焦气机紊乱,痰热互结,消灼津液,而出现便干便秘症状,若腑气不通,浊邪上犯,蒙闭清窍则可见神识昏蒙,病情加重。临证需及时通腑泄热,腑气畅通则气血得以敷布,利于神志及半身不遂等症的好转〔中国医药学报 1986;(2):22〕。目前,这方面报道甚多,通腑化痰法,来自于临床疗效总结,针对中风病急性期,由风、火、痰、瘀导致的腑实、窍闭证。古代虽有记载,但临床广泛应用此法还是近 10 年的事。

3. 活血化瘀法治疗中风病　活血化瘀是古今广为流传的治疗中风病的有效方法。近 10 年来,中、西医界对活血化瘀法治疗中风病进行了深入的临床及实验研究,并取得了可喜的成果。活血化瘀法治疗缺血性中风病的疗效已基本得到肯定,其临床报道也较多。活血化瘀法是否适用于脑出血急性期的治疗,虽然学者们的看法不尽相同,但从近几年的临床观察看,确实取得了一定的疗效,符合中医离经之血即为瘀血及治血必先以祛瘀为要的理论。活血化瘀疗法,是根据本病临床表现,结合西医学理论,逐渐发展起来的。对于各家报告的疗效,则仍然存在选例和临床疗效评定标准不统一,难以进行比较和分析的诸多问题。

· **预防与康复的研究**

近 10 年来,中风病的预防得到了重视。张氏等根据先兆症状及血液流变学指标诊断 230 例中风先兆病人,将其分为肝阳上亢、痰浊瘀滞、肾虚不足三型,分别辨证治疗予口服汤剂,同时设 61 例西药对照组予阿斯匹林治疗,并服降脂降压等药,均以2个月为1疗程,半年内达"安全"的病例分别为98.7%、60.7%,中药防治组效果明显优于西药组($P<0.01$)〔北京中医学院学报1990;(4):25〕。为了深入开展中风病预防的临床研究,有利于大宗病例的观察总结,全国中风病科研协作组于1988年5月初步制订了《中风病预防方案》。1993年11月国家中医药管理局急症脑病协作组又讨论通过了《中风先兆证诊断与疗效评定标准》,明确了中风先兆证的诊断标准、疗效评定标准及防治措施等。说明中风病的预防将是今后中风病临床、科研的重点之一。由于中风病致残率高,康复治疗具有重要意义,临床上要有大康复的概念。目前,虽有一些有效的康复方法,但尚无大宗病例的观察报告,未选出最佳康复治疗方案。

第五节 失 眠

失眠是由于心神失养或不安而引起经常不能获得正常睡眠为特征的一类病证。主要表现为睡眠时间、深度的不足以及不能消除疲劳、恢复体力与精力,轻者入睡困难,或寐而不酣,时寐时醒,或醒后不能再寐,重则彻夜不寐。由于睡眠时间的不足或睡眠不熟,醒后常见神疲乏力,头晕头痛,心悸健忘及心神不宁等。

失眠是临床常见病证之一,虽不属于危重疾病,但常妨碍人们正常生活、工作、学习和健康,并能加重或诱发心悸、胸痹、眩晕、头痛、中风等病证。顽固性的失眠,给病人带来长期的痛苦,甚至形成对安眠药物的依赖,而长期服用安眠药物又可引起医原性疾病。中医药通过调整人体脏腑气血的功能,常能明显改善睡眠状况,且不引起药物依赖,更不会引起医源性疾患,因而受到患者的欢迎。

失眠在《内经》中称为"目不瞑"、"不得眠"、"不得卧",《难经》称为"不寐"。《内经》记载失眠原因有三。①其他病证影响。如咳喘、呕吐、腹满等,使人不得安卧。②为邪气客于脏腑,卫气不能入阴所致。如《灵枢·邪客》曰:"夫邪气之客人也,或令人目不瞑,不卧出者……厥气客于五脏六腑,则卫气独卫其外,行于阳,不得入于阴……阴虚,故目不瞑。"③脏腑损伤,阴阳不和,则夜寐不安。如《素问·病能》曰:"人有卧而有所不安者,何也?……脏有所伤及,精有所之寄,则安。故人不能悬其病也。"《素问·逆调论》还记载有:"胃不和则卧不安",后世医家延伸为凡脾胃不和,痰湿、食滞内扰,以致寐寝不安者均属于此。《难经·四十六难》认为老人不寐的病机为"血气衰,肌肉不滑,荣卫之道涩,故昼日不能精,夜不得寐也"。汉代张仲景在《伤寒论》及《金匮要略》中记载了用黄连阿胶汤及酸枣仁汤治疗失眠,至今临床仍有应用价值。《古今医统大全·不寐候》详细分析了失眠的病因病机为"痰火扰乱,心神不宁,思虑过伤,火炽痰郁,而致不眠者多矣。有因肾水不足,真阴不升而心阳独亢,亦不得眠。有脾倦火郁,夜卧遂不疏散,每至五更随气上升而发燥,便不成寐,此宜快脾发郁、清痰抑火之法也"。张景岳在《景岳全书·不寐》中将失眠分成有邪、无邪两种类型,认为"有邪者多实证,无邪者皆虚证",无邪是指"思虑劳倦惊恐忧疑,及别无所累而常多不寐者,总属真阴精血之不足,阴阳不交,而神有不安其室耳"。有邪者又分为外邪、内邪,"凡如伤寒、伤风、疟疾之不寐者,此皆外邪深入之扰也,如痰如火,如寒气水气,如饮食忿怒之不寐者,此皆内邪滞逆之扰也"。此外还有"饮浓茶则不寐,心有事亦不寐者,以心气之被伐也"。故张氏认为"寐本乎阴,神其主也,神安则寐,神不安则不寐。其所以不安者,一由邪气之扰,一由营气之不足耳",据此,《景岳全书·不寐·论治》中指出:"无邪而不寐者,……宜以养营,养气为主治……即有微痰微火皆不必顾,只宜培养气血,血气复则诸症自退,若兼顾而杂治之,则十曝一寒,病必难愈,渐至元神俱竭而不可救者有矣";"有邪而不寐者,去其邪而神自安也"。《医宗必读·不得卧》将失眠原因概括为"一曰气虚,一曰阴虚,一曰痰滞,一曰水停,一曰胃不和"五个方面。《医效秘传·不得眠》将病后失眠的病机分析为"夜以阴为主,阴气盛则目闭而安卧,若阴虚为阳所胜,则终夜烦扰而不眠也。心藏神,大汗后则阳气虚,故不眠。心主血,大下后则阴气弱,故不眠。热病邪热盛,神不清,故不眠。新瘥后,阴气未复,故不眠。若汗出鼻干而不得眠者,又为邪入表也"。

失眠是以不能获得正常睡眠,以睡眠时间、深度及消除疲劳作用不足为主的一种病证。由于其他疾病而影响睡眠者,不属本篇讨论范围。西医学中神经官能症、更年期综合征等以失眠为主要临床表现时可参考本节内容辨证论治。

【证候特征】

失眠以睡眠时间不足,睡眠深度不够及不能消除疲劳、恢复体力与精力为主要证候特征。其中睡眠时间不足者可表现为入睡困难,夜寐易醒,醒后难以再睡,严重者甚至彻夜不寐。睡眠深度不够者常表现为夜间时醒时寐,寐而不酣,或夜寐梦多。由于睡眠时间及深度质量的不够,致使醒后不能消除疲劳,表现为头晕、头痛、神疲乏力、心悸、健忘,甚至心神不宁等。由于个体差异,对睡眠时间和质量的要求亦不相同,故临床判断失眠不仅要根据睡眠的时间和质量,更重要的是以能否消除疲劳、恢复体力与精力为依据。心火、肝火、痰热等失眠实证及阴虚火旺失眠均表现为舌红、脉数,其中心火炽盛者,心烦不寐,口干舌燥,舌尖红苔薄黄而脉数有力;肝郁化火者,急躁易怒不寐,头胀头晕,舌红苔薄黄,脉弦数;痰热内扰者,胸闷心烦不寐,泛恶嗳气,舌红苔黄腻,脉滑数;阴虚火旺者,心悸心烦不寐,腰酸耳鸣,舌红少苔,脉细数。心脾两虚及心虚胆怯,表现为失眠,舌淡,脉细,其中前者多梦易醒,心悸,神疲,食少,舌淡苔薄,脉细无力;后者多梦易惊,胆怯心悸,舌淡苔薄,脉细而弦。

【病因病机】

1. 情志所伤　或由情志不遂,肝气郁结,肝郁化火,邪火扰动心神,神不安而不寐。或由五志过极,心火内炽,心神扰动而不寐。或由思虑太过,损伤心脾,心血暗耗,神不守舍,脾虚生化乏源,营血亏虚,不能奉养心神,即《类证治裁·不寐》曰:"思虑伤脾,脾血亏损,经年不寐。"

2. 饮食不节　宿食停滞,脾胃受损,酿生痰热,壅遏于中,胃气失和,阳气浮越于外而卧寐不安,如《张氏医通·不得卧》云:"脉滑数有力不得卧者,中有宿滞痰火,此为胃不和则卧不安也。"

3. 病后、年迈　久病血虚,产后失血,年迈血少,引起心血不足,心失所养,心神不安而不寐。正如《景岳全书·不寐》中说:"无邪而不寐者,必营气之不足也,营主血,血虚则无以养心,心虚则神不守舍。"

4. 禀赋不足,心虚胆怯　素体阴虚,兼因房劳过度,肾阴耗伤,不能上奉于心,水火不济,心火独亢;或肝肾阴虚,肝阳偏亢,火盛神动,心肾失交而神志不宁。如《景岳全书·不寐》所说:"真阴精血不足,阴阳不交,而神有不安其室耳。"亦有因心虚胆怯,暴受惊恐,神魂不安,以致夜不能寐或寐而不酣,如《杂病源流犀烛·不寐多寐源流》所说:"有心胆俱怯,触事易惊,梦多不祥,虚烦不寐者。"

失眠病位在心,由于心神失养或心神不安所致。其发病与肝郁、胆怯、脾肾亏虚、胃失和降密切相关。其病机或由心脾两虚,气血不足,心胆气虚,触事易惊,导致心神失养所致;或为肝郁化火,五志化火,痰热内扰,阴虚火旺,引起心神不安所致。

综上所述,失眠的病因虽多,但其主要病机不外心胆脾肾的阴阳失调,气血失和,以致心神失养或心神不安。失眠实证多由心火炽盛,肝郁化火,痰热内扰,引起心神不安所致。失眠虚证多由心脾两虚,心虚胆怯,阴虚火旺,引起心神失养所致。但失眠久病可表现为虚实兼夹,或为瘀血所致,故清代王清任用血府逐瘀汤治疗。

【诊　断】

1. 轻者入寐困难或睡而易醒,醒后不寐连续3周以上,重者彻夜难眠。
2. 常伴有头痛头昏、心悸健忘、神疲乏力、心神不宁、多梦等。
3. 经各系统及实验室检查,未发现有妨碍睡眠的其他器质性病变。

【辨证论治】

辨证要点

1. **辨脏腑**　失眠的主要病位在心,由于心神失养或不安,神不守舍而失眠,且与肝、脾、胆、胃、肾的阴阳气血失调相关。如急躁易怒而失眠,多为肝火内扰;脘闷苔腻而失眠,多为胃腑宿食,痰浊内盛;心烦心悸,头晕健忘而失眠,多为阴虚火旺,心肾不交;面色少华,肢倦神疲而失眠,多为脾虚不运,心神失养等。

2. **辨虚实**　失眠虚证,多属阴血不足,心失所养,临床特点为体质瘦弱,面色无华,神疲懒言,心悸健忘,多因脾失运化,肝失藏血,肾失藏精所致。实证为火盛扰心,临床特点为心烦易怒,口苦咽干,便秘溲赤,多因心火亢盛或肝郁化火所致。

治疗原则

失眠实证宜泻其有余,如疏肝解郁,降火涤痰,消导和中。失眠虚证宜补其不足,如益气养血,健脾补肝益肾。在泻实补虚的基础上安神定志,如养血安神、镇惊安神、清心安神,配合精神治疗,消除紧张焦虑,保持精神舒畅。

分证论治

· **心火炽盛**

症状:心烦不寐,躁扰不宁,口干舌燥,小便短赤,口舌生疮,舌尖红,苔薄黄,脉数有力或细数。

治法:清心泻火,安神宁心。

方药:朱砂安神丸。

方中黄连清心,当归养血,生地滋阴,朱砂安神,加黄芩、山栀、连翘,加强本方清心泻火之功,共奏清心泻火、宁心安神之效。本方宜改丸为汤,朱砂用少量冲服。若胸中懊憹,胸闷泛恶,加豆豉、竹茹,宣通胸中郁火;若便秘溲赤,加大黄、淡竹叶、琥珀,引火下行,以安心神。

· **肝郁化火**

症状:急躁易怒,不寐多梦,甚至彻夜不眠,伴有头晕头胀,目赤耳鸣,口干而苦,不思饮食,便秘溲赤,舌红苔黄,脉弦而数。

治法:清肝泻火,镇心安神。

方药:龙胆泻肝汤。

第三章 心脑病证

方用龙胆草、黄芩、栀子清肝泻火，木通、车前子利小便而清热，柴胡疏肝解郁，当归、生地养血滋阴柔肝，甘草和中，加朱茯神、生龙骨、生牡蛎镇心安神。若胸闷胁胀，善太息者，加香附、郁金以疏肝解郁。若头晕目眩，头痛欲裂，不寐欲狂，大便秘结者，可用当归龙荟丸。

- 痰热内扰

症状：胸闷心烦不寐，泛恶，嗳气，伴有头重目眩，口苦，舌红苔黄腻，脉滑数。

治法：清化痰热，和中安神。

方药：温胆汤。

方中半夏、陈皮、竹茹化痰降逆，茯苓健脾化痰，枳实理气和胃降逆，加黄连、山栀清心泻火。本方为清热化痰降气常用之方剂。若心悸动甚，惊惕不安，加珍珠母、朱砂以镇惊定志。若经久不寐，或彻夜不寐，大便秘结者，用礞石滚痰丸降火泻热，逐痰安神。若不寐伴胸闷嗳气，脘腹胀满，大便不爽，苔腻，脉滑，用半夏秫米汤和胃健脾，以决渎壅塞，交通阴阳，和胃降气；若宿食积滞较甚，见有嗳腐吞酸，脘腹胀痛，可加保和丸消导和中安神。

- 阴虚火旺

症状：心悸不安，心烦不寐，腰酸足软，伴头晕，耳鸣，健忘，遗精，口干津少，五心烦热，舌红少苔，脉细而数。

治法：滋阴降火，清心安神。

方药：六味地黄丸合黄连阿胶汤。

六味地黄丸滋补肾阴，黄连、黄芩直折心火，芍药、阿胶、鸡子黄滋养阴血。两方共奏滋阴降火之效。若心烦心悸，梦遗失精，可加肉桂引火归元，与黄连共用交通心肾，心神可安。此外，朱砂安神丸、天王补心丹也可酌情选用。

- 心脾两虚

症状：多梦易醒，心悸健忘，神疲食少，头晕目眩，伴有四肢倦怠，面色少华，舌淡苔薄，脉细无力。可见于外伤或产后失血过多者。

治法：补益心脾，养心安神。

方药：归脾汤。

方用人参、白术、黄芪、甘草益气健脾，当归补血，远志、枣仁、茯神、龙眼肉健脾安神，木香行气健脾，使全方补而不滞。若血虚较甚，加熟地、芍药、阿胶；失眠较重，加五味子、夜交藤、合欢皮、柏子仁养心安神；脘闷、纳呆、苔腻，加半夏、陈皮、茯苓、厚朴以健脾理气化痰。若产后虚烦不寐，形体消瘦，面色㿠白，易疲劳，舌淡，脉细弱，或老人夜寐早醒而无虚烦之证，多属气血不足，治拟养血安神，亦可用归脾汤。

- 心胆气虚

症状：心烦不寐，多梦易醒，胆怯心悸，触事易惊，伴有气短自汗，倦怠乏力，舌淡，脉弦细。

治法：益气镇惊，安神定志。

方药：安神定志丸合酸枣仁汤。

前方重于镇惊安神，后方偏于养血清热除烦，合用则益心胆之气，清心胆之虚热而定惊安神宁心。方中人参益心胆之气，茯苓、茯神、远志化痰宁心，龙齿、石菖蒲镇惊开窍宁神，酸枣仁养肝、安神、宁心，知母泻热除烦，川芎调血安神。若心悸甚，惊惕不安者，加生龙骨、生牡蛎、朱砂。

此外,病后血虚肝热不寐者,宜用琥珀多寐丸;心肾不交,虚阳上扰不寐者,可用交泰丸主治。

【转归预后】

失眠一病除部分病程短,病情单纯者治疗收效较快外,大多属病程较长,病情复杂者,治疗难以速效。且病因不除或治疗失当,易使病情更加复杂,治疗难度增加。属心脾两虚证者,如饮食不当或过用滋腻之品,易致脾虚加重,化源不足,气血更虚,又食滞内停,往往导致虚实错杂。属阴虚火旺、痰热内扰证者,如病情加重则有成狂或癫之势。本病的预后一般较好,但因病情不一,结果亦各异。病情单纯,病程短者易治愈;病程长且虚实夹杂者,多难短期治愈,且与是否能够祛除病因密切相关。

【预防与调摄】

本病因属心神病变,故尤应注意精神调摄,做到喜怒有节,解除忧思焦虑,保持精神舒畅;睡眠环境宜安静,睡前避免饮用浓茶、咖啡及过度兴奋刺激;注意作息有序,适当地参加体育活动等,对于提高治疗失眠的效果,改善体质及提高工作、学习效率,均有促进作用。

【结　语】

失眠多为情志所伤,久病体虚,饮食不节,劳逸失度等引起阴阳失调,阳不入阴而发病。病位主要在心,涉及肝、胆、脾、胃、肾,病性有虚有实,且虚多实少。其实证者,多因心火炽盛,肝郁化火,痰热内扰,引起心神不安所致,治当清心泻火,清肝泻火,清化痰热,佐以安神宁心,常用朱砂安神丸、龙胆泻肝汤、温胆汤等。其虚证者,多由阴虚火旺,心脾两虚,心胆气虚,引起心神失养所致,治当滋阴降火,补益心脾,益气镇惊,佐以养心安神,常用六味地黄丸合黄连阿胶汤、归脾汤、安神定志丸合酸枣仁汤等。

【附】　健忘

健忘是指记忆力减退,遇事善忘的一种病证。亦称"喜忘"、"善忘"。历代医家认为本证多与心脾肾虚损,气血不足有关,亦有因气血逆乱,痰浊上扰所致。《医方集解·补养之剂》指出:"人之精与志,皆藏于肾,肾精不足则肾气衰,不能上通于心,故迷惑善忘也。"《三因极一病证方论·健忘证治》曰:"脾主意与思,意者记所往事,思则兼心之所为也。……今脾受病,则意舍不清,心神不宁,使人健忘,尽心力思量不来者,是也。"可见本病多由心脾不足,肾精虚衰所致。盖心脾主血,肾主精髓,思虑过度,伤及心脾,则阴血损耗,房事不节,精亏髓减,脑失所养,皆能令人健忘。高年神衰,亦多因此而健忘。《素问·调经论》曰:"血并于下,气并于上,乱而喜忘。"而《丹溪心法·健忘》则认为"健忘精神短少者多,亦有痰者"。表明气血逆乱,痰浊上扰亦可引起健忘。

总之,健忘以虚证居多,如思虑过度,劳伤心脾,阴血损耗,化生无源,脑失濡养,或久病损伤精血,年迈气血亏虚,肾虚或心火独亢之心肾不交,均可导致健忘。实证则见于七情所伤,痰浊上蒙所致。

本篇所讨论的健忘是指后天失养,脑力渐致衰弱者。先天不足,生性愚钝的健忘不属于此范围。现将健忘的主要证治分述如下:

- **心脾不足**

症状：健忘失眠，精神疲倦，食少心悸，舌淡，脉细。

治法：补益心脾。

方药：归脾汤。

本方具有补益心脾、安神作用，而用于心脾不足引起的健忘。

- **肾精亏耗**

症状：健忘，腰酸腿软，头晕耳鸣，遗精早泄，五心烦热，舌红，脉细数。

治法：补肾益精。

方药：六味地黄丸加酸枣仁、五味子、远志、菖蒲。

六味地黄丸滋补肾阴。酸枣仁、五味子养心安神补脑，远志、菖蒲化痰开窍，引药上行。若兼肾阳虚者加鹿角胶、肉苁蓉、巴戟天、紫河车，以阴阳同补，填精益脑。

- **痰浊上扰**

症状：健忘，头晕，胸闷，呕恶，苔黄腻，脉滑。

治法：降逆化痰开窍。

方药：温胆汤加菖蒲、郁金。用温胆汤健脾化痰，理气降逆。以菖蒲、郁金开窍解郁。

- **肝郁气滞**

症状：健忘心悸，胸闷胁胀，善惊易恐，喜太息，脉弦细，苔薄。

治法：疏肝解郁，通络开窍。

方药：柴胡疏肝散加郁金、菖蒲。用柴胡疏肝散疏肝，养肝，理气活血，解郁。郁金、菖蒲解郁开窍。

【文献摘要】

《灵枢·邪客》："夫邪气之客人也，或令人目不瞑不卧出者，何气使然？……今厥气客于五藏六府，则卫气独卫其外，行于阳，不得入于阴，行于阳则阳气盛，阳气盛则阳跷陷，不得入于阴，阴虚，故目不瞑。黄帝曰：善。治之奈何？伯高曰：补其不足，泻其有余，调其虚实，以通其道而去其邪，饮以半夏汤一剂，阴阳已通，其卧立至。"

《诸病源候论·大病后不得眠候》："大病之后，脏腑尚虚，荣卫未和，故生于冷热。阴气虚卫气独行于阳，不入于阴，故不得眠。若心烦不得眠者，心热也，若但虚烦而不得眠者，胆冷也。"

《张氏医通·不得卧》："不寐有二，有病后虚弱，有年高人血衰不寐；有痰在胆经，神不归舍，亦令人不寐。"

《医学心悟·不得卧》："有胃不和卧不安者，胃中胀闷疼痛，此食积也，保和汤主之；有心血空虚卧不安者，皆由思虑太过，神不藏也，归脾汤主之；有风寒邪热传心，或暑热乘心，以致躁扰不安者，清之而神自定；有寒气在内而神不安者，温之而神自藏；有惊恐不安卧者，其人梦中惊跳怵惕是也，安神定志丸主之；有痰湿壅遏神不安者，其证呕恶气闷，胸膈不利，用二陈汤导去其痰，其卧立安。"

《灵枢·大惑论》："黄帝曰：人之善忘者，何气使然？岐伯曰：上气不足，下气有余，肠胃实而心肺虚，虚则营卫留于下，久之不以时上，故善忘也。"

《三因极一病证方论·健忘证治》："脾主意与思，意者记所往事，思则兼心之所为也……今脾受病则意舍不精，心神不宁，使人健忘，尽心力思量不来者是也。或曰常常喜忘，故曰健忘，二者通治。"

《重订严氏济生方·惊悸怔忡健忘门》："夫健忘者，常常喜忘是也。盖脾主意与思，心亦主思，思虑过度，意舍不精，神宫不职，使人健忘。治之之法，当理心脾，使神意清宁，思则得之矣。"

《丹溪心法·健忘》："健忘，精神短少者多，亦有痰者。戴云：健忘者，为事有始无终，言谈不知首尾，此以为病之名，非比生成之愚顽不知人事者。……此证皆由忧思过度，损其心胞，以致神舍不清，遇事多忘，乃思虑过度,病在心脾。又云:思伤脾,亦会朝暗遗忘,治之以归脾汤,须兼理心脾,神宁意定,其证自除也。"

【研究进展】

· 辨证论治

龙氏辨证治疗神经衰弱107例,心脾亏损型用党参30g、茯神20g、黄芪20g、淮山药20g、远志10g、白术10g、枣仁10g、龙眼肉15g、夜交藤15g、甘草6g;阴虚火旺型用生地20g、山萸肉20g、茯苓20g、泽泻15g、知母15g、淮山药15g、丹皮10g、枣仁10g、参须10g、黄柏8g、麦冬12g、远志6g;脾胃不和型用法半夏10g、枳实10g、川厚朴10g、枣仁10g、太子参10g、陈皮6g、茯苓12g、竹茹5g,水煎送服保和丸或五积散。治愈82例,有效17例,总有效率92.52%〔湖南中医杂志1994;10(5):38〕。

· 专方专药

赵氏用血府逐瘀汤治疗血瘀性失眠40例,基本方:当归15g、生地12g、赤芍12g、川芎10g、桃仁6~10g、枳壳6g、柴胡6g、桔梗6g、川牛膝3g、西红花2g(另煎),日1剂,水煎服。症状改善后,气虚加西洋参或太子参,阴虚加阿胶、龟版、知母、鹿角胶,脾虚加白术、茯苓、山药,适当选用重镇安神药如磁石、朱砂、琥珀、生龙牡等。治愈20例,显效16例,无效4例〔湖南中医杂志1994;10(5):38〕。董氏用柴胡疏肝散治疗顽固性失眠30例,柴胡15g、香附15g、白芍20g、川芎12g、枳壳12g、甘草6g,血瘀加赤芍、丹参,肝火盛加菊花、栀子,痰湿加胆南星、石菖蒲,心神不安加炒枣仁、夜交藤、茯神,日1剂,水煎服,10日1疗程。治愈26例,好转3例,总有效率96.7%〔国医论坛1993;(6):27〕。华氏用健脑丸治疗神经衰弱症候群153例,药用红参须9g、蜜制黄芪12g、淡水龟甲(打碎先煎)12g、麦冬12g、益智仁12g、石菖蒲(后下)12g、北五味子10g、甘松10g、远志6g、当归8g,日1剂,水煎,1个月1疗程,用2疗程。治愈23例,显效78例,有效44例,无效8例,总有效率94.77%〔新中医1994;(1):28〕。顾氏治疗顽固性失眠:①内服汤:法半夏10g,夏枯草10g,生地、白芍、女贞子、墨旱莲草、丹参、合欢皮各15g,生牡蛎、夜交藤各30g,肝郁加甘菊花、白蒺藜,心肾不交加黄连、肉桂,睡前1小时服头煎,夜间醒后服2煎,夜间不醒者,次日早晨服2煎。②按摩,睡前温水洗脚,按涌泉(双)15分钟。结果治愈24例,好转12例(夜眠时间＞6小时)〔广西中医药1990;(6):6〕。李氏用复方独活胶囊治疗失眠210例,取独活30g,朱砂6g,琥珀6g,共研为末,装入2号胶囊,每晚睡前2小时,服胶囊6粒,连服10日,治愈175例,有效30例,无效10例〔湖北中医杂志1991;(2):6〕。孔氏用丹栀枣仁汤治疗不寐52例,丹皮10g、栀子10g、炒枣仁10g、夜交藤10g、柴胡3g、生龙骨(先煎)30g、生牡蛎(先煎)30g,服法遵许叔微"日午夜卧服",每日1剂,一煎午睡前服,二煎睡前半小时服。有效42例,占80.77%〔安徽中医学院学报1992;(2):19〕。李氏用复方酸枣仁安神胶囊治疗失眠症134例,治疗组71例,用本品1~2粒;对照Ⅰ组31例,用朱砂安神丸10g;对照Ⅱ组32例,用安眠酮1~2片。均于睡前半小时服。结果:3组分别显效(睡眠显著改善,连续3夜睡眠时间延长大于2小时,症状消失或减轻)33例、6例、11例,有效26例、8例、14例,总有效率83%、45.2%、78.2%,治疗组疗效优于对照Ⅰ组($P<0.01$),与对照Ⅱ组比较无显著性差异($P>0.05$),服2粒疗效优于1粒($P<0.05$),病程较长者疗效差,无明显毒副作用〔成都中医学院学报1995;(1):28〕。

第六节 痴 呆

痴呆,多由髓减脑消,神机失用而致,是以呆傻愚笨为主要临床表现的一种神志疾病。其轻者可见神情淡漠,寡言少语,反应迟钝,善忘等症;重则表现为终日不语,或闭门独居,或口中喃喃,言辞颠倒,或举动不经,忽笑忽哭,或不欲食,数日不知饥饿等。

呆者,痴也,癫也,不慧也,不明事理之谓也。后世医家根据其特点又称为呆病。本病在心脑病证中较为常见,也是中老年人的多发病。据统计老年人群中痴呆患病率为2%~18%,其中大部分为轻中型痴呆,患者过着依赖性生活,少部分为严重型痴呆,必须受到监护性照料。本病属疑难病证,中医药治疗具有一定疗效,尤其近几年来,对本病开展了前瞻性多途径临床研究,疗效有较大提高。

古医籍中有关痴呆的专论较少。《景岳全书·杂病谟》有"癫狂痴呆"专篇,指出了本病由多种病因渐致而成,且临床表现具有"千奇百怪"、"变易不常"的特点,并指出本病病位在心以及肝胆二经,对预后则认为本病"有可愈者,有不可愈者,亦在乎胃气元气之强弱"。陈士铎《辨证录》亦立有"呆病门",不仅对呆病症状描述甚详,且分析其成因在于肝气之郁,而最终转为胃气之衰的病理机转过程,其主要病机在于肝郁乘脾,胃衰痰生,积于胸中,弥漫心窍,使神明受累,髓减脑消而病。陈氏并提出本病以开郁逐痰、健胃通气为主的治法,立有洗心汤、转呆丹、还神至圣汤等。

本节所讨论的内容以成年人痴呆为主,小儿先天性痴呆不在讨论之列,有关内容可参考《中医儿科学》。就西医学而言,主要指老年性痴呆、脑血管性痴呆及混合性痴呆、脑叶萎缩症、正压性脑积水、脑淀粉样血管病、代谢性脑病、中毒性脑病等。但不包括老年抑郁症、老年性精神病。

【证候特征】

本病的临床表现纷繁多样,总以渐进加重的善忘前事与呆傻愚笨以及性情改变为其共有特征。

1. 善忘　往往是最早出现的症状,并渐进加重。初期可见患者对近日发生的事情记忆不清;平时经过的事情,似是而非,记忆不全,常不自觉地进行虚构而被认为"说谎"。进而发展为近事及远事记忆能力均减退,甚至不能记起自己的年龄、出生年份等。

2. 呆傻愚笨　表现为表情贫乏,对周围事物漠不关心;反应迟钝,不能进行简单的数字计算;动作笨拙,不能自理日常生活,时常发生错穿衣服、系错钮扣等现象。

3. 性情改变　情绪变化无常,不能自控。或表现抑郁,闭门独处,寡言少语;或表现亢奋,举动不经,忽哭忽笑,言辞颠倒。重者表现为攻击行为,妄想,幻听幻视等。

【病因病机】

本病是一种全身性疾病,病位在脑,与心肝脾肾功能失调密切相关。病因以内因为主,其发病由于七情内伤,久病耗损,年迈体虚,而致气、血、痰、郁、瘀等病邪为患,渐使脑髓空虚,或气血不足,肾精亏耗,痰瘀互阻,脑髓失养。其基本病机为髓减脑消,神机失用;其证候特征以虚为本,以实为标,临床多见虚实夹杂证。

1. 脑髓空虚　脑为元神之府,神机之源,一身之主。脑髓空虚则心无所虑,神无所依而使理智活动、记性减退。

2. 气血不足　心为君主之官而主神明。多因年迈久病,"消炎"、"解毒"、"活血化瘀"久服,损伤于中,气血难生,化源失充;或心气虚衰,心血不足,神明失养则神情涣散,呆滞善忘。

3. 肾精亏损　肾主骨生髓而通于脑。肾精亏损,脑髓失充,神机失控,阴阳失司而迷惑愚钝,动作笨拙,反应迟缓。

4. 痰瘀痹阻　七情所伤,肝郁气滞,气机不畅则血涩不行,气滞血瘀痰结,蒙蔽清窍;或瘀血内阻,脑脉不通,脑气不得与脏气相接,或日久生热化火,神明被扰,则性情烦乱,忽哭忽笑,变化无常。

总之,本病的发生,不外乎虚、痰、瘀,并且三者互为影响。虚指气血亏虚,脑脉失养;阴精亏空,髓减脑消。痰指痰浊中阻,蒙蔽清窍;痰火互虐,上扰心神。瘀指瘀血阻痹,脑脉不通。

【诊　断】

1. 以记忆近事及远事的能力减弱,判定认知人物、物品、时间、地点能力减退,计算力与识别空间位置结构的能力减退,理解别人语言和有条理地回答问题的能力障碍等为主症。

2. 性情孤僻,表情淡漠,语言噜嗦重复,自私狭隘,顽固固执,或无理由的欣快,易于激动或暴怒。其抽象思维能力下降,不能解释谚语、区别词语的相同点和不同点,还有道德伦理缺乏,不知羞耻等性格特征的改变。

3. 起病隐袭,发展缓慢,渐进加重,病程一般较长。但也有少数病例起病较急者。

4. 神经心理学检查,颅脑 CT、MRI 检查等有助于诊断。

【鉴别诊断】

痴呆应与下列病证相鉴别:

1. 郁病　痴呆的神志异常需与郁病中的脏躁一证相鉴别。脏躁多发于青中年女性,多在精神因素的刺激下呈间歇性发作,不发作时可如常人,且无智能、人格、情感方面的变化。而痴呆可见于任何年龄,尤多见于中老年人,男女发病无明显差别,且病程迁延,其心神失常症状不能自行缓解,并伴有明显的记忆力、计算力甚至人格情感的变化。

2. 癫病　癫病是以沉默寡言、情感淡漠、语无伦次、静而多抑为特征的疾病,俗称"文痴",它可因气、血、痰邪或三者互结为患,以成年人多见。而痴呆则属智能活动障碍,是以神情呆滞、愚笨迟钝为主要临床表现的神志疾病,老少皆可见之。另一方面,痴呆的部分症状可自制,治疗后有不同程度的恢复。重症痴呆患者与癫病在临床症候上有许多相似之处,临床难以区分。CT、MRI 检查有助于鉴别。

3. 健忘　健忘是指记忆力差,遇事善忘的一种病证。而痴呆则以神情呆滞,或神志恍惚,告知不晓为主要表现,其不知前事或问事不知等表现,与健忘之"善忘前事"有根本区别。痴呆根本不晓前事,而健忘则晓其事却易忘,且健忘不伴有神志障碍。健忘可以是痴呆的早期临床表现,这时可不予鉴别。由于外伤、药物所致健忘,一般经治疗后可以恢复。CT、MRI 检查有助于两者的鉴别。

【辨证论治】

辨证要点

本病乃本虚标实之证,临床上以虚实夹杂者多见。本虚者不外乎精神、气血、阴阳等正气的衰少;标实者,不外乎气、火、痰、瘀等病理产物的堆积。无论为虚为实,都能导致髓减脑消,脏腑功能失调。因而辨证当以虚实或脏腑失调为纲领,分清虚实,辨明主次。

治疗原则

虚者补之,实者泻之。因而解郁散结、补虚益损是其治疗大法。同时在用药上不可忽视血肉有情之品的应用;另外,移情易性,智力和功能训练与锻炼亦不可轻视。对脾肾不足,髓海空虚之证,宜培补先天、后天,以冀脑髓得充,化源得滋。凡气郁痰滞者,气郁应开,痰滞当清,以冀气充血活,窍开神醒。

分证论治

• 髓海不足

症状：头晕耳鸣，记忆力和计算力明显减退，懒惰思卧，齿枯发焦，腰酸骨软，步行艰难，舌瘦色淡，苔薄白，脉沉细弱。

治法：补肾益髓，填精养神。

方药：七福饮加减。

方中重用熟地以滋阴补肾，合当归养血补肝，人参、白术、炙甘草益气健脾，用以强壮后天之本，远志、杏仁宣窍化痰。

本方填补脑髓之力尚嫌不足，应选加鹿角胶、龟版胶、阿胶、紫河车等血肉有情之品，还可以本方加减制蜜丸或膏滋以图缓治，也可用参茸地黄丸或河车大造丸，每服1丸，日服2～3次。若兼言行不经，心烦溲赤，舌红少苔，脉细而弦数，是肾精不足，水不制火而心火妄亢，可用六味地黄丸加丹参、莲子心、菖蒲等清心宣窍。也有舌质红而舌苔黄腻者，是内蕴痰热，干扰心窍，可加用清心滚痰丸，每服1丸，日服2次，俟痰热化净，再投滋补之品。

• 脾肾两虚

症状：表情呆滞，沉默寡言，记忆减退，失认失算，口齿含糊，词不达意，伴腰膝酸软，肌肉萎缩，食少纳呆，气短懒言，口涎外溢或四肢不温，腹痛喜按，鸡鸣泄泻，舌质淡白，舌体胖大，苔白，或舌红，苔少或无苔，脉沉细弱，双尺尤甚。

治法：补肾健脾，益气生精。

方药：还少丹。

方中熟地、枸杞子、山萸肉滋阴补肾，肉苁蓉、巴戟天、小茴香助命火补肾气，杜仲、怀牛膝、楮实子补益肝肾。还用人参、茯苓、山药、大枣益气健脾而补后天；菖蒲、远志、五味子交通心肾而安神。

若脾肾阳虚者，方用金匮肾气丸加减，酌情加入干姜、黄芪、伏龙肝、白豆蔻等。如见肌肉萎缩、气短乏力较甚者，可配伍紫河车、阿胶、川断、杜仲、鸡血藤、首乌、黄芪等以益气养血。若伴有腰膝酸软，颧红盗汗，耳鸣如蝉，舌瘦质红，少苔，脉沉弦数者，是为肝肾阴虚，当改用知柏地黄丸合转呆定智汤加减应用。

• 痰浊蒙窍

症状：表情呆钝，智力衰退，或哭笑无常，喃喃自语，或终日无语，呆若木鸡，伴不思饮食，脘腹胀痛，痞满不适，口多涎沫，头重如裹，舌质淡，苔白腻，脉细滑。

治法：健脾化浊，豁痰开窍。

方药：洗心汤加减。

方中党参、甘草培补中气，半夏、陈皮健脾化痰，附子协助参、草以助阳气，俾正气健旺则痰浊可除，更以茯神、枣仁宁心安神，神曲和胃。

本方扶正与攻痰并重，补正是益脾之气以生心气，攻痰是扫荡干扰心宫之浊邪，再加养心安神之品，以治其呆傻。脾虚明显者重用党参、茯苓，可配伍黄芪、白术、山药、麦芽、砂仁等健脾益气之品。头重如裹、哭笑无常、喃喃自语、口多涎沫者重用陈皮、半夏，可配伍胆南星、莱菔子、佩兰、白豆蔻、全栝蒌、贝母等豁痰理气之品。若伴有肝郁化火，灼伤肝血心液，症见心烦躁动，言语颠倒，歌笑不休，甚至反喜污秽，或喜食炭灰，宜用转呆丹加味。本方在洗心汤基础上，加用当归、白芍柔肝养血，丹参、麦冬、天花粉滋养心胃阴液，用柴胡合白芍疏肝解郁,用柏子仁合茯苓、枣仁加强养心安神之力。

· **瘀血内阻**

症状:表情迟钝,言语不利,善忘,易惊恐,或思维异常,行为古怪,伴肌肤甲错,口干不欲饮,双目暗晦,舌质暗或有瘀点瘀斑,脉细涩。

治法:活血化瘀,开窍醒脑。

方药:通窍活血汤。

方中麝香芳香开窍并活血散结通络,桃仁、红花、赤芍、川芎活血化瘀,葱白、生姜合菖蒲、郁金以通阳宣窍。

如久病气血不足,加熟地、当归、党参、黄芪补血益气;瘀血日久,血虚明显者,除重用熟地、当归外,尚宜配伍鸡血藤、阿胶、鳖甲、蒸首乌、紫河车以滋阴养血;久病血瘀化热,致肝胃火逆,症见头痛、呕恶等,应加钩藤、菊花、夏枯草、竹茹等清肝和胃之品。

【转归预后】

本病的各种证候之间存在着必然联系。属实证的痰浊、瘀血日久,若损及心脾,则脾气不足,或心阴亏耗;伤及肝肾,则阴精不足,脑髓失养,转化为痴呆的虚证。而虚证病久,气血亏乏,脏腑功能受累,气血运行失司,或积湿为痰,或留滞为瘀,又可见虚中夹实证。总之,本病临床以虚实夹杂多见,虚与实可相互转化,且实证亦多为标实而其本虚已见。

痴呆的病程多较长,虚证患者若长期服药,积极接受治疗,部分精神症状可有明显改善,但不易根治。实证患者,及时有效地治疗,待实邪去,部分患者可获愈。虚中夹实者,则往往病情缠绵,更需临证调理,方可奏效。

【预防与调摄】

精神调摄,智能训练,调节饮食起居既是预防措施,又是治疗的重要环节。病人应养成有规律的生活习惯,饮食宜清淡。医护人员应帮助病人正确认识和对待疾病,解除情志因素。对轻症病人应进行耐心细致的智能训练,使之逐渐掌握一定的生活及工作技能;对重症病人则应注意生活照顾,防止因大小便自遗及长期卧床引发褥疮、感染等。要防止病人自伤或伤人。

【结　语】

痴呆属临床常见病。其病因以情志所伤,年迈体虚为主,病位在脑,与心肝脾肾相关,基本病机为髓减脑消,神机失用,病性则以虚为本,以实为标,临床多见虚实夹杂证。因而痴呆的治疗首当分清虚实。其实证类型以痰瘀为基本病因,或为痰浊蒙窍,或为瘀血内阻,治疗上当化痰开窍,活血祛瘀;而痰瘀日久,生热化火者,又当清热泻火。虚证当补,据病情不同可分别采用补肾益髓,健脾补肾之法。由于肾与髓密切相关,因而补肾是治疗虚证痴呆不可忽视的一面。至于虚实夹杂证,当分清主次,或先祛邪,后扶正;或标本同治,虚实兼顾。另外,在治疗同时,又当重视精神调摄与智能训练。

【文献摘要】

《素问·五常政大论》:"根于中者,命曰神机,神去则机息。"

《灵枢·海论》:"髓海不足,则脑转耳鸣,胫酸眩冒,目无所见,懈怠安卧。"

《景岳全书》:"痴呆证,平素无痰,而或以郁结,或以不遂,或以思虑,或以惊恐而渐痴呆。"

《本草备要》:"人之记性,皆在脑中,小儿善忘者,脑未满也;老人健忘者,脑渐空也。"

《辨证录》:"大约其始也,起于肝气之郁;其终也,由于胃气之衰。肝郁则木克土,而痰不能化,胃衰则土不制水而痰不能消,于是痰积于胸中,盘踞于心外,使神明不清,而成呆病矣。"

《石室秘录》:"呆病……虽有祟凭之,实亦胸腹之中无非痰气……痰势最盛,呆气最深";"治呆之奇法,治痰即治呆也"。

【研究进展】

· 临床诊断的研究

1990年5月中华全国中医学会老年医学会与内科学会在北京制定的《老年呆病的诊断、辨证分型及疗效评定标准》(以下简称《标准》)认为:诊断本病主要从记忆、判定、计算、识别、语言、思维能力减退,个性、人格改变,年龄在60岁以上亦可在50~59岁之间,起病发展缓慢,病程长10个方面加以判定〔中医杂志1991;(2);56〕。张氏则根据病史持续1年以上,具有成年后进行性加重的智能障碍、记忆力减退、定向力障碍,日常生活不能自理,经神经系统详细检查,并按1986年龚氏等制定的成人智能量表评定总分及等级,用长谷川式简易智能测验法测得智能分数来诊断本病〔实用中西医结合杂志1991;(3);158〕。陆氏则采用高氏等的诊断标准,即在无意识障碍的情况下,按记忆、认知、语言、视空间技能和人格5项,心理活动中至少有记忆、认知和另1项明显缺损,且已持续4个月以上者诊断为本病〔中华老年医学杂志1989;(2);75〕。

· 病因病机的探讨

老年呆病是全身性疾病,病位在脑,病因以内因为主,其病理特征以虚为本,以实为标。王氏等认为痴呆之发病在五脏,与肾、肝、心、脾四脏关系尤为密切,在六腑与三焦、胆有密切关系,亦同奇恒之府相关。七情失调是形成本病的重要因素。并指出本病之形成过程中五脏之间相互影响。人至老年,肾精衰枯,脑海空虚;或肾阴不足,虚火上炎,灼伤心阴,或心血不足,虚阳上扰,神明不敛,形成呆病的虚证。情志失调,损伤脾胃,痰浊内生,蒙蔽清窍,形成呆病虚实夹杂之证〔中医杂志1991;(1);39〕。傅氏还指出脑血管性痴呆的发生,以肝肾精亏,髓海不足为本,以肝阳化风,痰湿蒙窍为标。颜氏据"脑髓纯者灵,杂者钝"之病因,认为清灵之府因瘀而不能与脑气相接,脑失所养而发病〔中医杂志1991;(4);24〕。程氏则认为本病与气血凝滞更为密切,瘀血随血脉循行,蒙蔽神明,则脑力心思为之扰乱而发病〔浙江中医学院学报1990;(1);23〕。原敬二郎从社会、心理角度认为本病乃是老人渐被家属和社会疏远等情志原因而导致的〔国外医学·中医中药分册1985;(3);15〕。

· 证候分类与论治

《标准》据痴呆主证外的兼证的不同分为虚实两大类。虚证分为髓海不足、肝肾亏虚、脾肾两虚;实证分为心肝火盛、痰浊阻窍、气滞血瘀。王氏认为痴呆在临床上以虚实夹杂者多见,治宜分清虚实、主次而辨证治疗,虚者不外髓海不足、肝肾阴虚和脾肾不足,分别选用补肾益髓汤、转呆定智汤、还少丹加减治疗;实证不外痰浊阻窍、瘀血内阻,治疗选用洗心汤、转呆汤、通窍活血汤加减〔中医杂志1991;(1);39〕。傅氏对多发性梗塞性痴呆分心火亢盛、痰热内扰型,肝肾阴虚、肝阳上亢型,气虚血瘀型,髓海不足型,分别使用清火豁痰、醒神开窍,滋阴潜阳、平肝开窍,益气化痰,补精填髓、醒脑益智法治疗〔中医杂志1991;(4);24〕。隆氏等据痴呆的主要临床症状,将中风痴呆归结为痰火扰蒙脑窍、肝肾不足、髓海空虚、痰浊阻窍、瘀血内阻5个证型,分别采用清火逐痰、滋补肝肾、涤痰化浊、填精补髓、活血化瘀法治疗,取得一定疗效〔中国医药学报1991;(6);30〕。

老年呆病的治疗除辨证论治选方用药外,临床上有侧重于补虚或祛瘀或祛痰之不同。侧重于补虚的喇氏用脑萎煎(黄芪、当归、川芎、地龙、麦冬、五味子、熟地、首乌等)治疗脑萎缩8例有效。偏重于祛瘀的有张氏用醒脑康冲剂(含丹参、川芎、当归等)治疗成人痴呆50例,取得较好的临床疗效〔北京中医1990;(4);29〕。隆氏等用清开灵注射液合洗心汤治疗痴呆10例有效〔中国医药学报1991;(6);30〕。另外,还有报道用黄连解毒汤能改善脑内血液循环及糖代谢,每日服用1.5g,持续3个月,对中风后遗症和痴呆有很好疗效〔国外医学·中医中药分册1988;(4);63〕。

第七节 痫 病

痫病系指脏腑受伤,神机受累,元神失控所致,以突然意识丧失,发则仆倒,不省人事,两目上视,口吐涎沫,四肢抽搐,或口中怪叫,移时苏醒,一如常人为主要临床表现的一种发作性疾病。又有"痫证"、"癫痫"、"羊痫风"之称。

"痫"字为"癎"字简体。以病从"间",间者,即指其病发作有时,间隔而作。痫病源于《内经》而称"胎病",属"巅疾"范畴。《素问·奇病论》曰:"人生而有病巅疾者,……病名为胎病,此得之在母腹中时,其母有所大惊,气上而不下,……故令子发为巅疾也。"后世医家认为本病的发生不但与先天因素有关,而且还有其他多种因素导致脏气不平,阴阳失调,神乱而病。《三因极一病证方论·癫痫叙论》指出:"癫痫病,皆由惊动,使脏气不平,……或在母胎中受惊,或少小感风寒暑湿,或饮食不节,逆于脏气。"《医述·癫狂痫》引《临证指南》:"天地一阴阳也,阴阳和则天清地凝,一有偏胜,遂有非常之变。人身亦一阴阳也,阴阳和则神清志宁,一有偏胜,则有不测之痫。……古人集癫、狂、痫,辨以为阳并于阴,阴并于阳。……医者惟调其阴阳,不使有所偏胜,则郁逆自消,而神气得反其常矣。"又引李东垣:"皆阳跷(跻)、阴跷、督、冲四脉之邪上行而为病。"《丹溪心法》指出"无非痰涎壅塞,迷闷孔窍"而成。《杂病广要·癫》认为"凡癫痫……皆由邪气逆阳分,而乱于头中也。……其病在头癫。"

对于本病的临床表现,历代均有确切的描述,如《诸病源候论·癫狂候》指出:"卒发仆地,吐涎沫,口㖞,目急,手足缭戾,无所觉知,良久乃苏";"发作时时,反目口噤,手足相引,身体皆然"。《古今医鉴·五痫》也说:"发则卒然倒仆,口眼相引,手足搐搦,背脊强直,口吐涎沫,声类畜叫,食顷乃苏。"至于疾病分类,古有五痫之别,又有风痫、惊痫、食痫之分,均有其理论和实践意义,亦应采取学习与研究态度去体会和探讨。

西医学的癫痫病可参考本节辨证论治。

【证候特征】

神机受累引起元神失控,意识丧失,其证有轻重之别。其轻者一是动作中断,手中物件落地;二是头突然向前倾下,迅速抬起;三是两目上吊数秒乃至数分钟即可恢复;四是对上述症状发作后全然不知。重者以突然仆倒,昏不知人,两目上视,口吐涎沫,四肢抽搐,项背强直,甚则二便失禁,或发则怪叫,移时苏醒,除疲乏无力外,一如常人,此为痫病各种证候的共有特征。

【病因病机】

本病的发生,大多由于七情失调,先天因素,脑部外伤,饮食不节,劳累过度,或患他病之后,使脏腑失调,痰浊阻滞,气机逆乱,风阳内动所致,而尤以痰邪作祟最为重要。

1. 七情失调　主要责之于惊恐。由于突受大惊大恐,造成气机逆乱,进而损伤脏腑,肝肾受损,则易致阴不敛阳而生热生风。脾胃受损,则易致精微不布,痰浊内聚,经久失调,一遇诱因,痰浊或随气逆,或随火炎,或随风动,蒙闭心神清窍,是以痫证作矣。小儿脏腑娇嫩,元气未充,神气怯弱,或素蕴风痰,更易因惊恐而发生本病。

2. 先天因素　痫病之始于幼年者,与先天因素有密切关系,所谓"病从胎气而得之"。前人多责之于"在母腹中时,其母有所大惊"所致。若母体突受惊恐,一则导致气机逆乱,一则导致精伤而肾亏,所谓"恐则精却"。母体精气之耗伤,必使胎儿发育异常,出生后,遂易发生痫病。

3. 脑部外伤 由于跌仆撞击,或出生时难产,均能导致颅脑受伤,使神志逆乱,昏不知人,气血瘀阻,则络脉不和,肢体抽搐,遂发痫证。

此外,或因六淫之邪所干,或因饮食失调,或患它病之后,均可致脏腑受损,积痰内伏,一遇劳作过度,生活起居失于调摄,遂致气机逆乱而触动积痰,痰浊上扰,闭塞心窍,壅塞经络,发为痫病。

综上所述,本病以头颅神机受损为本,脏腑功能失调为标。而先天遗传与后天所伤是为两大致病因素。概由痰、火、瘀为内风触动,致气血逆乱,清窍蒙蔽故发病。其脏气不平,阴阳偏胜,神机受累,元神失控是病机的关键所在。

【诊　断】

1. 起病多骤急,发作前常有眩晕、胸闷、叹息等先兆。典型病例发则突然仆倒,不省人事,两目上视,口吐涎沫,四肢抽搐,或口中怪叫,移时苏醒,除疲乏无力外,一如常人。此为大发作的证候特征。也有动作中断,手中物件落地,或头突然向前倾下而后迅速抬起,或两目上吊多在数秒至数分钟即可恢复,对上述症状发作后全然无知等。此为小发作。

2. 多有先天因素或家族史,尤其病发于幼年者,关系密切。每因惊恐、劳累、情志过极、饮食不节或不洁、或头部外伤、或劳欲过度等诱发。

3. 脑电图检查有阳性表现,必要时做颅脑CT、MRI检查有助于诊断。

【鉴别诊断】

1. 中风病 痫病重证应与中风病相鉴别。本病重证与中风病均有突然仆倒、昏不知人的主症,但本病无半身不遂、口舌歪斜等症;而中风病亦无本病之口吐涎沫、两目上视或病作怪叫等症,以资区别。

2. 厥证 厥证除见突然仆倒、昏不知人主症外,还有面色苍白、四肢厥冷,而无口吐涎沫、两目上视、四肢抽搐和病作怪叫之见症,临床上亦不难区别。

【辨证论治】

辨证要点

1. 辨病情轻重 判断本病之轻重决定于两个方面,一是病发持续时间之长短,一般持续时间长则病重,短则病轻;二是发作间隔时间之久暂,即间隔时间久则病轻,短暂则病重。其临床表现的轻重与痰结之浅深和正气之盛衰密切相关。

2. 辨证候虚实 痫病之风痰闭阻、痰火扰神属实,而心脾两虚、肝肾阴虚属虚。发作期多实或实中挟虚,休止期多虚或虚中挟实。阳痫发作多实,阴痫发作多虚。

治疗原则

病发即急,以开窍醒神治其标;平时病缓则去邪补虚以治其本,是谓本病之大法。临证时前者多以豁痰熄风、开窍定痫法,后者宜健脾化痰、补益肝肾、养心安神法治之。而调养精神、注意饮食、劳逸适度实属重要。

分证论治

发作期

·阳痫

症状：病发前多有眩晕，头痛而胀，胸闷乏力，喜伸欠等先兆症状，或无明显症状，旋即仆倒，不省人事，面色潮红，紫红，继之转为青紫或苍白，口唇青紫，牙关紧闭，两目上视，项背强直，四肢抽搐，口吐涎沫，或喉中痰鸣，或发怪叫，甚则二便自遗。移时苏醒，除感疲乏、头痛外，一如常人，舌质红，苔多白腻或黄腻，脉弦数或弦滑。

治法：急以开窍醒神，继以泻热涤痰熄风。

方药：急以针刺人中、十宣、合谷等穴以醒神开窍。或以清开灵注射液静脉滴注。或灌服黄连解毒汤，方以黄芩、黄连、黄柏、栀子泻上中下三焦之火。或以此汤送服定痫丸，本方源于《医学心悟》，有豁痰开窍，熄风止痉之功。方中竹沥、贝母、胆南星苦凉性降，用以清化热痰，其中贝母甘润，使苦燥而不伤阴；半夏、茯苓、橘皮、生姜相合，用以燥湿化痰，兼以健脾开胃，以助祛痰之力；天麻、全蝎、僵蚕相合偏温，功善熄风止痉，且得天麻之甘平质柔而使诸药不燥；麦冬、丹参、茯神偏凉清心；朱砂、琥珀偏凉质重而镇心；上五味相合，以奏安神之功。石菖蒲辛温芳香，同长于通心气而祛痰之远志相合，则能化痰浊，开心窍，一则可加强方中化痰之力，二则能加强方中开窍之功；甘草调和诸药。诸药相配寒热相宜，燥中有润。

·阴痫

症状：发痫则面色晦暗青灰而黄，手足清冷，双眼半开半合，昏愦，偃卧，拘急，或抽搐时作，口吐涎沫，一般口不啼叫，或声音微小。也有仅为呆木无知，不闻不见，不动不语；或动作中断，手中物件落地；或头突然向前倾下，又迅速抬起；或二目上吊数秒乃至数分钟即可恢复，病发后对上述症状全然无知，多一日频作十数次或数十次。醒后周身疲乏，或如常人，舌质淡，苔白腻，脉多沉细或沉迟。

治法：急以开窍醒神，继以温化痰涎。

方药：急以针刺人中、十宣穴开窍醒神，继用参附注射液静脉滴注。或灌服五生饮，方以生南星、生半夏、生白附子辛温祛痰，半夏又降逆散结，川乌大辛大热，散寒除积滞，黑豆补肾利湿。合二陈汤健脾除痰。诸药共奏温化除痰定痫之功。

休止期

·痰火扰神

症状：急躁易怒，心烦失眠，咯痰不爽，口苦咽干，便秘溲黄。病发后，症情加重，甚则彻夜难眠，目赤，舌红，苔黄腻，脉多沉弦滑而数。

治法：清泻肝火，化痰宁神。

方药：当归龙荟丸。

方以龙胆草、青黛、芦荟直入肝经而泻肝火；大黄、黄连、黄芩、黄柏、栀子通泻上中下三焦之火，尤以大黄推陈致新，降逆而不留邪，以化痰散结；配以木香、麝香走窜，通窍而调气，使清热之力益彰；又恐苦寒太过，以当归和血养肝。诸药相合，使诸火得泻，气血宣通，阴阳调顺，神安志宁而病向愈。本方当加茯苓、姜半夏、橘红健脾益气化痰，以宏药力。

·风痰闭阻

症状：发病前多有眩晕，胸闷，乏力，痰多，心情不悦，舌质红，苔白腻，脉多弦滑有力。

治法：涤痰熄风镇痫。

方药:定痫丸。

方以天麻、全蝎、僵蚕平肝熄风;川贝母、胆南星、姜半夏、竹沥、菖蒲化痰开窍而降逆;琥珀、茯神、远志、辰砂镇心安神定惊;茯苓、陈皮健脾益气化痰;丹参理血化瘀;麦冬甘寒,清肺补心安神;姜汁、甘草温中和胃化痰。

• **心脾两虚**

症状:反复发痫不愈,神疲乏力,面色苍白,体瘦,纳呆,大便溏薄,舌质淡,苔白腻,脉沉弱。

治法:补益心脾为主。

方药:六君子汤合温胆汤。

方以六君健脾化痰而益心;温胆汤治胆以通心神;加人参、枣仁、黄连以润养心神兼清心火而安魂魄。

• **肝肾阴虚**

症状:痫病频作,神思恍惚,面色晦暗,头晕目眩,两目干涩,耳轮焦枯不泽,健忘失眠,腰膝酸软,大便干燥,舌红苔薄黄,脉沉细而数。

治法:滋养肝肾为主。

方药:大补元煎。

方以人参、炙甘草、熟地黄、枸杞子、山药、当归、山茱萸、杜仲补气益心,补养肝肾;加鹿角胶、龟版胶养阴益髓,牡蛎、鳖甲滋阴潜阳。

上述各证的处方中,加入适量全蝎、蜈蚣等虫类药物,以熄风解毒、活络解痉而镇痫,可提高疗效。一般研粉,每服1~1.5g,每日2次为宜,小儿量酌减。再者本病的发生与气血瘀滞有关,尤其久病和外伤者,适当加活血化瘀之品实属必要。

【其他疗法】

1. 以炉贮炭火,时时泼醋,熏其鼻即"熏鼻法",对病发不省人事者适宜,以开窍醒神。
2. 还有将定痫丸方中犀角易成3倍量的水牛角,以姜汁化开擦胸等外治法,临床应用均有利救治。

【转归预后】

痫病的转归与预后取决于患者的体质强弱、正气盛衰与感邪轻重。本病证有反复发作的特点,病程一般较长,少则一、二年,多数患者终身难愈。体质强、正气尚足的患者,如治疗恰当,痫发后再予以调理,可控制发作,但难以根治;体质较弱,正气不足,痰浊沉痼者,往往迁延日久,缠绵难愈,预后较差。若反复频繁发作,少数年幼患者智力发育受到影响,出现智力减退,甚至成为痴呆。或因发作期痰涎壅盛、痰阻气道,易造成痰阻窒息等危证,必须及时进行抢救。

痫病初发或病程在半年以内者,尤应重视休止期的治疗和精神、饮食的调理。如能防止痫病的频繁发作,一般预后较好;如调治不当或经常遇到情志不遂、饮食不节等诱因的触动,可致频繁发作,病情由轻转重。

【预防与调摄】

控制诱因是防止发作的重要措施,生活调摄当避免劳欲过度,尤其保持心情舒畅,饮食适宜,不但是预防的需要,而且也是治疗和防止复发不可缺少的环节。另外,本病患者不宜从事高空、驾驶及水上工作,亦应注意远离火源,骑自行车外出时以二人同行为宜,以防意外。在发作期尤要注意去掉义齿,保护舌头。昏不知人时间长者,更要特别注意排痰和口腔卫生。

【结　语】

痫病多因突受惊恐,饮食所伤,先天遗传(或畸型或不足)以及外伤等,致使脏腑受伤,风痰闭阻,痰火内盛,心肾亏虚,造成神机受累、元神失控引发。病位在头,与心肝脾肾有关。治疗时当以急则开窍醒神以治其标,控制其发作,缓则祛邪补虚以治其本,多以调气豁痰,平肝熄风,通络解痉,清泻肝火,补益心脾肝肾等法治之。突然发作以针刺等外治法开窍醒神以促进苏醒,再投以煎剂,平日当调脏腑阴阳,这是按疾病层次而论治的基本原则。

【文献摘要】

《古今医鉴·五痫》:"痫者有五等,而类五畜,以应五脏。发则卒然倒仆,口眼相引,手足搐搦,背脊强直,口吐涎沫,声类畜叫,食倾乃苏。原由所由,或因七情之气郁结,或为六淫之邪所干,或因受大惊恐,神气不舍,或自幼受惊,感触而成,皆是痰迷神窍,如痴如愚。治之不须分五,俱宜豁痰顺气,清火平肝。"

《寿世保元·痫症》:"盖痫疾之原,得之惊,或在母腹之时,或在有生之后,必因惊恐而致疾。盖恐则气下,惊则气乱,恐气归肾,惊气归心。并于心肾,则肝脾独虚,肝虚则生风,脾虚则生痰。蓄极而通,其发也暴,故令风痰上涌而痫作矣。"

《证治准绳·癫狂痫总论》:"痫病发则昏不知人,眩仆倒地,不省高下,甚至瘛疭抽掣,目上视,或口眼㖞斜,或口作六畜之声。"

《证治准绳·痫》:"痫病与卒中痉病相同,但病仆时口中作声,将醒时吐涎沫,醒后又复发,有连日发者,有一日三、五发者。中风中寒中暑之类则仆时无声,醒时无涎沫,醒后不复再发。痉病虽亦时发时止,然身强直反张如弓,不如痫之身软,或口猪犬牛羊之鸣也。"

《临证指南医案·癫痫》:"痫病或由惊恐,或由饮食不节,或由母腹中受惊,以致脏气不平,经久失调,一触积痰,厥气内风,猝然暴逆,莫能禁止,待其气反然后已。"

【研究进展】

·理论研究

杨氏观察216例原发癫痫患者,经数理统计,情志因素无论在起病或治疗过程中都起主要作用,与对照组、饮食组、遗传组、外伤组有显著性差异($P<0.05$)。从而证明了调节情志在预防、治疗该病中的重要性〔北京医学 1984;(5):302〕。陈氏、邱氏则强调病因为痰,故陈氏于方中加入川乌等辛热破结之品,劫其顽痰;而邱氏则从升降论治,以《伤寒温疫条辨》中"升降散"加减,升降气机,祛化痰浊〔中医杂志 1984;(7):39〕〔江苏中医 1987;(3):10〕。吴氏则认为血瘀为发病另一主要因素,故以通窍活血汤加减治疗〔陕西中医学院学报 1984;(3):36〕。

·临床研究

采取辨病与辨证相结合,以基本方加减,进行临床研究。张氏用补中益气汤加减治疗54例患者,有效率为96.3%〔贵阳中医学院学报 1984;(1):37〕。

曾氏将该病分为惊痫、郁痫等7种证候,治疗163例,各证候有效率在85%以上〔浙江中医杂志 1989;(9):396〕。曹氏则以柴胡加龙骨牡蛎汤治疗证属胆热痰扰、虚阳不守则相火亢盛者,每每应手〔江苏中医 1987;(10):16〕。

由于痫病病程长,中成药开发不断增加。王氏运用镇痫灵治疗239例,有效率为95.4%,并指出主药为桃花蕊〔天津中医 1991;(11):12〕。晏氏利用全蝎韭糖治疗101例患者,有效率为95%,与苯妥英钠组有显著性差异(有效率82%)($P<0.05$)〔四川中医 1991;(11):12〕。邹氏利用牛黄醒脑液注射大椎等穴,经409例观察,总有效率为97.5%〔中医杂志 1991;(12):37〕。庞氏用抗痫灵治疗小儿癫痫206例,有效率88.83%〔中西医结合杂志 1988;8(12):742〕。

· **实验研究**

从中药中提取有效成分是治疗癫痫的新途径。陈氏利用提取的α-细辛醚注射液与脱水剂合用,抢救癫痫持续状态18例,显效率为44.4%〔中医杂志 1982;23(12):39〕。晏氏使用从青阳参中提取的青阳参总甙,配合苯妥英钠,治疗本病21例,总有效率为90.5%〔云南中医学院学报 1983;(1):16〕。

第八节 癫 病

癫病即因情志所伤,或先天遗传,致使痰气郁结,蒙蔽心窍,阴阳失调,精神失常所引起的,以精神抑郁,表情淡漠,沉默痴呆,喃喃自语,出言无序,静而多喜少动为特征的临床常见多发的精神病。青壮年多见,近年来少年发病者有增加趋势。

本病源于《内经》。对其临床表现,《灵枢·癫狂》说:"癫疾始生,先不乐,头重痛,视举,目赤,甚作极,已而烦心。"为了观察病情变化,首创"治癫疾者常与之居"的护理方法,至今也有实用意义。在病因病机上,《素问·至真要大论》说:"诸躁狂越,皆属于火",《素问·脉解》又说:"阳尽在上,而阴气从下,下虚上实,故狂颠疾也",指出了火邪扰心和阴阳失调而发病。《灵枢·癫狂》又有"得之忧饥"、"大怒"、"有所大喜"等记载,明确了情志因素致病。《素问·病能论》记载"服以生铁落为饮"治疗本病。《难经·二十难》提出了"重阴者癫"、"重阳者狂",使癫病与狂病相鉴别,但直至金元时期,癫、狂始终未能分清。到了明代,王肯堂始将其详细分辨,《证治准绳·癫狂痫总论》曰:"癫者或狂或愚,或歌或笑,或悲或泣,如醉如痴,言语有头无尾,秽洁不知,积年累月不愈";"狂者病之发时猖狂刚暴,如伤寒阳明大实发狂,骂詈不避亲疏,甚则登高而歌,弃衣而走";"痫病发则昏不知人,眩仆倒地,不省高下,甚而瘈疭抽掣,目上视,或口眼㖞斜,或口作六畜之声"。《医林改错·癫狂梦醒汤》指出"癫狂……乃气血凝滞脑气",从而开创瘀血学说之先河。

西医学精神分裂症抑郁型与抑郁症,其特征、舌脉等与本病类似者,可参考本节辨证论治。

【证候特征】

癫病以精神失常为其各证候的共有特征。即以精神抑郁,表情淡漠,沉默痴呆,语无伦次,静而少动,喃喃自喜为主。

【病因病机】

癫病病位在神机,与心脾肝胆有密切关系。因为心为五脏六腑之大主,而主统魂魄、意志。故忧动于心则肺应,思动于心则脾应,怒动于心则肝应,恐动于心则肾应。凡喜怒忧思恐悲惊七情,虽分属五脏,然无不从心而发。

1. **情志所伤** 多因恼怒郁愤不解,则肝失疏泄,胆气不平,心胆失调,气机失司,心神惑乱而成;或肝郁不解,水湿失职,痰湿内生,或肝郁化火,则痰火逆乱,心神被扰而成;若暴

(恚)怒不止,则气机痹阻,血循不利而为瘀,或瘀痰互结,瘀阻升降之机,终由阴阳失调,精神失司而成。

2. 痰气郁结　思虑太过,所愿不遂,心脾受伤,思则气结,心气受抑,脾气不发,则痰气郁结,上扰清窍,以致蒙蔽心神,神志逆乱而成,日久则心血内耗,脾失化源,心脾两虚,血不荣心,或药物所伤,中州受损,中阳虚衰,神明失养而成。

3. 先天遗传　即胎儿在母腹中有所大惊,胎气被扰,升降失调,阴阳失平,致使先天不足,脑神虚损,生后一有所触,则气机逆乱,神机错乱引发本病。

由上述可知,七情内变,致使气滞、痰结、血瘀;先天遗传致虚与脑神异常多为致病之因,进而导致脏气不平,阴阳失调,神机逆乱,此是病机的关键所在。

【诊　断】

1. 患者大多数有性急易怒,或忧愁、悲哀、焦虑、恐惧,甚至愤恨等情志内伤;有家族中罹患本病或类似疾病的病史;突然而病,或病情的轻重与反复等多与情志有关。

2. 本病以精神抑郁,表情淡漠,沉默痴呆,出言无序,或喃喃自语,静而少动,多喜为其主要临床特征。

3. 本病多发于青壮年女性。近年临床资料表明,少年病例也不断出现,且有增多之势。

【鉴别诊断】

1. 郁病　郁病以心情抑郁,情绪不宁,胸闷胁胀,急躁易怒,心悸失眠,或咽中如有炙脔,吐之不出,咽之不下为特征,以资临床鉴别。

2. 痴呆　癫病与痴呆症状表现亦有相似之处,但痴呆以智能低下为突出表现,以神情呆滞、愚笨迟钝为主要证候特征,其部分症状可自制,其基本病机是髓减脑消,神机失用,或痰浊瘀血,阻痹脑脉。

3. 其他　必须排除因器质性疾病以及药物原因导致的精神失常。

【辨证论治】

辨证要点

1. 辨明新久虚实　本病早期或初病多以精神失常为其证候特征,但有兴奋、烦躁为主的早期证候,多为实证;病久则多见精神抑郁、悲愁、痴呆为主的晚期证候,多属虚证。

2. 确定病性　精神抑郁,哭笑无常,多喜太息,胸胁胀闷,此属气滞;神情呆滞,沉默痴呆,胸闷痞满,此属痰阻;情感淡漠,昏昏愦愦,气短无力,此属气虚;沉默少动,善悲欲哭,肢体困乏,此属脾虚;神思恍惚,多疑善忘,心悸易惊,此属血虚。

治疗原则

本病以理气解郁,畅达神机为其治疗原则。此外,移情易性不但是防病治病的需要,也是防止反复与发生意外不可忽视的措施,此乃治疗本病的另一个基本原则。

分证论治

· 肝郁气滞

症状:精神抑郁,情绪不宁,沉默不语,善怒易哭,时时太息,胸胁胀闷,舌质淡,舌苔薄白,脉弦。

治法：疏肝解郁，行气导滞。

方药：柴胡疏肝散加减。

方中以柴胡、枳壳、香附、厚朴疏肝理气解郁；白芍柔肝；菖蒲、远志、郁金宣开心窍。本证属癫病初期，重点在于疏肝行气。若兼有肝木克土症状时，当加用党参、白术、山药、茯苓等以健脾益气；胁下胀痛者，加川楝子、片姜黄；若嗳气频作、胸脘满闷者，加旋覆花、代赭石、苏梗以平肝和胃降逆。

- **痰气郁结**

症状：精神抑郁，表情淡漠，沉默痴呆，出言无序，或喃喃自语，喜怒无常，秽洁不分，不思饮食，舌红苔腻而白，脉弦滑。

治法：理气解郁，化痰醒神。

方药：顺气导痰汤。

本方取二陈汤足太阴阳明药，半夏辛温体滑性燥，行水利痰为君。痰因气滞，气顺则痰降，故以橘红利气，痰由湿生，湿去则痰消，以茯苓健脾渗湿为臣。加入胆星、枳实名为导痰汤为佐，治顽痰胶固，非二陈单用所能除，因胆星能助半夏、枳实而成冲墙倒壁之功以去胶固之顽痰。又以香附、木香顺气解郁而为使。

可加入郁金、菖蒲、苍术以加强理气解郁醒神，苍术与香附相合使气机通畅，痰气自消，窍宣神复而病愈。若饮伏甚者以控涎丹，临卧姜汤送下，该方虽无芫花逐水，但有甘遂、大戟之峻攻，白芥子能去皮里膜外之痰，故搜剔痰结伏饮功效甚佳，尤其制成丸剂，小量服用，去痰而不伤正。若痰浊壅盛，胸膈瞀闷，口多痰涎，脉滑大有力，形体壮实者，可暂用三圣散取吐，劫夺痰涎。盖药性猛悍，自当慎用。倘吐后形神俱乏，宜以饮食调养。如神思迷惘，表情呆钝，言语错乱，目瞪不瞬，舌苔白腻，为痰迷心窍，治宜理气豁痰，宣窍散结。先以苏合香丸，芳香开窍，继以四七汤加胆星、郁金、菖蒲之类，以行气化痰。如不寐易惊，烦躁不安，舌红苔黄，脉滑数者，此痰郁化热，痰热交蒸，干扰心神所致，宜清化痰热，可用温胆汤加黄连合白金丸，取黄连清心火，白金丸手少阴药，白矾酸咸能软顽痰，郁金苦辛，能去恶血，痰血去则心窍开而病已。若神昏志乱，动手毁物，为火盛欲狂之征，当从狂论治。

- **心脾两虚**

症状：神思恍惚，魂梦颠倒，心悸易惊，善悲欲哭，肢体困乏，饮食锐减，舌淡苔腻，脉沉细无力。

治法：调节气机，健脾养心。

方药：养心汤送服越鞠丸。

以越鞠丸调节气机，使气畅血通，郁解神复，取其"气血流通即是补"之义。养心汤健脾养心安神，即以人参、黄芪、甘草补脾气；川芎、当归养心血；茯苓、远志、柏子仁、酸枣仁、五味子宁心神；更有肉桂引诸药入心经，以奏养心安神之功。亦可越鞠丸畅气机，合温胆汤调心胆，以平衡阴阳，气血流畅即虚得补而病向愈。

- **气阴两虚**

症状：久治不愈，神志恍惚，多言善惊，心烦易怒，躁扰不寐，面红形瘦，口干舌燥，舌红少苔或无苔，脉沉细而数。

治法：益气养阴。

方药：四君子汤送服大补阴丸。

以四君子补中健脾益气,气为阳,阳生阴长,阴虚得养,火旺自降;久病穷必及肾,阴虚火旺,故用大补阴丸以盐黄柏、盐知母、酒蒸熟地、龟版、猪脊髓和蜜为丸,盐汤送下,此足少阴药,前四味皆滋阴补肾之药,补水即降火,所谓壮水之主以制阳光。加猪脊髓,取其能通肾命,阳生阴长,肾命相通,共奏滋阴降火,使之阴阳得其平,神机自复而病向愈。

【其他疗法】

除上述治疗外,单味药如桑寄生、洋金花、马钱子、黄芫花、大戟、水牛角、地龙治疗精神病进行临床观察,亦取得一定疗效;也有用针灸、拔火罐的方法治疗均取得一定效果。但对单味剧毒药如洋金花、马钱子等应慎用为宜。

此外,移情易性等精神疗法也不失为治疗癫病的有效方法。如防止环境的恶性刺激,这对保持患者智力、活跃情绪、增加社会接触和消除被隔离感有益,包括墙涂艳色,摆装饰物(画片、花卉等),保持光线明亮,勤更衣着,鼓励拜会亲友、谈心、读报、听收音机或看电视。病房布置家庭化,以免医院的一切白色标志引起患者负性情绪。积极组织患者参加娱乐活动。听力下降者劝用助听器,以便与外界加强联系。

【转归预后】

本病早期诊断治疗无误,可以痊愈,但关键在神志调养,如屡遇七情内伤,则易反复。若失治、治之不当,不但转成慢性,且可加重转为狂病,预后亦差。

【预防与调摄】

本病除药物治疗外,调摄护理也格外重要。如情志、起居、食饮、劳逸等的调摄宜有规律;护理工作也要加强,防止意外。病人不宜从事高空作业及驾驶、操纵机械等危险性大的工作。平素亦要防止恶言、讥讽扰乱情志,要给予关心照顾。

【结　语】

癫病是一种精神失常疾病。病位在神机,与肝胆心脾有关,而情志所伤,痰气郁结与先天遗传,为主要致病之因,致使脏气不平,阴阳失调,神机逆乱是其病机所在。临床上以精神抑郁,表情淡漠,沉默痴呆,喃喃自语,语无伦次,静而多喜少动为其特征。治以理气解郁,畅达神机为其大法。同时,移情易性不但是防病治病的需要,也是防止反复或意外发生的措施,这是治疗上又一个基本原则。除药物治疗外,必须注重生活调摄、精神安慰及必要的安全护理。

【文献摘要】

《素问·五常政大论》:"根于中者,命曰神机,神去则机息。"

《素问·六微旨大论》:"出入废则神机化灭,升降息则气立孤危。"

《素问·脉要精微论》:"衣被不敛,言语善恶,不避亲疏者,此神明之乱也。"

《医家四要·病机约论·癫狂者审阴阳之邪并》:"癫疾始发,志意不乐,甚则精神痴呆,言语无伦,而睡于平时,乃邪并于阴也。……盖癫之为病,多因谋为不遂而得。"

《证治汇补·癫狂》:"二症之因,或大怒而动肝火,或大惊而动心火,或痰为火升,升而不降,壅塞心窍,神明不得入,主宰失其号令,心反为痰火所役。……若抚撑大笑,言出不伦,左顾右盼,如见神灵,片时正性复明,深为极悔,少倾态状如故者。此膈上顽痰,泛滥洋溢,塞其道路,心之为碍。痰少降则正性复明,痰复升则又举发,名之曰癫。法当利肺安心,安神滚痰丸主之。"

【研究进展】

张氏等以欢神汤(合欢皮、茯神、郁金、菖蒲、醋柴胡、当归、青皮、陈皮、白术、天竺黄、南星)治疗癫症33例,结果治愈12例,好转15例,无效6例。总有效率为81.8%。病者大致禀赋薄弱,生性内向,心胸狭窄,多思善感或抑郁多疑,遇事常耿耿于怀,渐积日久,肝气郁滞,心气暗耗,脾气不适,痰浊内生。逢所欲不遂,痰气上蒙心窍,而发癫疾。体会:心肝脾三脏虚损为病之本,痰郁窍闭为其标。欢神汤诸药合用有欢神宁心、化痰开窍、解郁健脾之功,治疗本病随证变通每能收效〔陕西中医1985;(12):537〕。王氏认为癫病多因忧思过度,郁闷不舒,忧愁思虑伤心,故心血不足,又兼思则气结,气结则凝固,堵塞气机,蒙蔽神明,故精神失常,俗所谓痰迷心窍。癫与狂,病理症状虽不同,其痰火郁蔽则一,故治疗大法以祛痰为主。癫病于祛痰中兼养心安神,自定加味温胆汤(清半夏、广皮、茯神、远志、竹茹、枳实、九节菖蒲、矾郁金、天竺黄、磁石、生龙齿、生牡蛎、胆南星、朱砂)治之〔北京中医1984;(1):5〕。高氏指出:癫狂之治疗,以寒下治狂,常有所见,然寒下治癫,迄今鲜见。治多主养血安神、温阳补虚、理气化痰。寒下治癫自为医者所远。然验于临床,癫证亦有因痰、气、瘀、热胶固郁结,凝滞脑气,闭窍蒙神所致。补养之法,滞气恋邪,甚难获效;理气解郁,化痰开窍,或可获效;而主以寒下,兼以利气活血,涤痰开窍,则每获速效。在理论上他提出:①痰瘀凝滞脑气;②肺气郁结;③郁久化热;④下以去实,泄以去闭。癫证缘于痰、气、瘀、热互结者,其大肠气闭,燥屎内结或瘀血经闭,其轻者,或可理气清解,活血化瘀;其重者,痰经热炼而胶粘益甚,热为痰固而难以消解。故须下之泄之,迅猛荡逐痰热、瘀血、燥屎、结气,从速降下滞塞于脑络之陈莞浊邪以开闭塞。使升降复常,气血调畅,神智自复清明〔云南中医杂志1987;(3):12〕。陈氏以温胆汤加减治疗癫狂症30例,属癫症者26例,狂症4例。基本方药:竹茹、陈皮、姜半夏、茯苓、甘草、枳壳、炙远志、菖蒲、炒枣仁、生龙牡、珍珠母、麦冬。痰涎壅盛者加天竺黄、胆南星、明矾、礞石滚痰丸等;肝郁气滞者加柴胡、香附、郁金、川芎等;痰热伤阴者加南沙参、生地、白芍等;躁扰不安者加莲子心、朱砂、琥珀等;热盛心烦者加黄连、黄芩、栀子、大黄、龙胆草、生石膏等;躁狂奔走者加生石决明、生铁落等。30例近期临床治愈13例,占43%;显效5例,占17%;有效8例,占27%;无效4例,占13%;总有效率达87%〔中医杂志1984;(11):31〕。张氏等应用龙郁承气汤为主,辨证加减治疗癫狂50例。基本方:龙胆草、郁金、枳实、桃仁、茯神各10~15g,胆南星、天竺黄各8~12g,黄芩10~12g,木通10~20g,大黄10~100g,芒硝10~45g,每日1剂,早中晚3次煎服,每10剂为1疗程,间隔2天可进行下1疗程。结果痊愈43例,有效5例,无效2例,总有效率96%。服药两疗程10例,不足两疗程34例〔陕西中医1985;(12):539〕。

第九节 狂 病

狂病系因五志过极,或先天遗传,致使痰火壅盛、闭塞心窍、神机错乱所引起的以精神亢奋,狂躁不安,骂詈毁物,动而多怒,甚至持刀杀人为特征的临床常见多发的精神病。青壮年罹患者多。

本病源于《内经》,如《素问·至真要大论》曰:"诸躁狂越,皆属于火。"《素问·病能论》又曰:"有病狂怒者,此病安生?岐伯曰,生于阳也。帝曰,阳何以使人狂?岐伯曰,阳气者,因暴折而难决,故善怒也。……治之奈何?岐伯曰,夺其食即已。……使之服以生铁落为饮。"《素问·阳明脉解》指出:"病甚则弃衣而走,登高而歌,或至不食数日,逾垣上屋。"对本病病因病机、临床病象、治法、方剂均作了详细描述。《灵枢·癫狂》设专篇论癫狂病的表现与鉴别诊断,尤在针灸治疗上为详,首创"与背腧以手按之立快"点穴法治狂病。嗣后《难经》不但总结了"重阳者狂",并对癫与狂病的不同表现加以鉴别。至金元,虽有癫、狂、痫的提法,然始终相提并论,混而不清。明代王肯堂始将其详辨,恢复了《内经》论癫狂痫之区别。清代王清任首创"气血凝滞"说,且创制癫狂梦醒汤用以治疗癫狂病。

西医学的精神分裂症与躁狂型精神病等,具有本病证候特征、舌苔脉象者,可参考本节辨证论治。

【证候特征】

狂病以动而多怒、兴奋性精神失常为证候特征。常以喧扰不宁、躁妄骂詈、不避亲疏、逾垣上屋、登高而歌、弃衣而走、甚至持刀杀人等凶狂之象为主。

【病因病机】

狂病病位在神机,与肝胆心脾有密切关系。即《素问·脉要精微论》所言:"此神明之乱也"。

1. **大怒伤肝** 卒受惊恐,情志过激,勃然大怒,引动肝胆木火上升,冲心犯脑,神明失其主宰。或突遭惊恐,触动心火,上扰清灵,神明无由自主,神志逆乱,躁扰不宁而发为本病。

2. **饮食不节** 过食肥甘,膏粱炙煿之品,酿成痰浊,复因心火暴张,痰随火升,蒙蔽心窍,神明无由出入;或贪杯好饮,里湿素盛,郁而化热,充斥胃肠,腑热上冲,扰动元神而发病。

3. **先天遗传** 母腹中受惊而致虚,则神机紊乱,或禀赋不足和家族遗传,出生后突受刺激则阴阳失调,神机逆乱而引发本病。

总之,七情内伤、饮食不节和先天遗传是本病主要致病因素,而痰火瘀血闭塞心窍,阴阳失调,形神失控是其病机所在。

【诊　断】

1. 病人多有七情内伤和家族史,或患郁病、失眠之疾而突发本病的病史。

2. 本病以精神错乱,哭笑无常,动而多怒,喧扰不宁,躁妄骂詈,不避亲疏,逾垣上屋,登高而歌,弃衣而走,甚至持刀杀人为其临床证候特征。

3. 少年、青壮年、老年与不同性别均可发病,但以青壮年女性为多。

【鉴别诊断】

狂病应与下列疾病加以鉴别:

1. **癫病** 该病以静而多喜为主,表现为精神抑郁,表情淡漠,沉默痴呆,语无伦次,或喃喃自语为特征,以资鉴别。

2. **蓄血发狂** 蓄血发狂为瘀热交阻所致,多见于伤寒热病,具有少腹硬满、小便自利、大便黑亮如漆等特征,不同于狂病之因人事拂意突然喜怒无常、狂乱奔走之主症。

【辨证论治】

辨证要点

辨别新久虚实:狂证初起多以狂暴无知、情绪高涨为主要表现,临床多属心肝火炽、痰火或腑实内扰证,病性以实为主;治不得法或迁延日久,邪热伤阴,瘀血阻络,可致心神昏乱日重,而见水火失济,阴虚火旺证,或瘀血阻窍兼气阴两虚等证,病性以虚或虚中夹实为主。

治疗原则

狂病以降(泄)火豁痰以治标,调整阴阳,恢复神机以治本,为其基本原则。同时,加强护理,防止意外也是不可忽视的原则。

分证论治

- **痰火扰神**

症状:素有性急易怒,头痛失眠,两目怒视,面红目赤,烦躁,突然狂乱无知,骂詈号叫,不避亲疏,逾垣上屋,或毁物伤人,气力逾常,不食不眠。舌质红绛,苔多黄腻或黄燥而垢,脉弦大滑数。

治法:清泄肝火,涤痰醒神。

方药:程氏生铁落饮。

方以生铁落平肝重镇降逆泄火;钩藤味甘微寒无毒,除心热平肝风而泄火;胆星、贝母、橘红等涤痰化浊;菖蒲、远志、茯神、辰砂宣窍宁心复神;天冬、麦冬、玄参、连翘养阴清热化瘀解毒。若痰火壅盛而舌苔黄腻垢者,同时用礞石滚痰丸逐痰泻火,再用安宫牛黄丸(水牛角3倍量易犀角)清心开窍。若神较清,温胆汤合朱砂安神丸主之。

- **火盛伤阴**

症状:狂病日久,其势较戢,呼之能自止,但有疲惫之象,多言善惊,时而烦躁,形瘦面红而秽,舌红少苔或无苔,脉细数。

治法:滋阴降火,安神定志。

方药:二阴煎。

方中以生地、麦冬、玄参养阴清热而化瘀;黄连、木通、竹叶、灯心泻心火清心安神;茯神、酸枣仁、甘草养心安神定志。亦可合《千金》定志丸以资调理。

- **痰结血瘀**

症状:狂病日久不愈,面色暗滞而秽,躁扰不安,多言,恼怒不休,甚至登高而歌,弃衣而走,妄见妄闻,妄思离奇,头痛,心悸而烦,舌质紫暗有瘀斑,少苔或薄黄苔干,脉弦细或细涩。

治法:豁痰化瘀。

方药:癫狂梦醒汤。

方以桃仁苦泄血滞,甘缓益肝生血,逐瘀润燥为君药;赤芍能散邪行血中之滞,破瘀血,与苦平之柴胡平肝胆三焦包络的相火,升清阳散结气,宣畅气血;又以大腹皮下气宽中,陈皮导痰消滞利水,解郁除烦;青皮疏肝胆,泻肺气,破坚癖,散滞气积结;苏子行气宽中,开胃益脾;桑皮降气散血,泻肺火,去水气,利水道;半夏消结满寒痰,体滑性燥,能走能散,和胃健脾,除湿化痰,为下逆气湿痰之要药,共为臣药;甘草生用可泻心火,缓急,调和诸药,通行十二经,解毒而为佐;木通降心火,清肺热,通利九窍血脉关节,去烦热而为使。诸药相合共奏豁痰化瘀通神利窍之功。

- **瘀血阻窍**

症状:少寐易惊,疑虑丛生,妄见妄闻,言语支离,面色晦暗,舌青紫,或有瘀斑,苔薄滑,脉小弦或细涩。

治法:疏瘀通窍。

方药:定狂逐瘀汤。

方中以丹参、赤芍、桃仁、红花、琥珀粉、大黄化瘀通络;石菖蒲、郁金开通机窍;柴胡、郁金、香附疏肝解郁。

若尚有痰涎夹杂者,则须化瘀涤痰并进,方中可加入陈胆星、天竺黄、川贝母等;若不饥不食者,可加白金丸;彻夜不寐者,加琥珀抱龙丸。

· 心肾失调

症状:狂病久延,时作时止,势已轻瘥,妄言妄为,呼之已能自制,寝不安寐,烦惋焦躁,口干便难,舌尖红无苔有剥裂,脉细数。

治法:育阴潜阳,交通心肾。

方药:黄连阿胶汤合琥珀养心丹化裁。

方中以川黄连、牛黄、黄芩清心泻火,生地黄、阿胶、当归身、生白芍滋阴养血,共奏泻南补北之用;人参、茯神木、酸枣仁、柏子仁、远志、石菖蒲交通心肾,安神定心;生龙齿、琥珀、朱砂镇心安神。

心火亢盛者,加朱砂安神丸;睡不安稳者,加孔圣枕中丹。

【转归预后】

狂病宜及早诊断,合理用药,加强护理,可以治愈。但易反复,尤其治之不当,或久治不愈,可由兴奋转静喜少动而成癫病,病癫后遇痰瘀,风火触动还可转狂,至此多预后不良。

【预防与调摄】

狂病预防、调摄的关键在调情志,加强妇幼保健工作,以及积极治疗情志为患之疾。

护理的根本在于防止意外,配合治疗,早日康复。

【结　语】

狂病系由七情所伤或先天因素,致使痰火暴亢,闭塞心窍,神机失司而成。病位在神机,与心肝胆脾关系密切。临床上以精神亢奋,狂躁不安,骂詈毁物,动而多怒,甚至持刀杀人为特征。降(泄)火豁痰以治其标,调整阴阳,恢复神机以治其本是为大法。同时移情易性,加强妇幼保健工作和护理工作,防止意外,实属重要,也是除药物治疗以外不可缺少的一环。

【文献摘要】

《素问·宣明五气》:"五邪所乱,邪入于阳则狂。"

《素问·至真要大论》:"诸躁狂越,皆属于火"。

《素问·阳明脉解》:"病甚则弃衣而走,登高而歌,或至不食数日,逾垣上屋,所上之处,皆非其素所能也。……四支者,诸阳之本也,阳盛则四支实,实则能登高也。……热盛于身,故弃衣欲走也。……阳盛则使人妄言骂詈不避亲疏而不欲食,不欲食故妄走也。"

《灵枢·本神》:"喜乐无极则伤魄,魄伤则狂,狂者意不存人。"

《灵枢·癫狂》:"狂始生,先自悲也,喜忘苦怒善恐者,得之忧饥……狂始发,少卧不饥,自高贤也,自辩智也,自尊贵也,善骂詈,日夜不休……狂言、惊、善笑、为歌乐,妄行不休者,得之大恐……狂,目妄见,耳妄闻,善呼者,少气之所生也……狂者多食,善见鬼神,善笑而不发于外者,得之有所大喜。"

《寿世保元·癫狂》:"大抵狂为痰火实盛……为求望高远,不得志者有之。"

《张氏医通·神志门》:"狂之为病,皆由阻物过极,故猖狂刚暴,若有邪附,妄为不避水火,骂詈不避亲疏,或言未尝见之事,非力所能,病反能也";"上焦实者,从高抑之,生铁落饮,阳明实则脉浮,大承气汤去厚朴加当归、铁落饮,以大利为度;在上者,因而越之,来苏膏或戴人三圣散涌吐,其病立安,后用洗心散、凉膈散调之"。

【研究进展】

· 理论研究

陶氏认为:在奇恒之腑中,脑、髓、骨、女子胞皆为肾所属,古今医家,多主张肾无有余证。主张肾无有余证者,对奇恒之腑的"髓海有余,则轻劲多力,自过其度"的解释,是因髓海充足,能有超常的精力和高寿。其实有余与不足,如同太过与不及一样,皆违常道,即为病理。而"髓海有余,则轻劲多力,自过其度"是肾气有余传至髓海,使之填实堵塞的病象,即是"肾者,作强之官,伎巧出焉"在肾气有余作用下的偏胜病象,是狂病患者在临床上的表现。狂病患者比正常时的气力倍增,甚而有逾垣上屋,登高而歌,日夜不休等一系列实性亢进的现象,为"邪气胜则实"的一种。如果唯以"髓海有余"为生理,而以"髓海不足"为病理,则与其指导思想相悖〔甘肃中医学院学报 1990;(1):35〕。

· 临床研究

王氏自拟礞半承气汤治疗狂症 310 例。药物有:礞石、黄芩各 20g,半夏、连翘、枳实、菖蒲各 10g,郁金 15g,厚朴 12g,大黄、芒硝各 10～30g。若心火偏亢加黄连、竹叶、木通、丹参等,必要时加服安宫牛黄丸;若肝火偏盛加龙胆草、夏枯草、柴胡等;若胃火炽盛加石膏、知母、寒水石、栀子;若热盛阴亏加玄参、麦冬、生地;若痰火扰心加海石、栝蒌、胆星、天竺黄、竹沥水;若热盛迫血妄行加赭石、牛膝、白茅根、侧柏叶;若泻后表情呆顿、目瞪不瞬,属顽痰壅塞加醋炒芫花粉或甘遂粉 8g,随汤冲服;若泻后热退神清,虚烦不眠者,可改服养阴安神之剂以善其后。上方每日 1 剂,分早晚 2 次服,初期忌食肉类油腻及辛辣厚味。急期配合用强安定剂,如氟哌定醇 5～10mg/日,肌注;每晚饭后服冬眠灵 50～200mg。服上方 2～3 剂后,即腹泻,若不泻可加大大黄和芒硝用量。结果临床治愈 165 例,好转 129 例,无效 16 例,总有效率为 94.8%〔陕西中医 1989;(5);197〕。马氏以泻火逐痰、镇心安神法,自拟下痰散:巴豆霜、胆南星、明雄、辰砂各 0.5g,珍珠 0.1g,共为细末,1 次服。泻 3～5 次,泻完喝稀粥 1 碗。从第 2 日起早服二黄二丑丸 1 丸,晚服磁朱丸 2 丸(丸重各 9g),共 56 例,临床治愈 29 例,好转 18 例,无效 9 例,总有效率 84%〔陕西中医 1989;(5);196〕。王氏自拟丹赭黄蒲汤(丹参、代赭石、酒大黄、菖蒲、郁金、地龙组成)治疗狂症 27 例,痰火盛者加生石膏,并冲服朱砂;痰壅盛者加远志冲服麝香;痰血阻络者加琥珀冲服地龙末;浊痰壅塞者加白芥子冲服苦丁香。服用中药期间禁用一切抗精神病药。结果:近期临床治愈 18 例,显效 7 例,有效 2 例,无效 3 例,总有效率占 90%〔陕西中医 1985;(12);535〕。陈氏自拟白羚钩颅散(羚羊角 12g 锉末,白矾、枯矾各 300g 研细末,双钩藤 600g 研粉,陈年死狗颅骨 1 具,用铁锅封闭微火烤成黄色研细末混合备用)治疗癫狂病 36 例,连服 3 个疗程,28 例,随访 3 年显效者(脑电图恢复正常 2 年以上)23 例,有效者(偶有发作,但程度减轻)3 例,无效者 2 例。连服 2 个疗程 8 例,显效 5 例,有效 2 例,无效 1 例〔四川中医 1988;(9):36〕。另外,也有验案的报道:彭氏采用加味导痰汤和清心滚痰丸加减治疗癫狂〔四川中医 1986;(9):16〕;丁氏总结祖父以中药、针灸治疗狂症的经验,并将其辨证分为五型:①肝气郁结型,宜疏郁达神法,方用疏郁达神汤,针刺肝俞、心俞等穴;②痰阻心窍型,宜涤痰达神法,方用涤痰启神定狂汤,针刺百会、风府等穴;③心火亢盛型,宜清心泻火法,方用清心泻火定狂汤,针刺心俞、通里等穴;④瘀血内阻型,宜化瘀达神法,方用祛瘀定狂汤,针刺膈俞、心俞等穴;⑤风热闭郁型,宜疏风泄热、安神定狂法,方用疏风泄热定狂汤,针刺风府、风池等穴〔陕西中医 1985;(12);540〕。

谢氏以经方为主治癫狂,他倡治癫狂大法咸以行痰为先,首当开窍化痰,继以安神、清热(降火)、养阴诸法通用。①化痰开窍法,清心滚痰丸、竹沥达痰丸等;②养心安神、和肝悦脾法,甘麦大枣汤、百合地黄汤等;③清心安神、滋阴清热法,百合知母汤、黄连阿胶汤等;④镇惊安神、清热降火法,生铁落饮、柴胡加龙骨牡蛎汤等;⑤理血安神、滋阴通腑法,酸枣仁汤、增液承气汤等;⑥养心安神、解郁除烦法,百合鸡子黄汤、栀子豉汤等〔北京中医 1986;(4):6〕。王氏治疗癫狂经验中,强调癫与狂,病理症状虽有不同,而其为痰火郁蔽则一,其始则异,其终则同。故治疗大法以祛痰为主。狂病于祛痰中兼平肝泻火,常以豁痰定狂汤(自定方)治狂,处方:生龙齿 30g,生牡蛎 30g,生石决明 30g,生珍珠母 30g,龙胆草 10g,天竺黄 10g,菖蒲 10g,矾郁金 10g,旋覆花 10g,代赭石 10～30g,金礞石 30g,沉香 3g,黄芩 10g,大黄 6g,水煎 300ml,分 2 次服。另配:甘遂 1.5g,朱砂 1.5g,二味同研细,每早空腹 1 次随汤药送下〔北京中医 1984;(11):5〕。苏氏提出中医心理治疗三法:①告之导之法;②情志相胜法;③惊者平之法〔四川中医 1986;(9):9〕。

第四章 脾胃肠病证

脾胃肠病证是指在感受外邪、内伤饮食、情志不遂、脏腑失调等病因的作用下,发生在食管、脾胃、肠道的一类内科病证。常见病有胃痛、痞满、腹痛、呕吐、呃逆、噎膈、泄泻、便秘等。感受时邪疫毒所致的痢疾、湿阻等,在外感病证中讨论;胃肠的出血病证,在血证中论述。

【主要证候及特征】

脾胃同居中焦,功能各异。胃主纳,脾主化,脾主升清,胃主降浊,一纳一化,一升一降,共同完成生化气血之功。肠为腑,以通为顺,司传导之能。脾病多虚,有气虚、阳虚之分,脾为阴土,易被湿困而失健运;胃病多实,常为寒热、饮食所伤,胃为阳土,易化燥伤阴,亦可因燥屎内结,而致腑气不通。尚有肝气郁滞,横逆犯胃,气滞日久,瘀血内停。亦可见其他脏腑病证乘克相侮脾胃肠而为病者。

- **脾胃虚弱**

1. 主要脉症:胃纳不佳,肢倦乏力,少气懒言,腹满肠鸣,面色无华,大便溏薄,舌质淡,苔薄白,脉濡缓。

2. 证候特征:本证以脾胃气虚所引起的饮食、四肢、脘腹等病变表现为主;脾胃虚弱与中气下陷有程度上的区别,气陷是在气虚见症上兼有下坠感或脱肛。

- **脾阳虚衰**

1. 主要脉症:脘腹不适,或绵绵作痛,喜温喜按,面色㿠白,腹胀食少,泛吐清水,大便溏薄,四肢不温,神倦乏力,舌质淡,苔薄白,脉濡弱。

2. 证候特征:本证首先具有脾气虚证候,同时有阳虚生寒的表现;本证与脾胃虚弱的鉴别是兼有阳虚生外寒的形寒肢冷等证候。

- **胃阴不足**

1. 主要脉症:脘腹不适,饥不欲食,口干唇燥,干呕呃逆,大便干燥,舌红少苔,脉细数。

2. 证候特征:具备一般阴虚的表现,同时有饥不欲食、干呕等。

- **寒邪客胃**

1. 主要脉症:胃脘冷痛,重则拘急作痛,遇寒加剧,得温痛减,口淡不渴,呃逆呕吐,舌淡,苔白滑,脉弦或迟。

2. 证候特征:具备寒邪致病的特点,如冷痛拘急,喜热恶凉等。

- **胃肠积热**

1. 主要脉症:脘腹灼痛,吞酸嘈杂,渴喜冷饮,消谷善饥,或食入即吐,口干口臭,大便秘结,舌质红,苔黄燥,脉滑数。

2. 证候特征:具有胃肠积热伤津的特点,如脘腹灼痛,渴饮,便干等。

- **食滞胃肠**

1. 主要脉症:脘腹胀满,嗳腐吞酸,恶心呕吐,其气臭秽,大便不爽,臭如败卵,恶闻食臭,舌苔厚腻,脉滑实。

2. 证候特征:具有食积的特征表现,如脘腹胀满,嗳腐吞酸等。

· **湿邪困脾**

1. 主要脉症:脘闷纳呆,口中粘腻,头重如裹,身重肢倦,口淡不渴,大便稀薄,小便不利,苔白腻,脉濡缓。

2. 证候特征:具有湿邪中阻特点,如脘闷纳呆,身重肢倦等。

· **肝气犯胃**

1. 主要脉症:胃脘胀满,攻撑作痛,脘痛连胁,胸闷嗳气,喜长叹息,恶心呕吐,吞酸嘈杂,忧思恼怒则痛甚,苔薄白,脉弦。

2. 证候特征:脾胃证候再兼有肝郁气滞表现,如胸胁胀痛,急躁易怒,嗳气叹息等。

· **瘀血内停**

1. 主要脉症:脘腹刺痛,痛处不移,按之痛甚,食后加剧,入夜尤甚,舌紫暗,脉涩。

2. 证候特征:具有瘀血证的特点,如刺痛有定处,舌质紫暗等。

【病机述要】

1. **脾胃虚弱** 素体脾虚,或久病伤脾,或劳倦过度,或饮食所伤,均可损伤脾胃,中气不足,脾胃虚弱,而成胃痛、呃逆等病证。

2. **脾阳虚衰** 素体阳虚,或脾病日久伤阳,或过服寒凉伤中,或肾阳不足,失于温煦,均可致脾阳不足,中焦虚寒,而成腹痛、呕吐等病证。

3. **胃阴不足** 素体阴虚,或热病日久,损伤津液,或久泻久痢,或吐下太过,伤及阴津,或过服辛香燥热之品,或过食辛辣,损伤胃阴,胃失濡润,而成胃痛、呕吐、噎膈等病证。

4. **寒邪伤胃** 外感寒邪,或脘腹受凉,寒邪内客于胃,或过服寒凉药物,或恣食生冷,寒邪伤中,胃腑受寒,而成胃痛、呃逆等病证。

5. **肠胃积热** 素体热盛,或寒郁化热,或过食辛热,或感受热邪,阳明邪盛,肠胃积热,而成腹痛、便秘等病证。

6. **食滞胃肠** 暴饮暴食,或饮食不洁,损伤脾胃,运化失职,食滞胃肠,而成呕吐、泄泻等病证。

7. **湿邪困脾** 冒雨涉水,或久卧湿地,或恣食生冷、肥甘厚腻,致湿邪内停,湿郁困脾,脾失健运,而成胃痞、泄泻等病证。

8. **肝气犯胃** 忧思恼怒,情志不遂,肝失疏泄,克脾犯胃,而成胃痛、泄泻等病证。

9. **瘀血内停** 肝郁气滞,气滞血瘀,或久病入络,血络受阻,瘀血内停,而成胃痛、噎膈等病证。

【治疗要点】

1. 胃为阳土,喜润恶燥,脾为阴土,喜燥恶湿。所以在辨治脾病时,应注意湿易伤脾,多用醒脾化湿之剂,少用甘润滋腻之品,以免助湿;在辨治胃病时,当注意燥热易伤胃阴,常用甘凉滋润之剂,慎用辛香燥热之药,以防伤阴。

2. 脾气主升,胃气主降,脾以升为健,胃以降为和。在治脾病时,常用健脾、益气、升提之品;治胃病时,多用和中、益胃、降逆之药。

3. 实则阳明,虚则太阴,胃病多实、多热,脾病多虚、多寒。中焦之虚常用健脾、补气、温中之品,中焦之实多用消导、和胃、泻热之药。

4. 六腑以通为用,传化物而不藏,治疗胃、肠病证时,常以通为主法。

5. 久病入络,久痛入络,对于脘腹久痛、噎膈等病证,当以活血通络、散结消瘀为法。

6. 脾胃肠之病证也可由他脏病变所致,如肝郁克脾、脾肾阳虚、心脾两虚等,所以在治脾胃肠病证时,应全面考虑。

7. 防治脾胃肠病证,应特别注意饮食。当进易消化的食物,甚至流质,忌食油腻、鱼腥、辛辣、生冷、粗硬食物,以及醇酒厚味。要遵守进食的一般规律,必要时可少食多餐,要注意饮食卫生,忌食馊腐不洁之食物,并可配合食疗加以调养。居处要寒温适宜,避免冷湿,防止外感。注意劳逸结合,病情较重时,应卧床休息,保持心情舒畅,避免精神刺激。对于重危病人应密切观察其神、色、脉等变化。平素加强体育锻炼,选择适当的体疗方法。在脾胃肠病证中还应注意呕吐、泻下等排泄物的量、性质、气味、颜色、次数及排出时间等,特别应注意对吐血、便血时的病情观察;服药时要寒热适宜,对于呕恶病人,应少服频饮。

第一节 胃 痛

胃痛,又称胃脘痛,是由外感邪气、内伤饮食情志、脏腑功能失调等导致气机郁滞,胃失所养,以上腹胃脘部近歧骨处疼痛为主症的病证。

该病在脾胃肠病证中最为多见,人群中发病率较高,中药治疗效果显著。

古典医籍中对本病的论述较多,《灵枢·邪气脏腑病形》中说:"胃病者,腹䐜胀,胃脘当心而痛。"并较早认识到胃痛发病与肝郁有关,正如《素问·六元正纪大论》所说:"木郁之发,……民病胃脘当心而痛。"古代文献中常称本病为心痛,如《外台秘要·心痛方》曰:"足阳明为胃之经,气虚逆乘心而痛,其状腹胀归于心而痛甚,谓之胃心痛也。"这里所说的胃心痛即包括胃痛。《千金要方·心腹痛》等书中列有九种心痛,实际上多指胃痛而言。胃痛与心痛的混淆,引起了后世医家的注意,如明代医家王肯堂,在《证治准绳·心痛胃脘痛》中写道:"或问丹溪言心痛即胃脘痛然乎?曰心与胃各一脏,其病形不同,因胃脘痛处在心下,故有当心而痛之名,岂胃脘痛即心痛者哉?"《医学正传·胃脘痛》也说:"古方九种心痛,……详其所由,皆在胃脘,而实不在于心也。"从而对此两病进行了较为明确的区分。

本病证以胃脘部疼痛为主症,但同时常兼有泛恶、脘闷、嗳气、大便不调等症。

胃痛是临床上一种常见病证,西医学的急、慢性胃炎,消化性溃疡,胃痉挛,胃下垂,胃粘膜脱垂症,胃神经官能症等疾病,当以上腹部疼痛为主要表现时,均可参考本节辨证论治。肝炎、胆囊炎、胰腺炎、肺炎、阑尾炎、心肌梗死、肾盂肾炎等疾病出现胃痛时,应结合西医学检查,予以排除。

【证候特征】

胃痛的部位在心下胃脘,有时尚可分为上脘、中脘、下脘,其疼痛性质常因病因病机不同而异,如胀痛、刺痛、钝痛、隐痛、灼痛、绞痛、闷痛,其中尤以胀痛、刺痛、隐痛常见,其痛可为持续性,也可为发作性,可无压痛,或压痛不甚明显,无反跳痛。其痛常因寒暖失宜、饮食失调、情志不舒等诱因而发作或加重,并常伴有食欲不振、恶心呕吐、吞酸嘈杂等症状,病机为气机郁滞、胃失所养,在临证时应根据胃痛及兼症的不同,分别按寒热虚实辨证论治。

【病因病机】

1. **寒邪客胃** 外感寒邪,脘腹受凉,寒邪内客于胃;过服寒凉,寒凉伤中,致使气机凝滞,胃气不和,收引作痛。《素问·举痛论》曰:"寒气客于肠胃之间,膜原之下,血不得散,小络急引,故痛。"

2. **饮食伤胃** 饮食不节,暴饮暴食,损伤脾胃,内生食滞,致使胃中气机阻滞,胃气失和而疼痛。《素问·痹论》曰:"饮食自倍,肠胃乃伤。"或五味过极,辛辣无度,肥甘厚腻,饮酒如浆,则蕴湿生热,伤脾碍胃,气机壅滞,脘闷胀痛。《医学正传·胃脘痛》曰:"初致病之由,多因纵恣口腹,喜好辛酸,恣饮热酒煎煿,复餐寒凉生冷,朝伤暮损,日积月深,……故胃脘疼痛。"

3. **肝气犯胃** 忧思恼怒,情志不遂,肝失疏泄,气机阻滞,横逆犯胃,胃失和降,而发胃痛。《沈氏尊生书·胃痛》曰:"胃痛,邪干胃脘病也。……唯肝气相乘为尤甚,以木性暴,且正克也。"肝郁日久,化火生热,邪热犯胃,肝胃郁热,热灼而痛。若肝失疏泄,气机不畅,气滞日久,血行瘀滞,或久痛入络,胃络受阻,均可导致瘀血内停,发生胃痛。如《临证指南医案·胃脘痛》曰:"胃痛久而屡发,必有凝痰聚瘀。"

4. **脾胃虚弱** 素体不足,或劳倦过度,或饮食所伤,或久病脾胃受损,或肾阳不足,失于温煦,均可引起脾胃虚弱,中焦虚寒,致使胃失温养作痛。或热病伤阴,或胃热火郁,灼伤胃阴,或久服香燥理气之品,耗伤胃阴,胃失濡养,亦致胃痛。此外,本证也可因过服寒凉药物,伤及脾胃之阳,而引起疼痛。如《证治汇补·心痛》曰:"服寒药过多,致脾胃虚弱,胃脘作痛。"

胃为阳土,喜润恶燥,为五脏六腑之大源,乃多气多血之腑,主受纳腐熟水谷,其气以和降为顺。所以,感受外邪,内伤饮食,情志失调,劳倦过度,皆可伤及胃腑,致胃气失和,气机郁滞,胃脘作痛。脾胃的受纳运化,中焦气机的升降,有赖于肝之疏泄,《素问·宝命全形论》:"土得木而达。"所以病理上会出现木旺克土,或土虚木乘。脾与胃相表里,同居中焦,共奏受纳运化之功,脾气主升,胃气主降,胃之受纳腐熟,赖脾之运化升清,所以胃病常累及脾,脾病常累及胃。但胃为阳土,其病多实,脾属阴土,其病多虚,所以脾气健运与否,在胃痛的发病中也起着重要的作用。胆之通降,有助于脾之运化,胃之和降。胆病失于疏泄,可致肝胃气滞。若胆腑通降失常,胆气不降,逆行入胃,胃气失和,气机不利,则脘腹作痛。《灵枢·四时气》曰:"邪在胆,逆在胃。"肾为胃之关,脾胃之运化腐熟,全赖肾阳之温煦,所以肾阳不足,可致脾阳不振,脾肾阳虚。反之脾胃虚寒,日久必损及肾阳。胃喜润恶燥,肾寓真阴真阳,肾之真阴乃诸阴之本,先天之肾赖后天之胃以滋养,后天之胃靠先天之肾以生化。若肾阴亏耗,肾水不足,不能上济于胃,或胃阴亏损,久则耗伤肾阴,而成胃肾阴亏,阴虚作痛。

上述病因,有时单独出现,有时合并出现,单一出现时,病机变化及临床表现比较单纯,合并出现时则比较复杂。早期多由外邪、饮食、情志所伤,多为邪实;后期常见脾虚、肾虚等正气虚;实则邪扰胃腑,虚则胃失所养,并常出现由实转虚,如寒邪日久损伤脾阳;因虚致实者,如脾胃虚弱,湿郁化热,出现兼瘀、挟热等虚实错杂之证。病变脏腑关键在胃,肝脾起重要作用,胆肾也与之相关。但无论病因病机如何,病变脏腑之多寡,其共同之处在于最终导致胃气失和,气机不利,胃失濡养,这是胃痛的基本病机,是与"不通则痛"一致的。

【诊　断】

1. 胃脘部疼痛，常伴有食欲不振，痞闷或胀满，恶心呕吐，吞酸嘈杂等。
2. 发病常与情志不遂、饮食不节、劳累、受寒等因素有关。
3. 起病或急或缓，常有反复发作的病史。
4. 上消化道X线钡餐透视、纤维胃镜及病理组织学检查等，可见胃、十二指肠粘膜炎症、溃疡等病变。

【鉴别诊断】

1. 胃痞　与胃痛部位同在心下，但胃痞是指心下痞塞，胸膈满闷，触之无形，按之不痛的病证。胃痛以痛为主，胃痞以满为患，且病及胸膈，不难区别。
2. 真心痛　心居胸中，其痛常及心下，出现胃痛的表现，应高度警惕，防止与胃痛相混。典型真心痛为当胸而痛，其痛多刺痛、剧痛，且痛引肩背，常有气短、汗出等，病情较急，如《灵枢·厥病》曰："真心痛，手足青至节，心痛甚，旦发夕死，夕发旦死。"老年人既往无胃痛病史，而突发胃痛者，当注意真心痛的发生。胃痛部位在胃脘，病势不急，多为隐痛、胀痛等，常有反复发作史。
3. 胁痛　肝气犯胃所致的胃痛常攻撑连胁，应与胁痛鉴别。胃痛以胃脘部疼痛为主，伴有食少、恶心、呕吐、泛酸、嘈杂等。胁痛以胁肋疼痛为主，伴胸闷、喜长叹息等。在病位和兼症上有明显差别。
4. 腹痛　与胃痛均为腹部疼痛，但腹痛是以胃脘以下、耻骨毛际以上部位的疼痛为主。其疼痛部位不难区别。但胃处腹中，与肠相连，有时腹痛可以伴有胃痛症状，胃痛又常兼有腹痛表现，这时应从起病及主要病位加以区分。

【辨证论治】

辨证要点

1. 辨急缓　凡胃痛暴作者，多因外感寒邪，或恣食生冷，或暴饮暴食，以致寒伤中阳，积滞不化，胃失和降，不通则痛。凡胃痛渐发，常由肝郁气滞，木旺乘土，或脾胃虚弱，木壅土郁，而致肝胃不和，气滞血瘀。
2. 辨寒热　寒性凝滞收引，故寒邪犯胃之疼痛，多胃痛暴作，疼痛剧烈而拒按，并有喜暖恶凉，苔白，脉弦紧等特点。脾胃阳虚之虚寒胃痛，多隐隐作痛，喜温喜按，遇冷加剧，四肢不温，舌淡苔薄，脉弱。热结火郁，胃气失和之胃痛，多为灼痛，痛势急迫，伴烦渴喜饮，喜冷恶热，便秘溲赤，舌红苔黄少津，脉弦数。
3. 辨虚实　胃痛且胀，大便秘结不通者多属实；痛而不胀，大便溏薄者多属虚；喜凉者多实，喜温者多虚；拒按者多实，喜按者多虚；食后痛甚者多实，饥而痛增者多虚；痛剧固定不移者多实，痛缓无定处者多虚；新病体壮者多实，久病体虚者多虚；脉实者多实，脉虚者多虚。
4. 辨气血　初痛在气，久痛在血；在气者胃胀且痛，以胀为主，痛无定处，时痛时止，此乃无形之气痛；病属血分者，持续刺痛，痛有定处，舌质紫暗，此乃有形之血痛。另外食积、痰阻、湿停等，亦属有形之痛，也当详辨。
5. 辨脏腑　胃痛主要病变在胃，但由于胃与肝脾在生理、病理上的相互联系，所以在辨证时应弄清与胃痛相关病变脏腑的关系。如肝气犯胃，肝胃郁热，则常兼见胸胁胀满，心烦易怒，嗳气频作，发病与情志有关等肝气郁滞的表现。如脾气虚弱，中阳不振，则兼见神疲乏力，大便溏薄，四肢不温，食少纳呆等脾胃虚寒之征象等。另外，有时亦与胆、肾等脏腑有关，当随证辨之。

治疗原则

治法上常以理气和胃止痛为基本原则，但须审证求因，审因论治。邪实者以祛邪为急，正虚者以扶正当先，虚实夹杂者又应邪正兼顾。古有"通则不痛"的治痛大法，但在辨治胃痛时，不能把"通"狭义地理解为通下之法，而应从广义的角度去理解和运用。散寒、消食、理气、泄热、化瘀、除湿、养阴、温阳等治法，均可起"通"的作用。在审因论治的同时，适当配合辛香理气之品，共奏"通则不痛"之功。但服用此类药物，应中病即止，不可太过，以免伤津耗气。应"谨守病机，各司其属"，辨证地运用通法。如《医学真传·心腹痛》曰："所痛之部，有气血阴阳之不同，若概以行气消导为治，漫云通则不痛。夫通则不痛，理也。但通之之法，各有不同。调气以和血，调血以和气，通也；下逆者使之上行，中结者使之旁达，亦通也；虚者助之使通，寒者温之使通，无非通之之法也，若必以下泄为通，则妄矣。"正是说明这个道理。古人所说的"胃以通为补"亦应同样理解。

分证论治

• **寒邪客胃**

症状：胃痛暴作，恶寒喜暖，得温痛减，遇寒加重，口淡不渴，或喜热饮，苔薄白，脉弦紧。

治法：温胃散寒，理气止痛。

方药：良附丸。

方中高良姜温胃散寒，香附行气止痛。若寒重者可加吴茱萸、干姜；气滞重者可加木香、陈皮；若见寒热身痛等表寒证者，加紫苏、生姜，或加香苏散疏风散寒；若兼见胸脘痞闷不食，嗳气呕吐等寒挟食滞者，可加枳壳、神曲、鸡内金、半夏以消食导滞，温胃降逆；若郁久化热，寒热错杂，可用半夏泻心汤，辛开苦降，寒热并调；若胃寒较轻者，可局部温熨，或服生姜红糖汤即可止痛散寒。

• **饮食停滞**

症状：胃脘疼痛，胀满拒按，嗳腐吞酸，或呕吐不消化食物，其味腐臭，吐后痛减，不思饮食，大便不爽，得矢气及便后稍舒，苔厚腻，脉滑。

治法：消食导滞，和胃止痛。

方药：保和丸。

方中山楂、神曲、莱菔子消食导滞，健胃下气；半夏、陈皮、茯苓健脾和胃，化湿理气；连翘散结清热，共奏消食和胃之效。若脘腹胀甚者，可加枳壳、厚朴、槟榔行气消滞；若食积化热者，可加黄芩、黄连清热泻火；若大便秘结，可合用小承气汤；若胃痛急剧而拒按，大便秘结，苔黄燥者，为食积化热成燥，可合用大承气汤通腑泄热，荡积导滞。还可辨证选用枳实导滞丸、木香槟榔丸等。

• **肝气犯胃**

症状：胃脘胀满，攻撑作痛，脘痛连胁，胸闷嗳气，喜长叹息，大便不畅，得嗳气、矢气则舒，遇烦恼郁怒则痛作或痛甚，苔薄白，脉弦。

治法：疏肝理气，和胃止痛。

方药：柴胡疏肝散。

方中柴胡、白芍、川芎、香附疏肝解郁，陈皮、枳壳、甘草理气和中，共奏疏肝理气、和胃止痛之效。若胀重可加青皮、郁金、木香助理气解郁之功；若痛甚者可加川楝子、延胡索理气止痛；嗳气频作者，可加半夏、旋覆花，亦可用沉香降气散降气散郁。另外还可选用越鞠丸、金铃子散等。

- **肝胃郁热**

症状：胃脘灼痛，痛势急迫，心烦易怒，泛酸嘈杂，口干口苦，舌红苔黄，脉弦数。

治法：疏肝理气，泄热和胃。

方药：丹栀逍遥散。

方中柴胡、当归、白芍解郁柔肝止痛，丹皮、栀子清泄肝热，白术、茯苓、甘草和中健胃。可加左金丸，以黄连清泄胃火，以吴茱萸辛散肝郁。肝体阴用阳，阴常不足，阳常有余，郁久化热，易伤肝阴，此时应忌刚用柔，慎用过分香燥之品，常选用当归、白芍、香橼、佛手等理气而不伤阴的解郁止痛药。若火热内盛，灼伤胃络，而见吐血，并出现脘腹灼痛痞满，心烦便秘，面赤舌红，脉弦数有力等症，此乃肝胃郁热，迫血妄行，可用《金匮要略》泻心汤，苦寒泄热，直折其火，使火降气顺，吐血自止。还可辨证选用化肝煎、滋水清肝饮等。

- **瘀血停滞**

症状：胃脘疼痛，如针刺、似刀割，痛有定处，按之痛甚，痛时持久，食后加剧，入夜尤甚，或见吐血、黑便，舌质紫暗或有瘀斑，脉涩。

治法：活血化瘀，和胃止痛。

方药：失笑散合丹参饮。

方中五灵脂、蒲黄、丹参活血散瘀止痛，檀香、砂仁行气和胃。如痛甚可酌加延胡索、三棱、莪术，并可加理气之品，如枳壳、木香、郁金；若血瘀胃痛，伴吐血、黑便时，当辨寒热虚实，应参考血证有关内容辨证论治。

- **湿热中阻**

症状：胃脘疼痛，嘈杂灼热，口干口苦，渴不欲饮，头重如裹，身重肢倦，纳呆恶心，小溲色黄，大便不畅，舌苔黄腻，脉象滑数。

治法：清热化湿，理气和胃。

方药：清中汤。

方中黄连、栀子清热化湿，半夏、茯苓、白豆蔻健脾祛湿，陈皮、甘草理气和胃。热盛便秘者加大黄、枳实；气滞腹胀者加厚朴、大腹皮。若寒热互结，干噫食臭，心下痞硬，可用半夏泻心汤。另外尚可选用温胆汤、三仁汤等。

- **胃阴亏虚**

症状：胃脘隐隐灼痛，似饥而不欲食，口燥咽干，五心烦热，消瘦乏力，口渴思饮，大便干结，舌红少津，脉细数。

治法：滋阴益胃，和中止痛。

方药：一贯煎合芍药甘草汤。

方中沙参、麦冬、生地、枸杞子养阴益胃，当归、川楝子柔肝理气，芍药、甘草和中缓急止痛。若痛甚者可加香橼、佛手；若脘腹灼痛，嘈杂反酸，可酌加左金丸；若胃热偏盛，可加生石膏、知母、玉竹、芦根清胃泄热，或用清胃散；若日久肝肾阴虚可加山萸肉、玄参、丹皮滋补肝肾。还可选用益胃汤、玉女煎等。

- **脾胃虚寒**

症状：胃痛隐隐，绵绵不休，喜温喜按，空腹痛甚，得食则缓，劳累或受凉后发作或加重，泛吐清水，神疲纳呆，四肢倦怠，手足不温，大便溏薄，舌淡苔白，脉虚弱。

治法：温中健脾，和胃止痛。

方药：黄芪建中汤。

方中黄芪补中益气，小建中汤温脾散寒，和中止痛。泛吐清水较重者，可加干姜、吴茱萸、半夏温胃化饮；如寒盛者可用大建中汤，或附子理中丸温中散寒；若脾虚湿盛者，可合二陈汤；若兼见腰膝酸软，头晕目眩，形寒肢冷等肾阳虚证者，可加附子、肉桂、巴戟天、仙茅，或合用肾气丸、右归丸之类助肾阳以温脾和胃。还可选用吴茱萸汤、厚朴温中汤等。

【其他疗法】

胃痛除内服药物治疗外，尚有许多外治法，如针灸、推拿、敷贴、穴位压迫、穴位注射等疗法。有时在缓解疼痛方面效果显著，且见效快，使用方便。例如针刺足三里、中脘能有效地缓解胃痛，是临床常用的方法。

【转归预后】

病之初多属实证，多为寒凝、食积、气滞，且三者之间相互影响；继续发展，寒邪郁久化热；食积日久，变生湿热；气郁日久化火，气滞而致血瘀，还可出现寒热互结等复杂征象。且日久耗伤正气，由实转虚，或阳虚、或阴虚、或转为虚劳之证；或气滞血瘀，瘀久生痰，癥瘕内生；或血热妄行，或久瘀伤络，或脾不统血引起便血、吐血等都是胃痛的常见转归。胃痛预后一般较好，实证治疗较易，邪气去则胃气安；虚实夹杂，或正虚邪实者，则治疗难度较大，且经常反复发作。若影响进食，化源不足，则正气日衰，形体消瘦。伴有呕血、便血，量大难止，胃痛剧烈，兼见大汗淋漓、四肢不温、脉微欲绝者，为气随血脱的急危之候，如不及时救治，亦可危及生命。

【预防与调摄】

对胃脘痛患者要重视精神与饮食方面的调摄，保持精神愉快，性格开朗，劳逸结合，切忌暴饮暴食，或饥饱无常，饮食以少食多餐，清淡易消化为原则，可减轻胃痛和减少胃痛发作，进而达到预防胃痛的目的。

【结　语】

胃痛多由外感寒邪、饮食所伤、情志不遂等病因而引发，起病之初多为单一病因，病变比较单纯。日久常多种病因相互作用，病情复杂。胃是本病的主要病变脏腑。发生胃痛的病因较多，病机演变亦较复杂，又常涉及多个脏腑。胃气失和，气机不利，胃失濡养是发生胃痛的主要病机，常与肝脾等脏腑有关。胃痛初期，病变脏腑单一，久则相互影响，由实转虚，虚实错杂，迁延不愈。临床上寒邪、食停、气滞、热郁、血瘀、湿阻等多属实证；脾胃虚寒、胃阴亏虚等多为虚证。且各证型之间，可合并出现，可相互转化，可由实转虚，可因虚致实，可虚实夹杂，可由寒化热，寒热错杂；可因气滞而血瘀；可由瘀血阻遏气机而气滞。

【文献摘要】

《灵枢·邪气脏腑病形》:"胃病者,腹䐜胀,胃脘当心而痛,上支两胁,膈咽不通,食饮不下,取之三里也。"

《三因极一病证方论·九痛叙论》:"夫心痛者,……以其痛在中脘,故总而言之曰心痛,其实非心痛也,……若十二经络外感六淫,则其气闭塞,郁于中焦,气与邪争,发为疼痛,属外所因;若五脏内动,汩以七情,则其气㾏结,聚于中脘,气与血搏,发为疼痛,属内所因;饮食劳逸,触忤非类,使脏气不平,痞隔于中,食饮遁痊,变乱肠胃,发为疼痛,属不内外因。"

《景岳全书·心腹痛》:"胃脘痛证,多有因食、因寒、因气不顺者,然因食因寒,亦无不皆关于气。盖食停则气滞,寒留则气凝。所以治痛之要,但察其果属实邪,皆当以理气为主。"

《临证指南医案·胃脘痛》:"初病在经,久痛入络,以经主气,络主血,则可知其治气治血之当然也,凡气既久阻,血亦应病,循行之脉络自痹,而辛香理气,辛柔和血之法,实为对待必然之理。"

《顾氏医镜·胃脘痛》:"须知拒按者为实,可按者为虚;痛而胀闭者多实,不胀不闭者多虚;喜寒者多实,爱热者多虚;饱则甚者多实,饥则甚者多虚;脉实气粗者多实,脉少气虚者多虚;新病年壮者多实,久病年老者多虚;补而不效者多实,攻而愈剧者多虚。必以望、闻、问、切四者详辨,则虚实自明。"

【研究进展】

· 胃脘痛的辨证论治

郭氏对 700 例慢性胃脘痛病因进行调查分析,将本病分为中虚气滞、肝胃气滞、胃阴不足三大主证,分别占 56.3%、34%、9.7%。30～50 岁居多,男性多于女性;病程上肝胃气滞证以小于 5 年者居多,中虚气滞证以 5～20 年者为多,胃阴不足证以 5～40 年者居多;体力劳动者明显多于脑力劳动者,其中浅表性胃炎最多,萎缩性胃炎次之。饮食不当是病因调查统计之最,且以食无定时最多;情志因素是病因的第二位,劳累过度是病因的第三位。另外还与寒冷,长期使用化学药物等有关。其中 31.5% 的胃脘痛患者兼杂它病,并以肝胆疾患最多〔江苏中医 1992;(2):9〕。

徐氏辨证治疗胃脘痛 642 例,按临床表现确立为 3 个主要证型。肝胃不和证,用制香附、炒枳壳、佛手片、老苏梗、杭白芍、广橘皮、炙鸡内金、生甘草。脾胃气虚证,用炙黄芪、太子参、炒白术、怀山药、云茯苓、广木香、炙甘草、红枣。胃阴不足证,治以北沙参、麦门冬、杭白芍、全当归、绿萼梅、木蝴蝶、白及片、生甘草。并归纳 6 个兼证,即寒凝、热郁、湿阻、饮停、血瘀、食滞,在 3 个基本方基础上按兼证加减用药。治疗结果:642 例中痊愈 73 例(11.4%),显效 220 例(34.3%),好转 318 例(49.5%),无效 31 例(4.8%),总有效率为 95.2%。并体会:确立主证,执简驭繁;胃病治肝,理气防燥;健脾助运,勿失中和;甘酸濡润,养中寓疏;腺体萎缩,非皆阴虚〔中医杂志 1991;(3):27〕。

· 胃脘痛的辨病治疗

近年来研究较多的是消化性溃疡,对该病的防治取得了较为满意的疗效,在控制其复发上发挥了中药优势,另外对浅表性胃炎也有许多研究。

王氏用胃康灵治疗消化性溃疡 465 例。胃康灵组成:人参茎叶皂甙 500g,蜂胶 1000g,糊精适量,淀粉适量,制成 0.5g/粒。每次 1.5g,每日 3 次,1 个月为 1 疗程。治疗后痊愈 154 例,占 33.12%;显效 132 例,占 28.39%;好转 144 例,占 30.97%;无效 35 例,占 7.52%。总有效率为 92.48%。其中随机抽取 70 例与甲氰对照无明显差异〔中国医药学报 1990;5(4):45〕。

田氏报告中医药抗消化性溃疡复发的研究,选择 68 例消化性溃疡愈合后的患者,分为 4 个基本型分别治疗。胃气壅滞型:汤剂用苏梗、香附、陈皮、枳壳、大腹皮、香橼皮、佛手等,中成药用实痞通;肝郁气滞型:汤剂用柴胡、芍药、枳壳、炙甘草、陈皮、香附、川芎等,中成药用气滞胃痛冲剂;脾胃气虚型:汤剂用黄芪、党参、白术、当归、甘草、生姜、大枣等,中成药用人参归脾丸;胆胃火盛型:汤剂用马尾连、吴茱萸、陈皮、半夏、茯苓、枳实、竹茹等,中成药用加味左金丸。随访 2～4 年,结果发现只有 9 例复发,复发时间最短 3 个月,最长 3 年半,总复发率为 12.9%,且没有发生 1 例溃疡恶变〔中医杂志 1992;33(8):33〕。

高氏报告胃宁冲剂治疗慢性浅表性胃炎的临床及实验研究,将 408 例患者随机分为两组,治疗组服用胃宁冲剂,其组成是:党参、茯苓、白术、木香、川楝子、乌梅等;对照组服用安慰剂。3个月为1个疗程。结果症状有效率为90.5%,胃镜有效率为81.9%,病理有效率为72.8%,与对照组相比有显著差异。动物实验表明胃宁冲剂对实验性胃炎和胃溃疡均有明显的保护胃粘膜作用,其保护作用与甲氰咪呱相似,而明显优于胃舒平。其保护作用不是减少胃酸,而是降低胃蛋白酶的活性。急性和亚急性毒性实验表明胃宁冲剂无毒性,临床用药十分安全〔中西医结合杂志 1990;10(5):269〕。

- **实验研究**

近年来对慢性胃病结合纤维胃镜及病理学检查进行微观辨证,取得了许多进展。

郭氏报告中医胃脘痛病因学的动物模型研究,模拟中医胃脘痛致病因素,进行小鼠胃粘膜损伤造型实验。劳累过度组:小白鼠正常饲养4日后,将其每日2次置于24℃±2℃温水中,令其游泳,直至无力划动呈下沉状为止,3日后脱臼处死。情志失调组:小鼠正常饲养3日后,将其前后肢分别安置正负电极,人为控制调压器,使其每日接受大小不同的电击10次,电压在20~80V之间,从而产生紧张、焦虑、痛苦、愤怒情绪,4日后脱臼处死。饮食不当组:小鼠饲养时,不定时喂饲料以造成饥饱无常状态,并在饮水中掺入白酒,饲料拌入辣椒,7日后脱臼处死。寒冷组:小白鼠正常饲养6日后,第7日将小鼠放入冰箱中,使之骤然遭受寒冷,实验前后温差在15℃±3℃,约3~4小时后脱臼处死。各病因造型组中大多数动物胃粘膜均有较多血性及炎性渗出,浅表糜烂也较深,并有炎细胞浸润、血管扩张、水肿等,且病变较重,病变范围广泛。另外,寒冷组有4只动物出现溃疡〔中医杂志 1991;(4):43〕。

詹氏对胃粘膜相进行微观辨证分型探讨,对2000例患者的观察结果为:胃寒型粘膜:粘膜色泽淡红或苍白,充血区域呈斑片样,粘膜下血管纹灰蓝,粘膜反光减弱,粘液稀薄,溃疡表面有薄白苔覆盖。胃热型粘膜:粘膜呈樱桃红色或绛色,充血区域弥漫,血管纹紫红色,呈网状样显露,粘膜表面干燥,脆性增加,粘膜粗糙或呈疣状样增生,溃疡表面覆盖有黄白苔,周围肿胀明显。胃络瘀滞型粘膜:粘膜暗红色,充血区域局限或斑点样,血管纹暗红,呈树枝样显露,粘膜薄,可见瘀点或瘀斑,粘液灰白或褐色,粘膜呈颗粒样或结节样增生,溃疡基底部不清洁,表面有黄白苔,或有污垢物覆盖。胃络灼伤型粘膜:粘膜暗红色,弥漫性充血,血管纹紫暗,粘膜脆性增加或僵硬,粘膜有点状或片状糜烂,有紫红色或鲜红色出血点,粘膜呈结节样增生,粘液黄稠或污秽,溃疡表面污垢,覆盖有黑褐厚苔,周围肿胀〔中医杂志 1984;(4):37〕。

第二节 痞 满

痞满是由外邪内陷,饮食不化,情志失调,脾胃虚弱等导致中焦气机不利,或虚气留滞,升降失常而成的胸腹间痞闷满胀不舒的一种自觉症状,一般触之无形,按之柔软,压之无痛。按部位分有胸痞、心下痞等。心下即胃脘部,故心下痞又可称胃痞。本节主要讨论胃痞。该病是脾胃肠病证中较为常见的病证。

胃痞在《内经》中称为痞、满、痞满、痞塞等,《素问·异法方宜论》说:"脏寒生满病",《素问·五常政大论》说:"备化之纪……其病痞","卑监之纪……其病留满痞塞"。《伤寒论》对本病证的理法方药论述颇详,如"但满而不痛者,此为痞",提出痞的基本概念,并指出该病病机是正虚邪陷,升降失调。拟定了寒热并用,辛开苦降的治疗大法,其创诸泻心汤乃治痞满之祖方,一直为后世医家所赏用。东垣大倡脾胃内伤之说,对本病证的理法方药,阐发甚详。张介宾《景岳全书·痞满》对本病的辨证颇为明细:"痞者,痞塞不开之谓;满者,胀满不行之谓。盖满则近胀,而痞则不必胀也。所以痞满一证,大有疑辨,则在虚实二字,凡有邪有滞而痞者,实痞也;无物无滞而痞者,虚痞也。有胀有痛而满者,实满也;无胀无痛而满者,虚满也。实痞、实满者可散可消;虚痞、虚满者,非大加温补不可。"

胃脘部满闷不舒是临床上很常见的一个症状,西医学中的慢性胃炎、胃神经官能症、胃下垂、消化不良等疾病,当出现上腹部满闷为主要表现时,可参考本节辨证论治。

【证候特征】

胃痞部位在心下胃脘,以自觉痞满不舒,闷塞不痛为主症,按之柔软,触之无形,压之无痛,望无胀大,且常伴有胸膈满闷,得食则胀,嗳气则舒。多为慢性起病,时轻时重,反复发作,缠绵难愈。发病和加重常与饮食、情志、起居、冷暖等诱因有关,乃中焦气机阻滞,升降失和而成。临床有实痞与虚痞之分。如痞满不减,按之则甚,食后加重则为实;脘闷时减,按之稍舒,不欲进食则为虚。

【病因病机】

1. **表邪入里** 外邪侵袭肌表,治疗不得其法,滥施攻里泻下,脾胃受损,外邪乘虚内陷入里,结于心下胃脘,阻塞中焦气机,升降失司,遂成痞满。如《伤寒论》云:"脉浮而紧,而复下之,紧反入里,则作痞,按之自濡,但气痞耳。"

2. **食滞中阻** 或暴饮暴食,或恣食生冷,或食谷不化,阻滞胃脘,痞塞不通,发生痞满。如《伤寒论》云:"胃中不和,心下痞硬,干噫食臭";"谷不化,腹中雷鸣,心下痞硬而满"。

3. **痰湿阻滞** 脾胃失健,水湿不化,酿生痰浊,痰气交阻,中焦气机不利,升降失司,而成痞满。如《兰室秘藏·中满腹胀》曰:"脾湿有余,腹满食不化。"

4. **七情失和** 多思则气结,暴怒则气逆,悲忧则气郁,惊恐则气乱等等,造成气机逆乱,升降失职。其中尤以肝郁气滞,横逆犯脾,肝脾不和,气机郁滞而成之痞满多见。如《景岳全书·痞满》有:"怒气暴伤,肝气未平而痞。"

5. **脾胃虚弱** 素体脾胃虚弱,中气不足,或饥饱不匀,饮食不节,损伤脾胃,健运失职,气机不利,而生痞满。如《兰室秘藏·中满腹胀》曰:"或多食寒凉,及脾胃久虚之人,胃中寒则胀满,或脏寒生满病。"

胃痞的成因有虚实之分,实即实邪内阻,包括外邪入里,食滞中阻与痰湿阻滞;虚即中虚不运,责之脾胃虚弱。实邪所以内阻,多与中虚不运,升降无力有关,反之,中焦转运无力,最易招致实邪的侵扰,两者常常互为因果,如脾胃虚弱,健运失司,既可停湿生饮,又可食滞内停;而实邪内阻,又会进一步损伤脾胃,终致虚实夹杂。另外,各种病邪之间,亦可互相影响,使实者愈实,虚者愈虚,正虚邪实,虚实夹杂,各因相兼,互相转化,是痞证的病机特点。

脾胃同居中焦,脾主升清,胃主降浊,清升浊降则气机调畅。或为病邪所阻,或为脾胃之虚,均可导致气机升降失常,中焦痞塞不畅而发生胃痞。可见胃痞的主要病变脏腑在于脾胃,正如《素问·至真要大论》所云:"诸湿肿满,皆属于脾。"当然,除脾胃之外,中焦气机之调畅,尚赖肝气之条达,若肝气郁结,最易克脾犯胃而导致中焦气机不利,发生胃脘痞满。总之,胃痞病位在胃脘,病变脏腑关键在脾胃,以中焦气机不利,升降失职为基本病机。

【诊 断】

1. 胃痞以胃脘部痞塞,满闷不舒为主症,并有按之柔软,压之不痛,望无胀形的特点。
2. 起病缓慢,时轻时重,呈反复发作的慢性过程。
3. 发病常与饮食、情志、起居、寒温等诱因有关。
4. 上消化道 X 线检查、胃液分析、纤维胃镜检查等有助于本病的诊断。

5. 需除外胃癌,以及其他病证中出现的痞满症状。

【鉴别诊断】

1. **胃痛** 与胃痞病位均在胃脘部,且胃痛常兼胀满,胃痞时有隐痛,应加以鉴别。胃痛以疼痛为主,胃痞以满闷为主;胀甚者属胃痛,满剧者属胃痞;胃痛者胃脘部可有压痛,胃痞者则压之无痛;胃痛起病可急,胃痞发病较缓。然而就症状而言,胃痛与痞满常同时出现,或在胃病的某一阶段表现程度不同,此时应以证候特征为辨证依据。

2. **鼓胀** 与胃痞同为腹部病证,且均有胀满之苦,但鼓胀以腹部外形胀大如鼓为特征,胃痞则自觉满闷,外无胀大之形;鼓胀病在大腹,或有形或无形,胃痞病在胃脘,均为无形;鼓胀按之腹皮急,胃痞按之柔软。《证治汇补·痞满》:"痞与胀满不同,胀满则内胀而外亦有形,痞满则内觉满塞而外无形迹。"

3. **胸痹心痛** 痞满常兼有胸膈不适,胸痹偶有脘腹不舒。但胸痹属胸阳痹阻,心脉瘀阻,心脉失养为患,以胸痛,胸闷,短气为主症,而胃痞则为脾胃气机升降失职所致,以胃脘满闷为主症,当然,老年人突然出现胃脘痞满,应警惕真心痛的发生,而胃痞出现胸膈痞塞,满闷不舒则属兼症。

【辨证论治】

辨证要点

1. **辨有邪无邪** 痞满有虚实之异,有邪者为实,无邪者为虚,因此首当辨别邪之有无。如伤寒表邪未解,邪气内陷,阻遏中焦所成之痞;食饮无度,积谷难消,阻滞胃脘所成之痞;情志不遂,气机郁滞,升降失调而成之痞皆属有邪。若脾胃气虚,运化无力,升降失司所成之痞,则属虚证。

2. **辨虚实寒热** 痞满不能食,或食少不化,大便溏薄者为虚;痞满能食,大便闭结者为实。痞满时减,喜揉喜按者为虚;痞满不减,按之满甚者为实。痞满急迫,渴喜冷饮,苔黄,脉数者为热;痞满绵绵,得热则舒,口淡不渴,苔白,脉沉者属寒。同时还应该注意寒热虚实的兼夹症状。

治疗原则

胃痞的病变部位在胃脘,病变脏腑在脾胃,病机关键是中焦气机阻滞,升降失职。病因有邪滞中焦之实和脾胃虚弱之虚,且常虚实夹杂。治疗原则本着实者泻之,分别施以泻热,消食,化痰,理气等法;虚则补之,施以温补脾胃之法。由于本病证常为虚实夹杂之候,所以治疗时常补消并用。另外胃痞毕竟以中焦气机阻滞为本,所以在审因论治的同时,辅以理气通导之剂,实属必要,只是不可过用香燥,以免耗津伤液,对于虚证,尤当慎重。

分证论治

实痞

·邪热内陷

症状:胃脘痞满,灼热急迫,按之满甚,心中烦热,咽干口燥,渴喜饮冷,身热汗出,大便干结,小便短赤,舌红苔黄,脉滑数。

治法:泻热消痞,和胃开结。

方药:大黄黄连泻心汤。

方中大黄泻热和胃开结,黄连清泻胃火,使邪热得除,痞气自消。可酌加枳实、厚朴、木香等以助行气消痞之力。

· 饮食停滞

症状:脘腹满闷,痞塞不舒,按之尤甚,嗳腐吞酸,恶心呕吐,厌食,大便不调,苔厚腻,脉弦滑。

治法:消食和胃,行气消痞。

方药:保和丸。

方中山楂、神曲、莱菔子消食导滞,半夏、陈皮行气开结,茯苓健脾利湿,共奏食滞消、胃气和、痞满除之效。若食积较重,脘腹胀满者,可加枳实、厚朴;若食积化热,大便秘结者,可加大黄、槟榔;若食积脾虚,大便溏薄者,可加白术、黄芪。尚可选用大安丸、平胃散、枳术丸、枳实导滞丸等方辨证施用。

· 痰湿内阻

症状:脘腹痞满,闷塞不舒,胸膈满闷,头晕目眩,头重如裹,身重肢倦,咳嗽痰多,恶心呕吐,不思饮食,口淡不渴,小便不利,舌体胖大,边有齿痕,苔白厚腻,脉沉滑。

治法:除湿化痰,理气宽中。

方药:二陈汤。

方中苍术、半夏燥湿化痰,厚朴、陈皮宽中理气,茯苓、甘草健脾和胃,共奏湿除痰化,气顺痞开之功。可加前胡、桔梗、枳实以助化痰理气。若胃气虚弱,痰浊内阻,气逆不降,而见心下痞硬,噫气不除者,可用旋覆代赭汤益气和胃,降气化痰。还可辨证选用二陈汤、甘遂半夏汤、三仁汤等。

· 肝郁气滞

症状:脘腹不舒,痞塞满闷,胸胁胀满,心烦易怒,喜长叹息,恶心嗳气,大便不爽,常因情志因素而加重,苔薄白,脉弦。

治法:疏肝解郁,理气消痞。

方药:越鞠丸。

方中香附、川芎疏肝理气,活血解郁;苍术、神曲燥湿健脾,消食除痞;栀子泻火解郁。本方主治气、血、痰、火、湿、食诸郁。若气郁较重,胀满明显者,可加柴胡、郁金、枳壳;若气郁化火,口苦咽干者,合左金丸,或加栀子、龙胆草、黄芩等。尚可选用四磨饮、化肝煎、柴胡疏肝散等。

虚痞

· 脾胃虚弱

症状:脘腹痞闷,时缓时急,喜温喜按,不知饥,不欲食,身倦乏力,四肢不温,少气懒言,大便溏薄,舌质淡,苔薄白,脉沉弱。

治法:补气健脾,升清降浊。

方药:补中益气汤。

方中人参、黄芪、白术、甘草补中益气,升麻、柴胡升举阳气,当归、陈皮理气化滞,使脾气得复,阳气得升,气机得顺,虚痞自除。

如脾阳不振,手足不温者,可加附子、干姜;若气虚失运,满闷较重者,可加木香、枳壳、厚朴以助脾运；若属表邪内陷，与食、水、痰相合，出现虚实夹杂证候，心下痞满，呕吐下痢，用半夏泻心汤，辛开苦降，补泻并用；若中虚较甚，可用甘草泻心汤；若水热互结，心下痞满，干噫食臭，肠鸣下利者，用生姜泻心汤。还可选用理中汤、大建中汤、吴茱萸汤等。

【转归预后】

胃痞一般预后良好，只要保持心情舒畅，饮食有节，并坚持治疗，多能痊愈。但胃痞多为慢性过程，常反复发作，经久不愈，所以应长期坚持治疗。若久病失治，或治疗不当，常使病程迁延，并可慢性进展，发展为胃痛、鼓胀，甚至胃癌、癥瘕等。

【预防与调摄】

痞满患者饮食宜清淡，勿暴饮暴食，贪凉饮冷，力戒烟酒，以免损伤脾胃。保持心情舒畅，避免精神刺激，以防气机郁滞。

【结　语】

痞满以心下痞塞，满闷不舒，触之无形，按之柔软，压之无痛，外无胀大之形为临床特点，病位在胃脘，病因有热、食、湿、痰、气、虚等。病机有虚实之异，且常虚实夹杂。病变脏腑在脾胃，以中焦脾胃气机不利，升降失和为基本病机。治法以调理脾胃，理气消痞为本，应按虚则补之，实则泻之的原则，免犯虚虚实实之戒。

【文献摘要】

《素问·至真要大论》："太阳之复，厥气上行，……心胃生寒，胸膈不利，心痛痞满。"

《伤寒论》："伤寒发汗，若吐若下，解后，心下痞硬，噫气不除者，旋覆代赭汤主之"；"病发于阴而反下之，因作痞"。

《诸病源候论·否噫病》："夫八否者，荣卫不和，阴阳隔绝，而风邪外入，与卫气相搏，血气壅塞不通而成否也。否者，塞也。言脏腑否塞不宣通也。由忧恚气积，或坠堕内损所致。其病，腹内气结胀满，时时壮热是也。其名有八，故云八否。"

《医学正传·痞满》："故胸中之气，因虚而下陷于心之分野，故心下痞。宜升胃气，以血药兼之。若全用利气之药导之，则痞尤甚。痞甚而复下之，气愈下降，必变为中满鼓胀，皆非其治也。"

《证治汇补·痞满》："大抵心下痞闷，必是脾胃受亏，浊气挟痰，不能运化为患。初宜舒郁化痰降火，二陈、越鞠、芩连之类；久之固中气，参、术、苓、草之类，佐以他药。有痰治痰，有火清火，郁则兼化。若妄用克伐，祸不旋踵。又痞同湿治，惟宜上下分消其气，如果有内实之症，庶可疏导。"

《类证治裁·痞满》："伤寒之痞，从外之内，故宜苦泄；杂病之痞，从内之外，故宜辛散。……痞虽虚邪，然表气入里，热郁于心胸之分，必用苦寒为泻，辛甘为散。诸泻心汤所以寒热互用也。杂病痞满，亦有寒热虚实之不同。"

【研究进展】

- **慢性萎缩性胃炎的临床研究**

近年来中医药防治慢性萎缩性胃炎，取得了许多成就，甚至在防止癌变方面也显示中药的许多优势。

周氏用中药系列冲剂治疗慢性萎缩性胃炎128例，分为虚寒证组，服用黄芪、桂枝、白芍、白术、延胡索、枳壳、威灵仙、荜澄茄、苦参、麦芽、香橼、甘草组成的温中养胃冲剂。郁热证组，服用黄连、柴胡、知母、石斛、焦栀、白薇、蚕沙、枳壳、射干、苦参、生地榆、马齿苋、威灵仙组成的养阴清胃冲剂。疗程6个月，经临床症状、胃镜和病理学检查，128例患者经辨证分组采用温中养胃冲剂或养阴清胃冲剂治疗后，治愈30例(23.4%)，显效59例(46.1%)，好转35例(27.4%)，无效4例(3.1%)，总有效率为96.9%。且两组间疗效无差别〔中医杂志1991;(8):25〕。

马氏用胃友治疗萎缩性胃炎910例,初步认为萎缩性胃炎属虚寒夹瘀,治疗的关键是活血化瘀。胃友汤剂具有补气、温中、活血、化瘀之功,其组成:黄芪、肉桂、吴茱萸、枳壳、片姜黄、川芎、红花、桃仁、丹参、三棱、莪术、甘草。每日1剂,服用60剂左右,全部病例经胃镜病理组织学复查,可使病变的胃粘膜逆转。其中基本治愈637例(70%),好转245例(26.9%),无效28例(3.1%),总有效率为96.9%〔中医杂志1989;(9):32〕。

张氏对幽门螺旋菌与慢性萎缩性胃炎发病关系及防治进行了研究,485例胃病患者幽门螺旋菌(HP)总检出率为59.6%,从慢性萎缩性胃炎(CAG)患者胃粘膜分离出HP,在体外成功培养并连续接种传代。采用枯矾与阿斯匹林分别给小白鼠及家兔灌胃造成胃粘膜损伤后,再灌注HP,经细菌学、病理组织学检查,与人体CAG改变一致。证明HP符合Koch关于致病菌三定律。本研究从CAG细菌感染说出发,对53味中药及其组方进行抑菌试验,发现HP对三七、厚朴敏感;对乌梅、延胡索中度敏感;对黄连、大黄高度敏感。对胃热型CAG用清热化瘀汤(黄连、大黄、白花蛇舌草、三七、丹参、厚朴、葛根、鸡内金、白芍、乌梅、党参、黄芪、桂枝组成)治疗70例(HP均阳性),临床总有效率97.2%,胃镜有效率为85.7%,病理有效率为80%,与三九胃泰对照组差异显著〔中国中西医结合杂志1992;(9):521〕。

董氏对虚痞(慢性萎缩性胃炎癌前病变)进行中药治疗观察,选择既符合中医虚痞诊断,又符合慢性萎缩性胃炎癌前病变的患者154例,辨证分型为3组,分两个临床阶段。气阴两虚证,用甘平养胃方:太子参、炙百合、乌药、鸡内金、香橼皮等;虚火灼胃证,用酸甘益胃方:沙参、麦冬、丹参、石斛、乌梅、佛手等;脾胃虚弱证,用甘温健胃方:党参、黄芪、茯苓、白术、木香、当归、三七粉等。制成冲剂进行临床治疗观察,其中第二阶段104例中,临床症状改善率达98.78%,主症痊愈率为65.45%,癌前病变征象改善率为95.76%,消失率为52.12%,临床总有效率为96.15%〔中国医药学报1989;(6):12〕。

· **慢性萎缩性胃炎的实验研究**

在利用胃镜观察胃粘膜相进行微观辨证上,近年来有许多进展。

陈氏报告慢性萎缩性胃炎采用胃粘膜相微观辨证施治的体会,通过对300例CAG的治疗,采取临床辨证和胃粘膜相微观辨证相结合的方法,提高了疗效。临床辨证脾胃虚弱证,胃镜下的胃粘膜相可见:粘膜红白相间,以白为主,丝状血管网可见(基本病变),微观辨证属气血不足、胃络瘀滞;临床辨证胃阴不足证,可见基本病变+胃粘液分泌量少,呈龟裂样改变,微观辨证属脾虚胃热、灼津伤阴;临床辨证肝胃不和证,可见基本病变+胆汁返流,胃蠕动快,胃气上逆,微观辨证属胆汁犯胃、浊气上逆;临床辨证脾胃湿热证,可见基本病变+胃粘膜充血,肿胀明显,或局部糜烂,胃粘液质稠,微观辨证属湿热蕴结;临床辨证脾虚胃热证,可见基本病变+胃粘膜弥漫充血肿胀较明显,微观辨证属脾气虚弱、胃中实热;临床辨证痰浊中阻或脾胃虚寒证,可见基本病变+胃粘液量多而稀薄,微观辨证属脾虚生痰,或胃中有寒;临床辨证瘀血内阻,胃热伤络证,可见基本病变+胃粘膜充血肿胀,有出血点,微观辨证属胃热瘀血、损伤胃络〔北京中医1990;(1):27〕。

柯氏对238例慢性萎缩性胃炎的虚实证进行了多方面临床实验研究。结果显示,虚证表现为:胃酸分泌功能、造血功能、细胞免疫功能和合成代谢能力减弱,其中脾肾虚红细胞、血红蛋白、尿17-羟类固醇、血清高密度脂蛋白胆固醇、血清甘油三脂、T淋巴细胞亚群(CD_8)、HP感染率、不典型增生程度和花生素(PNA)着色程度均较脾虚证低,而LPO水平及血沉又较之增高、加快。实证表现为:血清胃泌素水平高,体液免疫功能亢进,血液呈高粘、浓、凝、聚状态,分解代谢增强,其中气滞血瘀型较气滞型胃粘膜的萎缩程度重,血沉快;胃酸分泌功能表现热郁<湿热<湿阻,LPO水平以热郁型最高。虚实证之间关系是以虚证为本,实证为标;本虚导致标实,标实加重本虚;虚愈甚,实愈重〔中国中西医结合杂志1993;13(10):600〕。

第三节　腹　痛

腹痛是指胃脘以下、耻骨毛际以上的部位发生疼痛为主要表现的病证,多由脏腑气机不利,经脉失养而成。临床上极其常见。本节主要讨论内科腹痛,外科、妇科所致的腹痛不包括在内,另外,痢疾、霍乱、积聚、鼓胀、虫证等内科疾病出现的腹痛症状,应参考有关章节。

《内经》已提出寒邪、热邪客于肠胃可引起腹痛,如《素问·举痛论》曰:"寒气客于肠胃之间,膜原之下,血不得散,小络急引故痛。热气留于小肠,肠中痛,瘅热焦渴,则坚干不得出,故痛而闭不通矣。"并提出腹痛的发生与脾胃大小肠膀胱等脏腑有关。仲景对腹痛已有了较为全面的论述,在诊法上提出:"病者腹满,按之不痛为虚,痛者为实",并在辨证治疗、拟方用药方面,开创了治疗腹痛之先河。

腹痛是临床上的常见症状,内科腹痛可见于西医学的许多疾病之中,如急慢性胰腺炎、胃肠痉挛、不完全性肠梗阻、结核性腹膜炎、腹型过敏性紫癜、肠道激惹综合征、消化不良性腹痛、输尿管结石等,当以腹痛为主要表现,并能排除外科、妇科疾病时,可参考本节辨证论治。

【证候特征】

腹痛部位在胃脘以下,耻骨毛际以上,疼痛部位又可分为脐腹、胁腹、小腹、少腹。疼痛性质可表现为隐痛、胀痛、冷痛、灼痛、绞痛、刺痛,但外无胀大之形,触之腹壁柔软,可有压之痛剧,但无反跳痛,其痛可呈持续性,亦可时缓时急,或常反复发作。疼痛发作或加重,常与饮食、情志、受凉、劳累等诱因有关,起病或缓或急,多伴有饮食、大便失常。部分腹痛常牵掣其他部位作痛,其痛或固定不移,或走窜不定。

【病因病机】

1. 外感时邪,内传于里　六淫之邪,侵入腹中,均可引起腹痛。伤于风寒则寒凝气滞,经脉受阻,不通则痛,如《素问·举痛论》曰:"寒气客于肠胃,厥逆上出,故痛而呕也。寒气客于小肠,小肠不得成聚,故后泄腹痛矣。"若伤于暑热,或寒邪不解,郁而化热,或湿热壅滞,以致传导失职,腑气不通而发生腹痛,"热气留于小肠,肠中痛,瘅热焦渴,则坚干不得出,故痛而闭不通矣"。

2. 饮食不节,肠胃受伤　暴饮暴食,损伤脾胃,饮食停滞;恣食肥甘、厚腻辛辣,酿生湿热,蕴蓄肠胃;误食馊腐,饮食不洁,或过食生冷,寒湿内停等,均可损伤脾胃,腑气通降不利而发生腹痛。如《素问·痹论》曰:"饮食自倍,肠胃乃伤。"

3. 情志失调,气滞血瘀　抑郁恼怒,肝失条达,气机不畅,气滞而痛;或忧思伤脾,或肝郁克脾,肝脾不和,气机不利,腑气通降不顺而发腹痛;或气滞日久,血行不畅,气滞血瘀,或跌扑损伤,络脉瘀阻,或腹部手术,血络受损,均可形成腹中瘀血,血瘀腹痛。如《证治汇补·腹痛》谓:"暴触怒气,则两胁先痛而后入腹。"

4. 阳气素虚,脏腑失煦　素体脾阳不振,或过服寒凉,损伤脾阳,寒湿内停,渐致脾阳衰惫,气血不足,不能温养脏腑,而致腹痛;甚至久病肾阳不足,肾失温煦,脏腑虚寒,腹痛日久,迁延不愈。正如《诸病源候论·久腹痛》所说:"久腹痛者,脏腑虚而有寒,客于腹内,连滞不歇,发作有时。发则肠鸣而腹绞痛,谓之寒中。"

总之,腹痛的成因,不外寒、热、虚、实、气、血等几方面,各因之间常相互联系,或相兼为病。如寒邪客久,郁而化热,可致郁热内结;气滞作痛,血行不畅,可成瘀血内阻;至于寒热并见,虚实夹杂,气滞血瘀者,亦属常见。因此应当详审见症,辨明其因,以确保正确的诊断,恰当的治疗。

腹内有肝、胆、脾、肾、大小肠、膀胱等脏腑，并为足三阴、足少阳、手足阳明、冲、任、带等经脉循行之处，所以外邪侵袭，内有所伤，引起脏腑气机不利，邪气阻滞腹中，经脉运行不畅，脏腑经脉失养等，均可引起腹痛。由于脏腑经络的分布部位、生理功能、病理特点不同，发病后的临床表现各有所异，所以脏腑生理病理及经脉运行特点，在腹痛的辨证中，显得十分重要。

腹痛的病机，仍不离"不通则痛"，外感寒热，内伤饮食、情志，以及虫积、跌仆等原因，皆可导致脏腑气机不利，气血运行不畅，经脉流行阻滞而出现实痛；气血不足，阳气虚弱，则脏腑经脉失于温养，气血运行无力而成虚痛。

【诊　断】

1. 凡是以胃脘以下，耻骨毛际以上部位的疼痛为主要表现者，即为腹痛。其疼痛性质各异，但一般不甚剧烈，且按之柔软，压痛较轻，无肌紧张及反跳痛。
2. 起病多缓慢，其痛发或加剧常与饮食、情志、受凉等因素有关。
3. 腹部 X 线检查、B 超检查以及有关实验室检查有助于诊断及鉴别诊断。
4. 应排除外科、妇科腹痛，以及其他内科病证中出现的腹痛症状。

【鉴别诊断】

1. 胃痛　胃处腹中，与肠相连，腹痛常伴有胃痛的症状，胃痛亦时有腹痛的表现，常需鉴别。胃痛部位在心下胃脘之处，常伴有恶心、嗳气等胃病见症，腹痛部位在胃脘以下，多伴有便秘、泄泻等肠病症状，当两症同时出现时，须辨明主症与兼症。
2. 与其他内科疾病中的腹痛症状鉴别　许多内科疾病常见腹痛的表现，但均以其本病特征为主，此时的腹痛只是该病的症状。如痢疾之腹痛，伴有里急后重，下痢赤白脓血；霍乱之腹痛，伴有吐泻交作；积聚之腹痛，以腹中包块为特征；鼓胀之腹痛，以腹部外形胀大为特点等等。而腹痛病证，当以腹部疼痛为主要表现。当然，有些腹部病证常以腹痛为初起见症，应特别注意。
3. 与外科腹痛相鉴别　内科腹痛常先发热后腹痛，疼痛不剧，压痛不明显，腹部柔软，痛无定处；外科腹痛多先腹痛后发热，疼痛剧烈，痛有定处，压痛明显，伴有肌紧张和反跳痛，当出现外科腹痛征象时，应及时确诊。另外，女性患者应与妇科腹痛相鉴别，妇科腹痛多在小腹，与经、带、胎、产有关，如痛经、流产、异位妊娠、输卵管破裂等，应及时进行妇科检查，以明确诊断。

【辨证论治】

辨证要点

1. 辨性质　腹痛拘急，疼痛暴作，痛无间断，坚满急痛，遇冷痛剧，得热则减者，为寒痛；腹痛急迫，痛处灼热，时轻时重，腹胀便秘，得凉痛减，痛在脐腹者，为热痛；腹痛胀满，时轻时重，痛处不定，攻撑作痛，得嗳气矢气则胀痛减轻者，为气滞痛；腹部刺痛，痛无休止，痛处不移，痛处拒按，入夜尤甚者，为血瘀痛；脘腹胀满，嗳气频作，嗳后稍舒，痛甚欲便，便后痛减者，为伤食痛；痛势急剧，痛时拒按，痛而有形，痛势不减，得食则甚者，为实痛；痛势绵绵，喜揉喜按,时缓时急,痛而无形,饥而痛增者,为虚痛。

2. 辨急缓　突然发病,腹痛较剧,伴随症状明显者,多因外感时邪,饮食不节,蛔虫内扰等,属急性腹痛;发病缓慢,病程迁延,腹痛绵绵,痛势不甚,多由内伤情志,脏腑虚弱,气血不足,属慢性腹痛。

3. 辨部位　大腹疼痛,多为脾胃、大小肠受病;脐腹疼痛,多为虫积;胁腹、少腹疼痛,多为厥阴肝经受病;小腹疼痛,多为膀胱病变。

治疗原则

应根据辨证的虚实寒热,在气在血,确立治法。实则泻之,虚则补之,热者寒之,寒者热之,滞者通之,瘀者散之,审证求因,审因论治。但腹痛以"不通则痛"为常理,且腑以通为顺,以降为和,所以在审因论治基础上,结合通法,使病因得除,腑气得通,腹痛自止。但通法并非单纯泻下,应在辨明寒热虚实而辨证用药的基础上,辅以理气通导之品,标本兼治。用药不可过用香燥,应中病即止,特别是虚痛,应以温中补虚,益气养血为法。如《景岳全书·心腹痛》曰:"凡治心腹痛证,古云痛随利减,又曰通则不痛,此以闭结坚实者为言。若腹无坚满,痛无结聚,则此说不可用也。其有因虚而作痛者,则此说更如冰炭。"另外"久痛入络",对于缠绵不愈的腹痛,加入辛润活血之剂,尤为必要。

分证论治

• **寒邪内阻**

症状:腹痛急起,剧烈拘急,得温痛减,遇寒尤甚,恶寒身蜷,手足不温,口淡不渴,小便清长,大便自可,苔白腻,脉沉紧。

治法:温里散寒,理气止痛。

方药:良附丸合正气天香散。

方中高良姜、干姜、紫苏温中散寒,乌药、香附、陈皮理气止痛。若腹中雷鸣切痛,胸胁逆满,呕吐,为寒气上逆者,用附子粳米汤温中降逆;若腹中冷痛,身体疼痛,内外皆寒者,用乌头桂枝汤温里散寒;若少腹拘急冷痛,寒滞肝脉者,用暖肝煎暖肝散寒;若腹痛拘急,大便不通,寒实积聚者,用大黄附子汤以泻寒积。另外还可辨证选用附子理中丸、乌梅丸、温脾汤等。

• **湿热壅滞**

症状:腹部胀痛,痞满拒按,胸闷不舒,烦渴引饮,大便秘结,或溏滞不爽,身热自汗,小便短赤,苔黄燥或黄腻,脉滑数。

治法:通腑泄热。

方药:大承气汤。

方中大黄苦寒泄热,攻下燥屎;芒硝咸寒润燥,软坚破结;厚朴、枳实破气导滞,消痞除满。若燥结不甚,湿热较重,大便不爽者,可去芒硝,加栀子、黄芩、黄柏;若少阳阳明合病,两胁胀痛,大便秘结者,可用大柴胡汤;若小腹右侧疼痛,为肠痈者,可用大黄牡丹皮汤。另外还可辨证选用厚朴三物汤、枳实导滞丸等。

• **中虚脏寒**

症状:腹痛绵绵,时作时止,喜热恶冷,痛时喜按,饥饿劳累后加重,得食休息后减轻,神疲乏力,气短懒言,形寒肢冷,胃纳不佳,面色无华,大便溏薄,舌质淡,苔薄白,脉沉细。

治法:温中补虚,缓急止痛。

方药:小建中汤。

方中桂枝、饴糖、生姜、大枣温中补虚，芍药、甘草缓急止痛。尚可加黄芪、茯苓、人参、白术等助益气健脾之力，加吴茱萸、干姜、川椒、乌药等助散寒理气之功。若腹中大寒痛，呕吐肢冷，可用大建中汤温中散寒；若腹痛下痢，脉微肢冷，脾肾阳虚者，可用附子理中汤；若大肠虚寒，积冷便秘者，可用温脾汤；若中气大虚，少气懒言，可用补中益气汤。还可辨证选用当归四逆汤、黄芪建中汤等。

- 饮食停滞

症状：脘腹胀满，疼痛拒按，嗳腐吞酸，厌食，痛而欲泻，泻后痛减，粪便奇臭，或大便秘结，舌苔厚腻，脉滑。

治法：消食导滞。

方药：枳实导滞丸。

方中大黄、枳实、神曲消食导滞，黄芩、黄连、泽泻清热化湿，白术、茯苓健脾和胃。尚可加木香、莱菔子、槟榔以助消食理气之力。若食滞较轻，脘腹满闷者，可用保和丸消食化滞。

- 气机郁滞

症状：脘腹疼痛，胀满不舒，攻窜两胁，痛引少腹，时聚时散，得嗳气矢气则舒，遇忧思恼怒则剧，苔薄白，脉弦。

治法：疏肝解郁，理气止痛。

方药：柴胡疏肝散。

方中柴胡、枳壳、香附、陈皮疏肝理气，芍药、甘草缓急止痛，川芎行气活血。若气滞较重，胁肋胀痛者，加川楝子、郁金；若痛引少腹睾丸者，加橘核、荔枝核、川楝子；若腹痛肠鸣，气滞腹泻者，可用痛泻要方；若少腹绞痛，阴囊寒疝者，可用天台乌药散。

- 瘀血阻滞

症状：少腹疼痛，痛势较剧，痛如针刺，甚则尿血有块，经久不愈，舌质紫暗，脉细涩。

治法：活血化瘀。

方药：少腹逐瘀汤。

方中当归、川芎、赤芍养血活血，蒲黄、五灵脂、没药、延胡索化瘀止痛，小茴香、肉桂、干姜温经止痛。若腹部术后作痛，可加泽兰、红花；若跌仆损伤作痛，可加丹参、王不留行，或吞服三七粉、云南白药；若下焦蓄血，大便色黑，可用桃核承气汤；若胁下积块，疼痛拒按，可用膈下逐瘀汤。

【转归预后】

体质好，病程短，正气尚足者预后良好；体质较差，病程较长，正气不足者预后较差；身体日渐羸瘦，正气日衰者难治。若腹痛暴急，伴有大汗淋漓，四肢厥冷，脉微欲绝者为虚脱之象，如不及时抢救则危殆立至。

【预防与调摄】

寒痛者要注意保温，虚痛者宜进食易消化食物，热痛者忌食肥甘厚味、醇酒辛辣，食积者注意节制饮食，气滞者要保持心情舒畅。

【结　语】

腹痛可由多种病因引起,且相互兼杂,互为因果,共同致病,以寒热虚实为辨证纲领,以脏腑气机不利,经脉气血阻滞,脏腑经络失养为基本病机,以不通则痛为本。腹痛病位在腹,有脐腹、胁腹、小腹、少腹之分,病变脏腑涉及肝、胆、脾、肾、膀胱、大小肠等,在辨证时应全面考虑病位、病机、脏腑、病因、经络等。腹痛的治疗原则总以"通"立法,并应根据寒热之轻重,虚实之多少,气血之浅深而辨证论治。

【文献摘要】

《灵枢·邪气脏腑病形》:"大肠病者,肠中切痛而鸣濯濯,冬日重感于寒即泄,当脐而痛;……小肠病者,小腹痛,腰脊控睾而痛,时窘之后;……膀胱病者,小腹偏肿而痛,以手按之,即欲小便而不得。"

《金匮要略·腹满寒疝宿食病脉证治》:"病者腹满,按之不痛者为虚,痛者为实,可下之,舌黄未下者,下之黄自去";"按之心下满痛者,此为实也,当下之,宜大柴胡汤";"腹中寒气,雷鸣切痛,胸胁逆满,呕吐,附子粳米汤主之";"胁下偏痛,发热,其脉紧弦,此寒也,以温药下之,宜大黄附子汤"。

《丹溪心法·腹痛》:"初得时,元气未虚,必推荡之,此通因通用之法。久必难。壮实与初病宜下。虚弱衰与久病,宜升之消之。"

《寿世保元·腹痛》:"治之皆当辨其寒热虚实。随其所得之证施治,若外邪者散之,内积者逐之,寒者温之,热者清之,虚者补之,实者泻之,泄则调之,闭则通之,血则消之,气则顺之,虫则追之,积则消之,加以健理脾胃,调养气血,斯治之要也。"

《脉因证治·心腹痛》:"有客寒阻之不行,有热内生郁而不散,有死血食积湿痰结滞,妨碍升降故痛。"

《景岳全书·心腹痛》:"痛有虚实,凡三焦痛证,惟食滞、寒滞、气滞者最多,其有因虫、因火、因痰、因血者,皆能作痛。大都暴痛者,多有前三证;渐痛者,多由后四证。……可按者为虚,拒按者为实;久痛者多虚,暴痛者多实;得食稍可者为虚,胀满畏食者为实;痛徐而缓,莫得其处者多虚;痛剧而坚,一定不移者为实。"

【研究进展】

·腹痛的临床研究

王氏以疏通法为主缓解急性腹痛202例,各例均有腹部剧烈疼痛,其中右上腹痛78例,中上腹痛65例,左上腹痛45例,右下腹痛3例,左下腹痛5例,脐周痛6例。西医诊断:急性胆囊炎25例,胆石症11例,慢性胆囊炎胆石症急性发作58例,急性胰腺炎56例,急性胆管炎15例,胆道蛔虫症16例,肠梗阻5例,肾结石5例,肠蛔虫症7例,急性胃炎4例。中医辨证属里热实证,拟以疏肝理气,清热通下法治之,基本方组成如下:细柴胡、黄芩、生山栀、川朴、生枳实、青陈皮、郁金、生大黄(后下)。服药后多数在3天内腹痛缓解,少部分在1周左右缓解。其中有效178例,占88%,无效24例,占12%〔上海中医药杂志1990;(7):30〕。

喻氏以止痛散治疗急性腹痛,47例病人中,慢性胃炎急性发作18例,急性胆囊炎3例,慢性胆囊炎急性发作10例,胆石症2例,肠蛔虫症2例,胆道蛔虫症4例,痛经3例,疝气3例,肠粘连2例。服用止痛散:沉香、良姜、延胡索(醋炙)各9g,肉桂、乳香(炒)、没药(炒)、北细辛、制吴萸各3g,黄连6g。共为细末,装0.25g胶囊,每次服5粒,日服3~4次。经治疗后,显效(服1~2次后疼痛消失)39例,有效(服药3次疼痛缓解,余症减轻)7例,无效(服药6次疼痛不减)1例,总有效率为97.9%〔四川中医1990;(3):20〕。

陈氏以自拟乌黄姜蜜饮治疗蛔虫性肠梗阻80例,乌黄姜蜜饮由乌梅、大黄各30g,干姜20g,蜂蜜100g组成。用药后除1例中途转手术治疗外,其余79例均在6~48小时内排便排虫,其中6~24小时解除梗阻者56例,占70%〔浙江中医杂志1988;(3):102〕。

唐氏对74例诊断明确的急性胰腺炎,服用胆胰汤治疗。该方由大柴胡汤合大承气汤加减而成,茵陈、黄芩、银花、香附、川楝、枳实、白芍、法夏、柴胡、大黄(后下)、黄连各6g,蒲公英15g,甘草3g。结果全部病例均在短期内症状消失,检验恢复正常,无一例手术治疗,住院时间最短者4天,全部治愈出院〔湖南中医杂志1988;(5):19〕。

・腹痛的实验研究

焦氏对单味大黄治疗急性胰腺炎的作用进行了临床与实验研究,用单味大黄治疗急性胰腺炎266例,有效率为97%,平均5天治愈。前瞻性研究证明,在发热与腹痛消失时间方面均较复方西药治疗明显缩短($P<0.02$)。通过4种动物模型及细菌学研究,从器官到细胞,从组化到生化已初步阐明了大黄治疗急性胰腺炎的机理,并从大黄中分离出10种有效单体,找到了治疗此病的部分物质基础〔上海中医药杂志 1990;(7):1〕。

第四节 呕 吐

呕吐是指胃失和降,气逆于上,胃中之物从口吐出的一种病证。一般以有物有声谓之呕,有物无声谓之吐,无物有声谓之干呕。呕与吐常同时发生,很难截然分开,故并称为呕吐。干呕与两者虽有区别,但在辨证论治上大致相同,所以合写在一起。呕吐是内科常见病证,除脾胃肠病证之外,其他多种急慢性病证中,也常出现呕吐症状。

《内经》对呕吐的病因论述颇详。如《素问·举痛论》曰:"寒气客于肠胃,厥逆上出,故痛而呕也。"《素问·六元正纪大论》曰:"火郁之发,……疡痱呕逆。"《素问·至真要大论》曰:"诸呕吐酸,暴注下迫,皆属于热";"厥阴司天,风淫所胜,……食则呕";"少阴之胜,……炎暑至,……呕逆";"燥淫所胜,……民病喜呕,呕有苦";"太阴之复,湿变乃举,体重中满,食饮不化,阴气上厥,……呕而密默,唾吐清液",阐述了外感六淫皆可引起呕吐。另外,尚指出呕吐与饮食停滞有关,以及对肝、胆、脾在呕吐发生中的作用等都有论述,奠定了本病的理论基础。仲景对呕吐的脉因证治阐发甚详,创立了许多至今行之有效的方剂,且指出呕吐有时是机体排除胃中有害物质的反应,如《金匮要略·呕吐哕下利病脉证治》曰:"夫呕家有痈脓,不可治呕,脓尽自愈。"《金匮要略·黄疸病脉证并治》曰:"酒疸,心中热,欲吐者,吐之愈。"这类呕吐不可止呕,邪去呕吐自止。

本病虽以呕吐为主要临床见症,但往往兼有胃痛、痞满、腹痛等胃肠症状,反之呕吐之症亦常出现在其他脾胃肠病证之中,辨证时应分清主次。

呕吐是临床上的常见症状,可以出现于西医学的多种疾病之中,如急性胃炎、心因性呕吐、胃粘膜脱垂症、贲门痉挛、幽门痉挛、幽门梗阻、十二指肠壅积症、肠梗阻、肝炎、胰腺炎、胆囊炎、尿毒症、颅脑疾病以及一些急性传染病等,当以呕吐为主要表现时,可参考本节辨证论治。

【证候特征】

呕吐临床证候特征不尽一致,或干呕,或无声而呕吐,或声高而呕吐,甚或呕吐如喷;或食后即吐,或良久复出,或不食干呕;或呕吐新入之食,或呕吐不化之宿食,或呕吐涎沫;呕吐之物或多或少。呕吐常有诱因,如闻及特殊气味,饮食不节,情志不遂,以及寒暖失宜等因素,皆可诱发呕吐,或使呕吐加重。本病常伴有脘腹满闷不舒、厌食、反酸嘈杂等,呕吐多偶然发生,但亦有反复发作者。其证候特征尚由于寒热虚实之异,而有不同的表现。

【病因病机】

1. **外邪犯胃** 感受风寒暑湿燥火六淫之邪,或秽浊之气,邪犯胃腑,气机不利,胃失和降,水谷随逆气上出,发生呕吐。正如《古今医统大全·呕吐哕》所言:"无病之人卒然而呕吐,定是邪客胃府,在长夏暑邪所干,在秋冬风寒所犯。"但由于感邪之不同,正气之盛衰,体质之差异,胃气之强弱,故外邪所致的呕吐,常因性质不同而表现各异,但以寒邪致病居多。

2. 饮食不节　暴饮暴食,温凉失宜,过食肥甘、醇酒辛辣,误食不洁之物,伤胃滞脾,食滞内停,胃失和降,胃气上逆,发生呕吐。如《重订严氏济生方·呕吐论治》所曰:"饮食失节,温凉失调,或喜餐腥脍乳酪,或贪食生冷肥腻,露卧湿处,当风取凉,动扰于胃,胃既病矣,则脾气停滞,清浊不分,中焦为之痞塞,遂成呕吐之患焉。"另外,饮食所伤,脾胃运化失常,水谷不化生精微,反成痰饮,停积胃中,当饮邪上逆之时,常发生呕吐。正如《症因脉治·呕吐》所说:"痰饮呕吐之因,脾气不足,不能运化水谷,停痰留饮,积于中脘,得热则上炎而呕吐,遇寒则凝塞而呕吐矣。"

3. 情志失调　郁怒伤肝,肝失条达,横逆犯胃,胃失和降。《景岳全书·呕吐》云:"气逆作呕者,多因郁怒致动肝气,胃受肝邪,所以作呕。"或忧思伤脾,脾失健运,食停难化,胃失和降,亦可致呕。另外,脾胃素弱,水谷易于停留,偶因恼怒,食随气逆,而致呕吐。

4. 脾胃虚弱　脾胃素虚,病后体虚,劳倦过度,耗伤中气,胃虚不能盛受水谷,脾虚不能化生精微,停积胃中,上逆成呕。《古今医统大全·呕吐哕》谓:"久病吐者,胃气虚不纳谷也。"若脾阳不振,不能腐熟水谷,以致寒浊内生,气逆而呕;或热病伤阴,或久呕不愈,以致胃阴不足,胃失濡养,不得润降,而成呕吐。如《证治汇补·呕吐》所谓:"阴虚成呕,不独胃家为病,所谓无阴则呕也。"

呕吐的病因是多方面的,外感六淫,内伤饮食,情志不调,脏腑虚弱均可致呕。且常相互影响,兼杂致病,如外邪可以伤脾,气滞可以食停,脾虚可以成饮,所以临证当辨证求因。

胃居中焦,主受纳腐熟水谷,其气以降为顺。外邪、饮食、情志、脏腑失和,干于胃腑,导致胃失和降,均可发为呕吐。呕吐病位在胃,病变脏腑除胃以外,尚与肝脾相关,胃气之和降,有赖于脾气的升清运化以及肝气的疏泄条达,若脾失健运,则胃气失和,升降失职;肝失疏泄,则气机逆乱,胃失和降,均可致呕。

呕吐的病机无外乎虚实两大类,实者由外邪、饮食、痰饮、郁气等邪气犯胃,致胃失和降,气逆而发;虚者由气虚、阳虚、阴虚等正气不足,使胃失温养、濡润,胃虚不降所致。一般来说,初病多实,呕吐日久,损伤脾胃,中气不足,由实转虚;或脾胃素虚,复为饮食所伤,或成痰生饮,因虚致实,出现虚实夹杂的复杂病机。但无论邪气犯胃,或脾胃虚弱,发生呕吐的基本病机在于胃失和降,胃气上逆。《景岳全书·呕吐》云:"呕吐一证,最当详辨虚实,实者有邪,去其邪则愈;虚者无邪,则全由胃气之虚也。所谓邪者,或暴伤寒凉,或暴伤饮食,或因胃火上冲,或因肝气内逆,或以痰饮水气聚于胸中,或以表邪传里,聚于少阳阳明之间,皆有呕证,此皆呕之实邪也。所谓虚者,或其本无内伤,又无外感,而常为呕吐者,此既无邪,必胃虚也。或遇微寒,或遇微劳,或遇饮食少有不调,或肝气微逆,即为呕吐者,总胃虚也。"

【诊　断】

1. 呕吐以呕吐食物、痰涎、水液诸物,或干呕无物为主症,一日数次不等,持续或反复发作。常兼有脘腹不适,恶心纳呆,泛酸嘈杂等症。

2. 起病或急或缓,常先有恶心欲吐之感,多由气味、饮食、情志、冷热等因素而诱发,或因服用化学药物,误食毒物而致。

3. 上消化道 X 线检查及内窥镜检查,常有助于诊断及鉴别诊断。

【鉴别诊断】

1. 反胃　亦属胃部病变，系胃失和降、气逆于上而成，也有呕吐的临床表现，所以可属呕吐范畴，但因又有其特殊的表现和病机，因此又当与呕吐相区别。反胃多系脾胃虚寒，胃中无火，难于腐熟，食入不化所致。表现为食饮入胃，滞停胃中，良久尽吐而出，吐后转舒。古人称"朝食暮吐，暮食朝吐"。而呕吐是以有声有物为特征，病机为邪气干扰，胃虚失和所致，实者食入即吐，或不食亦吐，并无规律，虚者时吐时止，或干呕恶心，但多吐出当日之食。

2. 噎膈　虽有呕吐症状，但以进食梗阻不畅，或食不得入，或食入即吐为主要表现。所云食入即吐是指咽食不能入胃，随即吐出。呕吐病在胃，噎膈在食道。呕吐病程较短，病情较轻，多能治愈，预后良好。噎膈伴有食入即吐，则病情较重，病程较长，治疗困难，预后不良。

【辨证论治】

辨证要点

1. 辨实呕与虚呕　实证呕吐，多因外邪、饮食、七情因素，病邪犯胃所致，发病急骤，病程较短，呕吐量多，呕吐物多酸腐臭秽，或伴有表证，脉实有力。虚证呕吐，常为脾胃虚寒、胃阴不足而成，起病缓慢，病程较长，呕而无力，时作时止，吐物不多，酸臭不甚，常伴有精神萎靡，倦怠乏力，脉弱无力。

2. 辨呕吐物　吐物的性质常反映病变的寒热虚实、病变脏腑等，所以临证时应仔细询问，甚至亲自观察呕吐物。如酸腐难闻，多为食积内腐；黄水味苦，多为胆热犯胃；酸水绿水，多为肝气犯胃；痰浊涎沫，多为痰饮中阻；泛吐清水，多属胃中虚寒，或有虫积；粘沫量少，多属胃阴不足。

3. 辨可吐与止呕　呕吐一证，多为病理反应，一般可用降逆止呕之剂，在祛除病因的同时，和胃止呕，而收邪去呕止之效。但有的呕吐，如胃有痈脓、痰饮、食滞、毒物等有害之物时，不可见呕止呕，因为这类呕吐是机体的保护性反应，是邪之去路，邪去则呕吐自止。甚至当呕吐不畅时，尚可用探吐之法，不可降逆止呕，以免留邪。

4. 辨可下与禁下　呕吐之病不宜用下法，病在胃不宜攻肠，以免引邪内陷，且呕吐尚能排除积食、败脓等，若属虚者更不宜下，兼表者下之亦误。所以，仲景有"病人欲吐者不可下之"之训。然并非绝对，若确属胃肠实热，大便秘结，腑气不通，而致浊气上逆，气逆作呕者，可用下法，通其便，折其逆，使浊气下行，呕吐自止。如《金匮要略·呕吐哕下利病脉证治》曰："哕而腹满，视其前后，知何部不利，利之即愈"，又如"食已即吐者，大黄甘草汤主之"，可见呕吐原则上禁下，但在辨证上有灵活性，应审因论治。

治疗原则

呕吐一病证，其病机总由胃失和降，胃气上逆所致，所以其治疗大法当以和胃降逆为本。但应分虚实辨证论治，实者重在祛邪，分别施以解表、消食、化痰、理气之法，辅以和胃逆之品，以求邪去胃安呕止之效。虚者重在扶正，分别施以益气、温阳、养阴之法，辅以降逆止呕之药，以求正复胃和呕止之功。即在审因论治的基础之上，辅以和胃降逆之品，则胃气自和，呕吐即止。

分证论治

实证

· 外邪犯胃

症状：突然呕吐，起病较急，常伴有发热恶寒，头身疼痛，胸脘满闷，不思饮食，舌苔白，脉濡缓。

治法：解表疏邪，和胃降逆。

方药：藿香正气散。

方中藿香、紫苏、白芷芳香化浊，疏解表邪；大腹皮、厚朴理气除满；白术、茯苓、甘草健脾化湿；陈皮、半夏和胃降逆，共奏疏解表邪，和胃止呕之功。若风寒偏重，寒热无汗，可加荆芥、防风以疏风散寒；若暑湿犯胃，身热汗出，可用新加香薷饮解暑化湿；如秽浊犯胃，呕吐甚剧，可吞服玉枢丹辟秽止呕；若风热犯胃，头痛身热，可用银翘散去桔梗之升提，加橘皮、竹茹清热和胃；若兼食滞，脘闷腹胀，嗳腐吞酸，可去白术、甘草，加神曲、鸡内金、莱菔子以消积导滞；若暑热犯胃，壮热口渴，可用黄连解毒汤。

· 饮食停滞

症状：呕吐酸腐，脘腹胀满，嗳气厌食，得食愈甚，吐后反快，大便或溏或结，气味臭秽，苔厚腻，脉滑实。

治法：消食化滞，和胃降逆。

方药：保和丸。

方中神曲、山楂、莱菔子消食化滞，陈皮、半夏、茯苓和胃降逆，连翘清散积热。若积滞化热，腹胀便秘，可用小承气汤通腑泄热，使浊气下行，呕吐自止；若食已即吐，口臭干渴，胃中积热上冲，可用竹茹汤清胃降逆；若误食不洁、酸腐败物，而见腹中疼痛，欲吐不得者，可因势利导，用烧盐方或瓜蒂散探吐祛邪。还可辨证选用枳实导滞丸、枳术丸等。

· 痰饮内停

症状：呕吐多为清水痰涎，胸脘痞闷，不思饮食，头眩心悸，或呕而肠鸣有声，苔白腻，脉滑。

治法：温化痰饮，和胃降逆。

方药：小半夏汤合苓桂术甘汤。

方中生姜、半夏和胃降逆，茯苓、桂枝、白术、甘草温脾化饮。若气滞腹痛者，可加厚朴、枳壳行气除满；若脾气受困，脘闷不食，可加砂仁、白豆蔻、苍术开胃醒脾；若痰浊蒙蔽清阳，头晕目眩，可用半夏白术天麻汤；若痰郁化热，烦闷口苦，可用黄连温胆汤清热化痰。还可辨证选用二陈汤、甘遂半夏汤等。

· 肝气犯胃

症状：呕吐吞酸，嗳气频作，胸胁胀满，烦闷不舒，每因情志不遂而呕吐吞酸更甚，舌边红，苔薄腻，脉弦。

治法：疏肝理气，和胃止呕。

方药：四逆散合半夏厚朴汤。

方中柴胡、枳壳、白芍疏肝理气，厚朴、紫苏行气开郁，半夏、茯苓、生姜、甘草和胃降逆止呕。若气郁化火，心烦口苦咽干，可合左金丸清热止呕；若兼腹气不通，大便秘结，可用大柴胡汤清热通腑；若气滞血瘀，胁肋刺痛，可用膈下逐瘀汤活血化瘀。还可辨证选用越鞠丸、柴胡疏肝散等。

虚证
·脾胃虚弱
症状：饮食稍有不慎，即易呕吐，时作时止，胃纳不佳，食入难化，脘腹痞闷，口淡不渴，面白少华，倦怠乏力，大便溏薄，舌质淡，苔薄白，脉濡弱。

治法：益气健脾，和胃降逆。

方药：香砂六君子汤。

方中人参、茯苓、白术、甘草健脾益气，砂仁、木香理气和中，陈皮、半夏和胃降逆。若脾阳不振，畏寒肢冷，可加附子、干姜，或用附子理中丸温中健脾；若胃虚气逆，心下痞硬，干噫食臭，可用旋覆代赭汤降逆止呕；若中气大亏，少气乏力，可用补中益气汤补中益气；若病久及肾，肾阳不足，腰膝酸软，肢冷汗出，可用附子理中汤加肉桂、吴茱萸等温补脾肾。还可辨证选用参苓白术散、七味白术散等。

·胃阴不足
症状：呕吐反复发作，但呕量不多，或仅唾涎沫，时作干呕，口燥咽干，胃中嘈杂，似饥而不欲食，舌红少津，脉细数。

治法：滋养胃阴，降逆止呕。

方药：麦门冬汤。

方中人参、麦冬、粳米、甘草滋养胃阴，半夏降逆止呕。若阴虚甚，五心烦热者，可加石斛、花粉、知母养阴清热；若呕吐较甚，可加橘皮、竹茹、枇杷叶；若阴虚便秘，可加火麻仁、栝蒌仁、白蜜润肠通便。还可辨证选用益胃汤、竹叶石膏汤等。

【转归预后】

一般来说，实证呕吐病程短，病情轻，易治愈，虚证及虚实夹杂者，则病程长，病情重，反复发作，时作时止，较为难治。若失治误治，亦可由实转虚，虚实夹杂，由轻转重，久病久吐，脾胃衰败，化源不足，易生变证。所以，呕吐亦应及时诊治，防止后天之本受损。呕吐在其他各种病证过程中出现时也应重视。

【预防与调摄】

避免风寒暑湿之邪或秽浊之气的侵袭，避免精神刺激，避免进食腥秽之物，不可暴饮暴食，忌食生冷、辛辣、香燥之品。呕吐剧烈者应卧床休息。

【结　语】

外邪、饮食、情志、脏腑虚弱，都可引起呕吐，病机上分虚实两大类，实者为邪气犯胃，虚者多脾胃虚弱，或虚实兼夹，相互转化。以胃失和降，胃气上逆为基本病机。所以治疗大法为和胃降逆，但应审因论治，不可盲目使用重镇降逆之品，以免留邪，应在解表、消食、解郁、化痰、补虚等治法基础上，辅以和胃降逆之品，标本兼治，则胃气安和，呕吐自止。

【附】　吐酸

吐酸是指胃中酸水上泛的症状，又叫泛酸，若随即咽下称为吞酸，若随即吐出称为吐酸。可单独出现，但常与胃痛兼见。《素问·至真要大论》曰："诸呕吐酸，暴注下迫，皆属于热"，认为本病证多属热。《证治汇补·吞酸》曰："大凡积滞中焦,久郁成热,则本从火化,因而作酸者,酸之热也;若客寒犯胃,顷刻成酸,本无郁热,因寒所化者,酸之寒也",说明吐酸不仅有热而且亦有寒,并与胃有关。《寿世保元·吞酸》曰："夫酸者肝木之味也,由火盛制金,不能平木,则肝木自甚,故为酸也",又说明与肝气有关。本证有寒热之分,以热证多见,属热者,多由肝郁化热,胃失和降所致;因寒者,多因肝郁犯胃,脾胃虚弱而成。但总以肝气犯胃为基本病机。

- **热证**

症状:吞酸时作,嗳腐气秽,胃脘闷胀,两胁胀满,心烦易怒,口干口苦,咽干口渴,舌红,苔黄,脉弦数。

治法:清泄肝火,和胃降逆。

方药:左金丸加味,可加黄芩、栀子以清肝热,加乌贼骨、瓦楞子以制胃酸。

- **寒证**

症状:吐酸时作,嗳气酸腐,胸脘胀闷,喜唾涎沫,饮食喜热,四肢不温,大便溏泄,舌淡苔白,脉沉迟。

治法:温中散寒,和胃制酸。

方药:香砂六君子汤加吴茱萸为主方,可加苍术、藿香化湿醒脾。

【附】 嘈杂

嘈杂是指胃中空虚,似饥非饥,似辣非辣,似痛非痛,莫可名状,时作时止的病证,可单独出现,又常与胃痛、吐酸兼见。本证始见于《丹溪心法·嘈杂》,其曰:"嘈杂,是痰因火动,治痰为先。"又说:"食郁有热。"《景岳全书·嘈杂》说:"嘈杂一证,或作或止,其为病也,则腹中空空,若无一物,似饥非饥,似辣非辣,似痛非痛,而胸膈懊憹,莫可名状,或得食而暂止,或食已而复嘈,或兼恶心,而渐见胃脘作痛。"其病因常有胃热、胃虚、血虚之不同。

- **胃热**

症状:嘈杂而兼恶心吐酸,口渴喜冷,口臭心烦,脘闷痰多,多食易饥,或似饥非饥,舌质红,苔黄干,脉滑数。

治法:清胃降火,和中化痰。

方药:温胆汤为主方,热盛者可加黄连、栀子清热和胃。

- **胃虚**

症状:嘈杂时作时止,口淡无味,食后脘胀,体倦乏力,不思饮食,舌淡脉虚。

治法:健脾和胃。

方药:四君子汤加山药、草豆蔻等。若气滞较甚者,可用香砂六君子汤;若胃阴不足,饥不欲食,大便干结者,可用益胃汤益胃养阴。

- **血虚**

症状:嘈杂而兼面白唇淡,心悸头晕,失眠多梦,舌质淡,脉细弱。

治法:益气养血,补益心脾。

方药:归脾汤。

【文献摘要】

《素问·脉解》:"太阴所谓,……食则呕者,物盛满而上溢,故呕也。"

《灵枢·四时气》:"邪在胆,逆在胃,胆液泄,则口苦,胃气逆,则呕苦,故曰呕胆。"

《金匮要略·呕吐哕下利病脉证治》:"诸呕吐,谷不得下者,小半夏汤主之。"

《诸病源候论·呕哕候》:"呕吐者,皆由脾胃虚弱,受于风邪所为也。"

《三因极一病证方论·呕吐叙论》:"呕吐虽本于胃,然所因亦多端,故有饮食寒热气血之不同,皆使人呕吐。"

《医学正传·呕吐》:"外有伤寒,阳明实热太甚而吐逆者;有内伤饮食,填塞太阴,以致胃气不得宣通而吐者;有胃热而吐者;有胃寒而吐者;有久病气虚,胃气衰甚,闻谷气则呕哕者;有脾湿太甚,不能运化精微,致清痰留饮郁滞上中二焦,时时恶心吐清水者。宜各以类推而治之,不可执一见也。"

《证治汇补·呕吐》:"有内伤饮食,填塞太阴,新谷入胃,气不宣通而吐者;有久病气虚,胃气衰微,闻食则呕者;有胃中有热,食入即吐者;有胃中有寒,食久方吐者;有风邪在胃,翻翻不定,郁成酸水,全不入食者;有暑邪犯胃,心烦口渴,腹痛泄泻而呕者;有胃中有脓,腥臊熏臭而呕者;有胃中有虫,作痛吐水,得食暂止者;有胃中停水,心下怔忡,口渴欲饮,水入即吐者;有胃中有痰,恶心头眩,中脘躁扰,食入即吐者。"

【研究进展】

近年来对于引起呕吐的常见疾病,进行了许多临床研究,取得了一定的疗效。王氏治疗神经性呕吐40例,其中辨证属肝胃不和型26例,胃阴不足型8例,肝胆火盛型6例。病程3个月以内23例,3个月至半年15例,半年以上2例。服用下述基本方:伏龙肝、代赭石、半夏、竹茹、茵陈、枳壳、木香、生麦芽、山药、鸡内金。每剂以伏龙肝60g布包先煎20分钟代水,后下诸药煎煮300ml药液,视呕吐轻重分2~3次温服,每次间隔20分钟,每日2剂,早晚各1剂。连续服用10日为1个疗程,并随证略有加减。结果:临床治愈31例(77.5%),好转7例(17.5%),无效2例(5%)〔天津中医1991;(6):17〕。

赵氏以中西医结合方法治疗幽门不全梗阻,38例内科保守治疗无效者服用旋覆代赭汤合半夏甘遂汤:姜半夏、旋覆花、代赭石、党参、甘草、生姜、黄芪、柴胡、附子、怀山药、杭芍、甘遂粉(分2次冲服),加水500ml,文火煎至250ml,早晚2次分服,每日1剂,必要时结合西医的一般对症处理。结果:治愈20例(52.63%),好转14例(36.84%),无效4例(10.53%),总有效率89.47%〔北京中医1992;(4):26〕。

曲氏以中药治疗急性胃肠炎117例。服用肠炎合剂,其组成为:马齿苋、地锦、姜半夏、五味子、葛根,煎成200ml水剂,每次口服50ml,每日4次。另外用黄连素注射液4ml,双侧足三里轮流穴位封闭,每日1次。结果:发热、呕吐、腹泻、腹痛等症状,4天全部消失而治愈〔实用中医内科杂志1988;2(3):119〕。

邵氏用麦门冬汤加味治疗胃阴不足型顽固性呕吐42例,均选择大病、久病后期出现的胃阴不足型顽固性呕吐患者,服用麦门冬汤加味:麦门冬、半夏、人参、炙甘草、粳米、大枣、竹茹、石斛、炙杷叶等,煎汁少量频服。服药量最少者3剂,最多者9剂,其中治愈20例(47.6%),显效15例(35.7%),有效4例(9.5%),无效3例(7.1%),总有效率92.8%〔河南中医1990;10(1):21〕。

第五节 呃 逆

呃逆是指胃气上逆动膈,气逆上冲,喉间呃呃连声,声短而频,不能自止为主要表现的病证。呃逆古称"哕",又称"哕逆"。《内经》首先提出病位在胃,如《素问·宣明五气》:"胃为气逆为哕。"并认识到与中上二焦及寒气有关,如《灵枢·口问》说:"谷入于胃,胃气上注于肺,今有故寒气与新谷气,俱还入于胃,新故相乱,真邪相攻,气并相逆,复出于胃,故为哕。"且《素问·宝命全形论》曰:"病深者,其声哕。"尚提出了简易疗法,有一定实用价值,如《灵枢·杂病》记载了古人治疗呃逆的简便方法:"哕,以草刺鼻,嚏,嚏而已;无息,而疾迎引之,立已;大惊之,亦可已。"《金匮要略·呕吐哕下利病脉证治》将其分为三证辨治:属寒、属虚热、属实,为后世寒热虚实分类奠定了基础。

本病证自唐末以来,有以咳逆为哕,有以干呕为哕,亦有以噫气为哕者,至张景岳才有了明确的区分,如《景岳全书·呃逆》说:"哕者呃逆也,非咳逆也,咳逆者咳嗽之甚者也,非呃逆也;干呕者无物之吐即呕也,非哕也;噫者饱食之息即嗳气也,非咳逆也。后人但以此为鉴,则异说之疑可尽释矣。"

西医学中的单纯性膈肌痉挛即属呃逆。而其他疾病如胃肠神经官能症、胃炎、胃扩张、胃癌、肝硬化晚期、脑血管病、尿毒症,以及胃、食道手术后等所引起的膈肌痉挛,均可参考本节辨证论治。

【证候特征】

呃逆的主要表现是喉间呃呃连声,声音短促,频频发出,病人不能自制。此证乃由胃气上逆动膈,膈间气机不利而发。临床所见以偶然发生者居多,这种呃逆为时暂短,多在不知不觉中自愈。有的则屡屡发生,持续时间较长。当然,就医者,是呃逆持续数日不止,或在较长的时间内屡屡发生,情绪、饮食均受影响的病人。呃逆的声音有高低,气力有大小,间隔有疏密,声出有缓急,这些表现常与证候相关。凡影响胃气和降的因素均可导致呃逆,但临床常见总以饮食与情志因素居多。本病常伴有胸膈痞闷,脘中不适,情绪不安等。

【病因病机】

1. 饮食不当　进食太饱太快,过食生冷,过服寒凉药物,寒气蕴蓄于胃,循手太阴之脉上动于膈,膈间气机不利,气逆上冲于喉,发出呃呃之声,不能自止。如《丹溪心法·咳逆》曰:"咳逆为病,古谓之哕,近谓之呃,乃胃寒所生,寒气自逆而呃上。"或过食辛热煎炒,醇酒厚味,或过用温补之剂,燥热内生,腑气不行,胃失和降,气逆于上,动膈而出于喉间,发生呃逆,如《景岳全书·呃逆》曰:"皆其胃中有火,所以上冲为呃。"

2. 情志不遂　恼怒伤肝,气机不利,横逆犯胃,胃失和降,逆气动膈;或肝郁克脾,或忧思伤脾,运化失职,滋生痰浊,或素有痰饮内停,复因恼怒气逆,逆气挟痰浊上逆动膈,出于喉间,发生呃逆,如《古今医统大全·咳逆》说:"凡有忍气郁结积怒之人,并不得行其志者,多有咳逆之证。"

3. 正气亏虚　或素体不足,年高体弱,或大病久病,正气未复,或吐下太过,虚损误攻均可损伤中气,使胃失和降,或胃阴不足,不得润降,上逆动膈,发生呃逆。甚则病深及肾,肾气失于摄纳,冲气上乘,挟胃气上逆动膈,均可发生呃逆。如《证治汇补·呃逆》提出:"伤寒及滞下后,老人、虚人、妇人产后,多有呃症者,皆病深之候也。若额上出汗,连声不绝者危。"

呃逆总由胃气上逆动膈而成,其病因有寒邪蕴蓄,燥热内盛,气郁痰阻,脾胃虚弱。其病位在膈,病变的关键脏腑在胃,胃居膈下,其气以降为顺,胃与膈有经脉相连属,胃失和降,逆气动膈,上冲喉间,发生呃逆。肺处膈上,其气肃降,手太阴肺之经脉,还循胃口,上膈,属肺;肺气与胃气同主于降,此一脏一腑在生理上相互联系,病理上相互影响;膈居肺胃之间,若肺胃之气失于和降,使膈间气机不畅,逆气上出于喉间,则呃逆不止。所以《内经》有取嚏宣肺以止呃逆的方法。另外,肺胃之气的和降,尚有赖于肾气的摄纳,若久病及肾,肾失摄纳,则肺胃之气不降,气逆动膈而成呃。且胃之和降,还赖于肝之条达,若肝气郁滞,横逆犯胃,胃失和降,气逆动膈,亦成呃逆。可见呃逆之病位虽在膈,但病机关键在于胃失和降,胃气上逆动膈,且与肺之肃降,肾之摄纳,肝之条达有关。

【诊　断】

1. 呃逆以气逆上冲，喉间呃呃连声，声短而频，不能自止为主症，其呃声或高或低，或疏或密，间歇时间不定。常伴有胸脘膈间不舒，嘈杂灼热，腹胀嗳气等。
2. 多有受凉、饮食、情志等诱发因素，起病多较急。
3. 呃逆控制后，胃肠钡剂X线透视及内窥镜检查有助于诊断。必要时查肝、肾功能及B超、CT等有助于鉴别诊断。

【鉴别诊断】

1. **干呕**　与呃逆同属胃气上逆的表现，干呕属于有声无物的呕吐，乃胃气上逆，冲咽而出，发出呕吐之声。呃逆则气从膈间上逆，气冲喉间，呃呃连声，声短而频，不能自止。
2. **嗳气**　与呃逆亦同属胃气上逆之候，嗳气乃胃气阻郁，气逆于上，冲咽而出，发出沉缓的嗳气声，多伴酸腐气味，食后多发，故张景岳称之为"饱食之息"。与喉间气逆而发出的呃呃之声不难区分。

干呕与嗳气只是胃肠疾病的症状，多不需单独论治，与疾病预后无明显关系，而呃逆若出现在危重病人，往往为临终先兆，应予注意。

【辨证论治】

辨证要点

1. **辨生理病理**　呃逆一证在辨证时首先应分清是生理现象，还是病理反应。详细询问病史，了解以往的发作情况，查找病因，认真检查主证与兼证。若一时性气逆而作，无反复发作史，且无明显兼证者，属暂时的生理现象，无需治疗。若呃逆反复发作，兼证明显，或出现在其他急慢性病证过程中，因外感、饮食、情志、脏腑功能失调等原因而发，可视为呃逆病证，当辨证论治。
2. **辨虚实寒热**　呃逆初起，呃声响亮，气冲有力，连续发作，脉弦滑者，多属实证；呃声时断时续，呃声低长，气出无力，脉虚弱者，多为虚证；呃声沉缓有力，胃脘不舒，得热则减，遇寒则甚，面青肢冷，舌苔白滑，多为寒证；呃声响亮，声高短促，胃脘灼热，口臭烦渴，面色红赤，便秘溲赤，舌苔黄厚，多为热证。
3. **辨病深临危**　老年正虚，重证后期，急危患者，呃逆断续不继，呃声低微，气不得续，饮食难进，脉细沉伏，是元气衰败、胃气将绝之危候。

治疗原则

呃逆一证，总由气逆而成，所以理气和胃、降逆平呃为基本治法。在临证时首先要分清虚实寒热，分别施以祛寒、清热、补虚、泻实之法。在此基础上，辅以降逆平呃之剂，以利膈间之气。对于重危病证中出现的呃逆，急当救护胃气。如《景岳全书·呃逆》曰："凡杂证之呃，虽由气逆，然有兼寒者，有兼热者，有因食滞而逆者，有因气滞而逆者，有因中气虚而逆者，有因阴气竭而逆者，但察其因而治其气，自无不愈。若轻易之呃，或偶然之呃，气顺则已，本不必治。惟屡呃为患及呃之甚者，必其气有大逆，或脾肾元气大有亏竭而然。然实呃不难治，而惟元气败竭者，乃最危之候也。"

分证论治

实证

·胃中寒冷

症状：呃声沉缓有力，胸膈及胃脘不舒，得热则减，遇寒更甚，进食减少，恶食冷凉，喜饮热汤，口淡不渴，舌苔白，脉迟缓。

治法：温中散寒，降逆止呃。

方药：丁香散。

方中丁香、柿蒂降逆止呃，高良姜、甘草温中散寒。若寒气较重，脘腹胀痛者，加吴茱萸、肉桂、乌药散寒降逆；若寒凝食滞，脘闷嗳腐者，加莱菔子、槟榔、半夏行气导滞；若寒凝气滞，脘腹痞满者，加枳壳、厚朴、陈皮；若气逆较甚，呃逆频作者，加刀豆子、旋覆花、代赭石以理气降逆。还可辨证选用丁香柿蒂散、橘皮汤、橘皮干姜汤等。

·胃火上逆

症状：呃声洪亮有力，冲逆而出，口臭烦渴，多喜冷饮，脘腹满闷，大便秘结，小便短赤，苔黄燥，脉滑数。

治法：清热和胃，降逆止呃。

方药：竹叶石膏汤。

方中竹叶、生石膏清泻胃火，人参（易沙参）、麦冬养胃生津，半夏和胃降逆，粳米、甘草调养胃气。可以加竹茹、柿蒂助降逆止呃之力。若腑气不通，痞满便秘者，可用小承气汤通腑泄热，亦可加丁香、柿蒂，使腑气通，胃气降，呃自止；若胸膈烦热，大便秘结，可用凉膈散。

·气机郁滞

症状：呃逆连声，常因情志不畅而诱发或加重，胸胁满闷，脘腹胀满，嗳气纳减，肠鸣矢气，苔薄白，脉弦。

治法：顺气解郁，降逆止呕。

方药：五磨饮子。

方中木香、乌药解郁顺气，枳壳、沉香、槟榔宽中降气。可加丁香、代赭石降逆止呃，川楝子、郁金疏肝解郁。若心烦口苦，气郁化热者，加栀子、黄连泄肝和胃；若气逆痰阻，昏眩恶心者，可用旋覆代赭汤降逆化痰；若痰涎壅盛，胸胁满闷者，可用参芦浓煎探吐；若瘀血内结，胸胁刺痛，久呃不止者，可用血府逐瘀汤加减。

虚证

·脾胃阳虚

症状：呃声低长无力，气不得续，泛吐清水，脘腹不舒，喜温喜按，面色㿠白，手足不温，食少乏力，大便溏薄，舌质淡，苔薄白，脉细弱。

治法：温补脾胃，和中降逆。

方药：理中汤。

方中人参、白术、甘草甘温益气，干姜温中散寒。可以加吴茱萸、丁香温胃平呃。若嗳腐吞酸，夹有食滞者，可加神曲、麦芽；若脘腹胀满，脾虚气滞者，可加香附、木香；若呃声难续，气短乏力，中气大亏者，可用补中益气汤；若病久及肾，肾失摄纳，腰膝酸软，呃声难续者，可用肾气丸、七味都气丸。还可辨证选用附子理中丸、香砂六君子汤等。

·胃阴不足

症状：呃声短促而不得续，口干咽燥，烦躁不安，不思饮食，或食后饱胀，大便干结，舌质红,苔少而干,脉细数。

治法:益气养阴,和胃止呃。

方药:益胃汤。

方中沙参、麦冬、玉竹、生地甘寒生津,滋养胃阴。可以加枇杷叶、柿蒂、刀豆子以助降逆平呃之力。若神疲乏力,气阴两虚者,可加人参、白术、山药;若咽喉不利,胃火上炎者,可用麦门冬汤;若日久及肾,腰膝酸软,五心烦热,肝肾阴虚,相火挟冲气上逆者,可用大补阴丸加减。

【其他疗法】

对于较轻的呃逆,尚可用一些简便方法治疗。如导引法、取嚏法、指压内关法等,较重者可针刺内关、膈俞穴,常可取效。

【转归预后】

呃逆一证,病情轻重差别极大,一时性呃逆,大多轻浅,只需简单处理,可不药而愈。持续性或反复发作者,则服药后多可平呃。若慢性虚衰病证后期出现呃逆者,多为病情恶化,胃气将绝,元气欲脱的危候。

【预防与调摄】

应保持精神舒畅,避免过喜、暴怒等情志刺激;注意避免外邪侵袭;饮食宜清淡,忌食生冷、辛辣,避免饥饱失常,发作时应进食易消化食物。

【结　语】

呃逆以喉间呃呃连声,声短而频,令人不能自制为主要表现。病因在于饮食不节,情志不遂,正气虚弱等,病机在于胃气上逆动膈而成,且常与肺、肾、肝有关。治法应在分清寒热虚实,审因论治的同时,加降逆平呃之品,以标本兼治、理气和胃、降逆平呃为原则。

【文献摘要】

《金匮要略·呕吐哕下利病脉证治》:"干呕、哕,若手足厥者,橘皮汤主之";"哕逆者,橘皮竹茹汤主之";"哕而腹满,视其前后,知何部不利,利之即愈"。

《景岳全书·呃逆》:"然致呃之由,总由气逆。气逆于下,则直冲于上,无气则无呃,无阳亦无呃,此病呃之源所以必由气也";"然病在气分,本非一端,而呃之大要,亦惟三者而已,则一曰寒呃,二曰热呃,三曰虚脱之呃。寒呃可温可散,寒去则气自舒也;热呃可降可清,火静而气自平也;惟虚脱之呃,则诚危殆之证,其或免者亦万幸矣"。

《证治汇补·呃逆》:"火呃,呃声大响,乍发乍止,燥渴便难,脉数有力;寒呃,朝宽暮急,连续不已,手足清冷,脉迟无力;痰呃,呼吸不利,呃有痰声,脉滑有力;虚呃,气不接续,呃气转大,脉虚无力;瘀呃,心胸刺痛,水下即呃,脉芤沉涩";"治当降气化痰和胃为主,随其所感而用药。气逆者,疏导之;食停者,消化之;痰滞者,涌吐之;热郁者,清下之;血瘀者,破导之;若汗吐下后,服凉药过多者,当温补,阴火上冲者,当平补,虚而挟热者,当凉补"。

《临证指南医案·呃》:"肺气郁痹及阳虚浊阴上逆,亦能为呃。每以开上焦之痹,及理阳驱阴,从中调治为法。"

【研究进展】

温氏以二石龙牡汤治疗顽固性呃逆 300 例,其中男 196 例,女 104 例;病程 3 个月以内 76 例,3 个月～1 年 208 例,1 年以上 16 例,大多数患者均长期应用过中西药物及针灸治疗。现服用二石龙牡汤治疗,组成:代赭石、磁石、生龙骨、生牡蛎、陈皮、木香、人参,水煎服,每日 1 剂,服药 6 剂为 1 疗程,视病情可停药 1～3 日再服第 2 疗程。结果临床治愈 196 例(占 65.3%),显效 72 例,好转 28 例,无效 4 例,总有效率 98.7%。并对临床治愈和显效者进行了 1 年的随访,结果 268 例中,复发者为 37 例,占 13.8%。复发病例的自觉症状,大部分较治疗前轻,继续给予二石龙牡汤治疗,大多仍然有效。300 例患者发病原因多与饮食不节,生活不规律,精神刺激,受风寒等因素有关;病种主要包括西医学的膈肌痉挛、胃肠疾病、神经官能症等。但本方对于脑血管病的高颅压症、尿毒症以及恶性肿瘤晚期的患者,疗效较差〔陕西中医 1992;13(1):11〕。

甘氏报告喉癌术后顽固性呃逆治验。4 例患者均为喉癌术 1～3 日后,并发顽固性呃逆。选用旋覆代赭汤合理中汤加减,药物为:炒党参、旋覆花、代赭石、公丁香、沉香粉、柿蒂、干姜、川牛膝、川朴、陈皮等。水煎过滤取汁,微温约 150ml 冲入沉香粉,用 20ml 注射器抽取经鼻饲管缓缓摇晃推入。2～3 日后呃逆完全消失,维持治疗 5 日,停药后未见复发〔浙江中医杂志 1993;(6):249〕。

洪氏认为呃逆应从五脏论治,并从理论与实践上论述了呃逆与五脏的关系。肃肺治呃:肺主一身之气,然其体用必藉谷气以自养,肺胃之气又同主于降。在病理上,肺胃亦相互影响,胃气上逆,必影响肺气之肃降;肺气郁,当影响胃气之通降。清心治呃:心主一身之血,亦藉谷气以自养。胃不和则卧不安,反之心火过亢,郁热内壅,胃土焉能清和?疏肝治呃:肝主疏泄,肝气横逆,木旺乘土,胃气上逆,动膈致呃。运脾治呃:脾胃表里相合,纳运升降,相辅相成。温肾治呃:肾者胃之关,肾失谨守封藏之职,肾气失于摄纳,引动冲气上乘,挟胃气动膈致呃〔安徽中医学院学报 1988;7(2);38〕。

王氏以理肺六法治呃逆,强调理肺利膈以治呃逆。宣肺止呃,用香苏散加味;降肺止呃,用苏子降气汤加减;清肺止呃,用苇茎汤、栀子豉汤、橘皮竹茹汤复合化裁;温肺止呃,用甘草干姜汤合栝蒌薤白桂枝汤化裁;润肺止呃,用麦门冬汤加减;补肺止呃,用补肺汤合生脉散加减〔上海中医药杂志 1988;(2):16〕。

第六节 噎 膈

噎膈是由于食管狭窄、食管干涩而造成的以吞咽食物梗噎不顺,甚则食物不能下咽到胃,食入即吐为主要表现的一类病证。

噎即噎塞,指食物下咽时噎塞不顺;膈为格拒,指食管阻塞,食物不能下咽入胃,食入即吐。噎属噎膈之轻证,可以单独为病,亦可为膈的前驱表现,故临床统称为噎膈。噎膈的成因多由痰、气、血瘀结于食管,渐致食管狭窄不通所致。

本病发病年龄段较高,中老年人如出现原因不明的吞咽障碍时,应及早就诊,进行有关方面的检查,以明确诊断,早期治疗。

《内经》认为本病证与津液及情志有关,如《素问·阴阳别论》曰:"三阳结谓之隔。"《素问·通评虚实论》曰:"隔塞闭绝,上下不通,则暴忧之病也。"并指出本病病位在胃,如《灵枢·四时气》曰:"食饮不下,膈塞不通,邪在胃脘。"《太平圣惠方·第五十卷》认为:"寒温失宜,食饮乖度,或恚怒气逆,思虑伤心,致使阴阳不和,胸膈否塞,故名膈气也。"对其病因进行了确切的描述。关于其病机历代医家有不同认识,如《医学心悟·噎膈》指出:"凡噎隔症,不出胃脘干槁四字。"《临证指南医案·噎膈反胃》提出:"脘管窄隘。"《景岳全书·噎膈》曰:"噎膈一证,必以忧愁思虑,积劳积郁,或酒色过度,损伤而成。"并指出:"少年少见此证,而惟中衰耗伤者多有之。"

噎膈以吞咽梗阻,饮食难下,甚则格拒不通,食入即吐为主要表现,西医学中的食管癌、贲门癌,以及贲门痉挛、食管憩室、食管炎、弥漫性食管痉挛等疾病,出现吞咽困难等表现时,可参考本节辨证论治。

【证候特征】

噎膈的证候特征较为复杂,首先噎证与膈证之间的疾病性质差别较大。噎膈的一般规律是初起只表现为吞咽食物噎塞不顺,食物尚可咽下,继则随着噎塞症状的日渐加重而固体食物难以下咽,汤水可入,终致汤水不入,咽后随即吐出。随着饮食渐废,病邪日深,正气凋残,病人表现为消瘦,乏力,面容憔悴,精神萎顿,终致大肉尽脱,形消骨立而危殆难医。噎膈病中有的则始终以吞咽食物梗噎不顺为主要表现,并无膈的病征。

【病因病机】

1. 七情内伤　因情志因素而致噎膈者,多由忧思恼怒而成。忧思则伤脾,脾伤则气结,水湿失运,滋生痰浊,痰气相搏,阻于食道;恼怒则伤肝,肝伤则气郁,气郁则血停,瘀血阻滞食道,气滞、痰阻、血瘀郁结食道,饮食噎塞难下而成噎膈。如《医宗必读·反胃噎塞》说:"大抵气血亏损,复因悲思忧恚,则脾胃受伤,血液渐耗,郁气生痰,痰则塞而不通,气则上而不下,妨碍道路,饮食难进,噎塞所由成也。"又如《临证指南医案·噎膈反胃》说:"噎膈之症,必有瘀血、顽痰、逆气,阻膈胃气。"

2. 饮食所伤　嗜酒无度,过食肥甘,恣食辛辣,或助湿生热,酿成痰浊,阻塞食道,或津伤血燥,失于濡润,食道干涩,均可引起咽下噎塞而成噎膈。如《医碥·反胃噎膈》说:"酒客多噎膈,饮热酒者尤多,以热伤津液,咽管干涩,食不得入也。"又如《临证指南医案·噎膈反胃》说:"酒湿厚味,酿痰阻气,遂令胃失下行为顺之旨,脘窄不能纳物。"另外,饮食过热,食物粗糙,食物发霉既可损伤食道脉络,又可损伤胃气,气滞血瘀阻于食道而成噎膈。

3. 年老肾虚　纵欲太甚,真阴亏损,阴虚液竭,食道干涩而成噎膈。如《景岳全书·噎膈》说:"酒色过度则伤阴,阴伤则精血枯涸,气不行则噎膈病于上,精血枯涸则燥结病于下。"年老肾虚,精血渐枯,食道失养,干涩枯槁,发为此病。如《医贯·噎膈》曰:"惟男子年高者有之,少无噎膈。"又如《金匮翼·膈噎》曰:"噎膈之病,大都年逾五十者,是津液枯槁者居多。"若阴损及阳,命门火衰,脾胃失于温煦,脾胃阳虚,运化无力,痰瘀互结,阻于食道而成噎膈。

噎膈的病因以内伤饮食、情志、脏腑失调为主,且三者之间相互影响,互为因果,共同致病,形成气滞、痰阻、血瘀三种邪气阻滞食道,使食管狭窄。也可造成津伤血耗,失于濡润,食道干涩,食饮难下。可见,本病有邪实的一面,即气滞、痰阻、血瘀,又见本虚的一面,即津枯血燥。病理性质为本虚标实,标本之间又相互影响,促进病情的深入发展,但因阶段不同,标本虚实的轻重各有所异。噎膈病位在于食道,属胃气所主,所以其病变脏腑关键在胃,又与肝、脾、肾有密切关系,因三者与胃、食道皆有经络联系,脾为胃行其津液,若脾失健运,可聚湿生痰,阻于食道。胃气之和降,赖肝之条达,若肝失疏泄,则胃失和降,气机郁滞,甚则气滞血瘀,食管狭窄。中焦脾胃赖肾阴、肾阳的濡养和温煦,若肾阴不足,失于濡养,食管干涩,均可发为噎膈。反之,噎膈由轻转重,常病及脾、肝、肾,变证丛生。可见,肝脾肾三脏也是噎膈的重要病变脏腑。由于肝脾肾功能失调,导致气、痰、血互结,津枯血燥,而致的食管狭窄、食管干涩是噎膈的基本病机。

【诊　断】

1. 初起咽部或食道内有异物感，进食时有停滞感，继则咽下梗噎，甚至食不得入或食入即吐。常伴有胃脘不适，胸膈疼痛，甚则形体消瘦，肌肤甲错，精神疲惫等。

2. 起病缓慢，常表现为由噎至膈的病变过程，常由饮食、情志等因素诱发，多发于中老年男性，特别是在高发地区。

3. 食管、胃的 X 线检查、内窥镜及病理组织学检查、食管脱落细胞检查以及 CT 检查有助于早期诊断。

【鉴别诊断】

1. 反胃　两者均有食入复出的症状，但反胃多系阳虚有寒，饮食能顺利咽下入胃，经久复出，朝食暮吐，暮食朝吐，宿谷不化，病证较轻，预后良好。噎膈初起无呕吐，后期格拒，系食管狭窄而致，吞咽食物阻塞不下，食入即吐。噎膈至食入即吐的格拒阶段，病情较重，预后不良。如《医学读书笔记·噎膈反胃之辨》说："噎膈之所以反胃者，以食噎不下，故反而上出，若不噎则并不反矣。其反胃之病，则全不噎食，或迟或速，自然吐出，与膈病何相干哉？"另外《医宗金鉴·卷四十二》中有"贲门不纳为噎膈，幽门不放翻胃成"之说。

2. 梅核气　两者均见咽中梗塞不舒的症状。梅核气自觉咽中有物梗塞，吐之不出，咽之不下，但饮食咽下顺利，无噎塞感，系气逆痰阻于咽喉，为无形之邪。噎膈自觉咽中噎塞，饮食咽下梗阻，甚则食饮不下，为痰、血瘀阻食道，乃有形之邪。

【辨证论治】

辨证要点

1. 辨明虚实　因忧思恼怒，饮食所伤，寒温失宜，而致气滞血瘀，痰浊内阻者为实；因热饮伤津，房劳伤肾，年老肾虚，而致津枯血燥，气虚阳微者属虚。新病多实，或实多虚少；久病多虚，或虚中夹实。吞咽困难，梗塞不顺，胸膈胀痛者多实；食道干涩，饮食不下，或食入即吐者多虚。然而临证时，多为虚实夹杂之候，尤当详辨。

2. 分别标本　噎膈以正虚为本，夹有气滞、痰阻、血瘀等标实之证。初起以标实为主，可见梗塞不舒，胸膈胀满，嗳气频作等气郁之证；胸膈疼痛，痛如针刺，痛处不移等瘀血之候；胸膈满闷，泛吐痰涎等痰阻的表现。后期以正虚为主，出现形体消瘦，皮肤干枯，舌红少津等津亏血燥之候；面色㿠白，形寒气短，面浮足肿等气虚阳微之证。临证时应仔细辨明标本的轻重缓急。

治疗原则

本病应权衡标本虚实，辨证论治，初起以标实为主，重在治标，理气、化痰、消瘀为法，并可少佐滋阴养血润燥之品。后期以正虚为主，重在扶正，滋阴养血，益气温阳为法，也可少佐理气、化痰、消瘀之药。但治标当顾护津液，不可过用辛散香燥之药；治本应保护胃气，不宜多用甘酸滋腻之品。存得一分津液，留得一分胃气，在噎膈的辨证论治过程中有着特殊重要的意义。如《医宗必读·反胃噎塞》所说："此证之所以疑难者，方欲健脾理痰，恐燥剂有妨于津液；方欲养血生津，恐润剂有碍于中州。"

分证论治

·痰气交阻

症状：吞咽梗阻，胸膈痞满，甚则疼痛，情志舒畅可减轻，精神抑郁则加重，嗳气呃逆，呕吐痰涎，口干咽燥，大便艰涩，舌质红，苔薄腻，脉弦滑。

治法：开郁化痰，润燥降气。

方药：启膈散。

方中丹参、郁金、砂仁理气化痰解郁，沙参、贝母、茯苓润燥化痰，荷叶蒂、杵头糠和胃降逆。可加栝蒌、半夏、天南星以助化痰之力，加麦冬、玄参、天花粉以增润燥之效。若郁久化热，心烦口干者，可加栀子、黄连、山豆根；若津伤便秘可配增液汤加白蜜，以助生津润燥之力；若胃失和降，泛吐痰涎者加半夏、陈皮、旋覆花以和胃降逆。还可辨证选用四七汤、温胆汤、导痰汤等方。

·津亏热结

症状：吞咽梗涩而痛，水饮可下，食物难进，食后复出，胸背灼痛，形体消瘦，肌肤枯燥，五心烦热，口燥咽干，渴欲冷饮，大便干结，舌红而干，或有裂纹，脉弦细数。

治法：滋养津液，泻热散结。

方药：沙参麦冬汤。

方中沙参、麦冬、玉竹滋养津液，桑叶、天花粉养阴泻热，扁豆、甘草安中和胃。可加玄参、生地、石斛以助养阴之力，加栀子、黄连、黄芩以清肺胃之热。若肠燥失润，大便干结，可加火麻仁、栝蒌仁、何首乌润肠通便；若腹中胀满，大便不通，胃肠热盛，可用大黄甘草汤泻热存阴，但应中病即止，以免重伤津液；若食道干涩，口燥咽干，可饮五汁安中饮以生津养胃。

·瘀血内结

症状：吞咽梗阻，胸膈疼痛，食不得下，甚则滴水难进，食入即吐，面色暗黑，肌肤枯燥，形体消瘦，大便坚如羊屎，或吐下物如赤豆汁，或便血，舌质紫暗，或舌红少津，脉细涩。

治法：破结行瘀，滋阴养血。

方药：通幽汤。

方中桃仁、红花活血祛瘀，破结行血用以为君药；当归、生地、熟地滋阴养血润燥；槟榔下行而破气滞，升麻升清而降浊阴，一升一降，其气乃通，噎膈得开。可加乳香、没药、丹参、赤芍、三七、三棱、莪术破结行瘀，加海藻、昆布、栝蒌、贝母、玄参化痰软坚，加沙参、麦冬、白芍滋阴养血。若气滞血瘀，胸膈胀痛者可用血府逐瘀汤；若服药即吐，难于下咽，可先服玉枢丹，或用烟斗盛该药，点燃吸入，以开膈降逆，其后再服汤剂。

·气虚阳微

症状：长期吞咽受阻，饮食不下，面色㿠白，精神疲惫，形寒气短，面浮足肿，泛吐清涎，腹胀便溏，舌淡苔白，脉细弱。

治法：温补脾肾，益气回阳。

方药：温脾用补气运脾汤，温肾用右归丸。

前方以人参、黄芪、白术、茯苓、甘草补脾益气，砂仁、陈皮、半夏和胃降逆。可加旋覆花、代赭石降逆止呕，加附子、干姜温补脾阳，若气阴两虚加石斛、麦冬、沙参以滋阴生津。后方用附子、肉桂、鹿角胶、杜仲、菟丝子补肾助阳，熟地、山萸肉、山药、枸杞子、当归补肾滋阴。

若中气下陷，少气懒言可用补中益气汤；若脾虚血亏，心悸气短可用十全大补汤加减。噎膈至脾肾俱败阶段，一般宜先进温脾益气之剂，以救后天生化之源，待能稍进饮食与药物，再以暖脾温肾之方,汤丸并进,或两方交替服用。在此阶段,如因阳竭于上而水谷不入,阴竭于下而二便不通,称为关格,系开合之机已废,为阴阳离决的一种表现,当积极救治。

【转归预后】

只出现噎的表现,多病情较轻而偏实,预后良好。若由实转虚,由噎至膈,则病情较重,预后不良,甚则脾肾衰败,转为关格,危及生命。如《临证指南医案·噎膈反胃》曰:"其已成者,百无一治;其未成者,用消瘀去痰降气之药,或可望其通利。"

【预防与调摄】

养成良好的饮食习惯。如进食不可太快,宜细嚼慢咽,不吃过烫、辛辣、变质食物,忌烈性酒;多吃新鲜蔬菜、水果。树立战胜疾病的信心。不宜做超体力的各项活动。进食营养丰富的食物,如牛奶、羊奶、肉汁、蜂蜜、藕汁、梨汁等。

【结　语】

噎膈之病多发于中年以上男性,病变早期仅稍有噎塞不适感觉,易被忽视,所以凡有吞咽困难,梗塞阻涩者一经发现,应尽快结合西医学检查手段,查明原因,早期诊断。病因上多由饮食不节,情志不遂,年老肾虚等因素日久而成。病变部位在食道,为胃气所主,并常与肝脾肾有关。多为本虚标实之证,标实常有气郁、痰阻、血瘀等,且常相互兼杂,难以截然划分;本虚为津亏血燥,阴损及阳等,共同形成食道狭窄,津液干枯,是本病关键病机。所以治法以开郁理气、滋阴润燥为原则,但应根据标本虚实之轻重缓急,辨证论治。胃为阳土,喜润恶燥,既怕温燥之品以劫其阴,又恐苦寒之属以伤其阳,还忌滋腻之剂以滞其气,当投以轻润和降之品。步步顾胃气,护津液,为治本之法。噎膈初起,以标实为主,久则以正虚为主,常标本并存,虚实夹杂。

【附】　反胃

反胃是指饮食入胃,宿谷不化,经过良久,由胃反出的病证。张仲景《金匮要略·呕吐哕下利病脉证治》中说:"趺阳脉浮而涩,浮则为虚,涩则伤脾,脾伤则不磨,朝食暮吐,暮食朝吐,宿谷不化,名曰胃反。"《太平圣惠方·第四十七卷》则称之为"反胃",后世也多以反胃名之。本病多因饮食不当,饥饱无时,恣食生冷,损伤脾阳,或忧愁思虑,损伤肝脾,或房室劳倦,损伤脾肾,均可导致脾胃虚寒,不能腐熟水谷,饮食不化,停滞胃中,终至尽吐而出。如《景岳全书·反胃》所说:"或以酷饮无度,伤于酒湿;或以纵食生冷,败其真阳;或因七情忧郁,竭其中气。总之,无非内伤之甚,致损胃气而然。"若反复呕吐,致津气并虚,日久不愈,则脾虚及肾,导致肾阳亦虚,命门火衰,犹如釜底无薪,不能腐熟水谷,则病情更为严重。故《证治汇补·反胃》亦说:"其为真火衰微,不能腐熟水谷。"西医学中的幽门痉挛、梗阻,可参考反胃辨证论治。

症状:食后脘腹胀满,朝食暮吐,暮食朝吐,宿谷不化,吐后转舒,神疲乏力,面色少华,手足不温,大便溏少,舌淡苔白滑,脉细缓无力。

治法:温中健脾,降气和胃。

方药:丁香透膈散。

方中人参、白术、炙甘草健脾益气，丁香、半夏、木香、香附降气和胃，砂仁、白豆蔻、神曲、麦芽醒脾化食。若吐甚可加旋覆花、代赭石降逆止呕；若脾胃虚寒，四肢不温者加附子、干姜温运脾阳，或用附子理中丸加吴茱萸、丁香温中降逆；若面色㿠白，四肢清冷，腰膝酸软，肾阳不足者可用右归丸之类。

【文献摘要】

《景岳全书·噎膈》："凡治噎膈大法，当以脾肾为主。盖脾主运化，而脾之大络布于胸膈；肾主津液，而肾之气化主乎二阴。故上焦之噎膈，其责在脾；下焦之闭结，其责在肾。治脾者宜从温养，治肾者宜从滋润，舍此二法，他无捷径矣。"

《医贯·噎膈》："噎膈、翻胃、关格三者，名各不同，病原迥异，治宜区别，不可不辨也。噎膈者，饥欲得食，但噎塞迎逆于咽喉胸膈之间，在胃口之上，未曾入胃，即带痰涎而出，若一入胃下，无不消化，不复出矣，惟男子年高者有之，少无噎膈。翻胃者，饮食倍常，尽入于胃矣，朝食暮吐，暮食朝吐，或一两时而吐，或积至一日一夜，腹中胀闷不可忍而复吐，原物酸臭不化，此已入胃而反出，故曰翻胃，男女老少皆有之。关格者，粒米不欲食，渴喜茶饮饮之，少顷即出，复求饮复吐，饮之以药，热药入口则即出，冷药过时而出，大小便秘，名曰关格。关者下不得出也，格者上不得入也，惟女子多此症。"

《金匮翼·膈噎》："噎膈之病，有虚有实。 实者，或痰或血，附着胃脘，与气相搏，翳膜外裹，或复吐出，膈气暂宽，旋复如初。 虚者，津枯不泽，气少不充，胃脘干瘪，食涩不下，虚者润养，实者疏沦，不可不辨也。"

《类证治裁·噎膈反胃》："噎者咽下梗塞，水饮可行，食物难入，由痰气之阻于上也。膈者胃脘窄隘，食下拒痛，由血液之槁于中也。"

《临证指南医案·噎膈反胃》："气滞痰聚日拥，清阳莫展，脘管窄隘，不能食物，噎膈渐至矣。"

【研究进展】

中药在食管癌的辅助化疗，减少化疗副作用，提高生存质量等方面发挥着一定作用。

王氏报告食管癌 437 例临床疗效观察，分为单纯口服冬凌草糖浆组（A）、冬凌草糖浆加平阳霉素、消瘤芥组（B）、博莱霉素、环磷酰胺加山豆根、全栝蒌、龙葵、威灵仙、葛根、香橼等汤药组（C）、顺氯氨铂、长春新碱、平阳霉素加丹参、赤芍、川芎、丹皮、郁金、黄芪等冲剂组（D）。中药与化疗同时应用。结果 A、B、C、D 组有效率分别为 37.3%、70.2%、49.1%、76.9%。近期疗效 D 组最好，A 组最差。但 A 组的 1、3、5 年生存率分别为 42.9%、17.3%、13.9%，C 组为 38%、7.8%、6.7%，B 组和 D 组 1、3 年生存率分别为 41.1%、12.5% 和 36.5%、9.5%。认为冬凌草、山豆根等，可以长期使用且疗效持久，无明显毒副作用，但消瘤作用较弱，中药与化疗合用有一定增效作用。中药有延长生存时间的作用，使部分患者长期带瘤生存〔中西医结合杂志 1989；9(12)：740〕。

刘氏以中药结合化疗治疗晚期食管癌 60 例，均选择手术及放疗后复发转移或不宜手术及放疗的晚期食管癌患者。治疗组采用中药治疗加常规化疗，中药基本方：绞股蓝、黄芪、石见穿、石打穿、藤梨根、白术、炙甘草，并随证加减。对照组单纯应用化学疗法。结果：治疗组中位生存期为 9.4 个月，对照组 5.6 个月，存活时间明显延长，且消化道反应、白细胞及血红蛋白下降程度明显减轻。说明加用中药后对化疗有较好的增效作用，同时能减轻化疗的毒副反应，提高生存质量〔中国中西医结合杂志 1993；13(8)：487〕。

侯氏用复方苍豆丸治疗食管癌癌前病变，对于普查出的 648 例食管上皮细胞重度增生患者，随机分为治疗组和对照组。治疗组服用复方苍豆丸，其组成：苍术、山豆根、绿茶，按 3:3:1 比例，共研细末制成水丸。每日服 7g，每月服药 3 周，休息 1 周，连续服药 2 年。对照组服用安慰剂。2 年后复查，治疗组食管癌癌变率为 1.5%，对照组为 4.2%，治疗组重度增生好转率为 79.5%，对照组为 50.2%，均有显著差异。说明该方具有一定的防癌作用〔中国中西医结合杂志 1992；12(10)：604〕。

第七节 泄 泻

泄泻是以排便次数增多，粪质稀薄或完谷不化，甚至泻出如水样为特征的病证。

泄泻主要由于湿盛与脾胃功能失调所致,是一种常见的脾胃肠病证。一年四季均可发生,但以夏秋两季较多见。

泄泻易反复发作,有的随个人体质、季节、地域之不同,又有各自不同的兼证。中医药治疗泄泻有较好的疗效。

《内经》称本病证为"鹜溏"、"飧泄"、"濡泄"、"洞泄"、"注下"、"后泄"等等,且对本病的病因病机有较全面的论述,如《素问·生气通天论》曰:"因于露风,乃生寒热,是以春伤于风,邪气留连,乃为洞泄。"《素问·举痛论》曰:"寒气客于小肠,小肠不得成聚,故后泄腹痛矣。"《素问·至真要大论》曰:"诸呕吐酸,暴注下迫,皆属于热。"《素问·阴阳应象大论》有:"湿盛则濡泄。"说明风、寒、热、湿均可引起泄泻。《素问·太阴阳明论》指出:"饮食不节,起居不时者,阴受之,……阴受之则入五脏,……入五脏则䐜满闭塞,下为飧泄。"《素问·举痛论》指出:"怒则气逆,甚则呕血及飧泄。"说明饮食、起居、情志失宜,亦可发生泄泻。另外《素问·脏气法时论》曰:"脾病者,……虚则腹满肠鸣,飧泄食不化。"《素问·脉要精微论》曰:"胃脉实则胀,虚则泄。"《素问·宣明五气》谓:"大肠小肠为泄。"说明泄泻的病变脏腑与脾胃大小肠有关。《内经》关于泄泻的理论体系,为后世奠定了基础。汉唐方书将此病包括在"下利"之内,《金匮要略·呕吐哕下利病脉证治》的"下利"包括泄泻和痢疾两病,而对泄泻的论述概括为实热与虚寒两大类,并提出实热泄泻用"通因通用"之法。《三因极一病证方论·泄泻叙论》从三因学说角度较全面地分析了泄泻的病因病机,认为不仅外邪可导致泄泻,情志失调亦可引起泄泻。《景岳全书·泄泻》说:"凡泄泻之病,多由水谷不分,故以利水为上策。"且分别列出了利水方剂。《医宗必读·泄泻》在总结前人治泻经验的基础上,提出了著名的治泻九法,即淡渗、升提、清凉、疏利、甘缓、酸收、燥脾、温肾、固涩,其论述系统而全面,是泄泻治疗学上的一大发展,其实用价值亦为临床所证实。

泄泻一病,《内经》以"泄"称之,汉唐书包括在"下利"之中,唐宋以后才统称"泄泻"。古有将大便溏薄而势缓者称为泄,大便清稀如水而势急下者称为泻,现临床一般统称泄泻。

本病与西医腹泻的含义相同,可见于多种疾病,凡属消化器官发生功能或器质性病变导致的腹泻,如急慢性肠炎、肠结核、肠道激惹综合征、吸收不良综合征等,均可参考本节辨证论治。

【证候特征】

泄泻以大便清稀为临床特征,或大便次数增多,粪质清稀;或便次不多,但粪质清稀,甚如水状;或大便稀薄,完谷不化。常兼有脘腹不适,食少纳呆,小便不利等症状,多由外感寒热湿邪、内伤饮食情志、脏腑失调等形成脾虚湿盛而致泻。暴泻多起病急,变化快,泻下急迫,泻下量多,多为外邪所致;久泻则起病缓,变化慢,泻下势缓,泻出量少,常有反复发作的趋势,常因饮食、情志、劳倦而诱发,多为脏腑功能失调而成。

【病因病机】

1. 感受外邪 以暑、湿、寒、热较为常见,其中又以感受湿邪致泻者最多,因脾喜燥而恶湿,外来湿邪,最易困阻脾土,以致升降失职,清浊不分,水谷混杂而下发生泄泻,故有"湿多成五泄"之说。寒邪和暑热之邪,除了侵袭皮毛肺卫之外,亦能直接损伤脾胃,使脾胃功能障碍,引起泄泻,但多夹湿邪。暑湿、寒湿、湿热为患,即所谓"无湿不成泻",故《杂病源流犀烛·

泄泻源流》说:"湿盛则飧泄,乃独由于湿耳。不知风寒热虚,虽皆能为病,苟脾强无湿,四者均不得而干之,何自成泄? 是泄虽有风寒热虚之不同,要未有不原于湿者也。"

2. **饮食所伤** 或饮食过量,停滞不化;或恣食肥甘,湿热内蕴;或过食生冷,寒邪伤中;或误食不洁,损伤脾胃,化生食滞、寒湿、湿热之邪,致运化失职,升降失调,而发生泄泻。正如《景岳全书·泄泻》所说:"若饮食失节,起居不时,以致脾胃受伤,则水反为湿,谷反为滞,精华之气不能输化,乃致合污下降而泻痢作矣。"

3. **情志失调** 烦恼郁怒,肝气不舒,横逆克脾,脾失健运,升降失调;或忧郁思虑,脾气不运,土虚木乘,升降失职;或素体脾虚,逢怒进食,更伤脾土,而成泄泻。正如《景岳全书·泄泻》曰:"凡遇怒气便作泄泻者,必先以怒时夹食,致伤脾胃,故但有所犯,即随触而发,此肝脾二脏之病也。盖以肝木克土,脾气受伤而然。"

4. **脾胃虚弱** 长期饮食不节,饥饱失调,或劳倦内伤,或久病体虚,或素体脾胃虚弱,不能受纳水谷、运化精微,聚水成湿,积谷为滞,湿滞内生,清浊不分,混杂而下,遂成泄泻。如《景岳全书·泄泻》曰:"泄泻之本,无不由于脾胃。"

5. **命门火衰** 或年老体弱,肾气不足;或久病之后,肾阳受损;或房室无度,命门火衰,脾失温煦,运化失职,水谷不化,而成泄泻。且肾为胃之关,主司二便,若肾气不足,关门不利,则大便下泄。如《景岳全书·泄泻》曰:"肾为胃关,开窍于二阴,所以二便之开闭,皆肾脏之所主,今肾中阳气不足,则命门火衰,而阴寒独盛,故于子丑五更之后,当阳气未复,阴气盛极之时,即令人洞泄不止也。"

泄泻的病因是多方面的,外感风寒暑热湿等邪气,内伤饮食情志、脏腑失调皆可致泻。外邪之中湿邪最为重要,湿为阴邪,易困脾土,运化不利,升降失职,水湿清浊不分,混杂而下,而成泄泻,其他诸多邪气需与湿气兼夹,方易成泻。内伤中脾虚最为关键,脾主运化升清,脾气虚弱,清气不升,化生内湿,清气在下,则生泄泻。其他脏腑只有影响脾之运化,才可能致泻。另外,外邪与内伤,外湿与内湿之间常密不可分,外湿最易伤脾,脾虚又生内湿,均可形成脾虚湿盛,此乃泄泻发生的关键病机。泄泻的病位在肠,但关键病变脏腑在脾胃。若脾胃运化失司,则小肠无以分清泌浊,大肠无法传导变化,水反为湿,谷反为滞,合污而下,发生泄泻。然而脾气之升降又与肝气之疏泄有关,若肝郁气滞,横逆犯脾,则升降失职,清浊不分,发生泄泻;脾胃之运化又与肾阳之温煦有关,若肾阳不足,失于温煦,则脾失健运,水湿内停,而成泄泻。可见本病证的发生尚与肝、肾有密切关系。

【诊 断】

1. 以大便粪质清稀为诊断的主要依据。或大便次数增多,粪质清稀;或次数不多,粪质清稀,甚则如水状;或完谷不化。

2. 常兼有腹胀腹痛,起病或急或缓,常先有腹痛,旋即泄泻,经常有反复发作病史,多由寒热、饮食、情志等因素诱发。

3. 大便常规、大便细菌培养、结肠 X 线及内窥镜检查有助于诊断与鉴别诊断。

4. 需除外某些生理习惯性的便次增多,以及其他病证中出现的泄泻症状。

【鉴别诊断】

1. **痢疾** 两者均为大便次数增多、粪质稀薄的病证。泄泻以大便次数增加,粪质稀溏,甚则如水样,或完谷不化为主证,大便不挟有脓血,也无里急后重,腹痛或有或无。而痢疾以腹痛,里急后重,便下赤白脓血为主证。

2. 霍乱　霍乱是一种上吐下泻同时并作的病证,发病特点是来势急骤,变化迅速,病情凶险,起病时先突然腹痛,继则吐泻交作,所吐之物均为未消化之食物,气味酸腐热臭;所泻之物多为黄色粪水,或如米泔,常伴恶寒、发热,部分病人在吐泻之后,津液耗伤,迅速消瘦,或发生转筋,腹中绞痛;若吐泻剧烈,则见面色苍白,目眶凹陷,汗出肢冷等津竭阳衰之危候。

【辨证论治】

辨证要点

1. **辨轻重缓急**　泄泻而饮食如常,说明脾胃未败,多为轻证,预后良好;泻而不能食,形体消瘦,或暑湿化火,暴泄无度,或久泄滑脱不禁,均属重证。急性泄泻发病急,病程短,常以湿盛为主;慢性泄泻发病缓,病程较长,易因饮食不当、劳倦过度即复发,常以脾虚为主。或病久及肾,导致命门火衰,脾肾同病而出现五更泄泻。

2. **辨寒热虚实**　粪质清稀如水,腹痛喜温,完谷不化,多属寒证;粪便黄褐,味臭较重,泻下急迫,肛门灼热,多属热证;凡病势急骤,脘腹胀满,腹痛拒按,泻后痛减,小便不利者,多属实证;凡病程较长,腹痛不甚且喜按,小便利,口不渴,多属虚证。

3. **辨泻下之物**　大便清稀,或如水样,气味腥秽者,多属寒湿之证;大便稀溏,其色黄褐,气味臭秽,多为湿热之证;大便溏垢,臭如败卵,完谷不化,多为伤食之证。

4. **辨久泻的特点**　久泻迁延不愈,倦怠乏力,稍有饮食不当,或劳倦过度即复发,多以脾虚为主;泄泻反复不愈,每因情志不遂而复发,多为肝郁克脾之证;五更飧泄,完谷不化,腰酸肢冷,多为肾阳不足。

治疗原则

湿为泄泻的主要病理因素,脾虚湿盛是其发病关键,故治疗应以运脾化湿为原则。暴泻以湿盛为主,重用化湿,佐以分利。再根据寒湿和湿热的不同,分别采用温化寒湿与清化湿热之法。挟有表邪者,佐以疏解;挟有暑邪者,佐以清暑;兼有伤食者,佐以消导。久泻以脾虚为主,当予健脾。因肝气乘脾者,宜抑肝扶脾;因肾阳虚衰者,宜温肾健脾;中气下陷者,宜升提;久泄不止者,宜固涩。暴泻不可骤用补涩,以免关门留寇;久泻不可分利太过,以防劫其阴液。若病情处于虚实寒热兼夹或互相转化时,当随证而施治。

分证论治

暴泻

·寒湿泄泻

症状:泄泻清稀,甚如水样,腹痛肠鸣,脘闷食少,苔白腻,脉濡缓。若兼外感风寒,则恶寒发热头痛,肢体酸痛,苔薄白,脉浮。

治法:芳香化湿,解表散寒。

方药:藿香正气散。

方中藿香辛温散寒,芳香化湿,白术、茯苓、陈皮、半夏健脾除湿,厚朴、大腹皮理气除满,紫苏、白芷解表散寒。若表邪偏重,寒热身痛,可加荆芥、防风,或用荆防败毒散;若湿邪偏重,腹满肠鸣,小便不利,可用胃苓汤健脾利湿;若寒重于湿,腹胀冷痛者,可用理中丸加味。还可辨证选用纯阳正气丸、五苓散等。

- **湿热泄泻**

症状:泄泻腹痛,泻下急迫,或泻而不爽,粪色黄褐,气味臭秽,肛门灼热,烦热口渴,小便短黄,苔黄腻,脉滑数或濡数。

治法:清热利湿。

方药:葛根黄芩黄连汤。

该方是治疗湿热泄泻的常用方剂。方中葛根解肌清热,煨用能升清止泻;黄芩、黄连苦寒清热燥湿;甘草甘缓和中。若偏湿重宜加薏苡仁、厚朴;挟食滞者加神曲、山楂、麦芽;如有发热、头痛、脉浮等风热表证,可加金银花、连翘、薄荷;如在夏暑期间,证见发热头重,烦渴自汗,小便短赤,脉濡数等,是暑湿入侵,表里同病,可用新加香薷饮合六一散以解暑清热,利湿止泻。还可辨证选用平胃散、清中汤等。

- **伤食泄泻**

症状:腹痛肠鸣,泻下粪便,臭如败卵,泻后痛减,脘腹胀满,嗳腐酸臭,不思饮食,苔垢浊或厚腻,脉滑。

治法:消食导滞。

方药:保和丸。

方中神曲、山楂、莱菔子消食和胃,半夏、陈皮和胃降逆,茯苓健脾祛湿,连翘清热散结。若食滞较重,脘腹胀满,可因势利导,据"通因通用"的原则,用枳实导滞丸,以大黄、枳实为主,推荡积滞,使邪有出路,达到祛邪安正的目的。还可辨证选用小承气汤、木香槟榔丸等。

久泻

- **脾虚泄泻**

症状:大便时溏时泻,迁延反复,完谷不化,饮食减少,食后脘闷不舒,稍进油腻食物,则大便次数明显增加,面色萎黄,神疲倦怠,舌淡苔白,脉细弱。

治法:健脾益气。

方药:参苓白术散。

方中人参、白术、茯苓、甘草健脾益气,砂仁、陈皮、桔梗、扁豆、山药、莲子肉、薏苡仁理气健脾化湿。若脾阳虚衰,阴寒内盛,亦可用附子理中汤以温中散寒;若久泻不愈,中气下陷,而兼有脱肛者,可用补中益气汤,并重用黄芪、党参以益气升清,健脾止泻。还可以辨证选用升阳益胃汤、黄芪建中汤等。

- **肾虚泄泻**

症状:黎明之前脐腹作痛,肠鸣即泻,泻下完谷,泻后则安,形寒肢冷,腰膝酸软,舌淡苔白,脉沉细。

治法:温补脾肾,固涩止泻。

方药:四神丸。

方中补骨脂温阳补肾,吴茱萸温中散寒,肉豆蔻、五味子收涩止泻。可加附子、炮姜温补脾肾。若年老体弱,久泻不止,中气下陷,加黄芪、党参、白术益气健脾,亦可合桃花汤固涩止泻。还可以辨证选用右归丸、肾气丸等。

·肝郁泄泻

症状：素有胸胁胀闷，嗳气食少，每因抑郁恼怒，或情绪紧张之时，发生腹痛泄泻，腹中雷鸣，攻窜作痛，矢气频作，舌淡红，脉弦。

治法：抑肝扶脾。

方药：痛泻要方。

方中白芍养血柔肝，白术健脾补虚，陈皮理气醒脾，防风升清止泻。若肝郁气滞，胸胁脘腹胀痛者，可加柴胡、枳壳、香附；若脾虚明显，神疲食少者，加黄芪、党参、扁豆；若久泻不止，可加酸收之品，如乌梅、诃子等。

【转归预后】

泄泻的转归，暴泻、久泻有别。暴泻的转归有三：一是治愈；二是暴泻无度，伤阴耗气，很快造成亡阴亡阳之变；三是少数病人，初因暴泻，或因失治，或治不对证，迁延日久，由实转虚，变为久泻。久泻的转归也有三：一是久泻病人经过治疗获愈；二是少数病人由于反复泄泻，导致脾虚，甚至可见纳呆、坠胀、消瘦等中气下陷之症；三是久泻脾虚进一步发展，致肾阳虚，而成脾肾俱虚泄泻无度，此时则病情趋向重笃。泄泻是一个常见病证，除部分暴泻急剧，导致气阴两衰，或久泻脾肾衰败，造成亡阴亡阳之变外，一般正确治疗，多能获愈，预后良好。

【预防与调摄】

平时要养成良好的饮食卫生习惯，不饮生水，不食生冷瓜果；居处冷暖适宜；并可结合食疗健脾益胃。对急性泄泻患者嘱其每次大便后用软纸轻轻擦拭肛门并用温水清洗，以免肛门发生感染、粘膜溃破。对重度泄泻者，应注意防止津液亏损，及时补充体液。泄泻痊愈后还应注意饮食调养、精神调养和体育锻炼，防止复发。

【结　语】

泄泻临床上常根据病情之轻重缓急、患病时间的长短，以暴泻和久泻来统括寒热虚实。暴泻属实，实证有寒湿、湿热、伤食三类；久泻属虚，虚证有脾虚、肾虚之分；而肝旺乘脾，多属虚实夹杂。各类之间常有兼夹或转化，故其治法方药，亦应随证选用。治疗上总以运脾祛湿为主，暴泻应以祛邪为主，风寒外束宜疏解，暑热侵袭宜清化，饮食积滞宜消导，水湿内盛宜分利。暴泻切忌骤用补涩，清热不可过用苦寒，久泻当以扶正为主，脾虚者宜健脾益气，肾虚者宜温肾固涩，肝旺脾弱者宜抑肝扶脾，虚实相兼者以补脾祛邪并施，久泻不宜分利太过，补虚不可纯用甘温。

【文献摘要】

《伤寒论》："伤寒服汤药，下利不止，心下痞硬。服泻心汤已，复以他药下之，利不止，医以理中与之，利益甚。理中者，理中焦，此利在下焦，赤石脂禹余粮汤主之，复不止者，当利其小便。"

《古今医鉴·泄泻》："夫泄泻者，注下之症也，盖大肠为传送之官，脾胃为水谷之海，或为饮食生冷之所伤，或为暑湿风寒之所感，脾胃停滞，以致阑门清浊不分，发注于下，而为泄泻也。"

《景岳全书·泄泻》："泄泻之病，多见小水不利，水谷分则泻自止，故曰：治泻不利小水，非其治也。"

《医学入门·泄泻》："凡泻皆兼湿，初宜分理中焦，渗利下焦；久则升提，必滑脱不禁，然后用药涩之，其间有风胜兼以解表，寒胜兼以温中，滑脱涩住，虚弱补益，食积消导，湿则淡渗，陷则升举，随证变用，又不拘于次序，与痢大同。且补虚不可纯用甘温，太甘则生湿，清热亦不可太苦，苦则伤脾。每兼淡剂利窍为妙。"

《临证指南医案·泄泻》:"泄泻,注下症也。经云:湿多成五泄,曰飧,曰溏,曰鹜,曰濡,曰滑。飧泄之完谷不化,湿兼风也;溏泄之肠垢污积,湿兼热也;鹜溏之澄清溺白,湿兼寒也;濡泄之身重软弱,湿自胜也;滑泄之久下不能禁固,湿胜气脱也。"

【研究进展】

近年来对中医药治疗泄泻进行了多方面的临床研究,取得了一定的疗效。

北京市脾胃学组报告北京地区603例泄泻患者的调查结果:①男性泄泻患者多于女性,中青年患者最多占2/3。②泄泻患者的临床症状除大便次数增多,粪质稀薄或泻下如水外,最常见的症状依次是:腹部疼痛,食欲不振,大便臭秽,嗳腐酸臭,体倦乏力,口舌干燥,口苦口粘,舌质红或暗红,舌苔黄腻或白腻,脉象弦滑或滑数。③泄泻的发病原因,与饮食不节关系最大,占87.23%。④中医辨证分型,夏秋季泻以湿热证最多见(占49.42%),其他较多见的证型依次为食滞证、脾虚证、脾肾阳虚证。⑤西医诊断以急性肠炎最多,占62.19%,其他病症依次是:慢性肠炎、消化不良、急性胃肠炎、肠功能紊乱等〔北京中医1991;(3):12〕。

陈氏以五苓散加减治疗流行性腹泻112例,以茯苓、猪苓、焦白术、泽泻、桂枝、石榴皮、厚朴、炒焦米为基本方,并随证加减。结果112例全部痊愈。治愈服药剂数为:服半剂者13例,服1剂者58例,服2~3剂者45例,服4剂以上者6例〔湖南中医杂志1989;(1):12〕。

沙氏以暑泻汤治疗急性肠炎40例,暑泻汤组成:藿香、地锦草、炒黄芩、木香、车前子、焦山楂、炙甘草。结果:痊愈(2剂药后症状体征消失,化验转阴)36例占90%;好转(2剂药后症状体征减轻,化验好转)3例占7.5%;无效(2剂药后症状、体征及化验无改变)1例占2.5%〔江苏中医1988;(5):12〕。

黄氏从肝论治肠道激惹综合征,采用随机交叉对照试验,用调肝方(柴胡、白芍、枳壳、木香、防风、救必应、白术等)制成丸剂,治疗腹泻型肠道激惹综合征30例,并与外形、大小、色泽等一致的安慰剂对照。结果:30例患者在服调肝方期间,大便次数和性状明显改善,有效者28例,有效率为93.3%,而服安慰剂期间,只有9例有效,有效率30%,两者对照$P<0.01$〔中医杂志1990;(3):31〕。

任氏对脾虚腹泻患者肠道菌群进行了研究,对脾虚腹泻和非脾虚腹泻患者粪便中的8种常见厌氧菌和需氧菌进行了定量分析,发现正常成人粪便菌群以厌氧菌为主,脾虚腹泻患者较非脾虚腹泻患者存在着严重的菌群失调,认为中医脾在维持正常肠道菌群生态平衡方面有着重要的作用〔中医杂志1992;(6):33〕。

王氏做了脾虚泄泻证与必需脂肪酸代谢关系的研究,对10例脾虚泄泻证患者作治疗前后血清必需脂肪酸检测,发现随着脾虚泄泻证的痊愈或好转,血清花生四烯酸减少,与亚油酸的比值亦下降,说明脾虚泄泻证患者血清必需脂肪酸代谢失常,用药物治疗可以得到调整,此为研究脾虚本质提供了一种新方法〔上海中医药杂志1992;(8):26〕。

第八节 便 秘

便秘是指由于大肠传导失常,导致大便秘结,排便周期延长;或周期不长,但粪质干结,排出艰难;或粪质不硬,虽有便意,但便而不畅的病证。

便秘是临床上的常见症状,可出现于各种急慢性病证过程中。本节讨论的是以便秘为主要表现的病证。中药对便秘有良好的疗效。

《内经》中已认识到便秘与脾胃受寒、肠中有热等有关,如《素问·厥论》曰:"太阴之厥,则腹满䐜胀,后不利。"《素问·举痛论》曰:"热气留于小肠,肠中痛,瘅热焦渴,则坚干不得出,故痛而闭不通矣。"仲景对便秘已有了较全面的认识,提出了寒、热、虚、实不同的发病机制,设立了承气汤的苦寒泻下、大黄附子汤的温里泻下、麻子仁丸的养阴润下、厚朴三物汤的理气通下以及蜜煎导诸法,为后世医家认识和治疗本病确立了基本原则,有的方药至今仍为临床治便秘所常用。《医学心悟·大便不通》将便秘分为"实闭、虚闭、热闭、冷闭"四种类型,并分别列出各类的症状、治法及方药,对临证有一定的参考价值。

临床上许多病证可以出现便秘的症状,如胃痛、腹痛、鼓胀、黄疸等,此时的便秘不属本病证范围,应参考有关章节辨证论治。本节仅论述以便秘为主要表现的病证。西医学中的功能性便秘,即属本病范畴,同时肠道激惹综合征、肠炎恢复期、直肠及肛门疾病所致便秘、药物性便秘、内分泌及代谢性疾病的便秘,以及肌力减退所致的排便困难等,可参照本节辨证论治。

【证候特征】

便秘在临床上有各种不同的表现,或大便次数减少,常三五日、七八日大便一次,甚则更长时间,多数粪质干硬,排出困难,且伴有腹胀、腹痛、头晕、头胀、嗳气食少、心烦失眠等;或排便次数不减,但粪质干燥坚硬,排出困难,常由于排便努挣导致肛裂、便血,日久引起痔疮等;或粪质并不干硬,也有便意,但排出不畅,排便无力,排便时间延长,常出现努挣汗出、乏力气短、心悸头晕等症状。

【病因病机】

1. 肠胃积热 素体阳盛,或热病之后,余热留恋,或肺热肺燥,下移大肠,或过食醇酒厚味,或过食辛辣,或过服热药,均可致肠胃积热,耗伤津液,肠道干涩,粪质干燥,难于排出,即所谓"热秘"。如《景岳全书·秘结》曰:"阳结证,必因邪火有余,以致津液干燥。"

2. 气机郁滞 忧愁思虑,脾伤气结;或抑郁恼怒,肝郁气滞;或久坐少动,气机不利,均可导致腑气郁滞,通降失常,传导失职,糟粕内停,不得下行,或欲便不出,或出而不畅,或大便干结而成气秘。如《金匮翼·便秘》曰:"气秘者,气内滞,而物不行也。"

3. 阴寒积滞 恣食生冷,凝滞胃肠;或外感寒邪,积聚肠胃;或过服寒凉,阴寒内结,均可导致阴寒内盛,凝滞胃肠,失于传导,糟粕不行而成冷秘。如《金匮翼·便秘》说:"冷秘者,寒冷之气,横于肠胃,凝阴固结,阳气不行,津液不通。"

4. 气虚阳衰 饮食劳倦,脾胃受损;或素体虚弱,阳气不足,或年老体弱,气虚阳衰;或久病产后,正气未复;或过食生冷,损伤阳气;或苦寒攻伐,伤阳耗气,均可导致气虚阳衰,气虚则大肠传导无力,阳虚则肠道失于温煦,阴寒内结,导致便下无力,大便艰涩。如《景岳全书·秘结》曰:"凡下焦阳虚,则阳气不行,阳气不行,则不能传送,而阴凝于下,此阳虚而阴结也。"

5. 阴亏血少 素体阴虚,津亏血少;或病后产后,阴血虚少;或失血夺汗,伤津亡血;或年高体弱,阴血亏虚;或辛香燥热,损耗阴血,均可导致阴亏血少,血虚则大肠不荣,阴亏则大肠干涩,导致大便干结,便下困难。如《医宗必读·大便不通》说:"更有老年津液干枯,妇人产后亡血,乃发汗利小便,病后血气未复,皆能秘结。"

便秘的病因是多方面的。外感寒热之邪,内伤饮食情志,阴阳气血不足等皆可形成便秘,而且各种原因又常相兼为病,使发病之因复杂多变。如肠燥津亏之人易被邪热所侵扰,气虚阳衰之体不耐寒凉饮食之伤,气机郁滞常易化燥而伤津,大肠传导无力,又是津凝、郁阻因虚致实的前因等。概括说来,便秘的直接原因不外热、实、冷、虚四种,胃肠积热者发为热秘,气机郁滞者发为实秘,阴寒积滞者发为冷秘,气血阴阳不足发为虚秘。而且,四种便秘的证候表现常有相兼或演变,如邪热蕴积与气机郁滞并存,阴寒积滞与阳气虚衰同在;气机郁滞,日久化热,而导致热结;热结日久,耗伤阴津,可导致阴虚等等。然而,便秘总以虚实为纲,热秘、冷秘、气秘属实,阴阳气血不足的虚秘属虚。实者病机在于邪滞胃肠,壅塞不通;虚者病机在于肠失温润,推动无力;虚实之间又常转化,可由实转虚,可因虚致实,可虚实夹杂。

便秘的病位在大肠,系大肠传导失常,但常与脾胃肺肝肾等功能失调有关。胃与肠相连,胃热炽盛,下传大肠,燔灼津液,大肠热盛,燥屎内结;脾主运化,若脾虚失运,糟粕内停,则大肠失传导之功;肺与大肠相表里,肺热肺燥,下移大肠,则肠燥津枯;肝主气机,若肝郁气滞,则腑气不通,气滞不行;肾司二便,若肾阴不足,则肠失濡养,便干不行,若肾阳不足,则大肠失于温煦,传运无力,大便不通。可见便秘虽属大肠传导失职,但与其他脏腑也有密切关系,且在发病中起着重要作用。

【诊　断】

1. 便秘主要表现为排便次数减少,排便周期延长;或粪质坚硬,便下困难;或排出无力,出而不畅。

2. 常兼有腹胀、腹痛、纳呆、头晕、口臭、肛裂、痔疮、排便带血以及汗出气短、头晕心悸等兼杂证。

3. 发病常与外感寒热、饮食情志、脏腑失调、坐卧少动、年老体弱等因素有关。起病缓慢,多表现为慢性病变过程。

4. 纤维结肠镜等有关检查,常有助于部分便秘的诊断。

5. 应除外其他内科疾病中所出现的便秘症状,本病证中老年多发,女性多见。

【鉴别诊断】

积聚　与便秘均可出现腹部包块。但便秘者,常出现在小腹左侧,积聚则腹部各处均可出现;便秘多扪及索条状物,积聚则形状不定;便秘之包块为燥屎内结,通下排便后消失或减少,积聚之包块则与排便无关。

【辨证论治】

辨证要点

1. 辨排便周期　便秘多数排便周期延长,日数不定,且伴有腹胀、腹痛、排便艰难;也有排便周期不延长,但大便干结,便下艰难;也有排便周期不延长,大便也不干结,但排出无力或出而不畅,所以不能单依排便周期论便秘,应结合排便及粪质情况判断,且更有常人大便周期延长,粪质并不坚硬,数日不大便而无所苦,此属素体差异,不属便秘病证。

2. 辨排便粪质　粪质干燥坚硬,便下困难,肛门灼热,属燥热内结;粪质干结,排出艰难,多为阴寒凝滞;粪质不甚干结,排出断续不畅多为气滞;粪质不干,欲便不出,便下无力,多为气虚。

3. 辨舌质舌苔　舌红少津,无苔或少苔,为阴津亏少;舌淡少苔,系气血不足;舌淡苔白滑,为阴寒内结;舌苔黄燥或垢腻,属肠胃积热。

治疗原则

便秘总由大肠传导失职,实秘为邪滞胃肠、壅塞不通,虚秘为肠失温润、推动无力,所以并非单纯通下所能治,而当分虚实,辨证论治。实者以驱邪为主,泻热、温散、通导为治本之法,并可辅以顺气导滞之品,标本兼治,邪去便通;虚者以养正为先,滋阴养血、益气温阳为治本之法,辅以甘温润肠之药,标本兼治,正盛便通。如《景岳全书·秘结》曰:"阳结者邪有余,宜攻宜泻者也;阴结者正不足,宜补宜滋者也。知斯二者即知秘结之纲领矣。"

分证论治

实秘

• 肠胃积热

症状:大便干结,腹胀腹痛,面红身热,口干口臭,心烦不安,小便短赤,舌红苔黄燥,脉滑数。

治法:泻热导滞,润肠通便。

方药:麻子仁丸。

方中大黄、枳实、厚朴通腑泻热,火麻仁、杏仁、白蜜润肠通便,芍药养阴和营。若津液已伤,可加生地、玄参、麦冬以滋阴生津;若兼郁怒伤肝,易怒目赤者,加服更衣丸以清肝通便;若燥热不甚,或药后通而不爽者,可用青麟丸以通腑缓下,以免再秘;若热势较甚,痞满燥实坚者,可用大承气汤急下存阴。另外尚可辨证选用当归龙荟丸、黄龙汤、凉膈散等。

• 气机郁滞

症状:大便干结,或不甚干结,欲便不得出,或便而不爽,肠鸣矢气,腹中胀痛,胸胁满闷,嗳气频作,食少纳呆,舌苔薄腻,脉弦。

治法:顺气导滞。

方药:六磨汤。

方中木香调气,乌药顺气,沉香降气,大黄、槟榔、枳实破气行滞。可加厚朴、香附、柴胡以助理气之功。若气郁日久,郁而化火,可加黄芩、栀子、龙胆草清肝泻火;若气逆呕吐者,可加半夏、旋覆花、代赭石;若七情郁结,忧郁寡言者,加白芍、柴胡、合欢皮疏肝解郁;若跌仆损伤,腹部术后,便秘不通,属气滞血瘀者,可加桃仁、红花、赤芍之类活血化瘀。

• 阴寒积滞

症状:大便艰涩,腹痛拘急,胀满拒按,胁下偏痛,手足不温,呃逆呕吐,舌苔白腻,脉弦紧。

治法:温里散寒,通便止痛。

方药:大黄附子汤。

方中附子温里散寒,大黄荡除积滞,细辛散寒止痛。可加枳实、厚朴、木香助泻下之力,加干姜、小茴香增散寒之功。若心腹绞痛,口噤暴厥属大寒积聚者,可用三物备急丸攻逐寒积。

虚秘

• 气虚

症状:粪质并不干硬,虽有便意,但临厕努挣乏力,便难排出,汗出气短,便后乏力,面白神疲,肢倦懒言,舌淡苔白,脉弱。

治法:补气润肠。

方药:黄芪汤。

方中黄芪补脾肺之气,火麻仁、白蜜润肠通便,陈皮理气。若气虚较甚,可加人参、白术;若气虚下陷脱肛者,用补中益气汤;若肺气不足者,可加用生脉散;若日久肾气不足者,可用大补元煎。

- **血虚**

症状:大便干结,面色无华,心悸气短,失眠多梦,健忘,口唇色淡,舌淡苔白,脉细。

治法:养血润燥。

方药:润肠丸。

方中当归、生地滋阴养血,火麻仁、桃仁润肠通便,枳壳引气下行。可以加玄参、何首乌、枸杞子养血润肠。若血虚内热,可加知母、胡黄连等以清虚热;若阴血已复,大便仍干燥者,可用五仁丸润滑肠道。

- **阴虚**

症状:大便干结,如羊屎状,形体消瘦,头晕耳鸣,两颧红赤,心烦少眠,潮热盗汗,腰膝酸软,舌红少苔,脉细数。

治法:滋阴通便。

方药:增液汤。

方中玄参、麦冬、生地滋阴生津。可加芍药、玉竹、石斛助养阴之力,加火麻仁、柏子仁、栝蒌仁增润肠之效。若胃阴不足,口干口渴者,可用益胃汤;若肾阴不足,腰膝酸软者,可用六味地黄丸;若阴亏燥结,热盛伤津者,可用增液承气汤增水行舟。

- **阳虚**

症状:大便干或不干,排出困难,小便清长,面色㿠白,四肢不温,腹中冷痛,得热则减,腰膝冷痛,舌淡苔白,脉沉迟。

治法:温阳通便。

方药:济川煎。

方中肉苁蓉、牛膝温补肾阳,润肠通便;当归养血润肠;升麻、泽泻升清降浊;枳壳宽肠下气。

若老人虚冷便秘,可用半硫丸;若脾阳不足,阴寒冷积,可用温脾汤;若肾阳不足,尚可用肾气丸。还可辨证选用理中丸、四神丸、右归丸等。

【其他疗法】

便秘尚有外导法,如《伤寒论》中的蜜煎导法,对于各种便秘,均可配合使用。

【转归预后】

若便秘日久,可引起肛裂、痔疮,并影响脾胃的纳化功能,甚至浊气上逆,变证丛生。年老体弱、产后病后体虚便秘,多为气血不足,阴寒凝聚,治疗宜缓缓图之,难求速效。总之,便秘若积极治疗,并结合饮食、情志、运动等调护,多能在短期内康复。

【预防与调摄】

对于习惯性便秘,应保持心情舒畅,增加体力活动,注重饮食调节,并按时登厕。

【结　语】

便秘是临床上的常见病证,临床分证虽较复杂,但不外虚实两大类,实者由邪热、寒积、气滞引起邪滞胃肠,壅塞不通;虚者由阴阳气血不足造成肠失温润,推动无力。总由大肠传导失职而成。其病位在大肠,又常与脾胃肺肝肾等脏腑有关。在治法上实者宜通泻,虚者宜润补,应注意审证求因,审因论治。不能只凭便干不通而一并通下。

【文献摘要】

《伤寒论·辨脉法第一》:"问曰:脉有阳结阴结者,何以别之? 答曰:其脉浮而数,能食不大便者,此为实,名曰阳结也,期十七日当剧;其脉沉而迟,不能食,身体重,大便反硬,名曰阴结也,期十四日当剧。"

《金匮要略·五脏风寒积聚病脉证并治》:"趺阳脉浮而涩,浮则胃气强,涩则小便数,浮涩相搏,大便则坚,其脾为约,麻子仁丸主之。"

《重订严氏济生方·秘结论治》:"夫五秘者,风秘、气秘、湿秘、寒秘、热秘是也。更有发汗利小便,及妇人新产亡血,走耗津液,往往皆令人秘结。"

《景岳全书·秘结》:"秘结证,凡属老人、虚人、阴脏人及产后、病后、多汗后,或小水过多,或亡血失血大吐大泻之后,多有病为燥结者,盖此非气血之亏,即津液之耗。凡此之类,皆须详察虚实,不可轻用芒硝、大黄、巴豆、牵牛、芫花、大戟等药,及承气神芎等剂。虽今日暂得通快,而重虚其虚,以致根本日竭,则明日之结,必将更甚,愈无可用之药矣。"

《证治汇补·秘结》:"如少阴不得大便以辛润之,太阴不得大便以苦泄之,阳结者清之,阴结者温之,气滞者疏导之,津少者滋润之。大抵以养血清热为先,急攻通下为次。"

《万病回春·大便闭》:"身热烦渴,大便不通者,是热闭也;久病人虚,大便不通者,是虚闭也;因汗出多大便不通者,精液枯竭而闭也;风证大便不通者,是风闭也;老人大便不通者,是血气枯燥而闭也;虚弱并产妇及失血,大便不通者,血虚而闭也;多食辛热之物,大便不通者,实热也。"

《谢映庐医案·便闭》:"治大便不通,仅用大黄、巴霜之药,奚难之有? 但攻法颇多,古人有通气之法,有逐血之法,有疏风润燥之法,有流行肺气之法,气虚多汗,则有补中益气之法,阴气凝结,则有开冰解冻之法;且有导法、熨法。无往而非通也,岂仅大黄、巴霜已哉。"

【研究进展】

近年来对便秘的中医药治疗进行了许多研究,疗效比较满意。

宋氏以自拟"便乐Ⅱ号"治疗虚型便秘 240 例,选择病程 3 个月以上,伴有脾、肾、肺气及气血虚弱的患者,服用便乐Ⅱ号,其组成为:黄芪、肉苁蓉、牛膝、川朴、阿胶、枳实、苡米、白芍、郁李仁等各适量炼蜜为丸,每丸 12g,每晚服 2 丸。服药后显效 227 例(药后 3 天内便软较易排出,每日 1～3 次,1 周内主要症状基本消失,连续用药 1 月,停药后大便顺利排出);有效 8 例(服药期间便软,排便通畅,唯全身症状改善不明显);无效 5 例用药 7～10 日后排便仍很困难,症状无改善〔上海中医药杂志 1989;(7):27〕。

张氏运用自拟益气养阴、养血活血的参椹丸治疗老年性便秘 400 例,参椹丸药物配制:太子参、桑椹子、生首乌、桃仁、枸杞子、肉苁蓉等研末过筛,炼蜜为丸,每丸 10g,疗程 20 天,总有效率 98%。经与麻仁丸作对照实验表明,参椹丸不仅有较好的通便和降低离体肠管紧张度的作用,还可以增强肾功能,长期服用无任何副作用〔中医杂志 1992;33(8):37〕。

李氏用滋补润肠膏治疗习惯性便秘 81 例,滋补润肠膏组成:黄芪、白术、当归、肉苁蓉、黑芝麻、桑椹、火麻仁等。治疗 1 个月为 1 个疗程,停药 3 个月后判断疗效。对照组服用麻仁润肠丸。观察结果:治疗组 81 例获临床控制 12 例,显效 32 例,有效 32 例,无效 5 例。对照组获有效 33 例,无效 48 例,无一例临床控制或显效者,两者有显著差异〔中医杂志 1989;(8):38〕。

周氏以花粉治疗便秘,选择无其他严重疾病的习惯性便秘患者 171 例,服用花粉胶囊,每粒含花粉 0.25g,每次 3～4 粒,每日 3 次。10 日为 1 个疗程。其中 164 例口服花粉制剂后,10 日内可缓解或解除便秘症状,总有效率 95.9%〔中西医结合杂志 1988;8(6):357〕。

彭氏对麻仁丸的药理作用进行了一系列的研究,并设果导片为对照组。小鼠致泻实验结果表明:给药 4h 后治疗组粪便粒数、重量与对照组及给药前比较具有非常显著的意义($P<0.01$);小鼠小肠、大肠推进实验,炭末移动的长度、推进率,与对照组、给药前比较均具有非常显著的意义($P<0.01$);豚鼠离体回肠平滑肌活动实验结果表明,不论是在生理状况下或是低温状况下,二者均能增加豚鼠离体回肠的频率、最大

振幅和平均振幅,对平滑肌的收缩力有增强作用;对家兔在体肠实验结果表明,能增加兔在体肠最大振幅和平均振幅,与对照组、治疗前比较亦同样具有显著性意义〔湖南中医学院学报 1992;12(3):44〕。

第五章　肝胆病证

　　肝胆病证是指在外感或内伤等因素影响下，造成肝与胆功能失调和病理改变的一类病证。本章主要讨论黄疸、胁痛、胆胀、鼓胀、肝癌等。其他与肝胆相关的疾病分别归属于有关章节或其他临床学科中论述。

【主要证候及特征】

　　肝主疏泄又主藏血，体阴而用阳，所以肝病的证候学特征以实为主，常见的证候有肝气郁结、肝火上炎、肝风内动。但在实的基础上又可形成虚或本虚标实，从而表现肝阳上亢、肝阴不足等。肝与胆相表里，足厥阴肝经与足少阳胆经相通，所以胆的病变每与肝密切相关，胆病可以及肝，肝病可以及胆，甚至肝胆同病如肝胆湿热证。现将肝胆主要证候分述如下。

・**肝气郁结**

1. 主要脉症　情志抑郁，易怒，胸胁或少腹胀闷窜痛，胸闷善太息或见梅核气，或见瘿瘤。妇女可见乳房胀痛，月经不调。

2. 证候特征　本证特征有两个方面的表现，一是情志疏泄失常，二是经气不畅；本证候以气滞为主，而气滞容易及血，血络不畅，而出现胸胁疼痛的症状。

・**肝火上炎**

1. 主要脉症　急躁易怒，不眠多梦，胁肋灼痛，便秘尿黄，耳鸣如潮，头晕胀痛，面红目赤，或见吐血、衄血，舌红苔黄，脉弦数。

2. 证候特征　该证多集中表现在头面部，性质属阳热，多兼出血；本证与肝阳上亢不同，本证为肝经实热，而肝阳上亢为本虚标实。

・**肝阴不足**

1. 主要脉症　头晕耳鸣，两目干涩，面部烘热，胁肋灼痛，五心烦热，口干咽燥，舌红少津，脉弦细数。

2. 证候特征　本证以阴虚内热为主要病机，突出头、面、目、胁的局部特征；本证与肝血虚不同，肝血虚主要表现血的濡养不足，少有虚热表现，本证主要为阴虚火旺。

・**肝阳上亢**

1. 主要脉症　眩晕耳鸣，头目胀痛，面红目赤，急躁易怒，失眠多梦，腰膝酸软，头重脚轻，舌红，脉弦细数。

2. 证候特征　本证特征为肝阳盛于上，肝肾阴亏于下，以上盛下虚为特点；本证与肝风内动不同，肝风内动主要以抽搐振颤为主要临床表现，本证以头目胀痛、急躁易怒为主，临床不难鉴别。

・**肝胆湿热**

1. 主要脉症　胁肋胀痛灼热，厌食，腹胀，口苦泛恶，大便不调，小便短赤，或有黄疸，舌红苔黄腻，脉弦滑数。

2. 证候特征　除本脏腑湿热之症以外,尚可见脾胃病变;本证候为湿热之邪所侵,属实证,与肝阴虚的阴虚火旺证候截然不同。

【病机述要】

1. 肝郁气滞　多由情志不遂以致肝疏泄不及,症见胸闷、善太息、胁痛等。甚或胆汁排泄不畅,则见口苦。

2. 肝血虚　多由劳心过度,思虑久郁化火,或久病体弱,或慢性失血,以致肝血不足,两目、筋脉等失于濡养,症见两目干涩、手足麻木、唇舌色淡等。

3. 肝阴不足　多因素体阴液不足,或久病肝肾阴精不足,或气郁化火而伤阴,阴虚火旺,症见胁肋灼痛、潮热盗汗、口干舌燥等。

4. 肝火上炎　多因气郁化火,或素体阳盛,可导致阳热亢于上,阴津受损,而出现面红目赤、两胁灼痛、头晕目眩等。

5. 肝胆湿热　多由湿热之邪注于肝胆,或湿热久蕴,湿蒸热郁,致使肝的疏泄功能障碍,胆液不循常道而出现黄疸、胆胀、胁痛或鼓胀。甚者可出现肝癌恶候。

肝主疏泄条达,又主藏血调节血量。若肝疏泄不及,可导致气滞血瘀,而出现胁痛胸闷等症;若疏泄太过,可导致阳亢于上,而出现头晕耳鸣等症;肝的疏泄功能异常,还直接影响三焦气化和脾胃功能,导致水肿、鼓胀等病。肝胆表里相合,其病变也可相互影响,而出现口苦、黄疸等症。

【治疗要点】

1. 肝病多实,宜疏,宜泄,宜利。所以柴胡疏肝散为常用之剂,但使用宜适度,不可久用,以防香燥伤阴。

2. 肝虚之证,一般分为血虚与阴虚。血虚宜补养气血,常用四物汤加味;阴虚宜滋阴降火,常用一贯煎或杞菊地黄丸之类。

3. 湿热注于肝胆,宜清热利湿,疏肝利胆,常用龙胆泻肝汤。若见黄疸可使用茵陈蒿汤之类。

4. 气滞血瘀为肝胆病证的主要证候,所以疏肝解郁、活血化瘀为常用之法,轻者理气活血,重者行气破瘀。常用柴胡疏肝散加活血之品,或用复元活血汤,或用血府逐瘀汤等。

5. 疫毒内侵,肝胆同病,宜清热解毒、行气化瘀,常用犀黄丸之属。

6. 肝与其他脏腑的关系非常密切,如肾阴不足可致肝阳上亢,治当滋阴潜阳;或肝脾不调,治宜疏肝健脾;或肝胃不和,治宜疏肝和胃;或肝火犯肺,治宜清火止咳。临证时应从整体治疗,在治肝的同时,兼顾它脏,对治疗有着重要意义。

肝胆病证的调摄护理十分重要。情绪稳定,避免强烈的精神刺激,增强战胜疾病的信心,解除不必要的顾虑,安心静养;饮食切勿饥饱失常,过食肥甘,尤其是要避免饮酒过度,黄疸、鼓胀、肝癌患者更应禁酒;对于鼓胀、肝癌要采用低盐饮食,在尿量特别减少情况下,给予无盐饮食,因为食盐有凝涩之弊,这是古今医家十分重视的问题;在生活上要注意保暖,维护正气,防止外邪侵袭。

第五章 肝胆病证

第一节 黄　疸

黄疸是感受湿热疫毒，肝胆气机受阻，疏泄失常，胆汁外溢所致，以目黄、身黄、尿黄为主要表现的常见肝胆病证。黄疸在古代亦称黄瘅，由于疸与瘅通，故其义相同。

黄疸病证的论述始见于《素问·平人气象论》、《灵枢·论疾诊尺》，均描述了本病证的主要临床表现。《金匮要略·黄疸病脉证并治》以湿热发黄为重点，还论述了火劫发黄、燥结发黄、女劳发黄以及虚黄等；宋代《圣济总录·黄疸门》分为九疸三十六黄；宋代韩祗和著《伤寒微旨论》，除论述了黄疸的"阳证"外，还特设《阴黄证篇》；元代罗天益著《卫生宝鉴》总结了前人的经验，进一步明确湿从热化为阳黄，湿从寒化为阴黄，把阳黄和阴黄的辨证论治系统化，对临床实践指导意义较大，至今仍被采用。对黄疸的传染性及其严重性，在沈金鳌著《沈氏尊生书·黄疸》中已有认识，其指出："又有天行疫疠，以致发黄者，俗称之瘟黄，杀人最急。"

本病证包括阳黄、阴黄与急黄。黄疸常并见于其他病证，如胁痛、胆胀、鼓胀、肝癌等。

本病与西医所述黄疸意义相同，大体相当于西医学中肝细胞性黄疸、阻塞性黄疸、溶血性黄疸。病毒性肝炎、肝硬化、胆石症、胆囊炎、钩端螺旋体病、某些消化系统肿瘤以及出现黄疸的败血症等，若以黄疸为主要表现者，均可参照本节辨证论治。

【证候特征】

本病的证候特征是目黄、身黄、小便黄，以目白睛发黄最为突出。发黄的程度、明亮度及病程长短不同而标志着邪正的盛衰。阳黄，黄色鲜明，伴有发热、口渴、苔黄腻等明显湿热之象；阴黄，黄色晦暗或如烟熏，伴有神疲畏寒、苔白腻、脉濡缓等明显寒湿之象；急黄，其色如金，伴有高热烦渴、神昏谵语等湿热挟毒、内陷心营之候。

【病因病机】

1. **感受时邪疫毒**　时邪疫毒自口而入，蕴结于中焦，脾胃运化失常，湿热交蒸于肝胆，肝失疏泄，胆液不循常道，浸淫肌肤，下注膀胱，使身目小便俱黄。若疫毒重者，其病势暴急凶险，具有传染性，表现为热毒炽盛、伤及营血的严重现象，称为急黄。

2. **饮食所伤**　饥饱失常或嗜酒过度，皆能损伤脾胃，以致运化功能失职，湿浊内生，郁而化热，熏蒸肝胆，胆汁外溢，浸淫肌肤而发黄。

3. **脾胃虚弱**　素体脾胃虚弱，运化失司，气血亏损，久之肝失所养，疏泄失职而致胆汁外溢。如《医学心悟》所说："脾胃亏损，面目发黄，其色黑暗不明。"或病后脾阳受伤，湿从寒化，寒湿阻滞中焦，胆汁受阻，溢于肌肤而发黄。

总之，黄疸的发生往往内外相因为患。从病邪来说，主要是湿浊之邪，故《金匮要略·黄疸病脉证并治》有"黄家所得，从湿得之"的论断；从脏腑来看，不外脾胃肝胆，而且是脾胃波及肝胆。

黄疸病证的基本病机是湿浊阻滞，胆液不循常道外溢而发黄。但从整个病理演变分析，发黄的关键是湿蒸热郁。从外因来看，外邪不得泄越是发黄的重要因素。如《伤寒论·阳明病》："阳明病，发热、汗出者，此为热越，不能发黄也，……瘀热在里，身必发黄。"从内因来看，湿邪蕴结中焦，阻滞气机，致使肝气郁而失于疏泄，胆汁输送不循常道，外溢浸淫。所以，无论外因、内因，二者都有瘀滞不解、内结不散的突出特点。正如程钟龄所说："黄疸者……湿热郁蒸所致，如氤氲相似，湿蒸热郁而黄成矣。"

黄疸病证的病理属性与脾胃阳气盛衰有关。中阳偏盛，湿从热化，湿热为患，则为阳黄；中阳不足，湿从寒化，寒湿为患，则为阴黄。至于急黄是为湿浊疫毒所致，其属性也与中阳偏盛与偏衰密切相关。黄疸病证的病机转化，早期若能迅速祛除病邪，调整脾胃功能，则病情不至蔓延。若邪毒未能控制，机体自身抗病力弱以及治疗不当则使病情进一步发展。阴黄日久，正虚邪恋而成为积聚、鼓胀等疾患。

【诊　断】

1. 目黄、身黄、尿黄。以目睛发黄为主。因为目白睛发黄是出现最早、消退最晚而最易发现的指征之一。

2. 患病初期，目身黄往往不一定出现，而以恶寒发热、食欲不振、恶心呕吐、腹胀肠鸣、四肢无力等类似感冒的症状表现为主，三五日以后，才逐渐出现目黄，随之溲黄与身黄。而急黄，黄疸急起，迅即加深，甚则内陷心包。因此，典型病史，可作为早期诊断的依据。

3. 有饮食不节、肝炎接触或使用化学制品、药物等病史。

4. 实验室检查：血清总胆红素，尿胆红素、尿胆原，直接胆红素测定，血清谷丙转氨酶、谷草转氨酶以及B超、CT、胆囊造影等，有助于诊断与鉴别诊断。

【鉴别诊断】

1. **萎黄**　萎黄为气血不足致使身面皮肤呈萎黄不华的病证，多见于大失血或重病之后。其特征是双目不黄，往往伴有眩晕、气短、心悸等症，与黄疸病证的目黄、身黄、溲黄不同，临证易于区分。

2. **黄胖**　黄胖多与虫证有关，久之耗伤气血而引起面部肿胖色黄，身黄带白。《杂病源流犀烛·黄胖》对此论述颇详："黄胖宿病也，与黄疸暴病不同。盖黄疸眼目皆黄，无肿状；黄胖多肿，色黄中带白，眼目如故，或洋洋少神。虽病根都发于脾，然黄疸则由脾经湿热郁蒸而成；黄胖则湿热未甚，多虫与食所致，必吐黄水，毛发皆直，或好食生米茶叶土炭之类。"

【辨证论治】

辨证要点

1. **辨阳黄与阴黄**　阳黄由湿热所致，起病急，病程短，黄色鲜明如橘色，口干发热，小便短赤，大便秘结，舌苔黄腻，脉弦数，一般预后良好；阴黄由寒湿所致，起病缓，病程长，黄色晦暗如烟熏，脘闷腹胀，畏寒神疲，口淡不渴，舌淡白，苔白腻，脉濡缓或沉迟，一般病情缠绵，不易速愈。

2. **阳黄宜辨湿热轻重**　阳黄属湿热为患，由于感受湿与热邪的程度不同，机体反应的差异，故临床有湿热孰轻孰重之分。区别湿邪与热邪的孰轻孰重，目的是同中求异，使治疗分清层次，各有重点。辨证要点是，热重于湿者，身目俱黄，黄色鲜明，发热口渴，恶心呕吐，小便短少黄赤，便秘，舌苔黄腻，脉弦数；而湿重于热者，身目俱黄，其色不如热重者鲜明，头重身困，胸脘痞满，恶心呕吐，便溏，舌苔厚腻微黄，脉弦滑。

3. **急黄**　为湿热夹毒，郁而化火所致。辨灼阴、伤气、动血及窍闭的变化为其重点。

治疗原则

黄疸早期主要是湿热、疫毒、寒湿为患,故当祛邪以消除病源,通过清热、解毒、利湿、温化,给邪以出路。由于湿邪郁滞于中、下二焦,故湿邪的去路在于通利小便。《金匮要略》有"诸病黄家,但利其小便"的明训。故祛湿利小便是治疗黄疸的重要方法。湿为阴邪,其性粘腻重浊,可耗伤脏腑阳气,损其功能;热为阳邪,其性燥烈,可耗灼脏腑阴液,伤其形质。所以,热重治疗时应注意清热护阴,否则利湿太过会重伤阴液,使热更甚;湿重,应注意化湿护阳,否则苦寒太过会损其阳气,使湿反难化;调整肝脾功能,即疏肝健脾,活血化瘀,以改善肝郁脾壅、瘀血阻络的病机,防止转变为积聚、鼓胀;久病宜注意扶助正气,即滋补肝肾、健运脾胃。

分证论治

阳黄

•湿热兼表

症状:黄疸初起,目白睛微黄或不明显,小便黄,脘腹满闷,不思饮食。伴有恶寒发热,头身重痛,乏力,舌苔薄腻,脉浮弦或弦数。

治法:清热化湿,佐以解表。

方药:麻黄连翘赤小豆汤合甘露消毒丹。

本方意在解除表邪,芳香化湿,清热解毒。方中麻黄、薄荷辛散外邪,使邪从汗解;藿香、蔻仁、石菖蒲芳香化湿;连翘、黄芩清热解毒;滑石、木通、赤小豆淡渗利小便,给湿邪以出路;茵陈清热利湿以退黄;加姜、枣、甘草调和脾胃。甘露消毒丹清热化湿解毒。

一般表证轻者,麻黄、薄荷用量宜轻,取其微汗之意;目白睛黄甚者,茵陈用量宜大,可用至15~30g;热重者酌加金银花、栀子。

•热重于湿

症状:初起目白睛发黄,迅速至全身发黄,黄疸较重,色泽鲜明,壮热口渴,心中懊恼,恶心,呕吐,纳呆,小便赤黄、短少,大便秘结,胁胀痛而拒按,舌红苔黄腻或黄糙,脉弦数或滑数。

治法:清热利湿,佐以通腑。

方药:茵陈蒿汤。

方中茵陈味苦微寒,入肝、脾、膀胱经,为清热利湿退黄的要药;栀子有清泄三焦湿热之功;大黄有降泄胃肠瘀热之效;茵陈配栀子,使湿热从小便而去;茵陈配大黄,使瘀热从大便而解,三药相合,共奏清利降泄之功。

大黄有清热解毒通腑之功效。因为"胃实失下"则热邪内郁,蓄积化火,可向"急黄"演变。《诸病源候论》谓:"脾胃有热,谷气郁蒸,因为热毒所加,故卒然发黄。"吴又可也曾提出,阳黄之阳明腑实者,在茵陈蒿汤中以大黄为君。所以大黄的通腑作用,对减轻热毒及退黄作用,不容忽视。本方可酌加解毒药如升麻、连翘、大青叶、虎杖、田基黄等以清热解毒;酌加车前子、猪苓、泽泻等以渗利湿邪,使湿热分消,从二便而去。

•湿重于热

症状:身目发黄如橘,无发热或身热不扬,头重身困,嗜卧乏力,胸脘痞闷,纳呆呕恶,厌食油腻,口粘不渴,小便不利,便稀不爽,舌苔厚腻微黄,脉濡缓或弦滑。

治法:除湿化浊,泄热除黄。

方药:茵陈四苓汤加味或甘露消毒丹。

方中用茵陈清热利湿退黄,用猪苓、茯苓、泽泻淡渗利湿,炒白术健脾燥湿。湿重于热,湿遏热伏,阻滞气机,所以应加调气药如木香、枳壳、厚朴之品。

甘露消毒丹中茵陈、滑石、木通清热利湿,引湿热之邪从小便而出;黄芩、连翘清热燥湿解毒;菖蒲、白蔻仁、藿香、薄荷芳香化浊,行气悦脾。原方中贝母、射干,主要作用是清咽散结,可去之。所以诸药配合,不仅清利渗湿,芳香化浊,而且调和气机,清热透邪,使壅遏之湿热毒邪消退。

若湿困脾胃,便溏尿少,口中甜者,可加厚朴、苍术;纳呆或无食欲者再加炒麦芽、鸡内金以醒脾消食。

• **胆腑郁热**

症状:身目发黄鲜明,右胁剧痛且放射至肩背,壮热或寒热往来。伴有口苦咽干,呕逆,尿黄,便秘,舌红苔黄而干,脉弦滑数。

治法:泄热化湿,利胆退黄。

方药:大柴胡汤。

方中柴胡、黄芩、清半夏和解少阳,和胃降浊;生姜、大枣养胃;枳实、大黄内泻热结;白芍和脾敛阴,柔肝利胆。胁痛重者加郁金、枳壳、木香;黄疸可加金钱草、川朴;呃逆、恶心加炒莱菔子。

• **疫毒发黄**

症状:起病急骤,黄疸迅速加深,身目呈深黄色。壮热烦渴,呕吐频作,尿少便结,脘腹满胀,疼痛拒按,烦躁不安,或神昏谵语,或衄血尿血,皮下发斑,或有腹水,继之嗜睡昏迷,舌质红绛,苔黄褐干燥,扪之干,脉弦数或洪大。本证又称急黄。

治法:清热解毒,凉血开窍。

方药:千金犀角散。

方中犀角(用水牛角代之)是清热解毒凉血之要药,配以黄连、栀子、升麻则清热解毒之力更大;茵陈清热利湿退黄;生地黄、玄参、石斛、丹皮清热解毒,养阴凉血。热毒炽盛,乘其未陷昏迷,急以通涤胃肠热毒为要务,不可犹豫,宜加大剂量清热解毒药如金银花、连翘、土茯苓、蒲公英、大青叶、黄连、黄柏、生大黄,或用五味消毒饮(金银花、野菊花、蒲公英、地丁、紫背天葵,重加大黄)。如已出现躁扰不宁或伴出血倾向,需加清营凉血解毒药,如神犀丹之类,以防内陷心包,出现昏迷。如热入营血,心神昏乱,肝风内动,法宜清热凉血、开窍熄风,急用"温病三宝":躁扰不宁、瘈疭者用紫雪丹;热邪内陷心包,谵语或昏愦不语者用至宝丹;湿热蒙蔽心神,时清时昧用安宫牛黄丸。

本证可用清开灵注射液60~80ml,兑入5%葡萄糖溶液静脉滴注,每日1次,2~3周。

阴黄

• **寒湿证**

症状:身目俱黄,黄色晦暗不泽,或如烟熏,痞满食少,神疲畏寒,腹胀便溏,口淡不渴,舌淡苔白腻,脉濡缓或沉迟。

治法:温中化湿,健脾和胃。

方药:茵陈术附汤。

本方温化凝滞,利湿退黄。方中茵陈除湿利胆退黄,附子、干姜温中散寒,佐以白术、甘草健脾和胃。胁痛者加泽兰、郁金、赤芍;便溏者加茯苓、泽泻、车前子。

• 脾虚证

症状:多见于黄疸久郁者。症见身目发黄,黄色较淡而不鲜明,食欲不振,肢体倦怠乏力,心悸气短,食少腹胀,大便溏薄,舌淡苔薄,脉濡细。

治法:补养气血,健脾退黄。

方药:小建中汤。

方中桂枝配生姜、大枣辛甘生阳,白芍配甘草酸甘化阴,饴糖缓中健脾。酌加淡渗利湿之品如茯苓、泽泻等,但用量宜少。若气虚甚者可加黄芪、党参补其气;血虚甚者可加当归、地黄养其血;阳虚外寒者,可酌加巴戟、仙灵脾,且桂枝改用肉桂。

脾虚黄疸,大都见于各型黄疸的后期。湿热耗伤阴血,寒湿损伤脾阳,加之饮食不调,日积月累则化源不足,气血两亏,脏腑功能日衰。故脾虚黄疸标志着整体功能衰退。治疗侧重扶正,兼祛余邪以助正气恢复。此重度黄疸治疗困难,亦多变证、坏病,常并发鼓胀、昏迷、呕血、抽搐等,临证必须细察。

【其他疗法】

1.《证类本草》用瓜蒂、丁香、赤小豆各7枚,共为细末备用。每次取少许,吹入鼻中须臾有少量黄液流出。隔日吹1次。

2. 茵陈15~30g,板蓝根30g,胆草15g,水煎服,连服15日左右。

【转归预后】

本病的转归与黄疸性质、体质强弱、治疗护理等因素有关。一般阳黄起病急病程短;阴黄起病缓病程长。急黄为阳黄的重症,病情危重,应及时救治。阳黄、阴黄、急黄虽性质不同,轻重有别,但在一定条件下可互相转化。阳黄若患者体质差,病邪重,黄疸日益加深,迅速出现热毒炽盛症状而转为急黄;阳黄也可因损伤脾阳,湿从寒化,转为阴黄;急黄若热毒炽盛,内陷心营,或大量出血,可出现肝肾阳气衰竭之候;阴黄久治不愈可转为积聚、鼓胀。

一般说来阳黄预后良好,急黄邪入心营,耗血动血,预后多不良。至于阴黄若阳气渐复黄疸渐退,预后较好;若阴黄久治不愈,化热伤阴动血,黄疸加深,转为鼓胀重症,则预后不良。

【预防与调摄】

本病病程相对较长,除了药物治疗以外,精神状态、生活起居、休息营养等,对本病有着重要的辅助治疗意义。具体内容包括:①精神调摄。由于本病易于迁延、反复甚至恶化,因此,患病后一般思想顾虑较重,多虑善怒,致使病情加重。所以,医患结合,讲清道理,使患者从自身疾病的束缚中解脱出来,而不为某些症状的显没而惶惶不安,忧虑不宁。②饮食有节。患病后食欲减退,恶心呕吐,腹胀等症明显,所以调节饮食为主要的辅助疗法。既往强调高糖、高蛋白、高热量、低脂肪,以保证营养供应,但注意要适度,不可过偏。阳黄患者的饮食,适宜于软食或半流饮食,以起到补脾缓肝的作用。禁食辛热、酒及油腻之品。阴黄患者也应进食富于营养而易消化的饮食,禁食生冷、油腻、辛辣之品,不吃油炸、坚硬的食物,避免损伤血络。黄疸患者在恢复期,更忌暴饮暴食,以防重伤脾胃,使病情加重。③起居有常。病后机体功能紊乱,往往容易疲劳,故在急性期或慢性活动期应适当卧床休息,有利整体功能的恢复。

急性期后,根据患者体力情况,适当参加体育锻炼,如练太极拳、气功之类,是十分必要的。

对于急黄患者由于发病急骤,传变迅速,病死率高,所以调摄护理更为重要。患者应绝对卧床休息,吃流质食物,如恶心、呕吐频发,可暂时禁食,予以补液。禁辛辣、油腻、坚硬的食物,以防助热、生湿、伤络。密切观察病情变化,黄疸加深或皮肤出现斑疹为病情恶化之兆,若烦躁不宁,神志恍惚,脉象变为微弱欲绝或散乱无根,为欲脱之征象,应及时抢救。

【结　语】

黄疸为临床常见病之一,历代医家较为重视,古医籍多有记述,现代研究也有长足进步。黄疸是以目黄、身黄、溲黄为主要特征的疾病。其病因主要责之于湿。湿从热化为阳黄,湿从寒化为阴黄,湿热夹有疫毒之邪则为急黄。黄疸的基本病机为肝胆脾胃功能失调,胆汁不循常道而外溢。临床辨证关键在于辨别证候的性质与邪正的盛衰。治疗以利小便为基本大法。阳黄当清热解毒,并要分清湿偏重还是热偏重,而配以除湿或通腑之法,给邪以出路。阴黄当温化,同时要辨明血瘀或血虚,而配以活血或补血之法,目的在于既要祛邪,还要顾及正气。至于急黄为阳黄重症,来势急骤,病死率高,治当及时,刻不容缓。治宜清泄热毒、凉血滋阴,还应根据病情适当选用清心开窍、透邪醒神等治法。黄疸病证的调摄护理,对于治疗效果与预后关系较大,临床不能忽视。另外还要做好预防工作,以杜绝传染。

【文献摘要】

《素问·平人气象论》:"溺黄赤,安卧者,黄疸;……目黄者曰黄疸。"

《素问·六元正纪大论》:"溽暑湿热相薄,争于左之上,民病黄瘅而为胕肿。"

《灵枢·论疾诊尺》:"身痛面色微黄,齿垢黄,爪甲上黄,黄疸也,安卧小便黄赤,脉小而涩者,不嗜食。"

《伤寒论·辨阳明病脉证并治》:"阳明病,发热、汗出者,此为热越,不能发黄也。但头汗出,身无汗,齐颈而还,小便不利,渴引水浆者,此为瘀热在里,身必发黄,茵陈蒿汤主之";"伤寒发汗已,身目为黄,所以然者,以寒湿在里不解故也。以为不可下也,于寒湿中求之";"伤寒七八日,身黄如橘子色,小便不利,腹微满者,茵陈蒿汤主之"。

《金匮要略·黄疸病脉证并治》:"黄家所得,从湿得之。"

《诸病源候论·黄病诸候》:"脾胃有热,谷气郁蒸,因为热毒所加,故卒然发黄,心满气喘,命在倾刻,故云急黄也";"有得病即身体面目发黄者,有初不知是黄,死后乃身面黄者,其候得病但发热心战者,是急黄也"。

《景岳全书·黄疸》:"阳黄证多以脾湿不流,郁热所致,必须清火邪,利小水,清则溺自清,溺清则黄自退。"

《杂病源流犀烛·诸疸源流》:"又有天行疫疠,以致发黄者,俗谓之:瘟黄,杀人最急。"

【研究进展】

近年来运用中医药治疗急性传染性黄疸型肝炎、重症肝炎、胆石症、胆囊炎等,取得了良好效果,并进行了实验研究。

·急性黄疸型肝炎的治疗研究

急性黄疸型肝炎多属阳黄之证。通过许多单位的临床研究,其治法在以往清热利湿的基础上合并活血化瘀、通腑攻下等法,取得了较好的效果。解放军302医院治疗195例重度黄疸型肝炎,分为湿热型和血瘀血热型,分组应用活血、凉血以赤芍为主的系列处方,其退黄总有效率为86.64%〔中西医结合杂志1990;(10):22〕。上海市传染病院用中药治疗急重黄疸型甲肝,分为热盛型及瘀热型,分别给予退黄1号(茵陈、焦山楂、鸡内金、生甘草)及2号,间歇应用大承气汤治疗,有效率达94.82%〔中西医结合杂志1990;(10):22〕。秦氏以活血退黄汤(紫丹参、白花蛇舌草、赤芍、焦楂、郁金、败酱草、虎杖、柴胡、茵陈、碧玉散、大黄)为主,随症加减治疗本症,效果满意〔中西医结合杂志 1990;(10):22〕。

- **重症肝炎的治疗研究**

重症肝炎的发病率虽然很低,但病死率却较高。目前中西医结合治疗本病可提高疗效,降低病死率。许多单位采用大剂清热凉血解毒、活血生津救阴,乃至通里攻下的中药、草药,以新针、灌肠等多途径给药,以截断病势。中国医科大学附属第二、三医院以中西医结合治疗本病,用柴胡、赤莲、丹参、赤芍、黄芪、苦参、茯苓为主方,结果平均黄疸消退时间为 33.5 日,腹水消退时间 36.4 日,存活率 64%。北京市第一传染病医院用 50% 大黄注射液 40~80ml,加入 10% 葡萄糖 200~300ml 静脉点滴,结果有明显降低血清胆红素,改善肝功能及临床症状的作用。对于本症合并肝昏迷者,祝氏采用"牛麝"(人工牛黄、丁香、菖蒲、麝香、羚羊角、藏红花研末)共治 200 例,结果 10 例神志转为完全清醒,体温下降,抽搐或扑翼样振颤消失〔江苏中医 1991;(4):47〕。周氏用清肝注射液静脉点滴(茵陈、栀子、大黄、黄芩、毛冬青、郁金),发现能迅速控制病情发展,配合其他药物治疗本病,存活率为 45.6%。另外,多途径给药如穴位注射、穴位敷药、鼻腔给药、耳针、中药高位保留灌肠、静脉点滴中药、新鲜草药榨汁冲服等已成为中医治疗重症肝炎的重要手段〔中医药学报 1980;(3):25〕。

- **胆囊炎、胆石症的治疗研究**

胆囊炎、胆石症属于急腹症的范畴,过去对本症的治疗主要采用手术疗法。现在经过反复的临床实践已初步摸索出一套以中医药为主的治疗方法,在控制炎症、排出结石方面取得较好疗效。据统计,湿热型的发病率最高,其特征以"黄"为主。李氏用三黄排石汤(黄连、黄芩、山栀子、四川金钱草、茵陈、郁金、枳实、芒硝)〔新医学 1982;(11):16〕。林氏以中药利胆排石汤(茵陈、金钱草、木香、栀子、大黄、枳壳、赤芍、丹参、黄芩)配合西药氨苄青霉素或庆大霉素,适量补充维生素,纠正酸中毒,有效率达 75.3%〔浙江中医学院学报 1983;(4):30〕。

- **实验研究**

对茵陈蒿汤的实验研究认为,方中茵陈蒿及其所含的羟苯乙酮具有显著的利胆作用;栀子有解热作用,并对结扎胆管所致家兔胆红素增高有轻度抑制作用;大黄有利胆、消炎和杀菌等作用,还可使 HBsAg 转阴。动物实验证明,茵陈蒿汤及其组成药物,具有减轻肝细胞变性坏死作用,最突出的是使肝细胞肿胀明显减轻,肝窦暴露,这样就减轻了微循环障碍;在组织化学方面,肝细胞内糖原含量明显增多,核糖核酸含量近于正常,同时伴有显著降低血清转氨酶活力的作用〔中西医结合杂志 1985;(6):41〕。

上海药物研究所对青叶胆进行了实验研究,初步说明青叶胆水溶液能显著降低实验动物升高的转氨酶(四氯化碳中毒的大白鼠),从肝脏肉眼观察,对肝细胞有一定的保护作用〔浙江中医杂志 1987;(9):42〕。

第二节 胁 痛

胁痛是以一侧或两侧胁肋部疼痛为主要表现的病证。古又称胠胁肋痛、季肋痛或胁下痛。胁,指侧胸部,为腋以下至第十二肋骨部的统称。如《医宗金鉴·卷八十九》明确提出:"其两侧自腋而下,至肋骨之尽处,统名曰胁。"

胁痛是肝胆疾病中常见的症状,临床有许多病证都是依据胁痛来判断其为肝病或系与肝胆有关的疾病。

本病证早在《素问·脏气法时论》、《灵枢·经脉》就有记载,并明确指出胁痛的发生主要是因于肝胆的病变。其后,历代医家对胁痛病因的认识,在《内经》的基础上,逐步有了发展。《景岳全书》将胁痛病因分为外感与内伤两大类,并提出以内伤为多见。他对胁痛分为左右气血的见解表示不满,直斥为"古无是说,此实后世之谬误,不足凭也"。其后,叶天士《临证指南医案》对胁痛之属久病入络者,善用辛香通络、甘缓补虚、辛泄祛瘀等法,立方遣药颇为实用,对后世医家影响较大。林佩琴《类证治裁》在叶氏的基础上将胁痛分为肝郁、肝瘀、痰饮、食积、肝虚诸类,对胁痛的分类与辨证论治作出了一定的贡献。

胁痛病证大多与肝胆疾病有关,所以与肝胆病证有关的疾病多伴有胁痛的症状。若属外邪侵袭,络脉气血运行受阻所致胁痛,大都具有恶寒、脉浮等表证,临床也不多见,故不列入本节讨论范围。

胁痛病证,可与西医多种疾病相联系,如急性肝炎、慢性肝炎、肝硬化、肝寄生虫病、肝癌、急性胆囊炎、慢性胆囊炎、胆石症、胆道蛔虫以及肋间神经痛等。以上疾病若以胁痛为主要症状时均可参考本节辨证论治。

【证候特征】

本病证以胁肋部疼痛,可发生在一侧或两侧为其中心证候。但由于病因、病性、病程的不同,其疼痛的性质亦不同:气滞多胀痛窜痛;瘀血多刺痛较剧。一般说来,初起疼痛较重,久之则胁肋部隐痛时发。

【病因病机】

胁痛主要责之于肝胆。因为肝位居于胁下,其经脉布于两胁,又胆附于肝,与肝呈表里关系,其脉亦循于肝。肝为刚脏,主疏泄,性喜条达;主藏血,体阴而用阳。所以肝疏泄不及,肝郁气滞,脾土壅滞,湿自内生;或气郁日久,气滞及血,瘀血停积;或肝肾亏损,血不荣络等,均可导致胁痛,其具体病因病机分述如下。

1. **肝气郁结** 肝的疏泄功能主要调节机体的情志活动。肝失疏泄引起的情志变化有抑郁与亢奋两个方面。抑郁为疏泄不及,气机郁结;亢奋为疏泄太过,暴怒气逆,均可导致肝脉不畅,气机失和而产生胁痛。正如《杂病源流犀烛·肝病源流》所说:"气郁,由大怒气逆,或谋虑不决,皆令肝火动甚,以致胠胁肋痛。"

2. **瘀血阻络** 肝主疏泄,条达气机,属气;肝主藏血,调节血量,属血。气行则血行,气滞则血凝。所以,气滞可以及血,血行不畅而瘀血停留,阻塞肝络,瘀血内著,气机不行,"不通则痛"。对此,《临证指南医案·胁痛》有明确论述,提出"久病在络,气血皆窒";《类证治裁·胁痛》也曾提出"血瘀者,跌扑闪挫,恶血停留,按之痛甚"。

3. **湿热蕴结** 肝主疏泄,协助脾胃之气升降和胆汁的分泌,又胆附于肝,经脉络属,二者为表里之脏。外湿内侵或湿自内生,湿郁化热,湿热互结侵犯肝胆而使肝胆失于疏泄条达导致胁痛。《素问·刺热》说:"肝热病者,……胁满痛。"《证治汇补·胁痛》也明确地说,胁痛"至于湿热郁火,劳役房色而病者,间亦有之"。

4. **肝阴不足** 久病耗伤,劳欲过度,或由于各种原因引起的精血亏损,水不养木,肝阴不足,络脉失养,致使"不荣则痛"。《金匮翼·胁痛统论》曾对此明确指出:"肝虚者,肝阴虚也,阴虚则脉细急,肝之脉贯膈布胁肋,阴血燥则经脉失养而痛。"

总之,胁痛主要责之于肝胆,且与脾、胃、肾相关。本病以气滞、血瘀、湿热所致"不通则痛"属实,以精血不足所致"不荣则痛"属虚。病机转化较为复杂,既可由实转虚,又可由虚转实,甚或虚中夹实;既可气滞及血,又可血瘀阻气,但不外乎病在气,或病在血,或气血同病。

【诊　断】

1. 一侧或两侧胁肋疼痛为主要临床表现。
2. 疼痛性质可表现为刺痛、胀痛、隐痛、闷痛或窜痛。
3. 反复发作的病史。
4. 结合实验室检查：血常规、肝功能、胆囊造影、B超等有助于诊断。

【鉴别诊断】

1. **胸痛**　胸痛中有肝郁气滞证，与胁痛中的肝气郁结证病机基本相同。但胁痛以一侧或两侧胁肋部胀痛或窜痛为主，伴有口苦、目眩等症。而胸痛是以胸部胀痛为主，可涉及胁肋部，伴有胸闷不舒，心悸少寐。临证应分清主次，细心鉴别。

2. **胃脘痛**　胃脘痛也易与胁痛混淆。因为两病证中皆有肝郁的病机。但胃脘痛病位在胃脘，兼有嗳气频作、吞酸嘈杂等胃失和降的症状。而胁痛病位在胁肋部，伴有目眩、口苦等少阳经的症状，两者有别。

3. **相关疾病**　胁痛还应与黄疸、鼓胀、肝癌等本章疾病相鉴别。黄疸、鼓胀、肝癌等在病程中或早或晚均伴有一侧或两侧胁肋部疼痛，其鉴别要点在于：黄疸以身目发黄为主症；鼓胀为气、血、水互结，腹大如鼓；而肝癌又有相应的恶液质体征。所以，重视临床表现，结合病史不难鉴别。

【辨证论治】

辨证要点

1. **辨外感、内伤**　外感胁痛是由湿热外邪侵犯肝胆，肝胆失于疏泄条达而致，伴有寒热表证，且起病急骤，同时可出现恶心、呕吐或目睛发黄等症状，舌质红，苔黄腻，脉呈浮数或滑数；内伤胁痛是由肝郁气滞，瘀血内阻，或肝阴不足所引起，不伴有恶寒、发热的表证，且起病缓，病程较长。

2. **辨在气在血**　一般说来，气滞以胀痛为主，且游走不定，痛无定处，时轻时重，症状的轻重每与情绪变化有关；血瘀以刺痛为主，且痛处固定不移，疼痛持续不已，局部拒按，入夜尤甚。还有的胁痛是气血同病，气滞血瘀，尤应注意鉴别。

3. **辨虚实**　其与病程有关，一般说来病程短、来势急的因肝郁气滞、血瘀痹阻或外感湿热之邪所致的胁痛属实，症见疼痛剧烈而拒按，脉实有力。病程长、来势缓的因肝血不足、络脉失养所致的胁痛属虚，症见疼痛隐隐，久久不解而喜按，脉虚无力。在临床上，胁痛的病人，往往是虚实并见，既有湿热内蕴之实，又有肝血不足之虚，临床辨证尤应注意。

治疗原则

胁痛的治疗应着眼于肝胆，但在治疗原则上应根据"痛则不通"、"通则不痛"的理论，结合肝胆的生理特点，灵活运用。实证胁痛宜用理气、活血；虚证胁痛宜用滋阴、柔肝。所以，《临证指南医案》说："杂证胁痛，皆属厥阴肝经，以肝脉布于胁肋，故仲景旋覆花汤、河间金铃子散及先生（叶氏）辛温通络、甘缓理虚、温柔通补、辛泄宣瘀等法皆治肝著胁痛之剂。"另外胁痛因湿热病邪所致者，治以利湿清热解毒，临床还应辨明湿热的孰轻孰重，区别对待。

分证论治

·肝气郁结

症状：两侧胁肋胀痛，走窜不定，甚则连及胸肩背，且情志激惹则痛剧，胸闷，善太息而得嗳气稍舒，伴有纳呆，脘腹胀满，舌苔薄白，脉弦。

治法：疏肝理气。

方药：柴胡疏肝散。

方中柴胡解郁，香附、枳壳、陈皮理气除胀，川芎活血行气通络，白芍、甘草缓急止痛，共奏疏肝理气之功。若气滞及血，胁痛重者，酌加郁金、川楝子、青皮以增强理气活血止痛之功；若兼见心急烦躁、口干口苦、尿黄便干、舌红苔黄、脉弦数等气郁化火之状，酌加清肝之品，药用栀子、黄连、胆草等；若胁痛、肠鸣、腹泻者，为肝气横逆、脾运失健之证，酌加健脾止泻的白术、茯苓、泽泻、薏米；若伴有恶心、呕吐是为肝胃不和、胃失和降，酌加和胃止呕之半夏、陈皮、藿香、生姜等。

柴胡为治肝气郁结的主药，其性味苦平，通达三焦，醋炒入药，效力尤胜，但也要得当使用。肝为刚脏，非柔不克，疏气之品往往耗气耗血，对肝阴不利。叶天士、王孟英谓："柴胡劫肝阴"（升阳劫阴），虽未免言之过甚，但亦不可忽视。临床有人滥用柴胡治胁痛（阴虚火旺或肝郁化火者），不仅胁痛不减，反而引起目赤、咽喉肿痛，可引为前车之鉴。

由于气滞易于及血，所以临证使用柴胡疏肝散要与血分药配伍，方能较好地发挥疏肝作用。川芎、香附、郁金、延胡索等品本身既能行气又能活血，若与其他理气药合用，可使气行血畅，相得益彰，胁痛顿减。今人的香附配郁金、刺蒺藜配丹皮、延胡索配川楝子皆为有效配伍，临床可参考。

·瘀血阻络

症状：胁肋刺痛，痛处固定而拒按，入夜更甚，或面色晦暗，舌质紫暗，脉沉弦。

治法：活血化瘀，通络止痛。

方药：血府逐瘀汤。

方中桃仁、红花、当归、生地黄、川芎、赤芍活血化瘀而养血，柴胡行气疏肝，桔梗开肺气，枳壳行气宽中，牛膝通利血脉，引血下行。若瘀血严重，有明显外伤史者，应以逐瘀为主，方选复元活血汤。以大黄、桃仁、红花、穿山甲活血祛瘀，散结止痛；当归养血行瘀；柴胡疏肝调气；栝蒌根消肿化痰；甘草缓急止痛，调和诸药，还可酌加三七磨粉另服，以助祛瘀生新之效。

·湿热蕴结

症状：胁肋胀痛，触痛明显而拒按，或牵及肩背，伴有纳呆恶心、厌食油腻、口苦口干、腹胀尿少，或有黄疸，舌苔黄腻，脉弦滑。

治法：清热化湿，理气通络。

方药：龙胆泻肝汤。

方中龙胆草、栀子、黄芩清肝泄火，柴胡疏肝理气，木通、泽泻、车前子清利湿热，生地、当归养血清热益肝。可酌加郁金、半夏、青皮、川楝子以疏肝和胃，理气止痛。若便秘、腹胀满者为热重于湿，肠中津液耗伤，可加大黄、芒硝以泄热通便。若白睛发黄、溲黄、发热口渴者，可加茵陈、黄柏以清热除湿退黄。

湿热蕴结的胁痛为肝胆实邪壅滞，治疗宜疏宜通，特别是胁肋部位剧烈疼痛，或疼痛反复不已者，尤宜疏通。用药包括通导腑气的大黄、芒硝，清化湿热的茵陈、黄柏、栀子，疏通气血的三棱、莪术、丹参、当归尾等。对于湿热蕴结的胁痛，祛邪务必要早，务必要尽，以防湿热胶固,酿成热毒,导致治疗的困难。

· 肝阴不足

症状:胁肋隐痛,绵绵不已,遇劳加重,口干咽燥,心中烦热,两目干涩,头晕目眩,舌红少苔,脉弦细数。

治法:滋阴柔肝,养血通络。

方药:一贯煎。

本方为柔肝的著名方剂。组方原则宗叶氏"肝为刚脏,非柔润不能调和"之意,在滋阴补血以养肝的基础上少佐疏调气机、通络止痛之品,宜于肝阴不足、络脉不荣的胁肋作痛。方中生地、枸杞滋养肝肾,沙参、麦冬、当归养阴柔肝,川楝子疏肝理气止痛。若两目干涩、视物昏花可加草决明、女贞子,头晕目眩甚者可加黄精、钩藤、天麻、菊花,心中烦热、口苦甚可加栀子、丹皮、夜交藤、远志。

肝阴不足而致胁痛,除久病体虚、失血等原因之外,还有因使用香燥理气之品太过所致。一般说来,气郁作胀作痛,病者苦于胀急,但求一时之快,医者不察病起于虚,急于作效,以致香燥理气而伤肝阴。再者,对于肝阴不足的胁痛在治法上受"肝无补法"之说的影响,错误理解"肝无补法"的真实含义而贻误病情,诚为魏玉璜所说:"肝无补法四字,遂使千万生灵,含冤泉壤",这也是不容忽视的问题。

【转归预后】

内伤胁痛各个证型之间可以互相转化。肝郁胁痛如久延未治,或治疗不当,日久气滞血瘀,可以转化为瘀血胁痛。久病致虚,或久郁成劳,又可出现肝血不足,虚实互见。外感胁痛多属湿热蕴于肝胆致病,病久不去,则可见肝胆疏泄失职,气滞血瘀;又可因邪毒久羁而耗劫肝血肝阴,而为虚实错杂之证。

无论外感或内伤胁痛,只要治疗将养得法,一般预后良好。但也有部分病人迁延不愈,成为慢性。若治疗不当,演变为癥瘕痞块、肝痈等证,则预后不佳。

【预防与调摄】

胁痛皆与肝的疏泄功能失常有关,所以,精神愉快,情绪稳定,气机条达,对预防与治疗胁痛有着重要的作用;胁痛属于肝血不足者,应注意休息,劳逸结合,多食蔬菜、水果、瘦肉等清淡有营养的食物;胁痛属于湿热蕴结者,尤应注意饮食,忌酒,忌辛辣肥甘之品,生冷不洁之品也应注意;对于香燥理气之品,不宜过量或长期服用。

【结　语】

胁痛为临床常见病,主要因肝郁气滞、瘀血停著、湿热蕴结和肝阴不足而致。其病机有"不通则痛"和"不荣则痛",病位主要在肝胆。辨证重在气血虚实。治疗上,实证以理气、活血、清热、祛湿、通络为法;虚证以滋阴养血柔肝佐以理气和络为法。胁痛除药物治疗外,尚可配合针灸疗法、推拿疗法,效果更佳。

【文献摘要】

《素问·脏气法时论》:"肝病者,两胁下痛引少腹,令人善怒。"

《灵枢·经脉》:"胆足少阳之脉……是动则病口苦,善太息,心胁痛,不能转侧。"

《灵枢·五邪》："邪在肝,则两胁中痛。"

《千金要方》："左手关上脉阴实者,足厥阴经也,病苦心下坚满,常两胁痛,息忿忿如怒状,名曰肝实热也。"

《丹溪心法·胁痛》："胁痛,肝火盛,木气实,有死血,有痰流注。"

《景岳全书·胁痛》："胁痛有内伤外感之辨,风寒邪在少阳经,乃病为胁感,耳聋而呕,然必有寒热表证者,方是外感。如无表证则属内伤。但内伤胁痛者十居八九,外感胁痛则间有之耳";"胁痛之病,本属肝胆二经,以二经之脉皆循胁肋故也";"然而心肺脾胃肾与膀胱,亦皆有胁痛之病,此非诸经皆有此证,但以邪在诸经,气逆不解,必以次相传,延及少阳、厥阴,乃致胁肋疼痛。故凡以焦劳忧虑而致胁痛者,心肺之所传也;以饮食劳倦而致胁痛者,此脾胃之所传也;以色欲内伤,水道壅闭而致胁痛者,此肾与膀胱之所传也,传至本经,则无非肝胆之病也。至于忿怒疲劳,伤血伤气伤筋,或寒邪在半表半里之间,此自本经之病。病在本经者,直取本经;传自他经者,必拔其所病之本,辨得其真,自无不愈矣"。

《症因脉治·胁痛》："内伤胁痛之因,或痰饮、悬饮、凝结两胁,或死血停滞胁肋,或恼怒郁结,肝火攻冲,或肾水不足,……皆成胁肋之痛矣。"

【研究进展】

在胁痛的研究进展中部分表现于对慢性肝炎的研究。

· 临床研究

中国中医药学会内科肝胆病专业委员会将慢性肝炎分为五型:①湿热中阻型;②肝郁脾虚型;③肝肾阴虚型;④瘀血阻络型;⑤脾肾阳虚型〔上海中医药杂志1988;(10):27〕。张氏以补阴药为主、佐以清热活血化瘀之肝复宁(生地、鳖甲、云苓、枸杞子、沙参、穿山甲、白僵蚕、丹参、虎杖、白术)治疗乙型慢性肝炎50例,HBeAg的阴转率为64%〔中西医结合杂志1980;(2):71〕。陈氏等采取解毒祛邪、扶正固本、调理气血的解毒养肝膏(茵陈、蒲公英、车前子、小蓟、白花蛇舌草、野菊花、土茯苓、黄芪、丹皮、丹参、水红花子、白芍、黄精)治疗96例慢性乙型肝炎,治疗后谷丙转氨酶、谷草转氨酶、麝浊复常率观察组分别为27.3%、66.7%、52%,HBsAg、DNAP、HBV-DNA阴转率观察组分别为20%、34.2%、31.6%,总有效率观察组为74.5%,与对照组比较有显著性差异〔中西医结合杂志1988;(3):87〕。中国中医研究院中药研究所与8个临床单位协作,应用猪苓多糖治疗慢性肝炎359例,疗效显著。天津市肝病研究所以滋肝补肾慢肝3号方治疗慢性活动性肝炎(党参、沙参、垂盆草、鸡骨草、丹参、生地、熟地、枸杞子、川楝子、麦冬、当归、郁金、首乌),有效率61.5%〔中西医结合杂志1990;(11):2〕。河北省中药研究所用活血化瘀法治疗慢性肝炎,以丹参、参三七、当归、赤芍、郁金等治疗,总有效率91.6%,并可改善肝功能,增强免疫功能,抑制病毒复制,对血液流变学等指标有双向调节作用〔黑龙江中医药1985;(1):26〕。北京佑安医院对肝炎患者中脾虚型应用参苓白术散治疗,其有效率为80%~90%〔中医杂志1986;(12):23〕。对于血清转氨酶升高,樊氏等用降酶丸(五味子、水牛角、麦芽、大枣)治疗100例,总有效率91%〔湖北中医杂志1988;(3):21〕。对于蛋白代谢异常,杨氏认为板蓝根有良好的纠正蛋白代谢异常的作用;鸡血藤、生黄芪、首乌、桑椹、丹参、枸杞、当归、白术、山药、黄精、熟地可改善肝细胞功能,促进蛋白质合成,提高血清蛋白水平;板蓝根、黄精、白术、生黄芪、鸡血藤有纠正麝浊、锌浊之功能。对于乙肝表面抗原阳性,钟氏等用抗原汤(当归、白术、柴胡、茯苓、虎杖、白芍、茵陈、白花蛇舌草、甘草)随证加减,治疗本证132例,总有效率为90%〔中西医结合杂志1988;(3):87〕。

· 实验研究

近年来,许多单位对慢性肝炎做了大量的基础和实验研究,取得了一些进展。上海市传染病医院肝炎临床研究室应用姐妹染色体交换(SLE)观察到参三七注射液在体外有一定对抗乙型肝炎病毒诱发染色体畸变的作用,提示参三七注射液能够阻止肝炎病毒进入细胞中的DNA,使病毒基因不能留存在细胞内。北京友谊医院内科消化肝病组观察了活血化瘀对实验性肝纤维化的治疗作用,实验证明活血化瘀汤能有效地防止白蛋白免疫损伤性肝硬化的形成。病理组织学观察表明,白蛋白免疫损伤可致:①胶原结缔组织增生,主要始自汇管区;②沿界板肝细胞及散在肝细胞受损;③汇管区、中央静脉周围有轻度炎症,淋巴单核细胞浸润,如同时给予活血化瘀中药,上述各种病损显然减轻。上海医科大学附属华山医院对慢性肝炎气滞血瘀型患者104例进行了肝穿活检,观察研究其超微结构,发现光镜下气滞血瘀型中血窦扩张,血窦内有形成分较多并有血窦毛细血管化,与肝气郁滞型相比有显著差异,三分之一的患者肝细胞内有大量胶原出现。肝气郁结型中幼稚贮脂细胞较多,与气滞血瘀型相比有显著差异。肝肾阴虚型脂滴成分较多,而湿热型肝细胞肿胀明显。光镜下形态学观察结果也说明气滞血瘀型以血窦扩大为主,湿热型中均以急性炎性细胞为主,肝细胞肿胀明显因而细胞体积明显增大,与肝肾阴虚型相比有明显差异;后者在电镜下可见较多脂滴,气滞血瘀型与肝气郁结型均不明显,而肝气郁结型脂褐素多见。结合临床各种检测指标综合研究认为肝炎病毒的持续存在,免疫调节失控及微循环障碍是气滞血瘀型的本质〔中西医结合杂志 1988;(3):87〕。

第三节 胆 胀

胆胀是指胆腑气机通降失常所引起的以右胁胀痛为主要临床表现的一种病证。

胆胀多发生在40岁至65岁年龄组,女性高于男性,且以偏肥胖体型为多见。当今胆胀的发病率呈上升趋势,其因与人们饮食结构变化有关。本病特点为病程长,反复发作,中医药治疗效果较好,尤其是远期疗效、减少复发更为显著。

胆胀病始源于《内经》。在《灵枢·胀论》载:"胆胀者,胁下痛胀,口中苦,善太息。"不仅提出了病名,而且对症状描述亦很准确。东汉张仲景《伤寒论》对其论述更加精确、详细,所立的方剂如大柴胡汤、大陷胸汤、茵陈蒿汤等皆为临床治疗胆胀的有效方剂。秦景明《症因脉治》所列"胆胀者柴胡疏肝饮"及《柳州医话》所立一贯煎皆为历代治疗胆胀习用而有效的方剂。叶天士《临证指南医案》首载胆胀医案,为后世临床辨证治疗积累了经验。近年来,在辨证治疗胆胀方面取得了不少经验,同时也在古方的基础上创建了一些有效方剂,既往多主张用外科手术治疗的案例,现在也可用中医药综合治疗,取得成功。

胆胀为肝胆系病证中的常见疾病。其临床表现与西医学所称的慢性胆囊炎、慢性胆管炎、胆石症相似,临床见有以右胁痛胀、反复发作为主症的疾病,均可参考本节辨证论治。

【证候特征】

本病的证候特征是右上腹胀满疼痛,反复发作。同时伴发恶心、嗳气、腹胀、善太息。证有虚实,实则胀痛、刺痛、灼热剧痛,或为气滞、或为瘀血、或为郁热、或为湿热;虚则隐隐作痛,或时作时止,又有阴虚、阳虚之别。

【病因病机】

1. 饮食偏嗜,多食油腻厚味炙煿饮食,伤及脾胃,气机壅塞,升降失常,土壅木郁,肝胆疏泄失职。
2. 忧思暴怒,肝疏泄失常,累及胆腑,精汁通降不畅,久郁蕴热,而成胆胀。
3. 外邪侵袭,虚损劳倦,寒温不适,易感外邪,使胆腑疏泄通降失常,内损外感而致胆胀。
4. 湿热久蕴,煎熬胆汁,聚而为石,阻塞胆腑气机,不通则胀痛为胆胀重症。

胆胀病的发生,主要在于胆腑气机通降失常,其因或为忧思气恼,肝气久郁;或为湿热内蕴,胆腑不通;或为虚损劳倦,继而感寒;或为气滞及血,瘀血阻络。胆胀病位在胆腑,与肝胃关系最为密切。其病机为气滞、热郁、瘀血、沙石、湿阻致使肝胆气郁,胆失通降,久而气滞及血或郁而化火。日久不愈,反复发作,正气渐虚,邪恋不去,痰浊湿热,久酿成石,胆腑通降受阻,脾胃生化不足,进一步耗伤正气,最后致肝肾阴亏或脾肾阳虚而正虚邪实反复发作之候,其病势可缓可急,一般以慢性患病急性发作为多见。

【诊　断】

1. 以右胁胀痛,脘腹胀满,善太息,口苦恶心,嗳气为主症。
2. 起病缓慢,多反复发作,病发多有诱因,如饱餐油腻、恼怒、劳累等。好发年龄多在 40 岁以上。
3. 实验室检查如十二指肠引流、B 超检查、腹部 X 线平片、CT 等有助诊断。

【鉴别诊断】

1. 胁痛　胁痛是指以两胁肋部疼痛为主症,多种原因皆可引起。胆胀则以右上腹胀痛为主症,伴口苦、嗳气等,以胆腑气机通降失常为主。
2. 胃痛　胃痛是上腹部近心窝部疼痛,任何年龄均可发病。胆胀部位在右胁部,发病年龄多在 40 岁以上。
3. 真心痛　真心痛疼痛突发而剧烈,且在左胸前部,伴有"手足青至节",而胆胀痛在右胁,疼痛较轻,且以胀为主。

【辨证论治】

辨证要点

1. 胆胀以右胁痛为主症,临床以辨虚实为要点,尤以辨气滞、瘀血、结石、气血不足、阴亏火灼为关键。持续性胀痛,遇怒加重,痛连肩背,兼有胸闷脘胀者,多为气滞胆腑;右胁下疼痛较重,如刺如割,痛处固定而拒按,多为瘀血痹阻;右胁部绞痛,阵发加剧,且窜至肩背者,多为结石已成,胆腑不通;若痛隐隐或绵绵不休,多为气血不足,邪气潜伏;胁下灼痛,时休时止,厌食油腻,伴心烦意乱,多为阴亏火灼。
2. 胆胀病程较长,所以要善辨邪气轻重,正气盛衰,以及虚中夹实,虚实互见。一般根据胁痛的情况结合症状、舌、脉情况来辨别。

治疗原则

胆胀的治疗原则为疏肝利胆,和降通腑。临床当辨虚实,虚者宜补中宣通,实者宜泻中通降。由于肝胆相表里,利胆要兼疏肝,肝气条达则胆腑通畅。所以疏肝又为治疗胆胀的基本原则。

分证论治

· 肝胆气郁

症状:右胁胀满疼痛,连及右肩,遇怒加重,胸闷善太息,嗳气频作,吞酸嗳腐,苔白腻,脉弦大。

治法:疏肝利胆,理气通降。

方药:柴胡疏肝散。

方中柴胡、白芍、川芎疏肝利胆,枳壳、香附、陈皮理气通降止痛。加苏梗、青皮、郁金行气止痛。若大便干燥加大黄、槟榔;腹部胀满加川朴、草蔻;口苦、心烦加黄芩、栀子;嗳气、呕吐加代赭石、炒莱菔子；伴胆石加鸡内金、金钱草、海金沙。

- **气滞血瘀**

症状：右胁部刺痛较剧，痛有定处而拒按，面色晦暗，口干口苦，舌质紫暗或舌边有瘀斑，脉弦细涩。

治法：利胆通络，活血化瘀。

方药：四逆散合失笑散。

方中柴胡、枳实、白芍、甘草疏肝利胆，炒五灵脂、生蒲黄活血化瘀。酌加郁金、延胡索、川楝子、大黄以增强行气化瘀止痛之效。口苦心烦者加龙胆草、黄芩；脘腹胀甚者加枳壳、木香；恶心呕吐者加半夏、竹茹。

- **胆腑郁热**

症状：右胁部灼热疼痛，口苦咽干，面红目赤，大便秘结，小溲短赤，心烦失眠易怒，舌红苔黄厚而干，脉弦数。

治法：清泻肝胆之火，解郁止痛。

方药：清胆汤。

方中大黄、栀子、黄连、柴胡、白芍、蒲公英、金钱草、栝蒌清泻郁火，郁金、延胡索、枳壳、木香、川楝子解郁止痛。心烦失眠者加丹参、炒枣仁；黄疸加茵陈、枳壳；口渴喜饮加天花粉、麦冬；恶心欲吐加半夏、竹茹。方中金钱草用量宜大，可用30～60g。

- **肝胆湿热**

症状：右胁胀满疼痛，胸闷纳呆，恶心呕吐，口苦心烦，大便粘滞，或见黄疸，舌红苔黄腻，脉弦滑。

治法：清热利湿，疏肝利胆。

方药：茵陈蒿汤。

方中茵陈、栀子、大黄利湿泻热。加柴胡、黄芩、半夏、郁金疏肝利胆而止痛。胆石者加鸡内金、穿山甲、海金沙、金钱草；小便黄赤者加飞滑石、车前子、白通草；苔白腻而湿重者去大黄、栀子加茯苓、白蔻仁、砂仁。

- **阴虚郁滞**

症状：右胁隐隐作痛，或略有灼热感，口燥咽干，急躁易怒，胸中烦热，头晕目眩，午后低热，舌红少苔，脉细数。

治法：滋阴清热，疏肝利胆。

方药：一贯煎。

方中生地黄、北沙参、麦门冬、当归身、枸杞子、川楝子滋阴疏肝；心烦失眠者加枣仁、柏子仁、夜交藤；灼痛者加白芍、甘草；急躁易怒者加栀子、青皮、珍珠母。

- **阳虚郁滞**

症状：右胁隐隐胀痛，时作时止，脘腹胀满，呕吐清涎，畏寒肢凉，神疲气短，乏力倦怠，舌淡苔白腻，脉弦弱无力。

治法：温阳益气，调肝利胆。

方药：理中汤加味。

方中党参、白术、茯苓、干姜、炮附子温阳益气；柴胡、白芍、木香、砂仁、半夏、陈皮调肝利胆。脘腹冷痛加吴茱萸、乌药；结石者加金钱草、鸡内金；气血两亏者可选用八珍汤。

【其他疗法】

胆结石属肝胆气滞者,可用消石散:郁金粉 0.6g、白矾末 0.45g、硝石粉 1g、滑石粉 1.8g、甘草梢 0.3g,以上为 1 日量,分 2 次吞服;属肝胆湿热者,可用利胆丸:茵陈 12g,龙胆草、郁金、木香、枳壳各 6g,共研细面,加猪胆汁、羊胆汁各 50g,先将胆汁熬浓至 250g,拌入药面中,加适量蜂蜜,做丸药,每丸重 10g,早晚各服 1 丸。

【转归预后】

本病的转归主要为实证向虚证转化或向虚实夹杂证转化。肝胆气郁患者转归一般较好,但易复发。胆腑郁热患者若饮食不节可转化为肝胆湿热证;如郁热不解,灼耗阴津,还可致肝肾阴虚,形成阴虚郁滞。一般肝胆湿热患者治疗得当,则湿退热解向愈。若失治误治,可致阴液耗损,阴损及阳导致厥脱。气滞血瘀患者预后较差,部分失治误治或邪盛正虚患者可出现坏病、变证,如出血、积聚等。阴虚郁滞患者治疗得当可使病情减轻,若日久不愈,正虚邪留可致气滞血瘀而成虚实夹杂证。阳虚郁滞患者一般迁延难愈,经合理治疗,部分患者可转为肝胆气郁,若兼有心肾阳虚,则病情复杂。

胆胀病患者,如正气尚足,一般预后良好,若气滞血瘀、阴虚郁滞、阳虚郁滞患者出现变证、坏病、危证,则预后较差。

【预防与调摄】

积极治疗胁痛、黄疸、气郁等病证。坚持足够疗程,病证治愈后应注重调理,这是预防胆胀发生的重要措施。

调摄包括调养心神,保持恬静愉快的心理状态;调节劳逸,做到动静适宜,以使气血流通;调剂饮食,宜清淡为主,多食蔬菜、水果,如萝卜、苦瓜、佛手、苹果等,有利于利胆祛湿,切忌暴饮暴食及食用膏粱厚味,勿酗酒、贪凉、饮冷,注意保暖。

【结　语】

胆胀病证为临床常见病之一。对其防治历代医家较为重视,现代研究又有长足进步。胆胀是以右胁胀痛反复发作为主症,其病机主要为胆腑气机通降失常。临床诊断主要依据临床表现、发病特点和诱发因素。其治疗本着实者泻之、虚者补之的原则,但以通利胆腑,使之承顺下行为治疗本病的重点。利胆离不开疏肝,肝胆升降,相依则和。本病较为顽固,常反复发作,故早期诊断、早期治疗尤为重要。

【文献摘要】

《灵枢·胀论》:"胆胀者,胁下痛胀,口中苦,善太息。"

《素问·热论》:"三日少阳受之,少阳主胆,其脉循胁络于耳,故胸胁痛而耳聋。"

《丹溪心法·胁痛》:"胁痛,肝火盛,木气实,有死血,有痰流注。"

《症因脉治·腹胀》:"胁肋作痛,口苦太息,胆胀也。胆胀者,柴胡清肝饮。"

【研究进展】

· 辨证治疗的研究

1979 年全国中西医结合防治胆系疾病第二次经验交流会,将胆道感染、胆石症分为气郁、湿热、脓毒三个类型。据上海、天津等 35 个单位 4 359 例胆道感染、胆石症统计,湿热型为最多,治疗效果好,临床治愈率达90%。龙华医院对274例慢性胆道感染、胆石症进行辨证分析,发现肝胆气郁型占44.53%,而肝阳不足占55.4%。他们认为对于慢性胆道感染、胆石症的辨证应重视肝肾两脏的关系,应用具有利胆作用的胆宁汤和具有柔肝作用的柔肝汤治疗,肝胆气郁型有效率86.82%,肝阴不足型有效率84.13%,两型在治疗上无显著差别。赵氏将胆胀分为10型,分别是肝胆气滞、肝胆气逆、肝胆湿热、肝胆郁热、肝郁困脾、肝胆瘀阻、肝胆血瘀轻症、肝胆血瘀重症、肝肾阴虚、肝脾阳虚,分别采用相应治法,并强调在治疗中应突出通降胆腑。王氏将慢性胆囊炎分为6型:肝气郁结型应用柴胡疏肝汤;肝胆瘀滞型应用四逆散加味;肝胆郁热型应用清肝凉胆汤;肝胆湿热型应用茵陈蒿汤;气血亏虚型应用八珍汤;阴虚阳亢型应用一贯煎,都较切合临床实际。

- **有效方剂的临床研究**

余氏等用安胆汤治疗55例慢性胆囊炎,结果痊愈40例(症状消失,十二指肠引流2～3次正常,超声波未见异常),好转13例(症状消失,十二指肠引流尚有少量脓细胞),无效2例。服药平均为45日。方药组成:金钱草30～60g,白芍15～20g,大黄6～15g,柴胡15g,茵陈30g。每日1剂,水煎,分2次服。热重加黄芩、黄连;湿重加藿香、佩兰、白蔻、碧玉散;脾胃虚弱加白术、茯苓、陈皮;纳呆加焦三仙、鸡内金;便秘加大黄;腹胀加厚朴、枳实;腹痛加延胡索、木香、川楝子;十二指肠引流脓细胞多,或近期内难以消炎者,加虎杖、马齿苋、蒲公英。

李氏等用茵虎黄汤治疗胆道感染113例,其中属气郁型33例,湿热型80例。治疗后有效100例,气郁型的疗效为97%,湿热型为85%,两者之间经统计学处理无显著差别。方药组成:茵陈30g,虎杖60g,生大黄15g(后下),每剂煎200ml,每次服30～40ml,日服3～4次。

- **预后的研究**

有资料统计:胆囊癌的平均年龄在69岁,其中女性占74%,而且胆囊癌常与胆囊炎、胆道良性疾病混淆在一起。其中75%～90%的胆囊炎同时有胆结石存在。说明癌变与长期慢性炎症有一定因果关系。故积极治疗胆胀,对预防癌变起一定作用。

第四节 鼓 胀

鼓胀系因肝脾受伤,疏泄运化失常,气血交阻致水气内停,以腹胀大如鼓、皮色苍黄、脉络暴露为主要临床表现的病证。在古医籍中又称单腹胀、膨、蜘蛛蛊等。

鼓胀为临床较为常见多发的病证。多由黄疸、胁痛、肝癌等失治,气、血、水瘀积于腹内而成。所以历代医家对本病的防治十分重视,把它列为"风、痨、鼓、膈"四大顽证之一。说明本病为临床重症,治疗上较为困难。

本病最早见于《灵枢·水胀》、《素问·腹中论》,对其病名、症状、治疗法则等有了概括的认识。汉代《金匮要略》论述颇详。晋代葛洪首次提出放腹水的治法。隋代巢元方的《诸病源候论》明确提出鼓胀的病因与寄生虫有关。金元时期对本病的认识有了很大发挥,进一步阐明"诸病有声,鼓之如鼓,皆属于热"的观点,治法上有主攻、主补的不同论争,深化了鼓胀的研究。及至明清,确立鼓胀的病机为气血水互结的本虚标实的病理观,治法上更加灵活多样,积累了宝贵的经验,至今仍有效地指导着临床实践。

本节所讨论的内容,以腹部鼓胀如鼓为主症,就西医学而言,肝硬化、腹腔内肿瘤、结核性腹膜炎等形成的腹水,均可参照本节辨证论治。

【证候特征】

鼓胀以腹胀大、皮色苍黄、脉络暴露为特征。初起腹部胀大但按之尚柔软,逐渐坚硬,脐心突起,四肢消瘦。若水液潴留亦可见四肢浮肿。若肝脾血瘀者,可见腹部脉络暴露,颈部、胸部出现血痣或血缕以及吐血、衄血。湿热互结者可出现两目发黄及全身发黄。

【病因病机】

1. 情志所伤　肝主疏泄,性喜条达。若因情志抑郁,肝气郁结,气机不利,则血液运行不畅,以致肝之脉络为瘀血所阻滞。再者,肝气郁结,脾土运化失职,水液运化发生障碍,以致水湿潴留与瘀血蕴结日久不化,痞塞中焦,便成鼓胀。

2. 酒食不节　嗜酒过度,饮食不节,脾胃受伤,运化失职,酒湿浊气蕴结中焦,气机升降失常,波及肝肾,气滞不畅,血行受阻,开阖不利,致使气、血、水互结,遂成鼓胀。

3. 劳欲过度　肾藏精为先天之本,脾运化为后天之源,二者为生命之根本。劳欲过度伤及脾肾,脾伤则不能运化水谷,水湿由生;肾损则气化不行,湿聚水生而成鼓胀。

4. 脾虚食积　饮食积滞,胃纳失常,脾虚不运,气血不足,致使水湿、食积交杂不化,渐成鼓胀,正如《素问识》曰:"此因脾土气虚,不能磨谷,故旦食而不能暮食,以致虚胀如鼓也。"

5. 感染血吸虫　在血吸虫流行区,遭受血吸虫感染又未能及时进行治疗,内伤肝脾,脉络瘀阻,升降失常,清浊相混,逐渐而成鼓胀。

6. 黄疸、积聚失治　黄疸本由湿热、寒湿所致,久则肝脾肾三脏俱病而气血凝滞,水饮内停渐成鼓胀。积聚本由气郁与痰血凝聚而成,致使肝脾气血运行不畅,肾与膀胱气化失司,而成水湿停聚,气滞血瘀,演成鼓胀。

本病证的病机主要是肝、脾、肾功能失调。初起重在肝脾,情志所伤,气机不利,肝郁乘脾,脾失健运,水湿内停。若失治、误治,水湿不去,土壅而侮木,肝郁更甚,其结果既可及血而致血瘀,又可使脾气更虚,水湿更盛。又肝、脾、肾在生理上密切相关,肝脾病变必然累及于肾。脾虚不运,肾精衰减,而导致肾阳不足,膀胱气化不利,命门火衰,则进一步导致脾阳更虚,脾肾阳虚,水湿潴留更甚。肝藏血,肾藏精,肝肾同源。肝气郁结,郁久化热伤阴,肝阴不足必然导致肾阴不足,这样肝肾阴虚,使鼓胀病势日益加重。

总之,鼓胀的病机重点为肝脾肾三脏功能失调,气滞、瘀血、水饮互结于腹中。其特点为本虚标实。初、中期为肝郁脾虚,累及于肾,气血水互结。晚期水湿之邪,郁久化热,内扰心神,引动肝风,卒生神昏、痉厥、出血等危象。

【诊　断】

1. 初起脘腹作胀,腹膨大,食后尤甚,叩之呈鼓音或移动性浊音。继则腹部胀满高于胸部,重者腹壁青筋暴露,脐孔突出。

2. 腹部膨隆,脐突皮光,嗳气或矢气则舒,腹部按之空空然,叩之如鼓,为"气鼓";腹部胀大,状如蛙腹,按之如囊裹水,为"水鼓";胀病日久,腹部胀满,青筋暴露,内有癥积,按之胀满疼痛,而颈部可见赤丝血缕,为"血鼓"。

3. 常伴乏力、纳呆、尿少、出血倾向等。可见面色萎黄、黄疸、肝掌、蜘蛛痣。

4. 详审病史:本病证形成,常与酒食不节、情志内伤、虫毒感染有关,或从黄疸、胁痛转化而来。其腹部膨胀的形成,常在致病因素不断作用下,日积月累逐渐而成。

5. 腹部B超、X线食道钡餐造影、CT检查和腹水检查:血浆白蛋白降低,球蛋白增高,白球蛋白比值降低或倒置,丙种球蛋白升高,白细胞及血小板降低,凝血酶原时间可延长,均有助于诊断。

【鉴别诊断】

1. 水肿 水肿病证是指体内水液潴留,泛滥肌肤,引起局部或全身浮肿。严重的水肿病人也可以出现胸水、腹水,因此需与鼓胀作出鉴别诊断。

水肿病证病位多在肌肤,病因为外感邪气、饮食不节或劳倦太过,病变脏腑在肺脾肾。其病机为肺失宣降,脾失健运,气化不行。其临床表现,初起从眼睑部开始,继则延及头面四肢以至全身,亦有从下肢开始水肿,后及全身,皮色一般不变。后期病势严重,可见腹胀满,不能平卧等症。

鼓胀病位在腹部,病因为情志郁结、酒食不节、感染虫毒以及它病转化而来。病变脏腑在肝脾肾。其病机为肝脾肾功能失调,气血水互结于腹部。其临床表现为腹部胀大,甚则腹大如鼓。初起腹部胀大但按之柔软,逐渐坚硬,以至脐心突,四肢消瘦,皮色苍黄;晚期可出现四肢浮肿,甚则吐血、昏迷等危象。

2. 积证 积证是指腹内结块。妇女的下腹部结块又名肠覃。鼓胀以腹胀大为主症,而积证以腹中结块或胀或痛为主症,二者有别。但腹中积块又多为诱发鼓胀的原因之一。

3. 痞满 痞满是指腹中自觉有胀满之感,或虽有胀满而无胀急之象。鼓胀可兼有腹满,且有胀急之状,病程长而腹内有癥积等有形之物。

【辨证论治】

辨证要点

1. 辨新久缓急 鼓胀虽然病程较长,但在缓慢发病当中又有缓急之分。若鼓胀在半月至一月之间不断进展为缓中之急,多为阳证、实证;若鼓胀迁延数月,则为缓中之缓,多属阴证、虚证。

2. 辨虚实 鼓胀虽属虚中夹实,虚实错杂,但虚实在不同阶段各有侧重。一般初起为肝脾失调,肝郁脾虚;继则肝脾损伤,正虚邪实,终则肝脾肾三脏俱损。所以,实证多见气滞湿阻,湿邪困脾,热郁血瘀,以及虫积;虚证多见脾肾阳虚和肝肾阴虚。

3. 辨邪实 邪实中要辨气滞、瘀血、水饮的侧重。鼓胀以气滞、瘀血、水饮互结最为突出。腹部膨隆,脐突皮光,叩之如鼓以气滞为主;腹大状如蛙腹,按之如囊裹水,以水饮为主;腹胀大,内有癥积疼痛,外有赤丝血缕,则以瘀血为主。

治疗原则

本病证为虚实错杂,所以治疗原则的确立应在辨别虚实的基础上,确立攻补兼施之法。证偏重脾肾阳虚、肝肾阴虚者应以补虚为主,祛邪为辅;证偏重气滞、瘀血、水饮者应以祛邪为主,补虚为辅。总之,补虚不忘实,泄实不忘虚,切忌一味攻伐,导致正气不支,邪恋不去,出现危象。

本病初期根据病机采用理气祛湿、行气活血、健脾利水等法,必要时可暂用峻剂逐水,后期本虚标实酌情攻补兼施。

分证论治

· 气滞湿阻

症状:腹部胀大,按之不坚,胁下胀满或疼痛,纳呆食少,食后作胀,嗳气后稍减,或下肢微肿,舌苔白腻,脉弦细。

治法:疏肝理气,除湿散满。

方药:柴胡疏肝散合胃苓汤。

方中柴胡、枳壳、芍药、川芎、香附疏肝解郁;白术、茯苓、猪苓、泽泻健脾利湿;桂枝辛温通阳,助膀胱之气化而增强利水之力;苍术、陈皮、厚朴行湿散满。若苔腻微黄,口干而苦,脉弦数,为气郁化火,可酌加丹皮、栀子;若胁下刺痛不移,面青舌紫,脉弦涩,为气滞血瘀者,可加延胡索、丹参、莪术;若见头晕、失眠、舌质红、脉弦细数,气郁化火伤阴者,可加制首乌、枸杞子、女贞子等。

- 寒湿困脾

症状:腹大胀满,按之如囊裹水,胸腹胀满,得热稍舒,周身困重,怯寒肢肿,小便短少,大便溏薄,舌苔白腻水滑,脉弦迟。

治法:温阳散寒,化湿醒脾。

方药:实脾饮。

本方以附子、干姜、白术振奋脾阳;木瓜、槟榔、茯苓行气利水;厚朴、木香、草果理气健脾燥湿;甘草、生姜、大枣调和胃气。水肿重者可加桂心、猪苓、泽泻;脘胁胀痛可加青皮、香附、延胡索;脘腹胀闷加郁金、枳壳、砂仁;气虚少气者可酌加黄芪、党参。

- 湿热蕴结

症状:腹大坚满,脘腹绷急,外坚内胀,拒按,烦热口苦,渴不欲饮,小便赤涩,大便秘结或溏垢,或有面目肌肤发黄,舌尖边红,苔黄腻或灰黑而润,脉弦数。

治法:清热利湿,攻下逐水。

方药:中满分消丸合茵陈蒿汤、舟车丸。

中满分消丸改丸为汤。本方出自《兰室秘藏》,以辛散、苦泄、淡渗之药组成。方中重用厚朴、枳实,合以姜黄,苦温开泄,行气平胃;黄芩、黄连、干姜、半夏同用,取泻心之意,辛开苦降,分理湿热;又以知母治阳明独胜之火,润胃滋阴;泽泻、猪苓、茯苓、白术理脾渗湿,少佐橘皮、砂仁、人参、白术、茯苓、甘草以扶正,寓补脾胃之法于分消解散之中。诸药相合,可使湿热浊水从脾胃分消,使热清、水去、气行,中满得除。茵陈蒿汤中,茵陈蒿清热利湿;栀子清利三焦湿热;大黄泄降肠中瘀热。舟车丸中,甘遂、大戟、芫花攻逐脘腹之水;大黄、黑丑荡涤泻下,使水从二便分消;青皮、陈皮、槟榔、木香理气利湿;方中轻粉一味走而不守,逐水通便。舟车丸每服3g~6g,应视病情与服药反应掌握服用剂量。面目肌肤黄疸明显者去人参、干姜加龙胆草、栀子。腹胀甚重、大便秘结可加商陆、大黄。

- 肝脾血瘀

症状:腹大坚满,按之不陷而硬,青筋怒张,胁腹刺痛拒按,面色晦暗,头颈胸臂等处可见红点赤缕,唇色紫褐,大便色黑,肌肤甲错,口干饮水不欲下咽,舌质紫暗或边有瘀斑,脉细涩。

治法:活血化瘀,行气利水。

方药:调营饮。

方中川芎、赤芍、大黄、莪术、延胡索、当归活血化瘀利气;瞿麦、槟榔、葶苈子、赤茯苓、桑白皮、大腹皮、陈皮行气利尿;官桂、细辛温经通阳;甘草调和诸药。大便色黑,可加参三七、侧柏叶;癥块甚者加穿山甲、䗪虫、水蛭;瘀痰互结者加白芥子、半夏等;水胀满过甚可用十枣汤以攻逐水饮。

- **脾肾阳虚**

症状：腹大胀满，形如蛙腹，撑胀不甚，朝宽暮急，面色苍黄，胸闷纳呆，便溏，畏寒肢冷，浮肿，小便不利，舌质色淡，舌体胖边有齿痕，苔厚腻水滑，脉沉弱。

治法：温补脾肾，行气利水。

方药：附子理中丸合五苓散、济生肾气丸。偏于脾阳虚可用附子理中丸合五苓散；偏于肾阳虚用济生肾气丸，或与附子理中丸交替使用。

附子理中丸中附子、干姜温运中焦，祛散寒邪；党参、白术、甘草补气健脾，祛除湿邪。五苓散中猪苓、茯苓、泽泻淡渗利湿；白术苦温健脾燥湿；桂枝辛温通阳。济生肾气丸中附子、桂枝温补肾阳；熟地、山萸、山药、丹皮滋肾填精；茯苓、泽泻、牛膝、车前子利水退肿。

纳呆腹满，食后尤甚可加黄芪、山药、薏苡仁、白扁豆；畏寒神疲，面色青灰，脉弱无力酌加仙灵脾、巴戟天、仙茅；腹筋暴露者稍加桃仁、赤芍、三棱、莪术等。

- **肝肾阴虚**

症状：腹大坚满，甚则腹部青筋暴露，形体反见消瘦，面色晦滞，小便短少，口燥咽干，心烦少寐，齿鼻时或衄血，舌红绛少津，脉弦细数。

治法：滋养肝肾，凉血化瘀。

方药：六味地黄丸或一贯煎合膈下逐瘀汤。

六味地黄丸中熟地黄、山萸、山药滋养肝肾，茯苓、泽泻、丹皮淡渗利湿。一贯煎中生地、沙参、麦冬、枸杞滋养肝肾，当归、川楝子和血疏肝。膈下逐瘀汤中五灵脂、赤芍、桃仁、红花、丹皮活血化瘀，川芎、乌药、延胡索、香附、枳壳行气活血，甘草调和诸药。

若津伤口干，重用石斛加花粉、芦根、知母；午后有热，酌加银柴胡、鳖甲、地骨皮、白薇、青蒿；鼻齿出血加栀子、芦根、藕节炭；肌肤发黄加茵陈、黄柏；若兼见面赤颧红者可加龟版、鳖甲、牡蛎等。

- **鼓胀出血**

症状：轻者齿鼻出血，重者病势突变，大量吐血或便血。症见腹部胀满，胃脘不适，吐血鲜红或大便油黑，舌红苔黄，脉弦数。

治法：清胃泻火，化瘀止血。

方药：泻心汤合十灰散。

泻心汤中大黄、黄连大苦大寒，清泻胃火；十灰散凉血止血。酌加参三七化瘀止血；若气随血脱，汗出肢冷可急用独参汤以扶正救脱。还应中西医结合抢救治疗。

- **鼓胀神昏**

症状：神志昏迷为鼓胀晚期恶候。症见高热烦躁，怒目狂叫，口臭便秘，溲赤尿少，舌红苔黄，脉弦数。

治法：清心开窍。

方药：安宫牛黄丸、紫雪丹、至宝丹或用醒脑静注射液静脉滴注。

上方皆为开窍之剂，热陷心包，神昏谵语选安宫牛黄丸；热闭昏厥选至宝丹；热陷神昏而为痉厥者用紫雪丹；可用醒脑静注射液 40～60ml 兑入 5%～10% 葡萄糖溶液中静脉滴注，每日 1～2 次，连续 1～2 周。若症见神情淡漠呆滞，朦胧嗜睡，口中秽气，舌淡苔浊腻，脉弦细，当治以化浊开窍，选苏合香丸、玉枢丹等。若病情进一步恶化，症见昏睡不醒、汗出肢冷、双手撮空、不时抖动、脉微欲绝，此乃气阴耗竭、元气将绝的脱证，可依据病情急用生脉注射液静滴及参附牡蛎汤急煎，敛阴固脱。还应中西医结合积极抢救。

【其他疗法】

1. 鲤鱼赤小豆汤：鲤鱼 500g（去鳞及内脏），赤小豆 30g。多用于鼓胀虚证。
2. 阿魏、硼砂各 30g，共为细末，用白酒适量调匀，敷于患者脐上，外用布带束住，数日一换。有软坚散结之效。
3. 用麝香 0.1g，白胡椒粉 0.1g，拌匀，水调呈稠糊状，敷脐上，用纱布覆盖，胶布固定，2日更换 1 次。有温中散寒、理气消胀之功。适用于寒湿困脾证。

【转归预后】

本病在临床上往往虚实互见或实中夹虚，或虚中夹实。如攻伐太过，实胀可转为虚胀；如复感外邪，或过用滋补壅塞之剂，虚胀亦可出现实胀的症状。气滞湿阻证及时予疏肝理气、除湿消满之剂，可使病情得到控制；若失治、误治，水湿可从寒化或热化，或气滞日久，瘀血内积，病情进一步加重。寒湿困脾证用温阳散寒、化湿利水之剂，使寒去阳复，水湿得泄，可取得疗效；若水湿较重，迁延日久伤及脾肾之阳，可转化为脾肾阳虚之证。湿郁日久，或过用温热之品，亦可化热，转变成湿热蕴结之证。湿热蕴结证用清热化湿利水之剂，如热清邪退胀消，气畅滞化水泄，可望获得好转；若久治不愈，邪深入络，可成肝脾血瘀之证。若湿热久羁，耗伤阴液，伤及肝肾可转化为肝肾阴虚之证。总之，气、水、血鼓与鼓胀各证候间可以互相转化。本病初期，虽腹胀大，正气渐虚，合理治疗，尚可带病延年；若病至晚期，腹大如瓮，青筋暴露，脐心突起，鸭溏，四肢消瘦，或见脾肾阳虚证，或见肝肾阴虚证，则预后不良；若见出血、神昏、痉厥则为危象。

【预防与调摄】

注意对病毒性肝炎的早期防治，及时治疗黄疸和癥积患者。注意营养。避免饮酒过度，避免与血吸虫、疫水接触，避免精神刺激，避免接触对肝有毒物质。本病患者应多卧床休息，腹水较多者可取半卧位。腹水明显而小便少者，宜忌盐。寒湿证应忌生冷，阳虚证可予腹部热敷，适当配合外治法。

【结　语】

鼓胀为临床四大疑难重症之一，历代医家十分重视。其临床表现以腹部胀大为特征。病因多为酒食不节、情志所伤，以及黄疸、积聚所致肝脾肾三脏功能失调，气滞、血瘀、水饮互结停于腹中，本虚标实，虚实错杂。一般气滞湿阻为腹水形成早期，湿热蕴结、寒温困脾为水邪壅盛的实证，脾肾阳虚、肝肾阴虚、肝脾血瘀又为鼓胀的重症。病至晚期，腹大如瓮，脐心突起，如大量呕血，病情危重，预后不良。若出现口出秽气，身有异味（肝臭）伴烦躁不宁为昏迷先兆。神志不清，精神错乱，时有抽搐预后极差，应积极抢救。鼓胀治疗十分棘手，多采用理气化瘀、行水逐水等祛邪措施，虚证当以补虚为主，阳虚温补脾肾，阴虚滋养肝肾，并重视调理脾胃。在治疗中除了掌握扶正祛邪"虚则补之，实则泻之"的原则外，还要注意"至虚有盛候，大实有羸状"的特点，合理使用祛邪与扶正的方法，使其祛邪不伤正，扶正不碍祛邪。

【文献摘要】

《灵枢·水胀》:"鼓胀何如？岐伯曰：腹胀，身皆大，大与肤胀等也，色苍黄，腹筋起，此其候也。"

《素问·腹中论》:"黄帝问曰：有病心腹满，且食则不能暮食，此为何病？岐伯对曰：名为鼓胀。……治之以鸡矢醴，一剂知，二剂已。帝曰：其时有复发者，何也？岐伯曰：此饮食不节，故时有病也。虽然其病且已，时故当病，气聚于腹也。"

《金匮要略·水气病脉证并治》:"石水，其脉自沉，外证腹满不喘"；"肝水者，其腹大，不能自转侧，胁下腹痛，时时津液微生，小便续通"；"脾水者，其腹大，四肢苦重，津液不至但苦少气，小便难"；"肾水者，其腹大，脐肿腰痛，不能溺，阴下湿如牛鼻上汗，其足逆冷，面反瘦"。

《诸病源候论·水肿病》:"此由水毒气结聚于内，令腹渐大，动摇有声，常欲饮水，皮肤粗黑，如似肿状，名水蛊也。"

《丹溪心法·鼓胀》:"朝宽暮急，血虚；暮宽朝急，气虚；终日急，气血皆虚。"

《医学入门·鼓胀》:"虚胀阴寒为邪，吐利不食，时胀时减，按之则陷而软；实胀，阳热为邪，身热咽干，常胀内痛，按之不陷而硬。大概肥人气虚，多寒湿，瘦人血虚，多湿热，都缘脾湿少运布。脾居中，能升心肺之阳，降肝肾之阴。今内伤外感，脾阴受伤，痰饮结聚，饮食之精华不能传布，归于肺，下注膀胱。故浊气在下，化为血瘀，郁久为热，热化成湿，湿热相搏，遂成鼓胀。"

《景岳全书·肿胀》:"少年纵酒无节，多成水鼓。盖酒为水谷之液，血亦水谷之液，酒入中焦，必求同类，故直走血分。……故饮酒者身面皆赤，此入血之征，亦散血之征也。扰乱一番，而血气能无耗损者，未之有也。第年当少壮，则旋耗旋生，固无所觉，及乎血渐衰，则所生不偿所耗，而且积伤并至，病斯见矣……。其有积渐日久，而成水鼓者，则尤多也。"

《医门法律·水肿论》:"凡治胀病，而用耗气、散气、泻肺、泻膀胱诸药者，杀人之事也。治病用药，贵得其宜。病有气结而不散者，当散其结，甚有除下荡涤，而其气之结尚未遽散者，渐积使然也。今胀病乃气散而不收，更散其气，岂欲直裂其腹乎？收之不能遽收，亦渐积使然，缓缓图成可也。"

【研究进展】

·早期肝硬化

1. **气虚血瘀论** 从中医辨证来看，认为肝硬化则往往以气虚血瘀或其他证型兼有血瘀为常见，采用益气健脾，改善消化吸收功能，有利于白蛋白升高；用活血化瘀药可能有扩张肝脏血管，增强肝脏血液循环和肝脏血流量的作用，从而可以减少病变部位缺血，改善营养及氧气的供应，以防止肝细胞的坏死，加速病灶的吸收和修复，使白蛋白升高，球蛋白下降，提高细胞免疫的作用。姜氏指出："凝血蕴里"是本病的机理焦点，肝为藏血之脏，瘀血蕴积则肝肿大坚硬，瘀血阻于肝脾脉络，散发于皮腠之间，故在头颈胸臂等处出现血痣；肝血瘀阻不通，则右胁刺痛，痛有定处，固定不移；面色晦暗或有黑也是血行不畅、脉络瘀滞而形之于外的表现。由于瘀结日久，肝脾损伤，其表现为本虚标实，总以气血瘀滞、瘀凝脉络为主要矛盾〔中医杂志1983；(2)：12〕。

2. **脾虚论** 苏氏强调肝硬化不论有无腹水，症状总以胀为主，从西医学言，随着肝细胞的不断变性、坏死，肝脏代偿功能逐渐消失，随之而起的都是一些消化不良症状。拟"肝六味"（党参、苍术、茯苓、黄芪、鳖甲、当归）治疗肝硬化多例，收到明显的疗效，并认为肝硬化病本为脾虚〔浙江中医杂志1981；(8)：373〕。

3. **分阶段论** 早期是肝脾同病，气滞湿阻，升降失司，浊气充塞，水道不利属"气滞"，治疗时，要注意一个"气"字。此期病程短，正气未伤，治疗注意疏通肝气。中期气滞导致血滞，气血同病阶段，此期治疗要时时注意一个"瘀"字。本期是鼓胀治疗的关键时刻，若治疗及时得当，病得机转可告愈。若失治迁延，可能为晚期，晚期不仅气滞血瘀，同时水湿内蕴，治疗要行气化瘀，尚须利水，在利水的同时加用血分药。晚期的治疗，注意一个"补"字。鉴于肝硬化瘀血郁肝，气虚脾弱病机，姜氏在大队活血化瘀之中，重用益气健脾之药以虚实同治。基本方：黄芪15～30g，白术30～60g，党参15g，川军6～9g，桃仁9g，䗪虫9g，炮山甲9g，丹参9g，鳖甲12～15g，并随症加减〔中医杂志1983；(2)：12〕。朱氏复肝丸（紫河车、红参须、炙地鳖虫、炮山甲、参三七、片姜黄、广郁金、生鸡内金各60g，共研细末，水泛为丸），每服3g，1日3次。适用于肝功损害，肝大或脾大、胁痛不移、脘闷腹胀、消瘦乏力、面色晦暗等血瘀指征。肝郁脾虚型，复肝丸配逍遥散、异功散、当归补血汤加减；肝胆湿热型，以龙胆泻肝汤、茵陈蒿汤加减，不宜早用复肝丸；脾肾阳虚，以复肝丸为主，配合右归丸、当归补血汤加减；肝肾阴虚，以一贯煎加减〔湖南中医杂志1987；(3)：3〕。张氏用三甲复肝丸（炙鳖甲、炮甲珠、龟版、阿胶、淮山药、当归、生黄芪、薏苡仁、茯苓各150g，鸡内金100g，沉香75g，白蜜为丸）为主配合辨证分型用汤药送下，治疗肝硬化40例，明显地提高了疗效〔上海中医药杂志1980；(6)：10〕。刘氏治疗肝炎后早期肝硬化42例，取山药、扁豆、薏苡仁、丹参、赤芍各30g，神曲、蒲黄、谷麦芽各10g，三棱、莪术15～30g，随症加减。结果临床痊愈22例，显效11例，好转5例，无效4例〔上海中医药杂志1985；(10)：12〕。李氏用补阳还五汤加减治疗早期肝硬化（血瘀癥积）1例，收到了肝脾回缩、肝功全部正常的效果。有人以参苓白术散合膈下逐瘀汤加减治疗，获得了满意的疗效〔黑龙江中医药1986；(1)：27〕。赵氏采用扶正化瘀治疗肝炎后肝硬化50例，分肝脾不足（选归芍六君子汤加减）和肝肾虚（选一贯煎和六味丸加减）两证，但均配合乌鸡白凤丸和大黄䗪虫丸，经治3个月，总有效率为88%〔江苏中医杂志1988；(6)：9〕。吕氏运用温运脾阳法治疗本病，指出：温运脾阳，郁结可解；温运脾阳，湿浊可化；温运脾阳，通达下焦。对湿停不去久而不愈的病例常获满意的疗效〔黑龙江中医药1985；(1)：33〕。

· 肝硬化腹水

1. 逐水利尿与活血化瘀同用　"瘀结化水"是肝硬化的主要病理表现，因此消除腹水是控制病情发展的关键所在。胡氏指出利尿必兼化瘀，使隧道通利，水液始得下行。认为《金匮要略》己椒苈黄丸治疗肝硬化腹水有一定的疗效。或配当归、白芍、丹参养血柔肝，或配莪术、失笑散祛瘀消癥，或配黄芪、黑白丑粉、车前、茯苓加强益气行水之力，疗效更佳〔中医杂志1982；(10)：21〕。陈氏用己椒苈黄丸加味（汉防己、葶苈子、苍术、白术各30g，川椒目6g，大黄4.5g，泽兰15g，大腹皮18g，生黄芪20g）合黄体酮60mg肌内注射（日1次，腹水消退后改每周2次，连用2周，继之每周1次，巩固3周）治疗22例，有效病例腹水消退时间17.5天〔北京中医1989；(2)：20〕。程氏拟腹水汤（益母草60g，茅根30g，苍术30g，白术30g，牛膝30g，汉防己45g，葫芦瓢30g）治疗20例，除1例外，其余腹水均消失〔四川中医1985；(7)：25〕。

2. 益气扶正为主或辅西药利尿　朱氏以中药扶正活血治本为主，西药冲击利尿治标为辅的分阶段治疗方法是：交叉内服扶正活血中药愈肝汤（愈肝1号：党参、白术、赤白芍、枸杞、首乌、黄精、木香、茯苓、陈皮、山萸肉、黄芪、刘寄奴、鬼箭羽、生地、熟地、炙鳖甲、炙龟版、丹参、绵茵陈各12g，全当归6g，炒柴胡、炙甘草各4.5g，大枣5枚。愈肝汤2号方为1号方去生地、首乌、龟版、鳖甲，加旱莲草、马鞭草、女贞子各12g，适用于便溏者）的同时，采用短程联合、间歇、反复冲击利尿法。疗程一般5～7天。速尿（呋塞米）20～80mg，每日2～3次，氨苯喋啶50～100mg，每日3次，安体舒通20～40mg，每日4次，氯化钾片0.75～1g，每日3～4次。效果不明显时，再加用呋塞米80～160mg加入25%葡萄糖20ml静脉推注，每日1～2次，必要时再加用20%甘露醇250～500ml，静脉快速滴注，疗程3～4天。大部分病例在两药冲击利尿间歇期间服用中药——处水汤（白术、麦冬、佛手、制金柑、新会皮、大腹皮、槟榔、炙内金各9g，孩儿参、连皮苓、猪苓、泽泻各15g，马鞭草、龙葵草、小虫笋、金石斛、炒谷芽各12g，车前子、冬葵子、陈葫芦各30g，上川朴2.4～4.5g，炒柴胡4.5g，炒枳壳6g）随症加减后，尿量能维持在1000ml左右，从而取得较为满意的疗效。腹水消退率为86%，有效率为92%；经1、5、10年随访，病情稳定率分别为81.9%、50.5%、30.3%，为目前治疗肝硬化腹水较为理想的方法〔中医杂志1984；(3)：29〕。孙氏以益气健脾、行气制水为主（基本方：太子参、苍术、白术、全当归、赤白芍、生鸡内金、泽泻各15g，炙甘草10g，绵茵陈30～40g，茯苓皮、丹参、车前子、大腹皮、冬瓜仁皮、炒三仙各30g，广木香、青陈皮各12g），配合10%葡萄糖250ml，加复方丹参10g静滴，每日1次，同时给予西药对症治疗，结果治愈10例，显效66例，好转40例，无效6例〔江苏中医1989；(4)：15〕。

3. 化瘀与行气并重　关氏指出肝硬化腹水治宜化瘀行气，而行气又是化瘀的关键，行气必须从上中下三焦同时着手，单纯着眼于肝脾是不够的。基本方用黄芪补中气，重用葶苈子泻肺气，用三棱、莪术、香附子行气破血，用地鳖虫、蟋蟀等活血行气，以大黄䗪虫丸破血消癥，祛瘀通络，又用少量山慈菇粉吞服，效果比较理想〔中医杂志1985；(5)：6〕。

4. 关于分型论治　其中以湿热内蕴型、气滞血瘀型、脾肾阳虚型、肝肾阴虚型较多见。王氏总结6位名老中医治疗本病75例经验,分湿热型以八正散加减治疗,气滞湿阻型以沉香琥珀丸加减治疗,气血凝滞型以膈下逐瘀汤合五苓散加减,肝肾阴虚型以六味地黄丸加减,脾肾阳虚型以金匮肾气合参苓白术散加减,气血两虚型用八珍汤、补中益气汤加减。重度腹水或用利尿无效者予以攻补兼施,早晨空腹服泻剂舟车丸、控涎丹等,下午及晚间服补剂。总结全部病例,认为虚证的疗效较好,其中又以脾肾阳虚型效果更好〔贵阳中医学院学报1988;(4):19〕。

· **肝昏迷**

关氏指出,肝硬化并发肝昏迷,在早期仅神识昏糊,常用黄连温胆汤加减,有较好的疗效;对较重者,可用犀角地黄汤合安宫牛黄丸,疗效较好。有人用人工牛黄与麝香、羚羊角、丁香、红花、菖蒲制成牛麝散,治疗13例肝性脑病,结果:6例清醒,5例进步。有人除采用一般治疗肝昏迷措施外,对肝昏迷者用生大黄灌肠治疗;对合并有食道静脉出血者,再插入三腔管用生大黄12g煎液从胃管注入,7例肝硬化患者共出现12次昏迷,综合治疗后11次神志清醒。多数在24小时内神志转清,个别在48小时内清醒〔中医杂志1985;(5):6〕。

第五节 肝 癌

肝癌,以脏腑气血亏虚为本,气、血、湿、热、瘀、毒互结为标,主病在肝,渐为癥积而成。临床以右胁肿硬疼痛,消瘦,食欲不振,乏力,或有黄疸或昏迷等为主要表现。是目前临床常见的恶性肿瘤之一。

肝癌严重危害着人类健康,根据流行病学资料,我国肝癌的发病率和死亡率占全部恶性肿瘤的第三位,仅次于胃癌、肺癌。临床可分为Ⅰ期(无明显肝癌症状和体征者)、Ⅱ期(超过Ⅰ期标准而无Ⅲ期症状者)和Ⅲ期(有明显恶病质、黄疸、腹水或远近转移之一者)。肝癌可发生于任何年龄,但以31~50岁为最多,男女之比约为8:1。大多数肝癌患者在确诊时已属晚期,手术机会多已错过,所能采用的现代综合治疗方法常限制在放、化疗和免疫治疗上,而放、化疗对本病的治疗毒副反应极大,适应证则减少,疗效也差。目前采用中医药治疗已是本病的主要治疗手段之一。所以积极做好中医药对本病的预防和治疗在当今有重要意义。

肝癌一病,早在《内经》就有类似记载:历代有肥气、痞气、积气之称。如《难经》载:"脾之积,名曰痞气。在胃脘,腹大如盘,久不愈。令人四肢不及,发黄疸,饮食不为肌肤。"宋代《圣济总录》云:"积气在腹中,久不差,牢固推之不移者,……按之其状如杯盘牢结,久不已,令人身瘦而腹大,至死不消。"其所描述的症状与肝癌近似,对肝癌不易早期诊断、临床进展迅速、晚期的恶病质、预后较差等都作了较为细致的观察。在治疗上强调既要掌握辨证用药原则,又须辨病选药,灵活掌握。

肝癌的临床表现中西医认识基本一致,其辨证论治均可参照本节进行。

【证候特征】

脏腑气血亏虚,气血湿热瘀毒互结于肝,主症为两胁疼痛,上腹部肿块,纳呆乏力,腹胀消瘦,肝区痛而剧烈,向肩背部放射,肿块呈进行性增大,质地坚硬而拒按。兼症以发热、腹泻、腹痛、鼻衄、肌衄为多,晚期出现黄疸、腹水、昏迷。初期舌苔多见白或腻,脉弦滑或滑数;后期见舌绛或紫暗,脉沉细。

【病因病机】

脏腑气血虚亏,脾虚湿聚,痰凝血瘀;六淫邪毒入侵,邪凝毒结;七情内伤,情志抑郁等,可使气、血、湿、热、瘀、毒互结而成肝癌。

1. **情志久郁**　肝主疏泄,调畅气机,故一身之气机畅达与否主要责之于肝。若情志久郁,疏泄不及,气机不利,气滞血瘀,是肝癌形成的主要因素之一。正如《素问·通评虚实论》说:"膈塞闭绝,上下不通,则暴忧之病也。"

2. **脾虚湿聚**　饮食失调,损伤脾胃,气血化源告竭,后天不充,致使脏腑气血虚亏。脾虚则饮食不能化生精微,而变为痰浊,痰阻气滞,肝脉阻塞,痰血互结,形成肝癌。《卫生宝鉴》说:"凡人脾胃虚弱或饮食过常或生冷过度,不能克化,致成积聚结块。"《医宗必读》也说:"积之成也,正气不足,而后邪气踞之。"

3. **湿热结毒**　情志不遂,气滞肝郁日久,化热化火,火郁成毒;肝郁乘脾,运化失常,痰湿内生,湿热结毒,郁阻胆道,形成肝积,多伴胆汁外溢。

4. **肝阴亏虚**　热毒之邪阻于肝胆,久之耗伤肝阴,肝血暗耗,导致气阴两虚,邪毒内蕴,此为本虚标实。

总之,肝癌病位在肝,与脾、胆、胃密切相关。其病机复杂,统而言之为正虚于内、邪毒凝结。故病证危重,防治棘手。

【诊　断】

1. 以右胁疼痛,上腹部肿块呈进行性增大,质地坚硬而拒按,形体消瘦,纳呆乏力为主症。
2. 具有较长时间食欲减退、乏力、胁痛病史或黄疸病史,且病情进展迅速。
3. 结合 B 超、CT 扫描、MRI、肝穿刺、血生化及免疫检查等,有助诊断。

【鉴别诊断】

1. **黄疸**　黄疸以目黄、身黄、小便黄为主,主要病机为湿蒸热郁,起病有急缓,病程有长短,黄疸色泽有明暗。而肝癌以上腹部进行性增大、质地坚硬之肿块、形体逐渐消瘦为特征,晚期可伴有黄疸,但与黄疸病证有别。

2. **胁痛**　是以一侧或两侧胁肋部疼痛为主要表现,其病机关键或在气、或在血、或气血同病。而肝癌虽亦有胁痛,但以右胁为主,且有坚硬、增大之肿块,形体明显消瘦,病证危重。

3. **鼓胀**　与肝癌晚期一样,皆可有腹胀大、皮色苍黄的症状,但肝癌患者形体明显消瘦,腹部肿块坚硬、表面凹凸不平。鼓胀虽为顽症之一,但肝癌较之更为危重。

【辨证论治】

辨证要点

肝癌发病后,病情进展迅速,病情重。因此要全面掌握辨证要点。

1. **辨虚实**　患者本虚标实极为明显,本虚表现为乏力倦怠,形体急骤消瘦,甚至面色萎黄,懒言等;而右上腹有坚硬肿物而拒按,甚至伴黄疸、腹水、浮肿、脘腹胀满而闷等属标实的表现。

2. **辨危候**　晚期可见昏迷、吐血、便血、胸腹水等危候。

治疗原则

肝癌患者虚实错杂,急则治其标,当以祛邪为主,常用活血化瘀、消积消结、逐水破气等法；一般则宜攻补兼施，扶正祛邪，常用健脾益气、养血柔肝、滋补阴液、活血化瘀、理气破气、逐水消肿等法。

对于放、化疗后的肝癌患者，其治疗多以健脾理气、补养肝肾、活血化瘀、清热解毒、生津润燥、温补气血，此有减毒增效的作用。

分证论治

• 肝气郁结

症状：右胁部胀痛，胸闷不舒，善太息，纳呆食少，时有腹泻，右胁下肿块，舌苔薄腻，脉弦。

治法：疏肝健脾，活血化瘀。

方药：柴胡疏肝散。

方中柴胡、陈皮、枳壳、香附疏肝理气，川芎化瘀。可酌加广郁金、生苡米、白术、黄芪健脾。尚可配用香砂六君子丸。

• 气滞血瘀

症状：胁下痞块巨大，胁痛引背，拒按，入夜更甚，脘腹胀满，食欲不振，大便溏结不调，倦怠乏力，舌质紫暗有瘀点瘀斑，脉沉细或弦涩。

治法：行气活血，化瘀消积。

方药：复元活血汤。

方中当归、桃仁、红花、山甲、栝蒌活血化瘀，柴胡行气疏肝。酌加三棱、莪术、延胡索、广郁金、水蛭、䗪虫等。尚可配用大黄䗪虫丸、人参鳖甲汤等。

• 湿热聚毒

症状：心烦易怒，身黄目黄，口干口苦，食少，腹胀满，胁肋刺痛，溲赤便干，舌质紫暗，苔黄腻，脉弦滑或滑数。

治法：清热利胆，泻火解毒。

方药：茵陈蒿汤。

方中茵陈、栀子、大黄清热利湿。酌加以厚朴、水红花子、黄杨、半枝莲等解毒调气，尚可配用犀黄丸。

• 肝阴亏虚

症状：胁肋疼痛，五心烦热，头晕目眩，食少腹胀大，青筋暴露，甚则呕血、便血、皮下出血，舌红少苔，脉细而数。

治法：养血柔肝，凉血解毒。

方药：一贯煎。

方中以生地、沙参、麦冬、当归、枸杞养血生津，更加以川楝子调肝。可酌加生鳖甲、生龟版、牡丹皮、水红花子、女贞子、旱莲草、半边莲凉血解毒，龟版胶、鹿角胶补益精血。尚可配用六味地黄丸或杞菊地黄丸。

经动物实验和临床验证抗癌的有效药物有半枝莲、肿节风、水红花子、猪苓、茯苓、泽泻、白屈菜、八月札、䗪虫、茵陈、鳖甲、虎杖、红花、水蛭、穿山甲、当归、夏枯草、三棱、山楂、蟾蜍等。在辨证论治的基础上可以选用以上药物。

【转归预后】

本病早期患者可无任何症状和体征,中晚期患者可出现进行性肝肿大、胁痛、黄疸、腹水、发热以及极度消瘦、出血、昏迷等。

本病病程短,病势凶险,预后极差,为消化道恶性肿瘤中死亡率较高的一种。近年来开展中西医结合疗法,对提高疗效,改善患者的预后有一定意义。

【预防与调摄】

调摄的目的在于提高生存率,延长生存期,改善生存质量。其重点在于注意患者全身状态的变化,如体重、皮肤改变、精神状态等。为加强并发症的预防,嘱食用富于营养易消化的软食,忌食生冷油腻及硬性食物,忌用损害肝肾功能及对胃肠道有刺激性的食物和药物,以防止出血。加强心理调摄,在做好患者思想工作的前提下,可以采取公开性治疗,这样既可以减少患者不必要的猜疑,还有助于患者积极配合治疗。

【结　语】

肝癌为临床常见恶性肿瘤,且病情进展迅速。究其病因,多为脏腑气血亏虚,瘀毒、湿热凝结所致。临床辨证既要注意其本虚,更要顾及邪实。临床用药要遵照辨病与辨证结合的方法,缓缓图之,最大限度地延长患者的生存期,减少痛苦,提高生存率。

【文献摘要】

《肘后备急方·治卒心腹癥坚方》:"治卒暴腹中有物如石,痛如刺,昼夜啼呼,不治之百日死。"

《难经·五十五难》:"然积者阴气也,聚者阳气也,故积者五脏所生,其始发有常处,其痛不离其部,上下有所终始,左右有所穷处也;聚者六腑所成,其始发无根本,上下无所留止,左右无所穷处,其痛常移易也。"

《素问玄机原病式》:"腹中坚硬,按之应手。"

《诸病源候论·积聚候》:"诊得肝积,脉弦而细,两胁下痛。"

【研究进展】

原发性肝癌是我国最常见的恶性肿瘤之一,近年来大量研究表明:中医药在本病治疗中越来越多地被采用。中医药在治疗中、晚期肝癌方面已成为常用的治疗手段。

・临床研究

目前对肝癌的辨证分型尚无统一标准,一般分为以下几型:①气滞型(肝郁气滞);②血瘀型;③脾虚型(或兼湿困);④湿热型(或热毒);⑤阴虚型(肝肾阴虚或气阴两虚)。临床上常是数型并见。肝癌早期多为肝郁气滞、脾虚,进而出现血瘀、湿热等型,晚期则多见肝肾阴虚〔上海中医药杂志 1990;(4):30〕。潘氏等认为肝癌的基本病变为瘀、毒、虚,邪实正虚。采用以健脾理气、化瘀软坚、清热解毒为治法的"肝复方"与放疗、化疗对照治疗晚期肝癌。"肝复方"主要由黄芪、党参、白术、茯苓、柴胡、桃仁、丹参、蚤休、牡蛎等药物组成,气滞血瘀型加土鳖、莪术、三七、香附,肝郁脾虚型加郁金、淮山药、陈皮、麦芽,肝胆湿热型加茵陈、蒲公英、木通;阴虚内热型加丹皮、鳖甲。治疗结果表明,中医药组治后半年和1年生存率(43.3%和20.0%)高于放疗组(25.0%和0),治后瘤体稳定率分别为85%(中医药组)、87%(放疗组)和46%(化疗组)。提示中医药既能延长患者生存期,又能稳定瘤体,放射治疗对局部肿瘤控制优于中医药和化疗,但未转化为延长生存期的作用〔北京中医 1987;(3):3〕。浙江省中医院以理气活血化瘀为主,药用柴胡、赤芍、茜草、当归、香附、莪术、蚤休、鳖甲、云南白药等治疗肝癌19例,生存1~2年者5例,5年以上者6例〔浙江中医杂志 1978;(6):2〕。彭氏等用扶正消瘤片(人参、女贞子、黄芪、枸杞、丹参、三七、红花、川芎、桃仁、白英、蒲公英、仙鹤草、白花蛇舌草等)治疗原发性肝癌177例,总有效率61.02%。其中临床治愈3例,显效31例,有效74例,无效69例〔中西医结合肿瘤杂志1988;(1):24〕。刘氏等用复方木鸡汤(木鸡、核桃树皮、山豆根、菟丝子等)综合治疗原发性肝癌50例,按不同类型、病期分别计算1、3、5年生存率。其中17例单纯型分别为41.1%、23.5%、11.7%。32例硬化型分别为28.1%、6.3%、2.1%。1例炎性型为0.7例Ⅰ期分别为100%、57.1%、28.5%,34例Ⅱ期分别为26.4%、5.9%、2.9%,9例Ⅲ期为0。说明疗效与肝癌的型、期密切相关,治疗早则疗效好。肝癌出现腹水,表示进入晚期,预后极差,约90%患者的生存期少于2个月〔中西医结合肿瘤杂志1988;(1):51〕。对于肝癌疼痛的治疗,刘氏以蟾酥膏(蟾酥、生川乌、七叶一枝花、红花、莪术、冰片等)治疗332例癌性疼痛,其中肝癌46例,有效率达92.65%。段氏用延胡索、川楝子、郁金、细辛、花椒、徐长卿等内服,并加用外敷药(雄黄、白矾、青黛、乳香、没药、冰片、猪胆汁、陈醋)常可收到良好止痛效果〔中医杂志1988;(3):30〕。钱氏对单纯用中医辨证论治病例和化疗合中药对症治疗病例作了前瞻性的随机分组对比(各22例),发现其1年生存率辨证组为13.6%,而对照组仅4.5%,同时观察患者免疫功能及AFP的动态变化,辨证组均优于对照组,提示中医辨证论治具有一定优越性〔中医杂志1983;(2):24〕。于氏认为放疗前,若有谷丙转氨酶增高或黄疸,则以清热解毒药为宜,若体质差、消瘦则以健脾药为佳;放疗中,应以健脾、理气、消导药为主;放疗后,应继续服用健脾理气药并适当加用软坚散结之品〔实用肿瘤杂志1988;(1):5〕。张氏在分析了化、放疗中常见的毒副反应后,指出放疗多见热毒伤阴之证,治法应以清热解毒、生津润燥、凉补气血、健脾益肾、滋养肝肾为主;而化疗则多见气血亏损、脾胃失调、肝肾受损之证,治法宜补气养血、健脾和胃、滋补肝肾为主〔中西医结合杂志1988;(2):14〕。

- **实验研究**

1. 肝癌健脾理气治则的研究　吕氏等研究健脾理气药对荷肝癌腹水瘤小鼠自然杀伤细胞(NK细胞)活性的影响,采用脾虚模型小鼠,其中NK细胞活性降低,荷瘤小鼠用健脾理气药治疗可恢复NK细胞活性至正常范围,但用活血化瘀药及清热解毒药则无此作用;用一定量环磷酰胺,NK细胞活性更加降低,但加用健脾理气药有一定调节作用;若荷瘤小鼠先予健脾理气药再给环磷酰胺,可使NK细胞活性恢复良好,瘤体缩小明显。提示肿瘤辨证论治重要性,健脾理气药有可能作为NK细胞增强剂〔中西医结合防治肿瘤1987;(2):97〕。

2. 肝癌清热解毒治则的研究　吕氏等用复方龙葵注射液(龙葵、蛇毒、白英、当归、丹参、郁金的提取成分)连续作用于小鼠肝癌(H_{22})腹水型癌细胞,对其增殖有明显阻抑作用,抑制率87.35%,$P<0.01$,具有非常显著的高效抗癌作用。其作用机理可能是通过抑制癌细胞膜表面上的磷酸二酯酶和Na^+-K^+-ATP酶活性,使其明显下降,膜表面上的微绒毛明显消退,以提高细胞内cAMP水平,调控细胞的增殖和分化〔中西医结合防治肿瘤1987;(2):41〕。

3. 肝癌扶正祛邪治则的研究　丘氏用健脾理气、清热解毒、软坚化痰基本方(太子参或党参、孩儿参、炒白术、茯苓、丹参、银花、岩柏、马兰根、生牡蛎、夏枯草、鳖甲、炙山甲、玫瑰花、绿萼梅、天龙、地龙、八月札、生南星)治疗123例晚期肝癌,1年生存率32.5%。实验结果提示如下:①对人肝癌细胞(7402)的杀伤能力观察:以全方作用最强,其中以岩柏、马兰根等清热解毒类药物为强,而健脾类药物白术等仅有较弱作用。②反突变作用观察:发现白术、牡蛎、穿山甲、生南星、绿萼梅等具有反突变作用。③反启动作用观察:发现白术、茯苓等具有反启动作用。④对肿瘤转移的影响:发现白术能抑制Lewis瘤肺转移,存在着选择性杀伤负责转移细胞亚群的可能。⑤在二乙基亚硝胺致肝癌过程中的作用观察:发现全方能发挥阻断作用〔中西医结合杂志1987;(5):27〕。

第六章　肾膀胱病证

肾膀胱病证是指在外感或内伤等因素影响下，造成肾与膀胱功能失调和病理变化的一类病证。涉及肾膀胱的病证较为复杂，本章仅就病位主要在肾和膀胱的水肿、淋证、癃闭、关格、遗精、阳痿等展开讨论，病位主要反映在其他脏腑的，则分别在有关章节或其他学科中论述。

【主要证候及特征】

肾为先天之本，藏真阴而寓真阳，只宜固藏，不宜泄露，所以肾病的证候特征以虚为主，常见的证候有肾气不固、肾阳虚衰、肾阴亏虚，但在虚的基础上又可形成标实，从而表现为阳虚水泛和阴虚火旺。膀胱与肾相通，所以膀胱病变每与肾的气化失常密切相关，若膀胱气化失司，可致尿量、尿次和排尿的改变，膀胱的证候有虚有实，实证多由于湿热，虚证常见寒象。临床以膀胱湿热证较多。兹将肾膀胱病证的基本证候分述如下。

• 肾气不固

1. 主要脉症　男子滑精早泄，女子带下清稀，尿频或遗溺，或尿后余沥，面色苍白，听力减退，腰膝酸软，舌淡，苔薄白，脉细弱。

2. 证候特征　本证以精关不固和膀胱失约的见症为主，此外，尚有一般肾虚的见症。

本证与肾不纳气证的鉴别是：此为肾的固摄功能减退而表现为滑精、遗溺等症；彼乃肾的纳气功能减退而表现为喘促、呼多吸少之症。

• 肾阳虚衰

1. 主要脉症　形寒肢冷，腰膝酸冷，男子阳痿，面色㿠白，精神萎靡，疲软无力，脉沉细无力，舌淡苔白。

2. 证候特征　本证除有肾虚气的证候外，尚有形寒肢冷的症状。

本证与肾气不固证的鉴别是：肾气不固证寒象多不显著，且有膀胱失约或精关不固的见症。

• 阳虚水泛

1. 主要脉症　周身浮肿，下肢尤甚，按之如泥，脘腹胀满，腰酸尿少，形寒肢冷，舌淡胖，苔白滑，脉沉细或沉弦。

2. 证候特征　本证兼有肾阳虚衰的证候和全身浮肿的症状。

本证与肾阳虚衰证之鉴别在于本证更兼水邪泛滥而以全身浮肿为主要表现。本证与脾虚水肿不同，本证除肾虚症状外，尚有阳虚寒盛之象。

• 阴虚火旺

1. 主要脉症　潮热盗汗，颧红唇赤，眩晕耳鸣，腰酸遗精，少寐多梦，阳强易举，口咽干痛，大便秘结，舌红苔少，脉细数。

2. 证候特征　本证兼有肾亏和阴虚内热之见症。

本证与肾阴亏虚证的区别在于本证虚热之象较为显著。

膀胱湿热

1. 主要脉症　尿频、尿急、尿短赤涩痛、小腹胀满，或兼有发热腰痛，或有尿血，或尿中有砂石，或尿浊如膏，苔黄腻，脉滑数。

2. 证候特征　本证为里证、实热证，凡具备下列之一者即可认为属于本证：①尿频、尿急、尿痛；②尿血，舌红苔黄腻，脉滑数；③尿有沙石，舌红，苔黄腻；④尿浊如膏，舌红，苔黄腻。

本证与膀胱失约证有虚实之异，彼则小便淋漓不约、尿清、舌淡苔白，本证小便滴沥而有涩痛、尿赤。

【病机述要】

肾藏精，主水液。若肾精失于闭藏，或精气不充，可导致生殖机能不良，而出现阳痿遗泄等病；若肾中精气的蒸腾气化失常，可导致水液运化障碍，而出现水肿、癃闭等病。兹将肾膀胱病证的基本病机阐述如下：

1. 肾气不固　或由年老肾气衰弱，或由年幼肾气不充，或因久病、劳损伤肾，以致肾气亏虚，封藏固摄之权减弱，精关不固或膀胱失约，症见滑精早泄，或尿频遗溺。

2. 肾阳虚衰　多因素体阳虚，或久病伤及肾阳，或年老肾阳渐衰，或房劳过度，斫伐肾阳，肾阳虚衰，则温煦失职，气化无权，因而发生畏寒肢冷、性机能衰弱以及水邪泛滥等病证。

3. 阳虚水泛　或因外邪深入，损伤肾阳，或因久病内伤，肾阳衰惫，或因水湿痰饮伤及肾阳，肾阳虚衰，不能温化水液，致水邪泛滥，外溢肌肤。

4. 阴虚火旺　欲念妄动，房室不节，致肾阴亏耗，阴虚不能制阳，虚火内动，或热病后期，耗伤肾阴，阴虚生内热，水亏则火浮，故见潮热盗汗、颧红唇赤、阳强易举、口燥咽干等症。

5. 膀胱湿热　多由外感湿热之邪，蕴结膀胱，或饮食不节，湿热内生，下注膀胱所致。湿热内蕴，膀胱气化失司，或因热蓄膀胱，煎液成石，阻碍气化，则小溲滴沥不畅。热盛则尿赤，湿盛则尿浊，湿热伤及阴络则尿血。

【治疗要点】

1. 肾病多虚，宜"培其不足，不可伐其有余"。肾阴亏虚，宜滋养肾阴；肾阳虚衰，宜温补肾阳，但根据阴阳互根的原理，在滋补肾阴的同时，应适当配伍补阳之品，所谓"善补阴者，必于阳中求阴，则阴得阳升而泉源不竭"；在温补肾阳的同时，又应适当配伍补阴药物，所谓"善补阳者，必于阴中求阳，则阳得阴助而生化无穷"。

2. 肾虚之证，一般分阴虚、阳虚两类。阳虚之变，为寒证；阴虚之变，为热证。阴虚者忌辛燥，忌过于苦寒，宜甘润益肾之剂，使虚火降而阴自复，所谓"壮水之主，以制阳光"；阳虚者忌凉润，忌辛散，宜甘温助阳之品，使沉寒散而阳能旺，所谓"益火之源，以消阴翳"。至于阴阳俱虚，精气两伤，则当阴阳并补。

3. 肾阴亏虚，阴不制阳，往往导致相火偏亢，此为阴虚生内热之变，治法以滋阴为主，参以清泄相火；肾阳虚衰，在温肾补火的原则下，必须佐以填精益髓之血肉有情之品，资其生化之源。

4. 肾与膀胱互为表里，膀胱虚寒证候，多与肾阳不足、气化失司有关，当以温肾化气为法；肾气不固，宜固摄肾气；阳虚水泛，宜温阳化水。膀胱湿热蕴结，日久多损伤及肾，而肾虚之人，气化失职，又易导致膀胱湿热逗留，两者互为因果，互相影响，当分别缓急主次而治之。

5. 肾与其他脏腑的关系非常密切，如肾阴亏虚，可导致水不涵木，肝阳上亢，治当育阴潜阳；或肺虚及肾，肾不纳气，喘促气短，治当补肺温肾纳气；或水不上承，心火偏旺，心肾不交，治宜清心滋肾，引火归元；或肾阳虚衰，火不煖土，脾阳衰弱，治宜温补脾肾。临证之际，应从整体出发，在治肾的同时，参治它脏。

第一节 水 肿

水肿是指因感受外邪、饮食失调或劳倦过度，使肺失通调、脾失转输、肾失开合、膀胱气化不利，导致体内水液潴留，泛滥肌肤，表现以头面、眼睑、四肢、腹背，甚至全身浮肿为特征的一类病证。

本病在《内经》中称为"水"，并根据不同症状分为风水、石水、涌水。《金匮要略》称为水气，按病因、脉证分为风水、皮水、正水、石水、黄汗五类。又根据五脏证候分为心水、肺水、肝水、脾水、肾水。直至元代朱丹溪在《丹溪心法·水肿》篇，才将水肿分为阴水和阳水两大类，指出："若遍身肿，烦渴，小便赤涩，大便闭，此属阳水"；"若遍身肿，不烦渴，大便溏，小便少，不赤涩，此属阴水"。这一分类方法至今对指导临床辨证仍有重要意义。

本篇所论之水肿，与西医学的急、慢性肾小球肾炎，肾病综合征，充血性心力衰竭，内分泌失调，以及营养障碍等疾病所出现的水肿较为相近，就其发病率而言，在内科病证中，较为常见。

【证候特征】

水肿初起多从眼睑开始，继则延及头面、四肢以及全身，也可先从下肢开始，然后及于全身。如病势严重，可伴有胸腹水而见腹部膨胀、胸闷心悸、气喘不能平卧等症。

若起病急骤，从面目先肿，肿势以腰以上较甚，肤色光亮而薄，按之凹陷易于恢复，是为阳水；若起病缓慢，从下肢先肿，肿势以腰以下为甚，肤色萎黄或晦黯，按之恢复较慢，是为阴水。

【病因病机】

1. 风邪外袭，肺失通调 风邪外袭，内舍于肺，肺失宣降，水道不通，以致风遏水阻，风水相搏，流溢肌肤，发为水肿。

2. 湿毒浸淫，内归脾肺 因肌肤痈疡疮毒未能清解消透，疮毒内归脾肺，导致水液代谢受阻，溢于肌肤，而成水肿。

3. 水湿浸渍，脾气受困 久居湿地，或冒雨涉水，水湿之气内侵，或平素饮食不节，过食生冷，均可使脾为湿困，而失其健运之职，致水湿停聚不行，泛于肌肤，而成水肿。

4. 湿热内盛，三焦壅滞 湿热久羁，或湿郁化热，中焦脾胃失其升清降浊之能，三焦为之壅滞，水道不通，而成水肿。

5. 饮食劳倦，伤及脾胃 饮食不节，或劳倦过甚，脾气受损，运化失司，水湿停聚不行，泛溢肌肤，而成水肿。

6. **房劳过度，内伤肾元** 生育不节，房劳过度，肾精亏耗，肾气内伐，不能化气行水，遂使膀胱气化失常，开阖不利，水液内停，形成水肿。

上述各种病因，有单一原因发病者，亦有兼杂而致病者，从而使病情趋于复杂。

水液的正常运行，依赖气的推动。水肿的发生，主要是全身气化功能障碍的表现。就脏腑而言，人体水液的运化，主要与肺、脾、肾有关，但与肾的关系更为密切。在发病机理上，肺、脾、肾三脏是相互联系，相互影响的。在肺与肾的关系上是母子相传，若肾虚水泛，上逆于肺，则肺气不降，失其通调水道的功能，促使肾气更虚而加重水肿；反之，肺受邪而传入肾时，亦能引起同样的结果。在脾与肾的关系上是相制相助，若脾虚不能制水，水湿壅盛，必损其阳，故脾虚的进一步发展，必然导致肾阳亦衰；反之，如果肾阳衰微，不能温养脾土，脾肾俱虚，亦可使水肿更加严重。因此，肺脾肾三脏与水肿之发病，是以肾为本，以肺为标，而以脾为制水之脏，诚如《景岳全书·肿胀》指出："凡水肿等证，乃肺脾肾三脏相干之病，盖水为至阴，故其本在肾；水化于气，故其标在肺；水唯畏土，故其制在脾。今肺虚则气不化精而化水，脾虚则土不制水而反克，肾虚则水无所主而妄行。"

此外，瘀血阻滞、三焦水道不利，往往可使水肿顽固难愈。

【诊　断】

1. 水肿先从眼睑或下肢开始，继及四肢和全身。轻者仅眼睑或足胫浮肿，重者全身皆肿，甚则腹大胀满，气喘不能平卧。更严重者可见尿闭、恶心呕吐、口有秽味、鼻衄牙宣，甚则头痛、抽搐、神昏、谵语等危象。

2. 可有乳蛾、心悸、疮毒、紫癜以及久病体虚病史。

3. 应作尿常规、24小时尿蛋白定量、血常规、血沉、血浆白蛋白、血尿素氮、肌酐、体液免疫以及心电图、心功能测定、肾B超等实验室检查，以助明确诊断。

【鉴别诊断】

本病须与鼓胀相鉴别，鼓胀的主症是单腹胀大，面色苍黄，腹壁青筋暴露，四肢多不肿，反见瘦削，后期或可伴见轻度肢体浮肿。而水肿则以头面或下肢先肿，继及全身，面色㿠白，腹壁亦无青筋暴露。鼓胀是由于肝、脾、肾功能失调，导致气滞、血瘀、水聚腹中。水肿乃肺、脾、肾三脏相干为病，而导致水液泛溢肌肤。

【辨证论治】

辨证要点

1. **辨阳水和阴水**　阳水：多因风邪外袭，水湿浸渍导致肺不宣降，脾不健运而成。发病较急，每成于数日之间，肿多由上而下，继及全身，肿处皮肤绷急光亮、按之凹陷即起，兼见烦热、口渴、小便赤涩、大便秘结等表热、实证，一般病程较短。

阴水：多因脾肾亏虚，气化不利所致。病多逐渐发生，日积月累或由阳水转化而来。肿多由下而上，继及全身，肿处皮肤松弛、按之凹陷不易恢复、甚则按之如泥，兼见不烦渴、小便少但不赤涩、大便溏薄、神疲气怯等里、虚、寒证，病程较长。

阴水与阳水虽有区别，但在一定程度上又可相互转化。如阳水久延不退，正气日渐耗伤，水邪日盛，可转为阴水；若阴水复感外邪，水肿剧增，也可急则治其标，先按阳水论治。

2. 辨外感和内伤　外感常有恶寒、发热、头疼、身痛、脉浮等表证，病程短，起病急，以邪实为主；内伤多由于内脏亏虚，正气不足，或反复感邪，失治或误治，损伤正气所致。水肿的同时多伴有气虚、阳虚甚或有阴伤见症，病程长，迁延反复，虚中夹实，以本虚为主。

治疗原则

水肿的治疗，《素问·汤液醪醴论》提出"开鬼门"、"洁净府"、"去菀陈莝"三条基本原则，对后世影响深远，一直延用至今。现临床常用的方法，一是上下异治，上半身肿甚，以发汗为主；下半身肿甚者，须利小便为主。二是阴阳分治，阳水表现为表、热、实证，可发汗、利小便或攻逐，以祛邪为主；阴水表现为里、虚、寒证，治以健脾、温肾，以扶正为主。

此外，如常规治法疗效不显著，或有瘀血征象者，可结合应用活血化瘀法。

分证论治

阳水

· 风水泛滥

症状：眼睑浮肿，继则四肢及全身皆肿，来势迅速，多有恶寒、发热、肢节酸楚、小便不利等症。偏于风热者，伴咽喉红肿疼痛，舌质红，脉浮滑数。偏于风寒者，兼恶寒、咳喘，舌苔薄白，脉浮滑或浮紧，如水肿较甚，亦可见沉脉。

治法：疏风清热，宣肺行水。

方药：越婢加术汤。

方中麻黄宣散肺气，发汗解表，以去其在表之水气；生石膏解肌清热；白术、甘草、生姜、大枣健脾化湿，有崇土制水之意。可酌加浮萍、茯苓、泽泻，以助宣肺利水消肿。若属风热偏盛，可加连翘、桔梗、板蓝根、鲜茅根，以清热利咽，解毒散结；若风寒偏盛，去石膏加苏叶、桂枝、防风，以助麻黄辛温解表之力；若咳喘较甚，可加杏仁、前胡，以降气定喘；若见汗出恶风，卫阳已虚，则用防己黄芪汤加减，以助卫行水；若表证渐解，身重而水肿不退者，可按水湿浸渍论治。

· 湿毒浸淫

症状：眼睑浮肿，延及全身，小便不利，身发疮痍，甚则溃烂，恶风发热，舌质红，苔薄黄，脉浮数或滑数。

治法：宣肺解毒，利湿消肿。

方药：麻黄连翘赤小豆汤合五味消毒饮。

前方中麻黄、杏仁、桑白皮等宣肺行水，连翘清热散结，赤小豆利水消肿；后方以银花、野菊花、蒲公英、紫花地丁、紫背天葵加强清解湿毒之力。

若脓毒甚者，当重用蒲公英、紫花地丁；若湿盛而糜烂者，加苦参、土茯苓；若风盛而瘙痒者，加白鲜皮、地肤子；若血热而红肿，加丹皮、赤芍；若大便不通，加大黄、芒硝。

· 水湿浸渍

症状：全身水肿，按之没指，小便短少，身体困重，胸闷，纳呆，泛恶，苔白腻，脉沉缓，起病缓慢，病程较长。

治法：健脾化湿，通阳利水。

方药：五皮饮合胃苓汤。

前方以桑白皮、陈皮、大腹皮、茯苓皮、生姜皮化湿行水；后方以白术、茯苓健脾化湿，苍术、厚朴燥湿健脾，猪苓、泽泻利尿消肿，肉桂温阳化气行水。若肿甚而喘，可加麻黄、杏仁、葶苈子宣肺泻水而平喘。

•湿热壅盛

症状：遍体浮肿，皮肤绷急光亮，胸脘痞闷，烦热口渴，小便短赤，或大便干结，舌红苔黄腻，脉沉数或濡数。

治法：分利湿热。

方药：疏凿饮子。

方中羌活、秦艽疏风解表，使在表之水从汗而疏解；大腹皮、茯苓皮、生姜皮协同羌活、秦艽以去肌肤之水；泽泻、木通、椒目、赤小豆，协同商陆、槟榔通利二便，使在里之水邪从下而夺。疏表有利于通里，通里有助于疏表，如此上下表里分消走泄，使湿热之邪得以清利，则肿势自消。若腹满不减，大便不通者，可合己椒苈黄丸，以助攻泻之力，使水从大便而泄；若症见尿痛、尿血，乃湿热之邪下注膀胱，伤及血络，可酌加凉血止血之品，如大小蓟、白茅根等；若肿势严重，兼见气粗喘满，倚息不得卧，脉弦有力者，转用葶苈大枣泻肺汤合五苓散加杏仁、防己、木通，以泻肺行水，上下分消；若湿热久羁，化燥伤阴，症见口燥咽干，大便干结，可用猪苓汤以滋阴利水。

至于攻逐，原为治疗阳水的一种方法，即《内经》"去菀陈莝"之意。但只宜于病初体实肿甚、正气尚旺而已确有当下之脉证，症见全身高度浮肿、气喘、心悸、腹水、小便不利、脉沉而有力，应抓紧时机，急则治其标用攻逐以"直夺其水势"，使水邪速从大小便而去，可用十枣汤。俟水退后，再议调补，以善其后。

阴水

•脾阳虚衰

症状：身肿，腰以下为甚，按之凹陷不易恢复，脘腹胀闷，纳减便溏，面色不华，神倦肢冷，小便短少，舌质淡，苔白腻或白滑，脉沉缓或沉弱。

治法：温运脾阳，以利水湿。

方药：实脾饮。

方中干姜、附子、草果仁温阳散寒，白术、茯苓、炙甘草、生姜、大枣健脾补气，大腹皮、茯苓、木瓜利水去湿，木香、厚朴、大腹皮理气行水。若症见气短声弱，气虚甚者，可加人参、黄芪以健脾益气；若小便短少，可加桂枝、泽泻，以助膀胱气化而行水。

尚有一种浮肿，由于长期饮食失调，脾胃虚弱，精微不化，而见面色萎黄，遍体轻度浮肿，晨起头面较甚，动久下肢肿胀，能食而倦怠无力，大便如常或溏，小便反多，舌苔薄腻，脉软弱。此与上述脾阳不振、水溢莫制有所不同，乃由脾气虚弱、气失舒展所致，治宜益气健脾、行气运湿，可用参苓白术散加减。兼阳虚者，或加桂枝、黄芪益气通阳；或加补骨脂、附子温肾助阳，以加强气化。并应适当注意营养，可用黄豆、花生佐餐，作为辅助治疗，多可调治而愈。

•肾阳衰微

症状：面浮身肿，腰以下尤甚，按之凹陷不起，心悸，气促，腰部酸重，尿量减少，四肢厥冷，怯寒神疲，面色㿠白或灰滞，舌质淡胖，苔白，脉沉细或沉迟无力。

治法：温肾助阳，化气行水。

方药：济生肾气丸合真武汤。

肾为水火之脏，根据阴阳互根原理，善补阳者，必以阴中求阳，则生化无穷，故用六味地黄丸以滋补肾阴；用附子、肉桂温补肾阳，两药配合，则补水中之火，温肾中之阳气；用白术、茯苓、泽泻、车前子通利小便；生姜温散水寒之气；白术调和营阴；牛膝引药下行，直趋下焦，强壮腰膝。

若心悸、唇绀、脉虚或结或代，乃水邪上逆，心阳被遏，瘀血内阻，宜重用附子，再加桂枝、炙甘草、丹参以温阳化瘀；若见喘促、汗出、脉虚浮而数，是水邪凌肺，肾不纳气，宜重用人参、蛤蚧、五味子、山萸肉、牡蛎、龙骨，以防喘脱之变。

本证缠绵不愈，正气日衰，复感外邪，症见发热恶寒，肿势增剧，小便短少，此时可按风水论治，但应顾及正气虚衰一面，不可过用表药，以越婢汤为主，酌加党参、菟丝子等补气温肾之药，扶正与祛邪并用。

若病至后期，因肾阳久衰，阳损及阴，可导致肾阴亏虚，症见水肿反复发作，精神疲惫，腰酸遗精，口燥咽干，五心烦热，舌红，脉细数等，治宜滋补肾阴为主，兼利水湿，但滋阴不宜过于凉腻，以防匡助水邪，伤害阳气，可用左归丸加泽泻、茯苓等。

若肾阴久亏，水不涵木，肝肾阴虚，肝阳上亢，上盛下虚，症见面色潮红，头晕头痛，心悸失眠，腰酸遗精，步履飘浮无力，或肢体微颤等，治当育阴潜阳，用左归丸加介类重镇潜阳之品，如珍珠母、龙骨、牡蛎、鳖甲等。

脾阳虚衰证与肾阳衰微证往往同时出现，而表现为脾肾阳虚，水湿泛滥，因此健脾与温肾两法常同时并进，但需区别脾肾的轻重主次，施治当有所侧重。

水肿日久，瘀血阻滞，其治疗常配合活血化瘀法，取血行水亦行之意，如《医门法律·胀病诸方》中指出用当归、大黄、桂心、赤芍等药。近代临床上常用益母草、泽兰、桃仁、红花等。实践证明可加强利尿效果。

【转归预后】

凡水肿初起不久，或由于营养障碍引起的浮肿，只要及时治疗，合理调养，预后一般较好。若病程较长，反复发作，正虚邪恋，则缠绵难愈。若肿势较甚，症见唇黑、缺盆平、脐突、足下平、背平或见心悸、唇绀、气急喘促不能平卧，甚至尿闭、下血，均属病情危重。如久病正气衰竭，浊邪上泛，肝风内动，预后多不良，每易出现脱证，应密切观察病情变化，及时处理。

【预防与调摄】

水肿初期，应吃无盐饮食，待肿势渐退后，逐步改为低盐，最后恢复普通饮食。忌食辛辣、烟酒等刺激性物品。若因营养障碍致肿者，不必过于强调忌盐。此外，尚须注意摄生，起居有时，预防感冒，不宜过度疲劳，尤应节制房室，以防斫伤真元。

【结　语】

水肿一证，外感内伤均可引起，但病理变化主要在肺脾肾三脏，其中以肾为本。临床辨证以阴阳为纲，同时须注意阴阳、寒热、虚实之间的错杂和转化。治疗方法有发汗、利尿、攻逐、健脾、温肾、降浊、化瘀等。阳水以发汗、利小便为主。阴水以温化为主，应注意阴水迁延，不易速愈。治疗上，不能冀求速效而滥用攻逐之品，忌见水治水，而过用利水诸法。对挟有标实者，要标本兼顾。水肿退后，还要谨守病机以图本，健脾补肾以资巩固，从而杜绝复发之萌。

【文献摘要】

《素问·汤液醪醴论》："平治于权衡，去菀陈莝，微动四极，温衣，缪刺其处，以复其形，开鬼门，洁净府。

精以时服,五阳已布,疏涤五脏,故精自生,形自盛,骨肉相保,巨气乃平。"

《素问·水热穴论》:"勇而劳甚则肾汗出,肾汗出逢于风,内不得入于藏府,外不得越于皮肤,客于玄府,行于皮里,传为胕肿,本之于肾,名曰风水。"

《金匮要略》:"风水,其脉自浮,外证骨节疼痛恶风。皮水,其脉亦浮,外证胕肿,按之没指,不恶风,其腹如鼓,不渴,当发其汗。正水,其脉沉迟,外证自喘。石水,其脉自沉,外证腹满不喘。"

《丹溪心法·水肿》:"水肿因脾虚不能制水,水渍妄行,当以参术补脾,使脾气得实,则自健运,自能升降运动其枢机,则水自行。"

《景岳全书·肿胀》:"温补即所以化气,气化而痊愈者,愈出自然;消伐所以逐邪,逐邪而暂愈者,愈出勉强。此其一为真愈,一为假愈,亦岂有假愈而果愈者哉!"

《医门法律·水肿》:"经谓之二阳结谓之消,三阴结谓之水。……三阴者,手足太阴脾肺二脏也。胃为水谷之海,水病莫不本之于胃,经乃以属之脾肺者,何耶?使足太阴脾,足以转输水精于上,手太阴肺足以通调水道于下,海不扬波矣。惟脾肺二脏之气,结而不行,后乃胃中之水曰畜,浸灌表里,无所不到也;是则脾肺之权,可不伸耶。然其权尤重于肾,肾者,胃之关也,肾司开阖,肾气从阳则开,阳太盛则关门大开,水直下而为消,肾气从阴则阖,阴太盛则关门常阖,水不通为肿。经又以肾本肺标,相输俱受为言,然则水病,以脾肺肾为三纲矣。"

【研究进展】

有关水肿的研究,主要包括肾性水肿和心原性水肿两方面。

· 原发性肾小球疾病

原发性肾小球疾病的中医药治疗,已由50年代的单纯温补脾肾发展到近年的温补、滋阴、清热、解毒、利湿、活血等多种治法,其中对清热、利湿、解毒、活血等治法的研究,取得了较大的进展。

上海用清热解毒利湿法治疗肾小球疾病效果良好,常用的药物有蛇舌草、蒲公英、荠菜花、茅根、竹节草等,其完全缓解率,在加用清热解毒利湿药后,由66.7%提高到83.3%,与单纯激素组和单纯中药组比较,有效率显著提高。应用激素后往往出现柯兴氏综合征,中医辨证为湿热型,应用清热药,其疗效较用温补药为高,清热和温补两组间有显著差异($P<0.05$),并认为对蛋白尿阴转的效果,清热药优于温阳利水药;而对利尿消肿,则温阳利水药优于清热药〔新医药学杂志1978;(3):22〕。任氏从瘀论治顽固性肾病水肿30例,药用生地、蛇莓、益母草各30g,当归、桃仁、红花各10g,总有效率86.7%〔浙江中医学院学报1992;(3):26〕。钟氏认为慢性肾小球肾炎病机为脾肾不足、湿热内阻、气滞血瘀,创立益气补肾活血汤,随症加减治疗浮肿48例,结果完全消退40例,好转5例,总有效率93.75%。该方对消除蛋白尿、改善造血功能、血压及免疫功能均有较好的作用〔中医杂志1993;(10):610〕。此外,近年在分期分型论治肾小球肾炎方面,疗效显著。叶氏以中医药治疗急性肾小球肾炎420例,按病程分为邪盛期和恢复期两个阶段。邪盛分风热与湿热、风寒与寒湿证,以祛邪为主;恢复期分阳虚、气虚两型,治疗以清化余邪而扶正为法。结果临床痊愈率83.1%,好转率16.9%。远期随访310例绝大多数情况良好〔上海中医杂志1993;(7):12〕。窦氏对406例原发性肾小球疾病,采用中医分组(①辨证论治组:经方组、时方组;②单方验方组;③成药组)与西医分型相结合进行治疗,临床总治愈率为42.12%〔上海中医药杂志1992;(6):6〕。

· 心原性水肿

对心原性水肿,应用中医药治疗较多的当推肺心病和风心病伴充血性心力衰竭的水肿。其治法主要为活血化瘀、强心利尿。

1. 活血化瘀　临床实践证明,心力衰竭均有瘀血存在,若不予以解决,往往不利于心力衰竭的控制。有报道认为风心病,先是由风寒湿邪侵袭肌表,继而入里损害心脉,出现心气虚、心血虚,使全身气血运行不畅所致。气滞血瘀为本病发生心瓣膜疾病后的主要病机。治以活血化瘀为主,药用当归、川芎、桃仁、赤芍、丹参之类,佐以理气药如香附、郁金等,辅以养心安神药如炒枣仁、五味子等;对充血性心衰Ⅱ度或Ⅱ级以上者加用万年青。在治疗的41例风心病中,充血性心衰共36例,经治疗后症状体征均显著改善〔上海中医药杂志1963;(12):11〕。裴氏用真武汤加活血化瘀药治疗风心病、肺心病所致的充血性心力衰竭共15例,结果总有效率80%〔中医杂志1980;(3):30〕。蒋氏认为老年心衰,位在心,关乎肾,病理因素为瘀血,病机为阳虚气弱、水停瘀留,单用西药效差,临床用益肾活血汤为主配合小剂量西药治疗72例,显效率69.4%,认为中西医结合控制老年心衰起效快,副作用少〔中医杂志1993;(2):95〕。

2. **强心利尿** 强心利尿是治疗心原性水肿的主要措施。近年来发掘单味强心利尿的中草药有福寿草、万年青等。天津报道用福寿草总甙治疗各种心脏病所致心力衰竭103例,大部分心功能为Ⅲ~Ⅳ级。注射液一般适用于急重心衰,片剂用于慢性心衰,并有治疗量、维持量之不同。经治疗有效率达89.4%〔中草药通讯1976;(11):35〕。沈氏用大剂量万附葶方〔万年青15~30g,附子15~40g(先煎),葶苈子30~45g〕治疗充血性心衰60例,以强心补肾、泻肺利水为大法,有效率为88.93%〔浙江中医杂志1990;(5):195〕。张氏用强心汤治疗慢性充血性心衰50例,药用人参(另煎)、附子(先煎)各6g,黄芪30g,丹参、葶苈子各15g,桂枝、枳壳、泽泻等各12g,总有效率达94.0%〔浙江中医杂志1992;(9):387〕。

第二节 淋 证

淋证是因肾、膀胱气化失司、水道不利而致的以小便频急、淋沥不尽、尿道涩痛、小腹拘急、痛引腰腹为主要临床表现的一类病证。

淋之名称,始于《内经》,《素问·六元正纪大论》称为"淋閟",《金匮要略·五脏风寒积聚病脉证并治》称"淋秘",《金匮要略·消渴小便利淋病脉证并治》对本病的症状作了描述:"淋之为病,小便如粟状,小腹弦急,痛引脐中。"说明淋证是以小便不爽、尿道刺痛为主症。淋证的分类,《中藏经》已有冷、热、气、劳、膏、砂、虚、实八种,为淋证临床分类的雏形。《诸病源候论》把淋证分为石、劳、气、血、膏、寒、热七种,而以"诸淋"统之。《备急千金要方》提出"五淋"之名,《外台秘要》具体指明五淋的内容:"集验论五淋者,石淋、气淋、膏淋、劳淋、热淋也。"现代临床仍沿用五淋之名,但有以气淋、血淋、膏淋、石淋、劳淋为五淋者,亦有以热淋、石淋、血淋、膏淋、劳淋为五淋者。按临床实际,热淋、气淋均属常见,故本节分为热淋、气淋、血淋、膏淋、石淋、劳淋六种。

西医学的泌尿系感染、泌尿系结石、泌尿系肿瘤以及乳糜尿等,在临床表现为淋证者,可参考本节内容辨证论治。近年来各地应用中医理法,对西医某些泌尿系统疾病的治疗进行临床观察研究,发现中西医结合治疗尿路结石疗效显著,中医药治疗肾盂肾炎亦获得较为满意的疗效。

【证候特征】

小便频急,淋沥不尽,尿道涩痛,小腹拘急,痛引腰腹,为诸淋的证候特征,除此以外,各种淋证又有其不同的特殊表现,兹列述如下:

1. **热淋** 起病多急骤,或伴有发热,小便赤热,溲时灼痛。
2. **石淋** 以小便排出砂石为主症,或排尿时突然中断,尿道窘迫疼痛,或腰腹绞痛难忍。
3. **气淋** 小腹胀满较明显,小便艰涩疼痛,尿后余沥不尽。
4. **血淋** 溺血而痛。
5. **膏淋** 淋证而见小便浑浊如米泔水或滑腻如膏脂。
6. **劳淋** 久淋,小便淋沥不已,遇劳即发。

【病因病机】

1. **膀胱湿热** 多食辛热肥甘之品，或嗜酒太过，酿成湿热，下注膀胱；或下阴不洁，秽浊之邪侵入膀胱，酿成湿热，发而为淋。若小便灼热刺痛者为热淋；若湿热蕴积，尿液受其煎熬，日积月累，尿中杂质结为砂石，则为石淋；若湿热蕴结于下，以致气化不利，无以分清泌浊，脂液随小便而去，小便如脂如膏，则为膏淋；若热盛伤络，迫血妄行，小便涩痛有血，则为血淋。

2. **脾肾亏虚** 久淋不愈，湿热耗伤正气，或年老、久病体弱，以及劳累过度，房室不节，均可导致脾肾亏虚。脾虚则中气下陷，肾虚则下元不固，因而小便淋沥不已。如遇劳即发者，则为劳淋；中气不足，气虚下陷者，则为气淋；肾气亏虚，下元不固，不能制约脂液，脂液下泄，尿液浑浊，则为膏淋；肾阴亏虚，虚火扰络，尿中夹血，则为血淋。

3. **肝郁气滞** 恼怒伤肝，气滞不宣，气郁化火，或气火郁于下焦，影响膀胱的气化，则少腹作胀，小便艰涩而痛，余沥不尽，而发为气淋，此属气淋之实证；中气下陷所致气淋，是气淋的虚证。所以《医宗必读·淋证》指出："气淋有虚实之分。"

综上所述，可见淋证病在膀胱和肾，且与肝脾有关。其病机主要是湿热蕴结下焦，导致膀胱气化不利。《金匮要略·五脏风寒积聚病脉证并治》认为是"热在下焦"，《丹溪心法·淋》说"淋有五，皆属乎热"，其所论皆偏于热证、实证一面，而忽视了虚的方面。《景岳全书·淋浊》则在叙述"淋之初病，则无不由乎热剧"的同时，提出"淋久不止"有"中气下陷"及"命门不固"的转变。说明淋证初起多属湿热蕴结膀胱，若病延日久，热郁伤阴，湿遏阳气，或阴伤及气，则可导致脾肾两虚，膀胱气化无权，因而病证可由实转虚，虚实夹杂。

【诊　断】

1. 小便频急，淋沥涩痛，小腹拘急，腰部酸痛为各种淋证的主症，是诊断淋证的主要依据。根据各种淋证的不同临床特征，确定不同的淋证。
2. 病久或反复发作后，常伴有低热、腰痛、小腹坠胀、疲劳等症。
3. 多见于已婚女性，每因疲劳、情志变化、感受外邪而诱发。
4. 结合有关检查，如尿常规、尿细菌培养、X线腹部摄片、肾盂造影、B超、膀胱镜等，可明确诊断。

【鉴别诊断】

1. **癃闭** 癃闭以排尿困难，小便量少甚至点滴全无为特征，其小便量少，排尿困难与淋证相似。但淋证尿频而疼痛，且每日排尿总量多为正常；癃闭则无尿痛，每日排出尿量低于正常，严重时，小便闭塞，无尿排出。

2. **尿血** 血淋和尿血都有小便出血，尿色红赤，甚至溺出纯血等症状。其鉴别的要点是有无尿痛。尿血多无疼痛之感，虽亦间有轻微的胀痛或热痛，但终不若血淋的小便滴沥而疼痛难忍，故一般以痛者为血淋，不痛者为尿血。

3. **尿浊** 淋证的小便浑浊需与尿浊鉴别。尿浊虽然小便浑浊，白如泔浆，与膏淋相似，但排尿时无疼痛滞涩感，与淋证不同。

【辨证论治】

辨证要点

1. 辨明淋证类别 由于每种淋证都有不同的病机、临床表现以及相应的发展变化规律，所以辨别不同的淋证，就抓住了辨证的要领，有利于指导辨证，采取不同的治疗措施。以热淋为例，它是湿热蕴结膀胱所致，属于实证，应用清热通淋利尿之法，以祛其邪；而血淋的病机虽与热淋有相似之处，均属于下焦有热，但它是由于热盛灼伤血络，治疗除清热利尿外，还须参以凉血止血之品，且血淋尚有属于阴虚火旺、虚火扰动阴血所致者，故与热淋不同。

2. 审察证候虚实 在区别各种不同淋证的基础上，还需审察证候的虚实。一般说来，初起或在急性发作阶段属实，以膀胱湿热、沙石结聚、气滞不利为主；久病多虚，病在脾肾，以脾虚、肾虚、气阴两虚为主。同一淋证，由于受各种因素的影响，病机并非单纯划一，如同一气淋，既有实证，又有虚证，实证由于气滞不利，虚证缘于气虚下陷，一虚一实，迥然有别；又如同一血淋，由于湿热下注，热盛伤络者属实；由于阴虚火旺，扰动阴血者属虚；再如热淋经过治疗，有时湿热尚未去尽，又出现肾阴不足或气阴两伤等虚实并见的证候，石淋日久亦可伤及正气，阴血亏耗，而表现为气血俱虚的证候。

3. 注意标本缓急 因为各种淋证之间可以互相转化，也可以同时存在，所以辨证上就有一个标本缓急的问题。一般是按照正气为本，邪气为标；病因为本，证候为标；旧病为本，新病为标等标本关系，来进行分析判断。以劳淋转为热淋为例，从邪与正的关系看，劳淋正虚是本，热淋邪实为标；从病因与证候关系看，热淋的湿热蕴结膀胱为本，而热淋的证候为标，根据急则治标，缓则治本的原则，当以治热淋为急务，从而确立清热通淋利尿的治法，选用相应的方药，待湿热渐清，转以扶正为主。同样在石淋并发热淋时，如尿道无阻塞等紧急病情，仍应先治热淋，再治石淋；此外，若石淋不愈，则热淋仍有再发之可能，故治疗热淋以后，必须根治石淋。

治疗原则

实则清利，虚则补益，是治疗淋证的基本原则。实证以膀胱湿热为主者，治宜清热利湿；以热灼血络为主者，治宜凉血止血；以砂石结聚为主者，治宜通淋排石；以气滞不利为主者，治宜利气疏导。虚证以脾虚为主者，治宜健脾益气；以肾虚为主者，治宜补虚益肾。所以徐灵胎评《临证指南医案·淋浊》指出："治淋之法，有通有塞，要当分别。有瘀血积塞住溺管者，宜先通，无瘀积而虚滑者，宜峻补。"

淋证的治法，古有忌汗、忌补之说，如《金匮要略》说："淋家不可发汗"，《丹溪心法·淋》说："最不可用补气之药，气得补而愈胀，血得补而愈涩，热得补而愈盛"。验之临床实际，未必都是如此。淋证往往有畏寒发热，此并非外邪袭表，而是湿热熏蒸，邪正相搏所致，发汗解表，自非所宜。因淋证多属膀胱有热，阴液常感不足，而辛散发表，用之不当，不仅不能退热，反而有劫伤营阴之弊。若淋证确由外感诱发，或淋家新感外邪，症见恶寒、发热、鼻塞流涕、咳嗽、咽痛者，仍可适当配合运用辛凉解表发汗之剂。因淋证为膀胱有热、阴液不足，即使感受寒邪，亦容易化热，故避免辛温之品。至于淋证忌补之说，是指实热之证而言，诸如脾虚中气下陷、肾虚下元不固，自当运用健脾益气、补肾固涩等法治之，不必有所禁忌。

分证论治

·热淋

症状：小便短数，灼热刺痛，溺色黄赤，少腹拘急胀痛，或有寒热，口苦，呕恶，或有腰痛拒按，或有大便秘结，苔黄腻，脉滑数。

治法：清热利湿通淋。

方药：八正散。

本方的功效是清热泻火，利水通淋。其中木通、车前子、萹蓄、瞿麦、滑石通淋利湿，大黄、山栀、甘草梢清热泻火。若大便秘结，腹胀者，可重用生大黄，并加枳实以通腑泄热；若伴见寒热、口苦、呕恶者，可合用小柴胡汤以和解少阳；若湿热伤阴者，去大黄，加生地、知母、白茅根以养阴清热；若热毒弥漫三焦，入营入血，又当急则治标，用黄连解毒汤合五味消毒饮，以清热泻火解毒。

·石淋

症状：尿中时夹砂石，小便艰涩，或排尿时突然中断，尿道窘迫疼痛，少腹拘急，或腰腹绞痛难忍，尿中带血，舌红，苔薄黄，脉弦或带数。若痛久砂石不去，可伴见面色少华，精神萎顿，少气乏力，舌淡边有齿印，脉细而弱；或腰腹隐痛，手足心热，舌红少苔，脉细带数。

治法：清热利湿，通淋排石。

方药：石韦散。

方中石韦、冬葵子、瞿麦、滑石、车前子大部分是利水通淋药物，其清热作用不及八正散，故只用于石淋，在应用时须加金钱草、海金沙、鸡内金等以加强排石消坚的作用。若腰腹绞痛者，可加芍药，配甘草以缓急止痛；若见尿中带血，可加小蓟草、生地、藕节以凉血止血；若兼有发热，可加蒲公英、黄柏、大黄以清热泻火。石淋日久，证见虚实夹杂，当标本兼顾，气血亏虚者，宜二神散合八珍汤；阴液耗伤者，宜六味地黄丸合石韦散；肾阳不足者，宜金匮肾气丸合石韦散。

·气淋

症状：实证表现为小便涩滞，淋沥不宣，少腹满痛，苔薄白，脉多沉弦。虚证表现为少腹坠胀，尿有余沥，面色㿠白，舌质淡，脉虚细无力。

治法：实证宜利气疏导，虚证宜补中益气。

方药：实证用沉香散，虚证用补中益气汤。

沉香散中沉香、橘皮利气，当归、白芍柔肝，甘草清热，石韦、滑石、冬葵子、王不留行利尿通淋。胸闷胁胀者，可加青皮、乌药、小茴香以疏通肝气；日久气滞血瘀者，可加红花、赤芍、川牛膝以活血行瘀。补中益气汤用以补益中气。若兼血虚肾亏者，可用八珍汤倍茯苓加杜仲、枸杞、怀牛膝，以益气养血，脾肾双补。

·血淋

症状：实证表现为小便热涩刺痛，尿色深红；或夹有血块，疼痛满急加剧；或见心烦，苔黄，脉滑数。虚证表现为尿色淡红，尿痛涩滞不显著，腰酸膝软，神疲乏力，舌淡红，脉细数。

治法：实证宜清热通淋，凉血止血；虚证宜滋阴清热，补虚止血。

方药：实证用小蓟饮子；虚证用知柏地黄丸。

小蓟饮子方中小蓟草、生地、蒲黄、藕节凉血止血，小蓟草可重用至 30g，生地以鲜者为宜；木通、竹叶降心火、利小便；栀子清泄三焦之火；滑石利水通淋；当归引血归经；生甘草梢泻火而能走达茎中以止痛。若血多痛甚者，可另吞参三七、琥珀粉，以化瘀通淋止血。知柏地黄丸滋阴清热,亦可加旱莲草、阿胶、小蓟草等以补虚止血。

·膏淋

症状:实证表现为小便浑浊如米泔水,置之沉淀如絮状,上有浮油如脂,或夹有凝块,或混有血液,尿道热涩疼痛,舌红,苔黄腻,脉虚数。虚证表现为病久不已,反复发作,淋出如脂,涩痛反见减轻,但形体日渐消瘦,头昏无力,腰酸膝软,舌淡,苔腻,脉细弱无力。

治法:实证宜清热利湿,分清泄浊;虚证宜补虚固涩。

方药:实证用程氏萆薢分清饮;虚证用膏淋汤。

程氏萆薢分清饮中萆薢、菖蒲清利湿浊;黄柏、车前子清热利湿;白术、茯苓健脾除湿;莲子心、丹参清心活血通络,使清浊分,湿热去,络脉通,脂液重归其道。若少腹胀,尿涩不畅者,加乌药、青皮;小便挟血者,加小蓟草、藕节、茅根。膏淋汤中党参、山药补脾,地黄、芡实滋肾,龙骨、牡蛎、白芍固涩脂液。若脾肾两虚,中气下陷,肾失固涩者,可用补中益气汤合七味都气丸益气升陷、滋肾固涩。

·劳淋

症状:小便不甚赤涩,但淋沥不已,时作时止,遇劳即发,腰酸膝软,神疲乏力,舌质淡,脉虚弱。

治法:健脾益肾。

方药:无比山药丸。

本方有健脾利湿,益肾固涩之功。其中山药、茯苓、泽泻健脾利湿,熟地、山茱萸、巴戟天、菟丝子、杜仲、牛膝、五味子、肉苁蓉、赤石脂益肾固涩。若脾虚气陷,症见少腹坠胀、小便点滴而出者,可合补中益气汤同用,以益气升陷;若肾阴亏虚,症见面色潮红、五心烦热、舌质红、脉细数者,可合知柏地黄丸同用,以滋阴降火;若肾阳虚衰,症见面色少华、畏寒怯冷、四肢欠温、舌淡苔薄白、脉沉细者,可合右归丸以温补肾阳,或用鹿角粉 3g,分 2 次吞服。

【转归预后】

各种淋证之间,在转归上存在着一定的关系。首先是虚实之间的相互转化。如实证的热淋、血淋、气淋可转化为虚证的劳淋,反之虚证的劳淋,也可能转化为实证的热淋、血淋、气淋。而当湿热未尽,正气已伤,处于实证向虚证的移行阶段,则表现为虚实夹杂的证候。在气淋、血淋、膏淋等淋证本身,这种虚实转化的情况也同样存在。而石淋由实转虚时,由于砂石未去,则表现为正虚邪实之证。其次是某些淋证间的相互转化或同时并见,如热淋可转为血淋,血淋也可诱发热淋;又如在石淋的基础上,再发生热淋、血淋,或膏淋并发热淋、血淋等。认识淋证的各种转化关系,对临床灵活运用辨证论治,有实际指导意义。

淋证的预后,往往与其类型和病情轻重有关,一般说来,淋证初起,多较易治愈,但少数热淋、血淋,有时可发生湿热弥漫三焦,热毒入营血,出现高热、神昏、谵语等重危证候。淋证日久不愈或反复发作,可以转为劳淋,导致脾肾两虚,甚则脾肾衰败,肾亏肝旺,肝风上扰,而出现头晕肢倦、恶心呕吐、不思纳食、烦躁不安、甚则昏迷抽搐等证候。至于血淋日久,尿血绵绵不止,患者面色憔悴,形体瘦削,或少腹扪及肿块,此乃气滞血瘀,进而导致癥积形成,临证时处方中,可佐以化瘀软坚之品,药选丹参、蒲黄、赤芍、红花、石见穿、白花蛇舌草、山慈菇、夏枯草之类。

【预防与调摄】

增强体质,防止情志内伤,消除各种外邪入侵和湿热内生的有关因素,如忍尿、过食肥甘、纵欲过劳、外阴不洁、湿热丹毒等,是预防淋证发病及病情反复的重要方面。注意妊娠及产后卫生,对防止子淋、产后淋的发生有重要意义。积极治疗消渴、劳瘵等疾患,避免不必要的导尿及泌尿道器械操作,也可减少本病证的发生。淋证应多喝水,饮食宜清淡,忌肥腻香燥、辛辣之品;禁房事;注意适当休息,有助于早日恢复健康。

【结　语】

淋证是以小便频急,淋沥不尽,尿道涩痛,小腹拘急,痛引腰腹为主要临床表现的病证。淋证的病因以膀胱湿热为主,病位在肾与膀胱,初起多邪实之证,久病则由实转虚,亦可出现虚实夹杂的证候。其临床症状有两类:一类是膀胱气化失司引起的证候,一类是各种淋证的特殊症状。前者是诊断淋证的依据,后者是区别不同淋证特点的指征。淋证分为热淋、石淋、气淋、血淋、膏淋与劳淋六种。在辨证时,除要辨别不同淋证的特征外,还要审察证候的虚实。初起湿热蕴结,以致膀胱气化失司者属实,治宜清热利湿通淋,佐以行气;病久脾肾两亏,膀胱气化无权者属虚,治宜培补脾肾;虚实夹杂者,宜标本兼治;并根据各个淋证的特征,或参以止血,或配以排石,或佐以泄浊等。各种淋证之间,彼此又有一定的关系,表现在转归上,一是虚实的相互转化,在不同淋证之间和同一淋证的本身都存在这种情况;二是各种淋证之间的相互转化,也可两种淋证或虚实同时并见,认识这种转化,对临床有实际指导意义。

【附】　尿浊

尿浊是以小便混浊,白如泔浆,排尿时并无疼痛为主症。

本病的发生,多由饮食肥甘,脾失健运,酿湿生热,或病后湿热余邪未清,蕴结下焦,清浊不分,而成尿浊。若热盛灼络,络损血溢,则尿浊夹血。病延日久,脾肾两伤,脾虚中气下陷,肾虚固摄无权,则精微脂液下流,若脾不统血,或肾阴亏损,虚火伤络,也可形成尿浊夹血。如再恣食肥厚,或劳欲过度,又可使尿浊加重,或引起复发。

本病初起以湿热为多,属实,治宜清热利湿。病久则脾肾虚亏,治宜培补脾肾,固摄下元。虚实夹杂者,应予兼顾。兹分述如下:

· **湿热内蕴**

症状:小便混浊或夹凝块、上有浮油,或带血色,或夹有血丝、血块,或尿道有涩热感,口渴,苔黄腻,脉濡数。

治法:清热化湿。

方药:程氏萆薢分清饮。

· **脾虚气陷**

症状:尿浊反复发作,日久不愈,小便混浊如白浆,小腹坠胀,尿意不畅,面色无华,神疲乏力,劳倦或进食油腻则发作或加重,舌淡,脉虚数。

治法:健脾益气,升清固涩。

方药:补中益气汤合苍术难名丹。

若尿浊夹血者,酌加小蓟草、藕节、阿胶、墨旱莲;若脾虚及肾,而见肢冷便溏者,可加附子、炮姜。

·肾元亏虚

症状：尿浊迁延日久，小便乳白如凝脂或冻胶，精神萎顿，消瘦无力，腰酸膝软，头晕耳鸣。偏于阴虚者，见烦热，口干，舌质红，脉细数；偏于阳虚者，面色㿠白，形寒肢冷，舌质淡白，脉沉细。

治法：偏肾阴虚者，宜滋阴益肾；偏肾阳虚者，宜温肾固涩。

方药：偏肾阴虚者，用知柏地黄丸合二至丸；偏肾阳虚者，宜用鹿茸补涩丸。

【文献摘要】

《诸病源候论·淋病诸候》："诸淋者，由肾虚而膀胱热故也。……肾虚则小便数，膀胱热则水下涩，数而且涩，则淋沥不宣，故谓之淋"；"热淋者，三焦有热，气博于肾，流入于胞而成淋也，其状小便赤涩"；"石淋者，淋而出石也。肾主水，水结则化为石，故肾客沙石。肾虚为热所乘，热则成淋，其病之状，小便则茎里痛，尿不能卒出，痛引少腹，膀胱里急，沙石从小便道出，甚者塞痛令闷绝"；"膏淋者，淋而有肥，状似膏，故谓之膏淋，亦曰肉淋。此肾虚不能制于肥液，故与小便俱出也"；"血淋者，是热淋之甚者，则尿血，谓之血淋。心主血，血之行身，通遍经络，循环府藏，其热甚者则散失其常经，溢渗入胞，而成血淋也"；"寒淋者，其病状先寒战然后尿是也，由肾气虚弱，下焦受于冷气，入胞与正气交争，寒气胜则战寒而成淋，正气胜则战寒解，故得小便也"；"劳淋者，谓劳伤肾气而生热成淋也。肾气通于阴，其伏尿留茎内，数起不出，引小腹痛，小便不利，劳倦即发"。

《丹溪心法·淋》："血淋一证，须看血色分冷热，色鲜者，心、小肠实热；色瘀者，肾、膀胱虚冷。……若热极成淋，服药不效者，宜减桂五苓散加木通、滑石、灯芯、瞿麦各少许，蜜水调下。……痛者为血淋，不痛者为尿血。"

《医宗必读·淋证》："气淋有虚实之分。"

《证治汇补·淋病》："劳淋，遇劳即发，痛引气街，又名虚淋。"

《医碥·淋》："膏淋，湿热伤气分，水液浑浊，如膏如涕如米泔。"

【研究进展】

·中医药治疗膀胱炎、肾盂肾炎

1. **临床研究** 肾盂肾炎和膀胱炎临床表现以尿频、尿急、尿痛或排尿不尽感，腰酸痛或小腹胀痛，小腹或脊肋角压痛、叩击痛或脓尿为特征，属中医淋证范畴。急性肾盂肾炎和膀胱炎，或两者慢性炎症急性发作，与热淋、血淋相似；慢性炎症与劳淋更相近似；且急慢性炎症中均有某些病例有不同程度的气淋表现。文献报道中医药治疗泌尿系感染疗效肯定，副作用少，复发率低。周氏认为淋证主要为热毒蕴结、下焦膀胱气化受阻，并用五味消毒饮加味治疗急性肾盂肾炎48例，治愈率81%，总有效率95.8%〔江西中医药1993；(2)：31〕。姬氏报道用清热化瘀法治疗湿热淋50例，突出湿热郁遏气机、气滞血瘀病机特点，强调清化湿热、化瘀和络为法，临床治愈率50%，有效率90%〔江西中医药1994；(5)：33〕。李氏治疗劳淋326例（慢性肾盂肾炎157例，慢性膀胱炎169例），分为气阴两虚兼膀胱湿热型，及肾阴虚、肾阳虚、肾阴阳两虚、气滞血瘀分别兼膀胱湿热型，治疗予标本兼顾，6周为1个疗程，一般服药1～2个疗程，结果慢性肾盂肾炎治愈123例(78.34%)，有效率96.82%，慢性膀胱炎治愈146例(86.39%)，有效率98.32%。随访254例远期疗效，完全治愈率87%〔全国中医肾病第六次学术研讨会论文辑要1990：17〕。

2. **实验研究** 归纳为三方面：一是中药抗菌作用；二是中药提高了机体的防御机能；三是以上两种作用的综合效应。

·中医药治疗泌尿系统结石病

1. **临床研究** 尿路结石属中医学沙淋、石淋范畴。中医治疗尿路结石包括排石疗法和溶石疗法。近年来用中医药结合体外震波治疗尿路结石疗效显著。排石疗法不仅为通淋排石、清热利尿，还兼用行气活血、化瘀散结，对体虚者还辅以补肾、温阳、益气等法。如广安门医院的排石散，排石率30%。该院的溶石疗法是运用活血化瘀、软坚散结,结合温阳益气、清热利湿的治法,组成溶石汤,对草酸钙、磷酸镁铵等均有作用〔中医杂志 1980;(3):19〕。

2. 实验研究　中药对输尿管结石的排石机制,据动物试验推断,分别是由于利尿作用而致输尿管蠕动增强(如金钱草、瞿麦)和直接作用于输尿管引起蠕动增强(如巴豆散、大黄等),及上述两者的综合作用(如川牛膝)〔中西医结合治疗急腹症通讯 1975;(4):39〕。

· **中医药治疗乳糜尿**

1. 理论研究　乳糜尿属中医学膏淋、尿浊范畴,其发生与湿热有关。湿热或感受于外,如下肢丹毒;或滋生于内,如多食肥腻,脾胃失运,而致壅遏经隧,水谷精微不能正常输布,下趋膀胱,清浊混淆,尿若米泔;若湿热伤络,则伴见血尿;气滞瘀凝,则尿中有赤白凝块;湿热久稽,则脾肾虚亏。

2. 临床研究　丝虫病的乳糜尿用中医药治疗效果较好。彭氏治疗乳糜尿 93 例,分虚实辨治,其中湿热证 20 例,瘀血 14 例,湿热瘀血互阻者 24 例,中气下陷 19 例,肾虚摄纳失权 9 例,虚实夹杂 7 例。结果:显效 53 例,有效 27 例;平均乳糜尿消失时间为 26 日〔上海中医药杂志 1990;(1):9〕。

第三节　癃　闭

癃闭是由于肾和膀胱气化失司而导致尿量减少,排尿困难,甚则小便闭塞不通为主症的一种病证。其中又以小便不利,点滴而短少,病势较缓者称为"癃";以小便闭塞,点滴全无,病势较急者称为"闭"。癃和闭虽有区别,但都是指排尿困难,只有程度上的不同,因此多合称为癃闭。

癃闭之名,首见于《内经》,东汉殇帝姓刘名隆,由于避讳,将癃改为"淋",或改为"闭"。所以《伤寒论》和《金匮要略》都没有癃闭的名称,只有淋病和小便不利的记载。这一避讳影响极为深远,直至宋元,仍淋、癃不分。宋·《三因极一病证方论》说:"淋,古谓之癃,名称不同也。"元·《丹溪心法》也只有小便不利和淋的记载,而没有癃闭的名称。明代以后,始将淋、癃分开,而各成为独立的疾病。

近十多年来,各地报道运用中医关于癃闭的理法,治疗前列腺增生症,取得了较为满意的疗效。

癃闭包括西医学中各种原因引起的尿潴留及无尿症。如神经性尿闭、膀胱括约肌痉挛、尿路结石、尿路肿瘤、尿路损伤、尿道狭窄、老年人前列腺增生症、脊髓炎等病所出现的尿潴留及肾功能不全引起的少尿、无尿症。对于这些疾病,都可参考本节内容辨证论治。

【证候特征】

癃闭的临床特征是排尿困难,排尿次数可增多或减少,但每日总尿量比正常人减少,排尿无疼痛感觉。临床一般可分为两个阶段。

1. 尿癃阶段　是癃闭的前期阶段。癃,罢也,是指排尿欲完而不尽,时有中断的现象;癃,疲也,是指尿流无力。故其临床特征为排尿滴沥不尽,或排尿无力、尿流变细,且可出现尿流中断,每日总尿量稍有减少。

2. 尿闭阶段　是癃闭的后期阶段。闭,不通也,是指无尿液排出的意思。尿闭可以由尿癃逐渐发展而来,亦可突然出现尿闭,这在某些急性热病中更为常见。本阶段每日总尿量明显减少,甚则发展至点滴全无。

【病因病机】

1. **湿热蕴结** 过食辛辣厚味，酿湿生热，湿热不解，下注膀胱，或湿热素盛，肾热下移膀胱。膀胱湿热阻滞，气化不利而为癃闭。诚如《诸病源候论·小便病诸候》指出："小便不通，由膀胱与肾俱有热故也。"

2. **肺热气壅** 肺为水之上源，热壅于肺，肺气不能肃降，津液输布失常，水道通调不利，不能下输膀胱；又因热气过盛，下移膀胱，以致上、下焦均为热气闭阻，而成癃闭。

3. **脾气不升** 劳倦伤脾，饮食不节，或久病体弱，致脾虚而清气不能上升，则浊阴难以下降，小便因而不利。所以《灵枢·口问》指出："中气不足，溲便为之变。"

4. **肾元亏虚** 年老体弱或久病体虚，肾阳不足，命门火衰，气不化水，是以"无阳则阴无以化"，而致尿不得出；或因下焦积热，日久不愈，耗损津液，以致肾阴亏耗，水府枯竭而无尿。

5. **肝郁气滞** 七情所伤，引起肝气郁结，疏泄不及，从而影响三焦水液的运行和气化功能，致使水道的通调受阻，形成癃闭。且从经脉的分布来看，肝经绕阴器，抵少腹，这也是肝经有病，导致癃闭的原因。所以《灵枢·经脉》指出："肝足厥阴之脉，……是主肝所生病者，……遗溺，闭癃。"

6. **尿路阻塞** 瘀血败精，或肿块结石，阻塞尿路，小便难以排出，因而形成癃闭。即《景岳全书·癃闭》所说："或以败精，或以槁血，阻塞水道而不通也。"

小便的通畅，有赖于肾和膀胱的气化作用，但从脏腑之间的整体关系来看，水液的吸收、运行、排泄，还有赖于三焦的气化和肺脾肾的通调、转输、蒸化。综观本病的病位，主在膀胱，但与三焦、肺脾肾密切相关。上焦之气不化，当责之于肺，肺失其职，则不能通调水道，下输膀胱；中焦之气不化，当责之于脾，脾气虚弱，则不能升清降浊；下焦之气不化，当责之于肾，肾阳亏虚，气不化水，肾阴不足，水府枯竭，均可导致癃闭。肝郁气滞，使三焦气化不利，也会发生癃闭。此外，各种原因引起的尿路阻塞，均可引起癃闭。

【诊　断】

1. 小便不利，点滴不畅，或小便闭塞不通，尿道无涩痛，小腹胀满。

2. 多见于老年男性，或产后妇女及手术后患者。

3. 凡小腹胀满，小便欲解不出，触叩小腹部膀胱区明显胀满者，是为尿潴留；若小便量少或不通，无排尿感觉和小腹胀满，触叩小腹部膀胱区也无明显充盈征象，多属肾功能衰竭引起的少尿或无尿。

4. 详细询问病史，了解发病经过，以及伴随症状，再结合体检和有关检查，如肛门指诊、B超、腹部X线摄片、膀胱镜、肾功能检查等，以确定是肾、膀胱、尿道还是前列腺等疾病引起的癃闭。

【鉴别诊断】

1. **淋证** 淋证以小便频数短涩、滴沥刺痛、欲出未尽为特征，其小便量少、排尿困难与癃闭相似，但淋证尿频而疼痛，且每天排出的小便总量多正常。癃闭无排尿刺痛，每日小便总量少于正常，甚至无尿排出。早在《医学心悟·小便不通》即已对癃闭和淋证作了明确的鉴别："癃闭与淋证不同，淋则便数而茎痛，癃闭则小便点滴而难通。"

2. 关格 关格虽亦有小便不通,但关格是一个独立疾病,临床特征是小便不通与吐逆并见,张仲景《伤寒论·平脉法》认为"关则不得小便,格则吐逆",可与单指小便不通的癃闭相鉴别。

【辨证论治】

辨证要点

1. 细审主因 若尿热赤短涩、舌红、苔黄、脉数者属热;若口渴欲饮、咽干、气促者,为热壅于肺;若口渴不欲饮、小腹胀满者,为热积膀胱;若时欲小便而不得出、神疲乏力者属虚;若年老排尿无力、腰膝酸冷,为肾虚命门火衰;若小便不利兼有少腹坠胀、肛门下坠者,为脾虚中气不足;若尿线变细或排尿中断、腰腹疼痛、舌质紫黯者,属浊瘀阻滞。

2. 详辨虚实 癃闭有虚实的不同,因湿热蕴结、浊瘀阻塞、肝郁气滞、肺热气壅所致者,多属实证;因脾气不升、肾阳亏虚、命门火衰、气化不及州都者,多属虚证。即使同一中焦病变,也有虚实之异,中焦湿热不解,下注膀胱,气化不利者属实证;而中气不足,脾气不升,浊阴不降,导致小便不利者属虚证。辨别虚实的主要依据:若起病较急,病程较短,体质较好,尿流窘迫,赤热或短涩,苔黄腻或薄黄,脉弦涩或数,属于实证;若起病较缓,病程较长,体质较差,尿流无力,精神疲乏,舌质淡,脉沉细弱,属于虚证。

治疗原则

癃闭的治疗应根据"腑以通为用"的原则,着眼于通。但通之之法,又因证候的虚实而各异。实证宜清湿热,散瘀结,利气机而通水道。虚证治宜补脾肾,助气化,使气化得行,小便自通。同时,还要根据病因,审因论治。根据病变在肺、在脾、在肾的不同,进行辨证论治,不可滥用通利小便之品。此外,尚可根据"上窍开则下窍自通"的理论,用开提肺气法,开上以通下,所谓"提壶揭盖"之法治疗。

若小腹胀急,小便点滴不下,内服药物缓不济急,应配合导尿或针灸以急通小便。

分证论治

• **膀胱湿热**

症状:小便点滴不通,或量少而短赤灼热,小腹胀满,口苦口粘,或口渴不欲饮,或大便不畅,苔根黄腻,舌质红,脉数。

治法:清热利湿,通利小便。

方药:八正散。

方中木通、车前子、萹蓄、瞿麦通闭利小便,山栀清化三焦之湿热,滑石、甘草清利下焦之湿热,大黄通便泻火。

若舌苔厚腻者,可加苍术、黄柏,以加强其清化湿热的作用;若兼心烦,口舌生疮糜烂者,可合导赤散,以清心火、利湿热;若湿热久恋下焦,又可导致肾阴灼伤而出现口干咽燥,潮热盗汗,手足心热,舌光红,可改用滋肾通关丸加生地、车前子、牛膝等,以滋肾阴、清湿热而助气化;若因湿热蕴结日久,三焦气化不利,小便量极少或无尿,面色晦滞,舌质暗红有瘀点、瘀斑,胸闷烦躁,小腹胀满,恶心泛呕等,治宜降浊和胃,清热化湿,加入活血化瘀之品,方用黄连温胆汤加大黄、丹参、生蒲黄、泽兰叶、白茅根、木通等。

• **肺热壅盛**

症状:小便不畅或点滴不通,咽干,烦渴欲饮,呼吸急促或咳嗽,苔薄黄,脉数。

治法：清肺热，利水道。

方药：清肺饮。

本方出自《证治汇补》，适用于热在上焦肺经气分而导致的渴而小便闭涩不利。肺为水之上源，源清而流自洁，故方中以黄芩、桑白皮清泄肺热，麦冬滋养肺阴，车前子、木通、山栀、茯苓清热而通利小便。若患者出现心烦、舌尖红或口舌生疮等症，乃为心火旺盛之征象，可加黄连、竹叶等以清心火；若大便不通，可加杏仁、大黄以宣肺通便；若兼表证而见头痛、鼻塞、脉浮者，可加薄荷、桔梗以解表宣肺。

- 肝郁气滞

症状：小便不通，或通而不爽，胁腹胀满，多烦善怒，舌红，苔薄黄，脉弦。

治法：疏利气机，通利小便。

方药：沉香散。

方中沉香、橘皮疏达肝气，当归、王不留行行气活血，石韦、冬葵子、滑石通利水道。若肝郁气滞症状重，可合六磨汤加减，以增强其疏理肝气的作用；若气郁化火，而见舌红，苔薄黄者，可加丹皮、山栀等以清肝泻火。

- 尿道阻塞

症状：小便点滴而下，或尿如细线，甚则阻塞不通，小腹胀满疼痛，舌紫暗或有瘀点，脉细涩。

治法：行瘀散结，清利水道。

方药：代抵当丸。

方中归尾、山甲片、桃仁、大黄、芒硝通瘀散结，生地凉血滋阴，肉桂助膀胱气化以通尿闭，用量宜小，以免助热伤阴。若瘀血现象较重，可加红花、川牛膝以增强其活血化瘀的作用；若病久血虚，面色不华，治宜养血行瘀，可加黄芪、丹参之类；若一时性小便不通，胀闭难忍，可加麝香 0.09~0.15g 置胶囊内吞服，以急通小便，此药芳香走窜，能通行十二经，传遍三焦，药力较猛，切不可多用，以免伤人正气；若由于尿路结石而致尿道阻塞、小便不通，可加用金钱草、鸡内金、冬葵子、瞿麦、萹蓄以通淋排石利尿，或参考"淋证"节治疗。

- 脾气不升

症状：时欲小便而不得出，或量少而不爽利，气短，语声低微，小腹坠胀，精神疲乏，食欲不振，舌质淡，脉弱。

治法：升清降浊，化气利尿。

方药：补中益气汤合春泽汤。

方中人参、黄芪益气；白术健脾运湿；桂枝通阳，以助膀胱之气化；升麻、柴胡升清气而易降浊阴；猪苓、泽泻、茯苓利水渗湿，诸药配合，共奏化气利尿之功。

若气虚及阴，脾阴不足，清气不升，气阴两虚，症见舌质红，可改用补阴益气煎；若脾虚及肾，而见肾虚证候者，可加用济生肾气丸以温补脾肾，化气利尿。

- 肾阳衰惫

症状：小便不通或点滴不爽，排出无力，面色㿠白，神气怯弱，畏寒怕冷，腰膝冷而酸软无力，舌质淡，苔白，脉沉细而弱。

治法：温补肾阳，化气利尿。

方药：济生肾气丸。

方中肉桂、附子补下焦之阳,以鼓动肾气;六味地黄丸滋补肾阴;牛膝、车前子利水,故本方可温补肾阳,化气行水,使小便得以通利。若兼有脾虚证候者,可合补中益气汤或春泽汤同用;若老人精血俱亏,病及督脉,而见形神萎顿,腰脊酸痛,治宜香茸丸,以补养精血,助阳通窍;若因肾阳衰惫,命火式微,致三焦气化无权,浊阴内蕴,症见小便量少,甚至无尿、呕吐、烦躁、神昏者,治宜千金温脾汤合吴茱萸汤温补脾肾,和胃降逆。

【其他疗法】

除各种内服药物外,尚有外治法:

1. 取嚏或探吐法　打喷嚏或呕吐,能开肺气,举中气而通下焦之气,是一种简单有效的通利小便方法。其方法是用消毒棉签,向鼻中取嚏或喉中探吐;也有用皂角粉末0.3~0.6g,吹鼻取嚏。

2. 外敷法　可用葱白500g,捣碎,入麝香少许拌匀,分2包,先置脐上1包,热熨约15分钟,再换1包,以冰水熨15分钟,交替使用,以通为度。

3. 导尿法　若经过服药、外敷等法治疗无效,而小腹胀满特甚,叩触小腹部膀胱区呈浊音,当用导尿法以缓其急。

以上诸法,只用于尿潴留。

【转归预后】

癃闭若得到及时而有效的治疗,初起病"闭",后转成"癃",尿量逐渐增加,是病情好转的标志,通过治疗完全可能获得痊愈。如果失治或治疗不当,初起病"癃"而后转为"闭",为病势由轻转重,此时临床出现头晕,视物模糊,胸闷喘促,恶心呕吐,水肿,甚至烦躁、神昏、抽搐等症,是由癃闭转为关格,若不及时抢救,可以导致死亡。诚如《景岳全书·癃闭》所说:"小水不通是为癃闭,此最危最急症也,水道不通,则上侵脾胃而为胀,外侵肌肉而为肿,泛及中焦则为呕,再及上焦则为喘。数日不通,则奔迫难堪,必致危殆"。

【预防与调摄】

锻炼身体,增强抵抗力,保持心情舒畅,切忌忧思恼怒;消除各种外邪入侵和湿热内生的有关因素,如忍尿、压迫会阴部、过食肥甘辛辣及饮酒、贪凉、纵欲过劳等;积极治疗淋证和水肿等疾患。以上对防止癃闭的发生均有重要意义。

【结　语】

癃闭是指尿量减少、排尿困难,甚则小便闭塞不通为主症的一类病证。癃闭需要与淋证、关格进行鉴别。癃闭的病位是在膀胱,但和三焦、肺、脾、肾、肝均有着密切的关系。引起癃闭的病因病机有湿热蕴结、肺热气壅、肝郁气滞、尿路阻塞、脾气不升、肾元亏虚数端。治疗癃闭首先要抓住主症,辨证求因;其次要根据证候分清虚实,然后再权衡轻重缓急,进行治疗。实证治宜清湿热、散瘀结、利气机而通水道;虚证治宜补脾肾、助气化而达到气化得行,小便自通的目的。在小便点滴不通的情况下,内服药缓不济急,还可选用多种外治法来急通小便,目前临床常用的导尿法和针灸疗法,既简便又有效,可酌情选用。

【文献摘要】

《素问·奇病论》："有癃者，一日数十溲，此不足也。"
《素问·标本病传论》："膀胱病，小便闭。"
《灵枢·本输》："三焦者……实则闭癃，虚则遗溺。"
《素问·六元正纪大论》："阳明司天之政，……民病癃闭。"
《备急千金要方·膀胱腑》："胞囊者，肾膀胱候也，贮津液并尿。若脏中热病者，胞涩，小便不通，……为胞屈僻，津液不通。以葱叶除尖头，内阴茎孔中深三寸，微用口吹之，胞胀，津液大通，即愈。"

【研究进展】

· 中医药治疗前列腺增生症的研究

前列腺增生症为常见的老年病之一。由于过度劳累，或感受寒冷，或情绪剧变，或贪食过量刺激性食物等，均可激发前列腺组织突然充血肿胀，压迫尿道，而导致尿潴留。目前临床处理这一急症措施是热敷、膀胱按摩、针灸、导尿及服用雌激素和抗生素等。若以上诸法失效，唯有考虑手术，但老年人体质较差，如有明显的泌尿系统感染、肾功能不全或心血管功能障碍等，则又不宜手术，因此给患者带来很大痛苦。近年来各地报道运用中医药治疗本病，效果良好，主要方法有：

1. 以治本为主，辅以治标　前列腺增生症的临床表现主要为尿潴留和排尿困难，属于中医学的癃闭范畴。本病发病年龄多在50～60岁以上，因年老肾气衰弱，气化不及州都，而致小便排出困难，临证时常见腰酸足冷，脉沉细，尤以两尺为甚等肾阳虚衰征象。治疗时常用济生肾气丸之类。于氏用济生肾气汤加味治疗前列腺肥大症33例，连服8周，显效42.4%，总有效率96.9%。其选方用药即是基于补肾益气、温阳利水、活血化瘀、软坚散结之大法〔云南中医杂志1993；(3)：39〕。王氏用前列舒丸治疗前列腺增生症38例、前列腺炎43例共81例，并设前列康对照组20例，临床总有效率治疗组93.3%，对照组76.2%。前列舒丸为八味丸基础上选加淫羊藿、韭菜子、苍术、冬瓜仁、苡仁、桃仁等药组成。实验及临床证明，前列舒对下丘脑—垂体—性腺轴、肾上腺皮质轴有一定兴奋作用〔山东中医杂志1990；(6)：12〕。

2. 辨证论治，结合辨病　对于本病的治疗，除了上述辨证论治外，还必须与辨病相结合。西医学认为，本病是由于前列腺增生、压迫尿道、形成尿道梗阻，而导致排尿困难，甚至小便不通。肛门指诊检查常可发现前列腺体有不同程度的胀大。按中医辨证为痰瘀互阻，凝结为块，因而活血化瘀、软坚散结即为辨证结合辨病之体现。潘氏等用穴位电子脉冲和药离子导入法治疗前列腺增生症30例，总有效率为83.3%，其用药选穴（药用黄芪、穿山甲、桂枝，穴选关元、中极等）所宗之法为补肾益气、活血消瘀。此外，由于本病排尿不畅，尿液潴留，故极易并发尿路感染，表现为小便频数、灼热、涩痛、尿色黄赤、苔黄腻等湿热毒邪客于膀胱之症，治疗时常合用银花、连翘、蒲公英之类〔上海中医药杂志1993；(11)：27〕。蒋氏用自拟解毒化瘀清利汤治疗前列腺增生、前列腺炎50例，药用夏枯草、皂刺、穿山甲、丹参、蒲公英、炒栀子、黄柏、石韦、茯苓、白茅根，显效率78%，总有效率90%，该方还具有防治泌尿系感染之作用〔山东中医学院学报1993；(3)：21〕。

3. 下病上治，欲降先升　中医学认为小便的排泄，除了肾的气化外，尚须依赖肺的通调和脾的转输，因而本病与肺脾有关。当急性尿潴留，小便涓滴不下时，可在原方基础上稍加开宣肺气、升提中气之桔梗、荆芥、升麻、柴胡等，此为下病治上、提壶揭盖、升清降浊之法。陶氏用通调解癃汤治疗老年前列腺肥大51例，总有效率为90.2%，药选黄芪、桔梗、升麻、归尾、桃仁、车前草、茯苓等，即为宣升开上、肃降通下、化瘀消结法之体现，临床常可收到令人满意的疗效〔黑龙江中医药1992；(3)：15〕。

第四节　关　　格

关格是指由于脾肾阴阳衰惫，气化不利，浊邪内蕴而致小便不通与呕吐并见的病证。多见于水肿、癃闭、淋证等病的晚期。

关格之名，始见于《内经》，但其论述的关格，一是指脉象，一是指病理，均非指关格病。后张仲景《伤寒论》正式作为病名提出，认为关格是以小便不通和呕吐为主症的疾患，属于危重证候。近年来,在辨证论治的基础上应用历代治疗关格的通腑降浊法治疗尿毒症,取得了一定的效果。

本节所论关格,主要是指小便不通并见呕吐者,至于大便不通兼有呕吐,古时亦称关格,不属本节讨论的范围。西医学泌尿系统疾病引起的慢性肾功能不全,可参考本节内容辨证论治。

【证候特征】

关格的临床表现是以小便不通与呕吐为主症。但兼症甚为复杂,可归纳为两个阶段:

1. 前驱阶段　在具有水肿、淋证、癃闭等慢性肾病病史的基础上,出现倦怠乏力,面色晦滞,头痛不寐,食欲不振,晨起恶心,偶有呕吐,舌质淡体胖,伴有齿印,苔薄白,或薄腻,脉沉细或细弱。

2. 本证阶段　恶心呕吐频作,口中秽臭,或有尿味,腹泻,一日数次至十多次不等,或便秘,肌肤干燥,瘙痒不堪,或皮肤有霜样析出,呼吸缓慢而深,胸闷心悸,或心前区疼痛,牙宣,鼻衄,肌衄,呕血、便血,四肢搐搦,或抽筋,狂躁不安,谵语昏睡,甚则神志昏迷,舌苔厚腻或黄腻而干燥,或花剥,脉沉细、细数或结或代。

【病因病机】

水肿、淋证、癃闭等病证,反复发作,或迁延日久,脾肾阴阳衰惫,气虚不化,而致湿浊毒邪内蕴。脾肾阴阳衰惫是本;浊邪内聚成毒是标,在病理上表现为本虚标实。本虚,尤其是肾阳亏损,肾关因阳微而不能开,故见尿少或小便不通;标实,因湿浊上泛,故见呕吐。湿浊内阻中焦,脾胃升降失司,症见腹泻或便秘;湿浊毒邪外溢肌肤,症见皮肤瘙痒,或有霜样析出;湿浊毒邪上熏,症见口中秽臭,或有尿味,舌苔厚腻;湿浊上蒙清窍,症见昏睡或神识不清。随人体禀赋素质有所差异,湿浊在体内又有寒化和热化的不同,寒化则临床表现为寒湿内阻的证候,热化则表现为湿热互结的证候。随着病情的发展,正虚不复,可由虚至损。基于阴阳互根关系,阳损可以及阴。又因五脏相关,肾病可以累及它脏。肾病及肝,肝肾阴虚,虚风内动,症见手足搐搦,甚则抽搐;肾病及心,邪陷心包,症见胸闷心悸,或心前区疼痛,甚则神志昏迷。

综上所述,关格的病机往往表现为寒热错杂,脾、肾、心、肝同病,由于标实与本虚之间可以互相影响,使病情不断恶化,因而最终正不胜邪,发生内闭外脱、阴竭阳亡的变化。

【诊　断】

1. 临床出现呕吐和小便不通的主症。
2. 有慢性肾病史。
3. 结合肾功能、B超、CT等检查有助于明确诊断。

【鉴别诊断】

1. 走哺　主要指呕吐伴有大小便不通利为主症的一类疾病。往往先有大便不通,而后出现呕吐,呕吐物可以是胃内的饮食痰涎,也可带有胆汁和粪便,常伴有腹痛,最后出现小便不通,类似于关格。但走哺属实热证,其病位在肠,故与关格有本质的区别。《医阶辨证·关格》说:"走哺,由下大便不通,浊气上冲,而饮食不得入;关格,由上下阴阳之气倒置,上不得入,下不得出。"

2. 癃闭 主要是指尿量减少,排尿困难,甚则小便不通为主症的一类病证。一般无呕吐症状,但癃闭可发展为关格,而关格不一定都是由癃闭发展而来,还可由水肿、淋证发展而成。

【辨证论治】

辨证要点

主要应分清本虚标实的主次。若以本虚为主者,又应分辨脾肾阳虚还是肝肾阴虚;以浊邪为主者,应区分寒湿与湿热的不同。

治疗原则

关格的治疗应遵循《证治准绳·关格》提出的"治主当缓,治客当急"的原则,所谓主,是指关格之本,即脾肾阴阳衰惫,也就是治本应长期调理,缓缓补之;所谓客,是指关格之标,即浊邪。浊为阴邪最易伤阳,浊不去,则阳不复,浊邪瘀久成毒,所以要尽快祛除。祛浊又有降浊和化浊之不同。降浊者,使浊邪从大便而去;化浊者,即化痰祛浊。

分证论治

· 脾肾亏虚,湿热内蕴

症状:小便短少黄赤,面色晦滞,腰酸膝软,倦怠乏力,不思纳食,晨起恶心,偶有呕吐,头痛,夜寐不安,苔薄黄腻而干燥,脉细数或濡数。

治法:健脾益肾,清热化浊。

方药:无比山药丸合黄连温胆汤。

方中山药、茯苓、泽泻以健脾利湿,熟地、山茱萸、巴戟天、菟丝子、杜仲、牛膝、五味子、肉苁蓉以益肾固涩,半夏、陈皮化痰降逆和胃,枳实行气消痰而使痰随气下,竹茹清热化痰,黄连清热除烦。

若尿少或小便不通,可合滋肾通关丸。

· 脾肾阳虚,寒湿内蕴

症见:小便不通、短少、色清,面色晦滞,畏寒怕冷,下肢欠温,腹泻或大便稀溏,呕吐清水,苔白滑,脉沉细或濡细。

治法:温补脾肾,化湿降浊。

方药:温脾汤合吴茱萸汤。

方中附子与干姜温阳散寒,人参合甘草、大枣益气健脾,反佐大黄苦寒降浊,吴茱萸温胃散寒又具有下气降浊之功,生姜温胃散寒止呕。若嗜睡,神识昏昧,可加菖蒲、远志、郁金,甚则用苏合香丸。

· 肝肾阴虚,肝风内动

症状:小便短少,呕恶频作,面部烘热,牙宣鼻衄,头晕头痛,目眩,手足搐搦,舌暗红有裂纹,苔黄腻或焦黑而干,脉弦细数。

治法:滋补肝肾,平熄肝风。

方药:六味地黄丸合羚羊钩藤汤。

方中熟地、山药、山茱萸滋补肝肾,泽泻配熟地泻肾降浊,丹皮配山茱萸滋肾泻肝,茯苓配山药可渗脾湿;羚羊角、钩藤凉肝熄风、清热解痉,配桑叶、菊花以加强熄风之效,白芍、生地养阴增液以柔肝舒筋,贝母、竹茹清热化痰,生甘草调和诸药,与白芍相配,又能酸甘化阴、舒筋缓急。

若大便秘结,可加生大黄清热降浊。

- **肾病及心,邪陷心包**

症状:小便短少,甚则无尿,胸闷、心悸或心前区疼痛,神识昏蒙,循衣摸床,或神昏谵语,恶心呕吐,面白唇暗,四肢欠温,痰涎壅盛,苔白腻,脉沉缓。

治法:豁痰降浊,辛温开窍。

方药:涤痰汤合苏合香丸。

涤痰汤豁痰化浊;苏合香丸芳香开窍,行气止痛。

若狂躁痉厥,可改服紫雪丹;若症见汗多、面色苍白、手足逆冷、舌质淡、脉细微,为阳虚欲脱,急宜回阳固脱,用参附汤加龙骨、牡蛎;若汗多、面色潮红、口干、舌质红、脉细数,为阴液耗竭,应益气敛阴,重用生脉散或用生脉注射液静脉滴注救治。

【其他疗法】

关格病尚可应用灌肠疗法,常用的灌肠方有:

1. 降浊灌肠方:生大黄、生牡蛎、六月雪各30g,浓煎120ml,高位保留灌肠,约2~3小时后,应用300~500ml清水清洁灌肠,每日1次,连续10日为1个疗程。休息5日后,可继续下1个疗程。

2. 降氮汤:大黄30g,桂枝30g,煎成200ml,保留灌肠。

【转归预后】

关格的前期阶段,经过积极的治疗,预后较好。而延至后期,病情危笃,预后较差,最终可导致内闭外脱,阴竭阳亡。临证应采取中西医综合治疗措施进行抢救,必要时配合血液透析疗法。

【预防与调摄】

积极治疗水肿、淋证、癃闭等病是预防关格发生的关键。在调摄方面,注意严格控制蛋白质的摄入量,尽可能选取能为人体充分利用的优质蛋白质,如牛奶、蛋清;适当增加糖的摄入量,如用麦淀粉作为主食,制成年糕、包子等;保证蔬菜、水果的摄入,注意保暖。

【结　语】

关格病是小便不通与呕吐并见的病证,多见于水肿、癃闭、淋证等病的晚期。由脾肾阴阳衰惫,浊邪内蕴所致。临证往往表现为本虚标实,寒热错杂。本虚有脾肾阳虚和肝肾阴虚的区别;标实有湿热和寒湿的不同。治疗时当分清主次而选方用药,但因浊邪始终贯穿在整个病程中,故当时刻注意祛邪,即所谓"治客当急"。

【文献摘要】

《伤寒论·平脉法》:"关则不得小便,格则吐逆。"

《证治准绳·关格》:"治主当缓,治客当急。"

《医门法律·关格论》:"治吐逆之格,由中而渐透于上;治不溲之关,由中而渐透于下;治格而且关,由中而渐透于上下。凡治关格病，不崇王道，轻投霸术，逞己之能，促人之死，医之罪也。"

《证治汇补·癃闭》："既关且格，必小便不通，旦夕之间，陡增呕恶；此因浊邪壅塞三焦，正气不得升降，所以关应下而小便闭，格应上而生吐呕，阴阳闭绝，一日即死，最为危候。"

【研究进展】

· 中医药治疗慢性肾功能不全

1. 临床研究　近年来，治疗慢性肾功能不全(CRF)，主要在扶正祛邪兼顾、辨证辨病结合、整体局部用药结合、多种方法综合应用诸方面取得了一定进展。张氏认为慢性肾功能不全的病机关键为"虚、瘀、湿、逆"，提出补虚活血为本，祛湿降逆为标的治疗法则，据其拟定的虚、瘀、湿、逆证候诊断标准辨证分型，分别采用补肾扶正胶囊（冬虫夏草、西洋参、百合等）、活血化瘀胶囊（蜈蚣、天仙子等）与肾衰灌肠汤（大黄、附子、赤芍、青黛等）相结合，治疗时配合饮食调摄，共治慢性肾功能不全 128 例，结果肾衰Ⅰ期 34 例，显效接近全部病例；Ⅱ期 60 例，显效 52.3%，有效 26%；Ⅲ期有效 47.1%〔天津中医 1990；(1)：12〕。亦有报道用丹参注射液静脉滴注及丹参液静脉滴注加灌肠液治疗慢性肾功能不全 40 例，结果表明，丹参液静脉滴注对慢性肾功能不全的患者有较好疗效，静脉滴注丹参液加灌肠液（生川军、生牡蛎、六月雪、徐长卿、皂荚子）治疗后肾功能、免疫功能等项检查指标改善较明显〔上海中医药杂志 1981；(1)：11〕。

此外，王氏根据尿毒症患者常因恶心呕吐、口服药困难、疗效不理想的实际情况，采用肾衰外敷药治疗尿毒症患者，将外敷药（主药有生附片、川芎、沉香、冰片等）研为 120 目以上粉末，配以 1.9%Azonel 液，敷于双肾俞、关元穴处，治疗 8 例，按全国慢性肾功能不全标准，显效 4 例，有效 3 例，为治疗尿毒症探索出新途径〔中医杂志 1989；(11)：42〕。

2. 实验研究　乔氏用肾衰Ⅰ号（附子、生大黄、炙黄芪、益母草）治疗慢性肾功能不全 100 例，其中肾功失代偿期 62 例，有效率 85.5%；尿毒症 38 例，有效率 71.1%。对实验性大鼠慢性肾衰（腺嘌呤灌胃造模）治疗结果提示，该方对受损肾组织有显著的改善和修复作用〔陕西中医 1992；(11)：481〕。张氏在用"肾衰系列方"治疗慢性肾功能不全模型实验研究中发现，补肾活血的肾衰灌肠液具有降低模型尿素氮、提高血红蛋白含量、改善肾血流、提高免疫功能的作用；且补肾活血汤急性毒理试验表明，该方药口服安全，毒性很低〔天津中医 1990；(1)：12〕。

另有报道用益气活血复方治疗慢性肾功能不全病人，治疗前后检测血、尿 FDP 作为动态观察指标，结果发现活血化瘀药除改善微循环、调整免疫功能、松弛肾血管平滑肌外，尚有抗炎及抗血凝作用〔浙江中医杂志 1979；(5)：199〕。

第五节　遗　精

遗精是指不因性生活而精液频繁遗泄的病证。多因肾虚精关不固，或君相火旺，湿热下注等，扰动精室所致。有梦而遗精，称为梦遗；无梦而遗精，甚至清醒时精液流出，称滑精。

本病的记载，始见于《内经》，《灵枢·本神》称为"精时自下"。《金匮要略·血痹虚劳病脉证并治》称遗精为"失精"。《诸病源候论·虚劳失精候》说："肾气虚损，不能藏精，故精漏失"，对本病的主要病机作了概述。

西医学的神经衰弱、前列腺炎等引起的遗精，一般可参考本节内容辨证论治。

【证候特征】

遗精，每周 2 次以上，可以在睡梦中遗泄，亦可以在清醒时流出，并有头昏、耳鸣、健忘、心悸、失眠、腰酸、腿软、精神萎靡等症状。

若以劳心过度为因者，多兼见头昏且晕、心悸、健忘、精神不振、倦怠乏力、舌红、脉细数等;若以恣情纵欲为因者,多兼见头昏目眩、腰酸耳鸣、神疲乏力、舌红少津、脉弦细带数等;若以禀赋不足为因者,多兼见面色㿠白、精神萎靡、舌质淡、脉沉弱等;若以饮食不节为因者,多兼见口苦或渴、小便热赤、苔黄腻、脉濡数等。

【病因病机】

1. 肾虚不藏 (1)恣情纵欲:青年早婚,房室过度,或少年无知,频犯手淫,导致肾精亏耗。肾阴虚者,多因阴虚火旺,相火偏盛,扰动精室,使封藏失职;肾气虚者,多因肾气不能固摄,精关失约而出现自遗。《医贯·梦遗并滑精》说:"肾之阴虚则精不藏,肝之阳强则火不秘,以不秘之火,加临不藏之精,有不梦,梦即泄矣。"《证治要诀·遗精》说:"有色欲太过,而滑泄不禁者。"前者属于阴虚阳亢,后者属于阴阳两虚,下元虚惫。

(2)禀赋不足:先天不足,禀赋素亏,下元虚惫,精关不固,易于滑泄。《景岳全书·遗精》说:"有素禀不足,而精易滑者,此先天元气单薄也。"

2. 君相火旺 (1)劳心过度:劳神太过,心阴暗耗,心阳独亢,心火不能下交于肾,肾水不能上济于心,心肾不交,水亏火旺,扰动精室而遗。《证治要诀·遗精》说:"有用心过度,心不摄肾,以致失精者。"《折肱漫录·遗精》说:"梦遗之证,其因不同,……非必尽因色欲过度,以致滑泄。大半起于心肾不交,凡人用心太过则火亢而上,火亢则水不升而心肾不交。士子读书过劳,每有此病。"

(2)妄想不遂:心有妄想,所欲不遂,心神不宁,君火偏亢,相火妄动,亦能促使精液自遗。正如《金匮翼·梦遗滑精》所说:"动于心者,神摇于上,则精遗于下也。"

3. 湿热痰火下注 饮食不节,醇酒厚味,损伤脾胃,酿湿生热,或蕴痰化火,湿热痰火,流注于下,扰动精室,亦可发生精液自遗。《杂病源流犀烛·遗泄源流》说:"有因饮酒厚味太过,痰火为殃者,……有因脾胃湿热,气不化清,而分注膀胱者,亦混浊稠厚,阴火一动,精随而出。"《明医杂著·梦遗滑精》说:"梦遗滑精,……饮酒厚味,痰火湿热之人多有之。"

综上所述,遗精的发病机理,主要责之于心、肝、肾三脏。《素问·六节藏象论》说:"肾者主蛰,封藏之本,精之处也。"本病除肾脏自虚,精关不固外,心肝之火内动,也能影响肾的封藏。正如《类症治裁·遗泄》说:"凡肝脏之精悉输于肾,而恒动于火,火动则肾之封藏不固,心为君火,肝肾为相火,君火一动,相火随之,而梦泄焉。"《临证指南医案·遗精》亦指出:"精之藏制虽在肾,而精之主宰则在心。"就临床所见,本证多由于房室不节,先天不足,用心过度,思欲不遂,饮食不节等原因,影响肾之封藏而致。

【诊 断】

1. 已婚男子不因性生活而排泄精液,多在睡眠中发生,每周超过1次以上;或未婚男子频繁发生精液遗泄,每周超过2次以上者,伴有耳鸣、头昏、神倦乏力、腰酸膝软等症,持续1个月以上,即可诊断为本病证。

2. 直肠指诊、前列腺B超及精液常规等检查,可协助病因诊断。

【鉴别诊断】

1. 溢精 成年未婚男子,或婚后夫妻分居者,1个月遗精1～2次,次日并无不适感觉或其他症状,属于生理现象,并非病态。《景岳全书·遗精》说:"有壮年气盛,久节房欲而遗者,此满而溢者也";又说:"苦满而溢者,则去者自去,生者自生,势出自然,无足为意也"。

2. 早泄　遗精是没有进行性交而精液流出,而早泄是在性交之始,精液泄出而不能进行正常的性生活。

【辨证论治】

辨证要点

1. 审察脏腑　一般说来,用心过度,或杂念妄想,君相火旺,引起遗精的多为心病;精关不固,无梦滑泄的多为肾病。前人有"有梦为心病,无梦为肾病"之说。其实单凭有梦无梦,并不足为辨证的依据,还必须结合患者的健康状况,发病的新久,以及脉证的表现等,才能正确辨证。

2. 分清虚实　初起以实证为多,日久则以虚证为多。实证以君相火旺及湿热痰火下注,扰动精室者为主;虚证则属肾虚不固,封藏失职,若虚而有热象者,多为阴虚火旺。

3. 辨别阴阳　遗精属于肾虚不藏者,又当辨别偏于阴虚还是偏于阳虚。偏于阴虚者,多见头昏目眩、腰酸耳鸣、舌质红、脉细数;偏于阳虚者,多见面白少华、畏寒肢冷、舌质淡、脉沉细。

治疗原则

首先应分清虚实。实证以清泄为主;虚证属肾虚不固、封藏失职,予补肾固精。虚证尚需根据偏于阴虚或偏于阳虚的不同,分别采用滋养肾阴及温补肾阳的治法。至于虚而有热者,又当予以养阴清火。前人有"有梦治心,无梦治肾"之说,需结合辨证而定,不可机械划分。

分证论治

· **君相火动,心肾不交**

症状:少寐多梦,梦则遗精,伴有心中烦热,头晕目眩,精神不振,倦怠乏力,心悸不宁,善恐健忘,口干,小溲短赤,舌质红,脉细数。

治法:清心安神,滋阴清热。

方药:黄连清心饮合三才封髓丹。

心火独亢而梦遗者,用黄连清心饮。方中黄连清泻心火;生地滋阴清热;当归、枣仁和血安神;茯神、远志宁神养心;人参、甘草益气和中;莲子补益心脾,收摄精气。

若相火妄动,水不济火者,可用三才封髓丹。本方出自《卫生宝鉴》,又名三才封髓丸。方中天冬、熟地、人参为三才汤;黄柏、砂仁、甘草为封髓丹。用天冬、熟地滋水养阴,人参、甘草宁心益气,黄柏清热泻火以坚阴,砂仁行滞悦脾以顾护中焦。本证乃水不济火所致,徒清热而热未必能除,独滋阴而阴未必能复。本方熔清、滋、补三者为一炉,使苦寒得甘寒,则除热之力更宏;甘寒得苦寒,则育阴之效更佳。若久遗伤肾,阴虚火旺明显者,可用知柏地黄丸或大补阴丸以滋阴泻火。

· **湿热下注,扰动精室**

症状:遗精频作,或尿时少量精液外流,小溲热赤浑浊,或尿涩不爽,口苦或渴,心烦少寐,口舌生疮,大便溏臭,或见脘腹痞闷,恶心,苔黄腻,脉濡数。

治法:清热利湿。

方药:程氏萆薢分清饮。

方用萆薢、黄柏、茯苓、车前子以清利湿热,莲子心、丹参、菖蒲以清心安神,白术健脾利湿。

若饮食不节,醇酒厚味损伤脾胃,酿痰化热,宜清化痰热,可用苍白二陈汤加黄柏;若湿热流注肝脉者,宜苦泄厥阴,用封髓丹,甚者用龙胆泻肝汤以清热利湿;若患者尿时不爽,少腹及阴部作胀,为病久挟有瘀热之征,可加败酱草、赤芍以化瘀清热。

- **劳伤心脾,气不摄精**

症状:劳则遗精,心悸不宁,失眠健忘,面色萎黄,四肢困倦,食少便溏,舌质淡,苔薄,脉细弱。

治法:调补心脾,益气摄精。

方药:妙香散。

方中人参、黄芪益气生精,山药、茯苓扶脾,远志、辰砂清心安神,木香理气,桔梗升清,使气充神守,遗精自愈。

若中气不升,可加升麻、柴胡或改用补中益气汤以升提中气。

- **肾虚滑脱,精关不固**

症状:梦遗频作,甚至滑精,腰膝酸软,咽干,心烦,眩晕,耳鸣,健忘,失眠,低热,颧赤,形瘦盗汗,发落齿摇,舌红少苔,脉细数。部分病人久遗滑精,可兼见形寒肢冷,阳痿早泄,精冷,夜尿多或尿少,浮肿,溲色清白,或余沥不尽,面色㿠白或枯槁无华,苔淡嫩有齿痕,苔白滑,脉沉细。

治法:补益肾精,固涩止遗。

方药:左归饮合金锁固精丸、水陆二仙丹。

方中熟地、山茱萸、枸杞子、潼蒺藜补益肾精,芡实、莲须、金樱子、龙骨、牡蛎固涩止遗,山药、莲子肉、茯苓、甘草健脾助运。若腰膝酸软者,可用左归丸;若阴虚及阳,肾中阴阳俱虚者,治当阴中求阳,用右归丸。方中熟地、山药、山茱萸、枸杞子、当归补养精血,菟丝子、杜仲壮腰摄精,鹿角胶、肉桂、附子温补肾阳。

若病由心肾不交发展而来,在补益肾精时,还应佐以宁心安神之法,可选用斑龙丸、桑螵蛸散加减。

若由湿热下注发展而来,不宜早施固涩,应予泄热分利。

【转归预后】

遗精初起,一般以实证多见,日久不愈,可逐渐转变为虚证。在病理演变过程中,还可出现虚实夹杂。阴虚者可兼有火旺,肾虚者可兼有湿热痰火。精属阴液,故开始多以伤及肾阴为主;但精与气互生,阴与阳互根,所以病久往往表现为肾气虚弱,甚则导致肾阳衰惫。因此,遗精日久,可兼见早泄,或导致阳痿。综观遗精预后尚佳。

【预防与调摄】

注意精神调养,排除杂念,既是预防措施又是调摄的内容。正如《景岳全书·遗精》说:"遗精之始,无不病由乎心。……及其既病而求治,则尤当以持心为先,然后随证调理,自无不愈。使不知求本之道,全恃药饵,而欲望成功者,盖亦几希矣!"故应避免过度的脑力紧张,丰富文体活动,适当参加体力劳动。注意生活起居,节制性欲,戒除手淫,夜晚进食不宜过饱。睡前用温水洗脚,养成侧卧的习惯,被褥不宜过厚,脚部不宜盖得太暖,衬裤不宜过紧。少食辛辣刺激性食品,如烟、酒、咖啡等。

【结　语】

　　遗精病多因情志失调、饮食不节、房劳过度等引起。主要病机有心肾不交、君相火旺,湿热下注、疏泄失度,劳伤心脾、气不摄精,肾虚不藏、精关不固等数种。其病与五脏均相关联,但因精藏于肾、神持于心,故始病时以心肾不交,君相火动,虚实参见者为多,治以清心安神,疏泄相火为先。久则肾精耗伤,转为虚证。滑精则多由梦遗日久发展而成,病以肾虚不藏,精关不固的虚证为多,治以补肾固精为主。若湿热下注,影响疏泄,气虚下陷,不能摄精者,多因脾胃功能失调,为病有虚有实,务须注意升清、益气、健脾、利湿、散郁、疏肝等法的运用,不可一概清心补肾。总的治则是:上则清心安神,中则调其脾胃、升举阳气,下则益肾固精。

【附】早泄

　　早泄是指在性交之始即行排精,甚至性交前即泄精的病证。早泄始见于《辨证录·种嗣门》,早泄常与遗精、阳痿等病证并见,因此治疗方法每多类同。

　　房劳过度及频犯手淫,可导致肾精亏耗,肾阴不足,则相火偏亢,从而引起早泄。禀赋素亏或遗精日久,导致肾阴肾阳俱虚,亦可引起早泄。因此,早泄的辨证有阴虚火旺及阴阳两虚的不同。

·阴虚火旺

　　症状:欲念时起,阳事易举,或举而不坚,临房早泄,梦遗滑精,头晕目眩,心悸耳鸣,口燥咽干,舌质红,脉细数。

　　治法:滋阴降火。

　　方药:知柏地黄丸、大补阴丸、三才封髓丹等。

　　遗精甚者,又当参考遗精病证进行治疗。

·阴阳两虚

　　症状:畏寒肢冷,面㿠气短,腰膝酸软,阳痿精薄,舌淡,脉微。

　　治法:滋肾阴,温肾阳。

　　方药:金匮肾气丸。

　　早泄严重可导致阳痿,阳痿又常可伴见早泄,治疗当互参。适当的体育锻炼,夫妻暂时分居和相互关怀体贴,坚决戒除手淫恶习,对早泄的治疗有重要的作用。

【文献摘要】

　　《素问·六节藏象论》:"肾者主蛰,封藏之本,精之处也。"

　　《灵枢·淫邪发梦》:"厥气客于阴器,则梦接内。"

　　《金匮要略·血痹虚劳病脉证并治》:"夫失精家少腹弦急,阴头寒,目眩、发落、脉极虚芤迟,为清谷、亡血、失精。脉得诸芤动微紧,男子失精、女子梦交,桂枝加龙骨牡蛎汤主之。"

　　《医宗必读·遗精》:"按古今方论,皆以遗精为肾气衰弱之病,若与他脏不相干涉。不知内经言五脏六腑各有精,肾则受而藏之。以不梦而自遗者,心肾之伤居多,梦而后遗者,相火之强为害。若乎五脏各得其职,则精藏而治。苟一脏不得其正,甚则必害心肾之主精者焉。治之之法,独因肾病而遗者,治其肾。由他脏而致者,则他脏与肾两治之。如心病而遗者,必血脉空虚,本纵不收;肺病而遗者,必皮革毛焦,喘急不利;脾病而遗者,色黄肉消,四肢懈惰;肝病而遗者,色清而筋痿;肾病而遗者,色黑而髓空。更当以六脉参详,昭然可辨。"

《证治准绳·遗精》:"丹溪书分梦遗、精滑为二门。因梦与鬼交为梦遗,不因梦感而自遗者为精滑,然总之为遗精也。其治法无二,故合之。"

《景岳全书·遗精》:"因梦而出精者,谓之梦遗;不因梦而精自出者,谓之滑精。……情动者当清其心,精动者当固其肾,滑精者无非肾气不守而然";"治遗精之法,凡心火甚者,当清心降火;相火盛者,当壮水滋阴;气陷者,当升举;滑泄者,当固涩;湿热相乘者,当分利;虚寒冷利者,当温补下元;元阳不足,精气两虚者,当专培根本"。

【研究进展】

· 慢性前列腺炎的中医治疗

根据有关资料将慢性前列腺炎区分为"细菌性前列腺炎"和"前列腺病"两种。前者前列腺液培养有致病菌,后者培养无致病菌;前者按中医辨证多属遗精的实证,后者辨证多属遗精的虚证;前者治宜清泄,后者治宜固摄。两者均可加入活血化瘀的药物,如丹参、王不留行、桃仁、赤芍等,其目的是增进前列腺血液循环,促使炎症吸收和消退〔医学情况交流 1974;(8):17〕。近年来,应用中医关于遗精的理法,对西医学的慢性前列腺炎进行治疗,取得了较好的疗效。如上海中医药大学附属曙光医院报道一组慢性前列腺炎,共计70例,经过1~3月的中医中药治疗,总有效率达90%。其疗效标准是:①痊愈:慢性前列腺炎有关的疼痛症状和膀胱尿道刺激症状消失,前列腺液镜检,白细胞高倍视野在10个以下,前列腺体无触痛。②好转:慢性前列腺炎有关自觉症状消失,但前列腺液镜检白细胞仍较多,前列腺无改变;或前列腺液镜检白细胞高倍视野在10个以下,但仍存在慢性前列腺炎有关自觉症状。③无效:自觉症状、前列腺液镜检、前列腺触诊均无明显改善〔江西中医药 1981;(3):12〕。曙光医院将慢性前列腺炎分为湿热蕴结、肾阴不足和肾阳虚衰三种类型。湿热蕴结型以尿路刺激症状为主,用八正散、五苓散、萆薢分清饮等;肾阴不足型以下腰、会阴、耻骨上、腹股沟等部位酸楚为主,用知柏地黄丸、沉香散、金铃子散等;肾阳虚衰型主要以性功能减退为主,用右归丸、河车大造丸、鹿茸丸等,可供临床参考〔辽宁中医杂志 1981;(5):28〕。汤氏将慢性前列腺炎分为瘀滞型、湿热型、肾阴虚及肾阳虚型,并认为肾虚为该病之本,湿热、瘀血为病之标,治疗依辨证分型为主立法,同时注意标本兼顾,各型伴前列腺增生者加山甲、三棱、莪术、田三七粉等,治疗49例,口服并热水坐浴日1~2次,7日为1个疗程。结果显效34例,有效13例,总有效率为96%〔安徽中医学院学报 1995;(1):21〕。

第六节 阳　痿

阳痿是指青壮年男子,由于虚损、惊恐或湿热等原因,致使宗筋弛纵,引起阴茎萎软不举,或临房举而不坚的病证。

《灵枢·邪气脏腑病形》称阳痿为"阴痿",《灵枢·经筋》称为"阴器不用",在《素问·痿论》中又称为"宗筋弛纵"和"筋痿"。《太平惠民和剂局方》称为"阳事不举"。《景岳全书·阳痿》说"阴痿者,阳不举也",指出阴痿即是阳痿。

西医学的男子性功能障碍和某些慢性疾病表现以阳痿为主者,可参考本节内容辨证论治。

【证候特征】

阳痿可表现为房事不举,但睡梦中易举;也可表现为举思交合,但临房即痿;还可表现为举而不坚,不能持久。阳痿常与遗精、早泄同时并见。

阳痿若以命门火衰为因者,常兼见头晕耳鸣,面色㿠白,畏寒肢冷,精神萎靡,腰膝酸软,精薄清冷,舌淡苔白,脉沉细等。阳痿若以心脾受损为因者,常兼见精神不振,面色不华,夜不安寐,胃纳不佳,苔薄腻,脉弦细等。阳痿若以恐惧伤肾为因者,常兼见胆怯多疑,心悸易惊,精神苦闷,寐不安宁,苔薄腻,脉弦细等。阳痿若以肝郁不舒为因者,常兼见情绪抑郁,烦躁易怒,胸胁胀闷,苔薄脉弦等。阳痿若以湿热下注为因者,常兼见阴囊潮湿、臊臭,下肢酸困,小便黄赤,苔黄腻,脉濡数等。

【病因病机】

1. 命门火衰　多因房劳过度,或少年频犯手淫,或过早婚育,以致精气虚损、命门火衰,引起阳事不举。

2. 心脾受损　思虑忧郁,损伤心脾,则病及阳明冲脉,而胃为水谷气血之海,以致气血两虚,而成阳痿。《景岳全书·阳痿》说:"凡思虑焦劳忧郁太过者,多致阳痿,盖阳明总宗筋之会,……若以忧思太过,抑损心脾,则病及阳明冲脉,……气血亏而阳道斯不振矣。"

3. 恐惧伤肾　恐则伤肾,恐则气下,渐至阳痿不振,举而不刚,而导致阳痿。《景岳全书·阳痿》说:"忽有惊恐,则阳道立痿,亦甚验也。"

4. 肝郁不舒　肝主筋,阴器为宗筋之汇,若情志不遂,忧思郁怒,肝失疏泄条达,则宗筋所聚无能,如《杂病源流犀烛·前阴后阴源流》说:"又有失志之人,抑郁伤肝,肝木不能疏达,亦致阴痿不起。"

5. 湿热下注　湿热下注,宗筋弛纵,可导致阳痿,经所谓壮火食气是也。薛己在《明医杂著·卷三》按语中说:"阴茎属肝之经络,盖肝者木也,如木得湛露则森立,遇酷暑则萎悴。"

就临床所见,以命门火衰较为多见,而湿热下注较为少见,所以《景岳全书·阳痿》说:"火衰者十居七八,火盛者,仅有之耳。"

【诊　断】

1. 青壮年男子性交时,由于阴茎不能有效地勃起,无法进行正常的性生活,即可诊断本病。

2. 多有房事太过,久病体虚,或青少年频犯手淫史,常伴有神疲乏力,腰酸膝软,畏寒肢冷,或小便不畅,滴沥不尽等症。

3. 排除性器官发育不全,或药物引起的阳痿。

【鉴别诊断】

早泄　早泄是指在性交之始,阴茎虽能勃起,但随即过早排精,排精之后因阴茎萎软遂不能进行正常的性交。阳痿是指性交时阴茎不能勃起,两者有所不同,但早泄日久,可进一步导致阳痿的发生。

【辨证论治】

辨证要点

1. 辨别有火无火　阳痿而兼见面色㿠白,畏寒肢冷,舌淡苔白,脉沉细者,是为无火;阳痿而兼见烦躁易怒,小便黄赤,苔黄腻,脉濡数或弦数者,是为有火。其中辨证的依据,以脉象、舌苔为主。

2. 分清脏腑虚实　由于恣情纵欲,思虑忧郁,惊恐所伤者,多为脾肾亏虚,命门火衰,属于虚证;由于肝郁化火,湿热下注,宗筋弛纵者,属于实证。

治疗原则

阳痿属虚者宜补,属实者宜泻,有火者宜清,无火者宜温。命门火衰者,阳气既虚,真阴多损,且肾恶燥,因此温补忌纯用刚热燥涩之剂,宜选用血肉有情温润之品。湿热下注者,治用苦寒坚阴,淡渗祛湿,即《素问·脏气法时论》所谓"肾欲坚,急食苦以坚之"的原则。

分证论治

• 命门火衰

症状:阳事不举,精薄清冷,头晕耳鸣,面色㿠白,精神萎靡,腰膝酸软,畏寒肢冷,舌淡苔白,脉沉细。

治法:温补下元。

方药:右归丸、赞育丹。

方中既有温肾壮阳的药物,如鹿角胶、菟丝子、淫羊藿、肉苁蓉、韭菜子、蛇床子、杜仲、附子、肉桂、仙茅、巴戟天、鹿茸等;又配伍养血滋阴的药物,如熟地、当归、枸杞子、山茱萸等,以达到阴阳相济的目的,所谓"阳得阴助而生化无穷"。若火不甚衰,只因气血薄弱者,治宜左归丸。

• 心脾受损

症状:阳事不举,精神不振,夜寐不安,胃纳不佳,面色不华,苔薄腻,舌质淡,脉细。

治法:补益心脾。

方药:归脾汤。

方中党参、黄芪、白术、茯苓、炙甘草健脾益气,枣仁、远志、桂圆肉养心安神,当归补血,诸药配合,共奏益气补血、养心健脾之功。

• 恐惧伤肾

症状:阳痿不振,举而不刚,胆怯多疑,心悸易惊,寐不安宁,苔薄腻,脉弦细。

治法:益肾宁神。

方药:大补元煎加味。

方中熟地、山萸肉、杜仲、枸杞子益肾,人参、当归补益气血。可加枣仁、远志养心安神;因恐则气下,还可加升麻、柴胡以升阳。

• 肝郁不舒

症状:阳痿不举,情绪抑郁或烦躁易怒,胸脘不适,胁肋胀闷,食少便溏,苔薄,脉弦。

治法:疏肝解郁。

方药:逍遥散加减。

方中柴胡、白芍、当归疏肝解郁,养血和血;白术、茯苓、甘草健脾助运,实土御木。另可加香附、川楝子、枳壳理气调肝;补骨脂、菟丝子、枸杞子补益肝肾。诸药相配,共奏疏肝解郁、理气和中、益肾助阳之功。

• 湿热下注

症状:阴茎萎软,阴囊潮湿、臊臭,下肢酸困,小便黄赤,苔黄腻,脉濡数。

治法:清化湿热。

方药:龙胆泻肝汤。

方中龙胆草、黄芩、山栀、柴胡清热泻火,味苦坚肾;木通、车前子、泽泻清利湿热;当归、生地养阴、活血、凉血,与清热泻火药配伍,泻中有补,使泻火之药不致苦燥伤阴。

若症见梦中阳举,举则遗精,寐则盗汗,五心烦热,腰酸膝软,舌红少津,脉弦细数,为肝肾阴伤,虚火妄动,治宜滋阴降火,方用知柏地黄丸合大补阴丸加减。

【转归预后】

阳痿大多数属功能性病变,经过适当的治疗调养,一般可以得到治愈,预后是良好的。

【预防与调摄】

在预防方面,因起病与恣情纵欲有关,故应清心寡欲,戒除手淫;如与全身衰弱、营养不良或身心过劳有关,应适当增加营养或注意劳逸结合,节制性欲。在调摄方面,要树立战胜疾病的信心,适当进行体育锻炼,夫妻暂时分床和相互关怀体贴,这些都有辅助治疗的作用。

【结 语】

阳痿多由于恣情纵欲,频犯手淫,导致精气虚损,命门火衰,或由于思虑、惊恐伤及心脾肾而成,亦可因肝失疏泄,湿热下注,宗筋弛纵所致。其辨证当先根据病因病机,分清脏腑虚实,再根据舌苔脉象辨别有火无火。虚证当补,实证当泻,有火宜清,无火宜温。命门火衰者,治宜温补下元;心脾受损者,治宜补益心脾;惊恐伤肾者,治宜益肾宁神;肝郁不舒者,治宜疏肝解郁;湿热下注者,治宜清化湿热。

【文献摘要】

《灵枢·经筋》:"足厥阴之筋,……其病……阴器不用,伤于内则不起,伤于寒则阴缩入,伤于热则纵挺不收。"

《素问·痿论》:"思想无穷,所愿不得,意淫于外,入房太甚,宗筋弛纵,发为筋痿。"

《诸病源候论·虚劳阴痿候》:"劳伤于肾,肾虚不能荣于阴器,故萎弱也。"

《重订济生方·虚损论治》:"五劳七伤,真阳衰惫,……阳事不举。"

《明医杂著·卷三》:"男子阴茎不起,古方多云命门火衰,精气虚冷,固有之矣。然亦有郁火甚而致痿者";"阴茎属肝之经络。盖肝者木也,如木得湛露则森立,遇酷暑则萎悴"。

《类证治裁·阳痿》:"伤于内则不起,故阳之痿,多由色欲竭精,或思虑伤神,或恐惧伤肾……,亦有湿热下注,宗筋弛纵而致阳痿者。"

《景岳全书·阳痿》:"凡惊恐不释者,亦致阳痿。经曰恐伤肾,即此谓也。故凡遇大惊卒恐,能令人遗失小便,即伤肾之验。又或于阳旺之时,忽有惊恐,则阳道立痿,亦其验也。"

《临证指南医案·阳痿》:"又有阳明虚则宗筋纵,盖胃为水谷之海,纳食不旺,精气必虚,况男子外肾,其名为势,若谷气不充,欲求其势之雄壮坚举,不亦难乎?治唯通补阳明而已。"

【研究进展】

·男子性功能障碍的中医治疗

近年来,运用中医药对男子性功能障碍进行治疗,取得了较好的效果。陈氏治疗阳痿737例,近期治愈(指半年内)655例,占88.9%,好转并继续治疗者77例,占10.4%,无效病例占0.7%。其疗效标准:近期治愈:阴茎勃起坚而有力;房事能成功。好转:阴茎勃起坚而有力,或时好时差,某些原因如精神紧张等,房事勉强成功或不成功。无效:阴茎勃起虽然有进步,但房事不能成功;经两个疗程治疗仍无变化。阳痿发生的原因之一,是纵欲过度和长期手淫。该组统计397例中因性生活过频(每日1次以上)而致阳痿者97例,占24.4%。婚后同房从未成功者132例中多数有手淫习惯。以上病例主要是由于神经系统常处于过度兴奋状态,久则引起衰竭,功能随之减退。在泌尿生殖系统常规检查的 282 例中,曾患或伴有前列腺炎者 185 例,副睾囊肿 1 例,隐睾 4 例,睾丸发育不全 3 例,副睾炎 15 例,鞘膜积液 1 例,共占常规检查的 74.1%,这些病可能会造成脊髓中枢的机能紊乱,说明泌尿生殖系统的慢性炎症长期不愈亦可造成阳痿。此外,精神上受到各种刺激,如恐惧心理,体外排精造成的性交中断等均可导致性机能减退。阳痿的治疗,过去多应用温肾壮阳之品,而该组报道采用蜈蚣、当归、芍药、甘草四味药,蜈蚣入肝经,其性走窜力最速,内而脏腑,外而经络,凡气血凝聚之处皆能开之,故可开肝经之气血郁闭,使气血得行、经络通畅;更佐白芍、当归养血活血、补肝柔肝、荣养宗筋,且可监制蜈蚣辛温走窜伤阴之弊;甘草培土以后天养先天。四药合用既能养血益精,调阴阳,又可气血兼顾,经脏同治,通补兼施,寓通于补之中,共奏疏通肝经郁闭之功,阳痿自能痊愈。该报道还认为,阳痿伴有明显前列腺炎者,其治愈速度与前列腺炎的痊愈速度密切相关。有器质性病变者,要治疗器质性病变。

李氏认为近年阳痿患者中器质性疾患所致比例有增高之势,治疗时应分辨清楚。功能性阳痿中以肾虚肝郁型多见,作者用自制兴阳冲剂(海狗肾、仙灵脾、巴戟天、山萸肉、柴胡、当归、白芍、鹿角胶、枸杞子等),治疗 50 例均符合肾虚肝郁阳痿和西医精神性阳痿诊断标准的患者,结果治愈 21 例占 42%,显效 15 例占 30%,有效 7 例占 14%〔北京中医药大学学报 1994;(4):32〕。

从肝论治阳痿,不同于一般传统的治法,以上两组报道在治疗中均突出了疏解肝郁这一治法,疗效显著,为阳痿的证治理论研究开辟了新的途径。

第七章 气血津液病证

气血津液病证是指在外感或内伤等病因的影响下,引起气、血、津液的运行失常,输布失度,生成不足,亏损过度,从而导致的一类病证。许多病证均不同程度地与气血津液有关,本章着重讨论病机与气、血、津液密切关联的病证,包括郁病、血证、汗证、消渴、内伤发热、虚劳、积聚、厥证、肥胖等病证。水肿虽系水液停聚体内所致,但因其病位主要在肾,故本书将其列在肾膀胱病证一章内。

【主要证候及特征】

气与血是人体生命活动的动力源泉,又是脏腑功能活动的产物。脏腑的生理现象、病理变化,均以气血为重要的物质基础。津液是人体正常水液的总称,也是维持人体生理活动的重要物质。津液代谢失常多继发于脏腑病变,而它又会反过来加重脏腑病变,使病情进一步发展。气血津液的运行失常或生成不足,是气血津液病证的基本病机,而其主要的证候有如下几种:

- **气虚**

1. **主要脉症** 精神萎顿,倦怠,四肢乏力,眩晕,自汗,易于感冒,面白,舌质淡,脉虚无力。

2. **证候特征** 本证表现一系列元气耗损,脏腑机能减退的症状。随发病脏腑的不同,症状侧重点有所差异。

- **气郁**

1. **主要脉症** 精神抑郁,情绪不宁,胸部胀闷,胁肋胀痛,痛无定处,脘闷嗳气,不思饮食,大便不调,苔薄腻,脉弦。

2. **证候特征** 本证的轻重程度,常与情志舒畅与否有较密切的关系。本证与气滞的区别是:气郁由精神因素所致,以肝为主要病及之脏;引起气滞的原因很多,病及的脏腑也多,肺、肝、脾、胃等脏腑均可能发生气滞。

- **气滞**

1. **主要脉症** 病变脏腑或相应部位出现胀满、疼痛,苔薄腻,脉弦。

2. **证候特征** 气滞以病变部位胀满、疼痛为主要症状,其疼痛多为胀痛而非刺痛。

- **气逆**

1. **主要脉症** 头胀头痛,面红目赤,烦躁易怒,甚则昏厥,或为咯血、吐血。

2. **证候特征** 气逆与气滞的区别在于,气滞是局部或全身的气机不畅甚或阻滞;气逆是气机的升降失常而气逆于上,易发生于肺、胃、肝。在本章的病证中,主要为肝的气逆。

- **血虚**

1. **主要脉症** 头晕目眩,神疲乏力,失眠健忘,心悸怔忡,面色苍白或萎黄,唇舌色淡,脉弱。

2. 证候特征　本证表现一系列血虚失养,脏腑机能减退的症状。其与气虚的主要区别在于,本证面色萎黄不华,唇舌色淡等营血亏虚的表现突出,且常有失血过多的原因存在。

· **血瘀**

1. 主要脉症　病变部位疼痛,痛有定处,或有肿块,或致发热,面色黧黑,肌肤甲错,舌质紫暗,或有瘀点瘀斑,脉涩或弦。

2. 证候特征　血瘀以疼痛为最常见的症状,其痛以痛处固定,多为刺痛,久痛不愈,反复发作为特征。舌象对瘀血的诊断有比较重要的意义。

· **津伤化燥**

1. 主要脉症　口干口渴,唇焦咽燥,鼻干目涩,咯血或衄血,大便秘结,甚或肌肉消瘦,舌质红,舌上少津,少苔甚至无苔。

2. 证候特征　本证以津液亏少,表现一系列干燥不润的症状为特征。

【病机述要】

1. 气虚　主要由于饮食失调,水谷精微不充,以致气的来源不足;或因大病久病,年老体弱及烦劳过度等,以致脏腑机能减弱,气的化生不足。由于正气不足,不能正常发挥气的推动、固摄、温煦、卫外等作用,而表现倦怠乏力,精神萎顿,自汗,易于感冒等症。

2. 气郁　由情志内伤所致,肝气郁结,气机不畅,而表现精神抑郁,胸胁胀满疼痛等症。继则常引起血郁、火郁、痰郁和病及脾胃等。

3. 气滞　情志不舒,饮食失调,感受外邪,闪挫跌仆,以及痰浊、瘀血阻滞等多种原因均可导致气滞。由于气机阻滞,气血运行障碍,以致病变部位或脏腑出现胀满、疼痛。

4. 气逆　多由情志内伤,饮食不节,寒温不适,或痰浊壅阻所致。气逆于上,以属实者为多。肝气上逆而发生头痛头胀,面红,烦躁易怒等症。因肝为刚脏,又为藏血之脏,故肝气上逆之时,甚则可致血随气逆,引起咯血吐血,或壅遏清窍而致昏厥。

5. 血虚　常由失血过多,脾胃虚弱,营养不良,久病不愈,以及血液化生障碍等原因所致。由于营血亏虚,脏腑经络失于濡养,而表现头晕眼花,神疲乏力,面色萎黄,唇舌色淡等症。

6. 血瘀　情志不舒,饮食失调,感受外邪,跌仆损伤,以及久病正虚等多种原因均会导致血瘀。由于血行不畅甚至脉络瘀阻,不通则痛,而引起疼痛,积块,壅遏发热等症。

7. 津伤化燥　由素体阴亏,内热亢盛,或热伤津液所致。由于津液亏少,失于滋润,而出现口渴,心烦,唇焦咽燥,鼻干目涩,舌红少苔少津等症。

【治疗要点】

1. 针对气血津液的病变性质进行治疗,补益其亏损不足,纠正其运行失常。如气虚宜补气益气,气郁宜理气解郁,气滞宜理气行气,气逆宜顺气降逆,血虚宜补血养血,血瘀宜活血化瘀,津伤化燥宜滋阴润燥。

2. 气血津液的病证,虽有其共同性,但发病的脏腑不同,则症状表现的侧重点也就有所不同,应结合五脏病变的特点进行治疗。

3. 重视补益脾胃。因脾胃为后天之本,气血生化之源,尤其是对气血津液亏耗过多或生成不足所形成的病证,应充分重视补益脾胃,以助生化之源。

4. 重视气、血、津三者之间的关系,注意将气为血帅,气能行血、行津,气能摄血、摄津,血为气母,津能载气等理论,用于指导气血津液有关病证的临床治疗。

5. 注意攻补之适宜。气血津液疾病大多虚实夹杂,除纯属虚证者外,当分清标本缓急,虚实兼顾,补虚勿忘实,祛邪勿忘虚。

第一节 郁 病

郁病是由于情志不舒、气机郁滞所致,以心情抑郁、情绪不宁、胸部满闷、胁肋胀痛,或易怒易哭,或咽中如有异物梗塞等症为主要临床表现的一类病证。

郁字有积、滞、蕴结等含义。郁病由精神因素所引起,以气机郁滞为基本病变,是内科病证中最为常见的一种。据统计,类属郁病的病例,约占综合性医院内科门诊人数的10%左右。据有的医院抽样统计,内科住院病例中,有肝郁证表现者约占21%左右。郁病的中医药疗效良好,尤其是结合精神治疗,更能收到显著的疗效。所以属于郁病范围的病证,求治于中医者甚多。

《金匮要略·妇人杂病脉证并治》记载了属于郁病的脏躁及梅核气两种病证,并观察到这两种病证多发于女性,所提出的治疗方药沿用至今。元代《丹溪心法·六郁》提出了气、血、火、食、湿、痰六郁之说,创立了六郁汤、越鞠丸等相应的治疗方剂。明代《医学正传》首先采用郁证这一病证名称。自明代之后,已逐渐把情志之郁作为郁病的主要内容。如《古今医统大全·郁证门》说:"郁为七情不舒,遂成郁结,既郁之久,变病多端。"《景岳全书·郁证》将情志之郁称为因郁而病,着重论述了怒郁、思郁、忧郁三种郁证的证治。《临证指南医案·郁》所载的病例,均属情志之郁,治则涉及疏肝理气、苦辛通降、平肝熄风、清心泻火、健脾和胃、活血通络、化痰涤饮、益气养阴等法,用药清新灵活,颇多启发。并且充分注意到精神治疗对郁病具有重要的意义,认为"郁证全在病者能移情易性"。

郁有广义狭义之分。广义的郁,包括外邪、情志等因素所致的郁在内。狭义的郁,即单指情志不舒为病因的郁。明代以后的医籍中记载的郁病,多单指情志之郁而言。

根据郁病的临床表现及其以情志内伤为致病原因的特点,主要见于西医学的神经衰弱、癔病及焦虑症等。另外,也见于更年期综合征及反应性精神病。当这些疾病出现郁证的临床表现时,可参考本节辨证论治。

【证候特征】

气机郁滞所引起的气郁症状,如精神抑郁、情绪不宁、胸胁胀满疼痛等,为郁病的各种证型所共有,是郁病的证候特征。郁病所表现的胸胁胀满疼痛,范围比较弥散,不易指明确切部位,一般多以胁肋部为主;以满闷发胀为多见,即或有疼痛一般也较轻;胀满的感觉持续存在,其程度与情绪密切有关。

在气郁的基础上继发其他郁滞,则出现相应的症状,如血郁:兼见胸胁胀痛,或呈刺痛,部位固定,舌质有瘀点、瘀斑,或舌质紫暗;火郁:兼见性情急躁易怒,胸闷胁痛,嘈杂吞酸,口干而苦,便秘,舌质红,苔黄,脉弦数;食郁:兼见胃脘胀满,嗳气酸腐,不思饮食;湿郁:兼见身重,脘腹胀满,嗳气,口腻,便溏腹泻;痰郁:兼见脘腹胀满,咽中如物梗塞,苔腻。脏躁发作时出现的精神恍惚,悲哀哭泣,哭笑无常,以及梅核气所表现的咽中如有炙脔,吞之不下,咯之不出等症,是郁病中具有特异性的证候特征。郁病日久,则常出现心、脾、肝、肾亏损的虚证症状。

【病因病机】

1. 愤懑郁怒,肝气郁结　厌恶憎恨、愤懑恼怒等精神因素,均可使肝失条达,气机不畅,以致肝气郁结而成气郁,这是郁证主要的病机。因气为血帅,气行则血行,气滞则血瘀,气郁日久,影响及血,使血液运行不畅而形成血郁。若气郁日久化火,则发生肝火上炎的病变,而形成火郁。津液运行不畅,停聚于脏腑、经络,凝聚成痰,则形成痰郁。郁火耗伤阴血,则可导致肝阴不足。

2. 忧愁思虑,脾失健运　由于忧愁思虑,精神紧张,或长期伏案思索,使脾气郁结,或肝气郁结之后横逆侮脾,均可导致脾失健运,使脾的消磨水谷及运化水湿的功能受到影响。若脾不能消磨水谷,以致食积不消,则形成食郁。若不能运化水湿,水湿内停,则形成湿郁。水湿内聚,凝为痰浊,则形成痰郁。火郁伤脾,饮食减少,气血生化乏源,则可导致心脾两虚。

3. 情志过极,心失所养　由于所愿不遂,精神紧张,家庭不睦,遭遇不幸,忧愁悲哀等精神因素,损伤心神,使心失所养而发生一系列病变。若损伤心气,以致心气不足,则心悸、短气、自汗;耗伤心阴以致心阴亏虚,心火亢盛,则心烦、低热、面色潮红、脉细数;心失所养,心神失守,以致精神惑乱,则悲伤哭泣,哭笑无常。心的病变还可进一步影响到其他脏腑。

情志内伤是郁病的致病原因。但情志因素是否造成郁病,除与精神刺激的强度及持续时间的长短有关之外,也与机体本身的状况有极为密切的关系。正如《杂病源流犀烛·诸郁源流》说:"诸郁,脏气病也,其原本于思虑过深,更兼脏气弱,故六郁之病生焉。"说明机体的"脏气弱"是郁病发病的内在因素。

综上所述,郁病的病因是情志内伤。其病机主要为肝失疏泄,脾失健运,心失所养及脏腑阴阳气血失调。郁病初起病变以气滞为主,常兼血瘀、化火、痰结、食滞等,多属实证。病久则易由实转虚,随其影响的脏腑及损耗气血阴阳的不同,而形成心、脾、肝、肾亏虚的不同病变。

【诊　断】

1. 以忧郁不畅,情绪不宁,胸胁胀满疼痛,或易怒易哭,或咽中如有炙脔为主症。多发于青中年女性。

2. 病史:患者大多数有忧愁、焦虑、悲哀、恐惧、愤懑等情志内伤的病史。并且郁病病情的反复常与情志因素密切相关。

3. 各系统检查和实验室检查正常,除外器质性疾病。

【鉴别诊断】

1. 虚火喉痹　郁病中的梅核气应注意和虚火喉痹相鉴别。梅核气多见于青中年女性,因情志抑郁而起病,自觉咽中有物梗塞,但无咽痛及吞咽困难,咽中梗塞的感觉与情绪波动有关,在心情愉快、工作繁忙时,症状可减轻或消失,而当心情抑郁或注意力集中于咽部时,则梗塞感觉加重。虚火喉痹则以青中年男性发病较多,多因感冒、长期烟酒及嗜食辛辣食物而引发,咽部除有异物感外,尚觉咽干、灼热、咽痒。咽部症状与情绪无关,但过度辛劳或感受外邪则易于加剧。

2. 噎膈　梅核气应当与噎膈相鉴别。梅核气的诊断要点如上所述。噎膈多见于中老年人,男性居多,梗塞的感觉主要在胸骨后的部位,吞咽困难的程度日渐加重,作食管检查常有异常发现。

3. 癫病　郁病中的脏躁一证,需与癫病相鉴别。脏躁多发于青中年妇女,在精神因素的刺激下呈间歇性发作,在不发作时可如常人。而癫病则多发于青壮年,男女发病率无显著差别,病程迁延,心神失常的症状极少自行缓解。

【辨证论治】

辨证要点

1. 辨明受病脏腑与六郁的关系　郁病的发生主要为肝失疏泄,脾失健运,心失所养,应依据临床症状,辨明其受病脏腑侧重之差异。郁病以气郁为主要病变,但在治疗时应辨清楚六郁。一般说来,气郁、血郁、火郁主要关系于肝;食郁、湿郁、痰郁主要关系于脾;而虚证证型则与心的关系最为密切。

2. 辨别证候虚实　六郁病变,即气郁、血瘀、化火、食积、湿滞、痰结均属实,而心、脾、肝的气血或阴精亏虚所导致的证候则属虚。

治疗原则

理气开郁、调畅气机、怡情易性是治疗郁病的基本原则。正如《医方论·越鞠丸》方解中说:"凡郁病必先气病,气得疏通,郁于何有?"对于实证,首应理气开郁,并需根据是否兼有血瘀、痰结、湿滞、食积等而分别采用活血、降火、祛痰、化湿、消食等法。虚证则应根据损及的脏腑及气血阴精亏虚的不同情况而补之,或养心安神,或补益心脾,或滋养肝肾。对于虚实夹杂者,则又当视虚实的偏重而虚实兼顾。

郁病一般病程较长,用药不宜峻猛。在实证的治疗中,应注意理气而不耗气,活血而不破血,清热而不败胃,祛痰而不伤正;在虚证的治疗中,应注意补益心脾而不过燥,滋养肝肾而不过腻。正如《临证指南医案·郁》指出,治疗郁证"不重在攻补,而在乎用苦泄热而不损胃,用辛理气而不破气,用滑润濡燥涩而不滋腻气机,用宣通而不揠苗助长"。

除药物治疗外,精神治疗对郁病有极为重要的作用。解除致病原因,使病人正确认识和对待自己的疾病,增强治愈疾病的信心,可以促进郁病好转、痊愈。

分证论治

·肝气郁结

症状:精神抑郁,情绪不宁,胸部满闷,胁肋胀痛,痛无定处,脘闷嗳气,不思饮食,大便不调,苔薄腻,脉弦。

治法:疏肝解郁,理气畅中。

方药:柴胡疏肝散。

本方由四逆散加川芎、香附、陈皮而成。方中柴胡、香附、枳壳、陈皮疏肝解郁,理气畅中;川芎、芍药、甘草活血定痛,柔肝缓急。

胁肋胀满疼痛较甚者,可加郁金、青皮、佛手疏肝理气。肝气犯胃,胃失和降,而见嗳气频作,脘闷不舒者,可加旋覆花、代赭石、苏梗、法半夏和胃降逆。兼有食滞腹胀者,可加神曲、麦芽、山楂、鸡内金消食化滞。肝气乘脾而见腹胀、腹痛、腹泻者,可加苍术、茯苓、乌药、白豆蔻健脾除湿,温经止痛。兼有血瘀而见胸胁刺痛,舌质有瘀点、瘀斑,可加当归、丹参、郁金、红花活血化瘀。

• **气郁化火**

症状：性情急躁易怒，胸胁胀满，口苦而干，或头痛、目赤、耳鸣，或嘈杂吞酸，大便秘结，舌质红，苔黄，脉弦数。

治法：疏肝解郁，清肝泻火。

方药：丹栀逍遥散。

该方以逍遥散疏肝调脾，加入丹皮、栀子清肝泻火。

热势较甚，口苦、大便秘结者，可加龙胆草、大黄泻热通腑。肝火犯胃而见胁肋疼痛、口苦、嘈杂吞酸、嗳气、呕吐者，可加黄连、吴茱萸（即左金丸）清肝泻火，降逆止呕。肝火上炎而见头痛、目赤、耳鸣者，加菊花、钩藤、刺蒺藜清热平肝。热盛伤阴，而见舌红少苔、脉细数者，可去原方中当归、白术、生姜之温燥，酌加生地、麦冬、山药滋阴健脾。

• **血行郁滞**

症状：精神抑郁，性情急躁，头痛，失眠，健忘，或胸胁疼痛，或身体某部有发冷或发热感，舌质紫暗，或有瘀点、瘀斑，脉弦或涩。

治法：活血化瘀理气解郁。

方药：血府逐瘀汤。

本方由四逆散合桃红四物汤加味而成。四逆散疏肝解郁，桃红四物汤活血化瘀而兼有养血作用，配伍桔梗、牛膝理气活血，调和升降。

• **痰气郁结**

症状：精神抑郁，胸部闷塞，胁肋胀满，咽中如有物梗塞，吞之不下，咯之不出，苔白腻，脉弦滑。本证亦即《金匮要略·妇人杂病脉证并治》所说"妇人咽中如有炙脔，半夏厚朴汤主之"之症。《医宗金鉴·诸气治法》将本症称为"梅核气"。

治法：行气开郁，化痰散结。

方药：半夏厚朴汤。

本方用厚朴、紫苏理气宽胸，开郁畅中；半夏、茯苓、生姜化痰散结，和胃降逆，合用有辛香散结，行气开郁，降逆化痰的作用。湿郁气滞而兼胸脘痞闷、嗳气、苔腻者，加香附、佛手片、苍术理气除湿；痰郁化热而见烦躁、舌红、苔黄者，加竹茹、栝蒌、黄芩、黄连清化痰热；病久入络而有瘀血征象，胸胁刺痛，舌质紫暗或有瘀点、瘀斑，脉涩者，加郁金、丹参、降香、姜黄活血化瘀。

• **心神惑乱**

症状：精神恍惚，心神不宁，多疑易惊，悲忧善哭，喜怒无常，或时时欠伸，或手舞足蹈，骂詈喊叫等多种症状，舌质淡，脉弦。

此种证候多见于女性，常因精神刺激而诱发。临床表现多种多样，但同一患者每次发作多为同样几种症状的重复。《金匮要略·妇人杂病脉证并治》将此种证候称为"脏躁"。

治法：甘润缓急，养心安神。

方药：甘麦大枣汤。

方中甘草甘润缓急；小麦味甘微寒，补益心气；大枣益脾养血。血虚生风而见手足蠕动或抽搐者，加当归、生地、珍珠母、钩藤养血熄风；躁扰、失眠者，加酸枣仁、柏子仁、茯神、制首乌等养心安神；表现喘促气逆者，可合五磨饮子开郁散结，理气降逆。

心神惑乱可出现多种多样的临床表现。在发作时，可根据具体病情选用适当的穴位进行针刺治疗，并结合语言暗示、诱导，对控制发作，解除症状，常能收到良好效果。一般病例可针刺内关、神门、后溪、三阴交等穴位；伴上肢抽动者，配曲池、合谷；伴下肢抽动者，配阳陵泉、昆仑；伴喘促气急者，配膻中。

- **心脾两虚**

症状：多思善疑，头晕神疲，心悸胆怯，失眠，健忘，纳差，面色不华，舌质淡，苔薄白，脉细。

治法：健脾养心，补益气血。

方药：归脾汤。

本方用党参、茯苓、白术、甘草、黄芪、当归、龙眼肉等益气健脾生血；酸枣仁、远志、茯苓养心安神；木香理气醒脾，使整个处方补而不滞。心胸郁闷，情志不舒者，加郁金、佛手片理气开郁；头痛加川芎、白芷活血祛风而止痛。

- **心阴亏虚**

症状：情绪不宁，心悸，健忘，失眠，多梦，五心烦热，盗汗，口咽干燥，舌红少津，脉细数。

治法：滋阴养血，补心安神。

方药：天王补心丹。

方中以地黄、天冬、麦冬、玄参滋补心阴，人参、茯苓、五味子、当归益气养血，柏子仁、酸枣仁、远志、丹参养心安神。心肾不交而见心烦失眠，多梦遗精者，可合交泰丸（黄连、肉桂）交通心肾；遗精较频者，可加芡实、莲须、金樱子补肾固涩。

- **肝阴亏虚**

症状：情绪不宁，急躁易怒，眩晕，耳鸣，目干畏光，视物不明，或头痛且胀，面红目赤，舌干红，脉弦细或数。

治法：滋养阴精，补益肝肾。

方药：滋水清肝饮。

本方由六味地黄丸合丹栀逍遥散加减而成，以六味地黄丸补益肝肾之阴，而以丹栀逍遥散疏肝解郁，清热泻火。肝阴不足而肝阳偏亢，肝风上扰，以致头痛、眩晕、面时潮红，或筋惕肉瞤者，加刺蒺藜、草决明、钩藤、石决明平肝潜阳，柔润熄风；虚火较甚，表现低热，手足心热者，可加银柴胡、白薇、麦冬以清虚热；月经不调者，可加香附、泽兰、益母草理气开郁，活血调经。

【转归预后】

郁病的各种证候之间，存在着一定的联系。属于实证的肝气郁结、血行郁滞、痰气郁结等证候，病久之后，若损伤心脾，气血不足，则可转化为心脾两虚或心阴亏虚；若损及肝肾，阴精亏虚，则转化为肝肾阴虚的证候。实证中的气郁化火一证，由于火热伤阴而多转化为阴虚火旺。郁证中的虚证，可以由实证病久转化而来，也可以由于忧思郁怒，情志过极等精神因素耗伤脏腑的气血阴精，而在发病初起即出现比较明显的虚证。病程较长的患者，亦有虚实互见的情况。一方面正气不足，或表现为气血不足，或表现为阴精亏虚，同时又伴有气滞、血瘀、痰结、火郁等病变，而成为虚实夹杂之证。

郁病的预后一般良好。针对具体情况，解除情志致病的原因，对本病的预后有重要的作用。而在受到刺激后，病情常有反复或波动，易使病程延长。病程较短，而情志致病的原因又得以解除者，通常都可以治愈；病程较长，而情志致病的原因未能解除者，往往需要较长时间的治疗，才能收到比较满意的效果。

【预防与调摄】

正确对待各种事物，避免忧思郁虑，防止情志内伤，是防治郁病的重要措施。医务人员深入了解病史，详细进行检查，用诚恳、关怀、同情、耐心的态度对待病人，取得患者的充分信任，在郁病的治疗及护理中具有重要作用。对郁病患者，应作好精神治疗的工作，使病人能正确认识和对待疾病，增强治愈疾病的信心，并解除情志致病的原因，以促进郁病的完全治愈。

【结　语】

郁病的病因是情志内伤，其病理变化与心、肝、脾有密切关系。初病多实，以六郁见证为主，其中以气郁为病变的基础。病久则由实转虚，引起心、脾、肝气血阴精的亏损，而成为虚证类型。临床上虚实互见的类型亦较为多见。郁病的主要临床表现为心情抑郁，情绪不宁，胸胁胀满疼痛，或咽中如有异物梗塞，或时作悲伤哭泣。郁病可分为实证和虚证两类。实证类型以气机郁滞为基本病变，治疗以疏肝理气解郁为主。气郁化火者，理气解郁配合清肝泻火；气郁夹痰，痰气交阻者，理气解郁配合化痰散结；气病及血，气郁血瘀者，理气解郁配合活血化瘀；兼有湿滞者，配合健脾燥湿或芳香化湿；夹食积者，配合消食和胃。虚证宜补，针对病情分别采用养心安神、补益心脾、滋养肝肾等法。虚实互见者，则当虚实兼顾。郁病的各种证候之间有一定的内在联系，认识证候间的关系，对指导临床具有实际意义。郁病的预后一般良好。结合精神治疗及解除致病原因，对促进痊愈具有重要作用。

【文献摘要】

《素问·六元正纪大论》："木郁达之，火郁发之，土郁夺之，金郁泄之，水郁折之。"

《灵枢·口问》："悲哀愁忧则心动，心动则五脏六腑皆摇。"

《金匮要略·妇人杂病脉证并治》："妇人脏躁，喜悲伤欲哭，象如神灵所作，数欠伸，甘麦大枣汤主之"；"妇人咽中如有炙脔，半夏厚朴汤主之"。

《丹溪心法·六郁》："气血冲和，万病不生，一有怫郁，诸病生焉。故人身诸病，多生于郁。"

《古今医统大全·郁证》："郁为七情不舒，遂成郁结，既郁之久，变病多端。"

《景岳全书·郁证》："凡五气之郁，则诸病皆有，此因病而郁也。至若情志之郁，则总由乎心，此因郁而病也"；"初病而气结为滞者，宜顺宜开。久病而损及中气者，宜修宜补。然以情病者非情不解"。

《证治汇补·郁证》："郁病虽多，皆因气不周流，法当顺气为先，开提为次，至于降火、化痰、消积，犹当分多少治之。"

《医林改错·血府逐瘀汤所治之症目》："瞀闷，即小事不能开展，即是血瘀"；"急躁，平素和平，有病急躁，是血瘀"；"俗言肝气病，无故爱生气，是血府血瘀"。

《类证治裁·郁症》："七情内起之郁，始而伤气，继降及血，终乃成劳。主治宜苦辛凉润宣通。"

【研究进展】

・肝郁证的临床及实验研究

肝气郁结是最常见的中医脏腑证候之一，也是肝病发病学的一个重要环节。近几年来，一些单位对肝郁证进行了临床及实验研究，对进一步探明肝郁证的实质和提高辨证论治的水平，具有重要意义。

第一军医大学抽取 680 例内科住院病历进行分析研究，其中符合肝郁证者计 146 例，占 21.47%。肝郁证分布于许多系统的疾病中，但以内分泌、消化、神经、心血管系统疾病为多。在肝郁证组中有复合证者计

127例,其中以肝郁脾虚、肝郁化热、肝郁血瘀为多见,分别占46.45％、25.2％、24.41％;而肝郁伤阴、肝郁湿阻、肝郁痰阻较少见,分别占13.39％、7.09％、7.87％。肝郁证具有女性较多(占55.48％)及中年人较多(占60.98％)的特点〔中医杂志1989;(10):39〕。

中国中医研究院对100例高血压病、冠心病、胃溃疡病而辨证为肝郁证的患者进行5-羟色胺含量、甲皱微循环、血小板聚集率及其超微结构、细胞免疫功能等实验指标的观察研究,发现情志异常是肝郁证的主要病因,且肝郁多伴有血瘀证。用疏肝理气的柴胡、白芍、香附、枳壳等进行治疗后,血压下降的总有效率为85.72％,症状明显改善,紫黯舌有45.71％消退;冠心病心绞痛中西医组的有效率为88.67％,心电图有效率为40％,其他各项指标均有不同程度的好转和恢复。该院通过对"怒伤肝"动物模型的多项指标检测,认为"气滞"是情志异常引起机体调控功能失常而致内环境稳态失衡的病理生理过程。病理变化主要表现为交感中枢的调节失常,继而神经体液异常(儿茶酚胺升高),由此引起血液系统高粘凝倾向和血小板功能及形态异常。另一方面,外周各交感特异性通路调节功能紊乱,引起心血管功能的改变,尤其是外周阻力血管运动功能的紊乱,引起循环障碍〔中医杂志1991;(10):46〕。

湖南医学院对辨证为肝郁脾虚的300多例患者进行了多方面的检测,发现肝郁脾虚的主要变化有:植物神经功能失调;环核苷酸cAMP/cGMP比值下降;血粘度升高、红细胞电泳时间延长;小肠吸收功能降低。四项重要变化的同步出现率达65％,说明肝郁脾虚证主要是神经体液失调,气血运行及消化机能障碍的综合表现。患者经疏肝健脾药治疗后,显示有效,多项检测指标也有不同程度的改善〔中西医结合杂志1985;(12):732〕。

- **神经官能症的治疗研究**

神经官能症是一种常见病,估计约占综合性医院内科门诊的10％左右。其起病常与精神因素有关,临床表现与中医的郁证有许多类似之处,应用中医药治疗常有较好效果〔实用内科学1986;2133〕。

中国中西医结合研究会精神病专业委员会将神经官能症辨证分为六型:肝郁化火型、肝郁脾虚型、心脾两虚型、肝肾阴虚型、脾肾阳虚型、其他型〔中西医结合杂志1989;(10):615〕。上海龙华医院认为神经官能症多由心虚肝郁所致,治疗以甘麦大枣汤为基础方,兼肝肾阴虚加二至丸,心脾亏虚加参苓白术散,气滞血瘀加活血化瘀药,痰蒙清阳加温胆汤。所治75例,总有效率为93.3％〔上海中医药杂志1989;(7):15〕。解放军208医院以自拟方治疗神经官能症(主要为神经衰弱)40例,另有52例,除用中药外还配合电兴奋疗法,两组有效率分别为87.5％及90.4％〔中西医结合杂志1986;(12):713〕。

吴氏用桃红四物汤加味治脏躁40例,均有较好效果〔北京中医学院学报1984;(4):33〕。宋氏统计了1960～1986年国内公开发行的16种期刊30篇文章,用甘麦大枣汤治脏躁病189例,全部加味使用;无效的68例中50例使用原方,18例加味使用。认为甘麦大枣汤对脏躁病有效,但必须配伍其他方药才能收到更好的效果〔中国医药学报1987;(4):48〕。

徐氏认为用半夏厚朴汤治梅核气效果不著时,应进一步调整方药,可加入合欢花、郁金、香附、佛手解郁理气;症兼咽干、咽痛、口干、舌红,治当清化理气,用山栀、丹皮、海蛤壳、浙贝母、木蝴蝶、桔梗等;梅核气症状较重,咽中不适且不利者,宜加宣通之品,如通草、威灵仙、石菖蒲、王不留行等〔中医杂志1990;(1):37〕。华氏以旋覆花、代赭石、全栝蒌、薤白、半夏、黄连、枳实、厚朴、姜黄、路路通、降香等为基本方,治疗梅核气30例〔天津中医1993;(1):37〕。刘氏用旋覆代赭汤加味治疗癔症球45例,均有较好效果〔上海中医药杂志1984;(4):18〕。

第二节 血 证

凡由多种原因,引起火热熏灼或气虚不摄,致使血液不循常道,或上溢于口鼻诸窍,或下泄于前后二阴,或渗出于肌肤,所形成的疾患,统称为血证。也即是说,非生理性的出血性疾患,称为血证。在古代医籍中,亦称为血病或失血。

血证是涉及多个脏腑组织,而临床又极为常见的一类病证。它既可以单独出现,又常伴见于其他病证的过程中。中医学对血证具有系统而有特色的理论认识,积累了丰富的临床经验,形成了许多有效的治疗方药,对多种血证尤其是轻中度的出血,大多能获得良好的疗效。

早在《内经》即对血的生理及病理有较深入的认识。有关篇章对血溢、血泄、衄血、咳血、呕血、溺血、溲血、便血等病证作了记载,并对引起出血的原因及部分血证的预后有所论述。《金匮要略·惊悸吐衄下血胸满瘀血病脉证治》最早记载了泻心汤、柏叶汤、黄土汤等治疗吐血、便血的方剂,沿用至今。《诸病源候论·血病诸候》将血证称为血病,对各种血证的病因病机作了较详细的论述。《备急千金要方》收载了一些较好的治疗血证的方剂,至今仍广泛应用的犀角地黄汤即首载于该书。《济生方·失血论治》认为失血可由多种原因导致,"所致之由,因大虚损,或饮酒过度,或强食过饱,或饮啖辛热,或忧思恚怒",而对血证的病机,则强调因于热者多。《素问玄机原病式·热类》亦认为失血主要由热盛所致。《医学正传·血证》率先将各种出血病证归纳在一起,并以"血证"之名概之。自此之后,血证之名即为许多医家所采用。《先醒斋医学广笔记·吐血》提出了著名的治吐血三要法,强调了行血、补肝、降气在治疗吐血中的重要作用。《景岳全书·血证》对血证的内容作了比较系统的归纳,将引起出血的病机提纲挈领地概括为"火盛"及"气伤"两个方面。《血证论》是论述血证的专书,对各种血证的病因病机、辨证论治均有许多精辟论述,该书所提出的止血、消瘀、宁血、补血的治血四法,确实是通治血证之大纲。

血证的范围相当广泛,凡以出血为主要临床表现的病症,均属本证的范围。本节讨论内科常见的鼻衄、齿衄、咳血、吐血、便血、尿血、紫斑等血证。

西医学中多种急、慢性疾病所引起的出血,包括某些系统的疾病(如呼吸、消化、泌尿系统疾病)有出血症状者,以及造血系统病变所引起的出血性疾病,均可参考本节辨证论治。

【证候特征】

血证具有明显的证候特征,即表现血液或从口、鼻,或从尿道、肛门,或从肌肤而外溢。出血既是一个常见的症状,又是一个常见的体征,患者及家属一般均对此高度重视,常能做到快速求医诊治。

血证以出血为突出表现,随其病因、病位的不同,而表现为鼻衄、齿衄、咳血、吐血、便血、尿血、紫斑等。随病情轻重,及原有疾病的不同,则有出血量或少或多,病程或短或长,及伴随症状等的不同,与出血同时出现的症状及体征,以火热亢盛、阴虚火旺及正气亏虚证候为多见,所以掌握这三种证候的特征,对于血证的辨证论治具有重要意义。

热盛迫血证:多发生在血证的初期,大多起病较急,出血的同时,伴有发热,烦躁,口渴欲饮,便秘,尿黄,舌质红,苔黄,少津,脉弦数或滑数等症。

阴虚火旺证:一般起病较缓,或由热盛迫血证迁延转化而成。表现为反复出血,伴有口干咽燥,颧红,潮热,盗汗,头晕,耳鸣,腰膝酸软,舌质红,苔少,脉细数等症。

气虚不摄证:多见于病程较长,久病不愈的出血患者。表现为起病较缓,反复出血,伴有神情倦怠,心悸,气短懒言,头晕目眩,食欲不振,面色苍白或萎黄,舌质淡,脉弱等症。

【病因病机】

1. 感受外邪 外邪侵袭、损伤脉络而引起出血,其中以感受热邪所致者为多。如风、热、燥邪损伤上部脉络,则引起衄血、咳血、吐血;热邪或湿热损伤下部脉络,则引起尿血、便血。

2. **情志过极** 忧思恼怒过度,肝气郁结化火,肝火上逆犯肺则引起衄血、咳血;肝火横逆犯胃则引起吐血。

3. **嗜食醇酒厚味** 饮酒过多以及过食辛辣厚味,或滋生湿热,热伤脉络,引起衄血、吐血、便血;或损伤脾胃,脾胃虚衰,血失统摄,而引起吐血、便血。

4. **劳倦过度** 心主神明,神劳伤心;脾主肌肉,体劳伤脾;肾主藏精,房劳伤肾。劳倦过度会导致心、脾、肾气阴的损伤。若损伤于气,则气虚不能摄血,以致血液外溢而形成衄血、吐血、便血、紫斑;若损伤于阴,则阴虚火旺,迫血妄行而致衄血、尿血、紫斑。

5. **久病或热病之后** 久病或热病导致血证的机理主要有三个方面。①久病或热病使阴津伤耗,以致阴虚火旺,迫血妄行而致出血;②久病或热病使正气亏损,气虚不摄,血溢脉外而致出血;③久病入络,使血脉瘀阻,血行不畅,血不循经而致出血。

当各种原因导致脉络损伤或血液妄行时,就会引起血液溢出脉外而形成血证。正如《三因极一病证方论·失血叙论》说:"夫血犹水也,水由地中行,百川皆理,则无壅决之虞。血之周流于人身荣、经、府、俞,外不为四气所伤,内不为七情所郁,自然顺适。万一微爽节宣,必至壅闭,故血不得循经流注,荣养百脉,或泣或散,或下而亡反,或逆而上溢,乃有吐、衄、便、利、汗、痰诸证生焉。"

上述各种原因之所以导致出血,其共同的病机可以归结为火热熏灼、迫血妄行及气虚不摄、血溢脉外两类。正如《景岳全书·血证》说:"血本阴精,不宜动也,而动则为病。血主营气,不宜损也,而损则为病。盖动者多由于火,火盛则逼血妄行;损者多由于气,气伤则血无以存。"在火热之中,又有实火及虚火之分。外感风热燥火,湿热内蕴,肝郁化火等,均属实火;而阴虚火旺之火,则属虚火。气虚之中,又有仅见气虚,和气损及阳,阳气亦虚之别。

从证候的虚实来说,由火热亢盛所致者属于实证;由阴虚火旺及气虚不摄所致者,则属于虚证。实证和虚证虽各有其不同的病因病机,但在疾病发展变化的过程中,又常发生实证向虚证的转化。如开始为火盛气逆,迫血妄行,但在反复出血之后,则会导致阴血亏损,虚火内生;或因出血过多,血去气伤,以致气虚阳衰,不能摄血。因此,在有的情况下,阴虚火旺及气虚不摄,既是引起出血的病理因素,又是出血所导致的结果。

此外,出血之后,已离经脉而未排出体外的血液,留积体内,蓄结而为瘀血,瘀血又能妨碍新血的生长及气血的正常运行。

【诊　断】

·**鼻衄**
凡血自鼻道外溢而非因外伤、倒经所致者,均可诊断为鼻衄。

·**齿衄**
血自齿龈或齿缝外溢,且排除外伤所致者,即可诊断为齿衄。

·**咳血**
(1) 多有慢性咳嗽、痰喘、肺痨等肺系病证。
(2) 血由肺、气道而来,经咳嗽而出,或觉喉痒胸闷一咯即出,血色鲜红,或夹泡沫,或痰血相兼、痰中带血。
(3) 实验室检查如白细胞及分类、血沉、痰培养细菌、痰检查抗酸杆菌及脱落细胞,以及胸部X线检查、支气管镜检或造影、胸部CT等，有助于进一步明确咳血的病因。

- **吐血**

(1) 有胃痛、胁痛、黄疸、癥积等宿疾。

(2) 发病急骤，吐血前多有恶心、胃脘不适、头晕等症。

(3) 血随呕吐而出，常夹有食物残渣等胃内容物，血色多为咖啡色或紫暗色，也可为鲜红色，大便色黑如漆，或呈暗红色。

(4) 实验室检查，呕吐物及大便潜血试验阳性。纤维胃镜、上消化道钡餐造影、B超等检查可进一步明确引起吐血的病因。

- **便血**

(1) 有胃肠道溃疡、炎症、息肉、憩室或肝硬化等病史。

(2) 大便色鲜红、暗红或紫暗，甚至黑如柏油样，次数增多。

(3) 实验室检查如大便潜血试验阳性。

- **尿血**

(1) 小便中混有血液或夹有血丝，排尿时无疼痛。

(2) 实验室检查，小便在显微镜下可见红细胞。

- **紫斑**

(1) 肌肤出现青紫斑点，小如针尖，大者融合成片，压之不褪色。

(2) 紫斑好发于四肢，尤以下肢为甚，常反复发作。

(3) 重者可伴有鼻衄、齿衄、尿血、便血及崩漏。

(4) 小儿及成人皆可患此病，但以女性为多见。

(5) 辅助检查。血、尿常规，大便潜血试验，血小板计数，出凝血时间，血管收缩时间，凝血酶原时间，毛细血管脆性试验及骨髓穿刺，有助于明确出血的病因，帮助诊断。

【鉴别诊断】

- **鼻衄**

1. 与外伤鼻衄鉴别　因碰伤、挖鼻等引起血管破裂而致鼻衄者，出血多在损伤的一侧，且经局部止血治疗不再出血，没有全身不适症状，与内科所论鼻衄有别。

2. 与经行衄血鉴别　经行衄血又名倒经、逆经，其发生与月经周期有密切关系，多于经行前期或经期出现，与内科所论鼻衄机理不同。

- **齿衄**

与舌衄相鉴别　齿衄为血自齿缝、牙龈溢出；舌衄为血出自舌面，舌面上常有如针眼样出血点，与齿衄不难鉴别。

- **咳血**

1. 与吐血相鉴别　咳血与吐血，血液均经口出，但两者截然不同。咳血是血由肺来，经气道随咳嗽而出，血色多为鲜红，常混有痰液，咳血之前多有咳嗽、胸闷、喉痒等症状，大量咳血后，可见痰中带血数天，大便一般不呈黑色；吐血是血由胃而来，经呕吐而出，血色紫暗，常夹有食物残渣，吐血之前多有胃脘不适或胃痛、恶心等症状，吐血之后无痰中带血，但大便多呈黑色。

2. 与肺痈相鉴别　肺痈患者的咳血多由风温转变而来，常为脓血相兼，气味腥臭。初期也可见风热袭于肺卫的证候,当演变到吐脓血阶段时,多伴壮热、烦渴、胸痛、舌质红、苔黄腻、脉滑数等热毒炽盛证候,以此可与咳血证相鉴别。

3. 与口腔出血相鉴别　鼻咽部、齿龈及口腔其他部位出血的患者,常为纯血或随唾液而出,血量少,并有口腔、鼻咽部病变的相应症状可寻,可与咳血相区别。

- 吐血

1. 与咳血相鉴别　见上文所述。
2. 排除鼻腔、口腔及咽喉出血　这些部位出血,血色鲜红,不夹食物残渣,在五官科作有关检查即可明确具体部位。

- 便血

1. 与痢疾相鉴别　痢疾初起有发热恶寒等症,其便血为脓血相兼,且有腹痛、里急后重、肛门灼热等症。便血无里急后重,无脓血相兼,与痢疾不同。
2. 与痔疮相鉴别　痔疮属外科疾病,其大便下血特点为便时或便后出血,常伴有肛门异物感或疼痛,作肛门及直肠检查时,可发现内痔或外痔,与内科所论之便血不难鉴别。

- 尿血

1. 与血淋相鉴别　血淋和尿血均可见血随尿出,以小便时痛与不痛为其鉴别要点,不痛者为尿血,痛(滴沥刺痛)者为血淋。
2. 与石淋相鉴别　两者均有血随尿出。但石淋尿中时有沙石夹杂,小便涩滞不畅,时有小便中断,或伴腰腹绞痛等症,若沙石从小便而出,则痛止。此与尿血不同。

- 紫斑

1. 与出疹相鉴别　紫斑与出疹均有局部肤色的改变,紫斑呈点状者须与出疹的疹点区别,紫斑隐于皮内,压之不褪色,触之不碍手;疹高出于皮肤,压之褪色,摸之碍手。且二者成因、病位均有不同,临床应注意区别。
2. 与温病发斑相鉴别　紫斑与温病发斑在皮肤表现的斑块方面,区别不大。但两者病情病势预后迥然有别。温病发斑发病急骤,常伴有高热烦躁、头痛如劈、昏狂谵语、四肢抽搐、鼻衄、齿衄、便血、尿血、舌质红绛等,病情险恶多变;杂病发斑(紫斑)常有反复发作史,也有突然发生者,虽时有热毒亢盛表现,但一般舌不红绛,不具有温病传变急速之征。
3. 与丹毒相鉴别　丹毒属外科皮肤病,以皮肤色红如红丹得名,轻者压之褪色,重者压之色不褪,但其局部皮肤灼热肿痛与紫斑有别。

【辨证论治】

辨证要点

1. 辨病证的不同　血证具有明确而突出的临床表现——出血,一般不容易混淆。但由于引起出血的原因以及出血部位的不同,应注意辨清不同的病证。例如:从口中吐出的血液,有吐血与咳血之分;小便出血有尿血与血淋之别;大便下血则有便血、痔疮、痢疾之异。应根据临床表现、病史等加以鉴别。
2. 辨脏腑病变之异　同一血证,可以由不同的脏腑病变而引起,应注意辨明。例如:同属鼻衄,但病变脏腑有在肺、在胃、在肝的不同;吐血有病在胃及病在肝之别;齿衄有病在胃及病在肾之分;尿血则有病在膀胱、肾或脾的不同。
3. 辨证候之寒热虚实　血证由火热熏灼,热迫血行引起者为多。但火热之中,有实火及虚火的区别。血证有实证及虚证的不同,一般初病多实,久病多虚;由实火所致者属实,由阴虚火旺、气虚不摄甚至阳气虚衰所致者属虚。证候的寒热虚实不同,则治法各异,应注意辨明。

治疗原则

治疗血证,应针对各种血证的病因病机及损伤脏腑的不同,结合证候虚实及病情轻重而辨证论治。《景岳全书·血证》说:"凡治血证,须知其要,而血动之由,惟火惟气耳。故察火者但察其有火无火,察气者但察其气虚气实。知此四者而得其所以,则治血之法无余义矣。"概而言之,对血证的治疗可归纳为治火、治气、治血三个原则。

1. 治火　火热熏灼,损伤脉络,是血证最常见的病机,应根据证候虚实的不同,实火当清热泻火,虚火当滋阴降火。并应结合受病脏腑的不同,分别选用适当的方药。

2. 治气　气为血帅,气能统血,血与气休戚相关,故《医贯·血症论》说:"血随乎气,治血必先理气。"对实证当清气降气,虚证当补气益气。

3. 治血　《血证论·吐血》说:"存得一分血,便保得一分命。"要达到治血的目的,最主要的是根据各种证候的病因病机进行辨证论治,其中包括适当地选用凉血止血、收敛止血或活血止血的方药。

分证论治

以下分别叙述鼻衄、齿衄、咳血、吐血、便血、尿血、紫斑七个血证的辨证论治。

鼻衄

鼻腔出血,称为鼻衄。它是血证中最常见的一种。鼻衄多由火热迫血妄行所致,其中以肺热、胃热、肝火为常见。另有少数病人,可由正气亏虚,血失统摄引起。

鼻衄可因鼻腔局部疾病及全身疾病而引起。内科范围的鼻衄主要见于某些传染病、发热性疾病、血液病、风湿热、高血压、维生素缺乏症、化学药品及药物中毒等引起的鼻出血。至于鼻腔局部病变引起的鼻衄,一般属于五官科的范畴。

· **热邪犯肺**

症状:鼻燥衄血,口干咽燥,或兼有身热、咳嗽痰少等症,舌质红,苔薄,脉数。

治法:清泄肺热,凉血止血。

方药:桑菊饮。

方中以桑叶、菊花、薄荷、连翘辛凉轻透,宣散风热;桔梗、杏仁、甘草宣降肺气,利咽止咳;芦根清热生津。可加丹皮、茅根、旱莲草、侧柏叶凉血止血。肺热盛而无表证者,去薄荷、桔梗,加黄芩、栀子清泄肺热;阴伤较甚,口、鼻、咽干燥显著者,加玄参、麦冬、生地养阴润肺。

· **胃热炽盛**

症状:鼻衄,或兼齿衄,血色鲜红,口渴欲饮,鼻干,口干臭秽,烦躁,便秘,舌红,苔黄,脉数。

治法:清胃泻火,凉血止血。

方药:玉女煎。

方中以石膏、知母清胃泻火,地黄、麦冬养阴清热,牛膝引血下行。共奏泻火养阴,凉血止血的功效。

可加大蓟、小蓟、白茅根、藕节等凉血止血。热势甚者,加山栀、丹皮、黄芩清热泻火;大便秘结,加生大黄通腑泻热;阴伤较甚,口渴、舌红苔少、脉细数者,加天花粉、石斛、玉竹养胃生津。

- **肝火上炎**

症状:鼻衄,头痛,目眩,耳鸣,烦躁易怒,两目红赤,口苦,舌红,脉弦数。

治法:清肝泻火,凉血止血。

方药:龙胆泻肝汤。

方中以龙胆草、柴胡、栀子、黄芩清肝泻火;木通、泽泻、车前子清利湿热;生地、当归、甘草滋阴养血,使泻中有补,清中有养。

可酌加白茅根、蒲黄、大蓟、小蓟、藕节等凉血止血。若阴液亏耗,口鼻干燥,舌红少津,脉细数者,可去车前子、泽泻、当归,酌加玄参、麦冬、女贞子、旱莲草养阴清热。

- **气血亏虚**

症状:鼻衄,或兼齿衄、肌衄,神疲乏力,面色㿠白,头晕,耳鸣,心悸,夜寐不宁,舌质淡,脉细无力。

治法:补气摄血。

方药:归脾汤。

本方由四君子汤和当归补血汤加味而成。方中以四君子汤补气健脾;当归、黄芪益气生血;酸枣仁、远志、龙眼肉补心益脾,安神定志;木香理气醒脾,使之补而不滞。全方具有补养气血、健脾养心及益气摄血的作用。可加仙鹤草、阿胶、茜草等加强其止血作用。

对以上各种证候的鼻衄,除内服汤药治疗外,鼻衄当时,应结合局部用药治疗,以期及时止血。可选用:①局部用云南白药止血;②用棉花蘸青黛粉塞入鼻腔止血;③用湿棉条蘸塞鼻散(百草霜 15g,龙骨 15g,枯矾 60g,共研极细末)塞鼻等。

齿衄

齿龈出血称为齿衄,又称为牙衄、牙宣。以阳明经脉入于齿龈,齿为骨之余,故齿衄主要与胃肠及肾的病变有关。

齿衄可由齿龈局部病变或全身疾病所引起。内科范围的齿衄,多为血液病、维生素缺乏症及肝硬化等疾病引起的齿衄。至于齿龈局部病变引起的齿衄,一般属于口腔科范围。

- **胃火炽盛**

症状:齿龈血色鲜红,齿龈红肿疼痛,头痛,口臭,舌红,苔黄,脉洪数。

治法:清胃泻火,凉血止血。

方药:加味清胃散合泻心汤。

加味清胃散中,以生地、丹皮、水牛角清热凉血,黄连、连翘清热泻火,当归、甘草养血和中。合用泻心汤以增强其清热泻火的作用。

可酌加白茅根、大蓟、小蓟、藕节等凉血止血。烦热口渴者,加石膏、知母清热除烦。

- **阴虚火旺**

症状:齿衄,血色淡红,起病较缓,常因受热及烦劳而诱发,齿摇不坚,舌质红,苔少,脉细数。

治法:滋阴降火,凉血止血。

方药:六味地黄丸合茜根散。

六味地黄丸养阴补肾,滋阴降火;茜根散滋阴养血,凉血止血。二方合用,互为补充,适用于肾阴亏虚,虚火上炎之齿衄。

可酌加白茅根、仙鹤草、藕节以凉血止血。虚火较甚而见低热、手足心热者,加地骨皮、白薇、知母清退虚热。

咳血

血由肺及气管外溢,经口而咳出,表现为痰中带血,或痰血相兼,或纯血鲜红,间夹泡沫,均称为咳血,亦称为嗽血或咯血。

咳血见于多种疾病,许多杂病及温热病都会引起咳血。内科范围的咳血,主要见于呼吸系统的疾病,如支气管扩张症,急性气管—支气管炎、慢性支气管炎、肺炎、肺结核、肺癌等。其中由肺结核、肺癌所致者,尚需参阅本书的肺痨及肺癌两节。温热病中的风温、暑温都会导致咳血,详见温病学的有关部分。

- 燥热伤肺

症状:喉痒咳嗽,痰中带血,口干鼻燥,或有身热,舌质红,少津,苔薄黄,脉数。

治法:清热润肺,宁络止血。

方药:桑杏汤。

方中以桑叶、栀子、淡豆豉清宣肺热,沙参、梨皮养阴清热,贝母、杏仁肃肺止咳。

可加白茅根、茜草、藕节、侧柏叶凉血止血。出血较多者,可再加用云南白药或三七粉冲服。兼见发热,头痛,咳嗽,咽痛等症,为风热犯肺,加银花、连翘、牛蒡子以辛凉解表,清热利咽;津伤较甚,而见干咳无痰,或痰粘不易咯出,苔少舌红乏津者,可加麦冬、玄参、天冬、天花粉等养阴润燥。痰热壅肺,肺络受损,症见发热,面红,咳嗽,咳血,咯痰黄稠,舌红,苔黄,脉数者,可改用清金化痰汤去桔梗,加大蓟、小蓟、茜草等,以清肺化痰,凉血止血;热势较甚,咳血较多者,加金银花、连翘、黄芩、芦根,及冲服三七粉。

- 肝火犯肺

症状:咳嗽阵作,痰中带血或纯血鲜红,胸胁胀痛,烦躁易怒,口苦,舌质红,苔薄黄,脉弦数。

治法:清肝泻肺,凉血止血。

方药:泻白散合黛蛤散。

合用之后,以桑白皮、地骨皮清泻肺热,海蛤壳、甘草清肺化痰,青黛清肝凉血。

可酌加生地、旱莲草、白茅根、大小蓟等凉血止血。肝火较甚,头晕目赤,心烦易怒者,加丹皮、栀子、黄芩清肝泻火;若咳血量较多,纯血鲜红,可用犀角地黄汤加三七粉冲服,以清热泻火,凉血止血。

- 阴虚肺热

症状:咳嗽痰少,痰中带血或反复咳血,血色鲜红,口干咽燥,颧红,潮热盗汗,舌质红,脉细数。

治法:滋阴润肺,宁络止血。

方药:百合固金汤。

本方以百合、麦冬、玄参、生地、熟地滋阴清热,养肺生津;当归、白芍柔润养血;贝母、甘草肃肺化痰止咳。方中之桔梗其性升提,于咳血不利,在此宜去。

可加白及、藕节、白茅根、茜草等止血,或合十灰散凉血止血。反复咳血及咳血量多者,加阿胶、三七养血止血;潮热、颧红者,加青蒿、鳖甲、地骨皮、白薇等清退虚热;盗汗加糯稻根、浮小麦、五味子、牡蛎等收敛固涩。

吐血

血由胃来,经呕吐而出,血色红或紫黯,常夹有食物残渣,称为吐血,亦称为呕血。

古代曾将吐血之有声者称为呕血,无声者称为吐血。但从临床实际情况看,两者不易严格区别,且在治疗上亦无区分的必要,正如《医碥·吐血》说:"吐血即呕血。旧分无声曰吐,有声曰呕,不必。"

吐血主要见于上消化道出血,其中以消化性溃疡出血及肝硬化所致的食管、胃底静脉曲张破裂最多见。其次见于食管炎,急、慢性胃炎,胃粘膜脱垂症等,以及某些全身性疾病(如血液病、尿毒症、应激性溃疡)引起的出血。

·胃热壅盛

症状:脘腹胀闷,甚则作痛,吐血色红或紫黯,常夹有食物残渣,口臭,便秘,大便色黑,舌质红,苔黄腻,脉滑数。

治法:清胃泻火,化瘀止血。

方药:泻心汤合十灰散。

泻心汤由黄芩、黄连、大黄组成,具有苦寒泻火的作用。《血证论·吐血》说:"方名泻心,实则泻胃。"十灰散凉血止血,兼能化瘀。其中大蓟、小蓟、侧柏叶、茜草根、白茅根清热凉血止血,棕榈皮收敛止血,丹皮、栀子清热凉血,大黄通腑泻热,且大蓟、小蓟、茜草根、大黄、丹皮等药均兼有活血化瘀的作用,故全方具有止血而不留瘀的优点。胃气上逆而见恶心呕吐者,可加代赭石、竹茹、旋覆花和胃降逆;热伤胃阴而表现口渴、舌红而干、脉象细数者,加麦冬、石斛、天花粉养胃生津。

·肝火犯胃

症状:吐血色红或紫黯,口苦胁痛,心烦易怒,寐少梦多,舌质红绛,脉弦数。

治法:泻肝清胃,凉血止血。

方药:龙胆泻肝汤。

本方具清肝泻火的功效,可加白茅根、藕节、旱莲草、茜草,或合用十灰散,以加强凉血止血的作用。胁痛甚者,加郁金、制香附理气活络定痛。

·气虚血溢

症状:吐血缠绵不止,时轻时重,血色暗淡,神疲乏力,心悸气短,面色苍白,舌质淡,脉细弱。

治法:健脾养心,益气摄血。

方药:归脾汤。

可酌加仙鹤草、白及、乌贼骨、炮姜炭等以温经固涩止血。

若气损及阳,脾胃虚寒,症见肤冷、畏寒、便溏者,治宜温经摄血,可改用柏叶汤。方中以侧柏叶凉血止血,艾叶、炮姜炭温经止血,童便化瘀止血,共奏温经止血之效。

上述三种证候的吐血,若出血过多,导致气随血脱,表现面色苍白、四肢厥冷、汗出、脉微等症者,亟当益气固脱,可用独参汤等积极救治。

便血

便血系胃、肠脉络受损,出现血液随大便而下,或大便呈柏油样为主要临床表现的病证。

便血均由胃肠之脉络受损所致。内科杂病的便血主要见于胃肠道的炎症、溃疡、肿瘤、息肉、憩室炎等。

- **肠道湿热**

症状：便血色红，大便不畅或稀溏，或有腹痛，口苦，舌质红，苔黄腻，脉濡数。

治法：清化湿热，凉血止血。

方药：地榆散或槐角丸。

地榆散以地榆、茜草凉血止血；栀子、黄芩、黄连清热燥湿，泻火解毒；茯苓淡渗利湿。槐角丸以槐角、地榆凉血止血，黄芩清热燥湿，防风、枳壳、当归疏风理气活血。上述两方均能清化湿热、凉血止血，但两方比较，地榆散清化湿热之力较强，而槐角丸则兼能理气活血，可根据临床需要酌情选用。

若便血日久，湿热未尽而营阴已亏，应清热除湿与补益阴血双管齐下，以虚实兼顾，扶正祛邪。可选用清脏汤或脏连丸。清脏汤中，以黄连、黄芩、栀子、黄柏清热燥湿，当归、川芎、地黄、芍药养血和血，地榆、槐角、阿胶、侧柏叶养血凉血止血。脏连丸中，以黄连、黄芩清热燥湿，当归、地黄、赤芍、猪大肠养血补脏，槐花、槐角、地榆、凉血止血，荆芥、阿胶、养血止血。两方比较，清脏汤的清热燥湿作用较强，而脏连丸的止血作用较强，可酌情选用。

- **气虚不摄**

症状：便血色红或紫黯，食少，体倦，面色萎黄，心悸，少寐，舌质淡，脉细。

治法：益气摄血。

方药：归脾汤。

可酌加槐花、地榆、白及、仙鹤草，以增强止血作用。

- **脾胃虚寒**

症状：便血紫黯，甚则黑色，腹部隐痛，喜热饮，面色不华，神倦懒言，便溏，舌质淡，脉细。

治法：健脾温中，养血止血。

方药：黄土汤。

方中以灶心土温中止血；白术、附子、甘草温中健脾；地黄、阿胶养血止血；黄芩苦寒坚阴，起反佐作用。

可加白及、乌贼骨收敛止血，三七、花蕊石活血止血。阳虚较甚，畏寒肢冷者，可加鹿角霜、炮姜、艾叶等温阳止血。

轻症便血应注意休息，重症者则应卧床。可根据病情进食流质、半流质或无渣饮食。应注意观察便血的颜色、性状及次数。若出现头昏、心慌、烦躁不安、面色苍白、脉细数等症状，常为大出血的征兆，应积极救治。

尿血

小便中混有血液，甚或伴有血块的病症，称为尿血。随出血量多少的不同，而使小便呈淡红色、鲜红色，或茶褐色。

以往所谓尿血，一般均指肉眼血尿而言。但随着检测手段的发展，出血量微少，用肉眼不能观察到而仅在显微镜下才能发现红细胞的"镜下血尿"，现在也应包括在尿血之中。

尿血是一种比较常见的病症。西医学所称的尿路感染、肾结核、肾小球肾炎、泌尿系肿瘤，以及全身性疾病，如血液病、结缔组织疾病等出现的血尿，均可参考本篇辨证论治。

- **下焦热盛**

症状：小便黄赤灼热，尿血鲜红，心烦口渴，面赤口疮，夜寐不安，舌质红，脉数。

治法：清热泻火，凉血止血。

方药:小蓟饮子。

方中以小蓟、生地、藕节、蒲黄凉血止血;栀子、木通、竹叶清热泻火;滑石、甘草利水清热,导热下行;当归养血活血,共奏清热泻火,凉血止血之功。

热盛而心烦口渴者,加黄芩、天花粉清热生津;尿血较甚者,加槐花、白茅根凉血止血;尿中夹有血块者,加桃仁、红花、牛膝活血化瘀。

• **肾虚火旺**

症状:小便短赤带血,头晕耳鸣,神疲,颧红潮热,腰膝酸软,舌质红,脉细数。

治法:滋阴降火,凉血止血。

方药:知柏地黄丸。

方中以地黄丸滋补肾阴,"壮水之主,以制阳光";知母、黄柏滋阴降火。

可酌加旱莲草、大蓟、小蓟、藕节、蒲黄等凉血止血。颧红潮热者,加地骨皮、白薇清退虚热。

• **脾不统血**

症状:久病尿血,甚或兼见齿衄、肌衄,食少,体倦乏力,气短声低,面色不华,舌质淡,脉细弱。

治法:补脾摄血。

方药:归脾汤。

可加熟地、阿胶、仙鹤草、槐花等养血止血。气虚下陷而见少腹坠胀者,可加升麻、柴胡,配合原方中的党参、黄芪、白术,以起到益气升阳的作用。

• **肾气不固**

症状:久病尿血,血色淡红,头晕耳鸣,精神困惫,腰脊酸痛,舌质淡,脉沉弱。

治法:补益肾气,固摄止血。

方药:无比山药丸。

方中以熟地、山药、山茱萸、怀牛膝补肾益精,肉苁蓉、菟丝子、杜仲、巴戟天温肾助阳,茯苓、泽泻健脾利水,五味子、赤石脂益气固涩。

可加仙鹤草、蒲黄、槐花、紫珠草等止血。必要时再酌加牡蛎、金樱子、补骨脂等固涩止血。腰脊酸痛、畏寒神怯者,加鹿角片、狗脊温补督脉。

紫斑

血液溢出于肌肤之间,皮肤表现青紫斑点或斑块的病症,称为紫斑。亦有称为肌衄及葡萄疫者。如《医宗金鉴·失血总括》说:"皮肤出血曰肌衄。"《医学入门·斑疹门》说:"内伤发斑,轻如蚊迹疹子者,多在手足,初起无头痛身热,乃胃虚火游于外。"《外科正宗·葡萄疫》说:"感受四时不正之气,郁于皮肤不散,结成大小青紫斑点,色若葡萄,发在遍体头面,……邪毒传胃,牙根出血,久则虚人,斑渐方退。"

多种外感及内伤的原因都会引起紫斑。外感温热病热入营血所出现的发斑,可参阅温热病学的有关内容。本篇主要讨论内科杂病范围的紫斑。

内科杂病的紫斑,主要见于西医学的原发性血小板减少性紫癜及过敏性紫癜。此外,药物、化学和物理因素等引起的继发性血小板减少性紫癜,亦可参考本篇辨证论治。

• **血热妄行**

症状:皮肤出现青紫斑点或斑块,或伴有鼻衄、齿衄、便血、尿血,或有发热,口渴,便秘,舌红,苔黄,脉弦数。

治法:清热解毒,凉血止血。

方药:十灰散。

方中以大蓟、小蓟、侧柏叶、茜草根、白茅根清热凉血止血,棕榈皮收敛止血,丹皮、栀子清热凉血,大黄通腑泻热。且大蓟、小蓟、茜草根、大黄、丹皮等药均兼有活血化瘀的作用,故全方具有止血而不留瘀的优点。热毒炽盛,发热,出血广泛者,加生石膏、龙胆草、紫草,冲服紫雪丹;热壅胃肠,气血郁滞,症见腹痛、便血者,加白芍、甘草、地榆、槐花,缓急止痛,凉血止血;邪热阻滞经络,兼见关节肿痛者,酌加秦艽、木瓜、桑枝等舒筋通络。

· **阴虚火旺**

症状:皮肤出现青紫斑点或斑块,时发时止,常伴鼻衄、齿衄或月经过多,颧红,心烦,口渴,手足心热,或有潮热,盗汗,舌质红,苔少,脉细数。

治法:滋阴降火,宁络止血。

方药:茜根散。

该方具有滋阴降火,凉血止血的功效,适用于有阴虚火旺表现的血证。方中以茜草根、黄芩、侧柏叶清热凉血止血,生地、阿胶滋阴养血止血,甘草和中解毒。临床应用时尚可根据阴虚、火旺的不同情况而适当化裁。

阴虚较甚者,可加玄参、龟版、女贞子、旱莲草养阴清热止血。潮热可加地骨皮、白薇、秦艽清退虚热。

若表现肾阴亏虚而火热不甚,症见腰膝酸软、头晕乏力、手足心热、舌红少苔、脉细数者,可改用六味地黄丸滋阴补肾,酌加茜草根、大蓟、槐花、紫草等凉血止血,化瘀消斑。

· **气不摄血**

症状:反复发生肌衄,久病不愈,神疲乏力,头晕目眩,面色苍白或萎黄,食欲不振,舌质淡,脉细弱。

治法:补气摄血。

方药:归脾汤。

本方为益气养血,补气摄血的常用方,可酌情选加仙鹤草、棕榈炭、地榆、蒲黄、茜草根、紫草等,以增强止血及化斑消瘀的作用。若兼肾气不足而见腰膝酸软者,可加山茱萸、菟丝子、续断补益肾气。

上述各种证候的紫斑,兼有齿衄且较甚者,可合用漱口药:生石膏30g、黄柏15g、五倍子15g、儿茶6g,浓煎漱口,每次5~10分钟。

【转归预后】

血证的预后,主要与下述三个因素有关。一是引起血证的原因。一般来说,外感易治,内伤难治,新病易治,久病难治。二是与出血量的多少密切有关。出血量少者病轻,出血量多者病重,甚至形成气随血脱的危急重病。三是与兼见症状有关。出血而伴有发热、咳喘、脉数等症者,一般病情较重。正如《景岳全书·血证》说:"凡失血等证,身热脉大者难治,身凉脉静者易治,若喘咳急而上气逆,脉见弦紧细数,有热不得卧者死。"

【预防与调摄】

注意饮食有节,起居有常,劳逸适度,避免情志过极。对血证患者要注意精神调摄,消除其紧张、恐惧、忧虑等不良情绪。注意休息,重者应卧床休息。严密观察病情的发展和变化,若出现头昏、心慌、汗出、面色苍白、四肢湿冷、脉芤或细数等,应及时救治,以防产生厥脱之证。宜进食清淡、易于消化、富有营养的食物,如新鲜蔬菜、水果、瘦肉、蛋等,忌食辛辣香燥、油腻炙煿之品,戒除烟酒。吐血量大或频频吐血者,应暂予禁食。并应积极治疗引起血证的原发疾病。

【结　语】

血证以血液不循常道,溢于脉外为共同特点。随出血部位的不同,常见的血证有鼻衄、齿衄、咳血、吐血、便血、尿血、紫斑等多种。外感内伤的多种病因均会导致血证。其基本病机可以归纳为火热熏灼及气虚不摄两大类。在火热之中有实火、虚火之分;在气虚之中有气虚和气损及阳之别。治疗血证,主要应掌握治火、治气、治血三个基本原则。实火当清热泻火,虚火当滋阴降火;实证当清气降气,虚证当补气益气;各种血证均应酌情选用凉血止血、收敛止血或活血止血的药物。严密观察病情,做好调摄护理,对促进血证的治愈有重要意义。

【文献摘要】

《灵枢·百病始生》:"阳络伤则血外溢,血外溢则衄血;阴络伤则血内溢,血内溢则后血。"

《素问·大奇论》:"脉至而搏,血衄身热者死。"

《金匮要略·惊悸吐衄下血胸满瘀血病脉证治》:"心气不足,吐血,衄血,泻心汤主之。"

《太平圣惠方·治尿血诸方》:"夫尿血者,是膀胱有客热,血渗于脬故也。血得热而妄行,故因热流散,渗于脬内而尿血也。"

《三因极一病证方论·失血叙论》:"夫血犹水也,水由地中行,百川皆理,则无壅决之虞。血之周流于人身荣、经、府、俞,外不为四气所伤,内不为七情所郁,自然顺适,万一微爽节宣,必至壅闭,故血不得循经流注,荣养百脉,或注或散,或下而亡返,或逆而上溢,乃有吐、衄、便、利、汗、痰诸证生焉。"

《济生方·血病门》:"夫血之妄行也,未有不因热之所发,盖血得热则淖溢,血气俱热,血随气上,乃吐衄也。"

《医学正传·血证》:"从胃而上溢于口者,曰呕血";"咳血嗽血者,出于肺也"。

《寿世保元·衄血》:"衄血者,鼻中出血也。阳热怫郁,于足阳明而上热则血妄,故衄也,治宜凉血行血为主。"

《先醒斋医学广笔记·吐血》:"吐血三要法:宜行血不宜止血。血不行经络者,气逆上壅也,行血则血循经络,不止自止。止之则血凝,血凝则发热恶食,病日痼矣。宜补肝不宜伐肝。经曰:五脏者,藏精气而不泻者也。肝为将军之官,主藏血。吐血者,肝失其职也。养肝则肝气平而血有所归,伐之则肝虚不能藏血,血愈不止矣。宜降气不宜降火。气有余即是火,气降即火降,火降则气不上升,血随气行,无溢出上窍之虞矣。降火必用寒凉之剂,反伤胃气,胃气伤则脾不能统血,血愈不能归经矣。"

《景岳全书·血证》:"血从齿缝牙龈中出者为齿衄。此手足阳明二经及足少阴肾家之病。盖手阳明入下齿中,足阳明入上齿中,又肾主骨,齿者骨之所终也。此虽为齿病,然血出于经,则惟阳明为最";"便血之与肠澼,本非同类。盖便血者,大便多实而血自下也;肠澼者,因泻痢而见脓血,即痢疾也。"

【研究进展】

· **鼻衄**

近年来应用中医的理论与治法,治疗不同原因引起的鼻出血,均取得较好疗效。

1. 辨证论治　王氏从五脏辨治鼻衄。分为燥热伤肺灼络、肝经气血上冲、肾经虚火伤络、气不摄血四证。并在辨证的基础上加川牛膝、白茅根、仙鹤草等，以引血归经、活血止血〔浙江中医杂志 1992；(10)：448〕。有人统计 100 例鼻衄患者，中医辨证分型由实火导致者为绝大多数（约 80 例），阴虚火旺 14 例，气不摄血 5 例。有瘀血见证者占 1/4。以活血化瘀、泻火凉血（生地、蒲黄、茜草、丹参、制大黄、仙鹤草、生甘草）为主随证加味，治疗鼻衄 100 例，总有效率为 85%。并通过临床总结出瘀与火是鼻出血的主要原因，祛瘀凉血是基本治则，同时应根据具体病例辨证施治；另外还观察到病人大便是否通畅，面红、目赤等火气上逆征象是否消退，是可否抽纱条的重要指征〔上海第一医学院活血化瘀研究专辑 1975：109〕。陈氏曾治 5 例卒然暴发鼻出血，且出血量大者，辨证均属胃火所致，予清胃止血汤（生地、生石膏、知母、麦冬、仙鹤草等）获效〔河北中医 1993；(3)：15〕。王氏治疗一经常性鼻衄患者，频繁时 1～2 次/日，持续 5 年，每次出血量多，经检查排除血液系统疾病，久治不愈。辨证为脾胃气虚，中阳不足，温摄无力，以补中益气汤加味治愈〔中医药研究 1993；(1)：29〕。

2. 专方专药　叶氏结合患者病理、生理特点，以健脾止衄汤（党参、茯苓、白术、山药、藕节、仙鹤草等）治疗 100 例鼻衄患儿，并设西药对照组 70 例，结果治疗组痊愈率达 82%，而对照组为 18%〔中医杂志 1993；(10)：617〕。俞氏以清金止血汤（桑白皮、黄芩、山栀炭、白茅根等）治疗鼻衄 143 例，并设常规西药对照组 144 例，结果总有效率两组分别为 94% 和 53.5%，有非常显著差异（$P<0.01$）〔中国医药学报 1988；(1)：44〕。

3. 外治　孙氏以芦荟外用治鼻衄，取芦荟 3～6g（研粉），用油纱条粘着，填塞出血鼻腔，适用于急性出血，量多者；或取芦荟 0.5～1.0g，加温开水 5～10ml 搅化，滴入出血鼻腔内，适用于慢性出血，量少较稀者。用此两种方法治疗鼻衄 55 例均获效〔中医杂志 1989；(4)：226〕。董氏以血余炭、血竭、三七、大黄等做成药膜，折叠成条块状置于出血处。以此法治疗 128 例多种原因所致的鼻衄均获满意疗效〔中医杂志 1990；(10)：586〕。

• 咳血

近年来应用中医关于咳血的理论和治法，治疗西医所称咯血取得较好效果，进一步丰富和发展了中医咳血的理论和治疗方法。

1. 辨证论治　周氏认为支气管扩张咯血有虚实之分，实证主要责之于肺热和肝火，虚证主要责之于肺肾。外邪、饮食、情志、劳倦往往是支气管扩张咯血诱发或加重的因素。治疗以治火、治气、治血为三大原则。主要分四型论治：痰热蕴肺型、肝火犯肺型、肺胃实火型及阴虚肺热型〔黑龙江中医药 1993；(1)：4〕。王氏对肺结核大咯血分七型论治：①外邪犯肺型：急需辛凉解表、凉血止血，方用银翘散加减；后服月华丸加减以滋阴润肺。②热结阳明型：用"釜底抽薪"之法，方用增液承气汤加味；后用百合固金汤加减。③肝火犯肺型：治以清肝泻火、滋阴止血法，服月华丸合四君子汤，滋阴润肺。④气阴两虚型：治以益气养阴、降火安络，服六味地黄汤合四君子汤加减。⑤瘀血内停型：祛瘀止血、清肺保津并进，慎用香燥之品。⑥气不摄血型：治以益气养阴、健脾摄血。⑦亡阴亡阳型：急救回阳、益气固脱，处方：别直参 10g，淡附子 15g，煎汤频频饮下。若咳血止，继用党参、北沙参、玄参、麦冬、当归等调理〔中医杂志 1992；(6)：337〕。

2. 专方专药　吴氏治疗支气管扩张咯血 118 例，其中有肺结核史者 61 例，慢性支气管炎 41 例。治以镇冲止血法，药用代赭石、生地、太子参、百合、桑白皮等随证加味，并配合丸剂治本。继用滋补肝肾、养阴敛肺、散瘀镇冲之品以善后。治疗后经支气管碘油造影摄片复查共 75 例，支气管扩张情况均有好转，余 43 例因咯血停止不愿作造影复查。随访 1 年以上 118 例患者咯血均已停止，咳嗽、痰量均明显减少〔中医杂志 1992；(11)：667〕。刘氏以咯血片（青黛、海蛤粉、黄芩、桑白皮等）治疗 205 例咯血患者，并设西药对照组 95 例。治疗组属肺热壅盛者 84 例，肝火犯肺者 68 例，阴虚肺热者 53 例。结果治疗组痊愈率为 92.7%，对照组为 78.9%。止血时间治疗组平均为 3.77±3.45 天，对照组为 6.03±5.04 天。中医辨证的三种证型间止血平均时间无统计学差异。血液流变学检查显示，咯血患者（尤其是病程较长者）大都存在不同程度的血液粘滞凝集性增高状况。治疗组可使各项异常升高指标明显下降，西药组无此作用。并认为咯血多属痰热壅阻，灼伤肺络所致，其病变部位尤与肺、肝有密切关系。治疗之法贵在澄源而截流〔中医杂志 1992；(4)：30〕。李氏以红花鱼腥草注射液雾化吸入治疗顽固性大咯血25例,在大咯血时应急给一次脑垂体后叶素,并设西药组21例,结果治疗组治愈率和止咳有效率均优于对照组〔中国中西医结合杂志1994;(4):251〕。

· 吐血、便血

吐血与便血是上消化道出血的特殊症状,在引起上消化道出血疾病中以溃疡病及门静脉高压症最常见。一般门静脉高压以吐血为常见,溃疡病以便血为多见。近年来中医治疗上消化道出血的临床及实验研究,取得较好成绩,尤其是对胃、十二指肠溃疡出血的治疗研究,更是取得了可喜成果。

1. 辨证论治 综合各地经验,其中最基本的证型主要有三型:一是胃火炽盛型,治疗着重在清胃泻火、凉血止血,常用三黄泻心汤、大黄甘草汤加减;二是脾胃气虚型,治宜益气养血摄血,代表方如归脾汤、黄土汤等;三是寒热虚实夹杂型,常用半夏泻心汤加大黄、黄芪、白及等。在此三型基础上,再随证增减〔中医杂志1988;(5):375〕。

2. 专病专药 程氏以泻心汤加味治疗上消化道出血24例,结果全部病例止血成功,大便潜血转阴时间2~7日,并总结本病的治疗经验为"清胃泻火,宁血治本;止血为急,谨防留瘀;通腑清脉,降气止逆;瘥后调理,归脾最宜",对临床治疗具有一定启示〔黑龙江中医药1991;(4):15〕。魏氏以止血冲剂(黄连、半夏、赤芍、茜草、白及等)治疗316例急性上消化道出血,并设西药对照组102例。治疗组总有效率为96.2%,疗效明显优于西药对照组($P<0.01$)。结果还表明,该方治疗急性上消化道出血的脾虚胃热型疗效较佳〔中国医药学报1989;(3):192〕。

单方验方治疗急性上消化道出血,以大黄、白及、云南白药、三七、地榆等多用。尤其是大黄,其疗效确切、安全无毒,对虚证、实证均有效。现代药理研究证实,大黄具有多方面的止血作用。因此治疗急性上消化道出血,大黄常作为首选药物。粉剂,每次3~5g,每日4次,温水调服;或将大黄粉调成糊剂,冷冻,以不凝为度,用量与次数同上。气血大亏的上消化道出血在出血阶段仍可用大黄止血,急则治标,但要注意中病即止,血止之后,再针对出血之因辨证论治〔中医杂志1994;(1):54〕。

3. 特殊途径给药 任氏用冰冻血愁汤(乌贼骨、大黄炭、苎麻根等)灌胃治疗上消化道出血85例,总有效率98.8%〔四川中医1989;(4):17〕。陶氏以止血煎(马勃100g、大黄50g,制成药液)口服和内窥镜下直视给药分别治疗上消化道出血40例和35例。两种方法即刻止血几乎全部病例有效,经72小时观察,75例中72例未再出血。实验研究表明,止血煎对家兔实验性胃粘膜创伤性溃疡出血,可显著减少出血量和缩短出血时间,在内窥镜下于出血处直视给予止血煎后,出血病灶处立即呈现暗红色凝块,有即刻止血效果〔中医杂志1989;(4):206〕。

· 尿血

近年来中医药治疗急性肾小球肾炎、慢性肾炎、过敏性紫癜性肾炎等多种疾病引起的尿血,取得了较好效果。

1. 尿血病因病机的研究 近年来各种论著对尿血的病因病机看法较为一致,认为主要有热、湿、瘀、虚,尤以前三者多见。时氏则尤强调血瘀在尿血中的意义〔黑龙江中医药1983;(4):28〕。黎氏则认为尿血不外热、气两端,早期膀胱实热累及于肾是发生尿血的病理基础,而脾肾气虚是尿血久治不愈的根本〔中医药学报1985;(4):39〕。

2. 辨证分型及治法的研究 目前辨证分型尚无统一标准,综合起来主要有以下几种证型:下焦热盛型、气滞血瘀型、阴虚火旺型、气不摄血型等。关于尿血的治法,针对不同病因病机,提出了相应的治法。王氏认为尿血之因以热为主,清下焦热为治疗尿血之大法,非清无以止血〔河北中医1986;(4):15〕。时氏认为滋养肾阴为治本之法,并当配合清热利湿、凉血化瘀以治标〔中医杂志1991;(9):4〕。李氏多以清热利湿、凉血止血,滋阴降火、养血止血,补脾固肾、益气摄血三法治疗尿血〔中医杂志1991;(9):4〕。荣氏强调尿血的治疗以治火、治气、治瘀、治因为四要〔中医杂志1991;(9):4〕。何氏则归纳为清热凉血、泄肺解毒、清热利湿、活血化瘀、滋阴降火、健脾固肾治血六法〔北京中医学院学报1988;(2):24〕。另外,由于引起尿血的疾病达百余种,李氏强调在尿血的诊断和治疗过程中,于辨证论治的同时,应与西医学的辨病相结合,以提高疗效〔中医杂志1991;(9):4〕。

临床用药经验方面,下列几种药物既有止血作用,又可利小便,是治疗尿血的要药:白茅根、小蓟有清热止血利水之功,对热证尿血有较好疗效;琥珀、三七也有一定疗效〔中医杂志1991;(9):4〕。陈氏善用海金沙治肾炎尿血〔上海中医药杂志1982;(6):7〕。时氏认为出现尿血则必有瘀滞,因此活血之品可随证加用〔中医杂志1986;(10):15〕。

3. 中医药治疗急慢性肾炎 急性肾小球肾炎尿血一般认为属热伤血络,多用小蓟饮子、二至丸合导赤散、知柏八味丸等。对严重尿血有人主张凉血活血以止血,如北京中医学院用茜草、丹参、生地治疗。急性肾炎往往因上呼吸道感染反复加重,若伴上呼吸道感染,宜用银翘散加减,平时则可服玉屏风散以实卫固表,增加抵抗力〔辽宁中医杂志1980;(11):28〕。尿血而伴有泌尿道感染,则多选用对大肠杆菌有效的黄柏、蒲公英等〔中华肾脏病杂志1991;(3):185〕。慢性肾炎尿血有虚实之分,而多为虚证。实者多属热伤肾络,虚者多是阴虚火旺或气不摄血。沈氏认为慢性肾炎隐匿型出现尿血,应以扶正为主,采取调理脾胃加益气养阴止血药。慢性肾炎普通型出现尿血,则以气阴两虚多见,且常反复发作,可重用黄芪加生地、知母、丹皮、仙鹤草、旱莲草等〔中医杂志1991;(9):4〕。阮氏辨证论治慢性肾炎尿血63例:①脾肾亏损:治以健脾益肾,补气固摄;②阴虚火旺:治以滋阴降火,凉血止血;③热伤肾络,治以清热宣肺,凉血止血;④下焦湿热:治以清热利湿,凉血止血;⑤气滞血瘀;多见于各型慢性肾炎,尤其是伴血液高凝状态或血脂偏高及情绪欠佳的患者,治以活血化瘀,行气利水。经治58例镜检血尿转阴〔浙江中医杂志1992;(2):253〕。常氏辨证治疗肾炎尿血54例,其中下焦湿热型37例,阴虚内热型14例,气血虚型3例。结果治愈46例,好转8例,临床治愈率为85%〔吉林中医药1987;(3):18〕。时氏以标本兼治为治则,治疗肾炎尿血,组成滋肾化瘀清利汤:女贞子、旱莲草、白花蛇舌草、生侧柏叶等,临床使用可随证加减〔中医杂志1991;(9):4〕。

4. 中医药治疗过敏性紫癜性肾炎 过敏性紫癜性肾炎血尿在初期治疗以清热凉血止血为主,在后期多用养阴清热药〔中医杂志1991;(9):4〕。王氏以紫癜胶囊(焦大黄、焦山楂、炙甘草、紫草等)治疗过敏性紫癜性肾炎52例,均有肉眼或镜检血尿,总有效率96%〔北京中医1992;(2):21〕。魏氏以活血化瘀法为主治疗小儿过敏性紫癜性肾炎36例,分为热盛血瘀型、瘀血阻络型论治。并观察到本病后期多兼有肾气虚衰表现,故于活血化瘀的同时,注重加用益气补肾药物。另设中西药对照组20例,除按上述辨证分型治疗外,配合激素治疗。治疗组和对照组痊愈显效率相似〔中国中西医结合杂志1994;(3):170〕。

5. 中医药治疗 IgA 肾病 IgA 肾病之血尿一般多用活血化瘀法可取得较好疗效。陈氏辨证以气虚挟瘀型为主,治以益气活血,总有效率为74%。并认为祛瘀止血是治疗 IgA 肾病血尿的主要治则〔中西医结合杂志1988;(9):556〕。

・紫斑

原发性血小板减少性紫癜及过敏性紫癜为临床常见的出血性疾病,近年来中医对其进行治疗及研究,取得了良好效果。

1. 中医药治疗原发性血小板减少性紫癜(简称ITP) 在基础研究方面,一般认为原发性血小板减少性紫癜以血热妄行、阴虚火旺、气不摄血为主要病机。随着对ITP的免疫机理的深入研究,提示ITP发病机制可能与机体免疫内环境平衡紊乱有关。如杨氏指出,T 淋巴细胞亚群和PA 小板相关抗体(PAIg)的改变按血热妄行型→气血两虚型→脾肾阳虚型→肝肾阴虚型→阴阳两虚型的顺序逐渐明显,在肝肾阴虚型中PAIg 及血浆抗血小板膜糖蛋白(GP)Ⅱb、Ⅲa、Ⅰb 的升高最明显〔中国中西医结合杂志1992;(5):263〕。孙氏的研究显示,在血热妄行、气不摄血和阴虚火旺三型中,血热妄行型虽 PAIgG、PAIgM 均高于正常,但一般属起病之初,疗效较好,气不摄血型只有 PAIgG 单项增高,其值也低于其他两型,疗效也较好,而阴虚火旺型 PAIgG 高于气不摄血型,且 PAIgM 在三型中最高,疗效较差〔黑龙江中医药1991;(6):14〕。研究提示免疫指标的数值变化与中医辨证分型有着一定的联系,血小板计数(BPC)、PAIg 和 T 淋巴细胞亚群等指标的检测可作为本病辨证分型较有价值的参考依据〔中医杂志1991;(10):31〕。

在治疗方面,活血化瘀中药治疗ITP研究进展较快,这类中药可抗变态反应,抑制抗体形成,调节辅助性 T 淋巴细胞(Th)和抑制性 T 淋巴细胞(Ts)的平衡;降低毛细血管脆性和通透性,加强其抵抗力;能使ITP患者外周血小板增多,降低 PAIgG,具有免疫抑制作用〔中国中西医结合杂志1992;(5):304〕。但是在临床上单用活血化瘀药效果不够理想,应结合临床证候特征,针对不同病因病机,将清热凉血、降火、滋阴、益气诸法合理配伍使用,方可取得较好疗效。

王氏等以止血补虚、活血化瘀为治则组成的基本方(仙鹤草、紫珠草、荔枝草、当归、鸡血藤等)对气虚、阴虚、阳虚随证加味,治疗慢性特发性血小板减少性紫癜32例,并与西药组32例进行对照。两组总有效率相仿,而中药组显效率及实验室指标的改善(血小板计数、PAIgG、血红蛋白和红细胞)均优于对照组〔中医杂志1993;(4):229〕。刘氏以益气活血治疗顽固性原发性血小板减少性紫癜43例,治疗前均用泼尼松(强的松)等效果不佳,予基础方(太子参、白术、黄精、赤芍等)随证加味。每日1剂,30天为1个疗程,一般2～3个疗程患者的血小板计数及出血征象即有不同程度改善,总有效率达92.8%,并有较好的远期疗效〔中医药研究1993;(5):49〕。

2. 中医药治疗过敏性紫癜 对过敏性紫癜的病因病机研究,归纳起来主要有毒犯营血、热迫血行、风扰营阴、瘀血阻滞、脾虚湿盛、气血两虚等几个方面。其中以属热毒炽盛所引起者居多,以清热解毒、凉血化瘀为重要治则。

通过临床及有关实验观察表明活血化瘀疗法对过敏性紫癜有较好疗效。这与活血化瘀药物能改善毛细血管脆性、改善微循环、改善血液物化特性、改善免疫功能及具有抗炎作用等有关。以活血化瘀法结合辨证论治治疗过敏性紫癜多能取得良效〔中医杂志1987;(3):48〕。李氏以青紫汤(青黛、紫草、乳香、白及)加味治疗200例过敏性紫癜,总有效率达97%〔中医杂志1990;(5):286〕。

第三节 汗 证

汗证是指由于阴阳失调,腠理不固,而致汗液外泄失常的病证。其中,不因外界环境因素的影响,而白昼时时汗出,动辄益甚者,称为自汗;寐中汗出,醒来自止者,称为盗汗,亦称为寝汗。

正常的出汗,是人体的生理现象。本节所论述的自汗、盗汗,均为汗液过度外泄的病理现象。《明医指掌·自汗盗汗心汗证》对自汗、盗汗的名称作了恰当的说明:"夫自汗者,朝夕汗自出也。盗汗者,睡而出,觉而收,如寇盗然,故以名之。"

自汗、盗汗是临床杂病中较为常见的一个病证。中医对其有比较系统、完整的认识,若辨证用药恰当,一般均有较好的疗效。

早在《内经》即对汗的生理及病理有了一定的认识。明确指出汗液为人体津液的一种,并与血液有密切关系,所谓血汗同源。故血液耗伤的人,不可再发其汗。并明确指出生理性的出汗与气温高低及衣着厚薄有密切关系。如《灵枢·五癃津液别》说:"天暑衣厚则腠理开,故汗出,……天寒则腠理闭,气湿不行,水下留于膀胱,则为溺与气。"在出汗异常的病症方面,谈到了多汗、寝汗、灌汗、绝汗等。《金匮要略·水气病脉证并治》首先记载了盗汗的名称,并认为由虚劳所致者较多。《三因极一病证方论·自汗论治》对自汗、盗汗作了鉴别:"无问昏醒,浸浸自出者,名曰自汗;或睡著汗出,即名盗汗,或云寝汗。若其饮食劳役,负重涉远,登顿疾走,因动汗出,非自汗也。"并指出其他疾病中表现的自汗,应着重针对病源治疗,谓"历节、肠痈、脚气、产褥等病,皆有自汗,治之当推其所因为病源,无使混滥"。朱丹溪对自汗、盗汗的病理属性作了概括,认为自汗属气虚、血虚、湿、阳虚、痰;盗汗属血虚、阴虚。《景岳全书·汗证》对汗证作了系统的整理,认为一般情况下自汗属阳虚,盗汗属阴虚。但"自汗盗汗亦各有阴阳之证,不得谓自汗必属阳虚,盗汗必属阴虚也"。《临证指南医案·汗》谓:"阳虚自汗,治宜补气以卫外;阴虚盗汗,治当补阴以营内。"《医林改错·血府逐瘀汤所治之症目》说:"竟有用补气、固表、滋阴、降火,服之不效,而反加重者,不知血瘀亦令人自汗、盗汗,用血府逐瘀汤。"补充了针对血瘀所致自汗、盗汗的治疗方药。

自汗、盗汗作为症状,既可单独出现,也常伴见于其他疾病过程中。本节着重讨论单独出现的自汗、盗汗。至于由其他疾病引起者,在治疗原发疾病的基础上,可参照本节辨证论治。西医学中的甲状腺机能亢进、植物神经功能紊乱、风湿热、结核病等所致的自汗、盗汗,亦可参考本节辨证论治。

又有少数人由于体质关系,平素易于出汗,而不伴有其他症状者,则不属本节范围。正如《笔花医镜·盗汗自汗》说:"盗汗为阴虚,自汗为阳虚,然亦有秉质如此,终岁习以为常,此不必治也。"

【证候特征】

本节汗证是指以汗出过度为主要表现的自汗、盗汗,其临床特征是:①自汗表现为白昼时时汗出,动则益甚,常伴有气虚不固的症状;盗汗表现为寐中汗出,醒后即止,常伴有阴虚内热的症状。②无其他疾病的症状及体征。

【病因病机】

出汗为人体的生理现象。在天气炎热、穿衣过厚、饮用热汤、情绪激动、劳动奔走等情况下,出汗量增加,此属正常现象。在感受表邪时,出汗又是驱邪的一种方法,外感病邪在表,需要发汗以解表。

汗为心之液,由精气所化,不可过泄。除了伴见于其他疾病过程中的出汗过多外,引起自汗、盗汗的病因病机主要有以下五个方面。

1. 肺气不足　素体薄弱,病后体虚,或久患咳喘,耗伤肺气,肺与皮毛相表里,肺气不足之人,肌表疏松,表虚不固,腠理开泄而致自汗。

2. 营卫不和　由于体内阴阳的偏盛偏衰,或表虚之人微受风邪,导致营卫不和,卫外失司,而致汗出。

3. 心血不足　思虑太过,损伤心脾,或血证之后,血虚失养,均可导致心血不足。因汗为心之液,血不养心,汗液外泄太过,引起自汗或盗汗。

4. 阴虚火旺　烦劳过度,亡血失精,或邪热耗阴,以致阴精亏虚,虚火内生,阴津被扰,不能自藏而外泄,导致盗汗或自汗。

5. 邪热郁蒸　由于情志不舒,肝气郁结,肝火偏旺,或嗜食辛辣厚味,或素体湿热偏盛,以致肝火或湿热内盛,邪热郁蒸,津液外泄而致汗出增多。

【诊　断】

1. 不因外界环境影响,在头面、颈胸,或四肢、全身出汗者。昼日汗出溱溱,动则益甚为自汗;睡眠中汗出津津,醒后汗止为盗汗。

2. 除外其他疾病引起的自汗、盗汗。作为其他疾病过程中出现的自汗、盗汗,因疾病的不同,各具有该疾病的症状及体征,且出汗大多不居于突出地位。

3. 查血沉、T_3、T_4、基础代谢、胸部 X 线摄片、痰涂片、作抗"O"等检查以排除甲亢、肺痨、风湿热等。

【鉴别诊断】

自汗、盗汗应着重与脱汗、战汗、黄汗相鉴别。

1. 脱汗　脱汗表现为大汗淋漓，汗出如珠，常同时出现声低息微，精神疲惫，四肢厥冷，脉微欲绝或散大无力，多在疾病危重时出现，为病势危急的征象，故脱汗又称为绝汗。

2. 战汗　主要出现于急性热病过程中，表现为突然恶寒战栗，全身汗出，发热，口渴，烦躁不安，为邪正交争的征象。若汗出之后，热退脉静，气息调畅，为正气拒邪，病趋好转。

3. 黄汗　汗出色黄，染衣着色，常伴见口中粘苦，渴不欲饮，小便不利，苔黄腻，脉弦滑等湿热内郁之症。

【辨证论治】

　辨证要点

应着重辨明阴阳虚实。一般来说，汗证以属虚者多。自汗多属气虚不固；盗汗多属阴虚内热。但因肝火、湿热等邪热郁蒸所致者，则属实证。病程久者，或病变重者，则会出现阴阳虚实错杂的情况。自汗久则可以伤阴，盗汗久则可以伤阳，出现气阴两虚，或阴阳两虚之证。邪热郁蒸，病久伤阴，则见虚实兼夹之证。

　治疗原则

虚证当根据证候的不同而治以益气、养阴、补血、调和营卫；实证当清肝泄热，化湿和营；虚实夹杂者，则根据虚实的主次而适当兼顾。此外，由于自汗、盗汗均以腠理不固、津液外泄为共同病变，故可酌加麻黄根、浮小麦、糯稻根、五味子、瘪桃干、牡蛎等固涩敛汗之品，以增强止汗的功能。

　分证论治

・肺卫不固

症状：汗出恶风，稍劳汗出尤甚，易于感冒，体倦乏力，面色少华，脉细弱，苔薄白。

治法：益气固表。

方药：玉屏风散。

本方为益气固表止汗的常用方剂。方中以黄芪益气固表止汗；白术健脾益气，助黄芪益气固表；少佐防风走表散邪，且助黄芪固表。汗出多者，可加浮小麦、糯稻根、牡蛎固表敛汗。气虚甚者，加党参、黄精益气固摄。兼有阴虚，而见舌红、脉细数者，加麦冬、五味子养阴敛汗。

气血不足，体质虚弱，而症见汗出恶风，倦怠乏力，面色不华，舌质淡，脉弱者，可改用大补黄芪汤补益气血，固表敛汗。本方除含有玉屏风散的药物外，尚有人参、山茱萸、茯苓、甘草、五味子等益气固摄药；熟地、川芎、肉苁蓉等补益精血，补益之力远较玉屏风散为强，故宜用于自汗之气血不足及体虚甚者。

・营卫不和

症状：汗出恶风，周身痠楚，时寒时热，或表现半身、某局部出汗，苔薄白，脉缓。

治法：调和营卫。

方药：桂枝汤。

方中以桂枝温经解肌，白芍和营敛阴，两药合用，一散一收，调和营卫；配以生姜、大枣、甘草，助其调和营卫之功。

汗出多者,酌加龙骨、牡蛎固涩敛汗。兼气虚者,加黄芪益气固表。兼阳虚者,加附子温阳敛汗。如半身或局部出汗者,可配合甘麦大枣汤之甘润缓急进行治疗。

营卫不和而又表现倦怠乏力,汗出多,少气懒言,舌淡,脉弱等气虚症状者,可改用黄芪建中汤益气建中,调和营卫。

由瘀血阻滞导致者,兼见心胸不适,舌质紫暗或有瘀点、瘀斑,脉弦或涩等症者,可改用血府逐瘀汤理气活血,疏通经络营卫。

· 心血不足

症状:自汗或盗汗,心悸少寐,神疲气短,面色不华,舌质淡,脉细。

治法:补血养心。

方药:归脾汤。

方中以人参、黄芪、白术、茯苓益气健脾,当归、龙眼肉养血,酸枣仁、远志养心安神,木香、甘草、生姜、大枣理气调中,共奏益气补血,养心安神之功。

汗出多者,加牡蛎、五味子、浮小麦收涩敛汗。血虚甚者,加制首乌、枸杞子、熟地补益精血。

· 阴虚火旺

症状:夜寐盗汗,或有自汗,五心烦热,或兼午后潮热,两颧色红,口渴,舌红少苔,脉细数。

治法:滋阴降火。

方药:当归六黄汤。

方中用当归、生地黄、熟地黄滋阴养血,壮水之主,以制阳光;黄连、黄芩、黄柏苦寒清热,泻火坚阴;黄芪益气固表。

汗出多者,加牡蛎、浮小麦、糯稻根固涩敛汗。潮热甚者,加秦艽、银柴胡、白薇清退虚热。以阴虚为主,而火热不甚,潮热、脉数等不显著者,可改用麦味地黄丸补益肺肾,滋阴清热。

· 邪热郁蒸

症状:蒸蒸汗出,汗液易使衣服黄染,面赤烘热,烦躁,口苦,小便色黄,舌苔薄黄,脉象弦数。

治法:清肝泄热,化湿和营。

方药:龙胆泻肝汤。

方中以龙胆草、黄芩、栀子、柴胡清肝泄热,泽泻、木通、车前子清利湿热,当归、生地滋阴养血和营,甘草调和诸药。

里热较甚,小便短赤者,加茵陈清解郁热。湿热内蕴而热势不盛,面赤烘热、口苦等症不显著者,可改用四妙丸清热除湿。方中以黄柏清热,苍术、薏苡仁除湿,牛膝通利经脉。

【转归预后】

单纯出现的自汗、盗汗,一般预后良好,经过治疗大多可在短期内治愈或好转。伴见于其他疾病过程中的自汗,尤其是盗汗,则病情往往较重。治疗时应着重针对原发疾病,且常需待原发病好转、痊愈,自汗、盗汗才能减轻或消失。

【预防与调摄】

汗出之时,腠理空虚,易于感受外邪,故当避风寒,以防感冒。汗出之后,应及时用干毛巾将汗擦干。出汗多者,需经常更换内衣,并注意保持衣服、卧具干燥清洁。

【结　语】

不因天暑、衣厚、劳作及其他疾病,而白昼时时汗出者,称为自汗;寐中汗出,醒来自止者,称为盗汗。自汗多由气虚不固,营卫不和;盗汗多因阴虚内热;由邪热郁蒸所致者,则属实证。益气固表、调和营卫、滋阴降火、清化湿热,是治疗自汗、盗汗的主要治法,可在辨证方药的基础上酌加固涩敛汗之品,以提高疗效。

【文献摘要】

《素问·宣明五气》:"五藏化液,心为汗。"

《灵枢·决气》:"腠理发泄,汗出溱溱,是谓津。"

《灵枢·营卫生会》:"夺血者无汗,夺汗者无血。"

《素问·藏气法时论》:"肾病者,……寝汗出,憎风。"

《素问·脉要精微论》:"肺脉,……其软而散者,当病灌汗。"

《金匮要略·血痹虚劳病脉证并治》:"男子平人,脉虚弱细微者,喜盗汗也。"

《济生方·诸汗门》:"人之气血,应乎阴阳,和则平,偏则病。阴虚阳必凑,故发热自汗;阳虚阴必乘,故发厥、自汗。又况伤风、中暑、伤湿、喜怒、惊悸、房室、虚劳、历节、肠痈、痰饮、产褥等病,皆能致之。"

《医学正传·汗证》:"若夫自汗与盗汗者,病似而实不同也。其自汗者,无时而濈濈然出,动则为甚,属阳虚,胃气之所司也;盗汗者,寝中而通身如浴,觉来方知,属阴虚,营血之所主也。大抵自汗宜补阳调卫,盗汗宜补阴降火。"

《医碥·汗》:"汗者,水也,肾之所主也。内藏则为液,上升则为津,下降则为尿,外泄则为汗。"

【研究进展】

· 自汗

邢氏报道以当归六黄汤治疗29例妇女更年期烦热自汗症,病程1～3年,辨证属于阴虚火旺,经治后全部有效。其中16例全部症状消失,服药最少9剂,最多27剂〔河北中医1992;(3):35〕。马氏以补中益气汤加山茱萸、山药,另用五倍子粉少许敷脐,治疗1例自汗严重(称为漏汗)病程达1年的患者,服药10剂后,基本治愈〔四川中医1991;(12):26〕。俞氏报道新加龙萸止汗汤(生龙骨、生牡蛎、山萸肉、何首乌、酸枣仁、黄芪、金樱子、乌梅)对风心病、肺心病、心肌炎、心律不齐引起的全身性大汗症(包括自汗及盗汗)有良好疗效〔中医杂志1988;(2):138〕。

活血化瘀法在汗证的治疗中渐受重视,如陈氏治疗1例汗出如油,白天需换衣5～6次,已病10余日,西医诊为植物神经功能紊乱的自汗患者,曾用其他治疗无效,以血府逐瘀汤加味收到良好效果〔中医杂志1993;(10):633〕。辛氏及吕氏分别以血府逐瘀汤治愈2例黎明汗出,患病半月的患者〔四川中医1991;(2):19〕。

· 盗汗

盗汗以阴虚导致者为多,但亦有由阳虚所致者。如钟氏谓,对于阴盛于内,阳浮于外,迫津外泄的盗汗,用附子为主,引火归原,可获较好效果〔中医杂志1992;(11):6〕。周氏对1例43岁的男性,盗汗每日2～3次,病已6年的患者,经辨证后采用真武汤治疗,4剂汗止,继以原方出入服药10剂,随访2年未复发〔四川中医1991;(12):27〕。江氏对1例夜卧则下半身出汗已5年的患者,在芪附汤、桂枝龙骨牡蛎汤、牡蛎散3方的基础上加补肾之品,疗效优良〔中医杂志1991;(6):353〕。

· 止汗方药

余氏对汗证妙用仙鹤草,其经验是:仙鹤草配白术疗自汗,仙鹤草配紫丹参治盗汗,仙鹤草配藿胆(藿香加适量猪胆汁拌)治头汗,仙鹤草配黄芪治半身出汗〔中医杂志 1992;(9):517〕。魏氏等用止汗锭(何首乌、五倍子、黄芪等量制粉,过 120 目筛,加入药用基质,制成每粒含生药 1g 的锭剂)治疗 168 例汗证(其中自汗 48 例,盗汗 66 例,自汗兼盗汗 54 例),取得良好效果,总有效率为 94.05%。在无效的 10 例中,有肺结核 4 例,肿瘤化疗期 5 例,更年期综合征 1 例。止汗锭的用法是:将脐部洗净擦干,放 1 枚药锭于脐内,上盖塑料薄膜,外敷纱布,周边用胶布固定,24 小时换药 1 次,连用 8 日为 1 疗程。疗效佳的患者,3 日左右即显效果〔中医杂志 1991;(6):41〕。

第四节 消 渴

消渴是以多尿、多饮、多食、形体消瘦,或尿有甜味为主要临床表现的病证。其病机主要是禀赋不足,阴津亏损,燥热偏胜,且多与血瘀密切相关。

消渴是一种发病率高,严重危害人类健康的病证,近年来发病率更有增高的趋势。中医药在改善症状,防治并发症等方面均有较好的疗效。

消渴之名,首见于《素问·奇病论》,根据病机及症状的不同,《内经》还有消瘅、肺消、膈消、消中等名称的记载。《内经》认为五脏虚弱,过食肥甘,情志失调是引起消渴的原因,而内热是其主要病机。《金匮要略》立专篇讨论,并最早提出治疗方药。《诸病源候论·消渴候》论述其并发症说:"其病变多发痈疽。"《外台秘要·消中消渴肾消》引《古今录验》说:"渴而饮水多,小便数,……甜者,皆是消渴病也。"又说:"每发即小便至甜";"焦枯消瘦",对消渴的临床特点作了明确的论述。刘河间对其并发症作了进一步论述,《宣明论方·消渴总论》说,消渴一证"故可变为雀目或内障",《儒门事亲·三消论》说:"夫消渴者,多变聋盲、疮癣、痤痱之类";"或蒸热虚汗,肺痿劳嗽"。《证治准绳·消瘅》在前人论述的基础上,对三消的临床分类作了规范,"渴而多饮为上消(经谓膈消);消谷善饥为中消(经谓消中);渴而便数有膏为下消(经谓肾消)"。明清及其之后,对消渴的治疗原则及方药,有了更为广泛深入的研究。

本节之消渴病与西医学的糖尿病基本一致。西医学的尿崩症,因具有多尿、烦渴的临床特点,与消渴病有某些相似之处,可参考本节辨证论治。

【证候特征】

消渴以多尿、多饮、多食、形体消瘦,或尿有甜味为其证候特征。消渴病的多尿,表现为排尿次数增多,尿量增加。有的患者是因夜尿增多而发现本病。与多尿同时出现的是多饮,喝水量及次数明显增多。多食易饥,食量超出常人,但患者常感疲乏无力,日久则形体消瘦。

【病因病机】

1. 禀赋不足 早在春秋战国时代,即已认识到先天禀赋不足,是引起消渴病重要的内在因素。《灵枢·五变》说:"五脏皆柔弱者,善病消瘅。"其中尤以阴虚体质最易罹患。

2. 饮食失节 长期过食肥甘,醇酒厚味,辛辣香燥,损伤脾胃,致脾胃运化失职,积热内蕴,化燥伤津,消谷耗液,发为消渴。早在《素问·奇病论》即说:"此肥美之所发也,此人必数食甘美而多肥也,肥者令人内热,甘者令人中满,故其气上溢,转为消渴。"

3. 情志失调 长期过度的精神刺激,如郁怒伤肝,肝气郁结,或劳心竭虑,营谋强思等,以致郁久化火，火热内燔，消灼肺胃阴津而发为消渴。正如《临证指南医案·三消》说："心境愁郁，内火自燃，乃消症大病。"

4. 劳欲过度　房室不节，劳欲过度，肾精亏损，虚火内生，则"火因水竭而益烈，水因火烈而益干"，终至肾虚肺燥胃热俱现，发为消渴。

消渴的病机主要在于阴津亏损，燥热偏胜，而以阴虚为本，燥热为标，两者互为因果，阴愈虚则燥热愈盛，燥热愈盛则阴愈虚。消渴病变的脏腑主要在肺、胃、肾，尤以肾为关键。三脏腑之中，虽可有所偏重，但往往又互相影响。

肺主气为水之上源，敷布津液。肺受燥热所伤，则津液不能敷布而直趋下行，随小便排出体外，故小便频数量多；肺不布津则口渴多饮。正如《医学纲目·消瘅门》说："蓋肺藏气，肺无病则气能管摄津液之精微，而津液之精微者收养筋骨血脉，余者为溲。肺病则津液无气管摄，而精微者亦随溲下，故饮一溲二。"

胃为水谷之海，主腐熟水谷，脾为后天之本，主运化，为胃行其津液。脾胃受燥热所伤，胃火炽盛，脾阴不足，则口渴多饮，多食善饥；脾气虚不能转输水谷精微，则水谷精微下流注入小便，故小便味甘；水谷精微不能濡养肌肉，故形体日渐消瘦。

肾为先天之本，主藏精而寓元阴元阳。肾阴亏虚则虚火内生，上燔心肺则烦渴多饮，中灼脾胃则胃热消谷，肾失濡养，开阖固摄失权，则水谷精微直趋下泄，随小便而排出体外，故尿多味甜。

消渴病虽有在肺、胃、肾的不同，但常常互相影响，如肺燥津伤，津液失于敷布，则脾胃不得濡养，肾精不得滋助；脾胃燥热偏盛，上可灼伤肺津，下可耗伤肾阴；肾阴不足则阴虚火旺，亦可上灼肺胃，终至肺燥胃热肾虚，故"三多"之证常可相互并见。

消渴病日久，则易发生以下两种病变：一是阴损及阳，阴阳俱虚。消渴虽以阴虚为本，燥热为标，但由于阴阳互根，阳生阴长，若病程日久，阴损及阳，则致阴阳俱虚。其中以肾阳虚及脾阳虚较为多见。二是病久入络，血脉瘀滞。消渴病是一种病及多个脏腑的疾病，影响气血的正常运行，且阴虚内热，耗津灼液，亦使血行不畅而致血脉瘀滞。

【诊　断】

1. 凡以口渴、多饮、多食易饥、尿频量多、形体消瘦或尿有甜味为临床特征者，即可诊断为消渴病。本病多发于中年以后，以及嗜食膏粱厚味、醇酒炙煿之人。若在青少年期即罹患本病者，一般病情较重。

2. 初起可"三多"症状不著，病久常并发眩晕、肺痨、胸痹心痛、中风、雀目、疮痈等。严重者可见烦渴，头痛，呕吐，腹痛，呼吸短促，甚或昏迷厥脱危象。由于本病的发生与禀赋不足有较为密切的关系，故消渴病的家族史可供诊断参考。

3. 查空腹、餐后2小时血糖和尿糖，尿比重，作葡萄糖耐量试验等检查有助于确定诊断。必要时查尿酮体，血尿素氮，肌酐，二氧化碳结合力及血钾、钠、钙、氯化物等。

【鉴别诊断】

1. 口渴症　口渴症是指口渴饮水的一个临床症状，可出现于多种疾病过程中，尤以外感热病为多见。但这类口渴各随其所患病证的不同而出现相应的临床症状；不伴见多食、多尿、尿甜、瘦削等消渴的特点。

2. 瘿病　瘿病中气郁化火、阴虚火旺的类型,以情绪激动,多食易饥,形体日渐消瘦,心悸、眼突,颈部一侧或两侧肿大为特征。其中的多食易饥、消瘦,类似消渴病的中消,但眼球突出,颈前生长肿物则与消渴有别,且无消渴病的多饮、多尿、尿甜等症。

【辨证论治】

辨证要点

1. 辨部位　消渴病的三多症状,往往同时存在,但根据其表现程度上的轻重不同,而有上、中、下三消之分,及肺燥、胃热、肾虚之别。通常把以肺燥为主,多饮症状较突出者,称为上消;以胃热为主,多食症状较为突出者,称为中消;以肾虚为主,多尿症状较为突出者,称为下消。

2. 辨标本　本病以阴虚为本,燥热为标,两者互为因果,常因病程长短及病情轻重的不同,而阴虚和燥热之表现各有侧重。一般初病多以燥热为主,病程较长者则阴虚与燥热互见,日久则以阴虚为主。进而则由于阴损及阳,导致阴阳俱虚之证。

3. 辨本证与并发症　多饮、多食、多尿和消瘦为消渴病本证的基本临床表现,而易发生诸多并发症为本病的另一特点。本证与并发症的关系,一般以本证为主,并发症为次。多数患者,先见本证,随病情的发展而出现并发症。但亦有少数患者与此相反,如少数中老年患者,"三多"及消瘦的本证不明显,常因痈疽、眼疾、心脑病症等为线索,最后确诊为本病。

治疗原则

本病的基本病机是阴虚为本,燥热为标,故清热润燥、养阴生津为本病的治疗大法。《医学心悟·三消》说:"治上消者,宜润其肺,兼清其胃";"治中消者,宜清其胃,兼滋其肾";"治下消者,宜滋其肾,兼补其肺",可谓深得治疗消渴之要旨。

由于本病常发生血脉瘀滞及阴损及阳的病变,以及易并发痈疽、眼疾、劳嗽等症,故还应针对具体病情,及时合理地选用活血化瘀、清热解毒、健脾益气、滋补肾阴、温补肾阳等治法。

分证论治

上消

· **肺热津伤**

症状:烦渴多饮,口干舌燥,尿频量多,舌边尖红,苔薄黄,脉洪数。

治法:清热润肺,生津止渴。

方药:消渴方。

方中重用天花粉以生津清热,佐黄连清热降火,生地黄、藕汁等养阴增液,尚可酌加葛根、麦冬,以加强生津止渴的作用。若烦渴不止,小便频数,而脉数乏力者,为肺热津亏,气阴两伤,可选用玉泉丸或二冬汤。玉泉丸中,以人参、黄芪、茯苓益气,天花粉、葛根、麦冬、乌梅、甘草等清热生津止渴。二冬汤中,重用人参益气生津,天冬、麦冬、天花粉、黄芩、知母清热生津止渴。二方同中有异,前者益气作用较强,而后者清热作用较强,可根据临床需要加以选用。

中消

· **胃热炽盛**

症状:多食易饥,口渴,尿多,形体消瘦,大便干燥,苔黄,脉滑实有力。

治法：清胃泻火，养阴增液。

方药：玉女煎。

方中以生石膏、知母清肺胃之热；生地黄、麦冬滋肺胃之阴；川牛膝活血化瘀，引热下行。可加黄连、栀子清热泻火。大便秘结不行，可用增液承气汤润燥通腑，"增水行舟"，待大便通后，再转上方治疗。本证亦可选用白虎加人参汤。方中以生石膏、知母清肺胃、除烦热，人参益气扶正，甘草、粳米益胃护津，共奏益气养胃、清热生津之效。

对于病程较久，以及过用寒凉而致脾胃气虚，表现口渴引饮，能食与便溏并见，或饮食减少，精神不振，四肢乏力，舌淡，苔白而干，脉弱者，则治宜健脾益气、生津止渴，可用七味白术散。方中用四君子汤健脾益气，木香、藿香醒脾行气散津，葛根升清生津止渴。《医宗金鉴》等书将本方列为治消渴的常用方之一。

下消

· 肾阴亏虚

症状：尿频尿多，混浊如脂膏，或尿甜，腰膝酸软，乏力，头晕耳鸣，口干唇燥，皮肤干燥，瘙痒，舌红苔少，脉细数。

治法：滋阴补肾，润燥止渴。

方药：六味地黄丸。

方中以熟地黄滋肾填精为主药；山萸肉固肾益精，山药滋补脾阴、固摄精微，该两药在治消渴时用量可稍大；茯苓健脾渗湿，泽泻、丹皮清泄肝肾火热，共奏滋阴补肾，补而不腻之效。阴虚火旺而烦躁，五心烦热，盗汗，失眠者，可加知母、黄柏滋阴泻火。尿量多而混浊者，加益智仁、桑螵蛸、五味子等益肾缩泉。气阴两虚而伴困倦，气短乏力，舌质淡红者，可加党参、黄芪、黄精补益正气。

· 阴阳两虚

症状：小便频数，混浊如膏，甚至饮一溲一，面容憔悴，耳轮干枯，腰膝酸软，四肢欠温，畏寒怕冷，阳痿或月经不调，舌淡苔白而干，脉沉细无力。

治法：温阳滋阴，补肾固摄。

方药：金匮肾气丸。

方中以六味地黄丸滋阴补肾，并用附子、肉桂以温补肾阳。本方以温阳药和滋阴药并用，正如《景岳全书·新方八略》所说："善补阳者，必于阴中求阳，则阳得阴助，而生化无穷；善补阴者，必于阳中求阴，则阴得阳升而泉源不竭。"而《医贯·消渴论》更对本方在消渴病中的应用作了较详细的阐述："盖因命门火衰，不能蒸腐水谷，水谷之气，不能熏蒸，上润乎肺，如釜底无薪，锅盖干燥，故渴。至于肺亦无所禀，不能四布水津，并行五经，其所饮之水，未经火化，直入膀胱，正谓饮一升溲一升，饮一斗溲一斗。试尝其味，甘而不咸可知矣。故用附子、肉桂之辛热，壮其少火，灶底加薪，枯笼蒸溽，稿禾得雨，生意维新。"对消渴而症见阳虚畏寒的患者，可酌加鹿茸粉0.5g，以启动元阳，助全身阳气之气化。本证见阴阳气血俱虚者，则可选用鹿茸丸以温肾滋阴，补益气血。上述两方均可酌加覆盆子、桑螵蛸、金樱子等以补肾固摄。

消渴多伴有瘀血的病变，故对于上述各种证型，尤其是对于舌质紫暗，或有瘀点瘀斑，脉涩或结或代，及兼见其他瘀血症候者，均可酌加活血化瘀的方药。如酌加丹参、川芎、郁金、红花、山楂等。或配用降糖活血方。方中用丹参、川芎、益母草活血化瘀，当归、赤白芍养血活血，木香行气导滞,葛根生津止渴。

【其他疗法】

消渴容易发生多种并发症,应在治疗本病的同时,积极治疗并发症。白内障、雀盲、耳聋,主要病机为肝肾精血不足,不能上承耳目所致,宜滋补肝肾,益精补血,可用杞菊地黄丸或明目地黄丸。对于并发疮毒痈疽者,则治宜清热解毒,消散痈肿,用五味消毒饮。在痈疽的恢复阶段,则治疗上要重视托脓生肌。并发肺痨、水肿、中风者,则可参考有关章节辨证论治。

【转归预后】

消渴病常病及多个脏腑,病变影响广泛,未及时医治以及病情严重的患者,常可并发多种病证,如肺失滋润,日久可并发肺痨;肾阴亏损,肝失濡养,肝肾精血不能上承于耳目,则可并发白内障、雀目、耳聋;燥热内结,营阴被灼,脉络瘀阻,蕴毒成脓,则发为疮疖痈疽;阴虚燥热,炼液成痰,以及血脉瘀滞,痰瘀阻络,蒙蔽心窍,发为中风偏瘫;阴损及阳,脾肾衰败,水湿潴留,泛滥肌肤,则发为水肿。综观消渴的自然发病过程,常以阴虚燥热为始,病程日久,可导致阴损及阳,而形成阴阳两虚,或以阳虚为主的重证,且常出现各种严重的并发症。

消渴病是现代社会中发病率甚高的一种疾病,尤以中老年发病较多。"三多"和消瘦的程度,是判断病情轻重的重要标志。早期发现、坚持长期治疗、生活规律、饮食控制的患者,其预后较好。儿童患本病者,大多病情较重。并发症是影响病情、损伤患者劳动力和危及患者生命的重要因素,故应十分注意及早防治各种并发症。

【预防与调摄】

本病除药物治疗外,注意生活调摄具有十分重要的意义。正如《儒门事亲·三消之说当从火断》说:"不减滋味,不戒嗜欲,不节喜怒,病已而复作。能从此三者,消渴亦不足忧矣。"其中,尤其是节制饮食,具有基础治疗的重要作用。在保证机体合理需要的情况下,应限制粮食、油脂的摄入,忌食糖类,饮食宜以适量米、麦、杂粮,配以蔬菜、豆类、瘦肉、鸡蛋等,定时定量进餐。戒烟酒、浓茶及咖啡等。保持情志平和。制订并实施有规律的生活起居制度。

【结　语】

消渴是以多饮、多食、多尿及消瘦为临床特征的一种慢性内伤疾病。前三个症状,也是作为上消、中消、下消临床分类的侧重症状。其病位主要与肺、胃(脾)、肾有关,尤与肾的关系最为密切。在治疗上,以清热润燥、养阴生津为基本治则,对上、中、下消有侧重润肺、养胃(脾)、益肾之别。但上中下三消之间有着十分密切的内在联系,其病机性质是一致的,正如《圣济总录·消渴门》所说:"原其本则一,推其标有三。"由于消渴易发生血脉瘀滞、阴损及阳的病变,及发生多种并发症,故应注意及时发现、诊断和治疗。

【文献摘要】

《素问·通评虚实论》:"凡治消瘅、仆击、偏枯、痿厥,气满发逆,肥贵人,则膏粱之疾也。"

《灵枢·五变》:"五脏皆柔弱者,善病消瘅。"

《景岳全书·三消干渴》:"凡治消之法,最当先辨虚实,若察其脉证,果为实火致耗津液者,但去其火则津液自生,而消渴自止。若由真水不足,则悉属阴虚,无论上、中、下,急宜治肾,必使阴气渐充,精血渐复,则病必自愈。若但知清火,则阴无以生,而日见消败,益以困矣。"

《医学心悟·三消》:"三消之症,皆燥热结聚也。大法治上消者,宜润其肺,兼清其胃,二冬汤主之;治中消者,宜清其胃,兼滋其肾,生地八物汤主之;治下消者,宜滋其肾,兼补其肺,地黄汤、生脉散并主之。夫上消清胃者,使胃火不得伤肺也;中消滋肾者,使相火不得攻胃也;下消清肺者,滋上源以生水也。三消之治,不必专执本经,而滋其化源,则病易痊矣。"

《临证指南医案·三消》:"如病在中上者,膈膜之地,而成燎原之场,即用景岳之玉女煎,六味之加二冬、龟甲、旱莲,一以清阳明之热,以滋少阴;一以救心肺之阴,而下顾真液。如元阳变动而为消烁者,即用河间之甘露饮,生津清热,润燥养阴,甘缓和阳是也。至于壮水以制阳光,则有六味之补三阴,而加车前、牛膝,导引肝肾。斟酌变通,斯诚善矣。"

【研究进展】

糖尿病属中医消渴病范畴,近年来国内外医药工作者在这方面进行了大量的临床和实验研究,取得了一定成果,这对于进一步探明消渴病的证候实质及提高辨证论治的水平,具有重要意义。

· 糖尿病的病因病机及辨证分型研究

1. 病因病机的研究　近年来,对糖尿病发病原因的看法较为一致,认为主要有过食肥甘、五志过极、房室不节、热病火燥及先天禀赋不足几个方面。对病机的认识,主要有以下几种:①阴虚燥热学说:认为其本在阴虚,燥热为标;②气虚学说:认为关键在于肺脾气虚,重点在于脾气虚;③气阴两虚学说:目前最具有广泛的代表性,认为本病发病机理为燥热伤阴,阴损气耗,致气阴两虚;④瘀血学说:此说经祝氏提出,引起了广泛的注意,许多人通过临床观察及实验研究后认为,瘀血为贯穿糖尿病发病始终的重要病机;⑤肝郁肝火学说。以上几种学说,在糖尿病发病中均可存在,分之各有局限,合则较为完善。

2. 辨证分型的研究　有根据气血阴阳进行辨证分型者,有根据寒热虚实进行分型者,也有根据脏腑及三焦进行辨证分型者。对糖尿病的辨证分型虽然种类较多,但目前采用得最多的是卫生部制定发布的《中药新药治疗消渴病(糖尿病)的临床研究指导原则》中所制定的分型标准,即分为阴虚热盛证、气阴两虚证、阴阳两虚证和血瘀气滞证四型。

3. 糖尿病证候客观化的研究　在研究糖尿病的辨证分型时,不少单位研究了"证"与客观指标间的相互关系,认为糖尿病不同证型与病程、血糖、胰岛素、胰升血糖素、环核苷酸、血浆皮质醇、性激素水平、血脂、血小板、糖化血红蛋白、尿 17 羟、尿 17 酮、尿 3-甲羟基苦杏仁酸(VMA)、血液流变学、甲皱微循环、凝血指标之间存在一定的关系,并着重研究了糖尿病血瘀证的证候实质。对血瘀证实质的研究,大致可以归纳为四个方面:①某些器官的大体观察;②有关凝血机制指标的观察;③血液流变学变化;④微循环改变。以上研究初步显示,糖尿病的中医辨证分型与客观指标之间存在一定的关系,中医对糖尿病的不同辨证分型是有一定物质基础的。

· 糖尿病的中医药治疗

1. 辨证治疗糖尿病　祝氏等通过上千例病人的观察,将糖尿病总结为七型进行治疗:①阴虚型:滋阴生津兼活血,用沙参、麦冬、栀子、当归、生熟地、丹参等;②阴虚火旺型:滋阴降火兼活血,上方酌加知母、黄柏、黄芩等;③气阴两虚型:益气养阴活血,用黄芪、玄参、丹参、山药、党参、麦冬、生熟地、五味子、茯苓等;④气阴两虚火旺型:益气养阴降火,兼以活血,上方酌加知母、黄柏、黄芩、龙胆草等;⑤阴阳两虚型:温阳育阴,兼以活血,用桂枝、山药、山萸肉、丹皮、泽泻、生熟地、制附片、茯苓、葛根等;⑥阴阳两虚火旺型:温阳育阴降火,兼以活血,用上方加知母、黄柏;⑦瘀血型:活血行气为主,兼以治本,用木香、当归、川芎、益母草、丹参、赤芍、葛根、生熟地等〔上海中医药杂志 1982;(6):5〕。蓝氏主张以脾虚为主根据不同情况辨证分型,治疗亦以健脾为主,用治消六味汤加减进行治疗〔陕西中医 1987;(10):454〕。程氏将本病分为:①脾虚肺胃蕴热型,治以清热泻火,健脾运津;②脾虚气虚型,治以健脾培本,益气生津;③脾肾两虚型,治以健脾补肾;④脾虚瘀滞型,治以活血化瘀,健脾除滞〔江苏中医 1981;(2):5〕。潘氏将糖尿病分为胃热伤阴、肾气虚损两大类型,分别用麦门冬汤和八味肾气丸加减治疗〔中医杂志 1986;(6):10〕。蒋氏将本病分为 7 个证型进行治疗:气阴两虚型用黄芪汤,湿热气阻型用甘露消毒丹,阳虚不固型用肾气丸,阴虚失敛型用六味地黄丸合五子衍宗丸,肝郁阴虚型用丹栀逍遥散,燥热阴虚型用六味地黄汤合白虎承气汤,阴亏三消用甘露饮合白虎汤加减〔中西医结合研究资料 1981;(20):28〕。李氏认为本病以阴亏热灼为主,故用六味地黄汤加减〔新中医 1981;(11):24〕。高氏以生津润燥清热为治则,均获较满意的近期疗效〔天津医药 1978;(5):233〕。

2. 专方治疗糖尿病　近年来,国内外许多学者在寻求既符合中医理论,又具有较好降糖作用的专方专药方面做了不少工作。熊氏等以加味桃核承气汤(片)治疗糖尿病,用药后血糖、血脂均明显下降,血液流变学指标明显改善〔新中医 1988;(4):53;(7):51〕。李氏、张氏等以滋膵饮合抵当汤为基本方加味所研制的糖复康制剂,治疗数百例Ⅱ型糖尿病及Ⅱ型糖尿病脂代谢紊乱患者,总有效率达 89.7%,并具有良好的防治心血管并发症的作用〔成都中医学院科研资料 1994〕。田氏等用抑糖汤治疗 215 例糖尿病患者,总有效率为 70%〔吉林中医药 1983;(5):22〕。程氏等用消渴平片(黄芪、人参、葛根、花粉、知母、天冬、丹参、五味子等)治疗 333 例糖尿病患者,有效率达 81.08%〔山东中医学院学报 1985;(3):7〕。李氏等用降糖丸(红参、茯苓、白术、黄芪、葛根、黄精、大黄、黄连、五味子等)治疗 20 例糖尿病患者,对血糖、尿糖有明显降低作用〔中医杂志 1983;(10):30〕。王氏用甘芍降糖片治疗 214 例,总有效率为 78.8%〔中西医结合杂志 1986;(10):503〕。吴氏等用滋肾蓉精丸(黄精、肉苁蓉、何首乌、山药、金樱子、五味子等)治疗 130 例,总有效率为 87.6%〔湖南中医杂志 1987;(6):8〕。另外,应用古方六味地黄丸、八味地黄丸、八仙长寿丸、玉液汤等方,以及一些研究者新拟订的降糖方进行观察,亦有较好的效果。

3. 单味药治疗糖尿病　国外文献报道苦瓜能提高糖耐量,降低血糖,国内张氏用苦瓜粗提取物对 61 例糖尿病患者进行治疗,有效率为 70.5%〔山东中医学院学报 1982;(2):56〕。北京医学院附属医院用亚腰葫芦治疗 26 例〔中华内科杂志 1977;(3):136〕。广西医学院用番石榴片治疗 166 例〔新医药学杂志 1978;(4):34〕。倪氏等用黄连素治疗 60 例Ⅱ型糖尿病患者,均获较好疗效〔中西医结合杂志 1988;(12):711〕。

第五节　内伤发热

内伤发热是指以内伤为病因,脏腑功能失调,气血阴阳亏虚为基本病机的以发热为主的病证。一般起病较缓,病程较长。临床上多表现为低热,但有时可以是高热。

内伤发热是与外感发热相对应的一类发热,可见于多种疾病中,临床比较多见。中医对内伤发热有一套颇具特色的理论认识及治法方药,且对大多数患者具有较好的疗效。

早在《内经》即有关于内伤发热的记载,其中对阴虚发热的论述较详。《金匮要略·血痹虚劳病脉证并治》以小建中汤治疗虚劳手足烦热,可谓是后世甘温除热治法的先声。《太平圣惠方·第二十九卷》治疗虚劳烦热的柴胡散、生地黄散、地骨皮散等方剂,在处方的配伍组成方面,为后世治疗阴虚发热提供了借鉴。《小儿药证直诀》在《内经》五脏热病学说的基础上,提出了五脏热证的用方,钱氏并将肾气丸化裁为六味地黄丸,为阴虚内热的治疗提供了一个重要的方剂。李东垣对气虚发热的辨证及治疗作出了重要贡献,以其所拟定的补中益气汤作为治疗的主要方剂,使甘温除热的治法具体化。李氏在《内外伤辨惑论》里,对内伤发热与外感发热的鉴别作了详细的论述。朱丹溪对阴虚发热有较多的论述,强调保养阴精的重要性。张景岳对阳虚发热的论述,足以补前人之所未及,其以右归饮、理中汤、大补元煎、六味回阳饮等作为治疗阳虚发热的主要方剂,值得参考。《症因脉治·内伤发热》最先明确提出"内伤发热"这一病证名称,新拟定的气虚柴胡汤及血虚柴胡汤,可供治疗气虚发热及血虚发热参考。《证治汇补·发热》将外感发热之外的发热分为郁火发热、阳郁发热、骨蒸发热、内伤发热(主要指气虚发热)、阳虚发热、阴虚发热、血虚发热、痰证发热、伤食发热、瘀血发热、疮毒发热共 11 种,对发热的类型进行了详细的归纳。《医林改错》及《血证论》二书则对瘀血发热的辨证及治疗作出了重要贡献。

凡是不因感受外邪所导致的发热,均属内伤发热的范畴。

西医学所称的功能性低热,肿瘤、血液病、结缔组织疾病、内分泌疾病,以及部分慢性感染性疾病所引起的发热,和某些原因不明的发热,在有内伤发热的临床表现时,均可参照本节辨证论治。

【证候特征】

内伤发热一般起病较缓,病程较长,或有反复发热的病史。临床多表现为低热,但有时也可以是高热,亦有少数患者自觉发热或五心烦热,而体温并不升高。因内伤发热主要由于气、血、水湿的郁滞壅遏或气、血、阴、阳的亏损失调所导致,故在发热的同时,分别伴有气郁、血瘀、湿郁或气虚、血虚、阴虚、阳虚的症状。

【病因病机】

1. **肝经郁热** 情志抑郁,肝气不能条达,气郁化火而发热;或因恼怒过度,肝火内盛,以致发热。其发病机理正如《丹溪心法·火》所概括的:"凡气有余便是火"。因此种发热与情志密切相关,故亦称"五志之火"。

2. **瘀血阻滞** 由于情志、劳倦、外伤等原因导致瘀血,瘀血阻滞经络,气血运行不畅,壅遏不通,因而引起发热,此为瘀血发热的主要病机。此外,瘀血发热也与血虚失养有关,如《医门法律·虚劳论》说:"血痹则新血不生,并素有之血,亦瘀积不行,血瘀则荣虚,荣虚则发热。"

3. **内湿停聚** 由于饮食失调、忧思气结等使脾胃受损、运化失职,以致湿邪内生,郁而化热,进而引起内伤发热。

4. **中气不足** 由于劳倦过度,饮食失调,或久病失于调理,以致中气不足,阴火内生而引起发热,亦即现今通称的气虚发热。

5. **血虚失养** 由于久病心肝血虚,或脾虚不能生血,或长期慢性失血,以致血虚失于濡养。血本属阴,阴血不足,无以敛阳而引起发热。如《证治汇补·发热》说:"血虚发热,一切吐衄便血,产后崩漏,血虚不能配阳,阳亢发热者,治宜养血。"

6. **阴精亏耗** 由于素体阴虚,或热病日久,耗伤阴液,或误用、过用温燥药物等,导致阴精亏虚,阴衰则阳盛,水不制火,阳气偏盛而引起发热。

7. **阳气虚衰** 由于寒证日久,或久病气虚,气损及阳,或脾肾阳气亏虚,以致火不归原,虚阳外浮而引起发热。如《证治汇补·发热》说:"阳虚发热,有肾虚水冷,火不归经,游行于外而发热。"

上述七种内伤发热,大体可归纳为虚、实两类。由肝经郁热、瘀血阻滞及内湿停聚所致者属实,其基本病机为气、血、水等郁结壅遏化热而引起发热。由中气不足、血虚失养、阴精亏虚及阳气虚衰所致者属虚,因气属阳的范畴,血属阴的范畴,此类发热均由阴阳失衡所导致。或为阴血不足,阴不配阳,水不济火,阳气亢盛而发热;或因阳气虚衰,阴火内生,阳气外浮而发热。

本病病机比较复杂,从机理分析可由一种也可由多种病因同时引起发热。如气郁血瘀、气阴两虚、气血两虚等。病机转化则久病往往由实转虚,由轻转重,其中以瘀血病久,损及气、血、阴、阳,分别兼见气虚、血虚、阴虚或阳虚,而成为虚实兼夹之证的情况较为多见。其他如气郁发热日久,若热伤阴津,则转化为气郁阴虚之发热;气虚发热日久,病损及阳,阳气虚衰,则发展为阳虚发热。

【诊　断】

1. 内伤发热起病缓慢,病程较长,多为低热,或自觉发热,表现为高热者较少。不恶寒,或虽有怯冷,但得衣被则温。常兼见头晕、神疲、自汗、盗汗、脉弱等症。
2. 一般有气、血、水壅遏或气血阴阳亏虚的病史,或有反复发热的病史。
3. 必要时可作有关的实验室检查,以进一步协助诊断。

【鉴别诊断】

内伤发热主要应与外感发热相鉴别。内伤发热的诊断要点已如上述。而外感发热表现的特点是:起病较急,病程较短,发热的热度大多较高,发热的类型随病种的不同而有所差异,发热初期大多伴有恶寒,其恶寒得衣被而不减,常兼有头身疼痛、鼻塞、流涕、咳嗽、脉浮等症,由感受外邪,正邪相争所致,属实证者较多。

【辨证论治】

辨证要点

1. **辨证候之虚实**　在确诊为内伤发热的前提下,应依据病史、症状、脉象等辨明证候的虚实,这对治疗原则的确定具有重要意义。由气郁、血瘀、湿停所致的内伤发热属实;由气虚、血虚、阴虚、阳虚所致的内伤发热属虚。邪实伤正及因虚致实者,则可以既有正虚,又有邪实的表现,而成为虚实夹杂的证候。
2. **辨病情之轻重**　病程长久,热势亢盛,持续发热或反复发作,经治不愈,胃气衰败,正气虚甚,兼夹病证多,均为病情较重的表现;轻症反之。

治疗原则

实火宜泻,虚火宜补。并应根据证候、病机的不同而分别采用有针对性的治法。属实者,宜以解郁、活血、除湿为主,适当配伍清热。属虚者,则应益气、养血、滋阴、温阳,除阴虚发热可适当配伍清退虚热的药物外,其余均应以补为主。对虚实夹杂者,则宜兼顾之,正如《景岳全书·火证》说:"实火宜泻,虚火宜补,固其法也。然虚中有实者,治宜以补为主,而不得不兼乎清;……若实中有虚者,治宜以清为主而酌兼乎补。"切不可一见发热,便用发散解表及苦寒泻火之剂。内伤发热,若发散易于耗气伤津,苦寒则易伤败脾胃以及化燥伤阴,而使病情缠绵或加重。

分证论治

· **气郁发热**

症状:发热多为低热或潮热,热势常随情绪波动而起伏,精神抑郁,胸胁胀满,烦躁易怒,口干而苦,纳食减少,舌红,苔黄,脉弦数。

治法:疏肝理气,解郁泻热。

方药:丹栀逍遥散。

本方疏肝理脾,清肝泻热。方中以丹皮、栀子清肝泻热,柴胡、薄荷疏肝解热,当归、白芍养血柔肝,白术、茯苓、甘草培补脾土。气郁较甚,可加郁金、香附、青皮理气解郁;热象较甚,舌红口干便秘者,可去白术,加龙胆草、黄芩清肝泻火;妇女若兼月经不调,可加泽兰、益母草活血调经。

• **血瘀发热**

症状:午后或夜晚发热,或自觉身体某些部位发热,口燥咽干,但不多饮,肢体或躯干有固定痛处或肿块,面色萎黄或晦暗,舌质青紫或有瘀点、瘀斑,脉弦或涩。

治法:活血化瘀。

方药:血府逐瘀汤。

本方有较好的活血理气的功效,为临床常用的活血化瘀方剂。方中以当归、川芎、赤芍药、地黄养血活血,桃仁、红花、牛膝活血祛瘀,柴胡、枳壳、桔梗理气行气,甘草调和诸药。发热较甚者,可加秦艽、白薇、丹皮清热凉血;肢体肿痛者,可加丹参、郁金、延胡索活血散肿定痛。

• **湿郁发热**

症状:低热,午后热甚,胸闷脘痞,全身重着,不思饮食,渴不欲饮,呕恶,大便稀薄或粘滞不爽,舌苔白腻或黄腻,脉濡数。

治法:利湿清热。

方药:三仁汤。

本方具有清利湿热,宣畅气机的功效。方中以杏仁宣降肺气,善开上焦;蔻仁芳化湿浊,和畅中焦;苡仁益脾渗湿,疏导下焦;配以半夏、厚朴理气燥湿;通草、滑石、竹叶清热利湿,共奏宣化畅中,利湿清热之效。

呕恶加竹茹、藿香、陈皮和胃降逆;胸闷、苔腻加郁金、佩兰芳化湿邪;湿热阻滞少阳枢机,症见寒热如疟,寒轻热重,口苦呕逆者,加青蒿、黄芩清解少阳。

• **气虚发热**

症状:发热,热势或低或高,常在劳累后发作或加剧,倦怠乏力,气短懒言,自汗,易于感冒,食少便溏,舌质淡,苔白薄,脉细弱。

治法:益气健脾,甘温除热。

方药:补中益气汤。

本方既能益气升陷,又是甘温除热的代表方剂。方中以黄芪、党参、白术、甘草益气健脾;当归养血活血;陈皮理气和胃;升麻、柴胡既能升举清阳,又能透泄热邪。

自汗较多者,加牡蛎、浮小麦、糯稻根固表敛汗;时冷时热,汗出恶风者,加桂枝、芍药调和营卫;脾虚挟湿,而见胸闷脘痞,舌苔白腻者,加苍术、茯苓、厚朴健脾燥湿。

• **血虚发热**

症状:发热,热势多为低热,头晕眼花,身倦乏力,心悸不宁,面白少华,唇甲色淡,舌质淡,脉细弱。

治法:益气养血。

方药:归脾汤。

本方补益心脾,益气生血,为常用的补血方剂。方中以黄芪、党参、茯苓、白术、甘草益气健脾;当归、龙眼肉补血养血;酸枣仁、远志养心安神;木香健脾理气,使全方补而不滞。

血虚较甚者,加熟地、枸杞子、制首乌补益精血;发热较甚者,可加银柴胡、白薇清退虚热;由慢性失血所致的血虚,若仍有少许出血者,可酌加三七粉、仙鹤草、茜草、棕榈皮等止血。

• 阴虚发热

症状：午后潮热，或夜间发热，不欲近衣，手足心热，烦躁，少寐多梦，盗汗，口干咽燥，舌质红，或有裂纹，苔少甚至无苔，脉细数。

治法：滋阴清热。

方药：清骨散。

本方具有养阴清热，退热除蒸的功效。方中以银柴胡、知母、胡黄连、地骨皮、青蒿、秦艽清退虚热，鳖甲滋阴潜阳，甘草调和诸药。盗汗较甚者，可去青蒿，加牡蛎、浮小麦、糯稻根固表敛汗；阴虚较甚者，加玄参、生地、制首乌滋养阴精；失眠者，加酸枣仁、柏子仁、夜交藤养心安神；兼有气虚而见头晕气短，体倦乏力者，加北沙参、麦冬、五味子益气养阴。

• 阳虚发热

症状：发热而欲近衣，形寒怯冷，四肢不温，少气懒言，头晕嗜卧，腰膝酸软，纳少便溏，面色㿠白，舌质淡胖，或有齿痕，苔白润，脉沉细无力。

治法：温补阳气，引火归元。

方药：金匮肾气丸。

本方为温补肾阳的常用方剂。虽为温阳方剂，但方中却配伍了养阴的方药，其意义在于阴阳相济。正如《景岳全书•新方八略》说："善补阳者，必于阴中求阳，则阳得阴助而生化无穷。"方中以附子、桂枝温补阳气，山茱萸、地黄补养肝肾，山药、茯苓补肾健脾，丹皮、泽泻清泄肝肾以为佐。短气甚者，加人参补益元气；便溏腹泻者，加白术、炮干姜温运中焦。

【转归预后】

在内伤发热的病程中，由于病机的发展变化，或治疗用药等的影响，内伤发热的一些证候可以转化或兼夹出现。对兼夹两种证候者，应分清主次，适当兼顾。

内伤发热的预后，与起病的原因、患者的身体状况有密切关系。据临床观察，大部分内伤发热，经过适当的治疗及护理，均可治愈。少数患者病情缠绵，病程较长，需经一定时间的治疗方能获得明显疗效。而兼杂多种病证，病情复杂，以及体质极度亏虚的患者，则疗效及预后均较差。

【预防与调摄】

恰当的调摄护理对促进内伤发热的好转、治愈具有积极意义。内伤发热患者应注意休息，发热体温高者应卧床。部分长期低热的患者，在体力许可的情况下，可作适当户外活动。要保持乐观情绪，饮食宜进清淡、富于营养而又易于消化之品。由于内伤发热的患者常卫表不固而有自汗、盗汗，故应注意保暖、避风，防止感受外邪。

【结　语】

由情志不舒、饮食失调、劳倦过度、久病伤正等引起的发热称为内伤发热，临床多表现为低热。气滞、血瘀、湿停，郁结壅遏化热；以及气、血、阴、阳亏虚，阴阳失衡发热，是内伤发热的两类病机。前者属实，后者属虚。在治疗上，实热宜泻，虚热宜补，并应根据证候的不同而采用。解郁泻热、活血化瘀、利湿清热、甘温除热、益气养血、滋阴清热、引火归元等治法，对兼夹出现者,当分清主次,适当兼顾。

【文献摘要】

《金匮要略·血痹虚劳病脉证并治》:"虚劳里急,悸,衄,腹中痛,梦失精,四肢酸疼,手足烦热,咽干口燥,小建中汤主之。"

《诸病源候论·虚劳热候》:"虚劳而热者,是阴气不足,阳气有余,故内外生于热,非邪气从外来乘也。"

《医学入门·发热》:"内伤劳役发热,脉虚而弱,倦怠无力,不恶寒,乃胃中真阳下陷,内生虚热,宜补中益气汤。"

《景岳全书·寒热》:"阴虚之热者,宜壮水以平之;无根之热者,宜益火以培之。"

《医学心悟·火字解》:"外火:风寒暑湿燥火及伤热饮食,贼火也。贼可驱而不可留。内火:七情色欲,劳役耗神,子火也。子可养而不可害";"养子火有四法:一曰达……所谓木郁则达之,如逍遥散之类是也……二曰滋……所谓壮水之主,以镇阳光,如六味汤之类是也;三曰温……经曰劳者温之,又曰甘温能除大热,如补中益气之类是也;四曰引……以辛热杂于壮水药中,导之下行。所谓导龙入海,引火归元,如八味汤之类是也"。

《医林改错·血府逐瘀汤所治之症目》:"身外凉,心里热,故名灯笼病,内有瘀血。认为虚热,愈补愈瘀;认为实火,愈凉愈凝";"晚发一阵热,每晚内热,兼皮肤热一时"。

《医林改错·气血合脉说》:"后半日发烧,前半夜更甚,后半夜轻,前半日不烧,此是血府血瘀。血瘀之轻者,不分四段,惟日落前后烧两时;再轻者,或烧一时。此内烧兼身热而言。"

【研究进展】

· 甘温除热法的临床研究

中国中医研究院基础理论研究所统计了近30年各级中医杂志报道的162例用甘温除热法获效的发热病例,其中男78例,女84例,从年龄、病程、发热程度及症状等方面分析发现,用甘温除热法获效的患者以50岁以下者居多,约占87%,其中尤以10岁以下的儿童及20~40岁的中青年为多,50岁以上的中老年病人较少,仅占10%左右。其中的151例有明确的体温记载,用甘温除热法获效者以37℃~38℃的低热患者为多,约占40.4%,38℃~39℃的中等热度患者占29.1%,39℃~40.5℃的高热患者约占25.8%,40.5℃以上的超高热患者极少见,仅占2.7%。还有个别患者体温在正常范围内,仅自觉发热,用甘温除热法亦可获效。所收集的病例中,有158例明确载有病程,短则几天,长则可达9年。其中,病程不及1个月者占34.8%,3个月以内者占56.3%,1年以内者占77.2%,病程超过1年者仅占22.8%。此外,作者还对162例气虚或气虚血亏发热患者所表现的症状进行了分析统计,其中出现次数较多的症状为:神疲乏力、纳差、腹泻或便溏、自汗、气短懒言、头晕、面色苍白、舌体胖大、舌质淡、苔白、脉细数。归纳起来,甘温除热法的应用指征主要是:①病程较长,但一般在数月之内。年龄以10岁以下儿童,或20~50岁的中青年患者为多。②热象:持续低热,或壮热不退,饮食失节或劳倦过度时加重。③兼有脾气亏虚或气血两虚的症状。④用甘寒养阴、苦寒清热之剂等,或使用各种抗生素无效〔中医杂志 1993;(3):184〕。

陈氏认为甘温可以除虚热,方用补中益气汤〔中医杂志 1990;(8):4〕。赵氏认为,气虚发热绝无大热可言,其治疗以补中益气汤为基本方,但应根据病情轻重,病及脏腑的多寡及兼夹证等辨证化裁。黄氏认为甘温除大热治疗真寒假热证,不论体温表上是否显示发热,必须抓住气虚或阳虚这一疾病本质。江氏则用甘温除热法,治疗温病中变证和坏证,证属内伤发者,常采用甘温降其热,佐以介类潜其阳,常选用黄芪桂枝五物汤、桂枝加龙骨牡蛎汤,佐以附子等治疗,多次奏效〔中医杂志 1990;(8):4〕。

· 有关阴火证的研究

李东垣创用"阴火"一词,茅氏认为其特性有两个方面:一是脾胃气虚,二是内脏偏亢之火,后者建立在前者的基础上。万氏认为阴火包括脾虚阴火和肾虚阴火两大类,前者多采用炙甘草配合人参、黄芪、白术等组成的补中益气汤之类,后者多用炙甘草配合附子、干姜等组成的通脉四逆汤之类〔上海中医药杂志 1980;(5):24〕。潘氏则认为,阴火是由于劳倦、饮食、七情等因素损伤脾胃之气后形成的内伤发热证,气虚是本,火热是标,然乃真火而非假火,治以甘温补中药与清热解毒药合方化裁〔中医杂志 1991;(7):9〕。

- **阴虚内热证的实验研究**

上海第一医学院生化教研室通过知母对钠泵作用的大鼠体内实验来探讨阴虚内热证与钠泵的关系。结果提示,钠泵消耗能量占整个细胞总能量的40%~60%,在机体热生成中占重要地位。知母菝葜皂甙元对大鼠Na^+-K^+-ATP酶有明显抑制效应。肝脏是体内最大的实质性脏器,肝脏细胞内Na^+-K^+-ATP酶的变化会影响整体的热与寒,似可说明阴虚内热证其Na^+-K^+-ATP酶活性是增高的。肾与粘膜细胞中此酶的变化,可解释阴虚内热时大便干结、小便短赤的机理〔中西医结合杂志1983;(4):235〕。

- **功能性低热的临床研究**

功能性低热多见于青年女性,体温一般不超过38℃,1天的温差在0.5℃左右,并有植物神经功能紊乱症状,临床表现与中医的内伤发热证有许多类似之处,采用中药治疗常可获良效。大连中医研究所用丹栀逍遥散化裁治疗功能性低热45例(排除慢性感染性疾病及风湿、甲亢等引起的发热),均获良效〔中西医结合杂志1982;(2):87〕。

- **血虚发热的临床研究**

山东中医学院对120例再障并有发热的病人进行分析,发热计有204例次,其中,属内伤发热之血虚发热者为34例次,表现为午后发热、头晕、心悸、身倦、乏力、恶心、纳呆、面色不华、爪甲色淡、舌质淡、脉细弱,治以补益气血、佐清虚热,方用归脾汤加青蒿、升麻、石斛、女贞子、阿胶等,有效率达76.42%。再障属中医虚劳、血证、内伤发热等范畴,其内伤发热为阴阳偏盛偏衰,由血虚、阴虚、气虚、阳虚、血瘀等引起,其中尤以血虚发热为多见,采用补益气血佐清虚热之法,一般能收到较好效果〔中国医药学报1988;(5):20〕。

第六节 虚 劳

虚劳又称虚损,是以脏腑功能衰退,气血阴阳不足为主要病机的多种慢性虚弱症候的总称。

虚劳是气血津液病证中涉及脏腑及表现证候最多的一种病证,临床较为常见。中医药在调理阴阳、补益气血、促进脏腑功能的恢复等方面,积累了丰富的经验。

历代医籍对虚劳的论述甚多。《素问·通评虚实论》所说的"精气夺则虚"可视为虚证的提纲。而《素问·调经论》所谓"阳虚则外寒,阴虚则内热",进一步说明虚证有阴虚、阳虚的区别,并指明阴虚、阳虚的主要特点。《难经·十四难》论述了"五损"的症状及转归。《金匮要略·血痹虚劳病脉证并治》首先提出了虚劳的病名。《诸病源候论·虚劳病诸候》比较详细地论述了虚劳的原因及各类症状,对五劳、六极、七伤的具体内容作了说明。金元以后,许多医家对虚劳的理论认识及临床治疗都有较大的发展。如李东垣重视脾胃,长于甘温补中。朱丹溪重视肝肾,善用滋阴降火。明代张景岳对阴阳互根的理论作了深刻的阐发,在治疗肾阴虚、肾阳虚的理论及方药方面有新的发展。李中梓《医宗必读》强调脾、肾在虚劳中的重要性。绮石《理虚元鉴》为虚劳专书,对虚劳的病因、病机、治疗、预防及护理均有较好的论述。清代的《不居集》对虚劳的资料作了比较系统的汇集整理,是研究虚劳的一部有价值的参考书。

虚劳涉及的内容很广,可以说是中医内科中范围最广的一个病证。凡禀赋不足,后天失养,病久体虚,积劳内伤,久虚不复等所致的多种以脏腑气血阴阳亏损为主要表现的病证,均属于本病证的范围。

西医学中多个系统的多种慢性、消耗性疾病,出现类似虚劳的临床表现时,均可参照本节辨证论治。

【证候特征】

虚劳以脏腑功能减退、气血阴阳亏损所致的虚弱、不足的证候为其特征,表现神疲体倦、心悸气短、面容憔悴、自汗盗汗,或五心烦热,或畏寒肢冷,脉虚无力等症。虚劳多发生在先天不足、后天失调,及大病久病,精气耗伤的患者。病程一般较长,症状逐渐加重,短期不易康复。

在上述虚劳共有特征的基础上,由于病位病性的不同,出现五脏气、血、阴、阳亏虚的特有症状。

【病因病机】

多种原因均可导致虚劳。《理虚元鉴·虚症有六因》所说的"有先天之因,有后天之因,有外感之因,有境遇之因,有医药之因",对引起虚劳的原因作了比较全面的归纳。多种病因作用于人体,引起脏腑气血阴阳的亏虚,日久不复,而成为虚劳。结合临床所见,引起虚劳的病因病机主要有以下五个方面:

1. 禀赋薄弱,因虚致病 多种虚劳证候的形成,都与禀赋薄弱、体质不强密切相关。或因父母体弱多病、年老体衰,或胎中失养、孕育不足,或生后喂养失当,水谷精气不充,均可导致禀赋薄弱。先天不足、禀赋薄弱之体,易于罹患疾病,并在病后易形成久病不复的状态,使脏腑气血阴阳亏虚日甚,而成为虚劳。

2. 烦劳过度,损伤五脏 适当的劳作,包括脑力及体力的劳动,为人们正常生活以及保持健康所必需。但烦劳过度则有损健康,因劳致虚,日久而成虚劳。在烦劳过度中,以劳神过度及恣情纵欲较为多见。忧郁思虑、积思不解、所欲未遂等劳神过度,易使心失所养、脾失健运,心脾损伤,气血亏虚,久则形成虚劳。而早婚多育、房事不节、频犯手淫等,易使肾精亏虚、肾气不足,久则形成虚劳。

3. 饮食不节,损伤脾胃 暴饮暴食、饥饱不调、嗜食偏食、营养不良、饮酒过度等原因,均会导致脾胃损伤,不能化生水谷精微,气血来源不充,脏腑经络失于濡养,日久形成虚劳。

4. 大病久病,失于调理 大病之后,邪气过盛,脏气损伤,正气短时难以恢复,日久而成虚劳。久病而成虚劳者,随疾病性质的不同,损耗人体的气血阴阳各有侧重。如热病日久,则耗伤阴血;寒病日久,则伤气损阳;瘀结日久,则新血不生;或病后失于调理,正气难复,均可演变为虚劳。

5. 误治失治,损耗精气 由于辨证诊断有误,或选用药物不当,以致精气损伤。若多次失误,既延误疾病的治疗,又使阴精或阳气受损难复,从而导致虚劳。在现今的临床实践中,也有过用某些化学药物或接触有害物质(如放射线)过多,使阴精及气血受损,而形成虚劳。

以上各种病因,或是因虚致病,因病成劳;或是因病致虚,久虚不复成劳,而其病性,主要为气、血、阴、阳的亏耗。病损部位主要在五脏,尤以脾肾两脏更为重要。引起虚损的病因,往往首先导致某一脏气、血、阴、阳的亏损,而由于五脏相关,气血同源,阴阳互根,所以在虚劳的病变过程中常互相影响:一脏受病,累及他脏;气虚不能生血,血虚无以生气;气虚者,日久阳也渐衰;血虚者,日久阴也不足;阳损日久,累及于阴;阴虚日久,累及于阳。以致病势日渐发展,而病情趋于复杂。

【诊　断】

1. 证候特征，多见神疲体倦、心悸气短、面容憔悴、自汗盗汗，或五心烦热，或畏寒肢冷，脉虚无力等症。若病程较长，久虚不复，症状可逐渐加重。
2. 具有引起虚劳的致病因素及较长的病史。
3. 排除类似病证。应着重排除肺痨及其他病证中的虚证类型。

【鉴别诊断】

1. **肺痨**　在唐代以前，尚未将这两种病证加以区分，一般都统括在虚劳之内。宋代以后，即对虚劳与肺痨的区别有了明确的认识。两者鉴别的要点是：肺痨系正气不足而被痨虫侵袭所致，主要病位在肺，具有传染性，以阴虚火旺为其病理特点，以咳嗽、咯痰、咯血、潮热、盗汗、消瘦为主要临床症状，治疗以养阴清热、补肺杀虫（抗结核）为主要治则；而虚劳则由多种原因所导致，久虚不复，病程较长，无传染性，以脏腑气、血、阴、阳亏虚为其基本病机，分别出现五脏气、血、阴、阳亏虚的多种症状，以补虚扶正为基本治则，根据病情的不同而采用益气、养血、滋阴、温阳等法。

2. **其他病证中的虚证类型**　虚劳与内科其他病证中的虚证在临床表现、治疗方药方面有类似之处，但两者是有区别的。其主要的区别有二：①虚劳的各种证候，均以出现一系列精气亏虚的症状为特征，而其他病证的虚证则各以其病证的主要症状为突出表现。例如：眩晕一证的气血亏虚型，虽有气血亏虚的症状，但以眩晕为最突出、最基本的表现；水肿一证的脾阳不振型，虽有脾阳亏虚的症状，但以水肿为最突出、最基本的表现。②虚劳一般病程较长，病势缠绵。其他病证中的虚证类型虽然也以久病属虚者居多，但亦有病程较短而呈现虚证者。例如泄泻一证的脾胃虚弱型，以泄泻伴有脾胃亏虚的症状为主要表现，临床病例中有病程长者，但亦有病程短者。

【辨证论治】

辨证要点

1. **辨五脏气血阴阳亏虚的不同**　虚劳的证候虽多，但总不离乎五脏，而五脏之辨，又不外乎气血阴阳。故对虚劳的辨证应以气、血、阴、阳为纲，五脏虚候为目。正如《杂病源流犀烛·虚损痨瘵源流》说："五脏虽分，而五脏所藏无非精气，其所以致损者有四，曰气虚、曰血虚、曰阳虚、曰阴虚"；"气血阴阳各有专主，认得真确，方可施治"。一般说来，病情单纯者，病变比较局限，容易辨清其气、血、阴、阳亏虚的属性和病及脏腑的所在。但由于气血同源、阴阳互根、五脏相关，所以各种原因所致的虚损往往互相影响，由一虚渐致两虚，由一脏而累及他脏，使病情趋于复杂和严重，辨证时应加注意。

2. **辨兼夹病证的有无**　虚劳一般均有较长的病程，辨证施治时还应注意有无兼夹病证，尤其应注意下述三种情况：

（1）因病致虚、久虚不复者，应辨明原有疾病是否还继续存在。如因热病、寒病或瘀结致虚者，原发疾病是否已经治愈。

（2）有无因虚致实的表现。如因气虚运血无力，形成瘀血；脾气虚不能运化水湿，以致水湿内停等。

(3) 是否兼夹外邪。虚劳之人由于卫外不固,易感外邪为患,且感邪之后不易恢复,治疗用药也与常人感邪有所不同。

若有以上兼夹病证,在治疗时应分别轻重缓急,予以兼顾。

治疗原则

对于虚劳的治疗,以补益为基本原则。正如《素问·三部九候论》说:"虚则补之。"在进行补益的时候,一是必须根据病理属性的不同,分别采取益气、养血、滋阴、温阳的治疗方药;二是要密切结合五脏病位的不同而选方用药,以加强治疗的针对性。

在应用补益这个基本原则治疗虚劳的时候,应注意以下三点:①重视补益脾肾在治疗虚劳中的作用。以脾胃为后天之本,为气血生化之源,脾胃健运,五脏六腑、四肢百骸方能得以滋养。肾为先天之本,寓元阴元阳,为生命的本元。重视补益脾肾,先后天之本不败,则能促进各脏虚损的恢复。②对于虚中夹实及兼感外邪者,当补中有泻,扶正祛邪。从辨证的关系看,祛邪亦可起到固护正气的作用,防止因邪恋而进一步损伤正气。③虚劳的病程较长,影响的因素较多,要将药物治疗与饮食调养及生活调摄密切结合起来,方能收到更好的治疗效果。

分证论治

为了便于临床运用,虚劳的辨证论治以气血阴阳为纲,五脏虚证为目。

气虚

- **肺气虚**

症状:短气自汗,声音低怯,时寒时热,平素易于感冒,面白,舌质淡,脉弱。

治法:补益肺气。

方药:补肺汤。

本方具有补益肺肾、敛肺肃肺的功效。方中以人参、黄芪益气补肺,熟地、五味子益肾敛肺,紫菀、桑白皮肃肺止咳。

无咳嗽者,可去桑白皮、紫菀。自汗较多者,加牡蛎、麻黄根固表敛汗。若气阴两虚而兼见潮热、盗汗者,加鳖甲、地骨皮、秦艽等养阴清热。

- **心气虚**

症状:心悸,气短,劳则尤甚,神疲体倦,自汗,舌质淡,脉弱。

治法:益气养心。

方药:七福饮。

本方具有益气补血,养心宁神的功效。适用于气血亏虚,心失所养所致的心悸、气短、自汗、神疲、不寐等症。本方系由五福饮加酸枣仁、远志而成。方中以人参、白术、炙甘草益气养心,熟地、当归滋补阴血,酸枣仁、远志宁心安神。

自汗多者,可加黄芪、五味子益气固摄。饮食少思,加砂仁、茯苓开胃健脾。

- **脾气虚**

症状:饮食减少,食后胃脘不舒,倦怠乏力,大便溏薄,面色萎黄,舌淡苔薄,脉弱。

治法:健脾益气。

方药:加味四君子汤。

本方具有益气健脾除湿的功效。以人参、黄芪、白术、甘草益气健脾,茯苓、扁豆健脾除湿。

胃失和降而兼见胃脘胀满,嗳气呕吐者,加陈皮、半夏和胃理气降逆。食积停滞而兼见脘闷腹胀、嗳气酸腐、苔腻者,加神曲、麦芽、山楂、鸡内金消食健胃。气虚及阳,脾阳渐虚而兼见腹痛即泻,手足欠温者,加肉桂、炮姜温中散寒。

- 肾气虚

症状:神疲乏力,腰膝酸软,小便频数而清,白带清稀,舌质淡,脉弱。

治法:益气补肾。

方药:大补元煎。

本方具有益气补肾、生精养血的功效。方中以人参、山药、炙甘草益气固肾,杜仲、山茱萸温补肾气,熟地、枸杞子、当归补养精血。

神疲乏力甚者,加黄芪益气。尿频较甚及小便失禁者,加菟丝子、五味子、益智仁补肾固摄。脾失健运而兼见大便溏薄者,去熟地、当归,加肉豆蔻、补骨脂温补固涩。

在气、血、阴、阳的亏虚中,气虚是临床最常见的一类。其中尤以肺、脾气虚为多见,而心、肾气虚亦不少。肝病而出现神疲乏力,食少便溏,舌质淡,脉弱等气虚症状时,多在原肝病辨治的基础上结合脾气亏虚论治。

血虚

- 心血虚

症状:心悸怔忡,健忘,失眠,多梦,面色不华,舌质淡,脉细或结代。

治法:养血宁心。

方药:养心汤。

本方具有益气生血,养血宁心的功效。方中以人参、黄芪、茯苓、五味子、甘草益气生血,当归、川芎、柏子仁、酸枣仁、远志养血宁心,肉桂、半夏曲温中健脾,以助气血之生化。

失眠、多梦较甚,可加合欢花、夜交藤养心安神。

- 脾血虚

症状:体倦乏力,纳差食少,心悸气短,健忘,失眠,面色萎黄,舌质淡,苔白薄,脉细缓。

治法:补脾养血。

方药:归脾汤。

方中以参、芪、术、草、姜、枣甘温补脾益气,当归补血,茯神、酸枣仁、龙眼肉、远志养心安神,木香理气醒脾。本方为补脾与养心并进,益气与养血相融之剂,为治脾血虚及心血虚的常用方剂。

- 肝血虚

症状:头晕,目眩,胁痛,肢体麻木,筋脉拘急,或惊惕肉瞤,妇女月经不调甚则闭经,面色不华,舌质淡,脉弦细或细涩。

治法:补血养肝。

方药:四物汤。

本方具有养血调血,补而不滞的功效。方中以熟地、当归补血养肝,芍药、川芎和营调血。

血虚甚者,加制首乌、枸杞子、鸡血藤增强补血养肝的作用。胁痛,加丝瓜络、郁金、香附理气通络。目失所养,视物模糊,加楮实子、枸杞子、决明子养肝明目。

心主血,脾统血,肝藏血,故血虚之中以心、脾、肝的血虚较为多见。

由于脾为后天之本,气血生化之源,又由于血为气母,血虚均伴有不同程度的气虚症状,而且在中医长期的临床实践中,认为补血不宜单用血药,而应适当配伍补气药,以达到益气生血的目的。所以在治疗各种血虚的证候时,应结合健脾益气生血之法。如归脾汤、当归补血汤、圣愈汤等方剂,都体现了这一治疗思想。

阴虚

·肺阴虚

症状:干咳,咽燥,甚或失音,咯血,潮热,盗汗,面色潮红,舌红少津,脉细数。

治法:养阴润肺。

方药:沙参麦冬汤。

本方有滋养肺阴,清热润燥的功效。方中以沙参、麦冬、玉竹滋养肺阴,天花粉、桑叶、甘草清热润燥。

咳嗽甚者,加百部、款冬花肃肺止咳。咯血,加白及、仙鹤草、小蓟凉血止血。潮热,加地骨皮、银柴胡、秦艽、鳖甲养阴清热。盗汗,加牡蛎、浮小麦固表敛汗。

·心阴虚

症状:心悸,失眠,烦躁,潮热,盗汗,或口舌生疮,面色潮红,舌红少津,脉细数。

治法:滋阴养心。

方药:天王补心丹。

本方为滋阴养心的常用方剂。方中以生地、玄参、麦冬、天冬养阴清热,人参、茯苓、五味子、当归益气养血,丹参、柏子仁、酸枣仁、远志、朱砂养心安神。

火热偏盛而见烦躁不安,口舌生疮者,去当归、远志之辛温,加黄连、木通、淡竹叶清心泄火,导热下行。潮热,加地骨皮、银柴胡、秦艽清退虚热。盗汗,加牡蛎、浮小麦固表敛汗。

·脾胃阴虚

症状:口干唇燥,不思饮食,大便燥结,甚则干呕,呃逆,面色潮红,舌干,苔少或无苔,脉细数。

治法:养阴和胃。

方药:益胃汤。

本方具有滋阴益胃的功效。方中以沙参、麦冬、生地、玉竹滋阴养液,冰糖养胃和中。

口干唇燥甚者,为津亏较甚,加石斛、花粉滋养胃阴。不思饮食甚者,加麦芽、扁豆、山药益胃健脾。呃逆,加刀豆、柿蒂、竹茹扶养胃气,降逆止呃。大便干结,将原方之冰糖改用蜂蜜,以收润肠通便之效。

·肝阴虚

症状:头痛,眩晕,耳鸣,目干畏光,视物不明,急躁易怒,或肢体麻木,筋惕肉瞤,面潮红,舌干红,脉弦细数。

治法:滋养肝阴。

方药:补肝汤。

本方具有养血柔肝,滋养肝阴的功效。方中以地黄、当归、芍药、川芎养血柔肝,木瓜、甘草酸甘化阴,麦冬、枣仁滋养肝阴。

头痛、眩晕、耳鸣较甚,或筋惕肉瞤者,为风阳内盛,加石决明、菊花、钩藤、刺蒺藜平肝熄风潜阳。目干涩畏光,或视物不明者,加枸杞子、女贞子、草决明养肝明目。急躁易怒,尿赤便秘,舌红脉数者,为肝火亢盛,加龙胆草、黄芩、栀子清肝泻火。

·肾阴虚

症状：腰酸，遗精，两足痿弱，眩晕，耳鸣，甚则耳聋，口干，咽痛，颧红，舌红，少津，脉沉细。

治法：滋补肾阴。

方药：左归丸。

本方具有较强的滋补肾阴的作用。方中以熟地、龟版胶、枸杞、山药、菟丝子、牛膝滋补肾阴；山茱萸、鹿角胶温补肾气、助阳生阴。

遗精，加牡蛎、金樱子、芡实、莲须固肾涩精。潮热、口干、咽痛、脉数，为阴虚而火旺，去鹿角胶、山茱萸，加知母、黄柏、地骨皮滋阴泻火。

五脏的阴虚在临床上均较常见。

阳虚

·心阳虚

症状：心悸，自汗，神倦嗜卧，心胸憋闷疼痛，形寒肢冷，面色苍白，舌质淡或紫暗，脉细弱或沉迟。

治法：益气温阳。

方药：保元汤。

方中以人参、黄芪益气扶正，肉桂、甘草、生姜温通阳气，共奏益气温阳之效。

心胸疼痛者，酌加郁金、川芎、丹参、三七活血定痛。形寒肢冷，脉迟，为阳虚较甚，酌加附子、巴戟、仙茅、仙灵脾、鹿茸温补阳气。

·脾阳虚

症状：面色萎黄，食少，形寒，神倦乏力，少气懒言，大便溏泻，肠鸣腹痛，每因受寒或饮食不慎而加剧，舌质淡，苔白，脉弱。

治法：温中健脾。

方药：附子理中汤。

本方具有益气健脾，温中祛寒之功效。方中以党参、白术、甘草益气健脾；附子、干姜温中祛寒。

腹中冷痛较甚，为寒凝气滞，可加高良姜、香附或丁香、吴茱萸温中散寒，理气止痛。食后腹胀及呕逆者，为胃寒气逆，加砂仁、半夏、陈皮温中和胃降逆。腹泻较甚，为阳虚湿甚，加肉豆蔻、补骨脂、苡仁温补脾肾，涩肠除湿止泻。

·肾阳虚

症状：腰背酸痛，遗精，阳痿，多尿或不禁，面色苍白，畏寒肢冷，下利清谷或五更泄泻，舌质淡胖，有齿痕，苔白，脉沉迟。

治法：温补肾阳。

方药：右归丸。

本方具有温补肾阳，兼养精血的作用，为治肾阳虚衰的常用方剂。方中以附子、肉桂温补肾阳；杜仲、山茱萸、菟丝子、鹿角胶温补肾气；熟地、山药、枸杞、当归补益精血，滋阴以助阳。

遗精，加金樱子、桑螵蛸、莲须，或金锁固精丸以收涩固精。脾虚湿甚以致下利清谷者，减去熟地、当归等滋润滑腻之品，加党参、白术、苡仁益气健脾，渗湿止泻。命门火衰以致五更泄泻者，合四神丸温脾暖肾，固肠止泻。阳虚水泛以致浮肿、尿少者，加茯苓、泽泻、车前子，或合五苓散利水消肿。肾不纳气而见喘促、短气,动则更甚者,加补骨脂、五味子、蛤蚧补肾纳气。

阳虚常由气虚进一步发展而成,阳虚则生寒,症状比气虚重,并出现里寒的症状。阳虚之中,以心、脾、肾的阳虚为多见。由于肾阳为人身之元阳,所以心、脾之阳虚日久,亦必病及于肾,而出现心肾阳虚或脾肾阳虚的病变。

为了便于辨证和治疗,将虚劳归纳为气、血、阴、阳亏虚四类。但临床常有错杂互见的情况。一般来说,病程短者,多伤及气血,可见气虚、血虚及气血两虚之证;病程长者,多伤及阴阳,可见阴虚、阳虚及阴阳两虚之证。而气血与阴阳的亏虚既有联系,又有区别。津液精血都属于阴的范畴,但血虚与阴虚的区别在于:血虚主要表现血脉不充,失于濡养的症状,如面色不华,唇舌色淡,脉细弱等;阴虚则多表现阴虚生内热的症状,如五心烦热,颧红,口干咽燥,舌红少津,脉细数等。阳虚可以包括气虚在内,且阳虚往往是由气虚进一步发展而成。气虚表现短气乏力,自汗,食少,便溏,舌淡,脉弱等症;阳虚则这些症状进一步加重,且出现阳虚里寒的症状,如倦怠嗜卧,形寒肢冷,肠鸣泄泻,舌质淡胖,脉虚弱或沉迟等。

【其他疗法】

虚劳的治疗应从多方面着手,除药物外,气功、针灸、食疗等均可配合使用。

【转归预后】

虚劳一般病程较长,多为久病痼疾。其转归及预后,与体质的强弱,脾肾的盛衰,能否解除致病原因,以及是否得到及时、正确的治疗、护理等因素有密切关系。脾肾未衰,元气未败,形气未脱,饮食尚可,无大热,或虽有热而治之能解,无喘息不续,能受补益等,为虚劳的顺证表现,其预后较好。反之,形神衰惫,肉脱骨痿,不思饮食,泄泻不止,喘急气促,发热难解,声哑息微,或内有实邪而不任攻,或诸虚并集而不受补,舌质淡胖无华或光红如镜,脉象急促细弦或浮大无根,为虚劳的逆证表现,其预后不良。

【预防与调摄】

调摄护理对虚劳的好转、治愈具有重要作用。

1. 避风寒,适寒温。虚劳过程中,感受外邪耗伤正气,通常是病情恶化的重要原因;而虚劳病人由于正气不足,卫外不固,又容易招致外邪入侵。故应注意冷暖,避风寒,适寒温,尽量减少伤风感冒。

2. 调饮食,戒烟酒。人体气血全赖水谷以资生,故调理饮食对虚劳至关重要。一般以富于营养,易于消化,不伤脾胃为原则。对辛辣厚味,过分滋腻、生冷不洁之物,则应少食甚至禁食。吸烟嗜酒则有损正气,应该戒除。

3. 慎起居,适劳逸。生活起居要有规律,做到动静结合,劳逸适度。根据自己体力的情况,可适当参加户外散步,气功锻炼,打太极拳等活动。病情轻者,可适当安排工作和学习。应适当节制房事。

4. 舒情志,少忧烦。过分的情志刺激,易使气阴伤耗,是使病情加重的重要原因之一。而保持情绪稳定,舒畅乐观,则有利于虚劳的康复。

【结　语】

虚劳是多种慢性衰弱性证候的总称,其范围相当广泛。禀赋薄弱,劳倦过度,饮食损伤,久病失治等多种原因均会导致虚劳,其共同点是久虚不复而成劳。五脏功能衰退,气血阴阳亏损,是虚劳的基本病机。辨证应以气血阴阳为纲,五脏虚证为目。由于气血同源,阴阳互根,五脏相关,故应同时注意气血阴阳相兼为病及五脏之间的相互影响。"虚则补之"。补益是治疗虚劳的基本治则。应根据病理属性的不同,分别采用益气、养血、滋阴、温阳的治法,并结合五脏病位的不同而选方用药,以加强治疗的针对性。对于虚中夹实及兼感外邪者,治疗当补中有泻,补泻兼施,防止因邪恋而进一步耗伤正气。做好调摄护理,对虚劳的康复具有重要作用。

【文献摘要】

《素问·阴阳应象大论》:"形不足者,温之以气;精不足者,补之以味。"

《难经·十四难》:"损其肺者,益其气;损其心者,调其营卫;损其脾者,调其饮食,适其寒温;损其肝者,缓其中;损其肾者,益其精,此治损之法也。"

《诸病源候论·虚劳病诸候》:"夫虚劳者,五劳六极七伤是也。"

《景岳全书·虚损》:"病之虚损,变态不同,因有五劳七伤,证有营卫藏府,然总之则人赖以生者,惟此精气,而病为虚损者,亦惟此精气。气虚者,即阳虚也;精虚者,即阴虚也。"

《景岳全书·新方八略》:"善补阳者,必于阴中求阳,则阳得阴助而生化无穷;善补阴者,必于阳中求阴,则阴得阳升而泉源不竭。"

《医宗必读·虚劳》:"夫人之虚,不属于气,即属于血,五藏六府,莫能外焉。而独举脾肾者,水为万物之元,土为万物之母,二藏安和,一身皆治,百疾不生。"

《理虚元鉴·治虚有三本》:"治虚有三本,肺、脾、肾是也。肺为五脏之天,脾为百骸之母,肾为性命之根,治肺、治脾、治肾,治虚之道毕矣。"

《不居集·上集·卷十》:"虚劳日久,诸药不效,而所赖以无恐者,胃气也。盖人之一身,以胃气为主。胃气旺则五脏受荫,水精四布,机运流通,饮食渐增,津液渐旺,以至充血生精,而复其真阴之不足。"

【研究进展】

虚劳是临床常见的一种病证,临床上表现出一派生理机能减退或失调的症状。近10余年来,许多医学工作者对虚证进行了大量的临床及实验研究,这对探讨虚劳的实质,促进虚劳辨证论治水平的提高具有重要的意义。以下着重介绍脾虚、肾虚研究的进展。

·脾虚的研究概况

1. 脾虚证的机制　　杨氏通过实验认为,脾气虚发生的机制是:脾气不足则受纳与运化功能异常,从而导致气血生化不足,造成红细胞膜蛋白B区在分子水平上的异常变化,不能进行阴离子交换,造成缺氧状态,以致出现少气懒言、四肢倦怠等脾气虚症状。这种缺氧不是因为血红蛋白不能携带氧,而是由于二氧化碳不能正常交换,红细胞膜上碳酸酐酶活性代偿性增高,增加了碳酸酐酶与血红蛋白的结合,使血红蛋白减少或减缓氧的释放,从而出现脾虚的各种临床表现〔中医杂志1987;(11):53〕。

2. 消化系统方面　　福建报道用胃肠钡餐造影观察到脾虚患者空腹胃液潴留增多,胃1/3张力偏低,结肠运动大部分亢进〔中医杂志1980;(9):27〕。郭氏等报道脾阳虚患者无论餐前餐后,其胃电幅值均低于正常值〔陕西中医学院学报1990;(3):25〕。冯氏观察了30例脾阳虚患者的胆囊浓缩及收缩功能,均较正常对照组明显减弱〔天津中医1989;(2):19〕。沈氏报道脾虚患者泌酸功能低下,空腹游离酸偏低,咖啡因美蓝排空较差,胃泌酸曲线较低,总酸度处于低下状态〔江苏中医1988;(4):43〕。北京中医研究所报道脾虚患者24小时尿淀粉酶总活性明显低于正常人。范氏观察脾气虚、脾阳虚、脾阴虚及脾不统血各型的木糖排泄率均低于正常,治疗后,脾气虚组转为正常,其他三组仍低于正常。脾虚患者胃泌素显著低于正常人。脾虚者胃粘膜浅表性炎症,胃体部固有腺体萎缩,胃窦部粘膜肌层增生,重度肠上皮增生及胃体部非典型性增生等,较实证检出率高,有显著或极显著差异〔中华医学杂志1982;(1):22〕。

3. 免疫系统方面　李氏等报道脾胃气虚患者的IgG、IgM、补体C_3均低于正常人〔河南中医1986;(3):16〕。刘氏观察50例脾气虚患者血T淋巴细胞数量低于正常人,E-玫瑰花结形成及活性、总E-玫瑰花结形成率,皆低于正常人〔河南中医1986;(4):16〕。

4. 神经内分泌方面　尹氏观察脾气虚患者血浆环核苷酸(cAMP)比正常人低,表明交感神经系统功能低下,副交感神经功能相应亢进〔中西医结合杂志1983;(2):104〕。范氏等报道脾虚患者乙酰胆碱高于正常值,胆碱酯酶低于正常值,也表明其副交感神经功能相对亢进。脾虚者皮肤电位明显低于正常组,表明其交感神经系统处于抑制状态。张氏报道脾阳虚患者17-羟、17-酮类固醇均降低,尤以前项明显。脾阴虚者此两项指标部分患者高于正常人,和阳虚组比较有显著差异〔北京中医1989;(3):34〕。

5. 血清微量元素改变　有报道脾气虚、脾阳虚锌值明显降低〔中医研究1990;(2):19〕〔陕西中医1984;(6):8〕。而张氏则报道脾阳虚组锌值显著升高,推测可能与锌在体内的分布浓度不同有关。脾气虚弱者铜值增高〔河南中医1987;(5):23〕。亦有人观察到脾气虚患者铜变化不大,脾阳虚及脾阴虚患者铜均低于正常。脾气虚者铁值升高,脾阳虚者显著降低〔辽宁中医杂志1986;(6):19〕。

6. 血液循环及其他方面　任氏通过电镜观察脾虚患者外周血淋巴细胞明显增大,胞核常染色质增多,核仁变大,线粒体体积增大,粗面内质网数量增加。有报道33例脾气虚患者与对照组的血液流变性比较,发现前者淋巴细胞电泳能力、血液粘度、红细胞、淋巴细胞数量均低于正常值,表现为稀、淡、清的血液流变学特点,说明脾虚患者潜在着"血虚"〔河南中医1986;(3):12〕。聂氏报道脾虚证疾病均存在较明显的微循环障碍,表现为管襻数目稀少,排列不整,管襻轮廓模糊不清,襻内渗出水肿,血流速度明显减慢,红细胞聚集明显等〔辽宁中医杂志1990;(10):11〕。

· 肾虚的研究概况

对肾虚的研究颇多,主要归纳为以下几个方面:

1. 内分泌方面　查氏应用放免法检测12例正常人和17例肾阳虚患者血浆促肾上腺皮质激素浓度,发现肾阳虚患者明显低于正常人〔中华内科杂志1982;(4):202〕。陈氏等对尿毒症肾虚型(肾阴虚、肾阳虚)患者血清总三碘甲状腺原氨酸(T_3)、血清总甲状腺素(T_4)和促甲状腺激素(TSH)作了检测,发现两组T_3及TSH均低于正常组,肾阳虚组T_4明显低于正常组,肾阴虚组降低不明显。沈氏对慢支分型进行了T_3、T_4和促甲状腺激素释放激素(TRH)兴奋试验,发现慢支肾虚型T_3值低于正常人,T_4值正常,TRH兴奋试验肾阳虚型80%呈异常反应,均为延迟反应。肾阳虚的畏寒、肢冷、神疲、面浮等症,与甲状腺功能失调密切相关。肾虚证血浆睾丸酮(T)下降,雌二醇(E_2)升高,E_2/T值亦升高〔中西医结合杂志1982;(1):9〕。张氏测定76例(肾阴虚6例,肾阳虚16例,单纯肾虚17例,非肾虚23例和正常人14例)T值,发现单纯肾虚、肾阴虚和肾阳虚三组之间无明显差异,但都明显低于正常人和非肾虚组〔中医杂志1982;(8):60〕。王氏观察了肾阴虚阳痿、肾阳虚阳痿与正常人E_2浓度,发现二组均高于正常人。西医学认为,大量的雌激素可抑制腺垂体分泌卵泡刺激素(FSH),而FSH与T共同作用刺激精曲管发育,精子才能发生和发育成熟。肾虚证T值下降,E_2升高,均影响生殖,这与中医"肾主藏精、主生殖"的理论相一致〔江苏中医1988;(7):43〕。

2. 免疫方面　肾阳虚主要表现为血清IgG下降,抗病邪能力较差;肾阴虚主要表现为血清IgM升高,尿中IgG、IgA亦升高。陈氏对尿毒症肾虚患者免疫球蛋白测定结果为:肾阳虚者IgG明显下降,肾阴虚者IgM显著升高〔中西医结合杂志1983;(6):328〕。吴氏检测了24例肾虚(肾阳虚11例,肾阴虚13例)患者α-醋酸萘脂酶(ANAE),发现肾阳虚者单核细胞ANAE活性显著低于肾阴虚者,肾阳虚者以T_H下降为主,肾阴虚以T_S下降为主。细胞免疫低下是肾虚证的共性,肾阳虚细胞免疫状态较肾虚更低〔中西医结合杂志1990;(7):399〕。陈氏还用铬(Cr^{51})释放法对61例肾虚患者外周血自然杀伤细胞(NKC)活性进行了检测,肾虚者低于正常人,其中肾阳虚明显低于肾气虚和肾阴虚者〔中西医结合杂志1989;(7):409〕。

3. 微量元素方面　张氏测定了79例肾虚患者头发和血清中的微量元素,发现肾虚组血锌、铬及发铬、钙、钴值明显低于正常对照组〔哈尔滨医科大学学报1984;(4):39〕。孙氏研究了240例肾虚和无肾虚症状的神经性耳聋患者的血清铁值,发现两者均低于正常组,且肾虚者明显低于无肾虚者〔中医杂志1982;(7):66〕。

4. 自由基、脂质代谢方面　陈氏等通过检测66例肾虚患者外周血超氧化物歧化酶(SOD)活性,发现肾虚者SOD活性明显低于正常组〔中医杂志1989;(4):42〕。张氏等发现,老年慢性病中肾虚证男性过氧化脂质(LPO)、胆固醇(TC)明显高于非肾虚组,女性也有增高趋势,高密度脂蛋白(HDL-C)水平则有低于非肾虚者趋势,说明肾虚与老年性疾病关系密切〔中医杂志1989;(2):43〕。

5. 能量代谢及水盐调节方面　查氏等用Rb^{86}测定了22例肾阳虚、8例肾阴虚及正常人红细胞钠泵活性,结果表明,肾阳虚者其活性明显低于正常人和肾阴虚者,肾阴虚者与正常人之间无显著差异,说明肾阳虚者ATP分解产热作用减少,与"阳虚则寒"的理论一致〔中西医结合杂志1985;(7):416〕。雷氏用氢化可的松和利血平分别复制了肾阳虚和脾阳虚的动物模型,两种模型的血清乳酸脱氢酶(LDH)同功酶明显低于正常对照组〔云南中医杂志1987;(1):32〕。张氏研究了294例肾虚证的尿渗透压情况,肾虚证出现异常变化,其中以肾阳虚者更为明显〔中西医结合杂志1990;(5):286〕。

6. 微循环方面　王氏对肾阳虚型慢支及肺肾阴虚型肺结核病人甲皱微循环和皮肤微循环观察的结果是:肾阳虚甲皱微循环改变主要是管襻开放数目较少,管襻内血色浅红,血流速度减慢,似可理解为中医的"气滞"和"阳虚"。肾阴虚则为管襻数目增多,管襻内血色多深红,血流速度稍慢,似可理解为"血瘀"和"阴虚"〔中医杂志1980;(9):31〕。

第七节　积　　聚

积聚是由于正气亏虚,脏腑失和,气滞、血瘀、痰浊蕴结腹内而致,以腹内结块,或胀或痛为主要临床特征的一类病证。

积聚是涉及腹腔脏器多种疾病,而在临床又比较常见的一类病证。经过长期的临床实践,中医学对积聚的治疗积累了丰富的经验,并在此基础上形成了具有自身特色的理论认识,尤其是扶正祛邪、攻补兼施的治疗思想及有关的一系列方药,对减轻甚至治愈积聚病证,具有重要的意义。

积聚之名,首见于《灵枢·五变》:"人之善病肠中积聚者,……皮肤薄而不泽,肉不坚而淖泽。如此,则肠胃恶,恶则邪气留止,积聚乃伤。"《内经》里还有伏梁、息贲、肥气、奔豚等病名,亦皆属积聚范畴。在治疗方面,《素问·至真要大论》提出的"坚者削之"、"结者散之,留者攻之"等原则,具有一般的指导作用。《难经》对积聚作了明确的区别,并对五脏之积的主要症状作了具体描述。《金匮要略·疟病脉证并治》将疟疾引起的癥瘕称为疟母,并以鳖甲煎丸治之。《诸病源候论·积聚病诸候》对积聚的病因病机有较详的论述,并认为积聚一般有一个渐积成病的过程,"诸脏受邪,初未能为积聚,留滞不去,乃成积聚"。《证治准绳·积聚》在总结前人经验的基础上,提出了"治疗是病必分初、中、末三法"的主张。《景岳全书·积聚》则对攻补法的应用作了很好的概括,"治积之要,在知攻补之宜,而攻补之宜,当于孰缓孰急中辨之"。《医宗必读·积聚》把攻补两大治法与积聚病程中初中末三期有机地结合起来,并指出治积不能急于求成,可以"屡攻屡补,以平为期",颇受后世医家的重视。《医林改错》则强调瘀血在积聚病机中的重要作用,其活血化瘀方药的应用有突出的贡献。

中医文献中的癥瘕、痃癖以及伏梁、肥气、息贲等疾病,皆属积聚的范畴。根据积聚的临床表现,主要包括西医的腹部肿瘤、肝脾肿大,以及增生型肠结核、胃肠功能紊乱、不完全性肠梗阻等疾病,当这些疾病出现类似积聚的证候时,可参阅本节辨证论治。

【证候特征】

积聚以腹内结块,或胀或痛为主要临床表现,但积和聚又分别有不同的临床特征。积证表现为腹内结块,固定不移,并且结块大多由小渐大,由软渐硬,初觉胀痛,继则疼痛逐渐加剧。一般病程较长,病情较重。腹内病变的同时,常出现饮食减少,倦怠乏力,病情较重者甚至面色萎黄,形体日渐消瘦。

聚证则表现为腹中气聚,攻窜胀痛,时聚时散,或有如条状物聚起在腹部。一般病程较短,全身症状亦不如积证明显。正如《金匮要略·五脏风寒积聚病脉证并治》说:"积者,脏病也,终不移;聚者,腑病也,发作有时,展转痛移,为可治。"《景岳全书·积聚》亦将两者的特征概括为:"积者,积垒之谓,由渐而成者也;聚者,聚散之谓,作止不常者也"。

【病因病机】

1. 情志抑郁,气滞血瘀　　正如《济生方·积聚论治》所说:"忧、思、喜、怒之气,人之所不能无者,过则伤乎五脏,……留结而为五积。"情志为病,首先病及气分,使肝气不舒,脾气郁结,导致肝脾气机阻滞。继则由气及血,使血行不畅,经隧不利,脉络瘀阻。若偏重于影响气机的运行,则为聚;气血瘀滞,日积月累,凝结成块则为积。

2. 酒食内伤,滋生痰浊　　由于饮酒过度,或嗜食肥甘厚味、煎煿辛辣之品;或饮食不节,损伤脾胃,使脾失健运,以致湿浊内停,甚至凝结成痰。痰浊阻滞之后,又会进一步影响气血的正常运行,形成气机郁滞,血脉瘀阻,气、血、痰互相搏结,而引起积聚。亦有因饮食不调,因食遇气,食气交阻,气机不畅而成聚证者。

3. 邪毒侵袭,留着不去　　寒、湿、热等多种外邪及邪毒如果长时间地作用于人体,或侵袭人体之后留着不去,均可导致受病脏腑失和,气血运行不畅,痰浊内生,气滞血瘀痰凝,日久形成积聚。正如《诸病源候论·积聚病诸候》说:"诸脏受邪,初未能成积聚,留滞不去,乃成积聚。"

4. 它病转归,日久成积　　黄疸病后,或黄疸经久不退,湿邪留恋,阻滞气血;或久疟不愈,湿痰凝滞,脉络痹阻;或感染血吸虫,虫阻脉道,肝脾气血不畅,脉络瘀阻。以上几种病证,日久不愈,均可转归演变为积证。

情志抑郁,饮食损伤,感受邪毒及它病转归是引起积聚的主要原因。其中,情志、饮食、邪毒等致病原因常交错夹杂,混合致病。

正气亏虚则是积聚发病的内在因素,积聚的形成及演变,均与正气的强弱密切相关。正如《医宗必读·积聚》说:"积之成也,正气不足,而后邪气踞之"。《景岳全书·积聚》亦说:"凡脾肾不足及虚弱失调之人,多有积聚之病。"即是说,积聚是在正虚感邪、正邪斗争而正不胜邪的情况下,邪气踞之,逐渐发展而成。积聚的发生主要关系到肝、脾两脏;气滞、血瘀、痰结是形成积聚的主要病理变化。其中聚证以气机阻滞为主,积证则气滞、血瘀、痰结三者均有,而以血瘀为主。

【诊　断】

1. 积证　　以腹部可扪及或大或小、质地或软或硬的包块,并有胀痛或刺痛为临床特征。积证大多有一个逐渐形成的过程。积块出现之前,相应部位常有疼痛,或兼恶心、呕吐、腹胀,以及倦怠乏力,胃纳减退,逐渐消瘦等正气亏虚的症状。而积证的后期,一般虚损症状均较为突出。

2. 聚证 以腹中气聚、攻窜胀痛、时作时止为临床特征。其发作时,可见病变部位有气聚胀满的现象,但一般扪不到包块;缓解时则气聚胀满的现象消失。聚证发作之时,以实证的表现为主,反复发作,常出现倦怠乏力、纳差、便溏等脾胃虚弱的证候。

结合病史,做 B 超、CT、胃肠钡剂 X 线检查及纤维内窥镜检查等有助于诊断。

【鉴别诊断】

1. 痞满 痞满以患者自觉脘腹痞塞不通、满闷不舒为主要症状,但在检查时,腹部无气聚胀急之形可见,更不能扪及包块,临床上以此而和积聚相区别。

2. 鼓胀 鼓胀以肚腹胀大,鼓之如鼓为临床特征。其与积聚相同的是腹内均有积块,所不同的是鼓胀除腹内积块外,更有水液停聚,肚腹胀大。故腹内有无水液停聚,是鼓胀与积聚的鉴别要点。

【辨证论治】

辨证要点

1. 辨积与聚的不同 积与聚虽合称为一个病证,但两者是有明显区别的。积证具有积块明显,固定不移,痛有定处,病程较长,多属血分,病情较重,治疗较难等特点;聚证则无积块,腹中气时聚时散,发有休止,痛无定处,病程较短,多属气分,一般病情较轻,相对地治疗亦较易。至于古代文献以积为脏病,聚为腑病,则不可拘泥,实际上不少积证的积块就发生在胃、肠。

2. 辨积块的部位 积块的部位不同,标志着所病的脏腑不同,临床症状、治疗方药也不尽相同,故有必要加以鉴别。从大量的临床观察来看,在内科范围的脘腹部积块主要见于胃和肝的病变。右胁腹内积块伴见胁肋刺痛、黄疸、纳呆、腹胀等症状者,病在肝;胃脘部积块伴见反胃、呕吐、呕血、便血等症状者,病在胃;右腹积块伴腹泻或便秘、消瘦乏力,以及左腹积块伴大便次数增多、便下脓血者,病在肠。

3. 辨初、中、末期虚实的不同 积证大体可分为初、中、末三期,一般初期正气未至大虚,邪气虽实而不甚,表现为积块较小、质地较软,虽有胀痛不适,而一般情况尚可。中期正气渐衰而邪气渐甚,表现为积块增大、质地较硬、疼痛持续,并有饮食日少,倦怠乏力,形体渐瘦等症。末期正气大虚而邪气实甚,表现为积块较大、质地坚硬、疼痛剧烈,并有饮食大减,神疲乏力,面色萎黄或黧黑,明显消瘦等症。

治疗原则

聚证重调气,积证重活血。聚证病在气分,以疏肝理气、行气消聚为基本治则,重在调气;积证病在血分,以活血化瘀、软坚散结为基本治则,重在活血。要注意区分不同阶段,掌握攻补分寸。积证初期,积块不大,软而不坚,正气尚可,治疗以攻邪为主,予以行气活血、软坚消积;中期积块渐大,质渐坚硬,而正气渐伤,邪盛正虚,治宜攻补兼施;末期积块坚硬,形瘦神疲,正气伤残,治宜扶正培本为主,酌加理气、化瘀、消积之品,切忌攻伐太过。

在积证的治疗中,应十分注意处理好攻法与补法的关系。正如《景岳全书·积聚》说:"治积之要,在知攻补之宜,而攻补之宜,当于孰缓孰急中辨之。"在治疗中应注意"治实当顾虚",

"补虚勿忘实",可根据具体情况,或先攻后补,或先补后攻,或寓补于攻,或寓攻于补。

分证论治

聚证

·肝气郁滞

症状:腹中气聚,攻窜胀痛,时聚时散,脘胁之间时或不适,病情常随情绪而起伏,苔薄,脉弦。

治法:疏肝解郁,行气消聚。

方药:木香顺气散。

本方具有行气温中,散寒化湿,疏肝解郁的功效。适用于气机郁滞,寒湿中阻,及伴有肝郁症象者。方中以木香、砂仁、苍术、厚朴、甘草(即香砂平胃散)行气温中,散寒化湿;配伍台乌药、生姜、枳壳以增强温中理气的作用;香附、青皮疏肝理气解郁。

若寒甚,腹痛较剧,得温症减,肢冷者,可加高良姜、肉桂温中理气止痛。若兼有热象,口苦,舌质红者,去台乌药、苍术,加吴茱萸、黄连(即左金丸)泄肝清热。老年体虚,或兼见神疲、乏力、便溏者,可加党参、白术益气健脾。

本证攻窜胀痛之症缓解后,可以疏肝理脾的逍遥散调理善后。

·食浊阻滞

症状:腹胀或痛,便秘,纳呆,时有如条状物聚起在腹部,重按则胀痛更甚,舌苔腻,脉弦滑。

治法:理气化浊,导滞通腑。

方药:六磨汤。

方中以沉香、木香、台乌药理气宽中,大黄、槟榔、枳实通腑导滞。

可加山楂、莱菔子以增强健胃消食的作用。痰浊中阻,呕恶苔腻者,可加半夏、陈皮、生姜化痰降逆。若因于蛔虫结聚,阻于肠道而引起者,可加服驱蛔方药及酌情配用乌梅丸。

聚证发作之时以实证表现为主,但若反复发作,常导致脾胃虚弱,运化无力,以致更易发生气聚腹痛,对这类病人,平时可用香砂六君子汤健运脾胃,调理气机。

积证

·气滞血阻

症状:积证初起,积块软而不坚,固着不移,胀痛并见,舌苔薄白,脉弦。

治法:理气活血,通络消积。

方药:荆蓬煎丸。

本方以木香、青皮、茴香、枳壳、槟榔理气散结,三棱、莪术活血消积。

可合用失笑散(蒲黄、五灵脂)或金铃子散(金铃子、延胡索),以增强活血化瘀、散结止痛的作用。

·气结血瘀

症状:腹部积块渐大,按之较硬,痛处不移,饮食减少,体倦乏力,面黯消瘦,时有寒热,女子或见经闭不行,舌质青紫,或有瘀点瘀斑,脉弦滑或细涩。

治法:祛瘀软坚,补益脾胃。

方药:膈下逐瘀汤、六君子汤。

方中以当归、川芎、桃仁、红花、赤芍、五灵脂、延胡索活血化瘀通络止痛,香附、乌药、枳壳行气止痛,甘草益气缓中。

可酌加丹参、莪术、三棱、鳖甲、煅瓦楞等,以增强活血消积的作用。或配合服用鳖甲煎丸、化癥回生丹消癥散积。

在使用膈下逐瘀汤治疗的同时,间服具有补益脾胃、扶助正气的六君子汤,以共同组成攻补兼施之法。

· **正虚瘀结**

症状:积块坚硬,疼痛逐渐加剧,饮食大减,面色萎黄或黧黑,消瘦脱形,舌质色淡或紫,舌苔灰糙或舌光无苔,脉弦细或细数。

治法:补益气血,化瘀消积。

方药:八珍汤、化积丸。

八珍汤为补益气血的常用效方。气虚甚者,可加黄芪、淮山药、苡仁益气健脾。舌质光红无苔、脉象细数者,为阴液大伤,可加生地、玄参、麦冬、玉竹等养阴生津。

化积丸中以三棱、莪术、香附、苏木、五灵脂、瓦楞子活血祛瘀、软坚散结,阿魏消痞去积,海浮石化痰软坚散结,槟榔理气泻下(便溏或腹泻者宜去)。可酌加丹参、鳖甲活血软坚散结。

上述二方可间服,并可根据病情采用补一攻一,或补二攻一等治法。

【其他疗法】

1. 积证不论初起或久积,均可配合外治法,如敷贴阿魏膏、水红花膏等,有助于活血散结、软坚消积。

2. 对病属积证,而西医诊断为肿瘤的患者,除按上述辨证论治选方用药外,可酌情选加一些具有一定抗肿瘤作用的中草药,其中相当部分属于清热解毒、消肿散结的药物,如半枝莲、半边莲、白花蛇舌草、蚤休、夏枯草、垂盆草、菝葜、藤梨根、虎杖等。

【转归预后】

聚证的预后一般较好,而积证的预后一般较差。正如《景岳全书·积聚》说:"无形之聚其散易,有形之积其破难。"一般的聚证,若治疗得当,解除了病因,可望治愈。但亦有部分反复发作,或先因气聚,日久则血瘀成积者。积证则在腹部扪到积块之前,大多已经历了一段病程,所以当发展成为积证时,治疗比较困难。早在唐代《外台秘要》就谈到:"凡癥坚之起,多以渐生,而有觉大者,自难疗也。"现在由于医学的进展,积证的预后已有了很大的好转,可以使患者的症状有所减轻,生存时间延长,部分患者甚至可望获得治愈。积证后期,因肝胆疏泄失常,胆汁外溢而出现黄疸;水液内聚而成为鼓胀;火热灼伤脉络,或气虚不能摄血,或脉络瘀阻,血液外溢,而致吐血、便血、衄血等,均为病情重笃,预后不良之象,当积极救治。

【预防与调摄】

积聚之病,起于情志失和者不少,故正确对待各种事物,解除忧虑、紧张,避免情志内伤,对防与治均属重要。饮食上应少食肥甘厚味及辛辣刺激之品,多吃新鲜蔬菜。注意劳逸适度,避免过劳。如有胃脘痛、胁痛、泄泻、便血等病证,应及早检查治疗。

【结　语】

积聚是以腹内结块，或胀或痛为主要临床特征的一类病证。情志抑郁，酒食内伤，邪毒内侵及它病转归是引起积聚的主要原因，病机主要为气滞、血瘀、痰结及正气亏虚。聚证以气滞为主要病变，以腹中气聚、攻窜胀痛为主要临床表现。积证以血瘀为主要病变，以腹内结块、固定不移为主要临床表现。治疗聚证，以疏肝理气、行气消聚为基本原则；治疗积证，则以活血化瘀、软坚散结为基本原则，并应注意攻补兼施，治实当顾虚，补虚勿忘实。对病属积证而西医诊断为肿瘤的患者，可在辨证论治的基础上酌情选用抗肿瘤的中草药。

【文献摘要】

《灵枢·五变》："人之善病肠中积聚者何以候之。少俞答曰：皮肤薄而不泽，肉不坚而淖泽。如此则肠胃恶，恶则邪气留止，积聚乃伤。"

《难经·五十五难》："故积者，五藏所生；聚者，六府所成也。积者，阴气也。其始发有常处，其痛不离其部，上下有所终始，左右有所穷处。聚者，阳气也，其始发无根本，上下无所留止，其痛无常处，谓之聚。故以是别知积聚也。"

《诸病源候论·癥瘕病诸候》："盘牢不移动者是癥也，言其形状可征验也"；"瘕，痛随气移动是也，言其虚假不牢，故谓之为瘕也"；"瘕者假也，谓虚假可动也"。

《圣济总录·积聚门》："癥瘕癖结者，积聚之异名也。"

《医宗必读·积聚》："积之成也，正气不足而后邪气踞之。……初中末之三法不可不讲也。初者，病邪初起，正气尚强，邪气尚浅，则任受攻；中者，受病渐久，邪气较深，正气较弱，任受且攻且补；末者，病魔经久，邪气侵凌，正气消残，则任受补。盖积之为义，日积月累，非伊朝夕，所以去之亦当有渐，太亟伤正气，正气伤则不能运化，而邪反固矣。"

《金匮翼·积聚统论》："积聚之病，非独痰、食、气、血，即风寒外感，亦能成之。然痰、食、气、血，非得风寒，未必成积，风寒之邪，不遇痰、食、气、血，亦未必成积。"

《杂病源流犀烛·积聚癥瘕痃癖痞源流》："壮盛之人，必无积聚。必其人正气不足，邪气留着，而后患此。"

《医林改错·膈下逐瘀汤所治之症目》："无论何处，皆有气血，……气无形不能结块，结块者必有形之血也。血受寒则凝结成块，血受热则煎熬成块。"

【研究进展】

积聚是中医常见的临床病证之一，近年来中医中药治疗腹腔肿瘤、肝脾肿大、早期肝硬化、胃肠功能紊乱、不完全性肠梗阻、肠扭转、肠套叠以及迄今原因未明的其他腹部肿块的广泛实践，进一步丰富了积聚证治的内容。

· 积聚治法的研究

祛邪和扶正是治疗积证的两大基本治则。祛邪主要包括疏肝理气、活血化瘀、化痰散结、清热解毒；扶正主要包括益气、养阴、补血、温阳。近年来对活血化瘀、清热解毒及扶正培本方药进行了较多的研究。

1. 活血化瘀　据现代研究，活血化瘀对积聚的治疗作用在于改善结缔组织代谢。活血化瘀药能抑制纤维母细胞合成胶原，使肥大细胞增多，使病变的胶原纤维变细、疏松化，对增生性病变有不同程度的软化和吸收作用，能改善血液流变学指标，有抗血栓形成作用。活血化瘀药及其复方一般均能改善血瘀患者血液的浓、粘、凝、聚状态，其中以养血活血和活血化瘀类作用更为明显。其抗血栓形成主要作用在于抑制血小板聚集和增加纤溶酶活性，改善微循环，改善病变局部微血流、微血管形态及降低毛细血管通透性；改善血流动力学。使病变区血流量增加，流出阻力减少；增强网状内皮系统的吞噬功能，促进病变组织的吸收、消散；直接作用于肿瘤细胞。动物实验初步证实具有抗肿瘤作用的活血化瘀药有赤芍、川芎、红花、郁金、延胡索、当归、丹参、水蛭、虻虫、䗪虫、三棱、莪术、水红花子等，其中尤以对莪术、丹参的研究较多〔中药药理学 1988〕〔中医杂志 1988;(5):61〕。

2. 清热解毒　邪毒凝聚是导致积证的一个重要原因,而且气滞、痰浊、瘀血等病邪,蕴积日久,也会化热,所以清热解毒也是治疗积证的一个重要治则。清热解毒药有较广的抗菌谱,能抑制病毒,提高机体的非特异性免疫力。近 10 余年来,经过实验筛选及临床应用证实有一定抗肿瘤作用的药物,其中相当部分属于清热解毒、消肿散结的药物。如半枝莲、半边莲、白花蛇舌草、七叶一枝花、肿节风、青黛、蒲公英、夏枯草、垂盆草、龙葵、蛇莓、菝葜、藤梨根、虎杖、苦参等,都是可以酌情选用治疗腹部肿瘤的清热解毒药。

3. 扶正培本　扶正培本能调节机体的免疫功能,包括影响非特异性免疫(升高外周白细胞,增强网状内皮系统的吞噬功能),影响特异性免疫等。还具有改善物质代谢,增强内分泌,改善骨髓功能,增强机体抗害能力,抗肿瘤,促进机体康复等作用。

- **中医药治疗慢性肝炎及早期肝硬化之肝脾肿大的研究**

近几年来,经临床观察及动物实验发现,活血化瘀药物丹参、川芎、赤芍、桃仁、当归、三棱、莪术、鳖甲散、大黄䗪虫丸等,能抑制肝纤维组织增生,降低纤维细胞活性,减轻门脉压力等,从而可使肝脾回缩变软〔中医杂志 1993;(1):53〕。张氏以活血祛风法治疗慢性活动性肝炎 70 例,其中肝肿大 32 例,脾肿大 19 例,总有效率达 95.7%〔中医杂志 1993;(9):547〕。高氏报道以黄芪莪术汤(黄芪、莪术、白术、红花、柴胡、地鳖虫、甘草等)治疗早期肝硬化,并与常规西药进行对照。结果治疗组在肝脾回缩、肝功能改善方面均优于对照组〔中医杂志 1990;(7):31〕。蒋氏以乙肝 I 号和乙肝 II 号分别治疗慢性活动性乙肝 26 例,慢性迁延性肝炎 39 例,两组共 65 例中,肝大者 52 例,脾大者 32 例。肝大、脾大回缩至正常分别占 69%、86%,中药改善主要症状、体征,恢复肝功能,使 HBsAg 转阴等方面均优于对照组〔中医杂志 1987;(12):904〕。

- **中医药治疗脂肪肝**

脂肪肝可由多种原因所导致,其中部分病人尤其是病程较长、病情较重者,多表现肝脏肿大,此时即可归属积证范畴。

一些研究表明,泽泻、首乌、黄精、柴胡、郁金、山楂、草决明、连翘、白矾等中药具有抗脂肪变性的作用。宋氏用逍遥散加三棱、莪术等治疗 45 例脂肪肝,疗效较好〔黑龙江中医药 1991;(4):37〕。郑氏以海藻、昆布、白花蛇舌草、郁金、贝母、丹参等煎服,配合生首乌、决明子、生山楂开水冲泡代茶,治疗脂肪肝 98 例,均获较好的疗效〔浙江中医杂志 1992;(4):153〕。蒋氏以降脂益肝汤(泽泻、生首乌、草决明、丹参、山楂、黄精、虎杖、荷叶)治疗脂肪肝 38 例,并用常规西药对照治疗 29 例,治疗组在改善血脂异常,使肝脏回缩及肝功恢复等方面均优于对照组〔中医杂志 1989;(4):216〕。

- **中医药治疗不完全性肠梗阻**

肠梗阻是常见的急腹症之一,其中单纯性、不完全性肠梗阻的腹中气聚、攻窜胀痛等症与聚证有类似之处。采用以中药为主的中西医结合疗法,常可获得满意的疗效。

霍氏以口服备急丸,配合禁食、胃肠减压、补液、纠正酸碱失衡及电解质紊乱,治疗肠梗阻 21 例,18 例痊愈,3 例无效转手术治疗〔中医杂志 1993;(11):484〕。薛氏根据患者体质和病情,以温脾汤为主,随证加减,治疗 9 例小儿麻痹性肠梗阻,7 例治愈〔中医杂志 1993;(1):24〕。李氏用丁香 30~60g 研成细末,加75%酒精调和,对酒精过敏者以温水调和,敷于脐及脐周,治疗 20 例麻痹性肠梗阻,均获良效〔中医杂志 1988;(11):55〕。

第八节　厥　　证

厥证是指由于气机逆乱,气血运行失常所致的以突然发生的一时性昏倒,不知人事,或伴有四肢逆冷为主要临床表现的一种急性病证。

厥的含义有多种,有指发病形式,"忽为眩仆脱绝"、"突然昏运,不省人事";有指病理机制,"厥者,尽也","厥者,逆也",言其气血败乱,或气机上逆;有指临床表现,四肢逆冷、手足不温者。就本证而言,主要是指前两者。厥证在临床上并不少见,尤其以精神情志因素为明显诱因而发作者,如情绪紧张、恐惧、疼痛等,时有发生。对于本证患者,应采取综合应急措施,运用多渠道、多途径的救治手段,以满足临床治疗上的需要。

《内经》论厥甚多,含义、范围广泛,有以暴死为厥,有以四末逆冷为厥,有以气血逆乱病机为厥,有以病情严重者为厥,概括起来可分为两类表现,一种是指突然昏倒,不知人事,如《素问·大奇论》说:"暴厥者,不知与人言。"另一种是指肢体和手足逆冷,如《素问·厥论》说:"寒厥之为寒也,必从五指而上于膝。"后世医家多在此基础上各有发挥和深化,主要是两种学术观点,一是《伤寒论》、《金匮要略》论厥,继承《内经》中手足厥冷为厥的论点,而且重在以感受外邪而发厥。此类厥证在伤寒、温病学中均有大量深入的研究,属于外感病中的发厥,对于由外邪而致厥者有重要临床指导价值。一是论内伤杂病的发厥,指突然发生神志改变的临床表现。自隋唐以降,历代医家多有论述。《诸病源候论》将尸厥的表现进行描述"其状如死,犹微有息而不恒,脉尚动而形无知也"。并探讨其病机是"阴阳离居,营卫不通,真气厥乱,客邪乘之"。宋《卫生宝鉴·厥逆》中初步提出内伤杂病与外感病中厥之不同点。至明代《医学入门·外感寒暑》中首先明确区分外感发厥与内伤杂病厥证。《景岳全书·厥逆》总结明代以前对厥证的认识,提出以虚实论治厥证,切中临床。此后医家对厥证的理论不断充实、完善和系统化,提出了气、血、痰、食、暑、尸、酒、蛔等厥,并以此作为辨证的重要依据,指导临床治疗。

鉴于厥的含义较多,本节厥证所论范围是以内伤杂病中具有突然发生的一时性昏倒不知人事为主症,或伴有四肢逆冷表现的病证。至于外感病中的手足逆冷为主,不一定伴有神志改变之发厥,以及后世列为中风范畴之"厥",均不属本节之讨论范围。暑厥发病与外邪有关,根据系统化要求,亦编入本节讨论。西医学中各种原因所致之晕厥、虚脱、中暑等,均可参考本节进行辨证论治。

【证候特征】

厥证乃为内科急症,临床上以突然发生一时性的神志异常为证候特征。厥之轻者在昏倒不知人事后可于短时间内苏醒,醒后感到头昏乏力,倦怠口干,并无其他明显后遗症。厥之重者可一厥不醒,"半日远至一日",以致死亡。

本病的特点有急骤性、突发性和一时性。急骤发病,突然昏倒,移时苏醒。往往在发病前有明显的诱发因素,如情绪紧张、恐惧、惊吓、疼痛等,发作前有头晕、恶心、面色苍白、出汗等先期症状。发作时昏仆,不知人事,或伴有四肢逆冷。由于气、血、痰、食、暑等厥的不同,又各有相应的临床证候表现。

【病因病机】

1. 体质因素　这是厥证的病因之一。体质指人的素质而言,是个体在其生长发育过程中形成的机能与结构上的特殊性,这种特殊性往往决定机体对某些致病因素的易感性。平素气血运行不畅,或素体阳旺阴亏,或脾虚有痰等,陡遇巨大精神刺激,遂致气血逆乱,发为厥证。

2. 情志因素　主要是指恼怒惊骇恐吓的情志变动,精神刺激是厥证的主要病因。在通常情况下,情志是人体生理活动的一部分,然而突遇剧烈的情志变动,超过了生理活动所能调节的范围,就会引起脏腑的功能失调而发病。"怒则气上"、"惊则气乱"、"恐则气下"等即可致气逆上冲或清阳不升,而清窍失灵发生昏仆致厥。

3. 暴感外邪　主要是暑邪,其性炎热属阳,内侵人体,传变迅速,传入心包,扰乱心神而见昏不知人成暑厥。

厥证的病机主要是气机突然逆乱,升降乖戾,气血运行失常,正如《景岳全书·厥逆》所说:"厥者尽也,逆者乱也,即气血败乱之谓也"。所谓气机逆乱是指气上逆而不顺。情志变动最易影响气机运行,轻则气郁,重则气逆,逆而不顺则气厥。气盛有余之人,骤遇恼怒惊骇,气机上冲逆乱,清窍壅塞而昏倒为厥;素来元气虚弱之人,徒遇恐吓,清阳不升,神明失养而昏仆发厥。升降失调是指气机紊乱的病理变化。气的升降出入,是气运动的基本形式,由于情志、痰食、外邪而致气的运行逆乱,或痰随气升而成痰厥;或食滞中焦,胃失和降,脾不升清而致食厥;或暑热郁逆,上犯神明而致暑厥。气为阳,血为阴,气与血有阴阳相随,互为资生,互为依存的关系,气血的病变也是互相影响的。素有肝阳偏亢,又暴怒伤肝,肝气上逆,肝阳上亢,血随气升,气血逆乱于上,发为血厥;同样,大量失血,血脱气无以附,气血不能上达清窍而昏不知人,发为血厥。

厥证由于体质和病机转化的不同,又有虚实的区别。大凡气盛有余者,情志突变,气逆上冲,血随气逆,或挟痰挟食,壅滞于上,以致清窍闭塞,不知人事,成为厥之实证;气虚不足,或大量出血者,清阳不升,气陷于下,血不上达,气随血脱,气血一时不相顺接,以致神明失养,不知人事,四肢不温,发为厥之虚证。

【诊　断】

1. 患者在发病之前,常有先兆症状,如头晕、视力模糊、面色苍白、出汗等,而后突然发生昏仆,不知人事,呈一时性,"移时苏醒",发病时常伴有恶心、汗出,或伴有四肢逆冷,醒后感头晕、疲乏、口干,但无失语、瘫痪等后遗症,缓解时和常人一样。

2. 应了解既往有无类似病证发生。发病前有明显的情志变动、精神刺激之因素,或有大失血病史,或有暴饮暴食史,或有素体痰盛宿疾。注意询问发作时的体位、持续时间以及厥之前后的表现。

3. 脑电图、脑干诱发电位、心电图、颅脑CT、MRI等检查有助于诊断。

【鉴别诊断】

厥证有时易与眩晕、中风、痫病、昏迷等病相混淆,在临床上应注意鉴别。

厥证可发生于各种年龄,有明显的诱发因素,其昏倒时间较短,发时或伴有四肢逆冷,醒后无明显的后遗症。

1. 眩晕是指头晕目眩,视物旋转不定,甚则不能站立,耳鸣,但无神志异常的改变。

2. 中风病以中老年人为多见。素体有肝阳亢盛,其中脏腑者,突然昏仆,并伴有口舌歪斜、瘫痪失语等症,神昏时间较长,苏醒后有瘫痪、失语等后遗症。

3. 痫证常有先天因素,以青少年为多见。痫之重者亦为突然昏仆,不知人事,发作时间短暂,但发作时常伴有号叫,抽搐,口吐涎沫,咬破舌头,两目上视,小便失禁,且常反复发作,每次症状均相类似,苏醒缓解后如常人。此外还可经脑电图检查,以资鉴别。

4. 昏迷为多种疾病发展到一定阶段所出现的危重症候。一般来说发生较为缓慢,有一个昏迷前的临床过程,先轻后重,由烦躁、嗜睡、谵语渐次发展,一旦昏迷后,持续时间一般较长,恢复较难,苏醒后原发病仍然存在。

【辨证论治】

辨证要点

1. 辨虚实　厥证见症虽多,但概括而言,不外虚实二证,这是厥证辨证之关键所在。凡实者突然昏仆,面红气粗,声高息促,口噤握拳,或挟痰涎涌盛,或身热谵妄,舌红苔黄腻,脉洪大有力;凡虚者眩晕昏厥,面色苍白,声低息微,口开手撒,或汗出肢冷,舌胖或淡,脉细弱无力。

2. 分气血　厥证以气厥、血厥为多见,其中尤以气厥、血厥之实证在临床上时有发生,应当注意辨别。气厥实者,乃肝气升发太过所致,体质壮实之人,肝气上逆,由惊恐而发,表现为突然昏仆,呼吸气粗,口噤握拳,头晕头痛,舌红苔黄,脉沉而弦;血厥实者,乃肝阳上亢,阳气暴张,血随气升,气血并走于上,表现为突然昏仆,牙关紧闭,四肢厥冷,面赤唇紫,或鼻衄,舌质黯红,脉弦有力。

治疗原则

厥证乃急危之候,当及时救治为要,醒神回厥是主要的治疗原则,但具体治疗其虚、实证时又有所不同。

实证:开窍、化痰、辟秽而醒神。开窍法是救治急症的独特疗法之一,适用于邪实窍闭之神昏证,以辛香走窜的药物为主,具有通关开窍的作用。主要是通过开泄痰浊闭阻,温通辟秽化浊,宣窍通利气机而达到苏醒神志的目的。在使用剂型上应选择丸、散、气雾、含化以及注射之类的药物,宜吞服、鼻饲、注射,不宜加热煎服。本法系急救治标之法,苏醒后应按病情辨证治疗。

虚证:益气、回阳、救逆而醒神。适用于元气亏虚、气随血脱、精竭气脱之神昏证。主要是通过补益元气,回阳救逆而提高气的统摄能力。对于失血过急过多者,还应配合止血、输血,以挽其危。由于气血亏虚,故不可妄用辛香开窍之品。

分证论治

· 气厥

实证

症状:由情志异常、精神刺激而发作,突然昏倒,不知人事,或四肢厥冷,呼吸气粗,口噤拳握,舌苔薄白,脉伏或沉弦。

治法:开窍,顺气,解郁。

方药:通关散、五磨饮子。

本证因肝气不舒,气机逆乱而厥。"急则治其标",应先以搐鼻取嚏,通关开窍,急救催醒。通关散以皂角辛温开窍,细辛走窜宣散,合用以通诸窍。五磨饮子,方中以沉香、乌药降气调肝,槟榔、枳实、木香行气破滞。可再加檀香、丁香、藿香等以理气宽胸。

若肝阳偏亢,头晕而痛,面赤躁热者,可加钩藤、石决明、磁石等平肝潜阳;若兼有痰热,症见喉中痰鸣,痰涌气塞者,可加胆南星、贝母、橘红、竹沥等涤痰清热;若醒后哭笑无常,睡眠不宁者,可加茯神、远志、酸枣仁等安神宁志。

由于导致本证发作者有明显的情志精神因素,且部分患者有类似既往病史,因此,平时可服用柴胡疏肝散、逍遥散之类,理气解郁,调和肝脾。
    虚证
    症状:发厥前有明显的情绪紧张、恐惧、疼痛等诱发因素,发作时眩晕昏仆,面色苍白,呼吸微弱,汗出肢冷,舌淡,脉沉细微。
    治法:补气,回阳,醒神。
    方药:生脉注射液、参附青注射液、四味回阳饮。
    本证临床较为多见,尤以体弱的年青女性易于发生。首先应急用生脉注射液、参附青注射液静脉推注或滴注,补气摄津醒神。亦可用四味回阳饮加味,方中用人参大补元气,附子、炮姜温里回阳,甘草调中缓急,共奏补气温阳之效。若汗出多者,加黄芪、白术、煅龙牡,加强益气功效,更能固涩止汗;若心悸不宁者,加远志、柏子仁、酸枣仁等养心安神;若纳谷不香,食欲不振者,加白术、茯苓、陈皮健脾和胃。
    本证亦有反复发作的倾向,平时可服用香砂六君子丸、归脾丸等药物,健脾和中,益气养血。另可加用甘麦大枣汤养心宁神,甘润缓急。

- 血厥

    实证
    症状:多因急躁恼怒而发,突然昏倒,不知人事,牙关紧闭,面赤唇紫,舌黯红,脉弦有力。
    治法:开窍,活血,顺气,降逆。
    方药:清开灵注射液、通瘀煎。
    本证气血并逆于上,清窍壅塞,先用清开灵注射液静脉推注或滴注,以开其闭;然后用通瘀煎,方中以当归尾、红花、山楂活血散瘀,乌药、青皮、木香、香附等顺气开郁,泽泻性下行而泻,引气血而下。另外可加用石决明、钩藤、牛膝平阳潜阳。若急躁易怒,肝热者加菊花、丹皮、龙胆草;若兼见阴虚不足者,眩晕头痛,加生地、枸杞、珍珠母。
    虚证
    症状:因失血过多而发,突然昏厥,面色苍白,口唇无华,四肢震颤,自汗肢冷,目陷口张,呼吸微弱,舌质淡,脉芤或细数无力。
    治法:补养气血。
    方药:急用独参汤灌服,继用人参养营汤。
    独参汤即重用一味人参,大补元气,所谓"有形之血不能速生,无形之气所当急固"。亦可用人参注射液、生脉注射液静脉推注或滴注。同时对急性失血过多者,应及时止血并采取输血措施。缓解后继用人参养营汤,补养气血,方中以人参、黄芪为主益气,佐当归、熟地养血,白芍、五味子敛阴,白术、茯苓、远志、甘草健脾安神,肉桂温养气血,生姜、大枣和中补益,陈皮行气。若自汗肤冷,呼吸微弱者,加附子、干姜温阳;若口干少津者,加麦冬、玉竹、沙参养阴;若心悸少寐者,加龙眼肉、酸枣仁养心安神。

- 痰厥

    症状:素有咳喘宿痰,多湿多痰,恼怒或剧烈咳嗽后,突然昏厥,喉有痰声,或呕吐涎沫,呼吸气粗,舌苔白腻,脉沉滑。
    治法:行气豁痰。
    方药:导痰汤。
    本方以二陈汤加枳实、胆南星而成。方中用陈皮、枳实理气降逆,半夏、胆南星、茯苓燥湿祛痰。可加苏子、白芥子化痰降气。若痰湿化热,口干便秘,舌苔黄腻,脉滑数者,加黄芩、栀子、竹茹、栝蒌仁清热降火。

- 暑厥

症状:发于暑热夏季,面红身热,突然昏仆,甚至谵妄,眩晕头痛,舌红干,脉洪数。

治法:清暑益气,开窍醒神。

方药:清开灵注射液、万氏牛黄清心丸或紫雪丹、白虎加人参汤。

首先将患者迅速移至阴凉通风之处,吸氧,输液,采取有效措施降温。用清开灵注射液静脉推注或滴注,灌服万氏牛黄清心丸或紫雪丹以开窍醒神。继而服用白虎加人参汤或清暑益气汤。前者用人参益气保津,白虎汤清热解暑;后者用西洋参生津益气,麦冬、知母滋阴清热,黄连、竹叶、荷梗、西瓜翠衣清解暑热。

此外,还有食厥,由暴饮多食,复遇恼怒而发,不过临床上比较少见。食后突然昏厥,气息窒塞,脘腹胀满,舌苔厚腻,脉滑实,治当和中消导。食后不久而发厥,先用盐汤探吐祛邪,再用神术散、保和丸加减治之。食后腹胀,大便不通者,可用小承气汤导下。

【转归预后】

厥证之转归主要有三:一是阴阳气血相失,进而阴阳离绝,发展为一厥不复之死证。二是阴阳气血失常,或为气血上逆,或为中气下陷,或气血痰瘀等邪气内闭,气机逆乱而阴阳尚未离绝,此类厥证之生死,取决于正气来复与治疗措施是否及时、得当。若正气来复,治疗得当,则气复返而生,反之,气不复返而死。三是表现为各种证候之间的转化,如气厥和血厥之实证,常转化为气滞血瘀之证;血厥虚证,常转化为脱证等等。厥证的预后,取决于患者平素正气的强弱及邪气的盛衰,抢救治疗得当与否。发病之后,若呼吸比较平稳,脉象有根,表示正气尚强,预后良好。反之,若气息微弱,或见昏愦不语,或手冷过肘,足冷过膝,或脉象沉伏如一线游丝,或如屋漏,或散乱无根,或人迎、寸口、跌阳之脉全无,多属危候,预后不良。

【预防与调摄】

加强锻炼,注意营养,增强体质。注意思想修养,陶冶情志,避免恶性的精神和环境刺激。对已发厥证者,要加强护理,密切观察病情的发展、变化,采取相应措施救治。患者苏醒后,要消除其紧张情绪,针对不同的病因予以不同的饮食调养,如暑厥者宜给予清凉素淡饮食,并多进食鲜水果或果汁。所有厥证患者应严禁烟酒及辛辣香燥之品,以免助热生痰,加重病情。

【结　语】

厥证是一种急性病证。临床上以突然发生一时性昏倒,不知人事,或伴有四肢逆冷为主要症状。轻者短时间内即可苏醒,重者一厥不醒,预后不良。其病因有体质禀赋脏腑气血偏颇、情志精神刺激以及暴感外邪等,病机在于气血逆乱,升降失调,气血运行失常。厥证分为五种,即气、血、痰、暑、食厥,由于病机转归有虚实之分,临证时当根据不同类型区别虚实而辨治。在治疗上,鉴于本证为危急之候,故应采用综合急救措施,及时救治,使之神醒厥回。

各型之厥,特点不同,但也有其内在的联系,这种联系主要是由生理上的关联和病因病机的共性所决定。例如气厥与血厥,因气为血帅,血为气母而互相影响,又如痰厥与气厥由于痰随气动而互相联系,至于情志精神因素而发厥,气血逆乱之病机则更是各类厥证之间联系的纽带,因此临床上既要注意厥证不同类型的特点,又要把握厥证的共性,相互参见,全面兼顾,方能提高疗效。

【文献摘要】

《灵枢·五乱》:"乱于臂胫,则为四厥;乱于头,则为厥逆,头重眩仆。"

《景岳全书·厥逆》:"气厥之证有二,以气虚气实皆能厥也。气虚卒倒者,必其形气索然,色清白,身微冷,脉微弱,此气脱证也。……气实而厥者,其形气愤然勃然,脉沉弦而滑,胸膈喘满,此气逆证也";"血厥之证有二,以血脱血逆皆能厥也。血脱者如大崩大吐或产血尽脱,则气亦随之而脱,故致卒仆暴死。……血逆者,即经所云,血之与气并走于上之谓"。

《石室秘录·厥症》:"人有忽然厥,口不能言,眼闭手撒,喉中作酣声,痰气甚盛,有一日即死者,有二、三日而死者,此厥多犯神明,然亦因素有痰气而发也。"

《张氏医通·厥》:"今人多不知厥证,而皆指为中风也。夫中风者,病多经络之受伤;厥逆者,直因精气之内夺。表里虚实,病情当辨,名义不正,无怪其以风治厥也。"

【研究进展】

厥证是内科常见危急重证。由于厥证常易并发脱证,故有时也厥脱并称,并主张厥脱合并论治为宜〔临床中医内科学 1995:2365〕。西医学中各种原因所致之晕厥、虚脱等,属此证范围。

近 10 多年来,中医加强了对本证的研究与探索。治疗本证的药物剂型,已从传统的口服丸散片汤剂型发展为多剂型,尤其是注射剂型;给药方法也从单一口服发展为多途径的给药;治法从单一治法发展为多法联用,更有"菌毒并治"、"攻补并举"、中西医结合的抢救方法。以下就近年来治疗厥证的常用方法及制剂的临床研究及实验研究作一简要介绍。

· 回阳救逆

本法为气厥阳脱而设,是近年研究的重点之一。一般是将传统的参附汤、回阳汤、四逆汤等,通过剂型改革制成参附注射液、参附青注射液等用于临床治疗。

1. 参附注射液 方剂出自明代方贤所著《奇效良方》,经研究制成参附注射液,由成都中医研究所等单位临床交叉验证,与西药多巴胺、阿拉明对照。用参附注射液 20~30ml 加葡萄糖溶液 20ml 静脉注射,必要时 0.5 小时~1 小时重复注射 1 次,或以参附注射液 50~100ml 加入葡萄糖液 250~500ml 中静脉滴注,不用肾上腺皮质激素及血管活性药物。结果参附组 138 例,显效 91 例,有效 32 例,总有效率 89.1%;对照组 44 例,显效 24 例,有效 15 例,总有效率 88.6%,两组无显著性差异〔中医急症通讯 1988;(1):13〕。石氏的研究资料提示,参附注射液能显著提高小鼠耐缺氧能力,对抗由垂体后叶素引起的大鼠心电图 ST 段下降〔中草药 1982;(3):27〕。兰氏等报道,参附注射液对家兔失血性休克有一定的治疗作用,能降低休克动物的乳酸和血浆组织蛋白酶的活性〔中成药研究 1984;(3):28〕。爱氏等观察到参附注射液对心肌培养细胞耐缺氧能力、耐缺糖能力有明显的保护作用〔中西医结合杂志 1987;7(11):679〕。沈氏等研究证明,人参皂甙和去甲乌碱合用,对中毒性休克犬可产生一个快速正性变力、变时效应和一个缓慢的外周升压作用。另外,参附注射液对轻度、中度的厥证疗效较好,外周的升压作用缓慢,但对缺氧、缺糖性损伤有明显的修复作用〔中国药理学报 1986;(5):439〕。

2. 参附青注射液 全国厥脱证协作组参照古方参附汤和回阳汤的主要组成,取红参、附子、青皮三味药,研制成参附青注射液,用以治疗热毒内陷所致的厥脱证(相当于感染性休克),并设立西药多巴胺与阿拉明对照组,建立客观指标进行观察。根据辨证分型的特征,制订统一的观察表格,在全国协作组内交叉验证治疗 135 例厥脱患者。参附青组 104 例,显效 58 例,有效 30 例,有效率 84.6%;104 例中中重度者 77 例,有效 62 例,有效率 80.5%;阳气暴脱者 65 例,有效 62 例,有效率 95%;真阴耗竭者 16 例,有效率 31%。西药阿拉明、多巴胺组 31 例,显效 10 例,有效 11 例,有效率 67.7%;31 例中,中重度 27 例,有效 15 例,有效率为 55.5%。显然,参附青注射液对中重度厥脱病证疗效优于西药多巴胺、阿拉明($P<0.05$),对阳气暴脱者疗效明显高于真阴耗竭者($P<0.01$)。由此可见,使用中药制剂也要遵循辨证论治的原则,才能提高疗效〔中国医药学报 1988;(1):24〕。实验证明参附青注射液有防治内毒素致大鼠休克的作用,能抑制内毒素

所致之肠系膜微动脉痉挛;对内毒素所致休克大鼠的心肝肺组织细胞有保护作用,能阻止血小板聚集和粒细胞脱颗粒〔中西医结合杂志1987;(5):291〕。用参附青注射液培养的心肌细胞有正性肌力和负性频率的作用,能使受损心肌细胞的乳酸脱氢酶、琥珀酸脱氢酶、酸性磷酸酶及糖原增加,提示本药能提高心肌细胞耐受缺氧、缺糖的能力,使其免受损伤,从而证实参附青注射液既有升压作用,又有改善微循环作用〔上海中医学院学报1987;(1):46〕。

- **益气养阴**

本法是为温病过程中气阴耗伤型厥脱证而设,常用药物是按古方生脉散、参麦饮研制的生脉注射液和参麦注射液。郑氏等用参麦注射液20～30ml,加入50%葡萄糖溶液20～30ml静脉注射,每隔15～30分钟1次,待血压回升或稳定后,再以50～100ml参麦注射液加入10%葡萄糖溶液中静脉滴注。治疗各种休克患者91例,结果显效64例,有效23例,血压回升时间2.983±0.512小时,稳压时间为24.612±4.444小时。统计学处理表明参麦注射液组血压平均复常时间明显快于西药扩容、强心和血管活性药对照组〔全国急症研讨会资料1987〕。邓氏等发现,参麦注射液能推迟内毒素所致休克动物的死亡时间,对内毒素所致实验动物的体温过高与过低、外周白细胞的急剧升高与过低均有调整作用,能对抗内毒素对网状内皮系统功能的抑制作用,能激发肾上腺皮质的功能,能调整血浆中cAMP与cGMP的平衡。郑氏等通过临床观察认为参麦注射液用于心悸、真心痛所致的厥脱证更适当〔四川医药1980;(1):25;(3):176〕。

- **理气救逆**

王氏等实验发现,枳实、青皮、陈皮等理气药物有明显的快速升压作用,研制成的枳实注射液、青皮注射液、升压灵注射液均具有血管活性作用,主要使α-受体兴奋,升压快、作用强,但维持时间短,需重复使用方能保证心、脑、肾等重要器官的有效血循环量。若用量过大,浓度过高,可使患者血压急剧升高而出现头痛、躁动不安,少数病例有心率增快、心律不齐的反应,一旦减少剂量或停药,症状很快消失。

枳实注射液的有效成分N-甲基酪氨有正性肌力作用,此作用与兴奋α-肾上腺素能受体有关,具有升高血压、降低冠状动脉及肾血管的阻力、降低心肌耗氧量和改善心脏泵血功能的作用〔新医药学杂志1978;(3):25〕。用枳实注射液治疗各种休克94例,显效70例,有效21例,总有效率96.8%。

青皮注射液和陈皮注射液的有效成分主要是羟福林。青皮制剂比枳实、橘皮、香橼的同类制剂对麻醉猫具有更强的升压作用和抗休克作用,对动物(犬、猫、兔、大白鼠)的失血性休克、创伤性休克、感染性休克和催眠药中毒所致的休克均有显著疗效,对过敏性休克也有一定的预防作用〔中草药1980;(4):168〕。临床用青皮注射液治疗各型休克22例,有效率100%。用升压灵(主要为陈皮)注射液治疗厥脱证112例(其中流行性出血热低血压休克90例,感染性休克22例),与西药多巴胺、阿拉明组50例(其中流行性出血热低血压休克39例,感染性休克11例)对照。结果升压灵有明显迅速的升压作用,药后血压恢复的时间为3.37小时,明显短于对照组的20小时;静脉滴注后升压时间为10分钟～3小时,也短于对照组的30分钟～5.5小时,有效率为95.5%。说明升压灵升压有速效、高效的特点〔上海中医学院论文集1982:1〕。

- **多法联用**

近年来的实践证明,益气养阴与回阳救逆法联用,以及清热解毒、活血化瘀与以上诸法的联用,是抢救厥证成功的重要思路。它突破了一法单用或一方一针单用的治疗方法,大大地提高了抢救效果。此外,"菌毒并举"治疗感染性休克已被广泛采用,此法吸收中西医之长,在西药抗感染、维持有效血循环量、纠正酸碱失衡等措施的同时,用清热解毒、清下并用、扶正祛邪、活血化瘀等法加强疗效,分别并用前述各类注射液,临床疗效大幅度提高。杜氏用多法联用的方法治疗感染性休克,取得较好疗效。采用的主要治法是:①清热解毒。如肺炎清解汤用于急性肺部感染所致中毒性休克、五味消毒饮合黄连解毒汤适用于败血症所致感染性休克,葛根芩连汤适用于感染性急性菌痢所致中毒性休克等。高热不退兼腑实者,用人工牛黄粉1g,1日3次;大黄粉3g,1日4次口服。高热神昏者,用安宫牛黄丸或紫雪丹;或用清气解毒注射液(虎杖、肿节风、败酱草、鱼腥草),或采用北京中医学院实验药厂生产的清开灵注射液。②养阴增液。用增液注射液(生地、麦冬、玄参)或养阴注射液,治疗高热伤阴耗液者,亦作一般基础液稀释其他静脉注射制剂(按配伍禁忌表)。③养阴益气固脱。早期选人参粉冲服,中期选人参注射液肌内注射,后期用参麦注射液,先静脉推注,待血压有所恢复后改为静脉滴注。④行气固脱。先用枳实注射液,待血压有所回升后,再用参麦注射液或参附注射液之类。⑤回阳固脱。用三生注射液(生川乌、生南星、生半夏)或参附注射液。⑥活血化瘀。夹瘀者加用复方丹参注射液或川芎嗪静脉推注或滴注等。国内不少专家认为,多法联用是对抗休克的有效措施之一,特别是固脱与解毒的联用,有广阔的发展前景〔中医杂志 1988;(2):32〕。

·化痰通腑

王氏等运用化痰通腑法治疗急性中风病中脏腑者取得显著疗效,在降浊醒神方面尤为突出〔中国医药学报1986;(2):22〕。周氏治一老年女性尸厥患者,突然神昏,四肢厥逆,脉伏不见,舌质暗红,舌苔黄厚腻,证属痰热闭阻,治疗以清热化痰,通腑开窍法。药用胆南星、天竺黄、枳实、大黄、黄连、石菖蒲、郁金等水煎,然后将冰片、姜汁、紫雪丹溶入汤剂中,少量频频缓慢灌服。每隔1~2小时用通关散吹鼻并针刺人中、十宣1次。服3剂后大便通,神志渐清,能进少量饮食,继续以清热燥湿化痰药物调理半月而愈〔中国医药学报1986;(2):22〕。

综上所述,对厥证的研究已取得可喜的成绩,高效、速效制剂已初步系列化,但厥证是多病种病因引起的综合征,有些厥证如痰厥、食厥等的研究还有待深入和加强,还不能忽视中药治疗厥证(休克)平均稳压时间仍不够满意的现实。今后要加强传统疗法与系列化方药的研究,充实临床辨证指标,掌握辨证规律,从而进一步提高疗效。

第九节 肥　胖

肥胖是由于先天禀赋因素、过食肥甘以及久卧久坐、少劳等引起的以气虚痰湿偏盛为主,体重超过标准体重 20%以上,并多伴有头晕乏力、神疲懒言、少动气短等症状的一类病证。

现代社会由于饮食结构以及生活方式的变化,肥胖病发生有明显增加趋势,它是一种营养过剩的疾病,不仅患者有体弱无力、行动不便、动则气喘、心悸、怕热多汗或腰腿疼痛等症状,且多伴有血糖、血脂等代谢及内分泌系统功能异常,常并发或加重消渴、眩晕、头痛、胸痹心痛、痹证、胁痛等病证,而严重危害人类的健康。

早在汉代以前,中医书籍中就有关于肥胖症状、病因病机以及肥胖危害性的记载,《内经》中有"肥贵人"及"年五十,体重,耳目不聪明矣"的描述。《金匮要略·血痹虚劳病脉证并治》有"夫尊荣人骨弱肌肤盛"等。《素问·奇病论》中有"肥者令人内热,甘者令人中满",《素问·宣明五气论》有"久卧伤气,久坐伤肉"的记述,认为过食肥甘及缺乏运动是肥胖的重要原因之一。很早就认识到肥胖容易引起消渴、中风、胸痹心痛等类病证,甚至影响人的寿命,所谓"肉坚则寿"、"肉脆则夭",实指身体肥胖则长寿者少。

本节主要讨论形体发胖、体重超出标准体重 20%以上,兼见气虚及痰湿偏重症状者。主要包括单纯性肥胖症中体质性肥胖症及获得性肥胖症。其继发于下丘脑病、垂体病、胰岛病及甲状腺功能减退症等的继发性肥胖症亦可参照本节辨证论治。

【证候特征】

本病可见于任何年龄,但多见于 40~50 岁的中壮年,尤以女性为多发。其临床症状主要见体肥,气短,神疲,倦怠,自汗,怕热或畏寒,纳多,腹胀,便溏或腹泻,肢肿,心悸,头昏,月经失调,腰腿疼痛等;舌象为舌淡胖,边有齿痕,或舌红、苔薄,或苔白腻、黄腻,脉濡,或沉细、弱、滑、滑数等。以上症状、舌脉象为肥胖证候分类及治法、处方的依据,以肥胖,即体重增加、脂肪增厚为中心证候。若体重超过标准体重20%～30%为轻度肥胖,超过31%～50%为中度肥胖,超过50%者为重度肥胖。此外,腰围、臀围及脂肪厚度,也是判断肥胖的重要依据。

本病初起或轻度肥胖一般没有自觉症状,但随病情发展,肥胖程度加重,逐渐表现为虚弱无力,头昏目眩,行动不便,动则气喘心悸,怕热汗多,甚至出现腰腿疼痛,或引起胸痹心痛、消渴、中风等合并症。

【病因病机】

1. 年老体衰　肥胖常为衰老的表现,与肾气虚衰关系密切。肾为先天之本,又为水脏,能化气行水,中年以后,肾气由盛转衰,水湿失运、痰瘀渐生,尤其是经产妇女或绝经期女性,肾气衰退,不能化气行水,致使湿浊内聚,而产生肥胖。

2. 过食肥甘　暴饮暴食,尤其是过食肥甘厚味是产生肥胖的原因之一。由于暴饮暴食肥甘厚味常可损伤脾胃,水谷运化失司,湿浊停留体内,且肥甘又能滋生湿热,蕴酿成痰。痰热湿浊聚集体内,引起体重增加,形成肥胖。

3. 缺乏运动　久卧久坐,缺少运动劳作,也是产生肥胖的重要原因。《内经》有"久卧伤气,久坐伤肉"之说,伤气则气虚,伤肉则脾虚,脾气虚弱,运化失司,水谷精微不能输布,水湿内停,形成肥胖浮肿。

4. 久病正虚　久病之人可见气血阴阳虚衰,气虚运血无力,阳虚阴寒内生,血行涩滞,痰瘀湿浊内生,常可形成肥胖。故肥胖不仅能以单一病证出现,亦可表现为其他病证后的继发症状,如消渴病常伴有肥胖。

5. 情志所伤　五脏皆能藏神,情志过极必然影响脏腑的功能,如忧伤肺,怒伤肝,思伤脾,喜伤心,恐伤肾,七情所伤,脏腑气机失调,水谷运化失司,水湿内停,痰湿聚集,亦成肥胖。

肥胖的病位主要在脾与肌肉,但与肾气虚衰关系密切,亦与肝胆及心肺功能失调相关。其病性本虚以气虚为主,主要表现为脾肾气虚,可兼见心肺气虚及肝胆疏泄失调;其标实以痰浊膏脂为主,兼有水湿、瘀血、气滞等,临床虽常见本虚标实,但各有侧重不同。

本病初起,膏脂堆积较少,临床可无任何症状,随着膏脂、痰浊增多为患,兼有水湿、血瘀、气滞者,或侵心肺,扰肝胆,著肢体,不仅加速人体衰老,影响工作及正常生活,且可直接威胁人体的生命与健康。青少年、孕妇及产后肥胖,多为胃热滞脾,食欲亢进,过多水谷瘀积体内,化为膏脂,且长期饮食不节,损伤脾胃,运化失常,湿浊内生,"脾恶湿",湿浊进而阻碍脾气,水谷运化失司,加重湿浊内生,并可溢于肌肤,阻滞经络,或脾病及肾,脾肾阳虚,水湿运化无权,加重体内湿浊,瘀脂泛溢肌肤而发肥胖。长期饮食不节,损伤脾胃,兼因中年以后脾气益衰,不能散布水谷精微及运化水湿,致使湿浊停聚肌肤,人体壅肿不实。过食肥甘厚味,炙煿醇饮,损伤脾胃,湿热熏蒸,炼液为痰,痰浊膏脂瘀积,致使形体肥胖,故有"肥人多痰"之说。肝郁日久,疏泄不利,气机不畅,精微物质不能布达,瘀积成膏脂,聚集体内,停于肌肤而发为肥胖症。

【诊　断】

1. 超出标准体重　标准体重(kg)＝〔身高(cm)－100〕×0.9,若实际体重超过标准体重20%,排除肌肉发达或水分潴留因素,即可诊断肥胖。

2. **体重质量指数升高** 体重质量指数＞24为肥胖症。
3. **多有伴随症状** 兼见神疲乏力,少气懒言,气短气喘,腹大胀满,苔厚腻,脉濡滑。

凡符合"1"或"2"项,兼见"3"项即可诊断。其单纯性肥胖症多见体质性肥胖症与获得性肥胖症。体质性肥胖症:又名幼年起病型肥胖症,有肥胖家族史,由于营养过剩自出生后半岁而肥胖直至成年,肥胖呈全身性分布,饮食控制和运动后疗效差,对胰岛素不敏感。获得性肥胖症:又名成年起病型肥胖症,起病于20~25岁,与营养过剩及遗传因素有关,以四肢肥胖为主,饮食控制和运动后疗效较好,对胰岛素较敏感。

【鉴别诊断】

1. **继发性肥胖症** 继发于神经—内分泌—代谢紊乱基础上的肥胖症,如下丘脑、垂体、胰岛病变及甲状腺功能减退等所致者,均应根据病史,结合相应实验室检查加以鉴别。
2. **黄胖病** 是肠寄生虫与食积所致,以面部黄胖肿大为特征,与肥胖迥然有别。

【辨证论治】

辨证要点

1. **辨标本虚实** 肥人多气虚,表现神疲乏力,少气懒言,倦怠气短,动则喘促;肥人亦多痰湿,表现形体肥胖,腹大胀满,四肢沉重,头重胸闷,时吐痰涎,水湿偏重,多有腹泻便溏,暮后肢肿;痰热偏盛者,多见心烦口苦,大便秘结等。临床辨证时,当分标本缓急,虚实多少。
2. **辨脏腑病位** 肥胖病变与脾虚关系尤为密切,表现身体重着,神倦乏力,腹大胀满,头沉胸闷,或有恶心、痰多。但病久可累及于肾,引起腰膝疼痛、酸软,动则气喘,下肢浮肿,夜尿频多。本病有时可以病及肝胆,出现胸胁胀闷,烦躁眩晕,口干口苦,大便秘结,脉弦等。亦可病及心肺,表现心悸气短,少气懒言,神疲自汗等。
3. **辨舌象变化** 本病舌淡胖,边有齿痕者,多为气虚;苔薄白或白腻者,多兼水湿内停。舌红苔黄腻者,多为湿热或痰热内聚。舌暗,或有瘀点、瘀斑,舌下瘀筋者,多有瘀血内停;兼舌淡胖者,属气虚血瘀;兼舌红苔黄腻者,属痰瘀热互结。

治疗原则

肥胖病的病理主要是脾虚痰湿偏盛,故其治疗当遵照虚者补之,实者泻之。临床上常用的补法为健脾益气,以祛水湿,截痰源,助消导,祛瘀滞而治肥胖。若肥胖日久,脾病及肾,又当益气补肾,温化水湿为治。常用的泻法有化湿、利水、祛痰、通腑、消导法,以祛除体内停聚的湿浊、痰热及多余膏脂,从而减轻体重。

分证论治

• **胃热滞脾**

症状:多食,消谷善饥,形体肥胖,脘腹胀满,面色红润,口干苦,心烦头昏,胃脘灼痛嘈杂,得食则缓,舌红苔黄腻,脉弦滑。

治法:清胃泻火,佐以消导。

方药:小承气汤合保和丸。

小承气汤方中以大黄泻热通便,荡涤肠胃;佐以枳实、厚朴行气散结,消痞除满。保和丸用山楂消一切饮食积滞,尤善消肉食油腻之积;以神曲消食健脾,化酒食陈腐之积;莱菔子下气消食,善消谷面之积;半夏、陈皮行气化滞;茯苓健脾利湿;连翘清热散结。两方合用有清热导滞化积之功,适用于胃热滞脾之实热积滞型肥胖。

湿热食积,内阻肠胃引起肥胖而兼见脘腹胀满,大便秘结或泄泻,小便短赤,苔黄腻,脉沉有力,亦可用枳实导滞丸。方中以大黄泻热攻积,枳实行气消积,黄连、黄芩清热燥湿,茯苓、泽泻利水渗湿,白术健脾燥湿,神曲消食化湿,全方消导化积,清热祛湿,使湿热清,积滞除,胀满消,肥胖减。

- **脾虚不运**

症状:肥胖壅肿,神疲乏力,身体困重,胸闷脘胀,四肢轻度浮肿,晨轻暮重,劳累后明显,饮食如常或偏少,既往多有暴饮暴食史,小便不利,便溏或便秘,舌淡胖边有齿印,苔薄白或白腻,脉濡细。

治法:健脾益气,渗利水湿。

方药:参苓白术散合防己黄芪汤。

方中以四君子合黄芪、山药、苡仁健脾益气渗湿,用防己加猪苓、泽泻利水,共奏健脾益气,渗利水湿,消胖减肥之功。肢肿甚者加大腹皮、桑白皮;腹胀便溏者加广陈皮、莱菔子;肥胖气短,畏寒肢冷者加肉桂,重用参、芪,温阳益气,健运水湿。

- **痰浊内盛**

症状:形盛体胖,身体重着,肢体困倦,胸膈痞满,痰涎壅盛,头晕目眩,呕不欲食,口干而不欲饮,嗜食肥甘醇酒,神疲嗜卧,苔白腻或白滑,脉滑。

治法:燥湿化痰,理气消痞。

方药:导痰汤。

方中半夏燥湿化痰,橘红理气化痰,茯苓健脾渗湿化痰,生姜降气化痰,枳实行气化痰,南星祛风化痰,诸药共奏化痰消痞之功。临床可酌情加用白术、泽泻、决明子等健脾利湿通便之品。痰浊化热者,心烦不寐,纳少便秘,舌红苔黄,脉滑数,加竹茹、黄芩、栝蒌仁清化痰热。

- **脾肾阳虚**

症状:形体肥胖,颜面虚浮,神疲嗜卧,气短乏力,腹胀便溏,自汗气喘,动则更甚,畏寒肢冷,下肢浮肿,尿昼少夜频,舌淡胖苔薄白,脉沉细。

治法:温补脾肾,利水化饮。

方药:真武汤合苓桂术甘汤。

方中以附子、桂枝温补脾肾,温阳化气,利水化饮;茯苓健脾渗湿以利水邪;白术健脾燥湿,以利水湿;白芍缓急且利小便;甘草益气和中;生姜助桂附以温阳散寒;佐白术、茯苓以温散水气,共奏温补脾肾,利水化饮之功。若气短自汗,加人参、黄芪;尿少肢肿加泽泻、猪苓、茯苓、大腹皮;腹胀便溏者加川朴、陈皮、苍术、莱菔子;畏寒肢冷者加补骨脂、仙茅、仙灵脾、益智仁,重用附子、桂枝。

- **气滞血瘀**

症状:体形丰满,面色紫红或暗红,胸闷胁胀,心烦易怒,夜不能寐或夜寐不安,大便秘结,舌暗红或有瘀点、瘀斑,或舌下瘀筋,脉沉弦或涩。

治法:活血祛瘀,行气散结。

方药:血府逐瘀汤合失笑散。

方中以桃红四物汤活血养血祛瘀;四逆散行气和血散结;桔梗、枳壳升降气机,宽胸除满;牛膝通利血脉,清化瘀热;合失笑散之蒲黄、五灵脂,加强通利血脉,活血散结之功。两方共奏活血祛瘀、行气散结之功,而适用于气血瘀滞型肥胖。瘀热内结,表现心烦易怒,口干口苦,大便秘结,加茵陈、山栀、大黄、黄芩等;气机郁滞,胸闷气粗,脘腹胀满,加郁金、厚朴、陈皮、莱菔子等;兼见湿热内停,纳呆脘痞,舌红苔黄腻,加虎杖、夏枯草、泽泻、防己。

【其他疗法】

目前治疗肥胖的方法很多,除可服用中药减肥茶外,中医耳穴、体穴疗法也有一定疗效。

1. 耳穴疗法　可采用耳穴贴压或埋针。贴压:用胶布将王不留行子或白芥子等贴压在耳穴上;埋针则常规消毒后将揿针刺入耳穴,再用胶布固定。嘱患者每进餐前按压1～3分钟,以酸麻或疼痛为度,一般选1～3穴贴压或埋针,每5～7天换穴1次,5～8次为1疗程,常用穴有内分泌、神门、肺、胃、脾、贲门、口等。虚胖多选肺,有抑制食欲及利尿作用;实胖多选贲门、胃,抑制食欲效果显著,利尿作用小。

2. 体穴疗法　取梁丘、公孙穴为主,结合辨证取穴,每日1次,每次留针半小时,15次为1疗程。若虚寒者,或温灸,或结合埋针治疗。

【转归预后】

轻度肥胖可无症状,对人体生活、工作及健康影响不明显,预后较好。中、重度肥胖可伴有多种症状,不仅影响人们正常生活、工作及健康,严重时可危及生命,预后较差,尤其当合并有消渴、眩晕、头痛、胸痹心痛等疾病时,预后更差。因此,必须采用综合治疗措施,配合改变不良生活方式,如饮食结构、运动等的合理安排。及早控制体重的增加,防治与肥胖相关的并发症,尤其是中老年人,更应严格控制体重,积极防治并发症,改善肥胖症的转归预后。

【预防与调摄】

首先必须使患者了解肥胖的危害性,认识到长期综合治疗的必要性,必须有信心、有耐心,主动地配合治疗。饮食结构宜低糖、低脂、低盐饮食,提倡多纤维饮食,适当补充蛋白质和维生素等必要的营养物质;饮食习惯忌暴饮暴食,忌吃零食,宜细嚼慢咽,食量能少不多,尤以晚餐不宜多食。临床还可针对病情,配合药膳疗法。根据身体情况,选择散步、快走、慢跑、骑车、爬楼、拳击及各种家务劳动等适当运动,贵在持之以恒。减肥速度要循序渐进,使体重逐渐减轻,接近正常体重,不宜骤减,且不能降低体力。

【结　语】

肥胖是现代社会中伴随生活方式的改变而发病有明显上升趋势的一种营养过剩病证。由于它能直接影响人体健康,甚至进而间接危及生命,而日益受到人们的普遍关注。其病因与禀赋、饮食、运动、情志及久病等因素有关;病位以在脾与肌肉为主,亦可累及心、肺、肝、肾;其病性以气虚痰湿偏盛为多见,亦可表现为气滞血瘀、胃热滞脾等。本病临床常见类型有胃热滞脾,脾虚不运,痰浊内盛,脾肾阳虚,气滞血瘀等,分别用小承气汤合保和丸以清胃泻火,佐以消导;参苓白术散合防己黄芪汤以健脾益气,渗利水湿;导痰汤以燥湿化痰,理气消痞;真武汤合苓桂术甘汤以温补脾肾,利水化饮;血府逐瘀汤合失笑散以活血祛瘀,行气散结。但是,治疗肥胖必须持之以恒,综合治疗,如合理的饮食结构,饮食习惯,适当地配合运动,也是非常重要的。

【文献摘要】

《金匮要略·血痹虚劳病脉证并治》:"夫尊荣人骨弱肌肤盛。"

《河间六书·湿类》:"体重,轻清为天,重浊为地,故土湿为病,则体重宜也。"

《丹溪心法·中湿》:"凡肥人沉困怠惰,是湿热,宜苍术、茯苓、滑石。凡肥白之人,沉困怠惰,是气虚,宜二术、人参、半夏、草果、厚朴、芍药。"

《石室秘录·痰病》:"气虚痰多之证,痰多本是湿也,而治痰之法,又不可徒去其湿,必须以补气为先,而佐以消痰之品";"肥人多痰,乃气虚也。虚则气不能运行故痰生之。则治痰必须补其气而后兼消其痰耳。然补气又不可纯补脾胃之土,而当兼补其命门之火,盖火能生土,而土自生气;气足而焉可独治痰哉?痰自消,不治痰正所以治痰也"。

【研究进展】

· 病因病机

周氏等将肥胖病因归纳为先天禀赋,过食肥甘厚味,久坐久卧、活动过少,外湿入内,七情内伤5个方面〔云南中医杂志1984;(1):56〕。江氏则归纳为年龄、性别、体质、地理环境、饮食、劳作运动、精神因素等8个方面〔北京中医学院学报1985;(2):26〕。余氏认为脾虚是肥胖的病理基础。江氏认为本病病因主要为气虚及痰、湿、水、瘀(脂)〔辽宁中医杂志1984;(5):23〕。韩氏等概括为多痰、多湿、多气虚〔安徽中医学院学报1989;(2):21〕。李氏认为本病主要在脾,常兼及肺肾,亦可累及心肝,病性以脾肺气虚为本,水饮、痰浊(膏脂)、气滞血瘀是标〔云南中医学院学报1990;(1):41〕。

· 辨证论治

江氏提出治疗肥胖八法:用防己黄芪汤、泽泻汤、二术四苓汤化湿;用二陈汤、三子养亲汤、控涎丹祛痰;用五皮饮、舟车丸、导水茯苓汤、小分清饮、十枣汤利水;用大承气、调胃承气汤通腑;用保和丸、三消饮消导;以温胆汤、疏肝饮疏利肝胆;以五味异功散、枳术丸、参苓白术散健脾;以济生肾气丸、苓桂术甘汤温阳〔北京中医学院学报1985;(2):26〕。韩氏等分别以天雁减肥茶(荷叶、车前草等)、轻身降脂茶(黄芪、首乌、夏枯草等)分别治疗肥胖气虚湿盛及气阴两虚挟痰火者计227例,总有效率分别达92%和94%〔安徽中医学院学报1989;(2):21〕。

· 辨病治疗

余氏等用"轻身Ⅰ号"(黄芪、防己、白术、川芎、首乌、泽泻、山楂、丹参、茵陈、水牛角、仙灵脾、生大黄)治疗单纯性肥胖50例,体重平均下降3.72kg〔中医杂志1980;(10):40〕。康氏等采用"轻身Ⅱ号"(番泻叶、泽泻、山楂、草决明等)治疗46例,总有效率达71.7%〔中医杂志1987;(12):30〕。潘氏以"海藻轻身汤"(海藻、夏枯草、苡仁、白芥子、山楂、泽泻、茵陈、柴胡、甘草等)治疗女性青年肥胖,体重下降最多达18kg〔浙江中医杂志1987;(6):274〕。翁氏综述了经实验证明下列药物有减肥祛脂作用:①祛痰化浊,利湿渗脂:生大黄、虎杖、苍术、泽泻、茵陈、草决明、半夏、番泻叶、洋葱、大蒜、蚕蛹、槐米、柴胡、金银花、姜黄、茅根、荷叶、薏苡仁。②活血化瘀,减肥祛脂:丹参、赤芍、茺蔚子、益母草、三七、生山楂、香附、三棱、莪术、五灵脂、鸡血藤、牛膝、当归、川芎。③滋阴养血,减肥降脂:旱莲草、女贞子、首乌、生地、山萸肉、枸杞、菊花、桑寄生、灵芝〔中医杂志1988;(1):40〕。

李氏将防治单纯性肥胖症的常用药物分为泻下消导、祛痰化浊、活血化瘀、利水渗湿、健脾益气、养血滋阴六大类药物,并认为使用频率较高的药物依次有泽泻、山楂、首乌、白术、荷叶、苍术、茯苓、黄芪、川芎、茵陈、夏枯草、大黄等〔云南中医学院学报1990;(1):41〕。

第八章 经络肢体病证

经络肢体病证系指由于外感或内伤因素,导致经络肢体机能失调,出现有关病理变化,而形著于外的一类疾病。此类疾病涉及面广,本章仅就头痛、痹病、痿病、痉病、颤震、腰痛等展开讨论。与经络肢体有关的其他疾病,分属于相关章节或其他学科中讨论。

【主要证候及特征】

经络是人体的气血、营卫、阴阳循行之路径,又是联络机体内外纵横交错的网络系统。其与肌肉、骨骼、血管、脏器、神机等以浑然一体的姿态维持着生命。因此有学者提出:它是综合这一切生理活动维持生命的综合发生系统。它参与生理、病理及治疗的全过程,能反映证候、感应传导,调整阴阳、寒热、虚实、表里之平衡。肢体即四肢和外在躯体之谓,具有防御外邪、保护内在脏器组织的作用,在生理上以通为顺,在病理上瘀滞而为病。所以,经络肢体疾病的证候学特征以郁痹与亏虚为主。常见证候有邪犯经络与经络空虚两大类,而郁痹为实,空虚属虚。但在虚的基础上又可形成标实,如络塞血瘀、筋脉刚而不柔等。兹将经络肢体疾病基本证候分述如下:

· 邪犯经络

1. 主要脉症　肢体关节疼痛,酸楚,或肿胀,或麻木不仁,或挛急抽搐,或弛缓,痿软,舌苔薄或黄或白或腻,脉多浮、弦、细、数。

2. 证候特征　本证除有经络郁痹细急之见症外,常有郁而化热之见症。本证与邪犯卫表证的区别是:此为邪壅经络,筋脉失养,表现为疼痛、肿胀、麻木、挛急、抽搐、弛缓、痿软等症;彼乃正邪交争,卫表被郁而表现为恶寒、发热、有汗或无汗之卫表见症。

· 经络空虚

1. 主要脉症　肢体麻木不仁,隐绵而痛,汗出,神疲,抽搐,肌肉萎缩,痿软无力不用,瘦削,面浮,舌淡或红,苔薄或少,脉沉细数。

2. 证候特征　本证除有经络空虚筋脉失养之见症;又有督脉挛急与失灵不用之见症。本证与虚损劳伤证的鉴别是:此仅限于经络空虚之见症;彼乃气血精津亏耗,日渐消瘦,甚至大肉下陷,大骨枯槁之虚劳见症。

· 血瘀阻络

1. 主要脉症　抽掣疼痛如刺,固定不移,肿胀变形,拘挛,抽搐,痿瘫,舌紫暗或有瘀斑、瘀点,脉沉细而涩。

2. 证候特征　本证除有气滞血瘀之见证外,又有血瘀阻络、督脉拘急与失用之见症。本证与一般瘀血所致积聚等病的鉴别是:此为经络肢体病,血瘀表现为疼痛、肿胀、麻木、挛急、抽搐、痿弱等症;彼乃阳虚鼓动无力,或肝郁气滞日久,或寒凝热耗等表现为肿块、拒按、肌肤甲错等症。

· **血虚筋急**

1. **主要脉症** 起病缓慢,头摇肢颤,甚则不能持物,食则令人代哺,继则肢体不灵,行动迟缓,表情淡漠,神情呆滞,口角流涎,舌红或淡红,或舌体肿大,苔薄黄或白,脉沉弦而紧或沉弦有力,或沉虚或沉滑而濡。

2. **证候特征** 本证除有筋脉拘急、失用之肢体震颤之见症外,又有神机受累之症;本证与痴呆的鉴别为:此以筋脉拘急失用,肢体震颤为主症,或见呆滞表现;彼乃以痴呆为主,精神、言行反常等症明显。

【病机述要】

1. **邪犯经络** 多因感受外邪,直犯经脉,或内风痰瘀血阻滞经脉,使经脉痹阻不通,故发生肢体关节疼痛、酸楚等症;邪聚之处可见肿胀;瘀血留经,经脉失养,故麻木不仁,或弛缓、痿软;风痰内动,则经脉挛急、抽搐。

2. **经络空虚** 多见于失血,或耗损阴精等疾病过程中。气血不足,肢体经脉失养,故麻木不仁、隐绵而痛;气不固津,血不养神,故汗出神疲;阴血亏耗,经脉筋肉失荣失养,血虚生风,故肢体强急、抽搐,久之可见肌萎、痿软不用等症。

3. **血瘀阻络** 常见于久郁气滞,或热毒蕴结血分,或外伤血络瘀阻。血瘀经络,形之于肢体,故表现为肢体疼痛如刺,固定不移及局部肿胀等症;瘀血不去则新血不生,经脉失养,则肢体麻木、挛急,甚则抽搐,久之可致痿弱。

4. **血虚筋急** 多见于老年人,随着年龄增长,肝肾日衰,阴血渐虚,筋脉失养,故拘挛不柔;血虚生风,肢体失用,故震颤不能持物;血不养神,神机受损,故神情呆滞,行动迟缓。

【治疗要点】

在治疗上,必以通经活络,缓急补虚为大法,即所谓"通"法。盖通之之法,各有不同,调气以和血,调血以和气,通也;中结者使之旁达,亦通也;虚者助之使通,寒者温之使通,达到气血流通之目的。同时,急者图救,缓者勿急,否则伤正。在具体治法上,审证求因,治法变通。对于累及神经疼痛者,以调整神机为宜;若脉络绌急而痛者,宜祛邪缓急为主,但中病即止,以防耗气伤津燥血;若邪郁化热肿痛者,宜清热渗湿、散结为主,应防苦寒滞湿之弊;虚者补之亦宜预防邪滞。对督脉失养而挛急、抽搐者宜调养督脉为主,若邪壅,宜祛邪为主,疏风、散寒、除湿、清热存阴;对督脉失灵而痿者,可遵循"独取阳明"之旨,或祛阳明湿热,或补益后天为宜;对年迈动脉僵硬,经络失养而颤动者,宜着眼于补肾、健脾、养肝为主;对腰痛感邪者,宜祛邪活络为主;对肾精亏损者,宜补肾填精法。

另外,慎起居、适寒温,据病情适当活动和采用外治法,不仅是护理的重要措施,也为防病治病及康复所必须。

第一节 头 痛

头痛即指由于外感与内伤,致使脉络绌急或失养,清窍不利所引起的以病人自觉头部疼痛为特征的一种常见病证,也是一个常见症状,可以发生在多种急慢性疾病中,有时亦是某些相关疾病加重或恶化的先兆。

本病近年来发病率呈上升趋势，尤其偏头痛，一般人群发病率达 5%，流行病学调查表明，我国患病率为 985.2/10 万，年发病率为 79.7/10 万，30 岁以下发病者逐年增长，男女患病率之比为 1∶4。相当数量的病人尤其久治不愈者，往往求治于中医。

本病源于《素问·风论》，据其病因而有"脑风"、"首风"之名，认为乃外在风邪寒气犯于头脑而致。《素问·五藏生成》还提出："是以头痛巅疾，下虚上实。"后经历代医家论述和发挥，其内容日趋丰富和完善。仲景《伤寒论》六经条文中有太阳病、阳明病、少阳病、厥阴病头痛。《东垣十书》指出外感与内伤均可引起头痛，据病因和症状不同而有伤寒头痛、湿热头痛、偏头痛、真头痛、气虚头痛、血虚头痛、气血俱虚头痛、厥逆头痛等，还补充了太阴头痛和少阴头痛，从而为头痛分经用药创造了条件。《丹溪心法》认为头痛多因痰与火。《普济方》认为："气血俱虚，风邪伤于阳经，入于脑中，则令人头痛。"总之，正如明·徐春甫《古今医统大全·头痛大法分内外之因》总结说："头痛自内而致者，气血痰饮，五脏气郁之病，东垣论气虚、血虚、痰厥头痛之类是也；自外而致者，风寒暑湿之病，仲景伤寒东垣六经之类是也。"另外，关于头风，正如《证治准绳·头痛》所说："医书多分头痛、头风为二门，然一病也，但有新久去留之分耳。浅而近者名头痛，其痛卒然而至，易于解散速安也；深而远者为头风，其痛作止不常，愈后遇触复发也。皆当验其邪所从来而治之。"可见头风系指由肝阳上亢、痰瘀互结而致清阳不升，或浊邪上犯，清窍失养，以头部持续性疼痛、经久不愈为主要表现的病证。国家中医药行业标准已有统一的《头风诊断与疗效评定标准》。

西医学偏头痛，还有国际上新分类的周期性偏头痛、紧张性头痛、丛集性头痛及慢性阵发性偏头痛等，凡符合头痛的证候特征均可参考本节辨证论治。

【证候特征】

患者自觉头部包括前额、额颞、顶枕部位疼痛，是其共同的证候特征。按部位中医有在太阳、阳明、少阳，或在太阴、厥阴、少阴，或痛及全头的不同，但以偏头痛者居多。又据头痛之久暂，疼痛之性质，特点和部位的不同，有外感与内伤两大证类。

外感头痛，以突然而作，其痛如破，痛无休止为特征，其痛多以掣痛、跳痛、灼痛、胀痛或重痛为主；内伤头痛，以缓慢而病，痛势绵绵，时痛时止，长久不愈为特征，其痛多以空痛、隐痛、昏痛，遇劳或情志刺激而发作与加重为主。

【病因病机】

1. **外感引起** 多由起居不慎，坐卧当风，其感受外邪，以风为主，多挟寒、热、湿邪。风为阳邪，"伤于风者，上先受之"，"巅高之上，惟风可到"。又风为"百病之长"、六淫之首，若挟寒者，寒为阴邪伤阳，清阳受阻，寒凝血滞，脉络不畅则失养，绌急而病；若挟热邪，风热上炎，犯于清窍，精血受伤，气血逆乱，脉络失荣而成；若挟湿邪，风伤于巅，湿困清阳，或中州失司，痰湿内生，清窍蔽蒙，脑髓、脉络失充而成。

2. **内伤所致** 多与肝、脾、肾三脏有关。因于肝者，一是肝阴不足，或肾阴素亏，肝阳失敛而上亢；二是郁怒而肝失疏泄，郁而化火，日久肝阴被耗，肝阳失敛而上亢。清窍受伤，脉络失养导致头痛。因于脾者，多因饮食所伤，劳逸失度，脾失健运，痰湿内生，致使清阳不升，浊阴不降，清窍痹阻，痰瘀相结，脑失清阳、精血之充，脉络失养而成。或病后、产后、失血之后，营血亏损，脑髓失充，脉络失荣而成。因于肾者，多因禀赋不足，肾精亏虚，或劳欲所伤，阴精耗损,或肝乏疏泄之力,少阳生(升)发之气不能疏泄于中,中焦呆滞,化源不足,或肝郁疏泄失司,横乘于中,化源不足,终致脑髓失养,脉络失荣而成。此外,外伤跌仆,或久病入络则络行不畅,血瘀气滞,脉络失养而易致头痛。

头为精明之府,神明之主,又内藏脑髓,而为髓海。机体诸精,上聚于头,五脏精华之血,六腑清阳之气上注于脑,以滋养脑髓,活跃神机,维持机体的平衡。头痛的病位在头,涉及脾肝肾等脏腑,风、火、痰、瘀、虚为致病之主要因素,脉络阻闭,神机受累,清窍不利为其病机。

【诊　断】

1. 以头痛为主症,或前额、额颞、巅顶、顶枕部或全头部疼痛,头痛性质多为跳痛、刺痛、胀痛、昏痛、隐痛等。有突然而作,其痛如破而无休止者;也有反复发作,久治不愈,时痛时止者;头痛每次发作可持续数分钟、数小时、数天或数周不等。
2. 因外感、内伤等因素,突然而病或有反复发作的病史。
3. 应查血常规、测血压,必要时做脑脊液、脑电图检查,有条件时做经颅多普勒、颅脑CT 和 MRI 检查,有助于排除器质性疾病,明确诊断。

【鉴别诊断】

临床上应与下列头痛症状突出的疾病加以鉴别。

1. **类中风**　类中风病多见于 45 岁以上,眩晕反复发作,头痛突然加重时,为风痰壅盛引起,常兼半身肢体活动不灵,或舌謇语涩。
2. **真头痛**　真头痛多呈突然剧烈头痛,常表现为持续痛而阵发加重,甚至呕吐如喷不已,以至肢厥、抽搐。

【辨证论治】

辨证要点

1. **辨疼痛轻重**　一般说来,以外感、寒厥、偏头痛较重;而内伤、气虚、血虚、肝肾阴虚头痛较轻;气虚早晨反重;血虚午后痛重。
2. **辨疼痛性质**　因于痰湿者,重坠或胀;肝火者,跳痛;寒厥者,冷感而刺痛;阳亢者,痛而胀;气血、肝肾阴虚者,隐痛绵绵或空痛。
3. **辨部位**　一般气血、肝肾阴虚者,多以全头作痛;阳亢者痛在枕部,多连颈肌;寒厥者痛在巅顶;肝火者痛在两颞;偏头痛者痛在一侧,痛连同侧眼齿。就经络而言,前部为阳明经,后部为太阳经,两侧为少阳经,巅顶为厥阴经。
4. **辨其影响因素**　气虚者与过劳有关;寒湿者常随天气变化而变化;肝火者因情志波动而加重;阳亢者常因饮酒或暴食而加重;肝肾阴虚者每因失眠而病作或加重;偏头痛者,常遇风寒则痛发。

治疗原则

本病的发生是因脉络痹阻绌急或失养,清窍不利而成,因此治疗时必以调神利窍、缓急止痛为基本原则。临证时,外感者宜以祛邪活络为主,内伤者以滋阴养血补虚为要。

分证论治

外感头痛

·风寒证

症状：头痛起病较急，其痛如破，连及项背，恶风畏寒，遇风尤剧，口不渴，苔薄白，脉多浮紧。

治法：疏风散寒。

方药：川芎茶调散。

该方具有祛风止痛之功，川芎散少阳之风，与荆芥皆能内行肝胆，外散风邪，辛香走窜，为治上要药；薄荷辛香，能清利头目；羌活、防风散太阳风，白芷散阳明风，以病在巅顶，惟风可到；又防风升阳，细辛宣邪达窍，甘草和药缓急，细茶能清上降下。此常为临床治疗外感头痛之主方。

若寒犯厥阴，则引起巅顶头痛，干呕，吐涎，甚则四肢厥冷，苔白，脉弦，治当温散厥阴寒邪，方用吴茱萸汤加半夏、藁本、川芎之类，以温散降逆。本方用吴茱萸温散降逆，为入厥阴肝经主药；人参、姜枣助阳补土，使阴寒不得上干，温经而兼温中。

·风热证

症状：头痛而胀，甚则头痛如裂，发热或恶风，口渴欲饮，面红目赤，便秘溲黄，舌红苔黄，脉浮数。

治法：疏风清热。

方药：芎芷石膏汤。

方以川芎、白芷、菊花、羌活、生石膏疏风清热止痛；藁本偏于辛温，热盛者不宜，可改用黄芩、薄荷、山栀子辛凉清解。若热盛伤津，症见舌红少津，可加知母、石斛、天花粉清热生津；若大便秘结，口鼻生疮，腑气不通者，可合用黄连上清丸，苦寒降火，通腑泄热。

·风湿证

症状：头痛如裹，肢体困重，胸闷纳呆，小便不利，大便或溏，苔白腻，脉濡滑。

治法：祛风胜湿。

方药：羌活胜湿汤。

该方治湿气在表，头痛头重证。因湿邪在表，当用辛温发散，故用羌活、独活、防风、藁本、川芎、蔓荆子等辛散之品以解表，可使湿从汗解或以风胜湿使湿邪消散；甘草助诸药辛甘发散为阳，气甘而缓，散中有补。所以本方是用风药胜湿，解除表邪，使气化调和，阳气能升，里湿也能自然下降。若湿浊中阻，症见胸闷纳呆、便溏，可加苍术、厚朴、陈皮等燥湿宽中；若恶心呕吐者，可加生姜、半夏、藿香等芳香化浊，降逆止呕；若见身热汗出不扬，胸闷口渴者，为暑湿所致，宜清暑化湿，用黄连香薷饮加藿香、佩兰等。

内伤头痛

·肝阳证

症状：头胀痛而眩，心烦易怒，胁痛，夜眠不宁，口苦，舌红苔薄黄，脉沉弦有力。

治法：平肝潜阳。

方药：天麻钩藤饮。

本方重在平肝潜阳熄风，对肝阳上亢之头痛，甚至对肝风内动所致眩晕、中风先兆之头痛均可获效。方用天麻、钩藤、石决明以平肝潜阳，黄芩、山栀以清肝火，牛膝、杜仲、桑寄生补肝肾，夜交藤、茯神养心安神。可加生龙牡以加强重镇潜阳之力。若见肝肾阴虚而头痛朝轻暮重,或遇劳而剧,脉弦细,舌红苔薄少津者,酌加生地、何首乌、女贞子、枸杞子、旱莲草滋养肝肾。

• 肾虚证

症状:头痛而空,每兼眩晕,腰痛酸软,神疲乏力,遗精,带下,耳鸣少寐,舌红少苔,脉沉细无力。

治法:补肾养阴。

方药:大补元煎。

本方重在滋补肾阴。以熟地、山茱萸、山药、枸杞子滋补肝肾之阴,人参、当归气血双补,杜仲健腰补肾。待病情好转,可常服杞菊地黄丸或六味地黄丸补肾阴潜肝阳以巩固疗效。若肾阳不足者,可用右归丸,温补肾阳,填精补血。若兼见外感寒邪者,可投麻黄附子细辛汤治之。

• 气血虚证

症状:头痛而晕,心悸不宁,遇劳则重,自汗,气短,畏风,神疲乏力,面色㿠白,舌淡苔薄白,脉沉细而弱。

治法:气血双补。

方药:八珍汤。

方中以四君健脾补中而益气,又以四物补肾而养血。当加菊花、蔓荆子入肝经,清头明目以增强疗效,全方合之能气血双补。

• 痰浊证

症状:头痛昏蒙,胸脘满闷,呕恶痰涎,舌胖大有齿痕,苔白腻,脉沉弦或沉滑。

治法:健脾化痰,降逆止痛。

方药:半夏白术天麻汤。

该方具有健脾化痰,降逆止呕,平肝熄风之功。以半夏、生白术、茯苓、陈皮、生姜健脾化痰,降逆止呕,令痰浊减则疼痛轻;天麻平肝熄风,为治头痛、眩晕之要药。若痰郁化热显著者可加竹茹、枳实、黄芩清热燥湿。

• 瘀血证

症状:头痛经久不愈,其痛如刺,固定不移,或头部有外伤史者,舌紫或有瘀斑、瘀点,苔薄白,脉沉细或细涩。

治法:通窍活络化瘀。

方药:通窍活血汤。

方以麝香、生姜、葱白温通窍络,桃仁、红花、川芎、赤芍活血化瘀。当加四君子健脾益气,当归养血,以助活络化瘀之力;也可加入全蝎、蜈蚣等虫类药搜逐风邪,活络止痛。待病缓,据临床见证易方再治或善后调理之。

上述治疗各证之方药,应选用不同的引经药,对发挥药效有实际意义,如太阳头痛选羌活、防风;阳明头痛选白芷、葛根;少阳头痛选用川芎、柴胡;太阴头痛选用苍术;少阴头痛选用细辛;厥阴头痛选用吴茱萸、藁本等。

此外,临床可见头痛如雷鸣,头面起核或憎寒壮热,名曰"雷头风",多为湿热挟痰所致,可用清震汤加味以清宣升散、除湿化痰治之。还有偏头风,又称偏头痛,其病暴发,痛势甚剧,或左或右,或连及眼、齿,痛止如常人,此多肝经风火所致,治宜平肝熄风为主,可用天麻钩藤饮或羚角钩藤汤治之。

【转归预后】

外感头痛,一般病程短,治疗较易,预后较好;内伤头痛,一般病程较长,反复不愈,治疗较难。有些头痛,因风火上扰,或阳亢化风,可并发中风、目盲或眩晕等病。

【预防与调摄】

头痛的急性发作期,应适当休息,不宜食用炸烤辛辣的厚味食物,以防生热助火,有碍治疗,同时限制烟酒。若患者精神紧张,情绪波动,可疏导劝慰以稳定情绪。在头痛缓解后应注意情志、饮食及寒温等的调护,以防复发。

【结　语】

综上所述,头痛原因虽多,总不外外感与内伤两类。故辨证之关键在于明辨外感与内伤和证候之虚实。一般外感头痛,多由外邪引起,又以风邪为主,挟寒、挟热、挟湿,其证属实。以突然发病,其痛如破,痛无休止,病程亦短为特征。治疗上以祛邪活络为主,分辨兼挟之邪随证治之。内伤头痛,多因内伤而成,有以肾虚、气虚、血虚属虚者,又有肝阳、痰浊、瘀血属实或虚实夹杂者。治疗上以滋阴养血补虚为主,再分辨虚实与虚实夹杂而治之。但总以缓急止痛为要务,中医治病切忌头痛医头,单纯使用止痛药物的治疗不足取。除此以外,尚可以根据病情配合针灸及外治法等,常可提高疗效。

【文献摘要】

《素问·五藏生成》:"头痛巅疾,下虚上实,过在足少阴、巨阳,甚则入肾。"

《素问·风论》:"风气循风府而上,则为脑风";"新沐中风,则为首风"。

《素问·方盛衰论》:"气上不下,头痛巅疾。"

《伤寒论·厥阴病》:"干呕,吐涎沫,头痛者,吴茱萸汤主之。"

《济生方·头痛论治》:"夫头者上配于天,诸阳脉之所聚。凡头痛者,气血俱虚,风寒暑湿之邪,伤于阳经,伏留不去者,名曰厥头痛。盖厥者逆也,逆壅而冲于头也。痛引脑巅,甚而手足冷者,名曰真头痛,非药之能愈。又有风热痰厥,气虚肾厥,新沐之后,露卧当风,皆令人头痛,治法当推其所由而调之,无不切中者矣。"

《丹溪心法·头痛》:"头痛多主于痰,痛甚者火多,有可吐者,可下者";"头痛须用川芎,如不愈各加引经药。太阳川芎,阳明白芷,少阳柴胡,太阴苍术,少阴细辛,厥阴吴茱萸。如肥人头痛,是湿痰,宜半夏、苍术。如瘦人,是热,宜酒制黄芩、防风"。

《景岳全书·头痛》:"凡诊头痛者,当先审久暂,次辨表里。盖暂痛者,必因邪气,久病者,必兼元气。以暂病言之,则有表邪者,此风寒外袭于经也,治宜疏散,最忌清降;有里邪者,此三阳之火炽于内也,最宜清降,最忌升散,此治邪之法也。其有久病者,则或发或愈或以表虚,微感则发。……所以暂病者,当重邪气,久病者,当重元气,此固其大纲也。然亦有暂病而虚,久病而实者,又当因脉因证而详辨之,不可执也。"

《冷庐医话·头痛》:"头痛属太阳者,自脑后上至巅顶,其痛连项;属阳明者,上连目珠,痛在额前;属少阳者,上至两角,痛在头角。以太阳经行身之后,阳明经行身之前,少阳经行身之侧。厥阴之脉,会于巅顶,故头痛在巅顶;太阴少阴二经,虽不上头,然痰与气逆壅于膈,头上气不得畅而亦痛。"

【研究进展】

・临床研究

头痛是临床多发病。其中以偏头痛最常见,一般人群发病率高达5%。在证候分类上,可概括为:① 按病因病机分:主张风火痰瘀为病之标,多见于急性发作阶段,肝脾肾功能失调为病之本,是发病的基础,具体分为肝阳上亢、肝郁化火、痰瘀互阻、营卫不和、气血亏虚、肝肾亏损等证类。从统计资料看,以肝阳上亢或肝风上扰、痰瘀互阻临床最为常见。② 按头痛病期分:分为发作期、间歇期,而发作期又分为风痰阻窍、血瘀气滞、肝郁化火等证,间歇期又分为脾虚痰阻、肝肾阴亏、脾肾阳虚等证。就其临床演变过程,又分为先兆期、急性期、缓解期、恢复期等。③ 按程度分为轻、中、重三证。④ 按西医病名分类,重视辨证与辨病结合,探讨头痛的自身发展变化规律也是一种方法〔北京中医学院学报 1992;15(1):5〕。

在诊断与疗效评定标准上,目前仍处于争鸣阶段,从资料上看,多数学者着眼于发病形式、疼痛部位、性质及症状、客观指标检测等,诊断标准为:①具有反复发作的病史,每次持续数十分钟、数小时或数天。②发作时在一侧或双侧或全头部,其性质属跳痛、胀痛、针刺样疼痛等,疼痛剧烈时伴恶心、呕吐。③发作前可有眼前闪光、发黑等先兆症状。④结合脑电图、脑血流图以及实验室检测等〔天津中医 1985;(6):20〕。

在疗效评定上,许多学者重在强调近期疗效,结合随访以观察远期疗效。目前的疗效评定标准大致分为:①痊愈或基本痊愈:头痛及兼症完全消失,停药半年至1年无复发者。②好转:头痛及兼症基本消失,停药半年至1年有复发,但发作次数减少,疼痛程度减轻者。③无效:治疗后疼痛症状无好转〔北京中医学院学报 1992;15(1):5〕。

在临床研究的基础上,一些学者试图将某些现代客观指标引入中医的诊断及疗效评定标准中,作为头痛诊疗的辅助指标,如脑电图、脑血流图、血液流变学及甲皱微循环等。应当指出,目前作为对头痛本身具有特异性的检测手段和指标,仍显得不够,尚待深入研究,尤其是在中医理论指导下,选择一些具有参考价值的客观指标,并进行大量的临床观察验证,这是一项具有重要意义的探索工作〔北京中医学院学报 1992;15(1):5〕。

在辨证论治上,从近10年临床资料看,许多学者以中医理论为指导,据证立法,口服汤药,通过观察,探讨辨证规律,以提高疗效。陈氏以疏风活血养血为大法,风寒型以麻黄附子细辛汤合桃红四物汤加减;风热型以桃红四物汤加黄芩、生石膏、防风、白芷等;痰湿型以二陈汤合桃红四物汤;肝肾阴虚型用杞菊地黄丸合桃红四物汤;瘀血型以血府逐瘀汤加鸡血藤、羌活、独活、白芷。在已报告的147例中,治愈65例,显效53例,显效以上共118例,占80.3%,好转19例,总有效率为93.12%。又创制具有消风、散瘀、祛湿、止痛作用的正天丸,由川芎、当归、白芍、生地、桃仁、红花、防风、羌活、独活、细辛、钩藤、白芷、泽泻等组成,经广州中医学院等4个科研、医疗单位350例的临床验证,其治愈率达33%,总有效率为98%,疗效显著优于天麻对照组〔中西医结合杂志 1989;(9):563〕。赵氏治疗血管神经性头痛310例,指出病属内伤,由于七情不舒而致肝气失于疏泄是本病最重要的病因病机。分肝气郁结、痰湿化热、瘀血阻络、肝经血热、肝肾阴虚、寒凝厥阴、风痰阻络、营卫不调八证,分别采用疏肝解郁、清化痰热、活血化瘀、清肝凉血、滋补肝肾、温肝散寒、祛风化痰、调和营卫等治法。结果基本痊愈58例,显效97例,显效以上共155例,占50%;进步109例,占35.16%;总有效率为85.20%〔天津中医 1985;(6):20〕。

·专病专方的研究

1. 以古方为规矩,合今病则变通　历代医家对头痛作了大量论述,创立了许多富有疗效的治法方药。近10年来,许多学者师承前人,发掘古方,验证于临床,灵活运用,以古方治今病,取得了较好的疗效。代表方剂有通窍活血汤、血府逐瘀汤、桃红四物汤、镇肝熄风汤、半夏白术天麻汤、吴茱萸汤等。袁氏以王清任通窍活血汤加减治疗血管神经性头痛62例,结果治愈31例,占50%,好转27例,总有效率为93.5%〔湖北中医杂志 1991;(1):16〕。刘氏以血府逐瘀汤治疗外伤性头痛40例,结果治愈14例,显效25例,显效以上共39例,占61.9%,有效19例,总有效率为92.1%〔陕西中医 1991;(6):246〕。彭氏用镇肝熄风汤治疗血管性头痛,按随机原则,分治疗组70例,口服汤药,每日1剂,浓煎分3次服;对照组62例,口服阿斯匹林、苯巴比妥、谷维素,每日3次。两者均为15日1疗程,治疗期间停用其他药物。结果治疗组近期治愈23例,占32.9%,有效41例,总有效率为91.4%;对照组治愈6例,占9.7%,有效49例,总有效率为88.7%。两组疗效有显著差异〔中西医结合杂志 1989;(9):563〕。

2. 以法组方,创立新方药　许多学者在多年的临床实践中,经反复大量验证,创立了许多治法,筛选出

众多的有效方药,按法概括如下:

(1) 平肝熄风法:大多数学者认为风邪为头痛的主要致病因素,而肝为风木之脏,肝阳上亢,肝火上炎,肝风上扰,阻遏清阳,被认为是主要病机,因此平肝熄风是重要治法。代表方有川芎定痛饮、颅痛定、头痛舒、芎牛琥珀汤、柴胡川芎饮等。王氏认为久病肝血不足,致使肝火上扰,自拟头痛Ⅱ号方治疗45例,结果痊愈24例,显效5例,显效以上共29例,占64.4%〔中级医刊1981;(10):25〕。汪氏认为多由情志失调,郁而化火,肝风内动,或木火伤阴,肾水不足,肝阳上亢,自拟平肝解痉汤,收治162例中,痊愈65例,占40.1%,好转87例,总有效率为93.8%〔实用中西医结合杂志1991;(8):470〕。

(2) 活血化瘀法:范氏对近10年治头痛方药进行统计,以使用次数多少来决定先后次序,则川芎、当归、赤芍、丹参、红花、桃仁等活血化瘀之品可排在前20位,其中尤以川芎应用最广泛,真可称治头痛第一要药,许多学者力主本品重剂投入,一般为20~30g,多则至50g,或与牛膝相配,或与生地、白芍为伍,以防辛散太过〔北京中医学院学报1992;15(1):5〕。朴氏自拟化瘀止痛汤为细末,每服10g,日3次,连续1~4周,在治疗97例中,治愈37例,显效25例,显效以上共62例,占63.9%,好转29例,无效6例,总有效率为93.8%,止痛效果迅速,占有效病例的63.7%,多数病人在10剂内获效〔吉林中医药1991;(5):14〕。高氏用大队虫药破瘀搜风止痛,自拟复方地甲猥虫汤,治疗偏头痛240例,基本痊愈218例,占90.8%,好转12例,无效10例,总有效率95.8%。追访1~3年,仅24例复发,若按1年不发为治愈,其实际治愈率也在80%以上,远期疗效尚属满意〔中西医结合杂志1988;8(11):653〕。

(3) 健脾化痰法:简氏以健脾益气、祛风止痛法,治疗气虚者34例,方用补中益气汤加藁本、白芷、川芎、细辛,总有效率为100%〔中医杂志1983;(8):42〕。李氏自拟芎芷二陈汤治疗头痛60例,痊愈43例,占71.7%,总有效率为80%〔北京中医1985;(6):33〕。

(4) 温阳化浊法:当代已故著名中医学家任应秋教授创立加味乌星散;郭氏用扶阳化浊法治疗慢性头痛50例,痊愈12例,占24%,总有效率为80%。对古有"细辛不过钱"之说,而运用温阳化浊法治头痛的学者,近年来已突破这一用药习惯,从资料统计看,细辛用量在15~20g者不乏其人,认为重剂细辛止痛效果尤佳〔江西中医药1989;(4):28〕。何氏对细辛进行家兔毒性实验后指出:热煎后细辛毒性减低,大剂量应用,具有镇痛作用。治疗阳虚头痛,剂量从3g逐渐加至30g,入汤药煎服,取得了很好疗效,未发现毒副作用。但对阴虚内热、素有高血压病史、肾功能减退者,无论煎剂、散剂均应慎用〔浙江中医杂志1981;(2):70〕。

3. 外治法　程氏用中药蒸熏法治疗头痛39例,痊愈29例,占74.4%,有效10例,全部病例均有一定疗效。有人用验方定痛散塞鼻治疗头痛43例,其中32例随访半年,仅1例复发。目前多为个案验案报告,尚需大样本临床验证总结,择其优者加以推广〔浙江中医杂志1980;25(8):43〕。

4. 剂型改进的尝试　目前中医治疗头痛仍以口服汤药为主,而对迁延日久,反复发作,且较急者,口服汤药有一定困难。近半年来许多学者对剂型改进也作了许多有益的尝试,针剂研究受到重视。王氏用川芎注射液治疗偏头痛67例,显效25例,占37.3%,有效37例,无效5例,总有效率为92.5%。有学者开展清开灵注射液治疗顽固性头痛的研究,用于肝风挟痰瘀上扰清窍的顽固性头痛,可以取得良效〔云南中医杂志1984;(8):43〕。

冲剂、片剂、口服液使用简便,亦受到欢迎。贝氏拟治偏冲剂,治偏头痛150例,显效45例,占30%,进步81例,无效24例,总有效率为84%;对照组34例,口服安慰剂,全部无效〔中医杂志1984;(8):43〕。李氏自拟头痛糖浆,治疗65例,治愈42例,显效9例,显效以上共51例,占78.5%,有效9例,无效5例,总有效率为91.1%〔武汉医学1983,(1):35〕。

第二节　痹　病

痹病泛指机体正气不足,卫外不固,邪气乘虚而入,致使气血凝滞,经络痹阻,引起相关系统疾病的总称。《内经》所言内痹和外痹,如五脏痹、六腑痹、奇恒之腑痹、五体肢节痹,反映了痹病的基本内容,可见,痹病有广义和狭义之不同,又分外痹与内痹。本节主要讨论肢节痹病。

所谓肢节痹病,系以肢体经络为风寒湿热之邪所闭塞,导致气血不通,经络痹阻,引起肌肉、关节、筋骨发生疼痛、痠楚、麻木、重着、灼热、屈伸不利,甚或关节肿大变形为主要临床表现的病证。以潮湿、高寒之地,或气候变化之时,罹患者为多。古往今来,痹病患者求治于中医者多,疗效亦佳。

论痹首见于《内经》。《素问·痹论》对其病因、发病、证候分类及演变均有记载。如:"风寒湿三气杂至,合而为痹";"所谓痹者,各以其时,重感于风寒湿之气也";"以冬遇此者为骨痹";"其风气胜者为行痹";"寒气胜者为痛痹";"湿气胜者为着痹也"。《金匮要略·中风历节病脉证并治》之"历节",即在本病范围之内,并创桂枝芍药知母汤和乌头汤治之。后世言痹,或从白虎历节,如《金匮要略》、《济生方》;或痹证,如《儒门事亲》、《景岳全书》、《金匮翼》、《时方妙用》等;或痹病如《证治百门》、《医宗金鉴》、《诸病源候论》、《杂病广要》等。尤其《千金要方》、《外台秘要》收载了较多治痹方剂,至今仍常用的独活寄生汤即首载于《千金要方·诸风》。《症因脉治·痹症论》不仅对风、寒、湿痹,而且对热痹之病因、症状、治疗均予以论述,完善了痹病的诊治内容。《医宗必读》对痹证治疗原则作了很好的概括,主张分清主次,采用祛风、除湿、散寒治疗,行痹应参以补血,痛痹参以补火,着痹应参以补脾补气。清代程国彭、林佩琴也赞同这一观点。

西医学的风湿病、风湿性关节炎、类风湿性关节炎、强直性脊柱炎、骨性关节炎等疾病以中医肢节痹病为临床特征者,可参照本节辨证论治。

【证候特征】

气血不通,经络痹阻,所致肢体关节疼痛,是肢节痹病共有的证候学特征。

不同的分证,有各自的症状学特点。行痹者,其痛游走不定,恶风寒;痛痹者,痛剧,遇寒则甚,得热则缓;着痹者,重着而痛,手足笨重,活动不灵,肌肤麻木不仁;热痹者,肢体关节灼痛,或痛处焮红,肿胀剧烈,筋脉拘急;尪痹者,必兼关节剧痛、肿大、僵硬、变形、屈伸受限;久病气血亏虚者,关节酸沉,绵绵而痛,麻木尤甚,并见心悸、四肢乏力等。病发有先病上而后及下或先发于下而后及上者。

【病因病机】

1. **风、寒、湿、热之邪侵袭** 风为阳邪,开发腠理,又具穿透之力,寒借此力内犯,风又借寒凝之积,使邪附病位,而成伤人致病之基。湿邪借风邪的疏泄之力,寒邪的收引之能,风寒又借湿邪粘着、胶固之性,造成经络壅塞,气血运行不畅,则筋脉失养,绌急而痛。也有以湿邪为主者,湿又有内外之别,外者多为雾露之气、雨湿之邪;内者多因脾胃虚损,脾虚则不运不升,胃损则不化不降,因而中州痞塞,水湿内停。内湿招引外湿,两湿相合,愈伤人之阳气,湿又为阴邪,必伤营络之血,营伤则卫气不通,血伤则阳气不行,邪气流注关节,脉络失养,绌急而痛。故《金匮要略》云:"清邪居上,浊邪居下",中于上者则颈项、胸背及上肢疼痛,沉着或肿胀;中于下者则足、趾、膝等关节疼痛、肿胀。素体阳盛或阴虚内热,感受外邪之后易从热化,或因风寒湿痹郁久从阳化热,热邪与人体气血相搏而见关节红肿疼痛、发热等,发为热痹。

2. 药物所伤 治疗不当,或久服祛风燥湿、散寒清热之剂,既伤于中,又伤津耗血,在病理上便形成痰瘀相结不散,经络痹阻,筋骨失荣,经络失养,疼痛不已而成痼疾。更有误治或久治不愈,致使血虚津亏,内风遂起,或久病入络,瘀血痰浊,阻痹经络,亦成痛痹、虚痹顽疾。

本病的发生,系由机体正气不足,外卫不固,或先天禀赋不足,则外无御邪之能,内乏抗病之力,复因久住湿地,汗出当风,冒雨涉水,热毒浸淫,风、寒、湿、热之邪得以内侵于肌肉、筋骨、关节之间,致使邪气留恋,或壅滞于经,或郁塞于络,气血凝滞,脉络痹阻而成。又因邪气不同,其病机、证候各异,然风、寒、湿、热之邪伤人往往相互为虐,方能成病。

若复感于邪,邪气内舍而成内痹之象,即脏腑痹,治疗更难,预后更差。因此,正气不足和风寒湿邪乘虚伤人是致病的内外因素。而经络闭塞,气血不通,脉络绌急是肢节痹病的病机所在。

【诊　断】

1. 发病特点 本病不分年龄、性别,但青壮年和体力劳动者、运动员以及体育爱好者易于罹患。同时,发病及病情的轻重与寒冷、潮湿、劳累以及天气变化、节气等有关。

2. 临床表现 突然或缓慢地自觉肢体关节肌肉疼痛、屈伸不利为肢节痹病的症状学特征。或游走不定,恶风寒;或痛剧,遇寒则甚,得热则缓;或重着而痛,手足笨重,活动不灵,肌肤麻木不仁;或肢体关节疼痛,痛处焮红灼热,筋脉拘急;或关节剧痛,肿大变形,也有绵绵而痛,麻木尤甚伴心悸、乏力者。

3. 舌苔脉象 舌质红,苔多白滑,脉象多见沉紧、沉弦、沉缓、涩。

4. 辅助检查 实验室和X线等检查常有助于痹病诊断。

【鉴别诊断】

痿病 肢节痹病久治不愈,因肢体疼痛,活动困难,渐见痿瘦,而与痿病相似。其鉴别的关键在于痿病表现为肢体痿弱,羸瘦无力,行动艰难,甚至瘫软于床榻,但肢体关节多无疼痛,而痹病却以疼痛突出。临床上也有既有肢体肌肉萎缩无力,又伴有肌肉关节疼痛者,是为痿痹并病,可按其病因病机特点,辨其孰轻孰重进行论治。

其他如风湿热、膝眼风、痛风等病证,虽亦可见关节肌肉疼痛,但疼痛部位、性质及伴发症状,有各自的证候学特点,临床辨证论治时要注意鉴别。

【辨证要点】

1. 把握主症 这是诊断本病与辨别证候的根本所在。如肢体关节疼痛为本病的基本特征,而其中分证不同,临床表现各异,如游走不定而痛者为行痹,重着而痛、麻木不仁者为着痹,疼痛剧烈伴关节肿大变形者为尪痹。

2. 辨其何邪所胜和病程的久暂 风邪胜者为行痹,寒邪胜者为痛痹,湿邪胜者为着痹,热邪胜者为热痹。突然发病病程短者,多为急性风寒湿热痹;久治不愈,肝肾亏虚,痰瘀阻络,关节肿大变形者,为尪痹;反复发作者,多属慢性之痰瘀相结,气血俱虚证。

3. 辨别虚实 本病也有虚实之别,临床应予以细心辨识。切勿认为凡关节酸楚疼痛,且随天气变化而变化,不问病程之长短,便使用祛风活络之品,这样易犯虚虚实实之误,造成坏病。行痹、痛痹、着痹、热痹等,虽起病亦缓,但病程短者多为实证,而痰瘀相结,肝肾亏虚证为虚中挟实,其治较难。

治疗原则

本病既有轻证,又有重证,也有恶候,因此,治疗上应分清层次。总以祛邪活络,缓急止痛为其大法。对于风胜者用散风之品,当中病即止,不可多用,以防风燥之剂伤阴、燥血、耗气;寒胜者在散寒的同时,须结合助阳之品,使其阳气充足,则血活寒散,滞通痹畅而病愈;湿胜者,在渗湿化浊的同时,佐以健脾益气之品,使其脾旺能胜湿,气足无顽麻;热胜者,以清泄郁热为主,佐以活血通络,亦须防苦寒伤阳、滞湿之过;病久入络者,本着"治风先治血,血行风自灭"之理调之,须配以扶正药物。

分证论治

• **行痹**

症状:肢体关节酸痛,游走不定,不拘上、下、左、右肢体关节,病或数时,或一二日,或三五天,日轻夜重,急性期者亦红亦肿,触之热感,恶风或恶寒,喜暖,颜面淡清而两颧微红,舌质红,苔白微厚,脉多浮紧,也可有沉紧之象。

治法:宣痹通络为主,佐以疏风之品。

方药:宣痹达经汤。

方中以蜂房、乌蛇、土鳖虫、螳螂通经活络以宣痹;威灵仙、羌活、防风、秦艽、豨莶草、清风藤疏风祛邪;当归养血活血;穿山甲化瘀导滞。

防风汤(《宣明论方》)亦主之。

• **痛痹**

症状:肢体关节紧痛不移,局限一处,遇寒则痛甚,得热则痛缓,甚至关节屈伸不利,皮色不红,关节不肿,触之不热,舌质红润,苔白而薄腻,脉多沉弦而紧,或沉迟而弦。

治法:温经散寒为主,佐以和营之品。

方药:乌头汤。

方中川乌、生麻黄温经散寒;生黄芪益气固表,升阳通痹;生白芍、甘草缓急止痛。加苍术、白术健脾祛湿;羌活祛风胜湿;姜黄、当归活血通络兼养血之功。

或予验方温经通痹汤,该方主以附子、干姜、炒川椒温阳助脾以祛寒,乌蛇、蜂房、土鳖虫、羌活、螳螂活络通经,当归、丹参入血和营以活血化瘀,豨莶草疏风祛邪,共奏宣痹通络散寒之功。

• **着痹**

症状:肢体关节沉重酸胀、疼痛,重则关节肿胀,重着不移,但不红,甚至四肢活动不便,颜面苍黄而润,舌质红,苔白厚而腻,为寒湿之象;若肩背沉重,肢体疼痛,下注足胫而肿热,苔厚腻而黄者,属湿热之征。

治法:渗湿通经活络为主,佐以健脾之品。

方药:薏苡仁汤加减。

方中薏苡仁、苍术健脾渗湿,羌活、独活、防风祛风胜湿,川乌、麻黄、桂枝温经散寒除湿,当归、川芎养血活血,生姜、甘草健脾和中。若见寒湿甚者,加附子、干姜、细辛少许温阳通经以强化祛寒湿之力;若见湿热者,加黄柏与苍术,取二妙之功以祛湿热。

若痛甚者,可用《医学心悟》蠲痹汤治之。

• **热痹**

症状：肢体关节疼痛，痛处焮红灼热，肿胀疼痛剧烈，得冷稍舒，筋脉拘急，日轻夜重。患者多兼有发热、口渴、心烦、喜冷恶热、烦闷不安等症状，舌质红，苔黄燥，脉滑数。

治法：清热解毒通络，佐以疏风之品。

方药：白虎加桂枝汤。

方中以白虎汤清热除烦，养胃生津；桂枝疏风通络。可加银花藤、连翘、黄柏清热解毒；海桐皮、姜黄、威灵仙、防己、桑枝活血通络，祛风除湿。

本证湿热胜者亦可选用宣痹汤加减治疗。

热痹化火伤津，症见关节红肿，疼痛剧烈，入夜尤甚，壮热烦渴，舌红少津，脉弦数者，治以清热解毒，凉血止痛，可用犀角散加减。

· **尪痹**

症状：肢体关节疼痛，屈伸不利，关节肿大、僵硬、变形，甚则肌肉萎缩，筋脉拘紧，肘膝不得伸，或尻以代踵，脊以代头而成废人，舌质暗红，脉细涩。

治法：补肾祛寒为主，佐以活血通络之品。

方药：补肾祛寒治尪汤。

方中以川续断、补骨脂补肾壮筋骨，制附片补肾阳除寒邪，熟地填精补血滋养肝肾为主药；以骨碎补、淫羊藿温补肝肾强壮筋骨，桂枝、独活、威灵仙搜散筋骨风寒湿邪，白芍养血缓急舒筋为辅药。

肢体关节刺痛，屈伸不利，多个关节漫胀，重则关节肿大，顽麻顽痛，久而不除，舌质红赤，两侧有瘀斑，治以通经活络化瘀为主，方以宣痹化瘀涤痰汤加减。方中蜂房、乌蛇、䗪虫、羌活、伸筋草、豨莶草活络通经以宣痹；当归养血和营，制南星、白芥子豁痰，生姜、片姜黄舒筋散结止痛。瘀血证明显者加血竭、皂刺、乳香、没药；骨质变形严重者，可加透骨草、寻骨风、自然铜；兼有低热，或自觉关节发热，去淫羊藿，加黄柏、地骨皮；脊柱僵化变形者，可加金狗脊、鹿角胶、羌活。

· **气虚血亏证**

症状：该证病程长，多长期服用驱风活络之剂。四肢乏力，关节酸沉，绵绵而痛，麻木尤甚，汗出畏寒，时见心悸，纳呆，颜面微青而白，形体虚弱，舌质淡红欠润滑，苔黄或薄白，脉多沉虚而缓。

治法：益气养血活络为主，佐以舒筋之品。

方药：气血并补荣筋汤。

方中以生薏苡仁、茯苓、生白术、首乌、当归、砂仁、熟地、黄精益气补血而荣筋；又以蜂房、乌蛇、豨莶草、络石藤、狗脊、秦艽活络导滞通经，宣痹止痛；菟丝子补肝肾，强筋骨，暖腰膝，则气血得补，诸筋以荣，经络通畅，而病痛缓解。

【转归预后】

以上诸证，因体质差异，病因有别，加之邪毒多寡、强弱不同，病势轻重不同，治疗调摄是否得当等，临床上各证相互间既有联系，又可相互转化。如实证之风、寒、湿、热痹，日久不愈则正气愈虚，转为虚实夹杂的尪痹以及痰瘀相结、气虚血亏证，至此，虚实夹杂，病更难疗。若复感于邪，则邪气内舍其合，可转成五脏痹，多预后不良。

【预防与调摄】

本病是因正气不足,感受外在的风寒湿热之邪而成。因此,平时注意调摄,增强体质和加强病后调摄护理,便显得格外重要。调摄之法:首先做到适寒温。在气候变迁之中,要注意调摄,既可防病,亦可防止疾病反复或加重病情。在一年四季气候突变时注意更换衣服,又要忌食生冷,以防寒冷的伤害。其次,也可据病情,适量饮五加皮酒、中国古酒,或神灯熨之,可以促进病愈或好转。

【结　语】

综上所述,风寒湿热之邪伤及肢节、经络、肌肉是为病发的外在因素;而正气有亏或先天不足,是病成不可缺少的内在因素。邪气闭塞,气血不通,肌肉、关节受累,经络闭阻,脉络失养是为病机之根本所在。故治疗时以祛邪活络、缓急止痛为其大法。对风胜的行痹,当宣痹通经祛风,但风药中病即止,以防风燥耗气燥血之过;寒胜的痛痹,当温经散寒,又应结合助阳之味,使阳气充足,则寒散血活滞通而诸症愈;湿胜的着痹,宜渗湿通经,佐以健脾之味,使其脾旺能胜湿,气足无顽麻;热痹清热解毒当防其苦寒太过;若病久入络之肝肾亏损、痰瘀相结者,必以强壮筋骨,益气活络,佐以豁痰之味,使其气化得通,经络畅达,痰散瘀解而病愈,且不可活化太过,以防燥气耗血伤津之弊;至于气虚血亏者,当益气养血,佐以舒筋之味治之。病久、虚实夹杂者,当明辨标本虚实而兼顾之。

一般病程短的实证,若治疗得当,多可治愈,预后也佳;而日久不愈变成虚实夹杂之证,治疗也难,尤其复感于邪,邪气内舍者,其病情较重,预后亦差。

【文献摘要】

《素问·痹论》:"风寒湿三气杂至,合而为痹";"所谓痹者,各以其时,重感于风寒湿之气也"。

《素问·痹论》:"五脏皆有合,病久而不去者,内舍于其合也。故骨痹不已,复感于邪,内舍于肾;筋痹不已,复感于邪,内舍于肝;脉痹不已,复感于邪,内舍于心;肌痹不已,复感于邪,内舍于脾;皮痹不已,复感于邪,内舍于肺。"

《医宗必读·痹》:"治外者,散邪为急,治脏者,养正为先。治行痹者,散风为主,御寒利湿仍不可废,大抵参以补血之剂,盖治风先治血,血行风自灭也。治痛痹者,散寒为主,疏风燥湿仍不可缺,大抵参以补火之剂,非大辛大温,不能释其凝寒之害也。治着痹者,利湿为主,祛风解寒亦不可缺,大抵参以补脾补气之剂,盖土强可以胜湿,而气足自无顽麻也。"

【研究进展】

·临床研究

1. 对病因病机的认识　胡氏指出:本病病因外责之于风、寒、湿、热之邪,内责之于脏腑经络气血营卫虚弱〔北京中医学院学报 1989;(2):12〕。焦氏等均认为风寒湿之偏胜,或热化、阳化为其致病之外因〔中医杂志 1989;(4):4〕。朱氏认为痹病顽麻者有肾阳先虚的因素,则邪气深入经隧骨骼,气血凝涩,痰湿浊瘀胶固,经络闭塞不通而为病〔中医杂志 1989;(4):4〕。李氏等通过治疗肢体痹病 347 例认为,其主要病机是风寒湿热等病邪侵入人体,气血瘀阻不通,筋脉关节失于濡养所致〔云南中医杂志 1992;13(6):15〕。刘氏通过临床 200 例痹证治疗分析,认为痹证其本为虚,虽以风寒湿三气杂至为致痹的外在因素,然正气虚衰则是痹证发病的关键〔山西中医 1992;8(6):17〕。乔氏治疗 130 例痹证,认为禀赋不足,肝肾亏损,气血两虚为其内因;卫阳不固,风寒湿邪侵袭人体,痹阻肌腠,筋骨为其外因〔山东中医杂志 1992;11(2):22〕。张氏对叶天士《临证指南医案》有关痹证的论述作了颇有实用价值的概括:气血营卫内虚是致病的内在条件,风寒湿热外袭是致痹的外在因素,经络气血阻滞则是痹证的主要病机〔辽宁中医杂志 1985;(10):18〕。

2. 方药运用的研究　在痹病的治疗上,运用古方随证化裁,取效显著。张氏运用乌头汤加减、薏苡仁汤加减、三妙散加味治疗140例痹证,临床治愈40例,显效35例,好转52例,无效13例,总有效率为90.7%〔湖南中医学院学报1989;9(1):33〕。刘氏等运用自拟方治疗风寒湿痹1000余例,对150例有代表性典型病例进行统计分析,其中治愈92例,占61%;显效47例,占32%;有效8例,占5%;无效3例,占2%,总有效率98%〔实用中医内科杂志1991;5(4):43〕。其他如朱氏创制的益肾蠲痹丸治疗顽痹取得了较好效果〔中医杂志1989;(4):4〕。余氏等以复方乳香注射液2~4ml肌内注射,每日2次,10天为1疗程治疗痹证,立即缓解2例,缓慢缓解9例,无效2例〔贵阳中医学院学报1985;(2):40〕。张氏等运用复方消尔痛酊,采取吸附透入疗法外治证621例,近期临床治愈482例,占77.6%,显效85例,占13.69%,好转47例,占7.56%,无效7例,占1.13%,总有效率98.87%;远期治愈169例,显效61例,共230例进行随访(7个月~3年),其中恢复原工作205例(89.13%),病情稳定22例(9.57%),病情加重3例(1.30%),随访显效率为98.7%,远期疗效比较巩固〔中西医结合杂志1987;7(4):211〕。

李氏关于痹病辨证论治的进展一文综合了有关制剂的研究概况:近十几年来,有关雷公藤制剂研究的文章已愈百篇。雷公藤临床应用主要治疗类风湿性关节炎,报道的病例至少在3900例以上,近期疗效达到90%~98%,随访1~11年555例,平均远期疗效亦达到85.77%。福建三明市二院用本品去皮根水煎剂,治疗类风湿性关节炎155例,总有效率为87.74%。湖北雷公藤研究协作组等6家共治疗1392例类风湿性关节炎,总有效率达92.26%~97.14%。马钱子制剂:河南中医学院用痹苦乃停(制川草乌各100g,制乳没各150g,制马钱子50g,生地200g,薏苡仁100g)治寒型顽痹;用痹隆清安(萆薢、生地各200g,制马钱子50g,制乳没各100g,薏苡仁100g)治热型顽痹,经治345例,总有效率达94.9%〔北京中医1990,(4):58〕。

· **实验研究**

王氏认为乌头的临床用量一般在15g以上,达20g方有效果,甚则高达30g。有关制川乌毒性动物试验的结论是:一定量制川乌(0.31g)水煎剂给小白鼠灌胃未发现急性中毒症状。总之,乌头有大毒,用之得当是很有效的治疗痹证之要药。高压锅加温120℃,经过2小时就可把毒性成分全部破坏,可见加工炮制是十分重要的〔北京中医1992;(5):35〕。杨氏对乌头治疗风寒湿痹的疗效及应注意配伍、炮制与煎法、服药方法、剂型等进行综述,结论是:乌头毒性大,药性猛,功效亦高,正确使用,则会大大提高治疗效果。若谓"有毒害人毋用"既抹杀了中医特色,又影响临床疗效。他认为:乌头是今后治风寒湿痹很有前途的药物,但须在借鉴传统方法、前人经验的基础上,就其炮制、配伍、剂型、煎法、服法、剂量等问题,进行综合研究〔中医药信息1988;(6):36〕。

· **理论研究**

近10年来,由于诸家对痹证的病因病机等基本理论认识与实践各有建树,因此提出的治疗大法和具体方法各异。沈氏整理戴云波老中医之经验,其治疗痹证尤有独到之处:①阳虚为本,痹阻为标,认为人身卫气乃拒邪之藩篱,其源于阳气,阳气旺盛,则内能养脏腑,外能拒虚邪贼风入侵机体,虽感受风寒湿气也不会形成痹证。必因阳气内虚,风、寒、湿气乘虚而入,导致气血阻滞,脉络痹塞,而痹证方可形成。因此,阳气内虚是形成痹证的根本原因。只有阳虚在先才可使风、寒、湿气乘虚而入,阻痹脉络而产生顽麻、不仁、疼痛、肿胀等症;而脉络痹阻、气血瘀滞又可影响阳气的化生及运行,形成恶性循环,使痹证逐渐加重,缠绵难愈。因而治痹证的关键在于振奋和固护机体的阳气。②温阳通络为治痹证的根本大法。本证属本虚标实,本虚是阳气内虚,卫外不固;标实是风寒湿邪阻滞气血,脉络不通。故应以温阳为主,佐以通络。这是治疗痹证的根本大法,切不可动辄就用祛风、除湿、散寒之法。通法有温通法、行气通络法、活血通络法、搜风通络法、益气通络法等〔四川中医1983;(6):11〕。周氏认为从病理角度看,不管何种原因所致的痹证,都是由于气血凝滞,络道阻闭所引起。因此,"通痹"就成了治疗一切痹证的总原则。诸如祛风、散寒、除湿、清热、行气、化瘀、化痰、益气、温阳、养血通络十法〔四川中医1986;(2):46〕。程氏介绍施今墨治痹六法:清热活血散风祛湿法、疏风祛湿通络扶正法、温补肾阳散风祛湿法、搜风逐寒益气活血法、调补气血健脾燥湿法、清热利湿佐以育阴法等。具体运用时每每表里并治,气血同调,刚柔相济,动静结合,上下皆疗,标本兼顾,扶正不忘祛邪,祛邪不忘扶正,所治病例,效果显著〔黑龙江中医药1989;(6):5〕。陆氏通过临床观察其病理变化,一为血瘀,二为伏热,三为毒聚,四为痰凝,提出治痹四法:活血化瘀、清解积热、驱除邪毒、消痰蠲浊〔新中医1992;(7):6〕。

第三节 痉 病

痉病系指由于筋脉失养所引起的以项背强急,四肢抽搐,甚至角弓反张为主要特征的临床常见病。

本病源于《内经》。历代医家对痉病发病原因的认识,经历了从外感致痉到内伤亦可致痉的过程。《内经》对痉病的病因是以外邪立论为主,认为系风寒湿邪,侵犯人体,壅阻经络而成。如《素问·至真要大论》说:"诸痉项强,皆属于湿";"诸暴强直,皆属于风"。《灵枢·经筋》也说:"经筋之病,寒则反折筋急。"《灵枢·热病》说:"热而痉者死。"《金匮要略》在继承《内经》理论的基础上,不仅以表实无汗和表虚有汗分为刚痉、柔痉,并提出了误治致痉的理论,即表证过汗、风病误下、疮家误汗以及产后血虚、汗出中风等,致使外邪侵袭,津液受伤,筋脉失养而引发本病。《金匮要略》有关伤津致痉的认识,不仅对《内经》理论有发挥,同时也为后世医家提出内伤致痉的理论奠定了基础。《景岳全书·痉证》说:"凡属阴虚血少之辈,不能养营筋脉,以致搐挛僵仆者,皆是此证。如中风之有此者,必以年力衰残,阴之败也;产妇之有此者,必以去血过多,冲任竭也;疮家之有此者,必以血随脓出,营气涸也。……凡此之类,总属阴虚之证。"而温病学说的发展和成熟,更进一步丰富了痉病的病因病机理论,其热盛伤津、肝风内动,引发本病的论述,使痉病病因学说渐臻完备。如《温热经纬·薛生白湿热病》说:"木旺由于水亏,故得引火生风,反焚其木,以致痉厥。"同时,在外邪致痉中也补充了"湿热侵入经络脉隧中"的认识。

在中医学里尚有"瘛疭"一证,瘛疭即抽搐。《张氏医通·瘛疭》说:"瘛者,筋脉拘急也,疭者,筋脉弛纵也,俗谓之抽。"《温病条辨·痉病瘛疭总论》中又说:"痉者,强直之谓,后人所谓角弓反张,古人所谓痉也。瘛者,蠕动引缩之谓,后人所谓抽掣、搐搦,古人所谓瘛也。"可见瘛疭既可为痉病症状之一,也可单独出现而为病。

此外,如因金疮破伤,创口不洁,感受风毒之邪,也可发痉,名为"破伤风"。因与一般痉病不尽相同,故在外科学中加以介绍。

西医学锥体外系疾病、高肌张力综合征和引起脑膜刺激征的有关疾病,符合本病临床特征者,均可参考本节辨证论治。

【证候特征】

筋脉肌肉失濡而拘急挛缩是痉病共有的证候特征。临床多先卒口噤而发,重者角弓反张,有些仅限于某一脏一腑、一经一络出现一定范围的拘挛、强急。邪壅经络,以发热胸闷,龂齿,腹胀便秘为主;温热致痉以呕吐,自汗,口渴喜饮,两目上窜,昏厥,谵语,牙关紧急为主;阴血亏虚是以禀赋素虚或失血失液,病后而发,伴神疲,气短,自汗等症。

【病因病机】

1. 邪壅经络 多因外在风寒湿邪,壅滞经络所致。若外感风邪,则"风客淫气精乃亡,邪伤肝也"。脉络失其精血津液的濡养,拘挛病作;若寒邪外客,以寒为阴邪,主收引又伤阳气,寒客脉道,经脉绌急失养而成;若感受湿邪,湿性粘滞而困脾,继则中焦呆滞,气机不发,脏气壅闭,脉道失养,演生痉病。

2. 热甚发痉　多由火热炽盛所致,邪热外而充斥经络,脉道闭阻失养;内则灼伤脏器,生化失司,总因脉络失养而发痉。

3. 阴血亏损　多由误治或它病所致。误治者,即汗、吐、下太过,阴精耗散;它病所致者即产后失血或汗证、血证、体虚等,伤精损液,导致津伤液脱,亡血失精,筋脉失养而成。

4. 瘀血内阻　多因病久入络,络血不畅而瘀,或外伤瘀血内阻,新血不生,进而闭阻脉络,血不养筋而成。

此外,临床上因阳衰寒化所致者,亦不少见,即阳衰不能化精生血,液涸寒燥,筋脉失荣,渐生痉病。

综上所述,本病常以督脉为本,筋脉为标。痉有表里,在表者,为外邪所伤;在里者,为脏腑受损,生化失司。邪壅经络,伤津脱液,亡血失精,瘀血内阻为致病之因,终致督脉失养,筋脉挛急,此为基本病机之所在。

【诊　断】

1. 多突然起病,以项背强急,四肢抽搐,甚至角弓反张为其证候特征。
2. 发病前多有外感或内伤以及它病之后发病的病史。
3. 必要时做颅脑 CT、MRI 等检查,有助于明确诊断。

【鉴别诊断】

本病在临床上,应与下列疾病相鉴别:

1. 痫病　该病发作时有意识丧失。除四肢抽搐外,有突然昏仆,不省人事,口吐涎沫,二目上视,或怪叫,移时苏醒,一如常人。痉病无此证,且多无自然恢复者。
2. 厥证　该证以突然昏倒,不省人事,四肢厥冷为主症,甚至也有一厥不复而殁者,一般无四肢抽搐和项背强直等表现。
3. 中风病　该病以突然昏仆,不省人事,或不经昏仆而渐进加重,即以半身不遂、口舌㖞斜为主。而痉病无此见证。

【辨证论治】

辨证要点

1. 辨明外感内伤致痉　首先掌握痉病临床证候特征,然后分辨。外感所致者,多有恶寒发热,脉浮等表证,即热邪直中,虽无恶寒,但必有发热。内伤所致者则无表证。
2. 辨别虚实　本病由外感所致者多为实证;内伤而发者,多为虚证,或虚中夹实。另外,筋脉肌肉拘急挛缩也可能是某些疾病过程中的一种表现,应结合主病,按病传先后,全面考虑,分辨虚实,标本兼顾。

治疗原则

痉病属急症范围,因此,急则舒筋解痉以治其标,缓则扶正益损以治其本。故祛邪扶正是其大法。具体治疗时,治实宜祛风、散寒、除湿、清热;治虚当滋阴养血,或标本虚实并举,运用泄热存阴、益气化瘀等法。

分证论治

· **邪壅经络**

症状：头痛，项背强直，恶寒发热，无汗或有汗，肢体酸重，甚至口噤不语，四肢抽搐，舌苔白，脉浮紧。

治法：祛风散寒，燥湿和营。

方药：羌活胜湿汤。

方以羌活、独活、防风、藁本祛风胜湿；川芎、蔓荆子祛风止痛，则邪祛络畅，营和痉解而愈。若寒甚，宜解肌发汗，用葛根汤治之。方以葛根解肌止痉；麻黄、桂枝解表散寒；芍药、甘草酸甘缓急，和里益阴，惟恐麻黄、桂枝发汗太过而佐之；姜枣调和营卫。若风邪盛，症见发热不恶寒，汗出、头痛等，治宜和营养津，方用栝蒌桂枝汤。以桂枝汤调和营卫，解表散邪；栝蒌根清热生津，和络柔筋。若身热，筋脉拘急，胸脘痞闷，渴不欲饮，溲短赤，苔黄腻，脉滑数，此湿热入络，宜清热化湿，通经和络，方用三仁汤加地龙、丝瓜络、威灵仙以增强活络通经之力。

· **热甚发痉**

症状：发热，胸闷，心烦，急躁，口噤，龂齿，项背强直，甚则角弓反张，手足挛急，腹胀便秘，苔黄腻，脉弦数。

治法：泄热存阴增液。

方药：增液承气汤。

方以大黄荡涤积热；芒硝咸寒软坚润燥；玄参、生地、麦冬养阴增液而缓解筋膜燥涩，使热去津回则热痉可除。若热伤津而无腑实证者，可用白虎加人参汤，以清热救津。若抽搐，酌加地龙、全蝎、菊花、钩藤等熄风活络之品。烦躁甚，可加淡竹叶、栀子清心除烦。

· **温热致痉**

症状：壮热头痛，呕吐，自汗，口噤，抽搐，角弓反张，甚则神昏，谵语，口渴喜饮，舌质红绛，苔黄燥，脉弦数或洪数。

治法：清热透络，镇痉止抽。

方药：羚麻白虎汤。

方以白虎汤泄热生津，羚羊角清热解毒而镇痉，天麻缓急止抽。若神志不清，送服安宫牛黄丸或局方至宝丹，以清心泄热，透络开窍，醒神镇痉。此二方所用犀角，使用时应易为水牛角。

· **瘀血内阻**

症状：头痛如刺，项背强直，形瘦神疲，四肢抽搐，舌质紫暗，边有瘀斑，脉沉细而涩。

治法：益气化瘀，活络止痉。

方药：通窍活血汤。

方中以麝香、老葱活络通窍，桃仁、红花、川芎、赤芍活血化瘀，可加四君子汤健脾益气，以助活血化瘀之力。若胸膈血瘀甚者，用血府逐瘀汤加味。

· **气血亏虚**

症状：素体虚弱，或失血、或汗下太过，症见项背强急，四肢抽搐，头晕目眩，自汗，神疲，气短，舌淡红，苔薄而少津，脉沉细。

治法：益气补血，缓急止痉。

方药：圣愈汤。

方中以人参大补元气，黄芪补卫气固表止汗；用四物汤养阴补血。宜加天麻、钩藤、葛根缓急平肝而止痉。

【其他疗法】

上述各证，也可配合应用连翘、银花、贯众、龙胆草、黄连、生石膏、钩藤、知母、板蓝根、甘草等药制成的复方连翘注射液肌内注射或静脉注射，尤其对热甚发痉和温热致痉，效果较好。还可用羚羊角30g、白僵蚕24g、蝎尾18g、蜈蚣12g、雄黄12g、琥珀12g、天竺黄12g、辰砂6g、牛黄6g、麝香2g，共为细末，制成清热镇痉散，每服3g，日2～4次，对温热致痉，神昏谵语，牙关紧闭，颈项强直，四肢抽搐者有一定疗效。

【转归预后】

痉病大多发病较急，变化迅速，各证候虽然临床症状大致相同，但从转归来看，则有所区别。感受风寒湿邪或热邪炽盛而引起的痉证，为外感发痉，多属实证。此时正气未虚，只要治疗得当，可以较快好转。反之，寒湿郁久可以化热，亦可以转化为瘀血、痰浊，此时则属病情进一步发展。由于热盛所致的痉证，若治疗不当，热毒内陷，则痉厥并见，病情凶险，危及生命。又热盛伤阴，肝肾之阴精衰竭，此时则可转为虚证。由于气血亏虚所致的痉证，来势一般不似实证之迅捷，可缓调治本。但在气血亏虚的基础上，每易感受外邪，此时则又属虚中有实，本虚标实，需医者明察。至于因瘀血内阻或痰浊阻滞而致的痉证，一般多在久病后发生。瘀血痰浊虽为实邪，但多属本虚标实。总之，痉病的转归较为复杂，内伤痉证可以感受外邪而变为外感发痉，外感发痉久治不愈，最后亦能导致内伤发痉。

痉病的预后一般较差。外感发痉若能迅速驱散外邪，痉病得以控制，则预后较好。内伤发痉，大多属虚中夹实，治疗较为困难，应细察病机，审慎调治。古代医家根据临床经验，认为痉病如见口张目瞪，昏昧无知，为肝脾精竭；若见戴眼反折，遗尿，为肝肾精液耗损；若见手足瘛疭，汗出如油如珠，为热毒内耗心营，心液外脱；若见角弓反张，离席一掌，为肝之精血亏耗，筋脉失养，均属预后不良的征象。

【预防与调摄】

痉病的预防十分重要。若能有效地预防其发病，对减少病残率、降低病死率具有重要意义。关键在于对易引起痉病的原发病进行积极有效的治疗。如外感病初起，宜积极疏散外邪，避免其壅塞经络；热盛于里，应及时清解并注意护津；阴液不足，应养阴以濡筋。痉病发作前往往有先兆表现，应密切观察，及时处理。如发现双目不瞬、口角肌肉抽动当立即在辨证论治基础上酌加羚羊角、钩藤、全蝎等止痉药物急煎顿服，或用针刺治疗，防止发痉。

调摄方面首先强调病人居室要安静，减少噪音刺激，床要平整松软，应设床栏；于发作阶段宜给高热量流质饮食，病情稳定后可给半流质及软食物。避免过凉或过热，以免因冷热刺激引起发作；在发作停止后要保证病人安静休息，护理与治疗的时间要合理，不要随便打扰病人。

【结　语】

痉病是以筋脉失养，督脉失司为主要病因病机的急性病。以项背强急，四肢抽搐，甚至角弓反张为主要临床特征。治疗时应急则舒筋解痉以治其标,缓则扶正益损以治其本。同时,必须辨其外感与内伤,虚证与实证,切勿滥用潜镇熄风之品。一般来说,外感发痉,多属实证,先祛其邪,如属风寒湿邪,宜祛风、散寒、除湿;若邪热炽盛或入里而实热内结,消灼阴液致痉者,宜泄热存阴。内伤发痉,多属虚证,由气血亏虚而成,当先扶正,宜益气补血。至于病久或外伤致使瘀血内阻者,宜益气化瘀或活血化瘀。总之内伤者总为伤津脱液、亡血失精所致,故临床上始终注意滋养营阴是不可忽视的一环。

【文献摘要】

《灵枢·经筋》:"经筋之病,寒则反折筋急。"

《灵枢·热病》:"风痉身反折。"

《素问·骨空论》:"督脉为病,脊强反折。"

《金匮要略·痉湿暍病脉证并治》:"太阳病,发热无汗,反恶寒者,名曰刚痉";"太阳病,发热汗出,而不恶寒者,名曰柔痉";"太阳病,其证备,身体强,几几然,脉反沉迟,此为痉,栝蒌桂枝汤主之";"太阳病,无汗而小便反少,气上冲胸,口噤不得语,欲作刚痉,葛根汤主之";"痉为病,胸满,口噤,卧不着席,脚挛急,必齘齿,可与大承气汤"。

《景岳全书·痉证》:"愚谓痉之为病,强直反张病也。其病在筋脉,筋脉拘急,所以反张。其病在血液,血液枯燥,所以筋挛";"痉之为病,即《内经》之痓病也,以痓作痉,盖传写之误耳。其证则脊背反张,头摇口噤,戴眼项强,四肢拘急,或见身热足寒,恶寒面赤之类皆是也"。

《温热经纬·薛生白湿热病》:"湿热证,三四日即口噤,四肢牵引拘急,甚则角弓反张,此湿热侵入经络脉隧中,宜鲜地龙、秦艽、威灵仙、滑石、苍耳子、丝瓜藤、海风藤、酒炒黄连等味。"

【研究进展】

流行性乙型脑炎、流行性脑脊髓膜炎等病都会出现项背强急(脑膜刺激征)、四肢抽搐甚至角弓反张等临床表现,属于中医痉病范围。应用中医治痉病的理法,采用中医药为主或中西医结合治疗本病,取得了较为显著的疗效。现将研究概况简述如下:

· 流行性乙型脑炎(简称乙脑)

中医治疗乙脑发痉,主要是清热解毒养阴熄风,多按照温病的理论进行辨证论治。针对病因病机,热结阳明者用诸承气汤加安宫牛黄丸、紫雪丹;痰热蒙闭心包者根据痰盛或热盛的情况,可分别选用牛黄抱龙丸、苏合香丸、玉枢丹、安宫牛黄丸等;热邪劫阴,肝风内动者可选用三甲复脉汤、大定风珠之类。舒氏将乙脑分为卫气同病型、邪燔阳明型、气营(血)两燔型,应用加味白虎汤(生石膏 50~150g,肥知母、大青叶、青蒿各 10g,板蓝根 15g,川黄连 5g,粳米 20g,甘草 6g)加减治疗 78 例,结果痊愈 69 例,好转 4 例,死亡 5 例〔湖南中医学院学报 1993;13(1):20〕。王氏以清气凉营法治疗乙脑 40 例,其基本方:大青叶、生石膏、白茅根各 30g,银花 10g,知母 15g,大黄、赤芍、丹皮各 10g,热甚加连翘、鸭跖草,动风加羚羊角、钩藤,痰盛加陈胆星、法半夏,神昏加安宫牛黄丸、紫雪丹或至宝丹。并设对照组 32 例,用安乃近、病毒唑。两组均配合纠正水、电解质、酸碱平衡失调等。结果两组体温恢复正常时间分别为 1.10±0.54、2.25±2.45 日,两组比较有显著性差异〔四川中医 1993;11(3):22〕。冯氏以清心开窍通腑法治疗本病,暑入阳明型用白虎汤加味;暑入心营型用清营汤加味;暑热动风型用羚羊钩藤汤加减;卫营同病型用银翘散加减;热闭心包、血络瘀滞型用犀角地黄汤加味。以上均用安宫牛黄丸 1~2 丸/日。暑兼寒湿型用新加香薷饮加减;卫气同病型用黄连香薷饮加味。酌情给予物理降温、脱水、支持及纠正酸碱、电解质紊乱等法。共治 40 例,临床治愈 37 例,无效 3 例,总有效率 92.5%,平均退热时间为 3.6 日〔陕西中医 1993;14(3):105〕。石氏应用清暑化湿汤〔藿香、佩兰各 6~12g,生石膏 30~50g(先煎),银花 9~20g,连翘 6~15g,竹叶 3~9g。昏迷加石菖蒲 6~12g,郁金、天竺黄各 6~12g;抽搐加蜈蚣 1~3g,全蝎 3~4.5g,钩藤 6~12g〕治疗流行性乙型脑炎 62 例,并设西药对照组(予病毒唑 10~15mg/kg/日,静滴或肌注)38 例。结果两组分别痊愈 60 例、32 例,有后遗症者 1 例、5 例,死亡各 1 例。中药组的症状改善、痊愈率均优于对照组,且后遗症发生率低于对照组〔中级医刊 1993;

(5);54〕。

通过临床实践,在辨证论治基础上,各地采用协定处方,并将汤剂改为针剂供肌内或静脉注射。湖北中医学院附属医院儿科从1968～1971年用"复方板蓝根注射液"共治疗乙脑患者650例,治愈率为90%。杭州市传染病院用"乙脑一方"治疗乙脑1717例,其中用中西医结合方法治疗336例,病死率仅为3.8%。上海中药一厂将安宫牛黄丸改制成醒脑注射液,用于肌内或静脉注射,对于抢救昏迷及痉证患者,更为方便有效。乙脑若反复出现痉症,是病情严重的表现,有可能迅速发展为肺气暴脱(呼吸衰竭),危及生命。因此在治疗过程中,尽快控制高热,迅速解除惊厥,积极抢救肺气暴脱,根据全面辨证,适当选用全蝎、蜈蚣、僵蚕、蝉衣、地龙、天麻、钩藤等镇痉熄风药,对控制病情会有帮助,值得进一步观察和研究〔实用中医内科学1985:400〕。

- **流行性脑脊髓膜炎(简称流脑)**

流脑是冬春季节常见的一种急性传染病,绝大多数病人都有项背强急(脑膜刺激征)表现,较重者可出现四肢抽搐,甚至角弓反张,符合中医痉病的临床表现。

在中医文献中早有类似"流脑"的记载,属于温热病范围。湖北中医学院附属医院从1966年开始,进行了中医治疗流脑的临床观察。按照中医治疗温病卫气营血的辨证纲领,用辨证分型的方法,将病人分为卫气同病、气营(血)两燔、气阴衰竭、热郁化风等证型,用口服汤剂治疗,取得了一定的效果。在总结实践经验的基础上,又将传统的口服汤剂,逐步进行剂型改革,制成肌内注射或静脉注射剂。从1967～1971年共治疗各型流脑245例,取得了满意的疗效,以清热解毒为主要治法,其处方由银花45g、贯众30g、板蓝根30g、龙胆草15g、钩藤30g、甘草10g等10味中药组成,制成300%灭菌水溶液,按每kg体重6～30g肌内注射或静脉注射进行治疗,提高了疗效〔实用中医内科学1985:400〕。

第四节 痿 病

痿病系指肢体筋脉弛缓,软弱无力,日久不用,引起肌肉萎缩或瘫痪的一种病证。痿者萎也,枯萎之义,即指肢体痿弱,肌肉萎缩。凡手足或其他部位的肌肉痿软无力,弛缓不收者均属痿病范畴。因多发生在下肢,故又有"痿躄"之称。

《内经》论痿颇详,《素问·痿论》论述了病因病机、证候分类及治痿大法,如《素问·生气通天论》云"因于湿,首如裹,湿热不攘,大筋软短,小筋弛长,软短为拘,弛长为痿。"其他篇章还就痿与岁运的关系及病因诊断等予以论述。又据五脏所主,提出了"痿躄"、"脉痿"、"筋痿"、"肉痿"、"骨痿"的命名和分类;并提出了"治痿者独取阳明"与"各补其荥而通其俞,调其虚实,和其逆顺"的针刺治痿大法,至今仍指导着临床实践。

隋唐至北宋时期,将痿列入风门,较少进行专题讨论。直到金元,张子和对"风、痹、痿、厥"予以鉴别,《儒门事亲·指风痹痿厥近世差玄说》指出:"夫四末之疾,动而或痉者,为风;不仁或痛者,为痹;弱而不用者,为痿;逆而寒热者,为厥;此其状未尝同也。故其本源,又复大异。"《丹溪心法》不但立专篇论述痿病,而且明确指出:"痿证断不可作风治,而用风药。"从而与张氏一起纠正了"风痿混同"之弊,他还提出了"泻南方,补北方"的治法,又首创名方虎潜丸。《景岳全书·痿证》强调"非尽为火证……而败伤元气者亦有之",并强调精血亏虚致痿:"元气败伤,则精虚不能灌溉,血虚不能营养者,亦不少。"《临证指南医案·痿》指出本病为"肝肾肺胃四经之病"。

西医学的感染性多发性神经根神经炎、运动神经元病、重症肌无力、肌营养不良,符合本病证候特证者,可参考本节辨证论治。

【证候特征】

本病临床上以手足软弱无力、筋脉弛缓不收、肌肉萎缩为主要证候特征,也是各证共同特点。本病以肢体痿软,不能随意运动为主,但病有急缓与虚实不同。起病急者,发展快,肢体不用,或拘急麻木,肌肉萎缩不显,多属实证;发病缓,病程长,肢体弛缓,肌肉萎缩明显不用者,多属虚证。

【病因病机】

1. **肺热津伤,津液不布** 感受温热毒邪,高热不退,或病后余热燔灼,伤津耗气,皆令"肺热叶焦",不能布送津液以润泽五脏,遂致四肢筋脉失养,痿弱不用。此即《素问·痿论》"五脏因肺热叶焦,发为痿躄"之谓也。

以上病机重点在于肺热叶焦,导致五脏失濡,筋脉失养。若不及时调治,可能重伤五脏精气,使痿病更加严重。

2. **湿热浸淫,气血不运** 久处湿地,或冒雨露,浸淫经脉,使营卫运行受阻,郁遏生热,久则气血运行不利,筋脉肌肉失却濡养而弛纵不收,成为痿病。即《素问·痿论》:"有渐于湿,以水为事,若有所留,居处相湿,肌肉濡渍,痹而不仁,发为肉痿。"也有因饮食不节,如过食肥甘,或嗜酒,或多食辛辣,损伤脾胃,内生湿热,阻碍运化,导致脾不输运,筋脉肌肉失养,而发生痿病。同时阳明湿热不清,易灼肺金,加重痿病。以上病机重点在脾胃,湿热困脾,久则伤及中气,转为脾虚湿热,虚实互见,或流注于下,伤及肾阴。

3. **脾胃亏虚,精微不输** 脾胃为后天之本,素体脾胃虚弱,或久病成虚,中气受损,则受纳、运化、输布的功能失常,气血津液生化之源不足,无以濡养五脏,运行血气,以致筋骨失养,关节不利,肌肉瘦削,肢体痿弱不用。

如果原有痿病,经久不愈,导致脾胃虚弱则痿病更加严重。《医宗必读·痿》云:"阳明者胃也,主纳水谷,化精微以资养表里,故为五脏六腑之海,而下润宗筋……主束骨而利机关";"阳明虚则血气少,不能润养宗筋,故弛纵;宗筋纵则带脉不能收引,故足痿不用"。即是造成痿病进展的原因。

以上病机重点在脾胃二经,多属虚证。但脾胃虚弱,往往夹杂湿热内滞,或痰湿不化。

4. **肝肾亏损,髓枯筋痿** 素来肾虚,或因房色太过,乘醉入房,精损难复,或因劳役太过,罢极本伤,阴精亏损,导致肾中水亏火旺,筋脉失其营养,而成痿病。

或因五志失调,火起于内,肾水虚不能制,以致火烁肺金,肺失治节,不能通调津液以溉五脏,脏气伤则肢体失养,发生痿躄。因此正如《儒门事亲·指风痹痿厥近世差玄说》:"痿之为状,……由肾水不能胜心火,……肾主两足,故骨髓衰竭,由使内太过而致然。"

此外,脾虚湿热不化,流注于下,久则亦能损伤肝肾,导致筋骨失养。《脾胃论·脾胃虚弱随时为病随病制方》:"夫痿者,湿热乘肾肝也,当急去之,不然则下焦元气竭尽而成软瘫",所论即指这种情况。

以上病机重点在肝肾二脏,亦可因肺燥、脾虚、湿热久羁而致,临床上与各证候交叉掺杂的也不少见。由于真脏亏损,病多沉重深痼。

痿病的主要病理机转,虽有以上几种区分,但常常互相传变。如肺热叶焦,津失敷布,久则五脏失濡,内热互起;肾水下亏,水不制火,则火烁肺金,导致肺热津伤;脾虚与湿热更是互为因果，湿热亦能下注于肾，伤及肾阴。所以本病病证常常涉及诸脏，而不局限于一经一脏。总的说来，肝藏血主筋，肾藏精生髓，津生于胃，散布于肺，本病与肝肾肺胃关系最为密切。

在临床上应注意：①痿病多属五脏内伤，精血受损，阴虚火旺，一般是热证、虚证居多，虚实夹杂者亦不鲜见。《素问·生气通天论》虽有"湿热不攘，……弛长为痿"之载，但毕竟多属脾胃虚弱内伤引起，湿热伤筋多是发病机转的一个层次。②痿病虽以内热为本，而此热又多与肺热有关。又由于以上病因均能伤及五脏而致五痿，是故对本病兼挟之证，也不可等闲视之。《证治汇补·痿躄》："内热成痿，此论病之本也，若有感发，必因所挟而致。"常见的如痰湿、死血、湿热、温邪、积滞等都要兼顾之。③内伤成痿，渐至于百节缓纵不收，脏气损伤已可概见，故本病多数沉痼难治。若感外邪伤筋成痿，或可骤发，但亦非轻易，务要及时救治，免成痼疾。

【诊　断】

1. 以下肢或上肢、一侧或双侧筋脉弛缓，痿软无力，甚至瘫痪日久，肌肉萎缩为主症。
2. 具有感受外邪与内伤积损的病因，有缓慢起病的病史，也有突然发病者。
3. 神经系统检查肌力降低，肌萎缩，必要时做肌电图、肌活检与酶学检查等有助于明确诊断。

【鉴别诊断】

痿病应与下列疾病鉴别：
1. 痹病　痹病均有关节、肢体疼痛，与本病力弱不痛是根本的区别。
2. 风痱　风痱以四肢不收，废而不用为主症，常伴舌本病变，言语不利。而痿病则以力弱肌肉萎缩为主症。两者均可隐袭起病，病久可痿痹并病，但从病史上早期应该区分。

【辨证论治】

辨证要点

本病临床辨证应分急缓与虚实。凡起病急，发展较快，肢体力弱，或拘急麻木，肌肉萎缩尚不明显，属肺热津伤或湿热浸淫之实证；而病程长，病情渐进发展，肢体弛缓，肌肉萎缩明显者，多属脾胃肝肾亏损之证。

治疗原则

关于治疗，历代医家多遵《素问·痿论》"治痿者独取阳明"之说。所谓独取阳明，其义有二：①补益后天。即益胃养阴，健脾益气之法。肺之津液来源于脾胃，肝肾的精血有赖于脾胃的生化，若脾胃虚弱，受纳运化功能失常，津液精血生化之源不足，肌肉筋脉失养，则肢体痿软，不易恢复。若脾胃功能健旺，饮食得增，气血津液充足，脏腑功能转旺，筋脉得以濡养，有利于痿病恢复。②"取"者，去阳明之热邪，即清阳明之热。故迄今在临床治疗时，不论选方用药，针灸取穴，一般都重视调理脾胃这一治疗原则。但不能单以"独取阳明"的法则治疗各种类型的痿病，临床上仍须辨证论治。

痿病不可妄用风药，这是另一治痿原则。因治风之剂，皆发散风邪，开通腠理之药，若误用之，阴血愈燥，酿成坏病。至于因七情六欲太过而成痿者，必以调理气机为法，盖气化改善，百脉皆通，其病可愈。即吴师机所谓"气血流通即是补"之理。

分证论治

• 肺热津伤

症状：始发热，或热退后突然肢体软弱无力，皮肤枯燥，心烦口渴，咽干咳呛少痰，小便短赤，大便秘结，舌红苔黄，脉细数。

治法：清热润肺，濡养筋脉。

方药：清燥救肺汤。

方中以人参、麦冬、生甘草甘润生津，益气养阴补中；生石膏、霜桑叶、苦杏仁、火麻仁宣肺清热，润燥降逆；蜜制枇杷叶、阿胶、炒胡麻仁润肺滋阴清燥。若壮热，口渴，汗多，则重用生石膏，还可加银花、连翘以清热解毒，化瘀祛邪；若身热退净，食欲减退，口燥咽干甚者，属肺胃阴伤，可用益胃汤加薏苡仁、生山药、谷麦芽之类益胃生津。

应该注意：①本证，起病急骤，多有外感化热，热邪伤津灼营的病史，内热显然可见，故治应清热救津，甘寒清上，俾肺金清肃而火自降，切勿滥用苦寒燥湿及辛温之品，以免重亡津液。②肺热伤津，不免耗灼胃液，务须结合养胃清火，胃火清则肺金肃，这也是"治痿独取阳明"的临床体现。③本证不治，久延则肺热耗津，五脏受灼，转为肝肾阴亏，脾胃津伤者，亦常屡见。宜健脾养胃，滋补肝肾。

• 湿热浸淫

症状：四肢痿软，身体困重，或微肿麻木，尤多见于下肢，或足胫热蒸，或发热，胸脘痞闷，小便赤涩，舌红体大，苔黄厚腻，脉细数而濡。

治法：清热燥湿，通利筋脉。

方药：加味二妙散。

二妙散（丸）治湿热盛于下焦而成痿者。然湿热虽盛于下，其始未尝不从脾胃而起，故治病者，必求其本，清流者，必洁其源。方中苍术辛苦而温，芳香而燥，直达中州，为燥湿强脾之主药。但既传下焦，又非治中可痊，故以黄柏苦寒下降之品，入肝肾直清下焦之湿热，标本同治，中下两全；又以萆薢、防己导湿热下行，由小便而出；当归、川牛膝活血养血，化瘀以补肝肾；龟版滋阴潜阳，补血养肾健骨。若湿盛，伴胸脘痞闷，肢重且肿者，可加厚朴、薏苡仁、茯苓、泽泻健脾益气，理气化湿；长夏雨季，酌加藿香、佩兰芳香化浊，健脾除湿。如形体消瘦，自觉足胫热气上腾，心烦，舌红或中剥，脉细数，为热偏甚伤阴，上方去苍术加生地、麦冬以养阴清热。如肢体麻木，关节运动不利，舌质紫，脉细涩，为夹瘀之证，加赤芍、丹参、桃仁、红花活血通络。

应该注意：①本证因湿热浸淫所致，故不可急于填补，以免助湿。②本证湿热易伤肺肾金水之源，故除湿之外，兼施清养。③本证湿热不去，下流入肾，肾被热灼而阴亏，成为标本虚实夹杂者，所以祛湿务要慎用辛温苦燥，若湿热伤阴，则应清滋善后。

• 脾胃亏虚

症状：肢体痿软无力日重，食少纳呆，腹胀，便溏，面浮不华，气短，神疲乏力，舌淡，舌体胖大，苔薄白，脉沉细或沉弱。

治法：健脾益气。

方药：参苓白术散。

方中以人参、生白术、山药、扁豆、莲子肉甘温健脾益气，茯苓、薏苡仁健脾渗湿，陈皮、砂仁和胃理气。若肥人多痰，可用六君子汤补脾化痰。中气不足，可用补中益气汤。

应该注意:①本证虽痿在四末,病实发于中焦,脾胃虚者,最易兼挟食积不运,当结合运化,导其食滞,酌佐谷麦芽、山楂肉、神曲。②脾虚每兼挟湿热不化,补脾益气之时,当结合渗湿清热。③脾主运化,脾虚则五脏失濡;脾为后天之本,五脏之伤,久亦损脾。脾虚痿病每与其他各证兼见,治法总宜扶脾益胃以振奋后天本源,这也是"治痿独取阳明"的体现。

·肝肾亏损

症状:起病缓慢,下肢痿软无力,腰脊酸软,不能久立,或伴眩晕、耳鸣、遗精早泄,或月经不调,甚至步履全废,腿胫大肉渐脱,舌红少苔,脉沉细数。

治法:补益肝肾,滋阴清热。

方药:虎潜丸。

方中虎骨(可用狗骨代替)壮筋骨利关节,锁阳温肾益精,当归、白芍养血柔肝荣筋,黄柏、知母、熟地、龟版滋阴补肾清热,少佐干姜以温中和胃。热甚者去锁阳、干姜,或用六味地黄丸加牛骨髓、猪骨髓、鹿角胶、枸杞子、砂仁治之。若兼见面色萎黄不华,心悸、怔忡,舌淡红,脉细弱者,加黄芪、党参、当归、鸡血藤以补养气血。若久病阴损及阳,症见怕冷,阳痿,小便清长,舌淡,脉沉细无力者,可加紫河车粉,或用猪骨髓、牛骨髓煮熟,捣烂和入米粉,再用白糖或红糖调服。

应该注意:①本证比较常见,各种痿病久则无不伤及肾元,水愈亏则火愈炽,而伤阴愈甚。所以丹溪治痿"泻南方,补北方",即以补肾清热为主要治疗手段。②本证须分清有热无热,虚火当滋肾,无火专填精,阳虚要温煦,但仍以阴虚挟热者为多。

综合历代医家的治疗经验,提出若干注意事项:①如有外感化热,或热伤营津的病史,切勿滥用苦寒、香燥、辛温之品重亡津液。②治疗肺热伤津,须结合养胃清火的药物。③肺热伤津证,如因失治极易转化为肝肾阴亏、脾胃阴虚,故应早治以防变。④对于湿热浸淫所致者,渐虚而不可急于填补,以防助湿,而湿热之邪,易伤肺津之源,故除湿可兼清养;⑤湿热不去,下注于肾而成标本虚实夹杂,此时祛湿务要慎用辛温苦燥。⑥痿在四末,而病发中州,因此,补益后天不可忽视,这是治疗痿躄的重要一环。缘于情志所伤而病者,应重视调理气机。另外运用针灸、推拿等外治法和适当的肢体活动配合治疗,有助于康复。

【转归预后】

本病起病急者,若诊治无误,部分病例可获治愈,预后亦佳;若失治或治之不当,以及缓慢起病者,虽经多年治疗,效果多不佳,预后也差。同时痿病各证候间常相互转化,如外感湿热,热盛伤津,可转化为肺胃阴虚;若湿热浸淫,迁延日久,下注肝肾,而致肝肾亏损;如肝肾阴虚,日久不复,阴损及阳而出现阳虚证候,或为阴阳两虚之证。痿病日久,影响气血正常运行,经络瘀滞,而致筋骨失其濡养,关节不利,肌肉萎缩,多难治而预后较差。

痿病重证,若出现呼吸、吞咽困难,是脾肺脏气虚衰的表现,患者预后亦差。

【预防与调摄】

分析发病原因,调摄实属重要,又对预防起到一定作用。凡病起于其他疾患之中或病后的,要固护阴津,同时防潮湿、适寒温、远房帏、调情志均十分必要。突然发病者,应加强护理,密切观察病情变化,若出现神志昏迷,呼吸困难,吞咽困难等症,应密切观察病情变化,及时组织抢救。对下肢痿软,行走困难者,应注意避免发生意外,瘫痪不能随意活动的病人,应加强肢体活动和按摩,以防止肌肉萎缩。

【结　语】

综上所述,痿病系由外邪侵袭,情志刺激,房劳饮食所伤,则脏气受损,肢体筋脉失养而成。其病虚多实少,热多寒少。病位在筋脉、肌肉,主要与肺胃肝肾关系密切。主要病机有肺热津伤、湿热浸淫、脾胃虚弱、肝肾亏损等四种,亦有挟痰、挟瘀、挟积等。治疗上以"治痿者独取阳明"和痿病不可妄作风治而用风药为基本原则。具体治疗时,随证论治,还要注意:苦寒、燥湿、辛温等祛邪勿伤正,补虚防助邪,以及注意补益先后天等。

【文献摘要】

《素问·痿论》:"肺主身之皮毛,心主身之血脉,肝主身之筋膜,脾主身之肌肉,肾主身之骨髓。故肺热叶焦,则皮毛虚弱急薄,著则生痿躄也;心气热,则下脉厥而上,上则下脉虚,虚则生脉痿,枢折挈胫纵而不任地也;肝气热,则胆泄口苦,筋膜干,筋膜干则筋急而挛,发为筋痿;脾气热,则胃干而渴,肌肉不仁,发为肉痿;肾气热,则腰脊不举,骨枯而髓减,发为骨痿";"帝曰:……论言治痿者独取阳明何也,岐伯曰:阳明者,五脏六腑之海,主润宗筋,宗筋主束骨而利机关也。冲脉者,经脉之海也,主渗灌溪谷,与阳明合于宗筋,阴阳揔宗筋之会,会于气街,而阳明为之长,皆属于带脉,而络于督脉,故阳明虚则宗筋纵,带脉不引,故足痿不用也。"

《局方发挥》:"诸痿皆起于肺热,传入五脏,散为诸证,大抵只宜补养,若作外感风邪治之,宁免实实虚虚之祸乎?""诸痿生于肺热,只此一句便见治法大意,经曰:'东方实,西方虚,泻南方,补北方。'此固就生克言补泻。而大经大法不外于此,……五行之中,唯火有二,肾虽有二,水居其一,阳常有余,……故经曰一水不胜二火,……若嗜欲无节,则水失所养,火寡于畏而侮所胜,肺得火邪而热矣,……肺受热则金失所养,木寡于畏而侮所胜,脾得木郁而伤矣,肺热则不能管摄一身,脾伤则四肢不能为用而诸痿之病作。泻南方则肺金清而东方不实,何脾伤之有,补北方则心火降而西方不虚,何肺热之有,故阳明实则宗筋润,能束骨而利机关矣。治痿之法,无出于此"。

《儒门事亲·指风痹痿厥近世差玄说》:"大抵痿之为病,皆因客热而成。……总因肺受火热叶焦之故,相传于四脏,痿病成矣";"痿病无寒";"若痿作寒治,是不刃而杀之"。

《景岳全书·痿证》:"痿证之义,内经言之详矣。观所列五脏之证,皆言为热,而五脏之证,又总于肺热叶焦,以致金燥水亏,乃成痿证。如丹溪之论治,诚得之矣,然细察经文,又曰:悲哀太甚则胞络绝,传为脉痿,思想无穷,所愿不得,发为筋痿;有渐于湿,以水为事,发为肉痿之类,则又非尽为火证,此其有余不尽之意,犹有可知。故因此而生火者有之,因此而败伤元气者亦有之。……若概从火论,则恐真阳亏败,及土衰水涸者,有不能堪。故当酌寒热之浅深,审虚实之缓急,以施治疗,庶得治痿之全矣"。

《临证指南医案·痿》:"经云肺热叶焦,则生痿躄,又云治痿独取阳明,以及脉痿、筋痿、肉痿、骨痿之论,《内经》于痿证一门,可谓详审精密矣。奈后贤不解病情,以诸痿一症,或附录于虚劳,或散见于风湿,大失经旨,赖丹溪先生特表而出之,惜乎其言之未备也。夫痿证之旨,不外乎肝肾肺胃四经之病。"

《罗氏会约医镜》:"火邪伏于胃中,但能杀谷,而不能长养气血";"治者,使阳明火邪毋干于气血之中,则湿热清而筋骨自强,此经不言补而言取者,取去阳明之热邪耳"。

【研究进展】

·理论研究

1. 对治痿独取阳明的认识　刘氏认为"独取阳明"重在调脾胃,脾胃虚者益其损,脾胃实者调其气,针灸选穴要重视手足阳明两经。在辨证治疗中,不论起于何因,在立法用药时均把顾护脾胃之气置于首位,将独取阳明与辨证治痿两者有机结合起来,使调理脾胃始终贯穿于治痿全过程〔山东中医杂志 1986;(6):9〕。解氏对独取阳明作了以下几方面探讨:对"独取"两字的认识,"独取阳明"是否专用于补,"各补其荥而通其俞"与独取阳明的关系,"各以其时受月"与独取阳明的关系。指出:"治痿独取阳明"为临床指导治痿的根本大法,但不可为"独"字所拘泥,应以阳明为主或不离阳明为要,还应根据各种不同的病机,并结合受邪之经及时令季节,而灵活治之。既要重视后天之本,更应注意辨证论治,此乃《内经》治痿之实质〔四川中医1990;(12):9〕。

2. 治法研究　胡氏认为治痿取中应悉两土之虚实,两土之治脾胃有别,痿之由虚者诚多,然而实者亦复不少,故取之法应随证而异:①中虚致痿补益之法脾胃有别:太阴虚寒,温补脾阳;中气不足,健脾益气;脾阴亏虚,宜甘凉养阴;胃阴失充,治当甘寒养阴润燥为其大法。②邪浊壅遏,治取中土泻其余:太阴寒湿辛温散寒,香燥化湿,佐以温阳健脾;阳明燥热其治宜泻;湿热中蕴,清泄湿热。两调脾胃为法,在临床应用中取得了满意疗效,值得医者借鉴〔辽宁中医杂志1991;(5):7〕。程氏就痿证的临床实际总结为清肺润燥、清利湿热、益气健脾、滋阴补肾、温阳散寒、理气活血、通腑泻热、消食导滞八法,作为治痿常用方法,灵活运用〔陕西中医1991;(3):199〕。

· 临床研究

1. 辨证论治　郭氏以中医辨证治疗痿证400例,热型(本病初期)224例,用银翘散、知柏地黄汤、复脉汤加减等,针刺根据经络循行途径及患病部位取穴,用泻法重刺激,留针10~15分钟;肝肾亏虚型(久病体虚)136例,用黄精、玉竹、黄芪、牛膝、六味地黄汤、虎潜丸等,针刺穴位同上,用补法轻刺激,留针15~30分钟。针刺治疗均每日1次,14日为1疗程。中药加针刺300例,单纯中药治疗100例,其结果:分别统计临床治愈240例、30例,显效50例、20例,好转0例、17例,无效10例、25例,总有效率99.66%、75%,中药加针刺治疗显著优于单纯中药治疗($P<0.01$)〔福建中医药1991;(1):4〕。

2. 剂型改进　孟氏用当归注射液治疗小儿痿证13例,以当归注射液2ml加10%葡萄糖20ml,每穴注射1ml,1日1次,每次注射2~4穴,一侧肢体注射2个穴,15日为1疗程,取穴根据肢体患病部位和经络循行的途径而循经取穴。结果痊愈8例(62%),好转5例(38%),平均疗程35.6日。蔡氏以蝎毒膏贴穴治疗小儿痿证393例,取得满意疗效,总有效率95.93%,治愈率81.6%,通过随机抽样方法对29例患者治疗前后血胆碱酯酶活力测定,治疗后患者血胆碱酯酶活力显著降低〔中成药1992;(4):23〕。

第五节　颤　震

颤震,亦称"颤振"或称"振掉",是指以头部或肢体摇动、颤抖为主要临床表现的一种病证。轻者仅有头摇或手足微颤,尚能坚持工作和生活自理;重者头部震摇大动,甚则有痉挛扭转样动作,两手及上下肢颤动不止,或兼有项强、四肢拘急。

本病老年人发病较多,男性多于女性,多呈进行性加重,对本病的预防尤应重视。

《内经》无颤震之名,但有类似记载,如《素问·至真要大论》"诸风掉眩,皆属于肝"的"掉"的表现。《素问·脉要精微论》"骨者髓之府,不能久立,行则振掉",《素问·五常政大论》"其病摇动"、"掉眩巅疾"、"掉振鼓栗"这些论述不但明确病因、主症,而且指出病名。后世遵此予以阐发,如《证治准绳·杂病》释曰:"颤,摇也;振,动也。筋脉约束不住而莫能任持,风之象也。……亦有头动而手足不动者,……手足动而头不动也。皆木气太过而兼火之化也。"《医学纲目·颤振》释曰:"颤,摇也,振,动也。风火相乘,动摇之象,比之瘛疭,其势为缓。内经云:诸风掉眩,皆属于肝。掉即颤振之谓。"这里指出与瘛疭区别,还与"诸禁鼓栗"有别,曰:"诸禁鼓栗,如丧神守,皆属于热。鼓栗亦动摇之意也。"还指出病因:"此症多由风相合,亦有风寒所中者,亦有风挟湿痰者。"《张氏医通·颤振》明确指出与骨髓有关:"骨者髓之府,不能久立,行则振掉,骨将惫矣。"又指出与瘛疭鉴别:"颤振与瘛疭相类,瘛疭则手足牵引,而或伸或屈;颤振则振动而不屈也,也有头摇手不动者。盖木盛则生风生火,上冲于头,故头为颤振。若散于四末,则手足动而头不动也。"并列举出13个证候和主治方药,还以脉象判断预后。

《医宗己任编》关于颤振原因与治疗上常用方剂等都是可取的。近年来,随着我国进入老龄化社会,该病病人也在增多,中医治疗本病取得了一定效果。

西医学所称某些锥体外系疾病所致的不随意运动,如震颤麻痹、舞蹈病、手足徐动症等,符合本病证候特征者,可参考本节辨证论治。

【证候特征】

本病以头部及肢体摇动、颤抖,甚至不能持物为其共同证候特征。临床上发病缓慢,始则头摇肢颤,不能自持,甚至头与肢体震颤不已,不能持物,食则令人代哺;继而肢体不灵,行动缓慢,表情淡漠、呆滞;终则口角流涎,甚或卧床不起。

【病因病机】

1. 风阳内动 多由年迈久病肾亏,劳欲太过,饮酒无度,或药物所伤,致使肾气不足,肾精亏耗,精气亏少,虚阳内动,脑髓失养,神机失调,血脉不利,心神失主而成;也有因肾水不足则木少滋荣,或暴怒伤肝而气机不畅,阳气内郁化热生风而成。

2. 髓海不足 久病或年迈肾亏精少,或七情内变,凡应事太烦,则伤神。精生气,气生神,神伤则精损气耗,脑髓不足,神机失养,筋脉肢体失主而成。

3. 气血亏虚 气之源头在乎脾,今脾损致中气不足,中焦失运化,精血不生,则气虚血少,阴亏阳亢,波及于肝,肝阳独炽;或心气衰少,心火不宣,阴气独盛,神机受累,筋脉肢体失司而成。

4. 痰热动风 多因肺脾肾亏虚所致。盖肺虚则水津不布,通调失司,痰饮内生;脾虚则中州不运,津停液结为痰、饮、湿;肾气不足则不能制水,痰湿丛生。积痰日久化热,热极化风,痰热动风,致使气机失司,脑神被扰,而成本病。

综上所述,本病为脑髓与肝脾肾等脏器受损而发生的退行性病变,关键在于肾虚精亏,筋脉失荣;脾虚生化不足,致脑髓失充;或痰热动风,致使心神失主,筋脉肢体失控,是为其病因病机之根本所在。

【诊 断】

1. 具有头部及肢体摇动、颤抖的特定临床表现。轻者头摇肢颤,重者头部震摇大动,肢体震颤不已,不能持物,食则令人代哺;继见肢体不灵,行动迟缓,表情淡漠,呆滞,口角流涎等症。

2. 多发于中老年人,男性多于女性。

3. 起病隐袭,渐进发展加重,不能自行缓解。

4. 测血压、查眼底,必要时做颅脑CT、MRI等检查有助于明确诊断。

【鉴别诊断】

颤震应与瘛疭相鉴别:

瘛疭多见于急性热病或某些慢性疾病急性发作,其症见手足屈伸牵引,常伴发热、神昏、两目窜视,头、手颤动;颤震为一慢性疾患,以头部、肢体摇动、颤抖为主要临床表现,一般无发热、神昏及其他特殊神志改变症状,手足颤抖而无抽搐牵引。再结合病史的分析,辅以实验室及颅脑CT、MRI等检查,两者不难鉴别。

【辨证论治】

辨证要点

1. 辨标本 以病象而言,头摇肢颤为标,脑髓与肝脾肾脏气受损为本;从病因病机看,精气血亏虚为病之本,痰热、内风为病之标。

2. 察虚实 本病为本虚标实之患。即机体脏气虚损的见证属正虚,痰热动风的见证属邪实。

治疗原则

本病的发生,虽与脑髓有关,但以肾为根,脾为本,肝为标。关键在于年迈肾亏精乏、气虚痰结、血瘀动风。因此,治以填精补髓以熄风解痉,健脾益气以化瘀散结为其大法。

分证论治

• 风阳内动

症状:眩晕头胀,面红,口干舌燥,易怒,腰膝酸软,睡有鼾声,渐见头摇肢颤,不能自主,舌红,苔薄黄,脉弦紧。

治法:滋阴潜阳。

方药:滋生青阳汤。

该方以生地、生石决明滋阴潜镇敛阳为君;磁石引肺气入肾以补肾益精敛阳,除烦镇逆,石斛、麦冬育阴生津,丹皮清虚火,共为臣药;白芍补脾阴,泻肝火,和血脉,收阴气,敛逆气,甘菊平肝,清头明目,止虚风,薄荷疏风解郁,清火明目,柴胡疏肝升清散结,和里退热,调畅气机,使气化有序,阴精得助,风阳自平而为佐药;天麻与桑叶入肝经,通血脉,祛风痰,滋燥凉血,使气血平和而为使药。诸药配伍,则滋阴潜阳,相得益彰。亦可选滋荣养液膏,药用女贞子、陈皮、干桑叶、熟地、白芍、黑芝麻、旱莲草、枸杞子、当归身、鲜菊花、黑穞豆、南竹叶、玉竹、白茯苓、沙蒺藜、炙甘草治之。

• 髓海不足

症状:头晕目眩,耳鸣,记忆力差或善忘,头摇肢颤,溲便不利,寤寐颠倒,重则神呆,啼笑反常,言语失序,舌质淡红体胖大,苔薄白,脉多沉弦无力或弦细而紧。

治法:填精益髓。

方药:龟鹿二仙膏。

该方以鹿角通督脉,龟版通任脉,一善通阳,一善通阴,均为血肉有情之品,使阴阳相和,善补人之真气;人参大补中气,则气之源头得助,气化改善,气血调畅;枸杞子滋补肝肾。四味相合,填精益髓,达到补养精、气、神三宝之功。

亦可用益脑强神丸:鹿角胶50g、麝香4g、海马50g、龟版胶50g、燕菜50g、西红花50g、玳瑁100g、枸杞子100g、石菖蒲50g、山萸肉75g、桃仁25g、何首乌100g、熟地75g、黄精100g、豨莶草100g、生槐米100g、五味子50g,共为细面,制大蜜丸,每服1丸,日3次,淡盐水送服。

• 气血亏虚

症状:眩晕,心悸而烦,动则气短懒言,头摇肢颤,纳呆,乏力,畏寒肢冷,汗出,溲便失常,舌体胖大质淡红,苔薄白滑,脉沉濡无力或沉细。

治法:补中益气。

方药:补中益气汤或四君子汤送服天王补心丹。

补中益气汤调补脾胃、益气升清,四君子汤健脾益气,天王补心丹滋阴养血、宁心安神。亦可用心脾双补丸,药用人参、玄参、五味子、远志肉、麦冬、神曲、酸枣仁、柏子仁、白术、川贝母、生甘草、丹参、苦桔梗、生地、川黄连、香附、朱砂,共为细末,以桂圆肉熬膏代蜜,捣丸如弹子大,每晨嚼服1丸,开水送服。

· **痰热动风**

症状:头晕目眩,头摇,肢麻震颤,手不能持物,甚至四肢不知痛痒,胸闷泛恶,甚则呕吐痰涎,咳喘,痰涎如缕如丝,吹拂不断,舌体胖大有齿痕,舌质红,苔厚腻或白或黄,脉沉滑或沉濡。

治法:豁痰熄风。

方药:导痰汤。

本方以半夏燥湿降逆,茯苓健脾渗湿,湿去痰无以生,陈皮利气,甘草益脾,脾旺能胜湿,利气则痰无滞留,此二陈汤意;加制南星以治风痰,增枳壳理气顺降宽中,再加皂荚宣壅导滞通窍以利气、去垢、开胃;硼砂除热痰散结。还可加生石决明以滋阴潜镇,敛阳熄风;生白芍补脾平肝,和血脉,收阴气,敛逆气。

或用化痰透脑丸,药用九制南星25g、天竺黄100g、煨皂角5g、麝香4g、琥珀50g、郁金50g、半夏50g、蛇胆陈皮50g、远志肉100g、珍珠10g、沉香50g、石花菜100g、海胆50g,共为细面,制大蜜丸,每服1丸,1日3次,白开水送服。

【转归预后】

本病运用中医治疗部分病例能缓解症状,延缓自然加重过程。若失治或调摄治疗不当,则逐年加重,可转为痴呆,预后不良。

【预防与调摄】

增强人体正气,避免和消除导致颤震的各种致病因素,如尽量保持安定情绪,切忌忧思郁怒等不良的精神刺激;环境应保持安静舒适,避免受风、受热、受潮,生活要有规律,劳逸适度,节制房事;饮食清淡,进食尽可能定时定量,勿暴饮暴食及嗜食肥甘厚味,戒除烟酒,忌过咸伤肾之品;还要加强功能锻炼,防止中毒及颅脑外伤,对已患中风者,及时治疗对预防本病发生有重要意义。

【结　语】

本病是由内伤或其他慢性病证致使脑髓、肾脾肝脏发生病变引起的以头摇肢颤为主要证候特征的老年期难治病。治疗上以填精补髓、益气化瘀为其大法。对风阳内动者,治宜滋阴潜阳;髓海不足者,宜填精益髓;气血亏虚者,宜补中益气;痰热动风者,宜豁痰熄风。若治之得当,部分病例可以缓解症状。但多数逐年加重,预后不良。所以除药物治疗外,重视调摄与预防是不可忽视的问题。

【文献摘要】

《素问·脉要精微论》:"头者精明之府,头倾视深,精神将夺矣。背者胸中之府,背曲肩随,府将坏矣。腰者肾之府,转摇不能,肾将惫矣。……骨者髓之府,不能久立,行则振掉,骨将惫矣。"

《素问·五常政大论》:"其藏肝……其病摇动注恐";"阳和布化,阴气乃随,生气淳化,万物以荣,其化生,其气美,其政散,其令条舒,其动掉眩巅疾";"阳明司天,燥气下临,肝气上从,苍起木用而立,土乃青,凄沧数至,木伐草萎,胁痛目赤,掉振鼓慄,筋痿不能久立"。

《素问·六元正纪大论》:"欲通天之纪,从地之理,和其运,调其化,使上下合德,无相夺伦,天地升降不失其宜,五运宣行勿乖其政。……此天地之纲纪,变化之渊源,……原夫子推而次之,从其类序,分其部主,别其宗司,昭其气数,明其正化。……太阳之政……其病眩掉。"

《素问·至真要大论》:"筋骨掉眩清厥甚则入脾。……头顶痛重而掉瘛尤甚,呕而密默,唾吐清液,甚则入肾,窍泻无度";"客胜则耳鸣掉眩,甚则咳;主胜则胸胁痛,舌难以言";"诸风掉眩皆属于肝"。

【研究进展】

老年震颤麻痹综合征,西医应用左旋多巴治疗虽有疗效,但因其副作用大,常被迫停药。近10余年来,开展中医药治疗本病的临床研究,越来越受到临床医家的重视,并取得一定的疗效。

北京中医学院东直门医院内科运用中医药治疗震颤麻痹综合征35例。本组病例一般多接受过西药治疗,效果不满意,或副作用大而停药,予以辨证治疗,不用西药。结果:有效率为86.8%,基本治愈加显著好转者占33.2%。并认为本病属本虚标实,以虚为主,虚在肝、肾、脾三脏;虚中夹实,实见风、痰、瘀;可见气血两虚、肝肾不足、血瘀风动、痰热生风等证候。并用益气健脾、养血育阴、熄风活络、清热化痰等法治疗,依法选药遣方〔北京中医学院学报1980;(2):25〕。任氏提出风阳内动,髓海不足,阳明气弱,心虚血少,痰涎壅滞五证,除古方外,又有自拟方,认为古方与自拟方结合,对临床颇有参考意义〔江苏中医1982;(4):11〕。王氏提出了阴虚阳亢、血虚生风、气虚血瘀、气滞血瘀、脾肾亏虚、痰浊湿滞六型。并总结了各种中毒引起震颤症状的治疗以祛邪为主。临证用药提出平肝潜阳药宜选珍珠母、生龙齿、生牡蛎、生赭石等,珍珠母为首选宜重用;滋阴熄风药宜选生熟地、枸杞子、山萸肉、桑寄生、败龟版、制首乌,地黄是主药,重用可获良效;养血通络药宜选当归、赤白芍、鸡血藤、川芎、桃仁、红花、丹参、全蝎、蜈蚣等,白芍是养血濡筋、缓急治颤之良药,亦可重用;熄风解痉药常选钩藤、白蒺藜、天麻、菊花、葛根、僵蚕等,钩藤是治颤必用妙药,可重用30g,入汤剂后煎;扶正补气药多选黄芪、党参、茯苓、白术、炙甘草等,黄芪可用30～120g,党参30～60g;助阳温经药选用制附子、肉桂、干姜、桂枝、鹿角胶、鹿角霜等,制附子是治因寒致颤的主要药物。近代有人主张羚羊角粉是通治颤震不可缺少的主药〔山东中医杂志1990;(1):57〕。上海第二医学院附属第三人民医院应用中药洋金花制剂麻醉时,意外发现麻醉后的震颤麻痹症病人在2～24日内震颤症状消失。李氏将连续中药治疗半年以上者50例进行回顾分析,提出辨证分型与治法:肝肾阴虚型,治宜滋补肝肾,育阴熄风法,方用大补阴丸为主;气滞血瘀型,用活血化瘀法,方用血府逐瘀汤加减;气血两虚型,宜养血益气,熄风活络法,方用八珍汤加减〔上海中医药杂志1992;(2):12〕。岩氏认为震颤是由于身体部分骨骼肌快速而有节律收缩引起的,可分为生理性和病理性震颤。前者可见于正常人,对日常生活多无特殊障碍。后者是由于中枢神经系统损害引起的。从临床表现可分为:静止性震颤(震颤麻痹、肝豆状核变性、中脑损伤)、姿势性震颤(小脑病变、特发性震颤、生理性震颤、肝豆状核变性)、运动性震颤(特发性震颤、小脑病变、脑干病变、生理性震颤)。该文指出,部分学者提出的凡见震颤即投大剂苦寒药治疗的做法是错误的〔国外医学·中医中药分册1988;(5):17〕。

第六节 腰 痛

腰痛是指腰部感受外邪,或因外伤,或由肾虚而引起的气血运行失调,脉络绌急,腰府失养所致的以腰部一侧或两侧疼痛为主要症状的一类病证。腰痛在中医内科门诊较为常见,一年四季均可发生。

腰痛一病,古代文献早有论述,《素问·脉要精微论》指出:"腰者,肾之府,转摇不能,肾将惫矣。"说明了肾虚腰痛的特点。《素问·刺腰痛》认为腰痛主要属于足六经之病,并分别阐述了足三阳、足三阴及奇经八脉经络病变时发生腰痛的特征和相应的针灸治疗。《内经》在其他篇中还分别叙述了腰痛的性质、部位与范围,并提出病因以虚、寒、湿为主。《金匮要略》以肾著、虚劳统论之,创立肾气丸、甘姜苓术汤治疗。《诸病源候论》提出了外伤与劳伤的病因,分为卒腰痛与久腰痛。《千金要方》、《外台秘要》增加了按摩、宣导疗法和护理等内容。《丹溪心法·腰痛》归纳腰痛的病因主要有:"腰痛主湿热、肾虚、瘀血、挫闪、有痰积。"强调肾虚的重要作用。后世医家均有发挥,《七松岩集·腰痛》指出:"然痛有虚实之分,所谓虚者,是两肾之精神气血虚也,凡言虚证,皆两肾自病耳。所谓实者,非肾家自实,是两腰经络血脉之中,为风寒湿之所浸,闪肭锉气之所碍,腰内空腔之中,为湿痰瘀血凝滞不通而为痛,当依据脉证辨悉而分治之。"对腰痛常见的病因和分型作了概括。《证治汇补·腰痛》指出:"治惟补肾为先,而后随邪之所见者以施治,标急则治标,本急则治本,初痛宜疏邪滞,理经隧,久痛宜补真元,养血气。"这种分清标本先后缓急的治疗原则,对临床很有指导意义。

西医学的腰肌劳损引发的腰痛,可参照本节辨证论治。但肾与膀胱疾病和骨伤科、外科、妇科有关疾病引起腰痛症状者均不属此范围。

【证候特征】

腰部脉络绌急而致一侧或两侧疼痛为本病证的证候特征。肾虚腰痛其痛绵绵,酸楚如折,时作时止,遇劳加剧,得逸则缓,揉按则痛减;瘀血腰痛,痛处固定,或胀痛不适,或痛如锥刺,按之痛甚,常伴颜面色晦唇暗,舌质隐青等;寒湿腰痛,其痛多冷,重着不适,甚则转侧不利,每遇阴雨寒冷季节或腰部感受寒湿后加剧,遇温痛减,喜揉喜按;湿热腰痛,其痛剧烈,弛痛烦扰,痛处多热而喜冷拒按,每遇暑热及腰部着热后加剧;腰痛甚者,常伴有夜卧不安,烦躁不宁,情绪焦虑等症状。

【病因病机】

1. 外邪侵袭　多由居处潮湿,或劳作汗出当风,衣着单薄,或冒雨着凉,或暑夏贪凉,腰府失护,湿热、寒湿、暑热等六淫邪毒乘虚侵入,造成经脉受阻,气血运行不畅而发腰痛。若寒邪为病,既伤卫阳,又损营阴,以致腰府经脉壅遏,络脉绌急而成。若湿邪侵袭,其性重着、粘滞、下趋,滞碍气机,可使腰府经气郁而不行,血络瘀而不畅,以致肌肉筋脉拘急而发腰痛。感受热邪,其性升散,燔灼津血,常与湿合,或湿蕴生热而滞于腰府,造成经脉郁阻而生腰痛。

2. 气滞血瘀　跌仆外伤,损伤经脉气血,或因久病,气血运行不畅,或体位不正,腰部用力不当,搦气闪挫,导致经络气血阻滞不通,均可使瘀血留着腰部而发生疼痛。

3. 肾亏体虚　先天禀赋不足,加之劳累太过,或久病体虚,或年老体衰,或房室不节,以致肾精亏损,无以濡养筋脉而发生腰痛。张景岳在《景岳全书》中强调肾虚腰痛的多发性,认为:"腰痛之虚证十居八九,但察其既无表邪,又无湿热,而或以年衰,或以劳苦,或以酒色斲丧,或七情忧郁所致者,则悉属真阴虚证。"

腰为肾之府,乃肾之精气所溉之域。肾与膀胱相表里,足太阳经过之。此外,任、督、冲、带诸脉,亦布其间,故内伤则不外乎肾虚。而外感风寒湿热诸邪,以湿性粘滞,最易痹着腰部,所以外感总离不开湿邪为患。内外二因,相互影响,如《杂病源流犀烛·腰脐病源流》指出:"腰痛,精气虚而邪客病也。……肾虚其本也,风寒湿热痰饮,气滞血瘀闪挫其标也,或从标,或从本,贵无失其宜而已。"说明肾虚是发病关键所在,风寒湿热的痹阻不行,常因肾虚而客,否则虽感外邪,亦不致出现腰痛。至于劳力扭伤,则和瘀血有关,临床上亦不少见。

【诊　断】

1. 一侧或两侧腰痛,或痛势绵绵,时作时止,遇劳则剧,得逸则缓,按之则减;或痛处固定,胀痛不适;或如锥刺,按之痛甚。
2. 具有腰部感受外邪,外伤、劳损等病史。
3. 需排除腰部器质性病变。必要时摄腰部X线平片,作有关实验室检查,有助于明确诊断。

【鉴别诊断】

1. 肾着　虽有腰部沉重冷痛,但多伴见身体沉重,腹重下坠等,是一个独立的疾病,可与本病相区别。
2. 腰软　指腰部软弱无力为主证的病证。少有腰部酸痛,但多伴见发育迟缓,而表现为头项软弱、手足瘫痪,甚则鸡胸龟背等,多发生在青少年人。

【辨证论治】

辨证要点

1. 病因分内外　外邪侵袭,跌仆损伤,腰部过度劳累,常表现为瘀血阻滞经脉,为外伤腰痛;年老体虚,或后天烦劳过度,七情内伤,气血亏乏,使腰府失养,多表现为肾虚的证候,属内伤腰痛。
2. 辨标本虚实　慢性腰痛多虚实夹杂,一般以肾精不足,气血亏虚为本;邪气内阻,经络壅滞为标,治当标本兼顾。

治疗原则

腰痛其虚者以补肾壮腰为主,兼调养气血;实者祛邪活络为要,针对病因,施之以活血化瘀、散寒除湿、清泻湿热等法。

分证论治

· **寒湿腰痛**

症状:腰部冷痛重着,转侧不利,逐渐加重,每遇阴雨天或腰部感寒后加剧,痛处喜温,体倦乏力,或肢末欠温,食少腹胀,舌淡体大,苔白腻而润,脉象沉紧或沉迟。

治法:散寒除湿,温通经络。

方药:渗湿汤。

方中干姜、甘草、丁香散寒温中,以壮脾阳;苍术、白术、橘红燥脾除湿,强中逐寇;茯苓渗湿健脾。诸药合用,温运脾阳以散寒,渗利醒脾以化湿,故寒去湿除,诸症可解。

寒甚痛剧,拘急不适,肢冷面白者,加附子、硫黄以温阳散寒;湿盛阳微,关节沉重胀闷,面白尿少,肢冷不温者,加藿香、木通宣通窍络,利水除湿;兼有风象,痛走不定者加桂枝、独活、羌活以疏风散邪;病久不愈,累伤肾阳者,改用独活寄生汤。

寒湿之邪,易伤阳气,若年高体弱或久病不愈,势必伤及肾阳,兼见腰膝酸软,脉沉无力等症,治当散寒除湿为主,兼补肾阳,酌加菟丝子、破故纸,以助温阳散寒。

• 湿热腰痛

症状：腰髋弛痛，牵掣拘急，痛处伴有热感，每于热天或腰部着热后痛剧，遇冷痛减，口渴不欲饮，尿色黄赤，或午后身热，微汗出，舌红苔黄腻，脉濡数或弦数。

治法：清热利湿，舒筋活络。

方药：加味二妙散。

方中以黄柏、苍术辛开苦燥以清化湿热，绝其病源；防己、萆薢利湿活络，畅达气机，当归、牛膝养血活血，引药下行直达病所；龟版补肾滋肾，既防苦燥伤阴，又寓已病防变。诸药合用寓攻于补，攻补兼施，使湿热去而不伤正。

临证多加土茯苓、木瓜以渗湿舒筋，加强药效。热重烦痛，口渴尿赤者加栀子、生石膏、知母以清泄湿热；兼有风象而见咽喉肿痛，脉浮数者，加柴胡、黄芩、僵蚕以发散风邪；湿热日久兼有伤阴之象者，加二至丸以滋阴补肾。

• 瘀血腰痛

症状：痛处固定，或胀痛不适，或痛如锥刺，日轻夜重，或持续不解，活动不利，甚则不能转侧，痛处拒按，面晦唇暗，舌质隐青或有瘀斑，脉多弦涩或细数。病程迁延，常有外伤、劳损史。

治法：活血化瘀，理气止痛。

方药：身痛逐瘀汤。

方中以当归、川芎、桃仁、红花活血化瘀，以疏达经络；配以没药、五灵脂、地龙化瘀消肿止痛，香附理气行血，共助活血化瘀之力；牛膝强腰壮肾，活血化瘀，又能引药下行直达病所。诸药合用，可使瘀去壅解，经络气血畅达而止腰痛。临证应用可酌加䗪虫，配方中地龙起通络祛瘀作用。因无周身痹痛，故可去秦艽、羌活。

本方每加乳香、鸡血藤以活血通络加强化瘀之力；有肾虚之象而出现腰膝酸软者，加杜仲、川续断、桑寄生以强壮腰肾；由于闪挫扭伤，或体位不正而引起者，加青皮、豨莶草以行气活络止痛。

• 肾虚腰痛

症状：腰痛以酸软为主，喜按喜揉，腿膝无力，遇劳更甚，卧则减轻，常反复发作。偏阳虚者，则少腹拘急，面色㿠白，手足不温，少气乏力，舌淡，脉沉细；偏阴虚者，则心烦失眠，口燥咽干，面色潮红，手足心热，舌红少苔，脉弦细数。

治法：偏阳虚者，宜温补肾阳；偏阴虚者，宜滋补肾阴。

方药：偏阳虚者以右归丸为主方温养命门之火。方中用熟地、山药、山萸肉、枸杞子培补肾精，是为阴中求阳之用；杜仲强腰益精，菟丝子补益肝肾；当归补血行血，诸药合用，共奏温肾壮腰之功。

偏阴虚者以左归丸为主方。方中用地黄、枸杞、山萸肉、龟版胶以填补肾阴；配菟丝子、鹿角胶、牛膝以温肾壮腰，肾得滋养则虚痛可除。若虚火甚者，可酌加大补阴丸送服。如腰痛日久不愈，无明显的阴阳偏虚者，可服用青娥丸补肾以治腰痛。

肾为先天，脾为后天，二脏相济，温运周身。若肾虚日久，不能温煦脾土，或久行久立，劳力太过，腰肌劳损，常致脾气亏虚，甚则下陷，临床除有肾虚见证外，可兼见气短乏力，语声低弱，食少便溏或肾脏下垂等。治当补肾为主，佐以健脾益气，升举清阳，酌加党参、黄芪、升麻、柴胡、白术等补气升提之药，以助肾升举。

【其他疗法】

1. 温熨疗法 以食盐炒热,纱布包裹温熨痛处,冷则炒热再熨,每日4～6次;或以坎离砂熨患处,药用当归37.5g、川芎50g、透骨草50g、防风50g、铁屑10kg,上五味,除铁屑外,余药加醋煎煮2次,先将铁屑烧红,以上煎煮液焠之,晾干,粉碎成粗末,用时加醋适量拌之,外以纱布包裹敷患处。

2. 药敷疗法 阿魏膏外敷腰部,方由阿魏、羌活、独活、玄参、官桂、赤芍、穿山甲、苏合香油、生地、猴鼠矢、大黄、白芷、天麻、红花、麝香、土木鳖、黄丹、芒硝、乳香、没药组成。或外用成药红花油、速效跌打膏等。

还可配合推拿与体疗,均可取得一定疗效。

【转归预后】

腰痛患者若能得到及时正确的治疗,一般预后良好。若失治误治,其病迁延日久,痛久入络,气郁血阻,络脉不通,肢节失荣,则可能合并痿病,预后欠佳。

【预防与调摄】

避免寒湿、湿热侵袭,勿坐卧湿地,勿冒雨涉水,劳作汗出后及时擦拭身体,更换衣服,或饮姜糖水驱散风寒。坐、卧、行走保持正确姿势。勤做松弛腰部肌肉的体操。劳逸适度,节制房事,勿使肾精亏损,肾阳虚衰。不可强力举重,不可负重久行。注意避免跌、仆、闪、挫。

【结　语】

腰痛是以腰部疼痛为主症的常见病,多以肾的虚损为本,感受外邪、跌仆闪挫为标。因此,治疗时除散寒祛湿、清利湿热、活血化瘀、舒筋活络外,多配补肾强腰的药物,以达到扶正祛邪的目的。据临床所见,上述各证单发者少,兼见者多,腰痛日久虚实夹杂,用药尚需互参。

【文献摘要】

《素问·脉要精微论》:"腰者,肾之府,转摇不能,肾将惫矣。"

《诸病源候论·腰背痛诸候》:"劳损于肾,动伤经络,又为风冷所侵,血气击搏,故腰痛也。"

《三因极一病证方论·腰痛病论》:"夫腰痛属肾虚,亦涉三因所致;在外则脏腑经络受邪,在内则忧思恐怒,以至房劳堕坠,皆能使痛。"

《丹溪心法·腰痛》:"凡诸痛皆属火,寒凉药不可峻用,必用温散之药;诸痛不可用参,补气则疼愈甚。"

《七松岩集·腰痛》:"然痛有虚实之分,所谓肾虚者,是两肾之精神气血虚也,凡言虚证,皆两肾自病耳。所谓实者,非肾家自实,是两腰经络血脉之中,为风寒湿所侵,闪肭锉气之所碍,腰内空腔之中,为湿痰瘀血凝滞不通而为痛,当依据脉证辨悉而分治之。"

《证治汇补·腰痛》:"治惟补肾为先,而后随邪之所见者以施治,标急则治标,本急则治本。初痛宜疏邪滞、理经隧,久痛宜补真元、养血气。"

【研究进展】

· 临床研究

黄氏以《三因极一病证方论》中的立安圆汤加减治疗肾虚腰痛120例。基本方:补骨脂、木瓜、杜仲、川断、牛膝、萆薢。结果:临床治愈72例,好转45例,无效3例,总有效率97.5%〔北京中医学院学报1992;15(6):47〕。王氏以复方补骨脂冲剂,药用:补骨脂、锁阳、狗脊、川断、黄精、赤芍等治疗肾阳虚腰痛、慢性腰肌劳损、腰椎退行性病变引起的慢性腰痛185例,结果:显效68例,有效85例,无效32例,总有效率达83%,且发现本药对肾阳虚、慢性腰肌劳损疗效最佳,并发现对腰椎退行性病变也有改善的苗头〔上海中医药杂志1985;(3):29〕。周氏以固腰汤(药用白术、薏米、芡实、川断、桑寄生)治疗非腰椎器质性病变性腰痛50例,结果:痊愈42例,显效4例,有效3例,无效1例〔四川中医1985;(2):43〕。华氏用滋阴壮筋冲剂(炙黄芪、延胡索、白芍、生地)治疗腰臀筋膜炎属肝肾阴亏型腰胯痛100例,结果:痊愈49例,显效27例,好转15例,无效9例,总有效率达91%〔中国中医骨伤科杂志1991;(5):10〕。

外治疗法治疗本病显示了一定临床优势,周氏依据"久病入络,血瘀作痛"的理论,采用川芎注射液穴位注射治疗外伤、劳损、寒湿等引起的腰腿痛337例,治愈215例,好转112例,无效10例〔新中医1980;(2):34〕。

· **理论研究**

郝氏主张腰痛治取阳明,其论有六:食积太阴,治应温下;热聚阳明,治宜寒通;血瘀腰间,决闭逐瘀;火郁膀胱,激浊扬清;内外合邪,表里双解;胸腹同病,上下分消〔吉林中医药1991;(3):12〕。华氏认为,腰痛与"筋"有关,治从肝主筋膜、肝肾阴亏、筋失濡养入手〔中国中医骨伤科杂志1991;(5):10〕。叶氏强调,急性腰部损伤多系太阳膀胱和带、督脉之枢纽,风邪易乘虚而客之,因"风性善行而数变",势如电闪,故宜以风论治,别开治腰痛之一法〔浙江中医学院学报1992;(3):12〕。

· **实验研究**

国外研究表明,腰痛与机体纤维蛋白溶解,酶活性降低,椎管内外疤痕组织形成有关。活血化瘀药有改善患者血液流变、血流动力学作用,特别是改善微血管形态、毛细血管通透性及椎管内外的微循环、微环境〔中国骨伤1989;(5):42〕。周氏通过腰痛模型发现:运用补肾药物可促使大鼠腰椎小关节软骨层厚度增加,软骨细胞及软骨下骨小梁排列趋向整齐,软骨细胞退变延缓〔中国骨伤1988;(2):4〕。蒋氏报道:补肾药不仅有对机体的双向调节效应,而且还含有多种微量元素,对老年骨质疏松症有一定的保护作用。此外,散结通络的马钱子尚有兴奋脊神经等作用〔中药药理与临床1990;(3):6〕。

李氏报道了按摩手法的作用机理。振挺手法是叩击局部使血管扩张,血流加快,加速组织的新陈代谢;同时,可增加神经末梢感受器的兴奋性,提高痛阈而起到消炎镇痛,改善活动功能的作用〔陕西中医1986;(6):184〕。

方 剂 索 引

一 画

〔1〕一贯煎(《柳州医话》) 沙参 麦冬 当归 生地黄 枸杞子 川楝子

二 画

〔2〕二冬汤(《医学心悟》) 天冬 麦冬 天花粉 黄芩 知母 甘草 人参 荷叶

〔3〕二至丸(《医方集解》) 女贞子 旱莲草

〔4〕二陈汤(《太平惠民和剂局方》) 半夏 陈皮 茯苓 炙甘草

〔5〕二阴煎(《景岳全书》) 生地黄 麦冬 酸枣仁 生甘草 玄参 茯苓 黄连 木通 灯心(或竹叶)

〔6〕二神散(《杂病源流犀烛》) 海金沙 滑石

〔7〕十全大补汤(《太平惠民和剂局方》) 熟地黄 白芍 当归 川芎 人参 白术 茯苓 炙甘草 黄芪 肉桂

〔8〕十灰散(《十药神书》) 大蓟 小蓟 侧柏叶 荷叶 茜草根 山栀 茅根 大黄 丹皮 棕榈皮

〔9〕十枣汤(《伤寒论》) 大戟 芫花 甘遂 大枣

〔10〕七福饮(《景岳全书》) 熟地 当归 人参 白术 炙甘草 远志 杏仁

〔11〕丁香散(《古今医统》) 丁香 柿蒂 良姜 炙甘草

〔12〕丁香柿蒂汤(《证因脉治》) 丁香 柿蒂 人参 生姜

〔13〕七味白术散(《小儿药证直诀》) 白术 人参 茯苓 藿香叶 木香 葛根 甘草

〔14〕七味都气丸(《医宗已任编》) 熟地黄 山茱萸 山药 茯苓 丹皮 泽泻 五味子

〔15〕人参养营汤(《太平惠民和剂局方》) 人参 甘草 当归 白芍 熟地黄 肉桂 大枣 黄芪 白术 茯苓 五味子 远志 橘皮 生姜

〔16〕人参鳖甲汤(《金匮要略》鳖甲煎丸重用人参) 人参 半夏 鳖甲 乌扇(即射干) 黄芩 鼠妇 干姜 大黄 桂枝 石韦 厚朴 瞿麦 紫葳 阿胶 柴胡 蜣螂 芍药 丹皮 䗪虫 蜂房 赤硝 桃仁 葶苈

〔17〕八正散(《太平惠民和剂局方》) 木通 车前子 萹蓄 瞿麦 滑石 甘草梢 大黄 山栀 灯心

〔18〕八珍汤(《正体类要》) 人参 白术 茯苓 甘草 当归 白芍药 川芎 熟地黄 生姜 大枣

三 画

〔19〕三才封髓丹(《卫生宝鉴》) 天冬 熟地黄 人参 黄柏 砂仁 甘草

〔20〕三子养亲汤(《韩氏医通》) 苏子 白芥子 莱菔子

〔21〕三仁汤(《温病条辨》) 杏仁 白蔻仁 薏苡仁 厚朴 半夏 通草 滑石 竹叶

〔22〕三物备急丸(《金匮要略》) 大黄 干姜 巴豆

〔23〕三圣散(《儒门事亲》) 瓜蒂 防风 藜芦

〔24〕三拗汤(《太平惠民和剂局方》) 麻黄 杏仁 生甘草 生姜

〔25〕大补元煎(《景岳全书》) 人参 炒山药 熟地黄 杜仲 枸杞子 当归 山茱萸 炙甘草

〔26〕大补黄芪汤(《丹溪心法》) 黄芪 防风 川芎 山茱萸 当归 白术 肉桂 甘草 五味子 人参 茯苓 熟地 肉苁蓉

〔27〕大补阴丸(《丹溪心法》) 知母 黄柏 熟地黄 龟版 猪脊髓

〔28〕大安丸(《丹溪心法》) 山楂 神曲 半夏 茯苓 陈皮 连翘 莱菔子 白术

〔29〕大建中汤(《金匮要略》) 蜀椒 干姜 人参 饴糖

〔30〕大承气汤(《伤寒论》) 大黄 厚朴 枳实 芒硝

〔31〕大柴胡汤(《伤寒论》) 柴胡 黄芩 半

夏 枳实 白芍药 大黄 生姜 大枣

〔32〕大黄甘草汤(《金匮要略》) 大黄 甘草

〔33〕大黄黄连泻心汤(《伤寒论》) 大黄 黄连

〔34〕大黄附子汤(《金匮要略》) 大黄 附子 细辛

〔35〕大黄䗪虫丸(《金匮要略》) 䗪虫 干漆 干地黄 甘草 水蛭 芍药 杏仁 黄芩 桃仁 虻虫 蛴螬 大黄

〔36〕大黄牡丹皮汤(《金匮要略》) 大黄 牡丹皮 桃仁 冬瓜子 芒硝

〔37〕川芎茶调散(《太平惠民和剂局方》) 川芎 荆芥 薄荷 羌活 细辛 白芷 甘草 防风

〔38〕千金苇茎汤(《备急千金要方》) 苇茎 薏苡仁 冬瓜仁 桃仁

〔39〕己椒苈黄丸(《金匮要略》) 防己 椒目 葶苈子 大黄

〔40〕小半夏汤(《金匮要略》) 半夏 生姜

〔41〕小青龙加石膏汤(《金匮要略》) 麻黄 桂枝 芍药 甘草 干姜 细辛 半夏 五味子 石膏

〔42〕小青龙汤(《伤寒论》) 麻黄 桂枝 芍药 甘草 干姜 细辛 半夏 五味子

〔43〕小建中汤(《伤寒论》) 桂枝 芍药 甘草 生姜 大枣 饴糖

〔44〕小承气汤(《伤寒论》) 大黄 厚朴 枳实

〔45〕小柴胡汤(《伤寒论》) 柴胡 黄芩 半夏 人参 甘草 生姜 大枣

〔46〕小蓟饮子(《济生方》) 生地黄 小蓟 滑石 通草 炒蒲黄 淡竹叶 藕节 当归 山栀 甘草

四画

〔47〕王氏连朴饮(《温热经纬》) 黄连 厚朴 苍术 清半夏 淡豆豉 芦根

〔48〕天王补心丹(《摄生秘剖》) 人参 玄参 丹参 茯苓 五味子 远志 桔梗 当归身 天冬 麦冬 柏子仁 酸枣仁 生地黄 辰砂

〔49〕天台乌药散(《医学发明》) 天台乌药 木香 茴香 青皮 高良姜 槟榔 川楝子 巴豆

〔50〕天麻钩藤饮(《杂病证治新义》) 天麻 钩藤 生石决明 川牛膝 桑寄生 杜仲 山栀 黄芩 益母草 朱茯神 夜交藤

〔51〕无比山药丸(《太平惠民和剂局方》) 山药 肉苁蓉 干地黄 山茱萸 茯神 菟丝子 五味子 赤石脂 巴戟天 泽泻 杜仲 牛膝

〔52〕开噤散(《医学心悟》) 人参 黄连 石菖蒲 丹参 石莲子 茯苓 陈皮 冬瓜子 陈米 荷叶蒂

〔53〕木香顺气散(《沈氏尊生书》) 木香 青皮 橘皮 甘草 枳壳 川朴 乌药 香附 苍术 砂仁 桂心 川芎

〔54〕木香槟榔丸(《医方集解》) 木香 香附 青皮 陈皮 枳壳 黑丑 槟榔 黄连 黄柏 三棱 莪术 大黄 芒硝

〔55〕止嗽散(《医学心悟》) 荆芥 桔梗 甘草 白前 陈皮 百部 紫菀

〔56〕中满分消丸(《兰室秘藏》) 厚朴 枳实 黄连 黄芩 知母 半夏 陈皮 茯苓 猪苓 泽泻 砂仁 干姜 姜黄 人参 白术 炙甘草

〔57〕五仁丸(《世医得效方》) 桃仁 杏仁 柏子仁 松子仁 郁李仁 橘皮

〔58〕五汁安中饮(验方) 韭汁 牛乳 生姜汁 梨汁 藕汁

〔59〕五皮散(《华氏中藏经》) 桑白皮 橘皮 生姜皮 大腹皮 茯苓皮

〔60〕五苓散(《伤寒论》) 桂枝 白术 茯苓 猪苓 泽泻

〔61〕五味消毒饮(《医宗金鉴》) 金银花 野菊花 蒲公英 紫花地丁 紫背天葵

〔62〕五生饮(《世医得效方》) 生南星 生半夏 生白附子 川乌 黑豆

〔63〕五磨饮子(《医方集解》) 乌药 沉香 槟榔 枳实 木香

〔64〕不换金正气散(《太平惠民和剂局方》) 厚朴 藿香 甘草 半夏 苍术 陈皮 生姜 大枣

〔65〕六一散(《伤寒标本心法类萃》) 滑石 甘草

〔66〕六君子汤(《校注妇人良方》) 人参 炙甘草 茯苓 白术 陈皮 制半夏 生姜 大枣

〔67〕六味地黄丸(《小儿药证直诀》) 熟地黄

山药 茯苓 丹皮 泽泻 山茱萸

〔68〕六磨汤(《证治准绳》) 沉香 木香 槟榔 乌药 枳实 大黄

〔69〕心脾双补丸(《薛生白医案》) 人参 玄参 五味子 远志肉 麦冬 神曲 酸枣仁 柏子仁 于术 川贝 生甘草 丹参 苦桔梗 生地 川黄连 金华香附 朱砂

〔70〕化肝煎(《景岳全书》) 青皮 陈皮 芍药 丹皮 栀子 泽泻 土贝母

〔71〕化痰通络汤(《临床中医内科学》) 茯苓 半夏 生白术 天麻 胆南星 天竺黄 紫丹参 香附 酒大黄

〔72〕化痰透脑丸(《悬壶漫录》) 九转南星 天竺黄 煨皂角 麝香 琥珀 郁金 半夏 蛇胆 陈皮 远志肉 珍珠 沉香 石花菜 海胆

〔73〕化积丸(《杂病源流犀烛》) 三棱 莪术 阿魏 海浮石 香附 雄黄 槟榔 苏木 瓦楞子 五灵脂

〔74〕化癥回生丹(《温病条辨》) 人参 肉桂 两头尖 麝香 姜黄 蜀椒炭 虻虫 三棱 藏红花 苏子霜 五灵脂 降香 干漆 没药 香附 吴茱萸 延胡索 水蛭 阿魏 川芎 乳香 高良姜 艾叶炭 公丁香 苏木 桃仁 杏仁 小茴香炭 蒲黄炭 鳖甲胶 熟地黄 白芍 当归 益母草膏 大黄

〔75〕月华丸(《医学心悟》) 天冬 麦冬 生地黄 熟地黄 山药 百部 沙参 川贝母 茯苓 阿胶 三七 獭肝 白菊花 桑叶

〔76〕丹参饮(《时方歌括》) 丹参 檀香 砂仁

〔77〕丹栀逍遥散(《医统》) 当归 白芍药 白术 柴胡 茯苓 甘草 煨姜 薄荷 丹皮 山栀

〔78〕乌头赤石脂丸(《金匮要略》) 蜀椒 炮乌头 炮附子 干姜 赤石脂

〔79〕乌梅丸(《伤寒论》) 乌梅 黄连 黄柏 人参 当归 附子 桂枝 蜀椒 干姜 细辛

〔80〕升陷汤(《医学衷中参西录》) 生箭芪 知母 柴胡 桔梗 升麻

〔81〕少腹逐瘀汤(《医林改错》) 小茴香 干姜 延胡索 没药 当归 川芎 肉桂 赤芍药 蒲黄 五灵脂

〔82〕水陆二仙丹(《洪氏集验方》) 金樱子 芡实

〔83〕双解汤(《医方集解》) 麻黄 防风 荆芥 薄荷 黄芩 栀子 连翘 石膏 桔梗

五　画

〔84〕玉女煎(《景岳全书》) 石膏 熟地黄 麦冬 知母 牛膝

〔85〕玉泉丸(《杂病源流犀烛》) 人参 黄芪 天花粉 葛根 麦冬 乌梅 甘草 茯苓

〔86〕玉枢丹(《外科正宗》) 山慈菇 续随子 大戟 麝香 雄黄 朱砂 五倍子

〔87〕玉屏风散(《丹溪心法》) 黄芪 白术 防风

〔88〕正气天香散(《保命歌括》) 乌药 香附 干姜 紫苏 陈皮

〔89〕去恶平胃散(《医醇賸义》) 厚朴 陈皮 苍术 炮姜 砂仁 木香 焦山楂 当归 川芎 桃仁 降香 苏木

〔90〕石韦散(《证治汇补》) 石韦 冬葵子 瞿麦 滑石 车前子

〔91〕龙胆泻肝汤(《兰室秘藏》) 龙胆草 泽泻 木通 车前子 当归 柴胡 生地黄 (近代方有黄芩、栀子)

〔92〕左归丸(《景岳全书》) 熟地黄 山药 山茱萸 菟丝子 枸杞子 川牛膝 鹿角胶 龟版胶

〔93〕左归饮(《景岳全书》) 熟地 山茱萸 枸杞子 山药 茯苓 甘草

〔94〕左金丸(《丹溪心法》) 黄连 吴茱萸

〔95〕右归丸(《景岳全书》) 熟地黄 山药 山茱萸 枸杞子 杜仲 菟丝子 附子 肉桂 当归 鹿角胶

〔96〕平胃散(《太平惠民和剂局方》) 苍术 厚朴 橘皮 甘草 生姜 大枣

〔97〕平陈汤(《症因脉治》) 苍术 半夏 陈皮 茯苓 甘草

〔98〕甘麦大枣汤(《金匮要略》) 甘草 淮小麦 大枣

〔99〕甘草泻心汤(《伤寒论》) 炙甘草 黄芩 大枣 干姜 半夏 黄连 人参

〔100〕甘遂半夏汤(《金匮要略》) 甘遂 半夏 芍药 甘草

〔101〕甘露消毒丹(《温热经纬》) 滑石 茵

陈　黄芩　石菖蒲　川贝母　木通　藿香　射干　连翘　薄荷　白蔻仁

〔102〕四七汤(《太平惠民和剂局方》)　苏叶　制半夏　厚朴　茯苓　生姜　大枣

〔103〕四妙丸(《成方便读》)　苍术　黄柏　牛膝　苡仁

〔104〕四君子汤(《太平惠民和剂局方》)　党参　白术　茯苓　甘草

〔105〕四味回阳饮(《景岳全书》)　人参　制附子　炮姜　炙甘草

〔106〕四物汤(《太平惠民和剂局方》)　当归　白芍药　川芎　熟地黄

〔107〕四神丸(《证治准绳》)　补骨脂　肉豆蔻　吴茱萸　五味子　生姜　大枣

〔108〕四逆散(《伤寒论》)　柴胡　白芍药　枳壳　甘草

〔109〕四磨饮(《济生方》)　人参　槟榔　沉香　天台乌药

〔110〕圣愈汤(《医宗金鉴》)　熟地　白芍　川芎　人参　当归　黄芪

〔111〕生脉散(《内外伤辨惑论》)　人参　麦冬　五味子

〔112〕生铁落饮(《医学心悟》)　天冬　麦冬　贝母　胆星　橘红　远志　石菖蒲　连翘　茯苓　茯神　玄参　钩藤　丹参　辰砂　生铁落

〔113〕生姜泻心汤(《伤寒论》)　半夏　黄芩　干姜　生姜　人参　炙甘草　黄连　大枣

〔114〕失笑散(《太平惠民和剂局方》)　五灵脂　蒲黄

〔115〕代抵当丸(《证治准绳》)　大黄　当归尾　生地　穿山甲　芒硝　桃仁　肉桂

〔116〕白头翁汤(《伤寒论》)　白头翁　秦皮　黄连　黄柏

〔117〕白虎汤(《伤寒论》)　知母　石膏　粳米　甘草

〔118〕白虎加人参汤(《伤寒论》)　知母　石膏　甘草　粳米　人参

〔119〕半夏白术天麻汤(《医学心悟》)　半夏　白术　天麻　陈皮　茯苓　甘草　生姜　大枣

〔120〕半夏厚朴汤(《金匮要略》)　半夏　厚朴　紫苏　茯苓　生姜

〔121〕半夏秫米汤(《内经》)　半夏　秫米

〔122〕半夏泻心汤(《伤寒论》)　半夏　黄芩　干姜　人参　甘草　黄连　大枣

〔123〕半硫丸(《太平惠民和剂局方》)　半夏　硫黄

〔124〕归脾汤(《济生方》)　人参　黄芪　白术　茯神　酸枣仁　龙眼肉　木香　炙甘草　当归　远志　生姜　大枣

〔125〕加味二妙散(《丹溪心法》)　黄柏　苍术　当归　牛膝　防己　萆薢　龟版

〔126〕加味四君子汤(《三因极一病证方论》)　人参　茯苓　白术　炙甘草　黄芪　白扁豆

〔127〕加味桔梗汤(《医学心悟》)　桔梗　甘草　贝母　橘红　银花　苡仁　葶苈子　白及

〔128〕加味清胃散(《张氏医通》)　生地　丹皮　当归　黄连　连翘　犀角　升麻　生甘草

〔129〕加减葳蕤汤(《通俗伤寒论》)　玉竹　葱白　桔梗　白薇　豆豉　薄荷　炙甘草　大枣

六　画

〔130〕百合固金丸(《医方集解》)　生地黄　熟地黄　麦冬　贝母　百合　当归　炒芍药　甘草　玄参　桔梗

〔131〕地榆散(验方)　地榆　茜根　黄芩　黄连　山栀　茯苓

〔132〕芎芷石膏汤(《医宗金鉴》)　川芎　白芷　石膏　菊花　藁本　羌活

〔133〕芍药汤(《素问病机气宜保命集》)　黄芩　芍药　炙甘草　黄连　大黄　槟榔　当归　木香　肉桂

〔134〕芍药甘草汤(《伤寒论》)　白芍药　炙甘草

〔135〕如金解毒散(《景岳全书》)　桔梗　甘草　黄芩　黄连　黄柏　山栀

〔136〕至宝丹(《太平惠民和剂局方》)　朱砂　麝香　安息香　金银箔　犀角　牛黄　琥珀　雄黄　玳瑁　龙脑

〔137〕交泰丸(《韩氏医通》)　黄连　肉桂

〔138〕安宫牛黄丸(《温病条辨》)　牛黄　郁金　犀角　黄连　朱砂　冰片　珍珠　山栀　雄黄　黄芩　麝香　金箔衣

〔139〕安神定志丸(《医学心悟》)　茯苓　茯神　远志　人参　石菖蒲　龙齿

〔140〕当归六黄汤(《兰室秘藏》)　当归　生地黄　熟地黄　黄连　黄芩　黄柏　黄芪

〔141〕当归四逆汤(《伤寒论》) 当归 桂枝 芍药 细辛 甘草 通草 大枣

〔142〕当归龙荟丸(《宣明论方》) 当归 龙胆草 栀子 黄连 黄芩 黄柏 大黄 青黛 芦荟 木香 麝香

〔143〕当归补血汤(《内外伤辨惑论》) 黄芪 当归

〔144〕竹叶石膏汤(《伤寒论》) 竹叶 石膏 麦冬 人参 半夏 粳米 炙甘草

〔145〕竹茹汤(《普济本事方》) 竹茹 半夏 葛根 甘草 生姜 大枣

〔146〕朱砂安神丸(《医学发明》) 黄连 朱砂 生地黄 归身 炙甘草

〔147〕血府逐瘀汤(《医林改错》) 当归 生地黄 桃仁 红花 枳壳 赤芍药 柴胡 甘草 桔梗 川芎 牛膝

〔148〕舟车丸(《景岳全书》) 甘遂 芫花 大戟 大黄 黑丑 木香 青皮 陈皮 轻粉 槟榔

〔149〕导赤散(《小儿药证直诀》) 生地黄 木通 竹叶 甘草

〔150〕导痰汤(《校注妇人良方》) 半夏 陈皮 枳实 茯苓 甘草 制南星 生姜

〔151〕防己黄芪汤(《金匮要略》) 防己 白术 黄芪 甘草 生姜 大枣

七 画

〔152〕麦门冬汤(《金匮要略》) 麦冬 人参 半夏 甘草 粳米 大枣

〔153〕苏子降气汤(《太平惠民和剂局方》) 苏子 橘皮 半夏 当归 前胡 厚朴 肉桂 甘草 生姜

〔154〕苏合香丸(《太平惠民和剂局方》) 白术 青木香 犀角 香附 朱砂 诃子 檀香 安息香 沉香 麝香 丁香 荜茇 苏合香油 薰陆香 冰片

〔155〕杞菊地黄丸(《医级》) 枸杞子 菊花 熟地黄 山茱萸 山药 泽泻 丹皮 茯苓

〔156〕杏苏散(《温病条辨》) 杏仁 紫苏叶 橘皮 半夏 生姜 枳壳 桔梗 前胡 茯苓 甘草 大枣

〔157〕杜仲丸(《医学入门》) 杜仲 破故纸 枸杞 龟版 黄柏 知母 五味子 芍药 当归 黄芪

〔158〕更衣丸(《先醒斋医学广笔记》) 芦荟 朱砂

〔159〕来复丹(《太平惠民和剂局方》) 玄精石 硝石 硫黄 橘皮 青皮 五灵脂

〔160〕妙香散(《沈氏尊生书》) 山药 茯苓 茯神 远志 黄芪 人参 桔梗 甘草 木香 辰砂 麝香

〔161〕连理汤(《张氏医通》) 人参 白术 干姜 炙甘草 黄连 茯苓

〔162〕吴茱萸汤(《伤寒论》) 吴茱萸 人参 生姜 大枣

〔163〕沉香降气散(《张氏医通》) 沉香 砂仁 甘草 香附 川楝子 延胡索

〔164〕沉香散(《金匮翼》) 沉香 石韦 滑石 当归 橘皮 白芍 冬葵子 甘草 王不留行

〔165〕沙参麦冬汤(《温病条辨》) 沙参 麦冬 玉竹 桑叶 生甘草 天花粉 生扁豆

〔166〕沙参清肺汤(验方) 北沙参 生黄芪 太子参 合欢皮 白及 生甘草 桔梗 苡仁 冬瓜子

〔167〕良附丸(《良方集腋》) 高良姜 香附

〔168〕启膈散(《医学心悟》) 沙参 茯苓 丹参 川贝 郁金 砂仁壳 荷叶蒂 杵头糠

〔169〕补天大造丸(《医学心悟》) 人参 白术 当归 枣仁 炙黄芪 远志 白芍 山药 茯苓 枸杞子 紫河车 龟版 鹿角 大熟地

〔170〕补中益气汤(《脾胃论》) 人参 黄芪 白术 甘草 当归 陈皮 升麻 柴胡

〔171〕补虚汤(《圣济总录》) 黄芪 茯苓 甘草 五味子 干姜 半夏 厚朴 陈皮

〔172〕补气运脾汤(《统旨方》) 人参 白术 茯苓 甘草 黄芪 陈皮 砂仁 半夏曲 生姜 大枣

〔173〕补阳还五汤(《医林改错》) 当归尾 川芎 黄芪 桃仁 地龙 赤芍 红花

〔174〕补肝汤(《医宗金鉴》) 当归 白芍 川芎 熟地 酸枣仁 木瓜 炙甘草

〔175〕补肺汤(《永类钤方》) 人参 黄芪 熟地 五味子 紫菀 桑白皮

〔176〕补阴益气煎(《景岳全书》) 人参 当归 山药 熟地 陈皮 炙甘草 升麻 柴胡

生姜

〔177〕还少丹(《医方集解》) 熟地 枸杞子 山萸肉 肉苁蓉 巴戟天 小茴香 杜仲 怀牛膝 楮实子 人参 茯苓 山药 大枣 菖蒲 远志 五味子

〔178〕龟鹿二仙丹(《成方切用》) 鹿角 龟版 人参 枸杞

〔179〕身痛逐瘀汤(《医林改错》) 秦艽 川芎 桃仁 红花 甘草 羌活 没药 香附 五灵脂 牛膝 地龙 当归

〔180〕附子理中丸(《太平惠民和剂局方》) 炮附子 人参 白术 炮姜 炙甘草

〔181〕附子粳米汤(《金匮要略》) 炮附子 粳米 半夏 甘草 大枣

八　画

〔182〕青麟丸(《邵氏经验良方》) 大黄 鲜侧柏叶 绿豆芽 黄豆芽 槐枝 桑叶 桃叶 柳叶 车前 鲜茴香 陈皮 荷叶 银花 苏叶 冬术 艾叶 半夏 厚朴 黄芩 香附 砂仁 甘草 泽泻 猪苓 牛乳 苏叶 梨汁 姜汁 童便 陈酒

〔183〕苓桂术甘汤(《金匮要略》) 茯苓 桂枝 白术 甘草

〔184〕转呆丹(《辨证录》) 人参 半夏 附子 茯神 生酸枣仁 神曲 当归 白芍 天花粉 柴胡 柏子仁 菖蒲

〔185〕虎潜丸(《丹溪心法》) 龟版 黄柏 知母 熟地黄 白芍药 锁阳 陈皮 虎骨 干姜

〔186〕河车大造丸(《扶寿精方》) 紫河车 熟地黄 杜仲 天冬 麦冬 龟版 黄柏 牛膝

〔187〕泻心汤(《金匮要略》) 大黄 黄芩 黄连

〔188〕泻白散(《小儿药证直诀》) 桑白皮 地骨皮 生甘草 粳米

〔189〕羌活胜湿汤(《内外伤辨惑论》) 羌活 独活 川芎 蔓荆子 甘草 防风 藁本

〔190〕定志丸(《备急千金要方》) 党参 茯神 石菖蒲 远志 甘草(一方有茯苓、白术、麦冬)

〔191〕定痫丸(《医学心悟》) 天麻 川贝 胆南星 姜半夏

〔192〕定喘汤(《摄生众妙方》) 白果 麻黄 桑白皮 款冬花 半夏 杏仁 苏子 黄芩 甘草

〔193〕实脾饮(重订严氏《济生方》) 附子 干姜 白术 甘草 厚朴 木香 草果仁 槟榔 木瓜 生姜 大枣 茯苓

〔194〕知柏地黄丸(《医宗金鉴》) 知母 黄柏 熟地黄 山萸肉 山药 茯苓 丹皮 泽泻

〔195〕金铃子散(《素问病机气宜保命集》) 金铃子 延胡索

〔196〕金匮肾气丸(《金匮要略》) 桂枝 附子 熟地黄 山萸肉 山药 茯苓 丹皮 泽泻

〔197〕金锁固精丸(《医方集解》) 沙苑蒺藜 芡实 莲须 龙骨 牡蛎 莲肉

〔198〕炙甘草汤(《伤寒论》) 炙甘草 人参 桂枝 生姜 阿胶 生地黄 麦冬 火麻仁 大枣

〔199〕驻车丸(《备急千金要方》) 黄连 阿胶 当归 干姜

〔200〕参附汤(《校注妇人良方》) 人参 熟附子 姜 枣

〔201〕参苏饮(《太平惠民和剂局方》) 人参 苏叶 葛根 前胡 法半夏 茯苓 甘草 桔梗 枳壳 木香 陈皮 姜 枣

〔202〕参苓白术散(《太平惠民和剂局方》) 人参 茯苓 白术 桔梗 山药 甘草 白扁豆 莲子肉 砂仁 薏苡仁

〔203〕参茸地黄丸(成方) 人参 鹿茸 熟地黄 山药 茯苓 丹皮 泽泻 山茱萸

〔204〕参蛤散(《普济方》) 人参 蛤蚧

九　画

〔205〕春泽汤(《医方集解》) 白术 桂枝 猪苓 泽泻 茯苓 人参

〔206〕枳术丸(《脾胃论》) 枳实 白术

〔207〕枳实导滞丸(《内外伤辨惑论》) 大黄 枳实 黄芩 黄连 神曲 白术 茯苓 泽泻

〔208〕荆防败毒散(《外科理例》) 荆芥 防风 羌活 独活 柴胡 前胡 川芎 枳壳 茯苓 桔梗 甘草

〔209〕荆蓬煎丸(《卫生宝鉴》) 木香 青皮 茴香 枳壳 槟榔 三棱 莪术

〔210〕挟命生火丹(《景岳全书》) 鹿茸 巴

戟天　附子　肉桂　肉苁蓉　杜仲　山茱萸　熟地　五味子　生枣仁　人参　白术

〔211〕茵陈术附汤（《医学心悟》）　茵陈蒿　白术　附子　干姜　炙甘草　肉桂

〔212〕茵陈四苓汤（验方）　茵陈　猪苓　茯苓　泽泻　白术

〔213〕茵陈蒿汤（《伤寒论》）　茵陈蒿　山栀　大黄

〔214〕茜根散（《景岳全书》）　茜草根　黄芩　阿胶　侧柏叶　生地黄　甘草

〔215〕厚朴三物汤（《金匮要略》）　厚朴　大黄　枳实

〔216〕厚朴温中汤（《内外伤辨惑论》）　厚朴　陈皮　甘草　茯苓　草豆蔻仁　木香　干姜

〔217〕胃苓汤（《丹溪心法》）　苍术　厚朴　陈皮　甘草　生姜　大枣　桂枝　白术　泽泻　茯苓　猪苓

〔218〕星蒌承气汤（《临床中医内科学》）　胆南星　全栝蒌　生大黄　芒硝

〔219〕济川煎（《景岳全书》）　当归　牛膝　肉苁蓉　泽泻　升麻　枳壳

〔220〕济生肾气丸（《济生方》）　熟地黄　山药　山茱萸　丹皮　茯苓　泽泻　炮附子　官桂　川牛膝　车前子

〔221〕洗心汤（《辨证录》）　人参　甘草　半夏　陈皮　附子　茯神　生酸枣仁　神曲　菖蒲

〔222〕养心汤（《证治准绳》）　黄芪　茯苓　茯神　当归　川芎　炙甘草　半夏曲　柏子仁　酸枣仁　远志　五味子　人参　肉桂

〔223〕神术散（《医学心悟》）　苍术　陈皮　厚朴　甘草　藿香　砂仁

〔224〕神犀丹（《温热经纬》）　犀角　石菖蒲　黄芩　生地黄　银花　金汁　连翘　板蓝根　豆豉　玄参　天花粉　紫草

〔225〕香苏散（《太平惠民和剂局方》）　香附　紫苏茎叶　陈皮　甘草

〔226〕香茸丸（《证治准绳》）　麝香　鹿茸　麋茸　苁蓉　熟地　沉香　五味子　茯苓　橘皮

〔227〕香砂六君子汤（《时方歌括》）　木香　砂仁　陈皮　半夏　党参　白术　茯苓　甘草

〔228〕复元活血汤（《医学发明》）　柴胡　栝蒌根　当归　红花　甘草　穿山甲　大黄　桃仁

〔229〕顺气导痰汤（验方）　半夏　陈皮　茯苓　甘草　生姜　胆星　枳实　木香　香附

〔230〕保元汤（《博爱心鉴》）　人参　黄芪　肉桂　甘草　生姜

〔231〕保和丸（《丹溪心法》）　神曲　山楂　茯苓　半夏　陈皮　连翘　莱菔子

〔232〕保真汤（《十药神书》）　人参　黄芪　白术　甘草　赤茯苓　五味子　当归　茯苓　生地黄　熟地黄　天冬　麦冬　赤芍药　白芍药　柴胡　厚朴　地骨皮　黄柏　知母　陈皮　生姜　大枣

〔233〕独参汤（《景岳全书》）　人参

〔234〕独活寄生汤（《备急千金要方》）　独活　桑寄生　秦艽　防风　细辛　当归　芍药　川芎　干地黄　杜仲　牛膝　人参　茯苓　甘草　桂心

十　画

〔235〕秦艽鳖甲散（《卫生宝鉴》）　地骨皮　柴胡　秦艽　知母　当归　鳖甲　青蒿　乌梅

〔236〕真人养脏汤（《太平惠民和剂局方》）　诃子　罂粟壳　肉豆蔻　白术　人参　木香　肉桂　炙甘草　当归　白芍

〔237〕真武汤（《伤寒论》）　炮附子　白术　茯苓　芍药　生姜

〔238〕桂枝汤（《伤寒论》）　桂枝　芍药　生姜　炙甘草　大枣

〔239〕桂枝甘草汤（《伤寒论》）　桂枝　甘草

〔240〕桂枝甘草龙骨牡蛎汤（《伤寒论》）　桂枝　炙甘草　煅龙骨　煅牡蛎

〔241〕桂枝加厚朴杏子汤（《伤寒论》）　桂枝　芍药　炙甘草　生姜　大枣　厚朴　杏仁

〔242〕桂枝茯苓丸（《金匮要略》）　桂枝　茯苓　丹皮　桃仁　芍药

〔243〕桂附八味丸（《金匮要略》）　即金匮肾气丸

〔244〕桃花汤（《伤寒论》）　赤石脂　干姜　粳米

〔245〕桃仁红花煎（《素庵医案》）　丹参　赤芍　桃仁　红花　制香附　延胡索　青皮　当归　川芎　生地

〔246〕桃红四物汤（《医宗金鉴》）　熟地黄　川芎　白芍　当归　桃仁　红花

〔247〕桃仁四物汤（《中国医学大辞典》）　当

归 白芍药 川芎 熟地黄 桃仁 红花 丹皮 香附 延胡索

〔248〕桃核承气汤(《伤寒论》) 桃核 大黄 桂枝 甘草 芒硝

〔249〕栝蒌桂枝汤(《金匮要略》) 栝蒌根 桂枝 芍药 甘草 生姜 大枣

〔250〕栝蒌薤白半夏汤(《金匮要略》) 栝蒌 薤白 白酒 半夏

〔251〕柴胡疏肝散(《景岳全书》) 陈皮 柴胡 枳壳 芍药 炙甘草 香附 川芎

〔252〕凉膈散(《太平惠民和剂局方》) 川大黄 朴硝 甘草 山栀子仁 薄荷 黄芩 连翘 竹叶 蜂蜜

〔253〕润肠丸(《沈氏尊生书》) 当归 生地 麻仁 桃仁 枳壳

〔254〕涤痰汤(《济生方》) 制半夏 制南星 陈皮 枳实 茯苓 人参 石菖蒲 竹茹 甘草 生姜

〔255〕消渴方(验方) 花粉 黄连 生地黄 藕汁

〔256〕益胃汤(《温病条辨》) 沙参 麦冬 生地黄 玉竹 冰糖

〔257〕益脑强神丸(《悬壶漫录》) 鹿角胶 麝香 海马 龟版胶 燕菜 西红花 玳瑁 杞果 石菖蒲 山萸肉 桃仁 何首乌 熟地 黄精 豨莶草 生槐米 五味子

〔258〕调营饮(《证治准绳》) 莪术 川芎 当归 延胡索 赤芍药 瞿麦 大黄 槟榔 陈皮 大腹皮 葶苈子 赤茯苓 桑白皮 细辛 官桂 炙甘草 姜 枣 白芷

〔259〕射干麻黄汤(《金匮要略》) 射干 麻黄 细辛 紫菀 款冬花 半夏 五味子 生姜 大枣

〔260〕逍遥散(《太平惠民和剂局方》) 柴胡 白术 白芍药 当归 茯苓 炙甘草 薄荷 煨姜

〔261〕通关散(《丹溪心法附余》) 猪牙皂 细辛

〔262〕通幽汤(《脾胃论》) 生地黄 熟地黄 桃仁泥 红花 当归 炙甘草 升麻

〔263〕通窍活血汤(《医林改错》) 赤芍药 川芎 桃仁 红花 麝香 老葱 鲜姜 大枣 酒

〔264〕通瘀煎(《景岳全书》) 归尾 山楂 香附 红花 乌药 青皮 木香 泽泻

〔265〕桑白皮汤(《景岳全书》) 桑白皮 半夏 苏子 杏仁 贝母 黄芩 黄连 山栀 生姜

〔266〕桑杏汤(《温病条辨》) 桑叶 杏仁 沙参 浙贝母 豆豉 山栀 梨皮

〔267〕桑菊饮(《温病条辨》) 桑叶 菊花 连翘 薄荷 桔梗 杏仁 芦根 甘草

〔268〕桑螵蛸散(《本草衍义》) 桑螵蛸 远志 菖蒲 龙骨 人参 茯神 当归 龟版

〔269〕脏连丸(验方,《外科正宗》原方加减) 黄连 黄芩 当归 地黄 赤芍 猪大肠 槐花 槐角 地榆 荆芥 阿胶

十一画

〔270〕理中丸(《伤寒论》) 人参 白术 干姜 炙甘草

〔271〕黄土汤(《金匮要略》) 灶心黄土 甘草 干地黄 白术 炮附子 阿胶 黄芩

〔272〕黄龙汤(《伤寒六书》) 大黄 芒硝 枳实 厚朴 甘草 人参 当归 生姜 大枣 桔梗

〔273〕黄连阿胶汤(《伤寒论》) 黄连 阿胶 黄芩 鸡子黄 芍药

〔274〕黄连香薷饮(《类证活人书》) 黄连 香薷 厚朴

〔275〕黄连合白金丸(验方) 黄连 白矾 郁金

〔276〕黄连清心饮(《沈氏尊生书》) 黄连 生地黄 当归 甘草 酸枣仁 茯神 远志 人参 莲子肉

〔277〕黄连解毒汤(《外台秘要》) 黄连 黄柏 黄芩 栀子

〔278〕黄连温胆汤(《备急千金要方》) 半夏 陈皮 茯苓 甘草 枳实 竹茹 黄连 大枣

〔279〕黄芩泻白散(《伤寒太白》) 黄芩 桑白皮 地骨皮 粳米 甘草

〔280〕黄芪汤(《金匮翼》) 黄芪 陈皮 火麻仁 白蜜

〔281〕黄芪建中汤(《金匮要略》) 黄芪 白芍 桂枝 炙甘草 生姜 大枣 饴糖

〔282〕鹿茸丸(《沈氏尊生书》) 鹿茸 麦冬

熟地黄 黄芪 五味子 肉苁蓉 鸡内金 山萸肉 补骨脂 人参 牛膝 玄参 茯神 地骨皮

〔283〕麻子仁丸(《伤寒论》) 麻子仁 芍药 枳实 大黄 厚朴 杏仁

〔284〕麻杏石甘汤(《伤寒论》) 麻黄 杏仁 石膏 炙甘草

〔285〕麻黄汤(《伤寒论》) 麻黄 桂枝 杏仁 炙甘草

〔286〕麻黄连翘赤小豆汤(《伤寒论》) 麻黄 杏仁 生梓白皮 连翘 赤小豆 甘草 生姜 大枣

〔287〕麻黄附子细辛汤(《伤寒论》) 麻黄 附子 细辛

〔288〕旋覆代赭汤(《伤寒论》) 旋覆花 代赭石 人参 半夏 炙甘草 生姜 大枣

〔289〕羚羊角汤(《医醇賸义》) 羚羊角 龟版 生地 丹皮 白芍 柴胡 薄荷 蝉衣 菊花 夏枯草 生石决明 大枣

〔290〕羚羊钩藤汤(重订《通俗伤寒论》) 羚羊角 桑叶 川贝 鲜生地 钩藤 菊花 白芍药 生甘草 鲜竹茹 茯神

〔291〕羚麻白虎汤(验方) 羚羊角粉 麻黄 生石膏 知母 粳米 甘草

〔292〕清金化痰汤(《统旨方》) 黄芩 山栀 桔梗 麦冬 桑白皮 贝母 知母 栝蒌仁 橘红 茯苓 甘草

〔293〕清心滚痰汤(《沈氏尊生书》) 大黄 黄芩 青礞石 犀角 皂角 朱砂 沉香 麝香

〔294〕清肺饮(《证治汇补》) 茯苓 黄芩 桑白皮 麦冬 车前子 山栀 木通 泽泻

〔295〕清胆汤(验方) 大黄 栀子 黄连 柴胡 白芍 蒲公英 金钱草 栝蒌 郁金 元胡 川楝子

〔296〕清胃散(《兰室秘藏》) 当归 生地 牡丹皮 升麻 黄连

〔297〕清中汤(《医宗金鉴》) 陈皮 半夏 茯苓 甘草 栀子 黄连 白豆蔻

〔298〕清骨散(《证治准绳》) 银柴胡 胡黄连 秦艽 鳖甲 地骨皮 青蒿 知母 甘草

〔299〕清脏汤(《万病回春》) 川芎 地芍药 地榆 槐角 阿胶 黄连 黄芩 栀子 黄柏 当归 侧柏叶

〔300〕清震汤(《素问病机气宜保命集》) 升麻 苍术 荷叶

〔301〕清暑益气汤(《温热经纬》) 西洋参 石斛 麦冬 黄连 竹叶 荷梗 知母 甘草 粳米 西瓜翠衣

〔302〕清燥救肺汤(《医门法律》) 桑叶 石膏 杏仁 甘草 麦冬 人参 阿胶 炒胡麻仁 炙枇杷叶

〔303〕渗湿汤(《丹溪心法》) 干姜 甘草 丁香 苍术 白术 橘红 茯苓

〔304〕银翘散(《温病条辨》) 金银花 连翘 豆豉 牛蒡子 薄荷 荆芥穗 桔梗 生甘草 竹叶 鲜芦根

〔305〕猪苓汤(《伤寒论》) 猪苓 茯苓 泽泻 阿胶 滑石

十 二 画

〔306〕斑龙丸(《景岳全书》) 熟地黄 菟丝子 补骨脂 柏子仁 茯苓 鹿角胶 鹿角霜

〔307〕葛根汤(《伤寒论》) 葛根 麻黄 桂枝 生姜 甘草 芍药 大枣

〔308〕葛根芩连汤(《伤寒论》) 葛根 黄芩 黄连 炙甘草

〔309〕葶苈大枣泻肺汤(《金匮要略》) 葶苈子 大枣

〔310〕越婢加术汤(《金匮要略》) 麻黄 石膏 甘草 大枣 白术 生姜

〔311〕越婢加半夏汤(《金匮要略》) 麻黄 石膏 生姜 大枣 甘草 半夏

〔312〕越鞠丸(《丹溪心法》) 川芎 苍术 香附 炒山栀 神曲

〔313〕紫金丹(《普济本事方》) 砒 豆豉

〔314〕紫雪丹(《外台秘要》) 滑石 石膏 寒水石 磁石 羚羊角 青木香 犀角 沉香 丁香 升麻 玄参 甘草 朴硝 朱砂 麝香 黄金 硝石

〔315〕黑锡丹(《太平惠民和剂局方》) 黑锡 硫黄 川楝子 胡芦巴 木香 炮附子 肉豆蔻 阳起石 沉香 茴香 肉桂 补骨脂

〔316〕痛泻要方(《景岳全书》) 白术 白芍 防风 炒陈皮

〔317〕温胆汤(《三因极一病证方论》) 半夏 橘皮 甘草 枳实 竹茹 生姜 茯苓 大枣

〔318〕温脾汤(《备急千金要方》) 附子 人参 大黄 甘草 干姜

〔319〕滋水清肝饮(《医宗己任编》) 熟地黄 山茱萸 茯苓 归身 山药 丹皮 泽泻 白芍 柴胡 山栀 酸枣仁

〔320〕滋生青阳汤(《医醇賸义》) 生地 石决明 磁石 石斛 寸冬 丹皮 白芍 甘菊 薄荷 柴胡 天麻 桑叶

〔321〕滋荣养液膏(《薛生白医案》) 女贞子 广皮 干桑叶 熟地 白芍 黑芝麻 旱莲草 枸杞子 当归身 鲜菊花 黑穞豆 南竹叶 玉竹 白茯苓 沙蒺藜 炙甘草

〔322〕滋肾通关丸(《兰室秘藏》) 知母 黄柏 肉桂

〔323〕程氏萆薢分清饮(《医学心悟》) 萆薢 车前子 茯苓 莲子心 菖蒲 黄柏 丹参 白术

〔324〕犀角地黄汤(《备急千金要方》) 犀角 生地黄 丹皮 芍药

〔325〕犀角散(《备急千金要方》) 犀角 黄连 升麻 山栀 茵陈

〔326〕犀黄丸(《外科全生集》) 犀角 麝香 没药 乳香 黄米饭

〔327〕疏凿饮子(《济生方》) 商陆 泽泻 赤小豆 椒目 木通 茯苓皮 大腹皮 槟榔 生姜 羌活 秦艽

十三画以上

〔328〕暖肝煎(《景岳全书》) 肉桂 小茴香 茯苓 乌药 枸杞子 当归 沉香 生姜

〔329〕新加香薷饮(《温病条辨》) 香薷 鲜扁豆花 厚朴 金银花 连翘

〔330〕槐角丸(《太平惠民和剂局方》) 槐角 地榆 黄芩 当归 炒枳壳 防风

〔331〕酸枣仁汤(《金匮要略》) 酸枣仁 知母 川芎 茯苓 甘草

〔332〕膏淋汤(《医学衷中参西录》) 山药 芡实 龙骨 牡蛎 生地黄 党参 白芍

〔333〕膈下逐瘀汤(《医林改错》) 五灵脂 当归 川芎 桃仁 丹皮 赤芍药 乌药 延胡索 甘草 香附 红花 枳壳

〔334〕增液汤(《温病条辨》) 玄参 麦冬 生地

〔335〕增液承气汤(《温病条辨》) 大黄 芒硝 玄参 麦冬 生地黄

〔336〕橘皮汤(《金匮要略》) 橘皮 生姜

〔337〕橘皮干姜汤(《丹溪心法》) 橘皮 通草 干姜 桂心 甘草 人参

〔338〕赞育丹(《景岳全书》) 熟地黄 当归 杜仲 巴戟肉 肉苁蓉 淫羊藿 蛇床子 肉桂 白术 枸杞子 仙茅 山茱萸 韭子 附子 或加人参 鹿茸

〔339〕黛蛤散(验方) 青黛 海蛤壳

〔340〕藿香正气散(《太平惠民和剂局方》) 藿香 紫苏 白芷 桔梗 白术 厚朴 半夏曲 大腹皮 茯苓 橘皮 甘草 大枣 生姜

〔341〕礞石滚痰丸(《养生主论》) 青礞石 沉香 大黄 黄芩 朴硝

〔342〕鳖甲煎丸(《金匮要略》) 鳖甲 乌扇(即射干) 黄芩 柴胡 鼠妇 干姜 大黄 芍药 桂枝 葶苈子 石韦 厚朴 丹皮 瞿麦 紫葳 半夏 人参 䗪虫 阿胶 蜂房 赤硝 蜣螂 桃仁

〔343〕癫狂梦醒汤(《医林改错》) 桃仁 柴胡 香附 木通 赤芍药 半夏 大腹皮 青皮 陈皮 桑白皮 苏子 甘草

〔344〕镇肝熄风汤(《医学衷中参西录》) 淮牛膝 生龙骨 生白芍 天冬 生麦芽 代赭石 生牡蛎 玄参 川楝子 茵陈蒿 甘草 生龟版